Y
5150
+A.

SAINT LOVYS
OV LA SAINTE
COVRONNE
RECONQVISE.
POEME HEROIQVE
Par le P. PIERRE LE MOYNE,
de la Compagnie de IESVS.

A PARIS,
Chez LOVYS BILAINE au Palais, au second
pilier de la grand' Salle, à la Palme, & au
grand Cesar.

M. DC. LXVI.
AVEC PRIVILEGE DV ROY.

TRAITE' DV POEME HEROIQVE.

IE donne icy mon SAINT LOVYS acheué: Ce qu'on en a veu n'estoit qu'vn morceau; & ce morceau n'estoit pas encore bien ébauché, quand il me fut arraché des mains. Neantmoins quoy que ie le donne acheué, ie ne pense pas le donner parfait. Il y auroit de la presomption à le promettre, & de l'imprudence à s'y attendre. La perfection, ie dis la consommée & la derniere perfection, n'est pas des Ouurages de cette étenduë & de cette force. Vn Chasteau de carte se fait en ioüant, & s'acheue en moins d'vne heure. Le Louure n'est pas encore acheué depuis tant d'années qu'il est commencé: Et si nous en croyons les Disciples de Vitruue, Fontaine-Bleau ne s'est pas acheué sans beaucoup de fautes.

DV POEME

L'importance & la difficulté du Poëme.

Le Poëme Heroïque n'est pas vn jeu d'esprit, inuenté pour l'amusement du Peuple. On ne joüe pas auec tant de peine, ny à si grands frais : & les yeux du Peuple n'aiment pas les Spectacles, où il y a tant de iustesse & tant de conduite à obseruer. Si nous en considerons la fin, qui est d'instruire les Grands, & d'apprendre aux Roys l'Art de regner, c'est le plus noble & le plus important de tous les Ouurages de l'Esprit. Si nous en considerons le trauail & les façons, c'est le plus fort & le plus éleué, le plus difficile & le plus ingenieux : & au de là, il n'y a rien de plus riche, ny de plus sublime à découurir. On ne peut auoir vne trop grande capacité pour l'entreprendre, ny vne trop longue vie pour l'acheuer. Toutes les Sciences y doiuent entrer en extraits adoucis & purifiez : & l'art de faire semblables extraits, est vne Chimie connuë de peu de personnes. Les hautes Idées & les Images magnifiques, qui sont des Patrons qu'on ne trouue pas en toute sorte d'atteliers, y doiuent seruir de Modeles. L'Esprit Heroïque, qui est le plus fort & le plus éleué de tous les Esprits, doit estre comme l'Appareilleur & l'Intendant de la besongne : Et sur le tout, il y faut vn fonds d'années, qui pourroit suffire à la conqueste d'vn grand Royaume.

Le Poëme parfait n'est qu'vne Idée.

Ce seroit donc en vouloir trop, si l'on vouloit que les Entrepreneurs d'vne si longue & si laborieuse fabrique, fussent infaillibles. Iusques icy personne n'y a mis la main, qui n'ait eu besoin qu'on luy pardonnast beaucoup de choses. Homere a bien eu la gloire d'y auoir trauaillé sans Directeur & sans Modele ; mais on ne demeure pas d'accord, qu'il ait fait sans faute, ce qu'il a fait sans Modele : Et Horace qui l'estime tant

HEROIQVE.

d'ailleurs, luy reproche de s'endormir quelquefois sur son ouurage. Virgile a copié les plus beaux endroits d'Homere; & quoy qu'en die Casteluetro, le Copiste est plus correct & plus iuste que l'Inuenteur. Il faut auoüer neantmoins, que s'il eust voulu l'estre dauantage, il n'eust pas eu besoin de iustifications : Et les Grammairiens, pour se vanger de la peine qu'il leur donne, ne le mettroient pas si souuent à la torture. Que diray-je du Godefroy de Torquato Iasso? C'est vn Heros de la force des anciens Grecs & des vieux Romains. Ce Heros neantmoins n'est pas sans reproche. L'Academie de Florence qui s'est érigée en Souueraine de là les Monts, entreprit de luy faire son procez du viuant du Tasse : La cause fut celebre, & il se feroit vne iuste Bibliotheque des écritures qui nous en sont demeurées.

En verité, il n'est plus si honteux de faillir, apres de si beaux exemples : on peut estre homme sans rougir auec de si grands Hommes; & quoy que puissent dire les Admirateurs des Anciens, & les Flateurs des Modernes, les exemples de ces grands Hommes nous font bien voir, que le Poëte parfait est encore à naistre, aussi bien que le Prince parfait, & le parfait Capitaine.

Mais aussi il en faut demeurer là; & sur tout, il se faut garder de perdre le respect, & de passer iusques à l'insolence des Homeromastiges. Ainsi nommoit-on certains Extrauagans, qui se vantoient de donner les étriuieres au premier Homme de la Grece. Il n'est pas en danger d'estre si mal-traité parmy nous : il n'y vient que rarement, & n'y est veu que de Personnes qui connoissent son merite. Le danger y est bien plus grand pour Virgile : & quand ie me souuiens de l'honneur qui luy fut fait en plein Theatre, par le Senat Maistre des Roys, & par le Peuple Prince des Nations; quand ie pense aux applaudissemens que son Enée receut à son entrée à la Cour d'Auguste, qui estoit polie & spirituelle iusques dans le Reduit des Valets, iusques dans le Quartier des Femmes de chambre; j'aouë que i'ay pitié des iugemens que font aujourd'huy & du Poëte & du Heros, certaines gens qui ne sçauent pas les premieres regles du Poëme; & qui sont aussi mal instruits du deuoir des Heros, que du deuoir des anciens Druïdes.

Le traitement fait à Homere & à Virgile, pouuoit consoler le Tasse quand il viuoit; & encore aujourd'huy il deuroit consoler nos Modernes, s'ils ne reçoiuent pas du Public toute la iustice qui leur est deuë. Il leur faut dire, que les Disciples ne sont pas de meilleure condition, ny n'ont droit à vn meilleur traitement que leurs Maistres: Et qu'il n'y a rien d'étrange, qu'on ne les ait pas respectez en vn Païs, où la licence va iusques à mettre en chansons les disgraces de l'Estat, & la déroute des Armées.

Comme il faut iuger des Poëmes.

Mais il faut auoüer aussi, qu'il eust esté plus équitable d'en iuger, comme ont fait les Sages, lesquels étonnez de la hardiesse de l'entreprise, ont loüé le courage des Entrepreneurs, & leur ont fait grace de leurs defaux. Au moins ne deuoit-on pas y auoir égard, parmy tant de belles choses qui pouuoient arrester la veuë: & vn si grand nombre de Pierres fines, qui brillent dans ces Ouurages, meritoient bien qu'on ne mist pas en compte deux ou trois Diamans du Temple.

Horace le plus difficile de tous les Critiques, auoit bien cette indulgence: & les petites taches

HEROIQVE.

ne le dégoûtoient point des beaux Ouurages. Nous serions mal fondez, de vouloir rafiner par dessus luy : & ce seroit trop, pour des Prouinciaux Transalpins, comme on parloit à Rome de son temps, si nous estions plus faciles à dégoûter, que le plus delicat Courtisan d'Auguste. Quoy que le Soleil soit accusé de quelques taches, il ne laisse pas d'estre le plus admirable de tous les Corps : il ne laisse pas d'estre le Thresor de la lumiere & la Source des Diamans & des Perles. Et qui seroit le Bizarre, qui n'estimeroit point en vn Palais la regularité du dessein, la hardiesse de l'execution, la richesse des materiaux, la rareté des meubles; & mépriseroit tout cela, pour vne vitre obscure, pour vn carreau de marbre terny, pour vne piece de parquetage mal jointe?

Les Maisons Bourgeoises ne demandent que de la propreté & de l'ordre ; l'éclat & le luxe y seroient hors de leur place, ils y feroient du scandale ; & on les accuseroit tout au moins de mauuais ménage & de prodigalité. Il n'en est pas ainsi de celles des Roys : elles veulent de la splendeur & de la magnificence, de la hauteur & de l'étenduë : elles veulent des montagnes en Domes, & des carrieres en Colonnes : & selon le mot de l'Escriture, il leur faut des Solitudes en Sales & en Galeries. Mais s'il y a de la poussiere dans ces Domes & sur ces Colonnes, si ces Galeries & ces Sales ne sont pas si nettes que la Chambre d'vne Bourgeoise aisée, on ne s'écrie pas pour cela contre l'Architecte, & l'on n'a pas plus mauuaise opinion de sa suffisance.

Le Poëme Heroïque est vn Edifice de cette grandeur & de cette forme : il y faut garder les mesmes regles qui se gardent en la structure des plus grands Palais. Et le Lecteur ignorant de ces regles, qui sans auoir égard au magnifique, au sublime, au merueilleux que demande l'Heroique, y chercheroit le ioly du Madrigal, ou le mignard de l'Elegie, feroit à peu prés, comme si dans les Sales & dans les Galeries du Louure, il cherchoit la politesse & le lustre d'vn Cabinet de la Chine.

On l'a dit il y a long-temps, & on le doit redire souuent afin de le faire entendre. Il faut estre Poëte, pour estre bon Iuge des Poëtes. Ie dis Poëte au sens des Anciens, qui sçauoient l'étenduë, la force & le merite de ce nom-là; & qui n'eussent eu garde d'en faire si bon marché, que font aujourd'huy ceux qui le donnent pour vne chanson. Pour le moins, il seroit necessaire d'auoir quelque notion de l'Art Poëtique, & d'en sçauoir au moins les rudimens, afin de iuger auec connoissance de cause, & se garder des méprises où tombent les ignorans, qui parlent des Poëmes, comme les Sourds parleroient de la Musique.

Pour cela, j'auois esté conseillé de mettre à l'entrée de ce Poëme vn Traité de la Poësie Heroïque: Et l'on m'auoit fait accroire, qu'vne Preface de cette matiere seroit vn Vestibule assez conforme à l'Edifice. On ajoûtoit à cela, que la France ayant veu depuis peu, iusques à quatre Poëmes de cette fabrique, dont elle n'auoit point eu de Modele auant ce temps, il estoit à propos de luy en apprendre au moins en gros l'Architecture, & de luy mettre en main quelques regles faciles, sur lesquelles elle pûst iuger auec certitude, de l'artifice & du merite de cette sorte d'Ouurages.

Si j'opposois à cela, que nôtre Pere Mambrun

HEROIQVE.

ne m'auoit rien laissé à faire sur cette matiere; qu'il auoit ou deuiné, ou retrouué, ce qui s'est perdu de la Poëtique d'Aristote, qu'il auoit éclaircy & débroüillé ce qui s'en est conserué; & que nous auions en esprit & en essence dans son Liure, tout ce que le Casteluetro, le Piccolomini, & les autres Speculatifs d'Italie, nous ont laissé en confusion & en masse. Ils demeuroient bien d'accord, que le P. Mambrun auoit découuert le secret de l'Art; & qu'il ne se pouuoit reduire à vne forme plus reguliere ny plus methodique, que celle qu'il luy à donnée. Mais ils ajoustoient, que cette forme dessignée en Grec & en Latin, n'estoit pas pas pour ceux qui ne connoissent que le François: & que la Poësie Heroïque estant la vraye Philosophie de la Cour, & la partie de la Politique, qui est la plus propre à l'institution des Grands, il ne faloit pas plaindre la peine, de leur en faire quelques leçons, purifiées de la teinture du College,& accommodées à la délicatesse de leur goust.

Persuadé par ces raisons, ajoustées à l'obligation que i'auois d'instruire le Public, du sujet & de la forme de mon Poëme, i'ay entrepris ce Traité, où i'ay mis en abregé les principales régles de la Poësie Heroïque. Il n'est pas si long qu'il doiue ennuyer, ny si gros qu'il puisse estre à charge: & i'ose croire, que le soin que i'ay pris de le purifier de tout ce qui pese & qui dégouste, le rendra supportable aux plus delicats, & à ceux-là mesme, qui ont le plus d'auersion à la secheresse des Dogmes, & aux duretez de l'Escole. Et parce qu'on ne peut pas bien comprendre l'vsage des régles, qu'en les appliquant à la matiere. Le sujet & la forme de mon Poëme seruiront icy à cela. Aussi bien suis-je obligé d'en rendre raison: S'il n'est

DV POEME

assez iuste, pour estre mis sur la montre ; il l'est assez pour montrer la iustesse de la Regle, selon le mot du Philosophe, qui dit que le droit & le tortu se font office reciproque, & se manifestent l'vn l'autre.

Du sujet du Poëme. La Sainte Couronne d'Espines reconquises sur les Sarrasins, est le Sujet que i'ay choisi pour estre l'Action de ce Poëme. Ie n'en pouuois choisir vn plus Chrestien ny plus Heroïque : & il ne restoit aux Muses Françoises, que celuy-là de cette marque ; les Muses Italiennes ayant desia pris la Conqueste de la Sainte Croix & celle du Saint Sepulcre.

Les Admirateurs de l'Antiquité, soit de la Fabuleuse, soit de l'Historique, nous battent perpetuellement les oreilles, de la Conqueste de la Toison d'Or, & de la guerre entreprise pour r'auoir Helene. Ce seroit vn blaspheme en premier chef, de comparer la Couronne de IESVS-CHRIST, soit auec vne Toison fabuleuse, soit auec vne Femme impudique : & si la pensée m'en estoit venuë, i'aurois sujet d'apprehender vn châtiment plus rigoureux, que celuy de ce Prophane, qui voulut mettre dans son Cabinet, la Peinture de nostre Seigneur auprés de celle d'Orfée. Ie diray seulement, qu'à n'opposer qu'entreprise à entreprise, la guerre faite pour la Sainte Couronne a quelque chose de plus grand & de plus beau, de plus noble & de plus heroïque, dans la Religion sous laquelle nous viuons, que n'auoient dans la fausse Religion des Grecs, les Guerres entreprises pour la Toison d'Or & pour Helene.

Du Heros. Le Heros Entrepreneur de la Conqueste est Saint Louys, en qui toutes Vertus Heroïques ont eu leur plus haute éleuation. Sa Pieté luy a donné rág parmy les Saints ; & sa Valeur ne luy a pas don-

HEROIQVE.

mé vn moindre rang parmy les Heros. Ioinuille qui parle de choses veuës, luy rend ce témoignage, que de son temps, il n'y auoit pas vn meilleur Homme d'armes en tout le Monde. On a dit d'Hercule, que tout Hercule qu'il estoit, il ne pouuoit tenir contre deux: & ce Saint, qui n'est pas au gré des Libertins & des Athées, a tenu plus d'vne fois contre des troupes entieres.

A la Iournée de Taillebourg, qu'il gagna sur les Anglois, estant encore fort ieune, il fit quelque chose de plus que cét Horace, dont l'Histoire Romaine parle si haut, & en termes si magnifiques. Il soustint tout seul sur vn Pont l'effort des Ennemis; & l'asseurance qu'il eut de les arrester, en attendant que ses troupes fussent en ordre de bataille, luy donna le gain de cette memorable Iournée. En Egypte il enfonça tout seul vn Escadron de Sarrazins, & leur arracha le Comte d'Anjou son Frere, qu'ils emmenoient prisonnier. Il se dégagea tout seul de dix Barbares des plus puissans de l'Armée, qui de concert fondirent sur luy, resolus de le tuer ou de le prendre. Et quand il falut aborder à Damiette, on le vit emporté d'vne impatience heroïque, sauter de son vaisseau dans la Mer, & malgré la foule & l'effort des Ennemis l'espée à la main & le bouclier sur le bras, aller à terre, au trauers des vagues, & sous vne gresle de traits, qui tomboient sur luy de tout le riuage. Il n'y a rien icy de feint ny de fabuleux; tout y est veritable & historique; & on le peut croire sur le témoignage du bon Ioinuille, qui l'a écrit long-temps deuant que l'Hyperbole & la Flaterie fussent connuës en France.

Qu'il me soit permis en cét endroit, de demander, s'il se lira quelque chose qui ressemble à cela,

DV POEME

dans les Annales des Preux, qui sont formez sur les regles de Machiauel; dans l'Histoire des Impies & des Libertins, des Rodomons & des Sacripans de ce Siecle? Leurs prouësses de Gladiateurs, leurs exploits du Bois de Boulongne, leurs combats de la Plaine de Grenelle, se peuuent-ils comparer à la moindre action de ce vray Braue, faite à la veuë de l'Europe Chrestienne, & de l'Afrique Sarrasine, assemblées en armes?

Ces preuues & ces exemples de la valeur de Saint Louys, ne sont point icy hors de leur place. Les Cheualiers apprendront par là, que les Vertus Chrestiennes & les Militaires ne sont pas si mal ensemble, qu'on ne les puisse aisément reconcilier: & qu'entre le Deuot & le Braue, il n'y a point d'opposition de la part des termes, ny de contrarieté de la part des formes. Par là mesme, si l'on y fait reflexion, l'on remarquera d'auance, qu'il n'y a rien d'excessif ny d'énorme, dans les grandes actions, que i'attribuë à mon Heros dans le cours du Poëme; & que bien loin de passer les termes de la Vray-semblance, elles tiennent plus de l'Histoire que de la Fable.

Ie ne pouuois donc choisir vn Heros plus accomply que celuy-là: & d'ailleurs le choix que i'en ay fait, est honorable à la France, qui l'a éleué; à nos Roys, qui sont nez de luy; à la Maison Royale, qui est de sa Race; à la Noblesse, qui l'a pour Patron & pour modele; à toute la Nation, à laquelle le Dieu l'a donné pour Protecteur; à toute l'Eglise, qui l'a receu au rang des Saints qu'elle reuere. Et i'ay crû, que mon Poëme qui porte son nom, pourroit estre comme vn Temple, où son Image & ses Reliques seroient toûjours exposées; où les merueilles de sa vie seroient chantées à tous les Siecles ; où ses Vertus seroient preschées à tous les Princes, où sa Memoire receuroit le culte & l'encens de tous les Peuples.

Qu'on oppose tant que l'on voudra, qu'il n'a pas esté heureux. La Fortune ne fut iamais Feudataire de la Vertu : elle ne fut iamais à ses gages. D'ailleurs, il ne se lit aucun Traité, par lequel la Vertu se soit iamais obligée à la garantie des éuenemens: il ne se dit point, que personne entrant à son seruice, luy ait demandé caution du succés de ses entreprises. Les Heureux se font de la mesme main, qui fait les Delicats, les Effeminez & les Lasches. La Vertu ne se mesle point de semblables Ouurages : elle se contente de faire les Forts & les Patiens, les Hardis & les Courageux. Il y a chez elle, force fer pour battre & pour endurcir : il n'y a point d'huyle pour amollir, ny pour parfumer. Tout s'y fait auec le marteau & sur l'enclume : il ne s'y fait rien où il entre de la soye ny des fleurs. Hercule y fut acheué auec le feu ; Regulus auec les cloux & les rasoirs ; Anaxaque auec le pilon, & les autres par d'autres manieres.

Que l'on me nomme vn Heros de reputation, qui n'ayt iamais esté malheureux : qui n'ait rien souffert en sa vie ou à sa mort. On a dit que Samson estoit l'Hercule des Hebreux ; & ie puis dire, que Samson valloit plus d'Hercules, que Caton ne valoit de Socrates, au calcul de Tertullien, qui contoit vn Caton pour six cens Socrates. Cependant y eut-il iamais vn Malheureux comparable à Samson tondu, aueuglé, attaché à vn moulin, écrasé sous les ruines d'vn Temple ?

Que diray-ie de Dauid, qui fut Heros dés son enfance ; qui égorgea des Ours & démembra des Lyons dés qu'il pût marcher ; qui

DV POEME

premiere Campagne par la défaite d'vn Geant, & par la déroute d'vne Armée? N'a t'il pas eu ses malheurs & ses aduersitez comme les autres? Et les Macabées, qui estoient bien d'autres Braues & d'autres Heros, que ces Princes Grecs, qui naissoient tous auec la figure d'vne lance sur la cuisse, apres des entreprises & des victoires, qui n'ont trouué de creance que sur la foy d'vn Historien Canonique, n'ont-ils pas tous finy malheureusement?

Disons donc qu'il est ordinaire aux Heros d'estre malheureux: Disons encore dauantage, & nous dirons la verité; sans estre bien malheureux, on ne peut estre qu'vn Heros fort mediocre. La Vertu Heroïque ne se déploye qu'en de grands combats, & contre de grands aduersaires: & les petits ennemis luy sont à peu prés, ce que les petits chiens sont aux Lyons; & ce que les mouches sont aux Aigles. Toutes ses actions sont releuées & laborieuses; ses apprentissages mesmes veulent estre hardis & perilleux: & assez souuent elle ne fait que des essais, où l'on croit qu'elle fasse des efforts.

On se trompe donc, de se persuader, que le propre fait des Heros soit d'abbatre & de massacrer: les Bucerons abbatent de plus grands corps, & les Bouchers font plus de massacres que les Heros. On se trompe encore de se persuader, que les Bestes effroyables, & les hommes armez, soient des ennemis égaux à leur force. Le Lyon, qui est la plus effroyable de toutes les Bestes, peut estre défait par vn moucheron: & des Belettes, des roseaux, des ombres d'arbres, ont effrayé des Armées, & les ont mises en déroute. Les iustes, les legitimes ennemis du Heros, sont les malheurs, les aduersitez, les mauuaises fortunes; &

HEROIQVE.

c'est contre ces ennemis-là qu'il a besoin de tout son courage ; qu'il luy faut déployer toute sa force : c'est quand il est aux prises auec eux, qu'il merite que Dieu s'auance pour le regarder ; que les Puissances du Ciel luy applaudissent ; & que la Victoire le couronne.

Mon Heros n'est donc pas de pire condition, pour n'auoir pas esté heureux : & les infortunes qui luy ont esté de secondes occasions, & de nouuelles matieres de couronnes, ne font pas qu'il en soit moins propre au Poëme Heroïque. Et puis, qu'importe au Poëte, que son Heros ait eu quelques mauuais iours ; que toutes les Estoiles, que tous les Vents ne luy ayent esté fauorables, que la Fortune se soit quelquefois separée de luy, pourueu que l'entreprise, qui est le sujet de la Fable, luy reüssisse, & que la conclusion du Poëme soit heureuse. Ie mets cét article entre les essentiels ; & ie pense pouuoir faire auoüer aux plus Critiques, qu'il ne manque pas à mon Poëme, non plus que les autres, qui me restent à expliquer.

Tous ceux qui ont quelque nation de l'Art Poëtique, sçauent, que l'Action qui doit seruir de sujet à vn Poëme de fabrique reguliere, demande principalement six conditions, dont le Poëte ne peut estre dispensé, quelque licence qu'il prenne, & quelque priuilege qu'on luy donne.

Il faut que l'Action soit vraye & tenuë pour vraye, sur la foy de la Tradition ou de l'Histoire. Il faut de plus qu'elle soit heureuse & loüable, & enfin qu'elle soit vne & entiere. De ces six conditions, les quatre premieres sont necessaires à la fin du Poëme, qui est de porter les Grands à l'émulation des grandes choses : par la montre & par

Des conditions de l'Action.

l'admiration des grands exemples. Les deux dernieres conditions entrent plus interieurement en la substance du Poëme, qui seroit monstrueux, s'il y auoit quelque partie double ou mutilée, s'il y auoit de la superfluité ou du deffaut dans la matiere.

De la verité de l'Action. Le premiere soin du Poëte sera de bastir sur vn fond ferme & solide; sur vne verité prise de l'Histoire, ou receuë de la Tradition. Il n'importe que ce fond ne soit pas de la creation du Poëte; il n'en sera pas moins le createur du Poëme. Le Sculpteur qui ne fait ny le bronze ny le marbre, ne laisse pas d'estre l'Autheur de la Statuë: & l'Architecte qui ne fait pas la terre où il bastit, ne laisse pas d'estre Architecte, & d'auoir toute la gloire de l'Edifice.

Que le Poëte donc se garde de bastir en l'air, comme le Pulcy, le Boyardo, l'Arioste, & quelques autres de nos voisins. Semblables Entrepreneurs n'ont fait que des Fabriques de nuës, habitées par des Phantosmes de nuës: & selon Lactance, qui estoit vn Philosophe Courtisan, qui auoit des Empereurs pour Disciples, & par consequent, ne deuoit pas ignorer les Regles du Poëme, qui est la leçon des Empereurs, & la Philosophie de la Cour, comme celuy-là n'est pas Poëte, qui ne sçait rien feindre; celuy-là aussi n'est que Charlatan, qui feint toutes choses.

Si l'Action n'est vraye, quelle vray-semblance aura la Fable fondée sur la fausseté de l'Action? Et si la vray-semblance manque à la Fable, quelle creance trouuera-t-elle en l'Esprit des Sages? Quelle emulation excitera-t-elle dans l'Ame des Grands? Qui admirera vn assemblage de Grotesques? Qui se mettra en peine de courir aprés des

HEROIQVE.

Chimeres? Il n'y a que les Enfans & les Idiots qui regardent auec étonnement les figures qui se font de la rencontre des nuës: ceux qui sçauent que ce ne sont que des vapeurs tumultuaires & fortuites, ne leuent pas seulement la teste pour y prendre garde.

Il importe qu'on soit auerty en cét endroit, que la verité necessaire à la fondation du Poëme, n'est pas de ces veritez autentiques, que la creance commune a receuës: elle est encore moins de ces veritez superieures, que la Foy diuine a établies. Ces veritez immuables & immobiles qui ne laissent point de lieu à la Fable, ne sont pas propres à la structure du Poëme, qui doit estre fabuleuse; & par consequent, l'Escriture Sainte n'est pas vn fond, où il faille chercher des matieres à faire vne pareille Fabrique.

De quelle histoire se doit tirer le sujet du Poëme.

Ce n'est pas qu'il y ait vn fond plus riche que celuy-là, ny plus fertile en rares materiaux. Mais ce sont des materiaux sacrez; il est deffendu de les toucher du marteau; il n'est pas permis d'en faire aucune figure. Et le Sainct Iean a dit, que celuy-là seroit effacé du Liure de vie, qui auroit la temerité de diminuer, ou d'augmenter son Apocalypse d'vn seul article; qu'elle seroit la fin de celuy, qui entreprendroit de faire vne Fable, d'vne verité reuelée de Dieu, & confirmée par sa parole?

De repartir à cela, que sans toucher à la substance des ... ions reuelées, on pourroit feindre dans les circonstances, dont il n'y a point de reuelation; c'est dire qu'auec dessein & de sens rassis, on pourroit attacher le mensonge à la Verité venuë du Ciel, marquée auec le doigt de Dieu, dictée de son Saint Esprit. Et cela, que seroit-ce autre chose, que de confondre la lumiere auec les tenebres ; que de joindre en vn mesme Edifice des pierres profanes & des pierres sainctes ; que de remener Moyse & Gedeon en Egypte ; que de peindre Iesus-Christ & Orfée d'vn mesme trait & sur vne mesme toile ?

Ce n'est pas encore, qu'il ne soit permis aux Muses Saintes, de trauailler pour le Sanctuaire, & de contribuer du leur à l'embellissement de l'Arche. Mais elles se doiuent souuenir du respect que demande le Sanctuaire : elles n'y doiuent rien introduire de profane ; & sur toutes choses elles se doiuent garder de changer la forme de l'Arche. De l'Or, des Pierreries, de la Broderie, de la Pourpre, tant qui leur plaira d'en fournir ; tout cela y sera receu, y aura son rang & sa place : Mais point d'Images taillées, point de Figures faites à phantaisie : les Cherubins y suffisent, & ils n'en souffriroient point d'autre.

Expliquons-nous en termes moins figurez, & disons qu'il est permis aux Muses Chrestiennes, de trauailler sur de saints Sujets, de tirer des Liures Sacrez des matieres d'Hymnes, de Cantiques, de Paraphrases, d'écrire mesme en Vers les Actions des Heros du Peuple de Dieu. Neantmoins elles doiuent tellement orner leur matiere, qu'elles ne luy fassent point changer de forme. Elles peuuent parer Gedeon, Iosué, Dauid, de toutes les richesses de la Versification : mais il leur est deffendu de faire vn Iosué, vn Gedeon, vn Dauid sur leurs Idées. Et au iugement des Maistres, ces compositions qui n'auroient rien de la Poësie, que le Vers, ne seroient pas des Poëmes : s'il ne plaisoit aux Maistres de faire largesse du nom de Poëme ; comme ils font quand ils le donnent gratuitement à la Pharsalie de Lucain, aux Georgiques de Vir-

HEROIQVE.

gile, & aux Liures qu'Oppien a faits de la Chasse & de la Pesche.

On ne peut nier, que l'Action que i'ay choisie, n'ait toute la verité necessaire à la fondation du Poëme, estant fondée comme elle est, sur l'Histoire & sur la Tradition.

L'Histoire qui parle encore assez haut de la vaillance de Saint Louys, nous apprend qu'il porta ses armes iusques en Egypte; qu'il prit Damiette sur les Sarrasins; qu'il les défit en deux batailles; & qu'en la seconde, il se rendit maistres de leur Camp & de leurs Machines. Que peut-on desirer dauantage ? La Tradition qui est vne Histoire sans écriture, nous a appris que nos Eglises furent enrichies des saintes Reliques qu'il r'apporta de so voyage d'Egypte : Elle nous a fait sçauoir de plus, que ce fut luy qui acquit la Sainte Couronne à la France, & qui la mit dans la Chapelle de son Palais, pour estre à l'Estat vn gage de la protection du Ciel, & vne source de graces perpetuelles.

Que s'il s'éleue icy quelque Critique qui m'oppose, que cette acquisition ne s'est pas faite par voye de conqueste : Ie répondray au Critique, qu'ayant la verité en la substance de la chose, comme nous l'auons, il suffit que nous ayons la vray-semblance en la maniere : & que la forme du Poëme, & la fin de la Poësie, n'en demandent pas dauantage.

Et puis, le Critique ignoreroit-il, que le Parnasse est vn Pays libre ? Pourroit-il alleguer quelque nouueau Droit, citer quelque nouuelle Ordonnance, qui casse ses priuileges, & qui veüille que l'Inquisition y soit établie ? Examinera-t-on les Poëmes à la rigueur du Sillogisme ? Ne seront-ils receus qu'au poids & sur les mesures de la Logique ? Et si la Logique elle-mesme qui est faiseuse d'Argumens, & qui est toûjours en queste de la pure, de l'exacte, de la ponctuelle Verité, peut impunément & sans violer l'austerité de ses regles, de deux Propositions si vray-semblables, & reduites à la forme du Sillogisme, en tirer vne troisiéme, qu'elle garantira hautement, & qui sera receuë sur sa caution : Pourquoy la Poësie qui n'est que faiseuse de Fables, & qui a moins d'égard à la Verité qu'à la Vray-semblance, n'auroit-elle pas le pouuoir de ioindre ensemble deux choses qui sont vrayes, & ne sont pas incompatibles ? Et pourquoy ne pourra-t-elle pas de ces deux choses assemblées, en composer vne troisiéme, qui ait autant d'apparence de verité, qu'en demande la fondation du Poëme ?

L'Iliade, l'Odyssée, l'Eneide ne sont pas si bien fondées : & si elles estoient examinées à la rigueur de l'Histoire, ie ne pense pas qu'on trouuast en leurs fondemens toute la fermeté qu'on me demande. Cependant il ne s'est point éleué de Critique, qui ait fait vn procés aux Entrepreneurs de ces riches Edifices, & les ait obligez à la garantie de leur besongne. On ne s'est point encore auisé, de prendre les Poëtes à serment : & quand on exige d'eux quelque verité, on ne pretend pas que ce soit vne verité, sur laquelle ils puissent louer la main deuant vn Iuge.

Il y a bien plus, & ie ne feindray point de le dire : cét assemblage de deux choses vrayes, reünies en la composition d'vne troisiéme vray-semblable, est plus rare, plus ingenieux & plus artificiel, qu'vne verité toute simple, & sans façon de la part du Poëte. Et les Expers auoüeront, que le Beau Poëtique y est plus iuste & plus correct, y est mieux

HEROIQVE.

défini fur les regles, y eft plus heureufement exe-cuté felon l'intention d'Ariftote, qui veut que l'on s'éleue du Particulier à l'Vniuerfel; & qu'on laiffe la Verité défectueufe, pour la Vray-femblan-ce qui eft parfaite.

Il ne fuffit pas à la Regularité du Poëme, que l'Action foit vraye; comme il ne fuffit pas à la perfection du corps, que la matiere en foit réelle. Il faut que cette vraye Action foit vne & entiere, afin qu'il n'y ait rien de double ny d'amphibie, rien d'eftropié ny d'imparfait en la Fable. Toute Beau-té, foit naturelle, foit artificielle, demande les mefmes conditions: & en cela, il eft du Poëme comme de tous les Corps, qui ne peuuent eftre beaux & reguliers, que de l'vnité de leur matiere complete & affortie de toutes fes pieces.

De l'vni-té & de l'integri-té de l'A-ction.

Ie fuis obligé d'auertir encore icy, qu'on fe garde du mauuais exemple de l'Ariofte, qui nous a donné vn Monftre, compofé de diuers corps attachez les vns aux autres. Quelques rares que foient les Monftres, & quelque diuertiffement que l'on y prenne, ce font toûjours des débauches & des pechez; ils étonnent plus qu'ils ne plaifent; ils fcandalifent plûtoft qu'ils n'édifient. Et tout ce qu'on peut dire pour excufer l'Ariofte, c'eft qu'il a failly volontairement & par deffein; qu'il a crû que c'eftoit le nombre & non pas le choix, qui faifoit la reputation; & qu'il luy feroit plus glo-rieux, que fa Poëfie fuft chantée dans les Hales, que fi elle n'eftoit leuë que dans le Palais. Et que Piccolomini & Cafteluetro ne dient point, que cet-te vnité d'Action eft plus de confeil que de precep-te. I'auoüe auec eux, qu'elle fert infiniment à faire paroiftre l'efprit & le iugement du Poëte: Mais qu'ils auoüent auffi auec Ariftote, qu'elle eft

DV POEME

necessaire à l'vniformité, & la perfection du Poëme. Si nous le considerons comme vn Corps, de quelle nature sera ce Corps, où il y aura plus d'vne matiere? De quelle espece sera la forme de ce Corps qui sera soustenuë de plus d'vn Sujet? Si nous le considerons comme vn Edifice; de quel ordre sera cét Edifice basty sur deux Plans? Il faudra donc que la Fable se multiplie auec l'action. Et quel monstre sera le Poëme composé de cette double, ou de cette triple Fable? Sera-ce vn assemblage de deux Palais adossez l'vn contre l'autre? Sera-ce vn corps triple, pareil à celuy du Geryon, ou à celuy de la Chimere?

Ie ne voy pas que de ce costé là, il y ait rien à dire à l'action de mon Poëme: & ie pense pouuoir sans rien hazarder, en garantir l'vnité; estant asseuré qu'elle est sans diuision, sans discontinuité, & sans rupture: & qu'il n'y entre rien qui en separe les parties, rien qui les détache de leur corps, & les mette hors de leur assiette.

Dauantage, elle n'est pas moins entiere, qu'elle est vne, parce qu'elle ne manque d'aucune piece: & pour m'expliquer par les termes dont Aristote interprete cette Regle, elle a vn commencement, qui ne presuppose rien deuant luy: elle a vne fin, qui ne laisse rien à desirer apres elle; & vn milieu, qui est l'entre-deux & la liaison de l'vn & de l'autre.

La verité, l'vnité & la totalité, sont interieures à l'action, & appartiennent à sa substance. Le temps & le lieu luy sont exterieurs, & ne la touchent, pour ainsi dire, que par le dehors. Neantmoins de ce costé-là encore, il y a certaines proportions & certaines mesures à garder, dans la distance des temps & des lieux, afin que la Poësie fasse

HEROIQVE.

fasse son effet sur l'Imagination & sur l'Esprit, comme la Perspectiue fait le sien sur la veuë.

Du temps de l'Action.

Les Sujets qui sont trop anciens, & que le Temps a démolis, ne paroissant point parmy les ruines de tant de Siecles, sont comme s'ils n'auoient iamais esté, & passent pour inuentez & pour fabuleux. Bien dauantage, les coustumes, les façons & les modes de ces premiers temps, encore sauuages, grossieres & mal polies, offenseroient la veuë & blesseroient l'imagination, si elles estoient representées en leur naturel. Et le Poëte qui entreprendroit de les reformer sur nos modeles, violeroit toute vray-semblance, romproit toute conformité, & feroit d'aussi bizares peintures, que ceux qui donnent vn masque à Didon, & vn chapeau auec des plumes à Enée.

Les Sujets qui sont trop modernes, ont d'autres inconueniens. Estant encore tous entiers, & n'ayant point esté reculez ny entamez par le Temps, ils ont cela d'incommode, qu'on les voit de trop prés & trop à plein : on en connoist trop le particulier : & le Poëte par consequent n'en disposant pas auec vne entiere liberté, la Poësie y est défiante & timide, s'y trouue à l'étroit & resserrée, & tout l'Edifice ne peut auoir cette hauteur & cette étenduë, cette magnificence & cette richesse que demande l'Heroïque.

L'Action que ie represente ayant quelques quatre cens cinquante ans d'antiquité, n'est point sujette à tous ces inconueniens : elle est dans le iuste éloignement où la demande la liberté de la Poësie, & la structure de la Fable : Elle n'est ny sur les yeux, ny hors de la portée des yeux : Et comme elle n'est pas si moderne, que chacun en sçache tout le détail ; aussi n'est-elle pas si ancienene qu'on l'ait oubliée. D'ailleurs, la Politesse, la Courtoisie, la Generosité, toutes les Vertus, toutes les Sciences amies des Graces estoient déja nées, estoient déja Françoises du temps de Saint Louys, les Vers, les Deuises, les Tournois, estoient déja en vsage: & la Cheualerie, comme on parloit de ce temps-là, estoit déja galante & spirituelle; mais galante sans desordre, & spirituelle sans libertinage.

S'il faut aller bien loin de son Siecle, pour inuenter hardiment, & pour feindre auec liberté, il faut aller encore plus loin, pour trouuer le Grand, le Magnifique & le Merueilleux, qui sont des qualitez essentielles à l'Heroïque. Le Temps a ses Perspectiues, comme le Lieu a les siennes: mais il y a cette difference, que l'éloignement qui détruit l'apparence des choses, & les reduit au petit pied, dans les Perspectiues du Lieu, les amplifie & les augmente au double & au triple dans les Perspectiues du Temps.

Pour ne point nous éloigner des termes de l'Heroïque, la Bataille de Lepante, qui s'est donnée de nostre memoire, & le Siege de la Rochelle, qui s'est fait à nostre veuë, valent bien la Bataille Actiaque & le Siege de Troye, que nous ne voyons que dans l'éloignement de l'Histoire & de la Fable. Neantmoins sur le mauuais rapport de nostre memoire, & sur les illusions de nostre veuë, nous iurerions que l'entreprise de Troye a le double sur celle de la Rochelle, & que la Victoire Actiaque a le triple sur celle de Lepante: & ce ne sera qu'apres que le Temps aura éloigné de cinq ou six Siecles, deux Actions si memorables, qu'elles paroîtront de la mesure que demande le Poëme Heroïque.

HEROIQVE.

Il en est de mesme des grands Hommes, que des grandes Actions. Les Anciens sans doute, valent beaucoup: mais sans doute aussi, ce beaucoup a plus de relief & plus de saillie de loin, qu'il n'en auroit de prés; & l'antiquité n'est pas le dernier article du merite des Anciens. Celuy-là l'entendoit, qui entre les auantages d'Homere, auant toute chose, mettoit en compte son droit d'aisnesse, & les mille ans qu'il auoit sur luy. Nous en connoissons, qui sans vanité, pourroient dire d'Alexandre & de Cesar, ce que celuy-là disoit d'Homere. Et ce que Seneque a dit de Caton, que son Siecle ne l'auoit pas bien compris, se peut dire generalement de tous les grands Hommes. Cette bizarrerie est aussi étrange qu'elle est injuste; la Raison neantmoins entraisnée par la Coustume, s'y accommode: & le Poëte qui sera auerty, que les Heros veulent estre veus de loin, aussi bien que les Autheurs, se gardera bien de chercher à la veuë de son Siecle, le Grand & le Merueilleux de l'Heroïque.

Bien dauantage, ie luy conseillerois de ne se pas moins écarter de son Païs, que de son Siecle; & d'aller chercher le Grand & le Merueilleux, aussi loin dans la Carte, que dans l'Histoire. L'Experience nous a appris auant la Philosophie, que l'Accoustumance oste la force & la pointe aux choses: & que plus l'ordinaire deuient ordinaire, & plus il s'approche de l'imperceptible. Les Alpes ne paroissent point hautes aux Sauoyars, ny les Pyrenées à ceux de Biscaye: & les Peuples qui demeurent prés des Cascades & du Nil, n'en entendent point le bruit, qui s'entend à plus de vingt lieuës.

Au contraire, tout ce qui est rare, tout ce qui

Du lieu de l'Action.

vient de loin, passe pour grand : & c'est de l'étranger & de l'inconnu, que se fait le magnifique. Le Scamandre de l'ancienne Troye, à ce que disent ceux qui l'ont veu, n'est gueres plus grand que la Riuiere des Gobelins ; & ceux qui ne le voyent que dans l'Iliade, sur le bruit que fait son nom, & sur la parole d'Homere, le prendroient pour vn bras de Mer. Qui de nous entend nommer le Mançanarez, qui ne se figure qu'il vaut quatre fois le Rhin, & six fois le Po ? Nous sçauons pourtant, que dans son Païs mesme il le faut chercher pour le trouuer, à peine a-t-il autant de pouces d'eau qu'il a de sillabes ; & on le passe aussi viste & aussi aisément qu'on le nomme.

Ce que ie dis des Riuieres, se doit encore dire des Montagnes, des Villes, des Nations éloignées : il se doit dire de leurs mœurs, de leurs habillemens & de leurs armes. Il est certain que la montre de semblables choses est plus surprenante : leurs noms entrent autrement dans les oreilles : & les phantosmes qui en demeurent dans l'imagination, sont plus grands, plus augustes, plus magnifiques Les eaux de l'Araxe, de l'Oronte, de l'Hidaspe, roulent bien aueque plus de pompe dans le Vers, & y font bien vn autre bruit, que celles de la Marne, de la Seine & de la Loire. L'Esprit du Lecteur s'éleue bien d'vne autre sorte pour le Mont Gibel, ou pour le Mont Liban, que pour le Mont Valerien : Et Paris luy-mesme, tout immense que nous le voyons, perd son immensité, quand il est mis en Poësie auprés de Memfis ou de Babilone : tant l'illusion de la Perspectiue & la tromperie de l'éloignement ont de force : & tant il est veritable, que le Poëte qui cherche le Grand & le Merueilleux, se doit

HEROIQVE.

éloigner le plus qu'il peut de son Païs & de son Siecle.

Ceux qui sont assez riches de leur fonds, pour faire valoir les choses communes, & donner de l'éclat aux ordinaires, se peuuent dispenser de ces longs voyages, & se passer du commerce des Estrangers. I'auouë que ie ne suis pas de ces Riches-là : ie n'ay point de Carrieres ny de Mines domestiques ; les Riuieres qui portent l'Or, & qui font les Perles, passent bien loin de chez moy : & il a fallu que i'allasse chercher en Egypte, ce que ie ne pouuois esperer en France.

Bien m'en a pris de m'estre embarqué. L'Egypte est le plus merueilleux de tous les Païs, & le plus fertile en grandes choses. Le Phare & les Pyramides, le Nil & le Caire, les Magiciens & les Monstres, les miracles de l'Art & les prodiges de la Nature, sont originaires de ce Païs-là : Et les seuls noms des Sultans & des Sarrazins, remplissent l'oreille de leur son : la seule montre de leurs armes & de leur équipage surprend la veuë, & met dans l'esprit des images qui l'étonnent.

Pour reuenir à l'Action, il est necessaire qu'elle soit loüable, afin qu'elle soit chantée ; & qu'on en puisse faire vn exemple public, sans donner de scandale au Public. Ie ne sçay s'il n'y aura point de temerité à le dire : ie le diray neantmoins sans rien diminuer des respects que ie dois à l'âge & au merite d'Homere : & ie le diray auec la défiance de ceux qui proposent leurs doutes & leurs soupçons ; & non pas auec la resolution de ceux qui donnét des Decisions & qui font des Dogmes.

De la qualité de l'Action.

Il me semble que le bon-Homme, pour vser des termes d'Horace, commence à sommeiller dés le Prelude de son Iliade. Il s'adresse d'abord assez familierement à la Muse qui l'inspire, & luy commande auec plus de priuauté qu'il n'en faudroi: à vne Deesse, de chanter la Colere d'Achille & les calamitez qu'elle a causées aux Grecs & à ceux de Troye. Ie pourrois douter icy, & ie ne douterois pas sans raison, si la premiere régle de l'Architecture Poëtique nous recommandant auant toute chose, de fonder le Poëme sur vne Action, la structure de l'Iliade, qui est fondée sur vne Passion, est vne structure bien reguliere.

Dira-t'on que la Colere qui n'est qu'vne Passion dans les Ames du commun, soit vne Action dans les Ames Heroïques? Il faudra donc en dire autant de la Colere des Aigles & de celle des Lyons, qui sont entre les Animaux, ce que les Heros sont entre les Hommes. Et puis, qui ne sçait que les Heros, pour estre de plus grande taille, & pour auoir de plus grandes forces que les autres, ne sont pas faits d'vne autre matiere? Le Geant & le Nain sont moulez de mesme terre; & la terre du Geant ne s'altere pas autrement, ny ne s'échauffe d'vn autre feu que celle du Nain.

Dira-t'on que ce n'est pas la colere d'Achille, mais la déroute des Troyens & la défaite d'Hector qui est le sujet de son Poëme? Il y a donc de la mauuaise foy dans sa proposition: il ment en vn lieu où le Poëte ne peut mentir aueque merite: il trompe la Deesse qu'il inuoque: il impose à toute la Grece qui l'écoute. Et d'ailleurs, de quel vsage sont dans l'Iliade les dix-neuf liures qui precedent cette Action? Pourquoy l'Accessoire y est-il si étendu & si au large, & le Capital si reserré & si à l'étroit? Pourquoy cette défaite d'Hector ne se trouue-t'elle qu'à la fin de tout le Poëme, comme feroit au bout d'vne longue Gale-

HEROIQVE

sic vne petite bataille en perspectiue?

Disons donc pour l'honneur d'Homere, qu'il estoit mieux instruit de ses intentions, que ceux qui les luy veulent apprendre: croyons sur sa parole, qu'il propose sincerement & de bonne foy: & ne doutons point, puis qu'il en prend à témoin la Deesse, que la colere d'Achille qu'il veut chanter, ne soit le sujet de son Iliade.

Mais quelle colere? il en fait luy-mesme le portrait. Vne colere pernicieuse, dit-il, vne colere fatale à l'Armée des Grecs, qui en a fait plus mourir que la peste & les armes des Ennemis.

Ie demande si cette pernicieuse, si cette fatale colere, estoit vne chose à chanter, ou à détester? S'il la propose pour la donner en exemple, ou pour en donner de l'horreur? S'il en veut faire vne matiere de loüange ou d'execration publique? Que diroit-on d'vn Castillan, qui chanteroit à Madrid ou à Bruxelles, la colere du Prince d'Orange, & les maux qu'elle a causez à l'Espagne & à la Flandre? Que diroit-on d'vn François, qui chanteroit sur le bord de Seine & à l'ombre des Tuilleries, l'indignation de l'Admiral de Coligny, & les reuoltes, les guerres, les ruines qui l'ont suiuie? Ce que feroient ceux-là, Homere l'a fait: & le sujet de son Iliade ne me semble pas moins scandaleux, son Heros ne me paroist pas de meilleur exemple, que ceux que ie viens de dire.

Ce n'est pas assez que l'Action soit loüable, il faut de plus qu'elle soit heureuse; la dignité du Heros & l'édification du Public demande cela: & il importe extremément, que l'issuë en soit la plus specieuse & la plus éclatante qu'il se pourra, afin qu'elle pique le cœur des Grands, & que l'é-

Du succez de l'Action.

e iiij

mulation les porte à de pareilles entreprises, par le desir & par l'esperance d'vn pareil succez.

On me permettra en cét endroit, de me declarer contre l'Apparence : c'est vne étrange trompeuse que cette Apparence : elle impose par tout où elle se trouue : & quelques-vns abusez par ses impostures, auoient crû que l'Action que i'ay mise en œuure estoit défectueuse de ce costé-là. Neammoins, quoy qu'il ait semblé d'abord à ceux qui ne la voyoient que de loin, il se trouuera à la fin, qu'elle a toutes les conditions qu'il faut pour en faire vn grand Modele & vn Patron accomply.

Il y a de la valeur, & cette valeur est sanctifiée par la pieté : Il y a de la gloire, & l'vtilité est meslée à cette gloire : Et soit qu'on en considere le progrez, ou la fin, on ne peut rien representer de plus heroïque, de plus illustre, ny de plus heureux, qu'vne Action où il y a des batailles gagnées sur la Mer & sur la Terre, vne Ville prise & vn Camp forcé, deux Armées défaites, & deux Generaux Barbares tuez de la main du Heros, lequel apres tout cela, est couronné de la Sainte Couronne, qui estoit le Sujet de son entreprise, & qui a esté depuis la gloire & le bon-heur de son Royaume.

On en demanderoit trop, si l'on en demandoit dauantage à mon Heros. Achille, Vlysse, Enée, Godefroy, n'ont pas tant coûté à faire : & leurs Actions à beaucoup moins que cela, ont passé pour illustres & pour heroïques. Il n'importe que la Guerre ne luy ait pas esté si heureuse en toutes choses : ces mal-heurs n'entrent point dans mon Sujet : ils sont posterieurs à l'Action sur laquelle i'ay trauaillé : ils n'en corrompent point le succez : & pourueu que la fin où ie la conduis soit

HEROIQVE.

heureuse, tout ce qui vient apres cette heureuse fin estant hors de ma besongne, & n'appartenant point à l'Action, ny à la Fable fondée sur l'Action, il n'y a point de loy qui m'oblige à le garantir: & l'on me tiendroit vne rigueur sans exemple, si l'on m'en vouloit faire comptable.

Les Poëtes ne sont pas garans de toutes les auantures de leurs Heros : ils n'ont point traité pour eux auec la Fortune : & leurs Sauuegardes, ny leurs Franchises, s'ils en auoient à donner, ne seroient pas respectées du Mal-heur. C'est assez qu'ils ayent l'adresse d'éloigner les aduersitez & les reuolutions qui pourroient détruire le succez de l'Entreprise : & qu'ils se souuiennent de la regle qui les oblige à la terminer heureusement. Tout le reste qui n'est point de leur fait, n'est point aussi de leur compte : & qui leur en demanderoit raison, exigeroit plus qu'ils ne doiuent. Iusques icy, personne ne s'est auisé de demander compte à Homere de la mort d'Achille, qui fut si mal-heureusement tué deuant Troye, ny à Virgile de celle d'Enée, qui ne perit pas plus heureusement en Italie : & iusques icy personne n'a trouué, que les mal-heureuses morts de ces Heros tuez en leurs entreprises, fussent des defaux dans l'Iliade & dans l'Eneïde.

D'opposer à ces raisons, que la prise de Troye fut vn effet de la victoire d'Achille, ce seroit auoir oublié que la prise de Troye n'entre point dans la composition de l'Iliade : & qu'elle est hors de la veüe, & bien loin de l'intention du Poëte, s'il est capable de rendre compte de son intention, & s'il merite qu'on l'en croye sur sa parole. Dauantage, ce seroit s'inscrire en faux contre l'Histoire, laquelle impute la prise de Troye à la trahifon d'Erée & d'Antenor. Et ce feroit de plus donner vn celebre démenty à la Fable, qui l'attribuë à l'affistance de Minerue, aux rufes d'Vlyffe, & à la prodigieufe fabrique de cette montagne de bois, taillée en Cheual, qui mit les Ennemis dans la Ville.

Mais il y auroit bien vne autre raifon à dire pour mon Heros, qui ne peut eftre alleguée pour le Grec ny pour le Troyen. C'eft que fes malheurs & fes aduerfitez eftant de fon choix, comme ie le feins au Liure huictiéme, ce ne furent point des mal-heurs ny des aduerfitez qu'on luy doiue reprocher, ny qu'on puiffe mefme imputer à la Fortune. Ce furent des occafions volontaires, ce furent des combats recherchez, où la feconde partie de fa Vertu fe fignala bien autant par la fouffrance, que la premiere s'eftoit fignalée par le maffacre des Infidelles. Encore vn mot à l'honneur de ces fouffrances, qu'on ne peut affez honorer : ce furent des épines & des piqueures de la Couronne Sainte & douloureufe, que noftre Heros preferera à la Couronne de l'Empereur Frederic, & à celle des Sultans, felon la fixion du Liure huictiéme : & non feulement fa gloire ne receut point de déchet de ces épines, & ne fut point obfcurcie par ces piqueures ; elle en receut vn nouuel éclat, & en fut plus propre à eftre mife fur la montre du Poëme Heroïque. Qui en doutera, s'il confidere que les Princes ont befoin de leçons & de modeles de Patience, comme tous les autres Hommes ; & que la Vertu Heroïque ne leur eft pas moins neceffaire pour fouffrir aueque fermeté, que pour combattre auec courage ? Mais cette raifon, quelque forte qu'elle foit, eft plus de furerogation que de befoin ; & il fuffit de dire, que la prison qu'on reproche à mon Heros, estant hors de la structure de mon Poëme, il n'en est pas plus interessé, que l'Iliade l'est de la mal-heureuse mort d'Achile, tué par le plus lasche de tous les Troyens.

Apres auoir expliqué tout ce qui appartient à l'Action, qui est la matiere du Poëme; il faut venir à la Fable qui en est la forme; & qui est à l'Action, ce que l'Ame est au corps, ce que la figure est au marbre, ce que la fabrique est aux materiaux qui composent l'Edifice. Disons donc, selon la sentence de Platon, d'Aristote & des autres Maistres, que sans la Fable, qui est la propre essence du Poëme, la plus iuste, la plus pompeuse, la plus belle versification ne fait pas vn Poëme, comme le plus riche habit du Monde, mis sur vn Manequin ne fait pas vn Homme. Faute de Fable, Lucrece n'est que Philosophe, Lucain n'est que Declamateur, Silius Italicus n'est qu'Historien: & la Traduction de tous les Poëmes Grecs, Latins, Italiens, Espagnols, ne me faisant point createur de Fable, ne me feroit pas Poëte, au moins si l'on en iugeoit par le droit ancien & sur le texte d'Aristote. *De la Fable.*

Cette necessité de Fable, afin de ne laisser à l'auenir aucun pretexte aux mauuais Poëtes, est fondée sur la nature & sur la fin de la Poësie. Tous les Maistres enseignent que de naissance & par office, elle est faiseuse d'Images & de Figures; mais d'Images qui doiuent estre correctes, de Figures qui doiuent estre acheuées, afin qu'elles puissent estre mises sur la montre, & seruir de Patrons en la reformation des mœurs. Ces Images si acheuées, & ces Figures si correctes, veulent donc estre faites sur de parfaits Originaux. Et on veut *De la necessité.*

on que le Poëte les aille chercher? De quelle Boutique, de quel Cabinet veut-on qu'il les tire? Tous les Particuliers tiennent de la Matiere, qui gaste toutes les choses où elle entre: L'existence & la Realité sont par tout corrompuës, par le mélange des conditions individuelles: & il ne vient rien au Monde, qui ne s'éloigne en y venant, de la perfection de son Idée. Il est donc necessaire que le Poëte qui se veut acquiter de son devoir, s'éleve au dessus des Particuliers, & aille chercher ces Originaux dans l'Vniversel, où il n'entre rien qui le corrompe: il faut qu'il laisse là l'Existence qui est gastée, qu'il n'ait point d'égard à la Verité qui est mutilée & defectueuse; & qu'il s'attache à la Possibilité qui est toute pure; qu'il étudie, qu'il copie, qu'il represente la Vray-semblance qui est entiere & parfaite.

Cela presupposé, ie demande, si vne composition de choses tirées sur l'Vniversel, & representées sous la seule Vray-semblance, & sous la seule Possibilité, n'est pas toute fabuleuse, n'est pas aussi éloignée de la composition Historique, que l'Vniversel abstrait & separé de la Matiere, est éloigné des Particuliers, qui se voyent & qui se touchent? Le Poëte est obligé de travailler de cette maniere: On attend de luy vne structure sur ce Plan & de cette forme: c'est par là qu'il se doit distinguer de l'Historien: & s'il n'a les aisles assez fortes pour s'élever iusques-là: s'il n'est asseuré de l'assistance de quelque Esprit familier qui l'y porte: s'il ne peut faire vn pas sans tenir l'Histoire par la main; qu'il demeure Historien à la bonne-heure; qu'il le soit en Rimes, en Mesures, en Musique, comme il luy plaira: mais qu'il ne s'ingere point de prendre place parmy les Poëtes.

HEROIQVE.

Aristote expliquant la nature de la Fable, dit *Sa défini-* qu'elle est l'assemblage, ou la structure, ou *tion.* la composition des choses feintes. Cela veut dire, que la Fable est vne Fabrique artificielle, composée d'éuenemens feints & inuentez; mais vray-semblables, & fondez sur la verité d'vne Action illustre & heroïque. De sorte que le Poëme est comme vn riche & magnifique Palais; que le fondement de ce Palais est vne Action connuë & Historique; & que tout l'Edifice fondé sur cette Action, est vne fabrique fabuleuse de l'inuention du Poëte.

La Fable, comme ie viens de la décrire, veut *Ses qua-* estre Vne, Vray-semblable, & Merueilleuse. Les *litez.* regles du Poëme demandent cela, le titre d'Heroïque le promet, & le Poëte qui ne s'en acquite pas, soit par libertinage, comme l'Arioste, soit par sterilité d'esprit comme d'autres, manque à son deuoir & à sa promesse. Qu'il y apporte donc du soin, & qu'il tâche sur toute chose, de tenir sa Fable dans la plus iuste & la plus exacte vnité, que la peut souffrir cette sorte de structure.

Qu'il apprenne, s'il veut estre persuadé de ce deuoir par la raison; que le Poëme est vne structure artificielle, composée de differentes parties jointes en vn corps, comme celle de tous les autres, où il y a de la diuersité & de l'assemblage, se fait de l'harmonie & de la conuenance des parties qui le composent; que l'harmonie & la conuenance se font de l'vnion, & que l'vnion se termine à l'vnité, & par consequent que l'vnité estant la propre forme qui fait la beauté du Poëme, elle ne luy peut manquer, qu'il ne vienne de la difformité des corps doubles.

Qu'il considere, s'il veut estre conuaincu par

les exemples, qu'il n'y a point de corps artificiel, qu'il n'y a point de naturel, où cette vnité ne soit religieusement obseruée; si ce n'est dans quelques productions monstrueuses qui sont nées des pechez de l'Art, ou des débauches de la Nature.

Et en cét endroit, on me doit permettre de crier de toute ma force, qu'on se garde des écueils, qui sont vers les costes d'Italie ; qu'on ne se laisse point emporter aux mauuais exemples du Pulci, du Boyardo, de l'Arioste, & des autres semblables Poëtes de ce Pays-là. Ils nous ont fait des Monstres en Vers, des Corps sans forme, & à plusieurs formes : des Romans meslez de l'Heroïque & du Comique : des Centaures demy-hommes & demy-cheuaux : des Edifices, où l'on void sur vn mesme Plan des Palais & des Hales, des Téples & des lieux de débauche. Peut-on voir vne plus hardie, vne plus licentieuse infraction de toutes les régles de la Poësie, & de tous les deuoirs du Poëte? Se peut-on reuolter auec plus d'audace contre la Raison, cõtre l'Antiquité, contre l'Exemple?

Encore ont-ils des Partisans de leur Pays, qui disent pour leur iustification, que leur dessein n'ayant pas esté de trauailler sur le Modele du Poëme, l'infraction de ses régles ne leur peut estre reprochée : qu'ils ont assez fait de garder celle du Roman, qui ne visant qu'au diuertissement du Peuple, luy feroit mal passer le temps, auec les scrupules de l'Vnité, & les superstitions de la Vray-semblance.

Apres auoir dit à ces Messieurs de delà les Monts, que de legitimes obligations établies de la Nature, & receuës des Sages, ne sont pas des Superstitions ny des Scrupules, Disons leur encore, que le Poëme Roman est vne Fabrique moder-

HEROIQVE.

ne, mais informe & capricieuse; qu'il ne s'en trouue point de Plan ny de Modele dans la bonne Antiquité; qu'il ne s'en voit pas mesme vn seul vestige, dans les Histoires fabuleuses d'Anaxagoras, de Iamblicus, d'Achilles Tatius, d'Heliodore; & qu'il n'estoit pas connu dans le Monde, auant que les Amadis & les autres Preux extrauagans, aussi bizarres que les Centaures & les Geryons, y fussent venus faire la guerre au bon Sens & à la Raison. Et certes le memorable compliment auec lequel le Cardinal d'Este receut l'Arioste, apres la lecture de son Roland, est vn assez bel exemple, du iugement qu'il faut faire de cette sorte de iugemens irregulieres.

Concluons cette reflexion, qui ne sera pas inutile, & disons à ceux qui se trouueront capables de trauailler sur l'Heroïque, & de contribuer à l'instruction des Grands; qu'ils laissent aux Hales & à la Foere, les Figures monstrueuses, & les Enseignes d'Animaux étranges; qu'ils se gardent sur tout d'étaler semblables choses dans le Louure, & dans le Palais; & qu'ils ayent soin de ne rien representer en ces lieux-là, qui ne soit iuste & compassé; qui n'ait toutes les proportions & toutes les mesures d'vne Grandeur reguliere & bien-seante.

Il n'y aura rien à desirer en l'Vnité de la Fable, si l'Action en est vne: Si le Heros principal est seul & sans Concurrent; Si les Episodes tiennent au Corps de l'action, par les nœus du Necessaire & du Vray-semblable. Auant toutes choses, l'vnité de l'Action y est necessaire, parce que naturellement vne forme ne peut naistre de deux Sujets: vne Ame ne se peut partager entre deux corps: & on ne fera iamais de deux morceaux de marbre separez, vne figure bien reguliere.

Secondement, il se faut fier à son Heros, & commettre toutes les grandes choses à son courage, à sa conduite, à sa fortune. Car de luy donner des Associez & des Cooperateurs, qui luy soient égaux, qui mettent la main à l'œuure aueque luy, & fassent la moitié de la besongne, c'est donner plusieurs testes à vn corps: & on n'embellit pas vn corps en multipliant ses testes, on en fait vn Monstre. De recourir à l'Allegorie, pour iustifier cette faute, comme a fait le Tasse; c'est faire venir de bien loin & à grands frais, vne Chimere, pour deffendre vne autre Chimere.

Des Episodes. Le troisiéme point necessaire à l'Vnité de la Fable, est la iuste liaison des Episodes. On appelle ainsi les Actions accessoires & inserées, qui seruent à la grandeur & à la beauté du Poëme. Elles ne doiuent estre ny trop pressées & en foule, ny mal vnies & en desordre. Il se faut souuenir que ces Actions inserées estant à l'Action principale, ce que les membres sont au corps, & ce que les rameaux sont à l'arbre, elles ne la doiuent pas accabler, elles doiuent l'embellir : & si la moderation n'y est gardée, bien loin de l'embellir elles l'étouffent. Mais qu'on prenne garde sur tout, que ce soient des membres naturels, & non pas des membres postiches, ny des membres doubles: les vnes ne sont propres qu'aux Estropiez, & les autres ne font que des Monstres. On éuitera cét inconuenient, si ces pieces naissent du corps de l'Action, par vne suite ou necessaire ou vray-semblable; & si elles vont à la fin de l'Action, par vne descente ou vray-semblable ou necessaire.

Ie ne sçay, si ie l'oseray dire, il se faut encourager neantmoins: & vn respect qui n'est que de

HEROIQVE.

bien-seance, ne le doit pas emporter sur vn deuoir qui oblige. Que l'on entende qu'il faut éuiter comme écueils les contre-temps, les antidates & les attentats d'vne Figure, qui se donne la liberté de changer l'ordre des Siecles, & de renuerser la Cronologie. Virgile sous l'authorité de cette Figure entreprenante, a eu le credit d'anticiper la naissance de Didon; & il la fait regner, il la fait mourir en son Eneide, prés de trois Siecles deuant que la Nature se fust auisée de la mettre au Monde. Où n'iront pas les attentats de cette Figure, si elle n'est reprimée? Elle peut auoir d'autres Fauoris, plus entreprenans & moins modestes que Virgile: Et que ne feront point ces Fauoris, si l'enuie leur prend d'abuser de leur faueur? Vn de ces iours, quelque Espagnol auancera la naissance du d'Albe, & le fera interuenir au Siege de Sagonte. Vn François qui ne voudra pas ceder en faueur à vn Espagnol, demandera vne pareille grace pour Gaston de Foix; & s'il n'est pas assez hardy, pour luy faire passer les Alpes auec Cesar, il l'enuoyera pour le moins contre les Lombars auec Charlemagne. Ie pouuois moy-mesme auoir credit auprés de cette puissante Figure; & comme elle peut tout sur le Temps, si ie l'eusse priée de retarder la naissance de Cleopatre, comme elle a permis à Virgile d'auancer celle de Didon, Cleopatre qui estoit Egyptienne, se sust trouuée fort à propos en Egypte du temps de Saint Louys; & ses amours auec Charles d'Anjou, eussent pû faire vn assez rare Episode en mon Poëme.

Ces anticipations hardies & ces contre-temps licentieux, me font souuenir d'vn Tableau du Guarchin, où l'on voit vn Suisse de la garde du Pape, qui assiste Paris, à l'enleuement d'Helene:

& d'vn autre Tableau du Lorrain, où les Hollandois venus au Siege de Troye auec les Grecs, prennent du tabac au port de Sigée. Semblables fautes, qui s'appellent beueuës en Peinture, s'appellent Figures en Poësie: mais à dire vray, ces Figures ne sont gueres plus excusables que ces beueuës; & les mécontes que la plume fait sur le papier, ne sont pas plus de mise que ceux que le pinceau fait sur la toile.

   Encore vn mot des Episodes de la peinture, ils nous apprendront à remarquer le faux & le juste en la liaison des nostres Lucien nous a laissé comme vn griffonnement d'vn Tableau, qui fut fait des Nopces d'Alexandre auec Roxane. L'inuention en est ingenieuse, spirituelle, & tout à fait digne du Siecle d'Apelle. On y voit l'Hymenée, Alexandre, Roxane, Ephestion qui fait l'office de Paranymphe: & tout cela appartient à l'Action. Mais outre cela on y voit de surcroist, & comme par Episode, vne troupe de petits Amours, qui se ioücnt autour des armes d'Alexandre. Il ne se pouuoit rien de plus naturel, ny de plus à propos; puis que les Amours sont les Domestiques de la Beauté, & les suiuans de l'Hymenée.

   Le Raphael trouua cette peinture assez belle pour la copier; mais il n'a pas esté si regulier de son chef, dans vn dessein qu'il a fait du Iugement de Paris. Il ne s'est pas contenté d'y donner place aux Deesses qui sont iugées, au Berger qui les iuge, à Mercure qui luy a apporté la commission; il a voulu que le Temps, que le Soleil, que les Signes du Zodiaque, que toutes les Heures y fissent leur personnage. N'en déplaise aux Peintres & aux Curieux; ces pieces inserées, quoy que les plus correctes du Monde, & les mieux dessinées,

HEROIQVE.

sont les plus mal situées, & les plus hors d'œuures & ils ne me persuaderont iamais, que le Temps, que le Soleil, que les Heures soient plus du iugement de Paris, que de la prise de Troye.

Il en est de mesme quelquefois des Histoires & des Descriptions, qui sont inseparées au corps du Poëme: elles sont belles, mais elles ne le sont pas en ces lieux-là: elles sont riches, mais elles sont superfluës, & la place qu'elles tiennent appartient à d'autres.

Le temperament du Vray-semblable & du Merueilleux, est la troisiéme condition que demande la Fable Heroïque. Il n'y a point de mode ancienne, il n'y en a point de nouuelle, qui permette de les separer: & il est du grand Poëme, comme d'vn Palais magnifique, où il faut des parties qui soustiennent & qui affermissent; & d'autres parties qui surprennent & qui étonnent. Le Vraysemblable qui est le fondement de l'opinion, & l'objet de la creance, y doit entrer d'vne-part, afin d'apuyer les exemples, & de leur donner de l'authorité & de la force: Et le Merueilleux qui est la matiere de l'admiration, y doit entrer d'autrepart, afin de les releuer, de les embellir, & de leur donner ce qui attire l'estime, & ce qui excite l'émulation des Grands, qui ne s'ébranslent que pour les grandes choses.

Du Vraysemblable, & du Merueilleux.

Qu'on sçache donc que la Poësie Heroïque n'est pas de ces Basteleuses, qui n'ont autre chose à faire qu'à diuertir les Passans, par des representations étranges, & des Figures monstrueuses. Il est veritable, que son principal employ est de faire des representations & de mouler des Figures. Mais ces representations doiuent estre des leçons, qui enseignent en diuertissant: Ces Figures doi-

DV POEME.

uent estre des Patrons, sur lesquels les Spectateurs se puissent former de nouueau; & se faire plus Sages ou plus Braues, plus Patians ou plus Magnanimes. Les Actions où le Vray-semblable ne se trouue pas, ne sçauroient seruir à cét vsage: & personne qui aura la teste saine, ne les tirera iamais en consequence.

Premiere faute contre le Vray-semblable.
Il y a trois manieres de faillir contre cette regle: La premiere est celle de certains Architectes, qui ne bastissant que sur le faux, ne mettant point en œuure le probable ny le possible, & prenant toutes leurs mesures sur vn Imaginaire demesuré, font en matiere de Heros, ce que faisoit le Sauuage en matiere de Monstres. Semblables Ouuriers sont plus propres au diuertissement du Peuple, qu'à l'instruction des Grands; & leurs Ouurages sont moins le fait des Cabinets, que des Boutiques. Ajoustons que le probable & le possible estant le fondement de l'Esperance & de l'Emulation, il n'y a rien à faire, où il n'y a rien à croire: & qui ne sera pas aussi Visionnaire que Dom Guichot, ne se proposera iamais de reduire pareilles Visions à la pratique.

Seconde faute contre le Vray-semblable.
La seconde maniere de faillir contre la regle du Vray-semblable, est celle de certains rigoureux amateurs de la Verité, mais amateurs peu éclairez & mal instruits, qui n'ayant pas assez bonne opinion de tout ce qui se trouue dans l'étenduë de la Foy humaine, vont chercher dans les Saintes Ecritures des Heros, & des Actions heroïques à mettre en Poëme. Ils me le pardonnerôt, si ie leur dis, qu'en cela ils font deux fautes essentielles; l'vne contre la forme du Poëme, l'autre contre la fin de la Poësie, & toutes les deux contre le deuoir du Poëte. La premiere est, que ne voulant

HEROIQVE.

pas s'arrester dans l'étenduë des choses qui ne sont que de Foy humaine, & passant iusques à la religion de celles qui sont reuelées, & de Foy diuine, ils laissent dans le pays d'où ils sortent, la vraye matiere dont se font les Fables, & n'en trouuent ny vraye ny fausse en celuy où ils entrent: parce qu'en ce pays là, il n'y a rien de faux; & ce qu'il y a de vray, ne se peut mettre en Fable, sans quelque sorte de blaspheme.

La seconde faute qui se fait par ces Amateurs de la pure Verité, mais mal instruits de la nature du Poëme, est qu'allant chercher des sujets bien au delà des bornes de la Vray-semblance & de la Possibilité des choses, ils n'en rapportent rien qui leur puisse seruir d'aiguillon à piquer le courage & l'émulation des Grands, & les porter a de semblables entreprises. Et cette seconde faute est contre la fin de la Poësie, comme la premiere, qui ne laisse aucun lieu à la Fable, & contre la forme du Poëme.

Voicy deux Actions les plus veritables, les plus merueilleuses, & les plus mal propres du monde au Poëme Heroïque.

Gedeon fut commandé d'attaquer le Camp des Madianites; il fit l'entreprise, & l'executa, auec vn corps de trois cents hommes, armez de lampes & de bouteilles. Quelles forces & quel armement pour vne telle entreprise! & quel succez pour vn tel armement & de telles forces! Mais qui sera le General d'Armée qui se formera sur ce Modele, qui laissera les Bombes & les Canons, & ira à la Guerre aueque des bouteilles & des lampes?

Samson desarmé & lié de cordes, est attaqué par vne Armée de Philistins; il romp les cordes, se saisit d'vne machoire d'asne, tuë mille Philistins de cette machoire, & met le reste en déroute. L'Action est vraye; mais elle est bien au delà du Vray-semblable; elle s'est faite, mais en se faisant, elle n'est pas deuenuë possible: & cette vaillance ne trouuera gueres plus d'imitateurs, que celle du Roland de l'Arioste, qui donne des batailles, & deffait des Armées dans le ventre d'vne Balene.

Que ce soit donc vne des Maximes capitales de nostre Art, que la Vray-semblance est de plus grand vsage dans le Poëme que la Verité: & que le Merueilleux, voire le Merueilleux veritable, est inutile à la structure de la Fable, s'il n'est pris dans les bornes du Vray-semblable, & du Possible, qui ne s'étendent point au delà des raisons humaines, & où les forces humaines se peuuent étendre.

A ces deux manieres de faillir contre le Merueilleux Vray-semblable, il faut ajouster la troisiéme, où tombent ceux qui n'agissent que par Machine, qui ne font rien où il n'entre de l'enchantement ou du miracle, où il n'interuienne des Anges ou des Demons, qui seruent fort vtilement, soit à ruiner ou à rétablir vn Party; soit à détruire ou à terminer vne entreprise.

La Machine n'est pas deffenduë au Poëte, pourueu qu'il la sçache placer où il faut; & qu'il ne la fasse iouër que dans les besoins, où la Valeur & la Prudence ne peuuent rien. Il luy est permis de l'employer dans vne tempeste, dans vn embrasement, dans vn deluge, contre des charmes. La plus haute Vertu se trouue basse, la plus forte se trouue foible en pareilles occasions. Mais de faire descendre du Ciel des Troupes auxiliaires, &

HEROIQVE.

 que les enuoyer par Escadrons dans la meslée, c'est ne rien faire à l'honneur de ceux que l'on fait vaincre de la sorte. Des Lievres pourroient bien ainsi vaincre des Lions : & vne demy douzaine de Nains estropiez & malades, auec vn pareil secours, déferoient fort aisément toute vne Armée de Geans.

Qu'il n'y ait donc point de Machines, qui fassent ce que l'espée & la lance pourront faire. Qu'on n'appelle point les Anges, qu'on n'évoque point les Demons, où il ne faudra que de la conduite, que du courage & de la force. Homere pouuoit épargner à son Apollon, la peine de venir de si loin, pour détacher la cuirasse de Patrocle, & l'exposer tout nu à la lance d'Hector, qui le frappe par derriere. Si ces armes estoient enchantées, sa teste ne l'estoit pas : & le braue Hector pouuoit bien donner au front, en vn temps que les casques estoient encore sans visieres.

Ie n'ay pas crû pecher contre cette regle, quand i'ay fait descendre du Ciel des Heros François, pour redoubler l'effroy des Sarrazins de Damiette. Outre qu'ils estoient déja défaits, ils deuoient la nuit d'apres mettre le feu à la Ville & l'abandonner : & vn si étrange desespoir, qui est purement Historique, auoit besoin d'vne Machine, qui l'éleuast du Particulier à l'Vniuersel, & le fist passer de la verité de l'Histoire, à la Vray-semblance de la Fable. Virgile dans le second de l'Eneïde, fait iotter vne pareille machine, lors que Venus voulant persuader Enée de se retirer de Troye, & l'abandonner à sa mauuaise fortune, elle luy défille les yeux, & luy fait voir les Dieux en armes, qui trauaillent à la ruine de cette malheureuse Ville.

DV POEME

La Magie peut estre employée, & contribuer au Merueilleux; mais elle a besoin d'estre moderée; & il ne luy faut pas souffrir de mettre la main à tout, & de se mesler de toutes choses. Elle deuient importune, quand elle se fait voir trop souuent, & qu'elle affecte d'estre toûjours sur la Scene. Et l'on se doit souuenir, que d'ajoûter enchantemens à enchantemens, & illusions à illusions, comme a fait l'Arioste; ce n'est pas faire vn Poëme, c'est faire vne Rapsodie de Sortileges, pareille à la Vie d'Apulcé, ou à celle du Docteur Fauste.

Ces Maximes generales presupposées, pour descendre au particulier de mon Poëme; ie diray, sans pretendre d'authorité priuée, m'établir Iuge en ma cause; que si ie n'ay atteint le but de l'Art, ce n'est point que ie ne l'aye veu, & que ie n'y aye visé. Mais la plufpart de nos adresses sont fautiues; & il n'y a point de main qui soit aussi iuste que la veuë. Mon premier soin a esté de tenir ma Fable dans vne exacte Vnité: le second de donner à cette Vnité les beautez & les agrémens qui naissent de la diuersité, quand elle est accompagnée de la proportion & de l'ordre; & le troisiéme, de ioindre par tout le Merueilleux au Vray-semblable.

Quant à ce qui regarde l'Vnité, ie ne pense pas qu'il s'y trouue rien qui la rompe, soit du costé de l'Action, où il n'y a point de dislocation ny de rupture; point de partie separée, ny de piece qui soit hors d'œuure: soit du costé du Heros, à qui ie n'ay point donné de Concurrent ny d'Associé, qui partage auec luy le succez de l'Entreprise; soit du costé des Episodes, qui naissent tous de l'Action, comme les membres naissent du corps

&

HEROIQUE.

& luy sont attachez par les liens du Necessaire ou du Vray-semblable, qui sont selon Aristote, les propres attaches de cette sorte de parties.

Cette Vnité recherchée si ponctuellement & auec tant de scrupule, n'a pas empesché qu'il n'entrast quelque chose de toutes les especes de Fable en la structure de la mienne. Outre que pour estre diuersifiée de la sorte, elle n'en est pas moins vne ; comme l'Homme ne laisse pas d'estre vn, quoy qu'il y ait en sa composition quelque chose de toutes les especes, i'ay crû qu'elle ne pouuoit que par là éuiter d'estre ennuyeuse ; ce qui ne manque iamais à celles qui ressemblent à ces Peintures que les Anciens nommoient Monogrames, qui n'ayant qu'vn trait & qu'vne couleur, ne faisoient aucun effet sur la veuë.

Ma Fable ainsi diuersifiée, se pourra dire Composite, s'il m'est permis de prester à la Poësie vn terme emprunté de l'Architecture. Elle est donc Pathetique dans les combats, dans les morts violentes, & dans les autres éuenemens, qui tiennent du Tragique ; soit qu'ils donnent de l'horreur ou de la tendresse ; soit qu'ils touchent de compassion ou de crainte. Elle est Morale dans les expressions des Mœurs, & dans les Peintures des Passions, qui sont diuerses, selon la diuersité des Personnes introduites dans la Fable. Elle est Mixte, comme parlent les Maistres, parce que les Reconnoissances subites & impreueuës, les Reuolutions inopinées & surprenantes, qu'ils appellent Peripecies, n'y manquent pas. *Les diuerses especes de Fable.*

Quant à l'ordre qu'il faut tenir en la structure de la Fable, les vns le veulent droit & naturel ; les autres le demandent artificiel & renuersé : & ie pense, que sans rien oster à personne, j'ay trou- *De l'ordre de la Fable.*

né dequoy donner aux vns & aux autres ce qu'ils demandent. J'auouë que l'ordre renuersé a ie ne sçay quoy de plus surprenant : il approche dauantage du Merueilleux : & la suspension où il met l'esprit, est accompagnée d'vne espece d'étonnement, qui ne luy peut estre que fort agreable.

Mais qu'on auouë aussi, que la pluspart de ceux qui en font vn article essentiel, n'en connoissent pas la finesse ny le iuste vsage. S'ils auoient appris à distinguer en la structure des Poëmes reguliers, l'Action principale, qui est le Sujet de la Fable, d'auec le gros de l'Entreprise, dont cette Action principale est détachée, ils sçauroient que la regle d'Aristote y est ponctuellement obseruée, & que l'ordre naturel & l'artificiel y sont joints si adroitement, qu'ils y ont tous deux leur iuste place, sans se confondre & sans s'exclure.

Bien dauantage, & qu'on y prenne garde sur ma parole; on trouuera que Scaliger, Vidas, & les autres, se sont lassez à chercher ce qu'ils auoient sous la main ; qu'ils ont fait du bruit & du trouble, pour arracher ce qu'on leur donnoit. Qu'estoit-il besoin de tant de paroles, de tant de disputes, pour établir l'ordre renuersé ? Vn mesme ordre consideré differemment, & pris sous diuers aspects, est renuersé d'vne part & droit de l'autre ; il est artificiel & naturel, selon les diuerses faces des choses ordonnées, & les situations differentes de ceux qui les regardent.

L'exemple expliquera ce que ie veux dire. L'ordre qu'Homere a tenu dans l'Iliade, à l'égard de la colere d'Achille, qui est le propre Sujet du Poëme, est le plus droit & le plus naturel du Monde; parce que le Poëte commence la Fable par la naissance de cette colere, & la conduit iusques à sa fin.

HEROIQVE.

Le mesme ordre, à l'égard des autres parties de la Guerre anterieures à cette Action, est artificiel & renuersé, parce que ces parties anterieures n'ont pas la place qu'elles deuroient auoir naturellement, & n'entrent dans la Fable que comme parties accessoires & par Episode. On trouuera le mesme ordre dans l'Odyssée, dans l'Eneïde, & dans l'Histoire Ethiopique, qui est vne Poësie en Prose. Et cét ordre double que i'ay suiuy, est sans doute celuy qu'Horace recommande sur la regle d'Aristote, & sur le modele d'Homere.

Quoy qu'il soit de mon obseruation, ce n'est pas le fait d'vn grand Architecte, de mettre le toict sous les murailles, & le fondement sur le faiste : sa gloire est de ranger si à propos toutes les pieces de l'Edifice, & de leur donner vne assiette si commode, & vne situation si naturelle, qu'il n'y entre point de confusion qui trompe la veuë, qu'il n'y ait point de desboëtement qui l'offense. Si l'on en croit les exemples fondez sur les regles, & les regles fondées en raison, l'ordre naturel sera toûjours obserué à l'égard de l'Action, qui est le Sujet de la Fable. L'embarras & le trouble qui défigurent les plus belles choses, n'y entrent pas si facilement ; & il n'y entre pas moins d'esprit, quand l'Ouurier en a de son fonds à y mettre. D'ailleurs la lumiere qui est la plus agreable & la plus necessaire de toutes les formes, y est plus nette & mieux répanduë ; & toutes les parties estant situées en leur iuste place, il s'en fait vn corps semblable à vn Animal bien composé, qui se voit sans confusion & tout d'vne veuë. Au contraire, il arriue ordinairement que les autres où la situation est renuersée, ressemblent à vn Animal monstrueux, qui auroit la teste à la queuë,

DV POEME
& le dos confondu auec le ventre.

Des Mœurs.

Les Mœurs font apres la Fable, la partie la plus essentielle du Poëme, & la plus importante à la fin de la Poësie. Aristote qui est aussi grand Maître de Morale que de Poëtique, y demande quatre conditions. Il les veut bonnes, afin qu'il s'en puisse faire des Modeles qui instruisent, & des Patrons qui édifient. Il les veut conformes au sexe, à l'âge, à la qualité des Personnes, afin qu'il n'y ait point d'incongruité qui rompe les mesures de la Bien-seance; point de disproportion, qui viole la regle du Vray-semblable; point de faux accord, qui choque le iugement & blesse la veüe. Il les veut égales, à l'égard des Personnes qui sont de la creation du Poëte; parce que l'inégalité est la marque d'vn Esprit changeant & volatile, d'vne Ame sans consistance & sans fermeté: & le changeant, le volatile & le foible, ne sont pas moins éloignez de l'Heroïque, que le bas, que l'imbecille & le timide. Enfin il les veut semblables, à l'égard des Personnes que le Poëte reçoit de l'Histoire ou de la Tradition; parce que la Copie doit ressembler à l'Original; & l'on ne connoistroit pas dans le Poëme les Personnes que l'on y trouueroit trauesties, que l'on y verroit autres qu'on ne les auroit veuës dans l'Histoire.

Ie ne puis pardonner à Virgile la dispense qu'il s'est donnée du quatriéme article de cette Regle. Elle est de trop grande consequence pour estre dissimulée: elle fait trop de bruit pour n'en point parler: & le Public s'interesse bien autrement auec la Vertu, scandalisée par cette licence, qu'auec la Cronologie mise en desordre par son antidate. Il est certain qu'en toute l'Antiquité Payenne, il n'y eut iamais vne Princesse plus chaste que

HEROIQVE.

Didon : elle le fut iusques à passer les bornes que la Raison a marquées à la Chasteté : & l'Histoire veritable nous a appris, que la Mort luy ayant osté son Mary, elle se tua pour mourir veufve.

Cependant Virgile fait de cette seuere, de cette inflexible Chasteté, non seulement vne éuaporée & vne coquette, mais vne passionnée & vne furieuse, qui rompt toutes ses attaches, & passe par dessus tous ses deuoirs, pour aller où veut son amour.

S'il auoit fait Medée innocente, Helene fidele, Sapho pudique, toute la Nation des Grammairiens, de siecle en siecle, s'éleueroit contre luy; & tous les ans il s'en trouueroit quelqu'vn qui le tireroit en Iustice, & luy demanderoit reparation pour l'Histoire. Mais au moins n'auroit-on rien à luy demander pour la Morale, & il n'y auroit point de scandale à craindre de cette licence. En l'injustice qu'il a faite à Didon, la Morale est aussi mal-traitée que l'Histoire; & il doit rendre compte au Public, de toutes les mauuaises suites d'vn si dangereux exemple.

Ie ne sçay pas comme il peut estre pris maintenant des Dames Chrestiennes ; mais ie puis asseurer, sans calomnie, que lors qu'il commença de paraistre à Rome, il ne persuada point aux Dames Romaines de renouueller l'austerité des vieilles Sabines. Et ie ne doute point que les Cesonies, les Agrippines, les Popées, ne se crussent obligées à cette fausse Didon, qui les déchargeoit d'vne partie de leur honte.

Que si vn Poëte Payen doit estre blasmé, d'auoir proposé vn mauuais exemple, quoy qu'il ait eu la discretion de le couurir d'vn voile aussi honneste, que le pouuoient porter les plus religieu-

DV POEME

ses Vestales ; Que doit-on dire des Poëtes Chrestiens, qui écriuent comme sous Petrone ou sous Apulée ; comme pour Neron ou pour Heliogabale, comme si le Demon Intendant des mauuais lieux, leur donnoit tous leurs Modeles, leur dictoit toutes leurs paroles, leur inspiroit l'entousiasme ? Ne leur est-il point honteux, d'écrire moins purement dans la Religion d'vn Dieu Vierge & amateur des Vierges, qu'Homere & Virgile n'ont escrit, dans vne Religion de Dieux fornicateurs, & de Deesses adulteres ? Et si le Cardinal Bentiuoglio écriuant au Caualier Marin, sur la reformation de son Poëme, luy a voulu faire peur de la verge des Censures de son Païs, les Imitateurs du Marin ne craindront-ils point la Iustice de Dieu, qui a bien d'autres verges que l'Inquisition de Rome, qui a bien d'autres feux que celle d'Espagne ?

On dira que le Poëme manqueroit d'vne partie essentielle, si les Amours luy manquoient ; puis que de l'auis mesme des Philosophes, la Vertu Heroïque n'est pas moins dans l'excez de l'Amour, que dans l'excez de la Colere. Qu'il y ait donc des Amours, puis que la Feste ne seroit pas bonne s'ils n'en estoient ; mais que ce ne soit qu'à ces conditions qu'on les y reçoiue.

Quels Amours doiuent entrer dans le Poëme.

Premierement, qu'on les renferme dans les Episodes, sans leur permettre pour quoy que ce soit, d'entrer dans l'Action principale : Et qu'on sçache que cét Article est de ceux qui sont essentiels au Poëme, & qui le distinguent du Roman. Vne Action qui ne seroit entreprise que pour la conqueste d'vne Fille, seroit bien au dessous de la grandeur & de l'éleuation que veut le Poëme : Et d'ailleurs, quel exemple donneroit le Heros, qui

HEROIQVE.

pour vne si courte & si legere satisfaction, exposeroit des Nations & des Royaumes à tous les mal-heurs qui suiuent la Guerre? Si l'entreprise plaisoit aux faux Galans, les Amateurs de la bonne chere ne pourroient-ils pas croire auec autant de raison, qu'vne Guerre faite par vn General Suisse, pour la conqueste des Vignobles de Bourgongne, seroit aussi heroïque, & pourroit seruir de matiere à vn Poëme?

Secondement, les Amours qui entrent dans le Poëme, doiuent estre des Amours de Heros & d'Heroïnes, & non pas des Amours de Coquets & de Coquetes. Ie veux dire qu'il ne leur faut rien souffrir que de fort & d'éleué, rien que de noble & de magnanime. Qu'ils ayent des coleres hardies, & des ialousies entreprenantes: que leurs afflictions mesmes soient hautes & resoluës; que leur desespoir mesme ait vne fierté qui étonne, ait vne éleuation que l'on admire. Loin de ces Amours, les cajoleries, les mignardises & les mollesses, que le Tasse donne à son Renaud & à son Armide. Semblables choses sont pour les Amours vulgaires, pour les Amours des Colombes; & les Amours Heroïques sont des Amours d'Aigles.

Troisiémement, qu'il n'y ait rien que de bienseant & de modeste, dans les Amours des Reynes & des Princesses: qu'on ne leur attribuë rien qui tache la Pourpre, rien qui salisse & qui deshonore la Couronne: qu'on se garde d'en faire des Abandonnées & des Coureuses, sous quelque voile qu'elles s'abandonnent, & en quelque habit qu'elles courent. L'Arioste est en cela iniurieux à son Angelique; le Tasse ne l'est gueres moins à son Armide: & la Bien-seance qui ne doit iamais quitter les grandes Fortunes, n'est pas bien gardée en leurs Personnes. Enfin pour me seruir de la figure des Poëtes, qui donnent vn flambeau à l'Amour, qu'on se souuienne que l'Amour ne doit iamais entrer chez les Reynes & chez les Princesses, qu'auec vn flambeau parfumé. Il luy peut estre permis d'y faire du feu; mais qu'on prenne garde que ce ne soit pas vn feu qui fasse de la fumée, vn feu qui sente mauuais & qui noircisse.

Si nous voulions suiure la Critique, & remonter iusqu'à l'Iliade, peut-estre trouuerions-nous que la Regle des Mœurs n'y est pas trop religieusement obseruée. Horace qui prefere les leçons d'Homere à toutes les leçons des Docteurs Stoïques, a remarqué le premier, que dans Troye & hors de Troye, la corruption est generale. Et afin qu'on ne s'imagine pas que ce n'est que la Soldatesque, qui est ainsi corrompuë, les Roys, dit-il, font cent folies; & les pauures Grecs portent l'enchere de toutes les folies de leurs Roys.

Ie sçay bien dequoy se font les couleurs dont les Grammairiens couurent cette tache. Et Horace luy-mesme semble dire, que dans l'Iliade, Homere a moins trauaillé aux exemplaires des Vertus que doiuent suiure les Grands, qu'à ceux des Vices dont ils se doiuent garder. Mais n'en déplaise aux Grammairiens, & à Horace mesme, qui vaut mieux tout seul, que toute la Nation Grammairienne, vne Galere de Pirates, vne Maison de Femmes débauchées, vne Retraite de Filoux, sont d'étranges Escoles de Vertu: & si dans vne de ces Academies, où les ieunes Sculpteurs vont étudier, il ne se proposoit que des Modeles boiteux, bossus, estropiez, asseurément on n'y apprendroit pas à faire des Figures fort semblables à

HEROIQVE.

l'Hercule de Farnese. Qui me conuaincroit de fausseté, si ie disois qu'Alexandre, qui fut le perpetuel disciple d'Homere, n'eust iamais esté cruel, ny furieux, & ne se fust iamais soüillé de la mort de ses Amis, si Achille qu'il s'estoit proposé de copier, eust esté representé plus humain & plus moderé dans l'Iliade ?

I'auouë qu'en cela i'ay suiuy vne methode bien differente de celle d'Homere : & mon instinct estoit tout seul assez fort pour m'y pousser, quand mon deuoir m'eust permis d'en prendre vne autre. Tous les Poëtes sont essentiellement Imitateurs & Artisans de Figures, mais naturellement tous les Poëtes imitent selon leur Genie : ils vont au défectueux ou au parfait, selon la portée de leur Esprit : & leurs Figures tiennent du grand ou du petit, sont illustres ou obscures, selon les qualitez du fond où se forment les Phantosmes apres lesquels ils trauaillent.

Cette inégalité ne se peut mieux expliquer, que par celle qui se trouue entre les Peintres, qui sont Imitateurs, & qui tiennent quelque chose de la Poësie. Il y en a qu'on peut nommer Heroïques, qui n'ont que de belles Idées & de grands Phantosmes ; qui ne font rien que de grand & de beau, sur ces Idées & sur ces Phantosmes, comme il est arriué au Raphaël & au Guide. Il en est d'autres qui se pourroient dire Peintres Comiques & sous-Comiques, comme le Brahour & le Bamboche, qui n'auoient en la teste que des Drilles & des Gueux, que des Cabarets & des Cuisines. Et il en est d'vn troisiéme ordre, qui tiennent le milieu entre les Heroïques & les Comiques, comme le Carauage & le Valentin, qui trauailloient plus apres le Vray & le Naturel qui se voyent, que

i v

DV POEME

sur le Beau & sur le Parfait, qui veulent estre cherchez.

Appliquons cette comparaison à nostre sujet; & disons que l'inégalité des Genies & des Esprits est la seule cause de la difference des Poëtes, comme elle l'est de celle des Peintres. Il en est qui ne representent que le beau des choses, parce que leur Esprit n'en observe que le beau, & ne leur en forme que de belles Images. Il en est tout au contraire, qui n'en peuuent exprimer que le difforme, parce qu'outre que leurs mauuais yeux n'ont pas assez de lumiere pour en découurir le beau, leur Esprit est vn fond obscur & sterile, qui n'éclaire point, qui n'enrichit point ce qu'il reçoit: & les Images des choses y demeurent telles, qu'elles y entrent par la veuë.

Celuy qui trauaille en Poësie, pour l'instruction des Roys & des Princes, se doit garder de cette basse maniere d'imiter: il n'est pas moins obligé au Beau & au Genereux des Mœurs, qu'au Vray & au Merueilleux de l'Action: & s'il se souuient du respect que demandent de si grands Disciples, il se gardera bien de tenir la Methode des Lacedemoniens, qui faisoient venir leurs Valets yures deuant leurs Enfans, pour leur apprendre à fuir l'Yurongnerie.

I'ay crû deuoir prendre mes mesures & faire mes desseins sur cette regle: & n'ay proposé aucun Modele, qui ne fust parfait, ou reformé sur l'Idée du parfait. On ne verra donc point icy de Heros auare & cruel comme l'Achille d'Homere; on n'y en verra point de timide comme l'Enée de Virgile; point d'insensé comme le Roland de l'Ariofte; point d'effeminé par les delices, comme le Renaud du Tasse: & tous ceux qu'on y ver-

HEROIQVE.

ra, se trouueront dans l'exacte regularité de la Morale Heroïque.

Mais il y a de la distinction à faire en cét endroit; & il se faut garder de confondre des choses, qui veulent estre separées. La Morale a ses differences comme les Conditions ont les leurs: & le Vertueux Heroïque se mesure sur d'autres Canons, & se forme sur d'autres Regles que le Vertueux Ecclesiastique. On ne doit donc pas attendre que j'introduise des Caualiers Chartreux, & des Princes Capucins, qui aillent à la Guerre aueque le cilice sur le dos, & le chapelet à la ceinture. La Vray-semblance n'y seroit pas assez bien gardée: & il y auroit en cela quelque chose de plus fabuleux & de moins croyable, que dans les Chimeres des autres Poëtes.

Il est vray que mon Heros fut Saint à la Cour & Saint dans l'Armée : Mais sa Cour, mais son Armée n'estoient pas Saintes comme luy. Tous ses Chefs & tous ses Soldats estoient Croisez; mais ny les Chefs, ny les Soldats, ne portoient guere la Croix, qu'en leurs Enseignes & sur leurs armes. Ils auoient leurs Passions & leurs Vices ces Seigneurs Croisez : & Ioinville remarque particulierement que le Camp estoit si corrompu, que iusques dans le Quartier du Roy, & à trois pas de sa Tente, il y auoit des lieux de débauche.

Ayant à reformer ce desordre, & à faire naistre le bon exemple du scandale & la lumiere des tenebres, comme parle l'Escriture; il ne falloit pas que j'ostasse l'Amour, la Colere, l'Emulation à mes Heros & à mes Braues: io leur eusse osté la matiere de la Vertu Heroïque & l'aiguillon de la Brauoure; & des Heros insensibles, des Braues Stoïques, n'eussent esté à bien dire, que des Sou-

I vj

ches reueftuës de fer. Mais il falloit nettoyer cette matiere, & déroüiller cét aiguillon; il falloit purifier ces Paffions, en les mettant fous la conduite de la Vertu, à laquelle il appartient de les porter au Beau & au Bon, nettoyez des foüillures de la Matiere.

C'eft le propre fens de l'Axiome, qui dit que le dernier effort de la Vertu Heroïque fe trouue dans les excez de la Colere & de l'Amour. Il ne veut pas dire que pour eftre vertueux de la derniere force, & de la plus haute éleuation, il ne faille qu'eftre colere iufqu'à la fureur, ou amoureux iufqu'à la folie. La méprife feroit étrange, de prendre par là cét Axiome. Il veut dire que la Valeur, qui eft la propre Vertu des Heros, ne va iamais plus loin ny plus vifte, que quand elle a à fes coftez l'Amour ou la Colere, qui luy mettent le feu & l'aiguillon dans les flancs, & la font aller de toute fa force. Cela fe verra dans la fuite de ce Poëme, où l'Amour, qui eft la propre Paffion des Heros, ne paroift point fur la Scene, pour emprunter encore vne fois ce mot du Theatre, qu'il n'y faffe quelque chofe de noble & d'illuftre; qu'il ne fournifse de matiere au Modele de quelque Vertu, neceffaire ou bien-feante aux Grands.

La Sentence a fa place apres les Mœurs, en la compofition du Poëme. Et parce que felon la defcription qu'en fait Ariftote, fon propre office eft d'expliquer & de refoudre, d'exagerer & de diminuer, d'émouuoir & de calmer les Paffions, qui font chofes que la Rhetorique s'attribuë, & que l'on doit apprendre d'elle, ie me difpenferay d'en parler; & pafferay à la diction, qu'Ariftote nomme la derniere entre les parties, qui font la forme du Poëme.

HEROIQVE.

La Poësie Heroïque demande vne diction toute Heroïque. La basse, la vulgaire, la plebée, comme parloit feu Malherbe, luy seroit aussi messeante, que la natte & la Bergame le seroient dans la chambre d'vne Reyne. Toute Poësie, de quelque forme qu'elle soit, veut estre éleuée, & aller par haut: & si elle n'auoit qu'à ramper, à se traisner, ou à marcher, on ne luy auroit pas donné vn cheual qui a des aisles. *De la distinction Poëtique.*

Toutes les Muses sont nobles, mais de la plus haute & de la plus illustre Noblesse: il ne leur faut donc pas épargner les pierreries & les dorures, les clinquans & les perles. Elles ne doiuent iamais estre crasseuses ny déchirées; elles ne se doiuent iamais deffaire de leur dignité, non pas mesme quand elles se déguisent, quand elles prennent le masque, & qu'elle se veulent mettre en liberté à vn iour de réjoüissance. Ces Coureuses qu'on voit sur le paué de Paris, habillées en Bohemiennes, & couuertes de chifons vsez de vieillesse & soüillez de boüe; bien loin d'estre de leur troupe, ne seroient pas receuës au dernier rang de leurs Seruantes.

Horace qui connoissoit assez les Muses, & qui s'entendoit en Poësie, dit tout cela, quoy qu'il le die en autres termes, & sous vne autre figure. Qu'on ne pense pas, dit-il, que ce soient les cadences & les mesures, que ce soit l'arrangement & l'ordre des mots, que ce soit la pureté de la diction, & la propreté des termes, qui fassent le Poëte. Il faut quelque chose de plus grand & de plus fort, de plus éleué & de plus riche: quelque chose qui ne s'en aille pas quand les mesures se deffont, & qui meure apres que les maux sont disloquez, comme les bras rompus & les iambes cassées demeurent d'vn Colosse, apres sa cheute.

Ce que ie dis des Muses en general, se doit entendre des Françoises, aussi bien que des Grecques, que des Latines, que des Italiennes. N'étant pas moins nobles, ny de pire condition, pour estre Françoises, elles n'en doiuent pas estre moins parées, ny plus mal vestuës: il ne seroit pas de leur dignité, ny de l'honneur de la Nation, qu'elles allassent à pied, pendant que les autres vont dans les chariots dorez.

Et qu'on ne s'amuse point icy aux scrupules de certains Esprits du plus bas ordres des Esprits, qui ont voulu introduire en France, des Muses maigres & décharnées, des Muses sans viuacité & sans couleur, des Ombres & des Squeletes de Muses. Si on les en eust crûs, nostre Poësie ne seroit aujourd'huy differente de la Prose, que par la contrainte de mesures, & la seruitude des rimes: & pour s'accommoder à la portée des Esprits pesans & terrestres, tous les autres eussent étouffé leur feu, & se fussent arraché les aisles. Mais il ne seroit pas iuste, qu'en fait de Poësie les Oysons entreprissent de brider les Aigles, & de donner le ton aux Cignes: & il faudroit prendre garde, si semblables Reformateurs n'ont rien de la malignité des anciens Cyniques, qui preschoient perpetuellement l'abstinence, crioient perpetuellement contre la Fortune & contre les Riches, parce que la Fortune ne leur donnoit pas dequoy tenir aussi bonne table que les Riches.

De la diction heroïque.

Or si toute Poësie demande de la hauteur & de la force, de l'ornement & de la pompe; il est sans doute, que l'Heroïque, qui est la plus grande & la plus noble, y a plus de droit, & y doit auoir plus de part que les autres. La Muse qui preside à

HEROIQVE.

cette sorte de Poësie est la Reyne de toutes les Muses: elle ne doit donc pas estre moins magnifique, ny moins pompeuse que ses Sujets, il y auroit trop de messeance à la mettre à pied aueque la Prose: Et si celles qui ne chantent que des Amours sur la Lyre, le prennent d'vn ton si haut; il faut bien vne autre étenduë de voix à celle-cy, il luy faut bien des paroles d'vne autre force, pour chanter des combats & des victoires, & se faire entendre au bruit des trompetes.

L'Iliade, l'Odyssée, l'Eneide, sont dans le genre sublime: tous les autres Poëmes de mesme fabrique, ne doiuent pas estre moins exhaussez que ceux-là: & puis qu'en pareilles compositions, le dessein du Poëte est de representer de grandes Actions, de grands Hommes, de grandes choses, les regles de la representation veulent, que ses pensées s'éleuent à la hauteur des Sujets qu'elles representent: & que ses paroles ne soient pas inferieures aux pensées qu'elles expriment. Ne seroit-ce pas bien l'entendre, de commettre à vn Nain la representation d'vn Geant; de vouloir exprimer des Colosses aueque des Marionnettes?

Mais qu'on ne s'imagine pas, que nostre Poësie demande vne grandeur pareille à celle de certaines Dames, qui ne sont grandes que de la hauteur de leurs pianelles. Ces grandeurs disproportionnées blessent la veuë, & sont sujetes à d'étranges chutes. Et il faut vne patience à toute épreuue, pour souffrir semblables inégalitez & pareilles chutes à la Poësie Heroïque.

Cette égalité necessaire à la bienseance de sa grandeur, n'est pas moins necessaire à la bienseance de ses ornemens. Qu'on ne fasse donc point de la Poësie Heroïque, comme d'vne Espouſée de Village, qui seroit parée de chaiſnes de cuiure & de chaiſnes d'or : qui auroit vne boucle de verre à vne oreille & vne boucle de Diamans à l'autre : qui auroit de la craſſe au front, & du rouge ſur les iouës. Que ſa robbe ne ſoit pas vn aſſemblage de pieces de toute couleur & de toute étoffe couſuës enſemble : Cela tiendroit du Triuelin, & ne ſeroit ſupportable qu'à vn iour de Mardy-gras; & la Poëſie Heroïque eſt vne Reyne, pour laquelle il n'y a que des iours de ceremonie.

Il y a neantmoins des meſures à garder en l'égalité de cette Poëſie : & quand on dit qu'elle doit eſtre touſiours forte, touſiours belle & touſiours parée; cela ſe doit entendre auec la iuſte proportion que demande la difference des parties. Toutes choſes doiuent eſtre grandes en vne Heroïne; mais ſes doigts ne doiuent pas eſtre de la grandeur de ſes jambes. Toutes choſes doiuent eſtre fortes en vn Heros; mais ſes cheueux ne doiuent pas eſtre de la force de ſes bras : & quoy que toutes les parties d'vn beau corps doiuent eſtre belles, on n'attend pas que les ongles de ce beau corps ſoient de beaux yeux, ny que ſes pieds ſoient de belles teſtes. Il en eſt de meſme de noſtre Poëſie; elle ne ſouffre rien que de grand, rien que de fort, rien que de beau : mais ſa grandeur, ſa force, ſa beauté ſont differentes ſelon la difference des matieres.

Ie ne dois pas oublier icy, que toute ſorte d'agrémens ne luy ſont pas propres. Les Reynes veulent d'autres parures que les Bergeres : & ce qui donneroit du luſtre & de la grace à Syluie, oſteroit l'vn & l'autre à Semiramis. Tout ce qu'on appelle antitheſe, alluſion, rencontre, & qu'en

HEROIQVE.

vn mot on appelleroit mieux Bagatelle, feroit vne ridicule affeterie à la Poëſie Heroïque. Le beau & l'auguſte luy appartiennent ; le joly & le mignard ſont au deſſous d'elle. Et quand on demande ſi elle ſouffre la politeſſe & ſi elle reçoit les pointes ; il faut répondre qu'elle ne ſouffre pas vne politeſſe pareille à celle du verre, qui eſt fragile : qu'elle ne reçoit pas des pointes foibles & imperceptibles, comme ſont celles des cheueux. Mais il y a vne politeſſe forte & luiſante, comme eſt celle des armes bien fourbies : il y a des pointes nobles & vigoureuſes, comme ſont celles des lances : Et non ſeulement la Poëſie Heroïque ſouffre cette ſorte de politeſſe, & les pointes de cette nature ; elle les recherche ; elle s'en pare ; & ſi elles luy manquoient, on les trouueroit à dire.

Apres ce que i'ay dit de la matiere & de la forme du Poëme, de ſon corps & de ſes parties ; il me reſte à dire vn mot de la cauſe qui le produit, & de la fin pour laquelle il ſe doit produire. L'Eſprit du Poëte eſt l'Artiſan de cette Structure : Et ſi l'on me demande, de quel ordre doit eſtre cét Eſprit, ie le diray, comme toutes les choſes que j'ay dites iuſques icy, demeurant dans les termes generaux d'vne Idée, qui n'eſt point encore deſcenduë de l'Vniuerſel au Particulier, & qui s'eſt moins approchée de moy, que de perſonne.

L'Eſprit que demande le Poëme Heroïque, doit eſtre du premier ordre des Eſprits, mais des plus éleuez & des plus lumineux de cét ordre. Ariſtote a dit le meſme en autres termes : & on le peut aſſez comprendre ſans Ariſtote ; ſi l'on conſidere, que plus les images des choſes ſont parfaites, plus elles ſont dégagées des conditions indiuiduelles, & ſeparées de la matiere ; & plus

Quel Eſprit eſt neceſſaire à la Poeſie heroïque.

font parfaites les Facultez qui les reçoiuent ou qui les produisent. C'est par cette seule raison, que la veüe est plus parfaite que l'ouye ; que l'imagination est plus parfaite que la veüe ; que l'Intellect est plus parfait que l'Imagination ; que l'Intellect de l'Ange est plus parfait que celuy de l'Homme. Or l'Imitation Heroïque se doit faire par des Images abstraites des Singularitez purifiées de la Matiere, contretirées sur la seule Idée. Il faut donc que l'Esprit artisan de ces Images si pures, si spirituelles, si parfaites, soit des moins materiels, des plus éclairez & des plus proches de cette cime, où la lumiere ne fait point d'ombre, & où l'Esprit est sans matiere.

On en sera encore mieux persuadé, si l'on considere, que pour faire ces Images, l'Esprit du Poëte doit découurir en chaque chose, la pure forme du Bon & du Beau, la pure Idée de l'Aymable & du Merueilleux. Or ces Formes & ces Idées ne sont pas à la superficie des choses : elles ne se presentent pas à toute sorte de veüe : il faut des yeux penetrans pour les découurir : des yeux éclairez & éclairans : il faut vn Esprit qui ait vn fond de feu lumineux ; qui iette au loin la lumiere de ce feu ; & qui découure toutes les faces de ses Objets, qui en voye le dedans & le dehors à cette lumiere. Ces yeux, ce feu, ces lumieres n'appartiennent qu'à ces Esprits, qui sont parmy-nous, ce que les Seraphins sont parmy les Anges.

En voila beaucoup, & ie n'ay pas encore acheué. Apres que ces Images sont formées ; apres qu'elles sont rangées dans l'Esprit de l'Ouurier, qu'elles sont éclairées, qu'elles sont embellies, & comme dorées de ses lumieres ; il faut les produire au dehors, & les exposer aux yeux des

HEROIQVE.

Grands, aussi belles & aussi hautes, aussi correctes & aussi illustres que l'Esprit les a formées. Il est necessaire pour cela, qu'il choisisse vne diction noble & magnifique, des expressions hardies & éclatantes, qui soient comme de secondes Images de mesme taille & de pareille forme que les premieres. On m'auoüra qu'il y a en cela vne espece de creation: & que l'Esprit qui en est capable est celuy de tous les Esprits, qui approche dauantage de l'Esprit Souuerain. Comme luy il est l'Autheur de ses Plans & de ses Modeles; il est le Fabricateur de la matiere & de la forme de sa besongne: & comme luy, ce qu'il dessine hautement par les Idées, & par les Patrons qu'il se fait luy-mesme, il l'execute aussi hautement, par des expressions qui égalent la iustesse de ses Patrons, & la grandeur de ses Idées.

Voila l'étenduë & la hauteur de l'Esprit que demande le Poëme Heroïque. Loin d'vne besongne si vaste & si éleuée, si pompeuse & si magnifique, l'Esprit de Stances & d'Epigrammes; plus loin encore l'Esprit de Chanson & de Madrigal. Les Colosses veulent estre jettez en d'autres moules que les Poupées: ils se font aueque d'autres outils, & se remuent aueque d'autres machines.

Il y a bien dauantage; Platon, Aristote, & tous les autres Maistres aprés eux, nous déclarét que le plus grand, que le plus bel Esprit du Monde, ne suffit pas au Poëme Heroïque, s'il n'est accompagné de l'Esprit qui fait l'emportement & l'entousiasme. Soit que cét Esprit naisse aueque le Poëte, & luy soit interieur; soit qu'il luy vienne d'ailleurs, & qu'vn Genie superieur le luy donne, il est comme la seconde Ame du Poëte: & la Poësie où il n'entre

De l'Esprit d'Entousiasme.

pas, & ne peut auoir l'éleuation & la force qui luy sont deües; ne peut causer les mouuemens & transports qu'on attend d'elle.

Il est certain que le Poëte & le Heros, qui sont semblables en beaucoup de choses, & le sont plus particulierement par cét Esprit extatique, qui leur est également necessaire. Si le Heros n'estoit quelquefois emporté de cét Esprit, il ne feroit rien d'Heroïque; il ne passeroit iamais les mesures, il n'iroit iamais au delà des bornes de la Vertu commune. Et le Poëte seroit sans essor & sans éleuation, il n'iroit iamais que terre à terre, il ne feroit que ramper & se traisner, s'il n'estoit enleué du mesme Esprit.

L'Esprit d'Entousiasme est necessaire au Poëte.

Ayez tant de iustesse qu'il vous plaira dans les mesures du Vers; tant d'harmonie que vous voudrez au son des mots, & en la cadence des rimes; tant de choix dans la diction, tant de pureté dans le stile qu'on en sçauroit desirer; si l'Entousiasme ne vous éleue, vous serez vn Versificateur poly, vn iuste Rimeur, vn Grammairien harmonieux; mais personne qui l'entende ne dira iamais que vous soyez Poëte.

Horace n'auroit garde de le dire: Il ne se contente pas que le Poëte ait vn bel Esprit; il veut qu'il y ait vn Esprit diuin ajousté à ce bel Esprit. Platon ne le diroit pas non plus qu'Horace: il enseigne que dans les ouurages des Poëtes, il faut moins de trauail que d'instinct; moins d'étude que d'extase. Et comme s'il vouloit partager leur gloire, ou diminuer leur merite, il asseure, que les choses merueilleuses qui leur sortent de la bouche, sont moins de leur Esprit, que du Dieu qui les inspire. Et ailleurs, il dit fort agreablement, que la Poësie n'ouure point sa

HEROIQVE.

porte à ces sobres, à ces modestes Pretendans, qui s'y presentent de leur chef, & sans estre menez par les Muses.

Expliqueray-ie Platon & Horace, par vne comparaison qui pourra seruir de glose à leur texte; & qui representera la difference qu'il y a, entre les vrays Poëtes, qui ont l'Inspiration & l'Entousiasme, & les autres qui n'ont que l'étude & le trauail? Ceux-là ressemblent aux Oyseaux de Paradis, qui n'ayant presque que la teste & de longues plumes, sont éleuez par le vent, & vont fort loin & fort haut, pour peu qu'ils s'aydent de la vigueur que la Nature leur a donnée. Ceux-cy au contraire, ressemblent à ces Oyseaux pesans & materiels, qui ont de grands pieds & de longues aisles : & ces grands pieds ne leur seruent qu'à se traîner le long d'vne Bassecour : ces longues aisles ne sont bonnes, qu'à les porter d'vn bourbier à l'autre.

Encore vne comparaison, pour acheuer la glose de Platon & d'Horace. Vn Poëte inspiré est comme vn Vaisseau qui a le vent à souhait : il vogue sans effort & sans trauail, d'vne course aisée & impetueuse : & sa vistesse ne se reconnoist que par la diuersité des Costes, des Isles, des Pays qu'il découure. Vn Poëte qui n'a que l'Art & l'étude, est comme vn Vaisseau qui n'est point porté du vent : il a beau estre bien peint & bien équipé ; aueque toutes ses peintures, aueque tout son équipage, il n'ira iamais en course : & tout ce qu'il pourra faire, sera d'aller à force de bras iusques à la rade.

Ces comparaisons me font souuenir d'vn mot du Sage, qui dit que la trace des Oyseaux en l'air, & la route des vaisseaux sur les vagues, sont imperceptibles aux meilleurs yeux. Ce mot n'est pas moins veritable au sens figuré, qu'au sens naturel: & l'on en peut faire vn aduis, à ceux qui ne sont pas Poëtes, & qui n'ont pas d'ailleurs tant de science ny tant de lumiere, qu'ils ne se puissent méprendre, d'estre plus retenus & plus reseruez au iugement qu'ils font des Poëtes.

Au moins deuroient-ils considerer, que les Poëtes agissant par transport aussi bien que les Heros; & parlant d'inspiration, comme les Prophetes, ils ne sont pas de la mesure des Esprits ordinaires: & sans s'exposer à faire souuent de faux iugemens, on ne les peut iuger par le Droit commun, ny par la Coustume. Les petits Sages prennent les actions des Heros, pour des fougues de personnes furieuses ou desesperées. Aussi les petits Sages ne sont pas Heros ny prests de l'estre: ils ne sçauent pas mesme, que la Vertu Heroïque est vne Souueraine, qui n'est pas sujete à la seruitude des regles, ny a la contrainte des mesures, que la Mediocrité impose aux Vertus inferieures. Les Rhetoriciens prennent les Allegories & les Enigmes des Prophetes, pour vn pur Galimatias. Aussi ne sont-ils pas Prophetes, ny de Race de Prophetes: & ils n'ont pas appris de leur Hermogene, ny de leur Quintilien, que la parole de Dieu n'est pas sujete aux Preceptes de la Rhetorique. Il en est de mesme de la vraye Poësie; il n'y a gueres que les vrays Poëtes qui soient capables d'en iuger: la pluspart des autres s'y méprennent d'vne étrange sorte. La fermeté leur est rudesse, & la grandeur leur paroist enflure: ils se plaignent de la force qui les lasse: de l'harmonie qui les étourdit, & des éclairs qui les éblouyssent.

Mais ceux qui en iugent de la sorte sont faiseurs de Vers. Faiseurs de Vers tant qu'il vous plaira:

HEROIQVE.

tous ceux qui font des Vers ne sont pas Poëtes ; n'ont pas attache & commission pour iuger des Poëtes. Ne faut-il que sçauoir apparier quatre rimes, qu'auoir fait vne Chanson & deux Rondeaux, pour iuger en dernier ressort, du plus sublime & du plus difficile ouurage de l'Esprit humain? Est-ce assez d'auoir appris deux petites leçons d'escrime, pour prononcer definitiuement, sur la conduite d'vne longue & laborieuse Campagne? Et vn Mouleur de Poupées auroit-il droit de faire le Censeur de Pilon & de Sarrasin? De trouuer à dire aux Colosses du Pont-neuf & de la Place Royale? Vn faiseur de Chasteaux de carte seroit-il bon critique de la Structure du Louure, & de celle du Luxembourg?

Reuenons donc à nos Maistres, & disons affirmatiuement apres eux, que l'Esprit d'Entousiasme est necessaire au Poëte Heroïque. Faisons encore dauantage ; & pour aller plus loin que nos Maistres, disons à quoy cét Esprit est necessaire.

La perfection des Grands est la fin de la grande Poësie, le Poëte n'y peut contribuer que des Modeles de sa façon : & l'vsage de ces Modeles est de purifier les Passions les plus ordinaires aux Grands : il est de former en eux, les Vertus les plus necessaires aux Personnes de leur condition. Rien de tout cela ne se peut faire heureusement, que le Poëte ne soit porté de l'Esprit d'Enthousiasme. *La fin de la Poësie Heroïque.*

Commençons à le prouuer par le premier office du Poëte, qui est de purifier les Passions : & puis que les Maistres qui l'ont dit, nous ont laissé à deuiner ce qu'ils vouloient dire : Seruons-nous de nos conjectures où leurs decisions nous man- *Elle doit purifier les Passions des Grands.*

quent; & disons que le deuoir de purifier les Passions, à quoy le Poëte est obligé par la profession de son Art, ne demande rien de luy, sinon qu'il propose aux Grands des Patrons imaginez, & des Modeles Fabuleux, mais vtiles & instructifs, mais de leur forme & de leur taille, sur lesquels ils puissent apprendre le bon vsage qu'ils doiuent faire de l'Amour & de la Colere, qui sont les Passions des Heros, si la raison & l'experience meritent qu'on les en croye.

L'Enthousiasme y est necessaire.

Il est necessaire pour cela, que l'Esprit du Poëte s'emporte aueque les Passions emportées: qu'il suiue leurs égaremens & leurs saillies: qu'il aille aussi loin & aussi viste qu'elles vont: soit afin que les obseruant de prés, il n'en fasse point de representations qui puissent estre accusées de faux; soit afin que les siuuant à la piste, il remarque mieux comme il les faut prendre, pour reduire leurs excez aux mesures de la iuste Mediocrité, ou pour les faire seruir à la Vertu Heroïque, qui est la Superieure de la Mediocrité, qui est au dessus de ses mesures. Or qui ne voit que l'Amour & la Colere, qui ont l'ardeur & l'impetuosité du feu, ne sçauroient estre suiuies d'vne Imagination froide & paresseuse, d'vn Esprit de terre & phlegmatique. Il est donc necessaire que l'Esprit d'Enthousiasme se mesle à l'Esprit du Poëte, & qu'il donne à son Imagination autant de feu qu'il luy en faut, pour aller apres ces impetueuses.

Elle doit former les Grands aux grandes Vertus.

Si le Poëte en demeuroit là, il ne feroit qu'ébaucher ce qu'il doit acheuer; & la moitié de sa besongne resteroit à faire. Ce n'est donc pas assez qu'il purifie les Passions des Grands; il faut encore qu'il forme, il faut qu'il acheue en eux les Vertus, qui sont dignes de leur condition, & qui égalent

HEROIQVE.

lent leur Fortune: & cette partie qui est le plus bel endroit de son ouurage, veut estre faite sur des Patrons de plus grande forme, & de plus belle maniere que les autres.

L'vsage de ces Patrons est d'exciter en l'Ame des Grands l'admiration des grandes Vertus & de l'Honneste Heroïque. Mais cette admiration ne doit pas estre immobile & paresseuse; elle ne doit pas ressembler à celle de ces Spectateurs faineans, qui ne prestent que leur veuë à ce qu'ils admirent; elle doit estre accompagnée d'émulation & de desirs; elle doit estre suiuie d'essais & de tentatiues; elle doit porter les Grands, à se rendre aussi admirables que ceux qui leur donnent de l'admiration.

Que fera le Poëte pour en venir là? Sçachant que les Grands qui ont l'esprit vaste, & qui sont accoûtumez à la hauteur & à l'éclat, n'admirent gueres que les choses qui leur remplissent les yeux & les éblouïssent, il ira à la découuerte de ces grandes & de ces éclatantes choses: & quand il les aura trouuées; quand il leur aura donné du sien les ajustemens & les parures qu'elles demandent, il les exposera à la veuë des Grands, & leur en fera des Leçons purifiées de la rudesse des Dogmes, embellies de tout l'appareil & de toute la pompe des plus beaux Spectacles. *Comme il s'en doit acquiter.*

Mais en quelle Region trouuera-t'il ces choses plus grandes que la Fortune des Grands? ces choses dignes de l'enuie & de l'émulation des Grands? Il n'y a rien parmy nous que de bas & de petit: la Matiere resserre toutes les choses où elle entre: & les Particuliers qui se voyent, sont plus grands de l'amplitude de leurs habits, & de la hauteur de leurs chaussures, que de la grandeur de *Autre necessité de l'Entousiasme.*

DV POEME

leur taille. Il est vray qu'au dessus de la Matiere, & au delà des Particuliers, il y a des Regions, où il ne se voit rien de petit : toutes choses y sont hautes & magnifiques : & il y a vn fonds, d'où il se peut tirer des figures, plus grandes que celle que Semiramis se fit tailler d'vne Montagne, plus auguste que celle que Stesicrate voulut faire à Alexandre, d'vne autre Montagne.

Bien dauantage, le Grand de ces Pays-là, n'est pas vn Grand difforme & défectueux, sans attrait & sans agrément. Il est regulier de la regularité de son Idée : il est franc des imperfections indiuiduelles, & des defauts de la Matiere. Mais les Regions où se trouue ce Grand correct & proportionné, agreable & merueilleux, sont bien au dessus de la portée des Esprits communs ; & il n'y a point de chemin connu par où l'on y aille. Il faut donc s'y faire porter, ou y voler : & puis que les aisles n'ont pas esté faites pour les Hommes, il reste que le Poëte y soit porté de l'Esprit d'Entousiasme.

Excellence de la fin de la Poësie.

Concluons ce Traité du Poëme, par la fin de la Poësie, & disons qu'estant ordonnée à la perfection des Grands, elle ne pouuoit aller plus haut qu'elle va, & ne pouuoit faire plus de bien au Monde qu'elle luy en fait, en formant les mœurs de ses Maistres. Ce n'est donc pas pour rien, que naissent les Poëtes : c'est pour le repos & pour l'honneur du Genre humain; pour l'acheuement & pour la consommation de la Felicité Politique. Et si autrefois ceux-là les connoissoient mal, qui les mettoiēt au rang des Parfumeurs & des faiseurs de Ragousts; ceux-là ne les connoissent gueres mieux aujourd'huy, qui les prennent pour des Basteleurs de Reduits, & pour des Plaisans de Ruelles.

HEROIQVE.

Les Sages de la bonne Antiquité ont fait vn bien autre iugement de la Poësie. Ils ont allié la Poësie à la Politique; ils la luy ont donnée pour Coadjutrice au gouuernement des Estats. Ils ont dit que le Poëte estoit le Commis du Magistrat éternel, le Cooperateur & l'Agent de Dieu: qu'il estoit le Précepteur des Roys & des Conquerans: que les Cours & les Armées estoient ses Escoles: que les Combats & les Victoires, les Conquestes & les Triomphes, estoient ses Leçons.

La Poësie associée à la Politique.

Ie sçay bien que l'on a dit que l'Histoire estoit la Maistresse des Grands. Qu'elle le soit, à la bonne heure; mais qu'elle se contente de son rang, & qu'elle ne s'égale point à la Poësie, qui doit estre leur Gouuernante. On en peut croire Aristote, qui dit que le Poëte est plus Philosophe, & meilleur Maistre de Morale que l'Historien; qu'il fait des leçons plus instructiues & plus efficaces; & qu'auecque luy on va plus droit & plûtost à la Sagesse & à la Vertu.

Le Poëte est le vray Precepteur des Grands.

Et pourquoy l'Historien ne le cederoit-il pas au Poëte, si le Philosophe mesme le luy cede? Vn Courtisan d'Auguste, qui connoissoit l'air de la Cour & l'Esprit des Grands, n'a-t'il pas preferé Homere en faict de Morale, non seulement à Herodote & à Thucidide, mais à Chrisipe, à Crantor, & à tous les Docteurs Stoïques? N'a-t'il pas dit que ce Poëte a mieux distingué que ces Philosophes, les bornes de l'Vtile & de l'Honneste; que ses adresses sont plus courtes & plus droites que les leurs, sont moins embarrassées & moins fautiues. Si les Grands n'auoient point d'autres Instructeurs que les Philosophes, si on ne leur enseignoit la Iustice, la Vaillance, la Magnanimité, que par des Définitions reglées, & par des

Le Poëte est plus propre à enseigner que le Philosophe.

ó ij

DV POEME

Sillogismes en forme ; les Disciples se lasseroient bien-tost de leurs Maistres, & les Maistres ne garderoient gueres leurs Disciples. Il faut autre chose que des Rudimens, à des Escoliers qui ont l'épée au costé, & le baston de commandement à la main : Et ce seroit bien perdre le temps & les paroles, que de les amuser à des Dissections & à des Anatomies de Dialectique ; de leur discourir des Genres, & des Especes.

Aristote fut bien le Maistre d'Alexandre encore Enfant, & sortant des mains des Femmes : Mais Homere fut le Maistre d'Alexandre armé & marchant à la Conqueste de l'Asie : il luy apprit l'art de combattre & de vaincre, la science de commander & de regner : Et l'on ne peut douter que l'Iliade & l'Odyssée n'ayent plus contribué aux grandes choses qu'il a faites, que les Categories & les Analytiques de son premier Maistre. Non seulement Homere a esté le Maistre d'Alexandre, il l'a esté de Themistocle & d'Alcibiade ; de tous les Sages & de tous les Braues de ce Païs-là : & l'on a dit que la Grece, la vaillante & la vertueuse Grece, ne s'estoit aguerrie & n'auoit appris la Vertu, que par les leçons & sous la discipline d'Homere.

Bien dauantage, comme quelques-vns ont crû que les Philosophes auoient esté enuoyez pour l'instruction des Infideles ; quoy qu'ils n'ayent pas reconnu les deuoirs de leur Mission, & qu'ils s'en soient mal acquitez : ils ont crû de mesme, que les Poëtes, ie parle tousiours des Poëtes Heroïques, auoient esté particulierement enuoyez aux Roys & aux Princes, pour les instruire en la Science de regner, qui est la plus haute & la plus importante de toutes les Sciences. Et s'il n'y en a

Homere Precepteur d'Alexãdre & de toute la Grece.

HEROIQVE.

que deux ou trois qui ayent reüssi en ce genre de Poësie, c'est que la Mission necessaire pour y reüssir s'est donnée à peu de personnes ; c'est que l'Esprit d'Entousiasme, qui est le propre Esprit de la mission, descend à peine vne fois en quatre Siecles : c'est que la pluspart de ceux qui l'auoient receu, en ont fait mauuais vsage, & l'ont étouffé dans la chair & dans la graisse.

Voila ce que j'auois à dire de la Matiere & de la Forme, des Parties & des Qualitez du Poëme Heroïque. Les regles que j'en ay données seront peut-estre les articles, sur lesquels on rendra sentence contre celuy que ie presente icy au Public. Mais le Public doit estre auerty, que c'est vn Essay & non pas vn Modele que ie luy presente. Ie ne connois point de tiltre, & on ne m'alleguera point de loy, qui m'obligeast à estre plus iuste & plus infaillible qu'Homere, que Virgile, que le Tasse. Et si ces grands Hommes n'ont pas esté lumineux de tout costé ; s'ils ont eu leurs ombres comme les autres : si ces Esprits du premier ordre, & de la derniere éleuation, ont eu leurs éclipses, leurs défaillances & leurs chutes ; on ne doit pas trouuer étrange, qu'estant d'vne Sphere qui est si éloignée de la leur, & si prés de la Terre, j'aye quelque part aux ombres, aux taches, aux deffauts des choses terrestres.

Et parce qu'il est du grand Poëme comme d'vn magnifique Palais, où il y auroit plus de satisfaction pour les Curieux qui le vont voir, si l'Architecte leur en déployoit le Plan à l'entrée, & si d'auance il leur en montroit toutes les pieces dans vn Modele ; j'ay crû deuoir encore contribuer ce petit trauail à l'instruction & au contentement du Lecteur. Il n'y aura ny grands frais à faire, ny

DV POEME HEROIQVE.

beaucoup de peine à prendre : & ce seroit bien épargner hors de saison, si ie plaignois la dépense d'vn Plan & d'vn Modele, apres auoir fait celle de tout l'Edifice. Le Plan que ie presente au Lecteur, est vn Argument de l'Action ébauchée d'vn seul trait, sans Fable & sans Episodes. Le Modele est vn autre Argument de la mesme Action reduite en Fable, assortie des plus grandes pieces, & reuestuë des principaux Episodes qui entrent en la composition du Poëme. Le premier Argument fera voir en gros le fondement de tout l'Edifice: le second en découurira toute la Fabrique; & fera remarquer en détail, l'ordonnance & la liaison, les proportions & les mesures des principales parties qui la composent.

ARGVMENT
GENERAL,
OV LE SVIET DV POEME EST PROPOSE SANS FABLE & sans Episodes.

Lovys IX. Roy de France, Prince aussi vaillant que religieux, estimant qu'il estoit de l'honneur de Iesus-Christ, que la Sainte Couronne autrefois teinte de son sang, ne demeurast plus au pouuoir des Sarrasins, à qui vn Renegat Grec l'auoit venduë; entreprend de la retirer de leurs mains, & de l'apporter en son Royaume, afin qu'elle y soit à l'auenir vn gage sacré, qui oblige le Ciel à sa deffense. Sur cette resolution, il passe en Egypte aueque de grandes forces: il gagne des batailles sur mer & sur terre: & apres de puissantes oppositions des Infideles & des Demons, il deffait entierement ses Ennemis, tuë deux de leurs Generaux de sa main, force leur Camp, & se met en possession de la Sainte Couronne, dont il auoit entrepris la Conqueste, pour l'honneur de la Religion, & pour le bien de son Estat.

ARGVMENS

ARGVMENS
DE TOVT LE POEME,
diuisé selon les Liures.

I.

LOVYS déja maistre de Damiette, voulant poursuiure son entreprise, détache quelques Corps qu'il enuoye faire le degast dans le Pays ennemy. Le Sultan au bruit de ce degast, pour s'asseurer des Chrestiens du Caire, se resout d'en faire un massacre general : Meledor en empesche l'execution, & offre au Sultan, pour sa Fille qu'il estoit venu rechercher, la teste du Roy Chrestien. La condition est acceptée : il est depesché sous pretexte de traité, auec vn Ambassadeur, qui n'ayant rien obtenu de Louys, luy presente de la part de son Maistre, vne armure empoisonnée. Meledor est diuerty de son dessein par vne étrange vision. Et les deux Ambassadeurs sont en suite regalez dans vne Tente, où ils voyent en figure de soye, toute l'Histoire de la vie du Roy, iusques à son arriuée en Chipre.

II.

Alfonse Comte de Poitiers arriue en Egypte auec quelques Princes de Syrie, en mesme temps que les recrues de la Noblesse de France y abordent. Bethunes en

DV POEME.

porte l'auis au Roy, & luy fait le recit des auentures d'Alfonse & des Princes Syriens qu'il amene. Le Roy sort pour les aller receuoir, & les traitte magnifiquement : & Coucy apres la table leuée, raconte aux Seigneurs nouuellement arriuez, toutes les choses passées depuis que l'Armée estoit partie de Chipre, iusques à la deffaite de la Flotte des Sarrasins.

III.

Coucy continuant son recit, raconte les signes qui suiuirent la premiere victoire, en presage des autres victoires qui la deuoient suiure : l'arriuée de la Flotte à Damiette : le combat rendu à la descente : la deffaite des Sarrasins : l'embrasement de Damiette : le massacre des Chrestiens habitans de cette Ville : l'entreprise heroïque d'vne Fille Chrestienne, qui donna lieu au desespoir & à la retraite des Infidelles ; & le Triomphe religieux de Louys entrant dans la ville auec l'Armée victorieuse.

IV.

Le Tournois promis en réiouyssance de la prise de Damiette, est auancé en faueur d'Alfonse & des Princes de Syrie arriuez aueque luy. L'appareil en est ingenieux & magnifique. D'vne part, l'Amour condamné par les Tenans, & declaré incompatible auec la Valeur : & d'autre-part iustifié & deffendu par les Assaillans, est le suiet de toutes les Brigades qui le composent. Apres les courses particulieres & le Tournois general, vn Inconnu arriué à la Barriere, demande de courir contre six des plus Braues de l'Armée. L'auantage de toutes les six courses luy estant demeuré, il demande d'en faire vne septiéme contre le Roy, qui s'y presente. & l'Inconnu qui estoit Assassin, blessé & puny du malheureux dessein qu'il auoit sur sa personne, est renuoyé chargé de presens.

e v

ARGVMENS

V.

L'Armée Françoise divisée en trois Corps marche en ordre de bataille vers le Caire. Les Qualitez, les Maisons, les Alliances, les Auentures des Princes & des Seigneurs sont particulierement décrites. Le Sultan effrayé ne se r'asseure que sur la parole de Mireme, qui luy promet des troupes de Demons auxiliaires, & un armement magique. Il évoque les Ombres des Sultans en sa presence, & celle de Saladin luy declare que rien ne luy reüssira, que le sang de son Fils ou de sa Fille, n'ait expié le massacre que son Pere auoit fait de ses Neueux, pour tirer l'Empire dans sa Famille.

VI.

Le Sultan expose à Zahide sa Fille, la demande de l'Ombre de Saladin. Elle se resout à la mort, ou vaincuë par la necessité, ou deceuë par les discours artificieux de son Pere. Elle est menée en pompe sur le bord du Nil; & le Sultan ayant déja le bras leué, Muratan son Fils arreste l'execution, & s'offre de satisfaire de son sang la colere de l'Ombre irritée. Ne pouuant l'obtenir, ny de son Pere, ny de sa Sœur, il se fait luy-mesme l'Executeur & la victime; & du mesme coup satisfait son amitié & l'Ombre du Sultan. Zahide tombe dans le Nil auecque luy: leur chute est suiuie de prodiges, & du débordement du Fleuue. Les Enfans des principales Familles Chrestiennes qui se trouuent dans le Caire, sont enleuez par l'ordre du Sultan. Zahide est retirée du Fleuue par Almazonte: Les François pressez de l'inondation gagnent une Colline; & le Roy inuincible à toute sorte d'accidens, les r'asseure par son exemple & par sa parole.

VII.

L'Armée Infidele embarquée sur des chaloupes;

DV POEME.

marche à la Colline, où les François sont assiegez. Dénombrement & disposition de cette Armée: qualitez, conditions, auantures des Chefs qui la conduisent. Les François se resoluent à vne mort honorable: la meslée est aspre de part & d'autre: Forcadin fait vn grand carnage des François: Louys en fait vn plus grand des Barbares: & enfin les repousse en desordre dans leurs chaloupes.

VIII.

Le Sultan se prepare à vne seconde attaque: Louys prie pour le salut de son Armée. Vn Ange vient l'en asseurer de la part de Dieu, & le porte au Ciel dans vne machine de feu. Il remarque la fabrique & le concert des Corps Superieurs, les diuerses compagnies des Bien-heureux, rangez selon l'ordre de leur merite. Iesus-Christ offre trois Couronnes à son choix: il choisit la Couronne d'épines, & la prefere aux Couronnes de deux Empires. La conqueste luy en est promise pour la gloire, & pour la conseruation de son Royaume. Apres cela, l'histoire de ses futures souffrances luy est representée: & il voit la glorieuse suite des Roys de sa Race, à la lueur d'vne lumiere prophetique.

IX.

Louys reuenant à terre, est instruit par l'Ange qui le rapporte, de l'estat present des affaires de l'Europe & de l'Asie. Le mesme Ange luy fait remarquer les lieux celebres par les exemples de la Iustice de Dieu, & par ceux de sa misericorde; & luy fait en suite vne courte description de la Terre Sainte. L'Ange Intendant des eaux repousse le Nil dans son canal: & Louys, apres auoir fait enterrer les morts, se remet en marche, & reprend la route du Caire. Cependant Archambaut de Bourbon allant au Camp, atteint la Galere de Zahide & d'Almasonte, qui retournoient au Caire accompagnées d'vne troupe de Cheualiers.

ARGVMENS

qui s'estoient voüez à leur seruice: il les attaque & les défait. Almasonte inconnuë durant le combat, est reconnuë apres la victoire; & Archambaut prisonnier de sa prisonniere, arriue victorieux & vaincu dans le Camp, auec les Princesses Sarrasines.

X.

Louys entreprend un pont sur le Nil pour le passage de ses troupes. Des Ouuriers enuoyez dans une forest voisine, les uns sont deuorez par un Dragon, les autres reportent l'effroy dans le Camp. Louys veut aller combattre ce Monstre. Son Conseil obtient à peine qu'il y aille accompagné. Le Sort luy donne Raymon: & l'Amour veut que Belisade son Espouse soit de la partie. Le Roy se fait armer à la veuë du Camp, de l'Armure empoisonnée qui luy auoit esté enuoyée par le Sultan. Vn éclair qui descend du Ciel, y met le feu sans offencer le Prince. Deux Prelats deputez à une Sainte Solitaire, pour apprendre ce que signifie ce prodige, sont instruits des desseins de Dieu sur le Roy; de la vie merueilleuse d'Aymon de Bourbon; de celle de la Solitaire qui n'est pas moins merueilleuse: & rapportent au Camp, qu'Archambaut est destiné à la defaite du Dragon.

XI.

Archambaut va au Desert de la Solitaire: elle luy fait voir les noms, les portraits, les gestes des Heros de la Maison de Bourbon: & l'exhorte à se mettre en liberté, & à y remettre Almasonte. A son retour une étrange vision le confirme en l'amour d'Almasonte: une autre vision toute contraire l'en détourne, & l'Amour enfin cede à la Vertu & à la Gloire. Il fait sa declaration à Almasonte, qui en souffre tout ce que peut souffrir une Amante rebutée. Elle est mise en liberté auec Zabide; & Archambaut retourne vers la Solitaire, pour prendre les armes d'Aymon. Cependant Alzir, & Meledor, engagez par væu à la délivrance des deux Princesses, entrent de nuict dans le Camp Chrestien, & ne les trouuans point, se retirent déguisez des armes d'Archambaut & de celles de Culans. Almasonte les voyant venus, fond l'épée à la main sur Alzir, qu'elle prend pour Archambaut: Zabide la seconde: le combat est long & funeste: Almasonte est tuée d'Alzir qui se tue sur elle: & Zabide tuë Meledor, apres quoy elle reprend la route du Caire.

XII.

Archambaut instruit par la Solitaire, & armé des armes d'Aymon, va à la Forest, où il défait le Dragon. L'Histoire étrange de l'origine & du regne de ce Monstre luy est racontée. Les Arbres sont menez au Camp, pour la structure d'un Pont & de deux Tours; L'Armée des Barbares estant arriuée à l'autre bord du Fleuue, il se fait vne rude escarmouche à coups de traits & de cailloux lancez auec des machines. Les troupes des Infideles sont mises en desordre, par l'adresse & par le bonheur de Louys. La nuit apres, Zahide & Forcadin entrent dans le Camp, auec l'élite de leurs troupes, Zahide met le feu à la tente d'Archambaut, & Lisamante demeure sa prisonniere. Le Roy victorieux repousse les Ennemis, qui paroissent le jour suiuant gabionnez de deux rangs de ieunes Chrestiens, attachez deux à deux à des poteaux, plantez en eschiquier deuant leurs machines. Le Spectacle fait pitié aux François, qui cessent de tirer, de crainte d'estre meurtriers de leurs Freres.

XIII.

Le Sultan deuenu amoureux de Lisamante, employe toute sorte d'artifices pour la fleschir, ou pour la vaincre. Elle se rend en apparence; le festin de la Nopce est magnifique: & la nuit, Lisamante encou-

ARGVMENS

ragée par Iudith, à faire pour son honneur, ce qu'autrefois elle auoit fait pour le sien, couppe la teste au Sultan, & sort auec Iudith, qui va deuant elle, & la conduit au trauers du Fleuue. Cependant Bethunes qui estoit en garde à l'autre riue, & qui souffroit pour elle, tout ce que la crainte & la ialousie peuuent faire souffrir, la voyant venir, & la prenant pour vn Esprit separé du corps, passe de la crainte au desespoir, & tost apres du desespoir à la ioye, la voyant en vie & victorieuse. Forcadin éleu General, remet l'ordre dans les troupes émeuës de la mort du Sultan. Mireme pour la venger, obtint de luy, que les Enfans Chrestiens tirez du Caire, seront brûlez. Parmy tant d'Innocens, la fortune d'Orasin & de Merinde est particulierement regretée. Les Demons appellez à ce Sacrifice, forment en l'air vne batterie, qui met le feu au Pont & aux Tours, & le porte de là aux Tentes voisines. Louys l'arreste par ses prieres: les Demons vaincus tombent dans le Nil; & il ne reste de leur batterie que du bruit & de la fumée.

XIV.

Apres l'embrasement du Pont, Louys a recours à la priere. L'Ange Intendant des eaux luy promet de faire vn passage à l'Armée au trauers du Fleuue. Les troupes décampent, & la Riuiere s'ouure deuant elles, par la vertu de l'Ange qui marche à leur teste. Forcadin auerty de leur passage, y accourt auec Zahide & vne partie de l'Armée. Le combat est sanglant: il y meurt des Grands & des Braues de part & d'autre. Robert Comte d'Artois entre dans Massore aueque les Fuyars: il y combat long-temps tout seul contre toute vne troupe de Sarrasins: Enfin apres auoir tué le Gouuerneur de la Place, il est accablé de traits: & sa mort aussi sainte qu'heroïque, est honorée des Anges, qui enleuent son corps, & le portent dans le Tombeau des Macabées.

DV POEME.
XV.

La bataille continuë entre les deux Armées, auec force belles actions de part & d'autre: Exemple d'Amitié heroïque entre Visuonne & Angennes. Défaite du Geant Elgasel par Louys. Combat de Zahide & de Lisamante, interrompu par Brenne & Bethunes, leurs Amans. Alfazel voulant tuer Lisamante, blesse Zahide, & de regret se va étrangler à ses pieds. Mort genereuse de Coucy, & son testament funeste à Olinde. Louys défait les Sarrasins, qui se rallient derriere leurs Elefans, Raymon & Belinde attaquent le plus furieux de la bande, & Belinde demeure accablée de sa cheute. Louys va contre ces énormes animaux, & en blesse deux, qui mettent le desordre dans leurs troupes: & luy-mesme estant blessé, ne quitte point le champ, qu'il ne voye les Infideles en fuite.

XVI.

Les François morts en la bataille sont enterrez auecque pompe. Belinde a ses funerailles à part, & Raymond expire de douleur sur elle. Leurs corps sont renuoyez auec un appareil funebre. Mireme fait de nouuelles éuocations dans un Salon d'estrange structure. L'Ombre du Sultan luy annonce le peril du Roy François, & sa mort certaine, s'il ne guerit par la vertu de l'eau de la Matarée. L'Enchanteur met ses Demons en garde sur les auenuës de la Fontaine; & prepare une autre ruse, pour empescher que la sainte Couronne ne tombe entre les mains des François. Bourbon entreprend le voyage de la Matarée, pour la guerison du Roy; Brenne aussi desireux de celle de Zahide, l'y accompagne; & luy fait en passant une curieuse description des raretez qui se trouuent sur leur chemin. Ils forcent le Iardin de Baume gardé par les Sarrasins: & apres tous les enchantemens de Mireme dissipez, & Mireme luy-

ARGVMENS DV POEME.

mesme tué, ils retournent au Camp auec l'eau sainte conquise par tant de perils.

XVII.

Louys guerit par la vertu de l'eau apportée de la Matarée. Elle fait vn semblable miracle sur Zahide, qui se conuertit, & en suite est fiancée au Comte de Brenne. La Cour estant assemblée pour cette feste, vn Heros vient offrir la rançon de la Princesse, ou le cartel à celuy qui la retient. Le Comte accepte le combat, qui est sanglant pour le Sarrasin, & interrompu par Zahide, sur quoy Brenne entre en jalousie & se retire. Le Sarrasin blessé est reconnu pour Muratan, Frere de Zahide. Il est baptisé de la main du Roy, & guery par le Baptesme. Brenne desabusé prend part à la joye de Zahide. L'attaque du Camp des Sarrasins est resolué; & Robert Comte d'Artois s'apparoissant au Roy le console de sa mort, & l'asseure du succez de son entreprise.

XVIII.

L'Armée Françoise marche droit au Camp des Sarrasins. Forcadin de son costé, marche en mesme temps contre les François. Les deux Armées encouragées par leurs Chefs, se choquent auec vne pareille ardeur. Il se fait des actions heroïques de part & d'autre. Louys défait trois des plus braues Sarrasins qui l'attaquent de complot. Bethunes s'expose à la mort pour Lisamante, qui meurt auec luy, tuée de la main de Forcadin: & leur mort est vengée par Louys qui tuë Forcadin, & défait le reste des troupes. Il va de là au Camp des Barbares, & le force. La journée se termine, par la défaite du Lyon & du Geant qui gardoient la sainte Couronne: & Louys victorieux en est couronné, tandis que l'Armée esleue vn Trophée à la Croix, & rend graces à Dieu, de la victoire.

PERMISSION.

PERMISSION.

IE Louys Sellot, Prouincial de la Compagnie de Iesus en la Prouince de France, suiuant le Priuilege qui nous a esté accordé par les Roys Tres-Chrestiens Henry III. le 10. May 1585. Henry IV. le 20. de Decembre 1603. Louys XIII. le 24 Février 1612. par lequel il est deffendu à tous Imprimeurs & Libraires, d'imprimer aucun Liure de ceux de nostre Compagnie, sans la permission des Superieurs d'icelle, permet à Augustin Courbé, Marchand Libraire à Paris, de faire imprimer & debiter vn *Poëme, intitulé S. Louys, ou la Sainte Couronne reconquise*, composé par le Pere Pierre le Moyne de nostre Compagnie, & reueu par trois Peres de la mesme Compagnie. Fait à Paris le 20. Nouembre 1659.

LOVYS SELLOT.

Extraict du Priuilege du Roy.

PAR Grace & Priuilege du Roy, il est permis au R. P. le Moyne, Religieux de la Compagnie de Iesus, de faire imprimer vn *Poëme Heroïque*, intitulé *S. Louys, ou la Sainte Couronne reconquise*, par quel Libraire il luy plaira choisir, en vn ou plusieurs volumes, conjoinctement ou separément, en telles marges & caracteres, & autant de fois que bon luy semblera, durant le temps & espace de vingt ans, à compter du iour que chaque piece ou volume sera acheué d'imprimer pour la premiere fois : Faisons tres-expresses deffenses à toutes personnes de quelque qualité & condition qu'elles soient, d'imprimer, faire imprimer, vendre ny debiter en aucun lieu de nostre obeïssance ledit Poëme Heroïque sans son consentement, ou ceux qui auront droit de luy, à peine de trois mil liures d'amande par chacun des contreuenans, comme il est porté plus amplement par nos Lettres de Priuilege. Donné à Paris le 22. iour d'Avril, l'an de grace 1651. & de nostre Regne le 9. Signé par le Roy en son Conseil, CONRART. Et scellé du grand Sceau de cire jaune.

Registré sur le Liure de la Communauté, suiuant l'Arrest de la Cour du 8. Auril 1653.

Et ledit Pere le Moyne a cedé & transporté son droit de Priuilege à Augustin Courbé, Marchand Libraire à Paris, pour imprimer & debiter ledit Poëme de S. Louys, suiuant l'accord fait entr'eux.

Et aussi ledit Courbé a cedé son Priuilege à Thomas Iolly & Louys Billaine, pour en iouir le temps porté par iceluy.

SAINT LOVIS
OV LA
SAINTE COVRONNE
RECONQVISE.

LIVRE PREMIER.

Ie chante vn saint Guerrier, & la Guerre entreprise
Pour oster aux Sultans, & pour rendre à l'Eglise,
Le Diadéme Saint, que prit le Roy des Rois,
Quand pour vaincre la Mort, il monta sur la Croix:
Le projet en fut grand, plus grand en fut l'ouurage.
L'Enfer mit contre luy, ruse & force en vsage :
Il fit des Legions de Phantosmes armez ;
En machines il mit les Elemens charmez :
Et dans vn Camp de feu, que les Demons formerent,
Auecque les Sultans, les Móstres se rangerẽt. [mons:
Mais le Saint Roy vainquit Sultans, Monstres, De-
Fit de sang & de corps, des fleuues & des monts :
Au bruit des Nations, qui sous luy trébucherent,
L'Eufrate, le Iourdain, le Tigre se troublerent,

A

SAINT LOVIS,
Et la sainte Couronne apres cent hauts exploits,
Conquise sur l'Egypte, enleuée à ses Rois;
Fut depuis dans la France à la Tige Royale,
En guerre comme en paix, vne Garde fatale.
Sous cet abry côtre-elle, en vain les * Vents du Nort,
En * vain ceux du Midy depuis ont fait effort.
Nos Lys victorieux de toutes les tempestes, [testes:
Sont plus beaux que iamais, leuent plus haut leurs
Et nul Astre ennemy ne les estouffera,
Nul Oyseau, nul Serpent ne les offensera,
Tant que le gage saint de ses épines saintes,
Vn rempart leur sera contre toutes atteintes;
Et que les Rois, Neueux du Roy qui l'a conquis,
Regneront sur le Throsne, où le Ciel les a mis.
 Chantres intelligens, commis sous ** Vranie,
A conduire des Cieux l'eternelle harmonie;
Vous qui faites iouër ces Globes suspendus,
Dont les accords ne sont que du Sage entendus:
Et vous qui prés du Trosne, où d'vn air magnifique,
Se chante de l'Agneau la victoire mystique,
De la main, de la voix, de l'esprit gouuernez,
Les Hymnes & les Luths des Vieillards couronnez;
Entrez dans mon dessein : conduisez mon haleine,
Où ne la peut conduire aucune force humaine:
Et faites que mes chants des Peuples admirez,
Soustenus de l'ardeur que vous m'inspirerez,
Sans dechet, au Clairon de la Gloire répondent,
Et d'vn si haut Sujet les merueilles secondent.
Si de vostre faueur vous appuyez ma voix,
Mon Louys, dans mes Vers, porté sur tous les Rois,
Auecque les Bourbons descendus de sa Race,
Aux feints, aux vrays Heros, fera quitter la place:
Et le Monde mettra ses plus celebres noms
Sous celuy des Louys, & celuy des Bourbons.
 Dés-ja des sombres nuits la changeante Courriere,
Trois fois auoit fourny sa plus longue carriere;

LIVRE PREMIER.

Depuis que sur ses murs, conquis par les François,
Damiette auec les Lys auoit receu la Croix.
Louys qui n'aspiroit, qu'à se voir sur la teste,
L'adorable Couronne offerte à sa conqueste;
Portoit là ses conseils, tournoit là ses efforts,
De l'Europe sous luy ramassée en vn corps.
Le Sultan de sa part estoit pour la deffendre,
Prest à tout exposer, comme à tout entreprendre.
Sur la commune foy de ses Peres Sultans,
Et sur les visions des Deuins de leur temps,
Il tenoit pour constant, que la Couronne Sainte,
A la sienne faisoit vne fatale enceinte;
Qui deuoit la munir contre tous les dangers,
De troubles intestins, & d'assauts étrangers,
Et que dés le moment qu'elle seroit perduë,
Soit qu'elle fust conquise, ou qu'elle fust renduë,
Le Throsne des Sultans se denoit renuerser,
Et leur Sceptre deuoit en d'autres mains passer.

Ainsi iadis Almet & Zogran l'augurerent,
Et les malins Esprits l'augure confirmerent.
Quand vn auare Grec, apostat de sa foy,
Renegat de son Dieu, deserteur de son Roy,
En secret l'enleua du Thresor de Bizance;
L'alla vendre en Egypte, & fut pour recompense,
Etably du Sultan, Gouuerneur de son fils,
Et commis aux tributs imposez à Memphis.

Mais quelle source d'or peut éteindre la flâme,
Que le desir d'auoir allume dans vne ame?
Plus il rauit, & moins son ardeur à rauir,
Trouua dequoy s'éteindre & dequoy s'assouuir.
Les Peuples qu'il foula, contre luy s'éleuerent;
Ses Soldats de * la Porte aux Peuples se meslerent:
La Maison fut rasée, & son thresor pillé,
Son corps meurtry des vns, des autres fut grillé.
Et deuant qu'il mourust, de son or qu'ils fondirent,
Les oreilles, les yeux, la bouche ils luy remplirent.

A ij

SAINT LOVIS,

De là, sa teste mise au faiste d'vne tour,
Aussi-tost noircit l'air, & fit pasli le iour.
Les Oyseaux effrayez loin de là s'enuolerent;
Non moins que les Pigeons, les Vautours l'abhorrerent.
On vit durant trois iours, des nuages affreux,
Alentour faire vn gros de Spectres tenebreux :
On vit durant trois nuits, à ces Spectres de nuës,
Succeder en feux noirs des Images cornuës :
Et le quatriesme iour, la nuit se rapprochant,
Vn Oyseau monstrueux de figure & de chant,
Vint du costé du Nort, & fondant sur le faiste,
Où dé-ja pourrissoit la sacrilege teste :
L'enleua dãs la nuë, où cent autres oyseaux,
Plus laids que des hiboux, plus noirs que des corbeaux,
Sifflans diuersement, en troupe le suiuirent,
Et dans vn long tonnerre auec luy se perdirent.

   Quelque tragique fin qu'eust fait cet Apostat,
* Siracon crut deuoir au bien de son Estat,
Le soin de conseruer la Couronne épineuse,
Que cent predictions luy rendoient precieuse.
L'Empereur de Bizance en vain pour la r'auoir,
Offrit tous les thresors qu'il eust en son pouuoir.
Depuis ce Siracon, les Sultans qui regnerent,
Enuers le sacré gage à ses soins succederent.
Et sur tous Meledin, quand il sceut que la Croix,
Pour le reconquerir se preschoit aux François,
Renouuella ses soins, & luy donna pour Gardes,
Vn Corps de cent Archers, vn de cent halebardes,
Et le Grand Melesar, Gouuerneur du Lyon,
Qui valoit auec luy toute vne Legion.
Mais Louys pour forcer les hommes par ses armes,
Et vaincre par sa foy les monstres & les charmes ;
Dés le premier rayon de l'An renouuellé,
Auoit sous les drapeaux tout son Camp rappellé :
Et dé-ja quelques Corps détachez sans bagage,
Dans la Terre ennemie auoient fait le rauage.

LIVRE PREMIER.

Au bruit de ce dégaſt l'Aſie au loin trembla :
Le Nil épouuanté dans ſon Lit ſe troubla :
Et ſa vague en la Mer * par ſept bouches renduë,
Y porta la frayeur de l'Egypte éperduë.
Les Bourgs abandonnez des Communes ſans cœur,
Reſterent expoſez aux courſes du Vainqueur :
Et dans Tanes, iadis ville ſi renommée,
Les habitans défaits du ſeul bruit de l'Armée,
Iuſqu'aux extremitez d'vn deſert ſablonneux,
Traiſnerent leurs maiſons errantes auec eux.
Vn meſme effroy porté ſans Arreſt & ſans bride,
Etonna le rempart qui ceignoit Pharamide :
Et iuſqu'à ** ces cantons où l'Ange Executeur,
Iadis ſauua l'Hebreu du glaiue deſtructeur,
A la montre des Lys, les croiſſans diſparurent ;
Le trouble, la frayeur, le deſordre y coururent :
Et tours, chaſteaux, citez, d'vn commun tremble-
Accrurent de l'Eſtat le fatal mouuement.   [ment,

Ainſi, quand du Veſuue, vne flame épanduë,
Fait vn fleuue de feu ſur la plaine éperduë ;
La ruïne & l'horreur ſuiuent auecque bruit,
Le rauage qui fume & le degaſt qui luit.
Il n'eſt digue ny mur où ſa fureur s'arreſte ;
Il meſle des Palais le fondement au faiſte :
La mort d'vn cours égal également ſurprend,
Et celuy qui reſiſte & celuy qui ſe rend :
Et dans vne tempeſte où tout tombe & tout fume.
Auecque le preſent l'auenir ſe conſume.

En ce temps, Meledin l'Egypte gouuernoit,
Et du poids de ſes ans le Sceptre ſouſtenoit :
Orgueilleux & barbare, implacable & ſeuere,
Et ſanguinaire Fils d'vn * ſanguinaire Pere,
Il auoit fait les loix eſclaues du pouuoir ;
Au ply de l'intereſt il plioit le deuoir ;
Et deſerteur du droit & de la foy commune,
Ne preſentoit d'encens qu'à la ſeule Fortune.

A iij

SAINT LOVIS,

Vne Fille & deux Fils desja grands & guerriers,
Et dé-ja renommez par leurs propres Lauriers,
Sous luy prestoient la main au faix de la Couronne,
Et partageoient sous luy les soucis qu'elle donne.
L'Aisné Melecsalem à son secours menoit
Cent Peuples differens qu'en vn Corps il traisnoit.
Il auoit dépeuplé les riues où l'Hidaspe,
Voit son lit releué de carrieres de Jaspe :
Et celles où le Tigre écumeux & bruyant,
Se poursuiuant tousiours, & tousiours se fuyant,
De sa fougueuse course étonne son riuage,
Et porte pour tribut à la Mer vn orage.
Il auoit épuisé les bords où le Iourdain,
Esclaue du Croissant ronge ses fers en vain :
Et les bords où l'Eufrate, hoste de Babilonne,
De Chasteaux sourcilleux en passant se couronne.
Toute l'Asie en corps sous ses drapeaux marchoit ;
Son Camp chargeoit la terre & les fleuues sechoit ;
Et le malheureux Prince auec toutes ces troupes,
Qui des Môts sous leur poids faisoiēt gemir les crou- [pes
De songes creux & vains nourrissant son orgueil,
Pensoit aller au Throsne, & * n'alloit qu'au cercueil.

D'autre-part Muratan, son Riual & son Frere,
Iusques alors la ioye & l'amour de son Pere ;
Apres Alep reduite & son Prince rangé,
Reuenoit de Lauriers & de Palmes chargé.
Heureux si succombant sous le poids de sa gloire,
Il eust receu la mort au sein de la Victoire.

La Fille, qui passoit les deux Fils en valeur,
Estoit de la Couronne & la force & la fleur :
Son nom estoit Zahide ; & depuis le riuage,
Où la Mer diuisée à l'Hebreu fit passage,
Iusqu'à cette autre riue où le flot trémoussant,
Se colore aux rayons du Soleil renaissant ;
Il n'estoit point de Cour soit barbare ou galante,
D'où Zahide, des cœurs les plus fiers conquerante,

LIVRE PREMIER.

N'attiraſt à Memphis, par bandes enchaiſnez,
Des Eſclaues regnans, des Captifs couronnez.
   Mais qu'eſtoient ces ſuccez, à cent triſtes augures,
Que de vains lenitifs des miſeres futures ?
Mille ſonges affreux, preſentez au Sultan,
Tantoſt deuant ſes yeux égorgeoient Muratan :
Tantoſt luy faiſoient voir Zahide écheuelée,
Sur vn barbare autel de ſon bras immolée.
L'innocente Sultane, à qui ſur vn ſoupçon,
Il fit donner la mort par vn traiſtre Eſchançon,
Venoit toutes les nuits, terrible & menaçante,
Arracher de ſon front ſa Couronne ſanglante.
Il crut meſme en plein iour, voir ſon Throſne taché
Du ſang de ſes Couſins par ſon Pere épanché :
Et de ce triſte ſang les traces rougiſſantes,
De ces terribles Morts les Ombres gemiſſantes,
Tourmentoient ſon Eſprit de mouuemens diuers,
Plus frequents & plus prôpts que ne les ont les Mers,
Quand des Vents oppoſez les troupes reuoltées,
Se pouſſent à l'enuy les vagues agitées.
   Dans ce trouble, où le met ſon Eſprit chancelant,
Au bruit du Camp vainqueur par l'Egypte roulant,
Il penſe deſia voir ſon terrible Aduerſaire,
Entrer victorieux par les breſches du Caire :
Et voir de ſon Palais tombant autour de ſoy,
La fumée & le feu, le tumulte & l'effroy.
   Quoy, dit-il, emporté d'vne ſoudaine rage,
Ces Brigans, à leur aiſe auront fait ce rauage ?
Mes Eſtats embraſez en cendres tomberont,
De leurs feux & l'Aſie & l'Afrique luiront,
Et cét embraſemènt ſi vaſte & ſi funeſte,
Laiſſera de l'Egypte à peine quelque reſte?
Etourdis cependant & ſurpris du danger,
En attendant le fer qui nous doit égorger,
Nous conterons d'icy les buſchers de nos villes ?
Nous ſerons de nos maux ſpectateurs immobiles ?

A iiij

Meledin par le fort peut estre combattu,
Mais le fort ne sçauroit abbatre sa vertu;
Et tant que sa vertu conseruera sa place,
La Fortune à son gré, peut bien changer de face:
Elle peut tout mesler, elle peut perdre tout,
Le cœur de Meledin demeurera debout:
Et c'est contre ce cœur, plus haut que mes ruïnes,
Que le Corsaire Franc doit dresser ses machines.
Qu'il les amene en foule; & que de toutes parts,
Il allume des feux, il prepare des dards:
En vain ses dards, ses feux, ses machines dressées,
Armeront contre moy ses cruelles pensées.
Ce terrible appareil sur luy retombera;
Dans les feux qu'il a faits luy-mesme perira:
Et fumant de sa peine, autant que de son crime,
Sera de sa fureur la derniere victime.
Cependant i'auray l'œil aux secrets attentats,
Des Chrestiens qui sont nez sujets de mes Estats.
Ces traistres factieux, nourris dans nos murailles,
De leur Mere à couuert déchirent les entrailles,
Et desia par leur trouble & par leur mouuement,
Semblent se réjoüir de cét embrasement.
La fumée & le feu réueillent leur courage;
De leur haine assoupie ils reprennent l'vsage:
Bien-tost vous les verrez sortis de nostre sein,
Pour acheuer sur nous leur funeste dessein,
Aller enflez de fiel, & boufis de colere,
Et joindre leur audace, à l'audace estrangere.
Mais ie sçay, comme il faut étouffer les Serpents,
Et leur faire vomir le fiel auec les dents;
Ie le sçay, ie le puis; & la maudite race,
Qui desia de la langue & des yeux nous menace,
Ecrasée à mes pieds, verra deuant la nuit
Ce que la trahison peut apporter de fruit.
    A ces mots se tournant vers les Chefs de sa Garde,
Compagnons, leur dit-il, que personne ne tarde:

LIVRE PREMIER.

Le danger est extréme, & les moments sont chers,
Qui doiuent décider les extrémes dangers,
Vous entendez le bruit, vous voyez la fumée,
Que fait de l'Estranger l'impitoyable Armée,
Mais vous ne sentez pas, qu'à couuert & sans bruit,
Vn plus proche ennemy nous mine & nous détruit.
Ces lasches Baptisez, cachez dans nos murailles,
Sans venir à l'assaut, sans liurer de batailles ;
Par des complots secrets fournissent sourdement,
A ce triste incendie vn funeste aliment.
Desia dans leur esprit l'Egypte est renuersée :
Desia dans nostre sang ils trempent leur pensée :
Et bien-tost les cruels y tremperont les mains,
Si nostre lascheté seconde leurs desseins.
Allez donc, Compagnons, au deuant de leur rage ;
Munissez-vous de zele, armez-vous de courage ;
La Patrie & la Loy, le Prophete & l'Estat,
Demandent les Autheurs de ce noir attentat,
Tuez tout, brûlez tout : d'vne mauuaise engeance,
C'est nourrir le venin, d'en laisser la semence.

  Son cœur en dicta plus, que sa bouche n'en dits
Et le feu menaçant que son œil épandit,
Et qui mesla l'éclair au feu de son visage,
Acheua d'expliquer le reste de sa rage.

  A cét arrest de mort Meledor assista,
Meledor, que Nerise au vieillard enfanta,
Au terrible * Vieillard, Roy du Peuple Arsacide ;
Qui fut de tous les Roys le public homicide.
Ce Prince du Sultan la fureur arresta,
Par vne autre fureur où l'Amour le porta.

  Ton zele, luy dit-il, Seigneur, est de justice :
A ces traistres, la mort est vn trop doux supplice.
Ny le fer, ny le feu, ne sont pas instrumens,
Qui puissent à leur crime égaler leurs tourmens. [res ;
Mais quand nous aurions fait, de leur sang des riuie-
Quād leurs corps entassez nous feroiēt des barrieres.

A v

Croy-tu que dans leur sang l'Ennemy se noyast?
Croy-tu que de leur corps la montre l'effrayast?
Pour éteindre le feu de l'Egypte brûlante,
Pour affermir, Seigneur, ta Fortune branslante,
Il faut d'autres torrens, il faut d'autres supports:
Et nous ferons icy d'inutiles efforts,
Tant que des Ennemis la fureur épanduë,
Sans borne inondera la campagne éperduë.
Le mal n'est pas, Seigneur, où tu portes les mains:
Tu te peux asseurer des traistres que tu crains:
Et peux en resserrant cette perfide engeance,
Differer sans peril ta peine & ta vengeance.
Le point est, d'assommer ce terrible Serpent,
Ce Camp, qui par l'Egypte auecque bruit rempant,
Fait le degast aux monts, le fait dans les prairies;
Entraisne les bergers auec les bergeries:
Et ne laissent par tout que deffroyables morts,
Ou moulus de ses dents, où froissez de son corps.
C'est à ce grand Serpent qu'il faut casser la teste:
On ne peut arrester que par là sa conqueste.
L'entreprise en est haute; & pour l'executer,
I'ose auecque mon cœur, mon bras te presenter:
Et comme ie ne veux, que mon amour pour guide,
Ie ne ne demande aussi, pour loyer, que Zahide.
Si ie puis, sur ta foy, ce loyer esperer,
Deussé-je contre moy mille morts attirer,
Deussé-je m'exposer à tout ce que la rage,
Peut donner de tourment, peut inuenter d'outrage;
I'oseray dans le Camp des Ennemis entrer;
Au quartier de leur Roy j'oseray penetrer;
Et là, de ses Archers trompant la vigilance,
Et s'il en est besoin, forçant leur resistance,
I'abattray de ce bras la teste du Serpent,
Qui la mort & le feu par l'Egypte répand:
Et feray tout d'vn coup, tomber auec sa teste,
L'ambitieux projet de sa folle conqueste.

LIVRE PREMIER.

A ces mots, le Sultan de merueille surpris,
Demande, luy dit-il, demande vn plus grand prix.
Zahide vaut beaucoup ; mais à tant de vaillance,
Ce beaucoup, Meledor, est peu de recompense.
Et quand tout mon Empire à Zahide ajousté,
Seroit à ton merite en loyer presenté,
En ton merite encor il resteroit du vuide,
Apres tout mon Empire offert auec Zahide.
Le Sceptre le plus riche a trop peu de valeur,
Le plus haut Diadéme est trop bas pour ton cœur :
Mais ce cœur éleué sur toute recompense,
Comme vn autre, se doit soûmettre à la prudence :
Et ie ne le dois pas sans escorte exposer,
A tout ce qu'vn beau feu pourroit luy faire oser.
La vaillance a besoin que le conseil l'éclaire :
Elle est sans sa conduite errante & temeraire :
Et les grands mouuemens, pour estre mesurez,
Ne sont pas moins hardis, & sont plus asseurez.
Tu connois Garaman, tu connois sa prudence,
Par les ans consommée & par l'experience :
Vers le Corsaire Franc, il ira deputé,
Auancer de ma part des offres de traitté,
Tu pourras sous ce guide, & par cette ouuerture,
Agir auec plus d'ordre, & moins à l'auanture :
Et si bien concerter, joindre si justement,
L'adresse à la valeur, la force au jugement,
Qu'abatant du Tyran la sourcilleuse teste,
Tu conserue la tienne au laurier qu'on t'appreste.
Ie sçay du Droit des Gens les scrupuleuses loix :
Ie sçay la sainteté qu'on attribuë aux Rois :
Mais ie n'ignore pas les dispenses que donne,
Le hazard de gagner, ou perdre vne Couronne :
Et les menus filets des jugemens humains,
Ne sont pas des liens à m'attacher les mains.
  Pareil au vieux Serpent, qui son venin ménage,
Et par les ans instruit discipline sa rage ;

A vj

Meledin de son cœur digere le poison,
Donne à sa cruauté le tour de la raison :
Et met, par les faux-jours, de ces fausses maximes,
De l'ordre en sa malice & de l'art en ses crimes.
Il espere beaucoup du cœur de Meledor ;
Mais son plus ferme espoir vient d'vne armure d'or,
Dont la trempe fatale est en charmes si forte,
Qu'elle donne la mort à quiconque la porte.
 Le fameux Arazel reputé de son temps,
Le Roy des enchanteurs & des Enchantemens,
Resolu de venger vne sanglante injure,
Aydé de ses Demons inuenta cette armure.
L'étoffe & l'artifice y disputoient du prix :
Les diamans meslez auecque les rubis,
S'y montroient à leur flâme, & viue, & mutuelle,
Ou toûjours en amour, ou toûjours en querelle :
Et des Temps rassemblez par vn rare sçauoir,
L'Histoire y paroissoit reuiure & se mouuoir :
Mais de ce riche éclat l'imposture funeste,
Couuroit vne inuisible & penetrante peste.
Aux rubis enchantez, à l'or ensorcelé,
Vn feu prompt & secret, par charme estoit meslé :
Et comme si de feu, ce feu n'eust eu que l'ame,
Il brûloit sans fumer, & consumoit sans flâme.
 Le Calife Elafit, encore tout sanglant,
De la barbare mort du ieune Aridoglant,
Qu'Arazel destinoit à sa fille Oripale,
Essaya le premier cette armure fatale,
Il la receut en don d'Arazel, qui feignoit
D'approuuer cette mort, dont le cœur luy saignoit,
Et le mal-heureux Prince, ébloüy des lumieres,
Qu'à l'enuy répandoient tant de riches matieres ;
Vn iour qu'il fut armé de ce present trompeur,
Pour débattre vn cartel aux nopces de sa Sœur ;
Surpris d'vne inconnuë & prompte maladie,
Vit la feste, pour soy, changée en tragedie.

LIVRE PREMIER.

Il mourut consumé de ce brûlant harnois,
Qui luy fut vn bucher sans flâmes & sans bois :
Et paya d'vne peine à son merite égale,
La mort d'Aridoglant & le deüil d'Oripale.

Du thresor de Damas ce harnois enleué,
Et depuis à Memphis auec soin conserué,
Se destine à Louys, contre la foy publique,
Par vne trahison barbare & magnifique.
On luy farde, on luy pare vne tragique mort,
Des trompeuses couleurs de present & d'accord;
Et faire vn attentat si digne du tonnerre,
Au sens de Meledin, n'est qu'abreger la guerre.

A peine le rayon qui r'allume les iours,
Eut blanchy de Memphis les Croissans & les Tours,
Qu'on vit dans vn vaisseau pompeux & de parade,
Descendre par le Nil les Chefs de l'ambassade.
Par tout où le courant du Fleuue les conduit,
De l'Egypte ébranlée ils entendent le bruit,
Ils rencontrent par tout les Communes errantes,
Et des Bourgs fugitifs, les Familles flottantes,
Des objets de frayeur, des images de mort,
Viennent au deuant d'eux par l'vn & l'autre bord.
La haine & la douleur en commun les excitent :
Leur colere & les flots leur vaisseau précipitent.
Damiete enfin se monstre ; & sous elle à leurs yeux,
S'offre le Camp des Francs terrible & specieux.
Des pauillons dressez ils content les bannieres,
Diuerses de blasons, diuerses de matieres,
Qui dans le champ de l'air, par le vent agité,
Font vn concert de bruit, d'éclat, & de beauté.

A la teste du Camp, l'Honneur entre deux Lices;
Auecque la Valeur preside aux exercices.
Là de jeunes Guerriers, confidens & riuaux,
En l'amour de la gloire & des nobles trauaux,
Forment vn vray courage en de fausses batailles ;
Donnent de feints assauts à de feintes murailles :

Et sans verser de sang, ny courir de hazards,
D'vne guerre sanglante exercent tous les arts.
L'vn fournit à cheual vne iuste carriere :
L'autre le fer au poing combat à la barriere :
L'vn rompt sur vn Faquin, qu'il appelle vn Sultan :
L'autre deffend vn fort dont il a fait le plan.
Icy par vne tour, de cent boucliers formée,
S'attaque vne Memphis de glaiue & de ramée :
Là souſ des mantelets, & par de petits ponts,
Se prend Alep en terre, & Damas en gazons :
Et par tout, de grands noms, & de grandes images,
Seruent aux grãds essais, que font ces grãds courages.

   Le Sanglier écumeux que le chasseur attend,
Contre le tronc d'vn arbre éprouue ainsi sa dent :
Ainsi le fier taureau, qui s'appreste à la guerre,
Frappe l'air de la corne, & du pied bat la terre :
Ainsi le chien courant, veut partir de la main,
Au premier vent qui sort d'vne corne d'airain ;
Il chasse de la voix, il saute, il se tourmente,
Et ses yeux deuant luy, courent la beste absente.

   L'Ambassadeur obserue auec attention,
Ce repos si guerrier, si brillant d'action :
Et le montrant aux siens, Ce nouuel Aduersaire,
Ne sera pas, dit-il, bien facile à deffaire.
Le trauail est son ieu ; la peine est son plaisir ;
Il accorde la guerre auecque le loisir :
Son repos mesme est fort, & le porte à la gloire :
Et les ébats luy sont des essais de victoire.

   Vn garde cependant au Prince donne aduis,
Que deux Grands estrangers, d'vn riche train suiuis
Sont venus deputez, pour vne grande affaire,
De la part du Sultan qui regne dans le Caire.
Aussi-tost, par son ordre introduits au Conseil,
Ils' admirent du lieu le superbe appareil ;
Le Cercle des Seigneurs qui le Prince enuironne ;
Et plus que les Seigneurs le Prince les étonne.

LIVRE PREMIER.

Aussi plus grand de soy, que de sa Royauté,
Il les passe en merite autant qu'en dignité :
Et pour vne Vertu si sublime & si pure,
Le Throne mesme est bas, & la pourpre est obscure.
Comme dans ce Palais, où les celestes feux,
Composent vn Senat roulant & lumineux,
Le Soleil distribuë à chacun la lumiere,
Selon qu'il a plus longue ou plus courte carriere :
Il donne aux vns l'éclat, aux autres l'action,
Il regle leurs emplois par son impression :
Et de tant de beaux corps, qu'il nourrit de ses flâmes,
Sa chaleur est l'esprit, ses rayons sont les ames:
Ainsi, de son Conseil, le Monarque François,
Est la gloire & la force, est le cœur & la voix.
Il s'étend de sa bouche, il sort de son visage,
Vn air d'intelligence, vn esprit de courage :
Et du feu, que répand hors de luy sa valeur,
Ses chefs ont en commun l'éclair & la chaleur.
 Garaman qui n'auoit que l'habit de Barbare,
De la mine & du geste à parler se prepare,
Croise auecque respect les deux bras deuant soy,
Et s'inclinant s'adresse en ces termes au Roy.
 Ie ne viens pas, Seigneur, par vne lasche crainte,
Rechercher vne paix deshonneste & contrainte :
Car quel vent assez fort, quel assez mauuais temps,
Pourroit faire ployer la teste des Sultans ?
Leur Fortune éleuée au dessus des nuages,
Voit à peine à ses pieds le trouble & les orages :
Et du coup, dont les Vents sa masse ébranleroient,
Et l'Europe & l'Asie en pieces tomberoient.
Meledin qui soustient cette haute Fortune,
N'a rien de la foiblesse aux bas Esprits commune.
Il est braue, il est iuste ; & son Ame sans peur,
Mesme en ses Ennemis estime la valeur.
Quoy qu'auec iniustice & sur mer & sur terre,
Agresseur outrageux vu luy fassies la guerre ;

Quoy que toute l'Europe embarquée auec toy,
Ait fuiuy tes drapeaux pour détruire fa Loy ;
Te iugeant d'vn cœur grãd, d'vn efprit magnanime,
Et d'vn rang affez haut pour remplir fon eftime ;
Il a crû de fa gloire, il a crû de ton bien,
D'vnir par vn accord fon cœur auec le tien :
Et fi deux cœurs fi grands peuuent s'vnir enfemble,
Il n'eft rien qui fous eux ou ne tombe ou ne tremble.

  La Iuftice & le Droit veulent qu'à ce deffein,
Damiette que tu tiens, retourne fous fa main.
Ne pouuant la garder, il eft de ton adreffe,
De mettre, en la rendant, à couuert ta foibleffe.
L'homme prudent iamais n'attend l'extremité :
Il preuient le hazard & la neceffité :
Et fe pliant au ply des affaires humaines,
Se fait des gains certains, de fes pertes certaines.
Mefure ta Fortune, écoute ton deuoir :
Ne prens pas les deffeins plus hauts que ton pouuoir :
Et foit par vn accord, foit par vne retraite,
Euite le peril d'vne entiere deffaite.

  Seigneur, on eft encore à dire, qu'vn laurier
Ait iamais pris racine au front d'aucun Guerrier,
Et rien n'eft fi fujet à choir qu'vne couronne,
Que le defordre fait, & que le hazard donne.
La Fortune s'en va de mefme qu'elle vient :
Chacun la follicite, & pas vn ne la tient :
Elle fait tous les iours des amitiez nouuelles :
En prefentant fes mains elle garde fes aifles :
Et fi tu ne luy peux les aifles arracher,
Si tu ne peux fa boule à ton Throfne attacher ;
Ne croy pas que pour toy deuenant plus difcrette,
De fes autres Amans les vœux elle rejette.
De plus fauorifez, de plus cheris que toy,
N'ont pû lier fon cœur, ny retenir fa foy.
Et fans aller plus loin, cette plaine & ce Fleuue,
En offrent à tes yeux vne fameufe preuue ;

LIVRE PREMIER.

Vne preuue qui doit regler l'ambition,
De ceux de ta creance & de ta nation.
  Ce* Camp prodigieux où l'Europe amassée,
Tout vn an sous trois Chefs tint Damiette pressée;
Apres de grands combats, apres de longs efforts,
Apres des mers de sang & des monceaux de morts,
Enfin victorieux, & maistre de la Place,
Laissant le bon conseil, suiuant la folle audace,
Du Sultan Noradin les offres rejetta,
Et ses drapeaux vainqueurs vers le Caire porta.
Le mépris & l'orgueil d'vn si fier Aduersaire,
Attirerent du Nil les eaux & la colere.
De ses canaux enflez, grondant il descendit:
Sur la terre à torrens ses flots il épandit:
Et tant de Nations en diuers corps rangées,
Sans machines, sans forts, sans troupes assiegées,
Receurent par l'assaut d'vn seul Fleuue irrité,
Le iuste chastiment de leur temerité.
Les restes de leurs corps exposez sur nos riues,
Et leurs Ombres encor errantes & plaintiues,
T'auertissent, Seigneur, qu'vne pareille fin
Se prepare à tous ceux qui tiennent leur chemin:
Que la bonne Fortune, ayme en femme publique:
Que ses appas sont faux, & sa faueur tragique:
Et qu'Amante cruelle, apres ses feux passez,
Elle étouffe en ses bras ceux qu'elle a caressez.
Ces Vainqueurs indiscrets ont failly pour t'instrui-
Et tu dois par leur cheute apprendre à te conduire.
Le Nil nostre vengeur peut encor en ce temps,
Deffendre son païs, s'armer pour les Sultans:
Et tu n'as dans ton Camp piques ny halebardes,
Tu n'as autour de toy Capitaines ny Gardes,
Qui puissent de leur fer, qui puissent de leurs bras,
Faire digue, ny mur qu'il ne renuerse à bas.
Les pouuoirs absolus & les forces suprémes,
De cent Sceptres liez auec cent Diadémes,

Contre luy ne seroient vn rampart impuissant,
Quant à nostre secours sa vague ira croissant.
  Mais ie veux qu'à son cours on oppose des brides,
De ramparts aussi hauts que sont nos Pyramides :
Ie veux qu'en receuant ton empire & ta loy,
Il abaisse l'orgueil de ses cornes sous toy :
Quelles digues pourront soustenir les ondées,
De tant de Nations contre toy débordées,
Qui de tous les pays où l'Euphrate s'épand,
De tous ceux où le Gange à grāds tours va rampant,
Viendront d'vn iuste zele au combat animées,
D'Elephans aguerris traisneront des Armées,
De nuages de traits le iour obscurciront,
Les monts & les forests en tours épuiseront,
Et pour battre ton Camp, feront marcher sur terre,
Des Chasteaux équipez de machines de guerre?
  Mais quand par les efforts des plus fortes Vertus,
Ces grāds Corps pourroient estre à tes pieds abatus,
Croy-tu les voir tomber, que leur cheute n'éclate?
Que leur débris, sur toy retombant ne t'abate?
Et supposé, Seigneur, que ton bras puisse tout,
Et que sous tant d'éclats tu demeures debout ;
Peut-estre en quelque source as-tu des troupes pre-
A suiure sans tarir le cours de tes conquestes : [stes,
Peut-estre feras-tu des liens assez forts,
Pour attacher les cœurs de tant de diuers corps :
Et pour les chastier, s'il en est de rebelles,
La France passera la Mer auec des aisles.
Perds ce friuole espoir, écoute la raison,
Tandis qu'elle t'attend, & qu'elle est de saison. [ne,
Mets vn prix à Damiette, & souffre qu'on t'en don-
De quoy faire autre-part achapt d'vne couronne.
En vain tu porterois tes desseins plus auant ;
Tes orgueilleux desseins rabatus par le vent,
Tireroient apres eux d'vne chûte commune,
Auecque ton Party, ta gloire & ta fortune.

Garaman par ces mots à peine eut acheué,
Qu'on vit tout le Conseil contre luy souslené.
Les Barons indignez grondent de son audace : [ce :
Leur cœur môte à leurs yeux, & par leurs yeux mena-
Et cette effusion d'esprits & de chaleur,
Ce pur extrait de sang qui leur donne couleur,
Et qui met sur leur front leur ame en euidence,
De leur zele guerrier est vne illustre auance.
Le Prince qui se plaist à cette belle ardeur.
En ces termes répond au vieil Ambassadeur. [me,
  Cheualier, si ton Maistre a pour nous quelque esti-
S'il nous veut estre vny d'vn lien legitime,
Il faut que subissant le joug du Roy des Roys,
Il quitte le Croissant & se range à la Croix.
Les Couronnes du monde à ce joug comparées,
A bien dire ne sont que des chaisnes dorées :
Plus elles ont d'éclat, plus elles ont de prix,
Et plus leur pesanteur est à charge aux Esprits.
Ne pense pas aussi, que la gloire où i'aspire,
Soit d'agrandir la mienne, étendant mon Empire :
Elle n'est que trop grande, & de plus sages Rois,
Seroient bien occupez à soustenir son poids.
Tous mes desseins ne vont qu'à la Couronne Sainte,
Qui du Sang precieux de mon Sauueur fut teinte,
Quand sur soy nos pechez, & sa Croix il porta,
Et par sa propre mort la nostre il acquitta.
Pour cela i'ay couru tant de mers écumantes,
I'ay passé des écueils, i'ay souffert des tourmentes :
Et pour cela j'irois à ce climat desert,
Où la Nature est morte, où le Soleil se pert.
Fay donc que le Sultan la Couronne me rende, [de;
Qu'il nous retiēt sans droit, qu'auec droit ie deman-
Et sans me préualoir de ces ports déja pris,
De sa flotte deffaite, & de ses Forts conquis,
Ie consens de m'oster le laurier de la teste,
Et de luy resigner auecque ma conqueste.

Sans cela, Cheualier, il se promet en vain,
De retirer iamais Damiette de ma main. [nes,
Le Nil dõt tu nous fais vn* Monstre à de tãt de cor-
Qui pour nous engloutir doit abattre ses bornes,
Se peut auec vn mot, plus fort que mille fers,
Enchaisner dans son lit, par le Dieu que ie sers.
Ce Dieu qui tient les flots & les vents à l'attache,
Les montre quand il veut, & quand il veut les cache.
Et si la grande Mer s'humilie à sa voix,
Et respecte en tremblant la marque de ses doigts;
Deux roseaux, sans dresser ny digue ny barriere,
Pourront quand il voudra lier vostre Riuiere.
 La Fortune me fait encore moins de peur:
Ce n'est qu'vn Spectre mis en credit par l'Erreur:
Et si Dieu quelquefois permet qu'elle se iouë,
Il sçait bien quand il veut l'attacher à sa rouë.
 Ie ne crains pas aussi de nous voir accablez,
De tours & de Geans du Leuant assemblez.
La grandeur est pesante, & la foule embarasse,
L'vne & l'autre ne sert qu'à tenir de la place.
Cent daims par vn lyon peuuent estre chassez;
Et par vn homme seul cent chesnes terrassez.
Le Dieu que nous seruons, des Colosses se iouë:
Les Geans ne luy sont que des bales de bouë:
Et c'est en ce Païs, qu'il deffit autresfois,
Auec des * mouscherons des Geans & des Rois.
Sa force ne s'est point auec le temps perduë:
Son bras est aujourd'huy de pareille étenduë:
Et s'il veut, les Indiens, les Scythes, les Persans,
Et tout ce que l'Asie a de Roys plus puissans,
En foule contre nous sortis de leurs frontieres,
Auecque des forests, auecque des carrieres,
Auec des Elemens en machines changez,
Et des Monstres de fer en bataille rangez,
S'enfuiront deuant nous, comme fuyt sur la plaine,
La poudre que le vent pousse de son haleine.

LIVRE PREMIER.

Mais si par vne prompte & memorable fin,
A sa gloire, il nous veut faire vn plus court chemin;
Et si pour abreger nos trauaux, il ordonne,
Qu'vne fameuse mort sur le champ nous couronne;
Nous mourrons, Cheualier, & mourrons satisfaits,
Si l'Egypte, auec nous, tombe sous nostre faix.
De nostre sang, vn iour, se fera dans l'Histoire,
Le lustre de nos noms & de nostre memoire:
Et de nos ossemens des flâmes sortiront,
Qui brûleront l'Asie & qui nous vengeront.
Le Cheualier Chrestien pour aller à la gloire,
A plus d'vne carriere & plus d'vne victoire:
En tombant il s'éleue; il triomphe en mourant;
Par sa propre deffaite il se fait Conquerant,
Et prisonnier vainqueur, couronné de sa chaisne,
Il garde à sa Vertu la dignité de Reyne.
　Ainsi parla Louys, & tandis qu'il parla,
Vn esprit lumineux de son front s'écoula,
Qui de rayons de feu laissant sa teste ceinte,
Transporta Meledor de l'audace à la crainte.
Il vit, ou pour le moins, s'il ne vit, il crut voir,
Vn Ange dont l'éclat exprimoit le pouuoir,
Qui des yeux, de la mine, & d'vne épée ardente,
De sang frais & fumant encore dégouttante,
Sembloit luy preparer la mort, s'il approchoit;
Et de son attentat l'horreur luy reprochoit.
De ce terrible éclair qui brille & qui menace,
Meledor éblouy perd la force & l'audace:
Son visage pâlit, son esprit se confond,
Sa fierté s'humilie & descend de son front:
Mais à ses yeux troublez rien ne paroist étrange,
Comme de voir les traits de Zaïde à cét Ange.
Il a de son visage & le teint & le tour:
Ses regards seulement, au lieu de feux d'amour,
Lancent des feux pareils aux feux dont le tonnerre,
Allumé dans la nuë épouuante la terre.

Est-ce vn charme, dit-il, qui me fait cette peur?
Et ce corps, est-ce vn corps veritable ou trompeur?
L'Egypte d'autrefois si fameuse en prodiges,
A-t-elle oüy parler de semblables prestiges?
Fiere & belle Zahide, est-ce vous que ie voy,
Et qui me deffendez d'attenter à ce Roy?
Vous, qui de vos Amans implacable Aduersaire,
Ne laissez à leurs vœux, que la mort pour salaire;
Par quel enchantement, par quel étrange sort,
De l'Ennemy public empeschez-vous la mort?
Que veut dire ce fer? qu'elle fin me presage
Ce feu qui par éclairs sort de vostre visage?
Me peut-il annoncer quelque mortelle ardeur,
Plus cruelle à souffrir que n'est vostre froideur?
En vain dans vos regards la colere s'allume:
De cette épée en vain le feu luit, le sang fume:
Il n'est ny feu, ny fer, qui me puisse arrester,
Si bruslant ou sanglant ie puis vous contenter.
Quittez cét attirail de spectres & de charmes:
Les Graces vous ont fait de plus puissantes armes.
Mon bras seul, oüy mon bras, peut estre sur mon
De l'arrest de ma mort le seul executeur. [cœur,
Mais où va mon transport, de croire que Zahide,
Perfide à sa Patrie, à son Pere perfide,
Ait mis & son honneur & sa vie en danger,
Pour venir au secours d'vn Pirate estranger?
Ou mes * esprits imbus du feu de son visage,
Ont poussé hors de moy cette brillante image:
Ou le Tyran, François instruit de mon dessein,
Pour détourner le fer & la mort de son sein,
Par l'art de ses Demons cette idole a formée,
D'vn rayon de lumiere & d'vn corps de fumée:
Et ie dois, de Zahide adorer tous les traits,
Ou vrais & naturels, ou faux & contrefaits.
Non, non, il n'est ny loy, ny droit qui me retarde:
Ie ne crains du Tyran ny le Camp ny la Garde:

LIVRE PREMIER.

Et cét éclat auguste & plein de majesté,
Qui des Tigres pourroit adoucir la fierté :
Cét air, qui des Lions enchanteroit la rage,
N'est pas ce qui retient mon bras & mon courage.
Vn iour plus éclatant, & plus imperieux,
Vne loy plus puissante a penetré mes yeux :
Et ie serois plustost de moy-mesme homicide,
Que d'vn homme gardé par l'ombre de Zahide.
 Meledor ce discours en silence rouloit,
Tandis qu'à Garaman le saint Heros parloit :
Et Garaman qui vit ses offres rejettées,
Se faisant apporter les armes enchantées,
Qui par vn meurtre fait sans bruit & sans danger,
Deuoient perdre le Prince & la guerre abreger ;
Au moins, Seigneur, dit-il, ce don fera paraistre,
Si la crainte conduit les conseils de mon Maistre :
Et si t'offrant la paix, il prétend autre bien,
Que par la ionction de ton Sceptre & du sien,
Les porter d'vne force à tous les deux commune,
Au plus haut que les puisse éleuer la Fortune.
A ces nobles desseins t'eust seruy ce harnois,
Riche de la sueur de quatre fameux Roys,
Successeurs d'Almanzor, & riuaux de sa gloire,
Qui s'en sont fait vn legs d'honneur & de victoire.
La trempe en est si forte, il est si bien charmé,
Qu'il ne sera iamais par le fer entamé,
Et d'vn esprit sans fard, Meledin te le donne,
Pour t'apprendre qu'il veut conseruer ta personne,
Que le courage est pur & sans fiel en son cœur,
Et qu'il sçait à la grace allier la valeur.
 Les superbes éclairs que ses armes jetterent,
Des Barons assemblez les regards arresterent :
Et la confusion de tant de feux de prix,
Rauit également leurs yeux & leurs esprits.
Là brilloit en portraits l'Histoire merueilleuse,
De l'Egypte autrefois en miracles fameuse.

L'vn regarde le Nil couronné d'espics d'or,
Qui d'vn roulant émail épanche le thresor;
*Tandis que des enfans échapez de sa cruche,
Semblable à l'essain qui vole de la ruche,
Mesurent en ioüant auecque des roseaux,
La hauteur de son lit, & celle de ses eaux.
 L'autre admire vn beau feu sans flâme & sans fumée,
Où du Phœnix mourant la vie est rallumée:
D'vn Soleil de rubis qui brille sans chaleur,
Sur son bucher, il tombe vne ardente couleur:
Tout vn peuple d'oyseaux autour de luy voltige;
Il semble que l'vn chante & que l'autre s'afflige:
Et de leurs traits diuers, il se fait vn accord,
De ioye à sa naissance, & de deüil à sa mort.
 D'autres ont la pensée & la veuë attentiues,
Au *Mole à qui la Mer s'incline de ses riues,
L'onde depossedée & cedant à regret,
Rejette la lueur que le Phare luy fait,
Le Phare, qui du feu de sa luisante teste,
Découure les rochers du pied iusques au faiste;
Et qui sert sur les flots, par sa flâme éclairez,
Du Soleil immobile aux vaisseaux égarez.
Dans vn desert comblé de pierres émaillées,
Les Pyramides sont en petit trauaillées;
En petit cependant elles vont iusqu'aux Cieux,
Et semblent de leur masse épouuanter les yeux.
Le trauail est penible, & lasse les images,
Des Peuples occupez à ces vastes ouurages.
Au tour de la plus haute, on void des Cupidons,
Qui de fleurs couronnez & parez de cordons,
Les marbres ciselez de longs festons enchaînent,
Et courbez sous leur poids, en leurs places les traînent.
*Rhodope se void là, qui l'ouurage conduit;
De leurs feux & des siens la besogne reluit:
Et l'Amour intendant de toute la structure,
De la pointe d'vn trait y graue sa figure.

D'autre

LIVRE PREMIER.

D'autre part se voyoit* le Colosse parleur,
A qui le iour naissant donnoit voix & couleur :
Assis en majesté sur vne haute base,
Il tenoit le milieu d'vne campagne rase :
Vn grand Peuple assemblé prestoit tout à la fois,
Les yeux à la lumiere & l'oreille à sa voix.
Luy, du Soleil leuant spectateur & spectacle,
Sembloit auoir la bouche ouuerte à quelque Oracle :
Les rayons auancez qui ses lévres doroient,
L'esprit auec la voix de mesure en tiroient :
Et ses yeux éleuez, pour seconde merueille,
Paroissoient demander vne grace pareille.

   Plus bas * le Dieu cornu de l'Egypte adoré,
Dans vn riche appareil se voyoit figuré :
Il marchoit glorieux de ses marques fatales,
Au barbare concert des cors & des timbales :
Les Prestres couronnez le chemin parfumoient ;
A ses pieds, les enfans de bouquets le semoient :
Et les murs de Memphis, pour éclairer la feste,
D'vn cercle de flambeaux se couronnoient la teste.
Ainsi de cette armure, auec estonnement,
Les Barons admiroient l'étoffe & l'ornement ;
Et de la vieille Egypte, en or renouuellée,
En figures lisoient l'Histoire ciselée,

   Pour faire cependant éclater la splendeur
De l'Empire François deuant l'Ambassadeur,
De l'aduis du Conseil, vne Tente se dresse,
Egalement superbe & d'art & de richesse ;
Où par vn rare Ouurage & des Maistres vanté,
Le Regne de Louys estoit representé.
* L'Empereur son parent qui regnoit à Bisance,
Informé de sa vie, instruit de sa vaillance,
Sur cette Tente en fit les memoires broder :
Et sçachant qu'il deuoit à Damiette aborder,
Deputa deux Barons de marque, & de sa race,
Assistez de Seigneurs des plus grands de la Thrace,

B

Qui vinrent de sa part la presenter au Roy,
Et par luy furent faits Chevaliers de la Foy.
Sous ce toit suspendu, fait de soye & d'histoires,
Où se voyoient du Roy les premieres victoires,
Aux Barons Sarrasins auec pompe se fait,
Par les Barons François vn somptueux banquet.
La grace y fait l'honneur de la magnificence :
La politesse y met en ordre la dépense :
Les Rois & les Heros par l'Orfevre formez,
Paroissent au Buffet de vermeil animez :
Et le sang de la vigne auec rougeur éclate,
Dans la verte Emeraude & dans la pasle Agate.
Mais les Ambassadeurs arrestent peu les yeux,
Sur tout ce que la table a de plus precieux :
Leur ame est attachée à la tente Royale,
Qui l'histoire du Prince en portraits leur étale.
 Ioinuille qui connoist, que cét attachement,
Attend sur ces Portraits quelque éclaircissement ;
De l'œil & de la voix parcourant les figures,
Leur apprend de son Roy les hautes auantures :
Et sur la fin leur dit, si n'estant qu'vn enfant,
De tant de Rois vnis on l'a vû triomphant :
Si les fiers Leopards liguez pour l'Angleterre,
Si l'Aigle pour l'Empire armé d'vn vain tonnerre,
Si tout ce que l'Europe a d'Estats plus puissans,
A ployé sous l'effort de ses plus tendres ans ;
Maintenant que de vaincre il s'est acquis l'vsage,
Que son corps aguerry peut suiure son courage,
Que tant de Nations, que tant de Potentats,
Agissent par sa teste & luy prestent leurs bras ;
Et que sous ses Drapeaux, toute l'Europe armée,
Se meut par sa fortune & suit sa renommée ;
En vain l'Egypte croit arrester ses efforts,
Par vne montre creuse & par des noms sans corps ;
Elle luy croit en vain, pouuoir faire des brides,
Des ombres de son Mole & de ses Pyramides.

LIVRE PREMIER.

Ioinuille, aux Deputez parle ainsi de son Roy,
Croyant de sa vertu leur donner de l'effroy:
Et l'épandre de là, dans toute leur Armée,
De tant de nobles faits par leur bouche informée.
D'vn visage attentif accompagnant sa voix,
Ils voyagent des yeux par l'Empire François:
Et contemplent du Roy, dans ces riches ouurages,
Les gestes à l'aiguille & la vie en images.
Là sur les sacrez Fonds, le Prince illuminé,
De filets rayonnans se voit enuironné:
La Nature auec ioye à la Grace le donne;
Et de celestes feux la Grace le couronne.
Sur vn nuage ardent sept Louys suspendus,
Pour estre ses Parrains sont des Cieux descendus:
Et l'Archange étably Protecteur de la France,
Luy presente déja l'épée & la balance.
Plus bas, auec la Gloire on voit la Majesté,
En leurs robes de pompe & de solennité,
Debout deuant l'autel, & la couronne en teste,
Du Sacre de Louys accompagner la feste.
Les Pairs égaux de siege, & d'estat differens,
Et les Princes vassaux y sont selon leurs rangs.
Toute la Cour en or, & tout le Peuple en soye,
De leurs cœurs par leurs yeux font éclater la ioye.
Le jeune Roy du geste à leur zele répond:
Desia l'authorité s'affermit sur son front:
Et le rayon sacré qui s'épand de son cresme,
Et qui sans or luy fait vn second Diadême,
Réjoüit les Vertus, donne vigueur aux Loix,
Et d'vn nouuel espoir éclaire les François.
Aprés, de son Enfance heroïque & hardie,
Les essais genereux à l'Eglise il dédie.
Des Monstres Albigeois, à ses pieds renuersez,
Les vns mordent les traits dont il les a percez:
Les autres de leurs dents leurs blessures déchirent,
Et de rage, le fiel, le sang & l'ame en tirent.

B ij

L'orgueilleux * Tholosain deffait & dépoüillé,
Deteste leur venin dont il estoit soüillé :
Et sa teste, à l'Autel, sans couronne soûmise,
Reçoit la loy de Blanche & le joug de de l'Eglise.
  La Discorde s'y voit, qui la torche à la main,
Inspire aux Factieux vn complot inhumain :
La flâme qu'elle fait leur noircit le visage :
Et le feu par leurs yeux se prend à leur courage.
La Guerre & la Fureur leur presentent le fer ;
Et le bruit enroüé d'vne corne d'Enfer,
De la bouche & du vent de Megere animée,
Est vn signal d'horreur à la France allarmée.
Au tumulte, à l'éclat de cét embrasement,
La Regente & Loüis accourent promptement :
La Beauté courageuse & l'Innocence en armes,
Rangent les vns par force, & les autres par charmes:
Les Graces & l'Amour enchaînent la Fureur :
*Thibaut leur rend l'épée en leur donnât son cœur:
Et tandis que vaincu par les yeux de la Reyne,
Il reçoit de sa main vne secrette chaisne ;
Auecque le Breton le Boulonnois chassé,
Rassemblent de leurs Corps le débris dispersé.
On les reuoit apres se camper deuant Troye,
Et du Comte assiegé se promettre la proye :
Louys s'y voit aussi, qui pour le secourir,
Va contr'eux resolu de vaincre ou de mourir.
Mais vaincus de respect, & deffaits sans bataille,
Ils laissent leur audace au pied de la muraille :
Et répandent par tout où s'épand leur effroy,
La hayne de ce trouble, & la gloire du Roy.
  De tant d'heureux succez sa valeur échaufée,
Ajouste palme à palme, & trophée à trophée :
Il attaque Melesme, aprés mille dangers,
Vaincus par son courage à l'attaque d'Angers.
L'Hyuer armé de vents, de neiges & de glace,
Vient auec les Bretons au secours de la place.

LIVRE PREMIER.

Les Machines de froid ne se peuuent rouler :
Les traits appesantis refusent de voler :
Le fer est engourdy ; le soldat immobile
Leue à peine les yeux au rampart de la Ville.
Mais Louys arriuant, du feu de sa valeur,
Rend la vigueur aux vns, aux autres la chaleur,
Redonne au fer la force, & les aisles aux flesches :
Dans les cœurs, dans les murs, se fait de larges bres-
Passe victorieux, à trauers mille dards,   [ches :
Sur le ventre aux Bretons, sur le dos aux remparts,
Et le sang, à ruisseaux roulant de la terrasse,
Teint la neige de rouge & fait fumer la glace.
Taillebourg est en suite ; & ce Pont si vanté,
Où par Louys tout seul l'Anglois fut arresté.
De la Charente en or les riues exprimées :
Font là comme vne Ligue entre les deux Armées :
La chaleur du François qui méprise les eaux,
Ne prend pas le loisir d'attendre des vaisseaux :
Et tandis qu'à la nage il passe la riuiere,
Louys qui sur le Pont sort aux siens de barriere,
Tout seul, de tout vn Camp retarde les efforts,
Et comble le canal de mourans & de morts.
L'Anglois deffait s'enfuit ; & sur la plaine laisse,
Ses Leopards captifs honteux de sa foiblesse :   [nez,
Aux yeux du Camp vainqueur les vns sont prome-
Et les autres sanglans sont par pieces traisnez.

   Des François & des siens la Megere commune,
* Isabelle qui voit decliner sa Fortune,
Prend la fuite aprez elle, & montre en sa pasleur,
La crainte & le dépit meslez à la douleur.
Le * Comte son Mary, la suiuant, la deteste,
Pour auoir allumé cette guerre funeste.
Apres, on les reuoit rangez aux pieds du Roy,
Par de nouueaux sermens luy rengager leur foy :
Mais en cét acte mesme, Isabelle insolente,
A la teste hautaine, à la mine arrogante ;

B iij

Et son front * sans couronne encore dans son deüil,
Conserue la fierté de son premier orgueil.
D'autre part où l'on voit Louys malade au Louure,
D'vne triste pasleur son visage se couure :
Deux * Reynes de sa fiévre ont l'esprit agité,
Leur vie auec la sienne est à l'extremité.
Sans respecter leurs pleurs, ny les cris de la France,
Vn Spectre décharné vers le Prince s'auance :
La Grace & les vertus à ses traits inhumains,
Opposent le secours de leurs diuines mains.
Le Spectre les reuere, & se rend à leurs charmes,
A leurs pieds son venin tombe auecque ses armes.
* En suite, il vint vn Ange accompagné de Rois,
Couronnez de lauriers & tout brillans de Croix.
Le celeste Guerrier au malade presente,
D'vne main, vne Croix de rayons éclatante :
Il luy montre de l'autre, au pied d'vn grand Lion,
A son Ame surprise offert en vision,
Des roseaux épineux, arrondis en couronne,
Qu'vne lueur sanglante à l'entour enuironne :
Et semble de la mine & des mains l'exciter,
A s'armer de la Croix, pour l'aller conquester.
Auec emotion le Malade regarde,
Et la sainte Couronne, & le terrible Garde :
On diroit que des yeux qui parlent pour sa voix,
Il demande sa lance, il cherche son harnois ;
Et l'on voit se produire en feu, sur son visage,
Le desir d'enleuer aux Sultans le saint Gage.
Là d'vne nuë ouuerte vn long rayon descend,
A qui le feu mortel de la fiévre se rend :
Et le Prince guery par cette illustre empreinte,
La main leuée au Ciel, iure la Guerre sainte.
Il visite le Temple, où regnent ses Ayeux,
Dans leurs Tombeaux encor du Temps victorieux :
Et brillant de l'ardeur qui s'est prise à son Ame,
Il reçoit à l'Autel la fatale Oriflame.

LIVRE PREMIER.

Toute la Cour croisée à son zele applaudit,
Son Peuple qui le perd du geste y contredit: [moire,
Les monumens des Rois, leurs Manes, leur Me-
Luy parlent de vertu, l'animent à la gloire:
Leurs portraits, de la mine excitent sa valeur:
Chacun d'eux se propose en exemple à son cœur:
Et toute * cette Cour d'ombres & de Figures,
Semble demander part à ses palmes futures.

 La Mer paroist apres couuerte de vaisseaux,
De longs filets d'argent representent les eaux:
Le saint Roy, sur la riue où l'attend sa Galere,
Les yeux trempez de pleurs, prend congé de sa Mere.
Il s'embarque; & la France à son embarquement,
Se pasme sur la gréue & perd le mouuement.
Tandis que de ses vœux le Peuple l'accompagne,
Le Clergé qui benit l'ecume & la campagne,
Exorcise l'orage, & conjure le vent,
En écume sous luy la Mer va s'éleuant.
Les nauires pareils à des Isles flottantes,
Vont sur le dos courbé des vagues blanchissantes:
Les yeux semblent oüir les voix des matelots:
Ils semblent distinguer le murmure des flots:
Mais tous ces mouuemens ne se font qu'en nuances,
Et les seules couleurs en font les differences.

 La Flotte sur la fin s'auance vers le bord,
Pour la mettre à l'abry, la Chipre ouure son port:
Le Prince du Pays que son Peuple environne,
Met aux pieds de Louys son Sceptre & sa Couronne:
Et par vœu s'engageant au dessein des François,
Reçoit des mains du Roy * l'accolade & la Croix.

 Ainsi dans ce tissu de portraits & d'histoires,
Du regne de Louys se lisent les Memoires.
Les Seigneurs Sarrasins en demeurent surpris:
L'estime par leurs yeux entre dans leurs esprits:
Et de tant de hauts faits les brillantes images,
Leur sont de l'auenir de funestes présages.

B iiij

Le repas est suiuy de presens somptueux,
Pour le Prince Sultan, pour leur suite & pour eux :
Et comme le Soleil, de longs traits de lumiere,
Desia touchoit le but qui borne sa carriere ;
Ils marchent vers le Caire ; & vont toute la nuit,
De la guerre prochaine épandre au loin le bruit.

REMARQVES.

* *En vain les vents du Nort pag.* 2. Ces vents du Nort & ces vents du Midy ennemis des Lys, sont les Nations ennemies de la France.

* *Commis sous Vranie pag.* 2. Vranie est le nom d'vne Muse, & icy ce nom quoy que feminin, est donné à l'Ange intendant de la Musique celeste, comme le nom de Sophie est donné au Verbe diuin par les Peres Grecs.

* *Les Soldats de la Porte pag.* 3. Ce sont les Soldats de la Garde du Sultan.

* *Siracon crut deuoir pag.* 4. C'est le nom d'vn Sultan qui regna en Egypte deuant Saladin.

* *Par sept Bouches renduës pag.* 5. Le Nil a sept embouchures par lesquelles il se décharge dans la Mer.

* *Et iusqu'à ces cantons où l'Ange pag.* 5. C'est la terre de Iessen, où demeuroient les Hebreux du temps de Pharaon.

* *D'vn sanguinaire Pere pag.* 5. C'est Safadin qui fit tuer ses Neueux pour vsurper l'Empire.

* *Et n'allois qu'au cercueil pag.* 6. Parce que ce Melecsalem fils de Melin, fut tué par les Soldats de sa garde, peu de iours apres qu'il eut pris possession de l'Empire.

* *Au terrible vieillard pag.* 9. C'estoit le Prince

LIVRE PREMIER.

des Arsacides qui se nommoit le Vieillard de la Montagne, qui enuoya pour assassiner Saint Louys.

* *Ce Camp prodigieux pag.* 17. C'est l'armée des Chrestiens qui assiegea Damiette sous Iean de Brenne Roy de Hierusalem l'an 1215.

* *Vn Monstre à tant de cornes pag.* 20. Ces cornes sont les embouchures du Nil, qui en a iusques à sept.

* *Auec des moucherons pag.* 20. Les moucherons furent vn des fleaux dont l'Egypte fut battuë du temps de Pharaon.

* *Ou mes esprits imbus pag.* 22. Cela est dit selon l'opinion de quelques Philosophes, qui croyent que l'image des Personnes aimées, est dans le sang, & dans les esprits de ceux qui ayment.

* *Tandis que des Enfans pag.* 24. Les Anciens peignoient autour du Nil, des Enfans d'vne coudée, pour signifier les mesures de ses cruës.

* *Au mole à qui la Mer pag.* 24. C'est la Tour sur laquelle estoit éleué le Phare d'Alexandrie.

* *Rhodope se void là pag.* 24. Cette Rhodope fut vne Courtisanne, qui bastit vne des plus belles Pyramides d'Egypte du reuenu de ses débauches.

* *Le Colosse parleur pag.* 24. C'estoit vne statuë qui se voyoit en Egypte prés de Thebes, laquelle rendoit vne espece de voix, quand elle estoit touchée des rayons du Soleil Leuant.

* *Le Dieu Cornu pag.* 25. C'estoit vn veau, qui naissoit auec des marques fort singulieres; & quand il se trouuoit, il estoit mené en ceremonie à Memphis, & receu auec grande feste.

* *L'Empereur son Parent pag.* 25. Baudouyn II. de la Maison de Flandres, qui estoit Empereur de Constantinople du temps de Saint Louys.

* *L'orgueilleux Tholosain pag.* 28. Raymond Com-

te de Tholose, chef des Albigeois, rangé par Saint Louys.

* *Thibaud leur rend l'épée pag.* 28. Thibaud Comte de Champagne, reduit à l'obiïssance, par la Reine Blanche qu'il aymoit.

* *Isabelle qui voit pag.* 29. Isabelle Comtesse de la Marche.

* *Et son front dégradé pag.* 29. Auant que d'espouser le Comte de la Marche, elle auoit esté Reyne d'Angleterre.

* *Deux Reynes pag.* 30. La Reyne Blanche, Mere de Saint Louys, & la Reyne Marguerite sa Femme.

* *Toute cette Cour d'Ombres pag.* 30. Les Figures & les monumens des Roys qui sont dans l'Eglise de Saint Denys.

* *L'accolade & de la Croix pag.* 31. L'accolade est l'embrassement que l'on donnoit à ceux que l'on faisoit Cheualiers.

SAINT LOVYS
OV LA
SAINTE COVRONNE
RECONQVISE.

LIVRE SECOND.

A PEINE le Soleil ramené par les heures,
Parut sur le Balcon des celestes demeures,
Que le Monarque Franc, leué deuãt le iour,
Auecque les hauts Chefs, & les Grands de sa Cour,
Consultoit des moyens d'acheuer sa conqueste,
De conduire l'Armée, à marcher desia preste :
Et soit pour les conuois, soit pour les campemens,
Soit pour le rang des Corps, dõnoit ses mandemens.
  En mesme temps Alfonse échapé du naufrage,
Auec l'Arriereban vient surgir au riuage.
De sa part aussi-tost Bethunes deputé,
Et douant les Barons à Louys presenté,
Remplit toute la Cour de bruit & de merueille :
Aux recits qu'il promet, chacun preste l'oreille :

Et le saint Prince émeu d'vn doux saisissement,
Où la ioye est meslée auec l'étonnement ;
Se prépare au recit des fortunes du Comte,
Que le braue Bethune en ces termes raconte.

 Dans l'orage commun qui la flotte agita,
Et loin de vos vaisseaux les nostres écarta,
En desordre deux iours & trois nuits nous errasmes,
Sans nous pouuoir aider de voiles ny de rames.
Sur nous le Ciel en feu de tonnerres grondoit ;
De ses flots au dessous la Mer luy répondoit ;
Ce concert étonnant, cette horrible harmonie,
Au bruit des bois rompus, & des cables vnie,
Donnoit par vn terrible & formidable accort,
Signal au desespoir, au naufrage, à la mort :
Et l'éclair menaçant, de ses flammes funebres,
Redoubloit nostre crainte & l'horreur des tenebres.

 Le * Satyre Gennois contre vn écueil poussé,
Par deux vents ennemis à nos yeux est froissé :
L'vn debat de la pouppe & l'autre de la proüe :
Le flot victorieux de l'attirail se joüe :
Il roule les Marchands auecque leurs balots ;
Il emporte les masts auec les matelots ;
Il traisne les Soldats affaissez de leurs armes :
Et pour les secourir nous n'auons que des larmes.

 Le * Lion de Venise échoüé contre vn banc,
Demeure dans le sable & s'ouure par le flanc.
La Mer au loin mugit à ce second naufrage ;
L'onde auecque le vent le debris en partage ;
Et d'vne ardente nuë vn trait de feu descend,
Qui pour les accorder à leur butin se prend.

 La Galere d'Alfonse entr'ouuerte & sans voiles,
N'entend plus le Nocher, méconnoist les Estoiles ;
Ne pare plus aux flots ny de force ny d'art :
Et s'abandonne au vent qui la porte au hazard.
Enfin demy vaincuë & demy fracassée,
Sur le troisiéme iour vers Acre elle est poussée,

LIVRE SECOND.

Nous defcendons à terre, & tirons le vaiffeau,
A l'abry d'vn rocher, qui fe voute fur l'eau.
On enuoye auffi-toft découurir le riuage,
S'enquerir fi le Peuple eft ciuil ou fauuage;
Et s'il fe trouuera toiles, cordes & fer,
Pour fe mettre en eftat de reprendre la mer.

  A peine euſmes nous fait vingt pas hors du nauire,
Qu'vn bruit haut & côfus vers la foreft nous tire.
Nous trouuons dans vn parc de palmiers entouré,
Prés d'vn Tigre mourant, vn Chaffeur déchiré.
Là mefme vne fuperbe & cruelle Panthere,
Luttoit contre vne ieune & courageufe Archere:
Et déja la tenoit fous l'ongle & fous la dent,
Aux pieds de fon Efpoux encore fanglotant,
Quand de fortune Alfonfe arriué fur la place,
Accourt à la Panthere, accourant la menace,
Et l'épée à la main, fondant comme vn éclair,
Dans la gorge luy met la mort auec le fer.
Elle jette en tombant le fang auec l'écume:
Son ame qui s'éteint par fa bleffure fume.
Mais le coup merueilleux qui l'Archere fauua,
Au veuuage, aux regrets, aux pleurs la referua.
L'amour & la douleur de complot l'affaillirent,
Et fur fon Mary mort de leurs poids l'abbatirent.
Elle voulut le fuiure, & fit tout pour mourir:
Alfonfe de fa part fit tout pour la guerir.
Il luy reprefenta fa gloire & fon courage,
Luy fit valoir l'honneur d'vn genereux veuuage:
Et luy perfuada, d'employer fa douleur,
A chercher vne mort égale à fa valeur.
Elle défere au Prince, à fon Palais l'inuite,
Le preffe d'y venir auec toute fa fuite:
Et requife en allant, de déclarer fon nom,
Et de nous informer du rang de fa Maifon;
Apres de longs foûpirs détachez en filence,
Et de pleurs arrofez, enfin elle commence.

Lisamant : est mon nom ; ie suis du Sang de Foix,
Et pour Ancestres i'eus des Princes & des Rois ;
Mais des Princes Chrestiens, mais des Rois dont le
Au culte des Autels de tout temps fut fidele. [zele,
Quand d'vne part la Seine, & de l'autre le Rhin,
Excitez au signal du Pontife Latin,
Pour * le secours de Iean de concert se croiserent,
Et leurs Peuples armez au Leuant enuoyerent ;
Odet qui fut mon Pere, à l'exemple des Grands,
Prit la Croix, & partit en la fleur de ses ans.
Tout ieune qu'il estoit, il mit sa renommée ;
Aussi haut, que pas vn des Braues de l'Armée.
Aux sieges, aux combats il signala son cœur :
En Egypte, en Syrie, il fut tousiours vainqueur ;
Iusqu'à ce que vaincu des yeux d'Alcionée,
Il se rangea pour elle au ioug de l'Hymenée.

L'Hyuer iusqu'à dix fois amena les glaçons,
Iusqu'à dix fois l'Esté fit meurir les moissons,
Auant qu'Alcionée aussi belle que sage,
Vist ses desirs benis des fruits du mariage.
Enfin ie nâquis d'elle ; & fus de tant de vœux,
L'ingrate recompense, & le fruit mal-heureux.
Aussi par vne étrange & triste concurrence,
La mort accompagna la vie à ma naissance,
Et le Destin voulut, pour les mettre d'accord,
Que la Fille eust la vie, & la Mere eust la mort.

Afin de commencer mes iours par la misere,
Ie sortis d'vne Morte, & ie nâquis sans Mere.
Odet à cette perte à peine resista :
Quelque force qu'il eust, son deüil le surmonta.
Il me prit en ses bras, si-tost que ie fus née,
Teinte comme i'estois, du sang d'Alcionée :
Il dit tout ce que peut inspirer la douleur :
Il accusa le Ciel, il plaignit mon malheur : [rent,
Ses yeux de deux ruisseaux, par deux fois me laue-
Ses lévres par deux fois de baisers m'essuyerent.

LIVRE SECOND.

Et soit que par ses pleurs son cœur se distilast ;
Soit que par ses soûpirs son esprit s'exhalast ;
Le nom d'Alcionée auecque tous ses charmes,
Animoit ses soûpirs, adoucissoit ses larmes. [nez.

Mais comme les malheurs l'vn à l'autre enchaî-
Nous sont par le Destin l'vn sur l'autre amenez,
Le corps d'Alcionée à peine fut en terre,
Qu'à l'oreille d'Odet vn soudain bruit de guerre,
Du Peuple épouuanté la frayeur apporta,
Et les tristes ruisseaux de ses yeux arresta.
Il apprend qu'Alzamet, qui faisoit le rauage,
Sur tout le plat Pays, & le long du riuage,
Entré dans le chasteau surpris par ses coureurs,
Auoit ietté le trouble & l'effroy dans les cœurs,
Et qu'enflé du succez, il portoit son audace,
Iusqu'à vouloir piller & saccager la place.
Odet à cét aduis, se deffait du grand deüil,
Dont il s'estoit couuert, pour suiure le cercueil ;
Saisit vn coutelas, & va sans autres armes,
Outré de sa douleur, éboüy de ses larmes,
S'opposer au Barbare, à qui tout se rendoit,
Et le Soldat, non moins que le Bourgeois cedoit.

Chacun reprend le cœur, chacun à son exemple,
Se rallie, & se range à la porte du Temple.
Ce combat est sanglant ; les Ennemis poussez,
Deux fois par Alzamet sont en corps ramassez.
Mais le nombre à la fin préualant à l'audace,
Odet qui combattoit sans casque & sans cuirasse,
Abandonné des siens, des Barbares enclos,
En quatre lieux percé de quatre jauelots,
Apres son sang perdu subsistant de courage,
Se fait auec le fer par la presse vn passage.

Soit crainte, soit respect, on cede à sa valeur :
La tristesse reprend sa place dans son cœur :
Alcionée y rentre auecque la tristesse :
Il retourne où l'attend le corps de la Princesse ;

Là pressé de la mort, plus pressé de son deüil,
Estendu sur le triste & bien aimé cercueil,
Si-tost qu'il eut appris que l'on m'auoit sauuée ;
Comme si de mourir, il eust eu main-leuée,
Il expira sans peine ; & remit son esprit,
Aux inuisibles mains de l'Ange qui le prit.

    Cependant le Palais, & les maisons voisines,
Apres auoir souffert la force & les rapines,
Ne sembloient qu'vn bûcher, qui d'vn feu déuorant,
Alloit le sang, le sac, le carnage éclairant.
A trauers l'incendie & le meurtre portée,
Ie fus du fer, du feu, de la mort respectée.
L'Escuyer qui me prit fut par tout assisté,
D'vn Guerrier inconnu, mais plein de majesté,
Qui le chargeant de moy, luy commanda de suiure,
S'il luy restoit encor quelque desir de viure.
Le vol des jauelots à ses pieds s'abbatoit :
D'vn signe de la main la flâme il écartoit :
Et la fumée au loin de tant de feux poussée,
Sembloit à longs rouleaux d'autour de luy chassée.

    Ainsi ce pitoyable & diuin Etranger,
Ma garantit par tout où ie fus en danger :
Et ne m'abandonna qu'au pied de la colline,
Dont la pente descend dans la plaine voisine.
Estant là disparu, l'Escuyer Osamin,
A qui ie demeuray, poursuiuant son chemin,
Entre dans vn vallon, & trouue le passage,
Occupé d'vn torrent sorty de son riuage.
La vague à gros boüillons, gronde, écume, iallit,
Et de loin luy deffend d'approcher de son lit. [ge :
Il ne craint rien pour soy, mais il craint pour sa char-
Le courant est rapide, & le canal est large :
Et pendant qu'il le sonde, & qu'il cherche cóment
Il pourra me commettre à ce fier Element ;
Vne Aigle qui me voit sur la riue couchée,
De mes langes de pourpre à la proye allechée,

LIVRE SECOND.

Descend d'vn vol égal à celuy de l'éclair,
Fond sur moy, me suspend de ses serres en l'air :
Et s'éleuant d'vne aisle aussi viste que forte,
Par dessus le torrent à l'autre bord me porte.
   Mais, Seigneur, admirez le merueilleux accord,
Des biens auec les maux, en mon bizarre Sort.
L'Aigle à peine se fut sur vn tronc préparée,
A faire de mon corps vne triste curée ;
Que du sein de ce tronc vne couleuvre part,
Qui déclare en sifflant y vouloir prendre part.
Le combat pour ma vie entre-elles se commence ;
L'vne fond en volant, l'autre en glissant s'élance.
De leurs longs sifflemens l'air d'alentour fremit,
Il semble que pour moy le riuage en gemit.
Osamin qui les voit l'vne à l'autre acharnées,
Sans craindre le courroux des vagues mutinées,
Se haste de passer à nage le torrent,
Et malgré tout obstacle à la riue se rend.
Il trouue la couleuvre en diuers lieux percée,
Et l'Aigle de ses plis auec elle enlassée.
Il accourt, & du fer qu'il portoit de ses dents,
Quand il fendoit les flots autour de luy grondans,
Il frappe sur la longue & venimeuse beste,
Et separe d'vn coup son corps d'auec sa teste.
Ses cercles écaillez, & ses plis tortueux,
Relaschent à sa mort l'étreinte de leurs nœuds :
L'Oyseau libre en échape ; & par reconnoissance,
Suit son Liberateur, qui m'emporte & s'auance.
   Par vn rang de Palmiers, sa route le conduit,
Vers vn Bois éloigné des passans & du bruit :
Mais là, pendant qu'assis, il prépare à l'ombrage,
Pour me porter à l'aise vn panier de feüillage ;
Et que pour me garder, l'Aigle sur moy tournant,
Me couure de fions qu'elle va moissonnant ;
Il sort vn Loup-seruier des prochaines broussailles,
Qui vient pour assouuir sa soif dans mes entrailles.

Il se traîne à couuert de Palmier en Palmier ;
Mais l'Oyseau genereux, qui le voit le premier,
Fond plus viste sur luy, que ne fond du nuage,
Le carreau décoché du Demon de l'orage.
Sur sa teste arresté, sans tresue & sans repos,
Il luy plante le bec & l'ongle iusqu'à l'os.
Pour s'en deffaire, en vain l'animal se démeine,
En vain il court, il saute, il bondit par la plaine :
L'Oyseau par tout le suit, par tout victorieux,
Luy plonge sans repit ses armes dans les yeux.

 Au second accident vn troisiéme succede,
Et mon Ange me fait du peril vn remede.
Du Bois où le sentier à l'abry nous conduit,
Vne Lionne sort, qui gronde & fait du bruit.
Mais le bruit qu'elle fait, est celuy d'vne Mere,
Qui se plaint de regret & non pas de colere.
Le sujet de sa plainte, & du deüil qu'elle sent,
Est le faon qui luy vient de mourir en naissant :
Elle le tient des dents, & semble auec murmure,
D'vne si prompte mort accuser la Nature.

 L'Ecuyer étonné renouuelle sa foy,
Se r'asseure, & se met en garde deuant moy.
Encore dans son deüil la Lionne superbe,
Luy fait voler d'vn coup le fer bien loin sur l'herbe.
Contente, cela fait, de l'auoir terrassé,
Et sur luy par deux fois innocemment passé ;
Elle change pour moy sa fierté naturelle,
Met son faon à mes pieds, & m'offre la mammelle.
Sans frayeur ie la prens ; & soit pour la presser,
Soit pour m'en assouuir, ou pour la caresser,
I'y porte les deux mains, tandis que de la teste,
L'Animal soûpirant, comme il peut, me fait feste.

 Ainsi par vn étrange, & non moins rare sort,
M'adopta la Lionne au lieu de son faon mort :
Et deuant que la Nuit eust éteint la lumiere,
Elle m'alla porter dans sa noire taniere :

LIVRE SECOND. 45

Cependant Osamin, sur vn Cedre monté,
Et iusqu'au iour naissant, de ses soins agité,
Attendoit qu'vn bon Ange à mon salut propice,
M'ostast à cette affreuse & barbare Nourrice.
 Le bord de l'orison coloré de vermeil,
A peine eut annoncé le retour du Soleil ;
Que de son fort obscur, la Lionne chassée,
A battre la campagne, est par la faim poussée.
Osamin le remarque, & descend promptement,
Afin de profiter de son éloignement.
Entré dans la taniere, il m'y trouue couchée,
Sur vn tas d'ossemens, dont la terre est ionchée.
Il m'enleue, & sortant, à trente pas du fort,
Par vn nouueau concert de mon bizarre sort ;
Il rencontre vne meute, il oyt v'n cor de chasse,
En suite il voit venir le genereux Horace,
Heritier de Lambert, qui fut le Fondateur,
Du superbe Chasteau, qui de cette hauteur,
Tient en sujettion la campagne voisine,
Et de ses tours commande a la Place marine.
 Aussi-tost l'Escuyer d'Horace reconnu,
Luy conte le malheur, qui nous est suruenu ;
De Montfort saccagé la triste destinée ;
La mort d'Odet qui suit celle d'Alcionée ;
Et tout ce qu'en vn temps pour moy si perilleux,
Le Ciel pour me sauuer fit de plus merueilleux.
Horace à son amy rend le deuoir des larmes,
N'estant plus en estat de l'ayder de ses armes,
Me reçoit en ses bras, & sans aller plus loin,
Reuient chargé de moy, de tristesse, & de soin,
Sa Femme sage & belle, & de haute noblesse,
Partage auecque luy son soin & sa tristesse :
L'vn & l'autre m'adopte, & l'vn & l'autre prend
Enuers moy la tendresse & le nom de Parent.
Horace ainsi me tient pour Odet, lieu de Pere,
Et pour Alcionée, Ermine lieu de Mere.

Mais à peine la Lune eut acheué dix fois,
La courſe qu'elle fait dans le cercle des mois,
Qu'apres les longs ennuis d'vn sterile hymenée,
Ermine deuint Mere, à la douziéme année.
Elle accoucha d'vn Fils, qui me fut destiné,
Et nommé Doriſol auſſi-toſt qu'il fut né.
Deuant vn iour auoir vne meſme fortune,
Nous euſmes dés ce temps toute choſe commune :
Et par vn meſme poids, l'inſtinct de nos Eſprits,
A nos affections donna les meſmes plis.
Nous crûmes, nos amours auecque nous s'accrûrent ;
A leur accroiſſement les Aſtres concoururent :
Et du Ciel, dans nos cœurs, ie ne ſçay quoy coula,
Qui nos humeurs vnit & nos Ames colla.
  La mort rauit Horace auant noſtre Hymenée,
Ermine y ſuruesquit bien à peine vne année.
Nous demeuraſmes ſeuls, n'ayant plus rien de doux,
Que l'amitié qui fut touſiours viue entre nous,
Et les nobles trauaux, où d'vne meſme audace,
Nous prenions en cõmun le plaiſir de la chaſſe, [nu !
  Mais que le Sort de l'homme, est à l'homme incon-
Que d'vn grand bien, ſouuent, vn grãd mal est venu !
La gloire & la vertu, l'honneur & le courage,
Sont les cruels autheurs de mon triste Veuuage.
Tu viurois Doriſel, ie viurois auec toy,
Riche de mon amour, heureuſe de ta foy,   [ſte,
Sans les phantoſmes vains, que m'ont mis dans la te-
Ces perilleux eſſays de guerre & de conqueſte.
Mon indiſcrette ardeur m'a portée au danger,
Et pour moy Doriſel est venu s'engager.
Infortuné ſecours ! engagement funeſte !
Il est mort en ma place, en la ſienne ie reste :
Et pour mettre, Seigneur, le comble à mon ennuy,
Encor ne veux-tu pas que ie meure apres luy
  Ce recit fut coupé de ſoûpirs & de larmes,
Les ſoûpirs à ſa bouche ajoûterent des charmes,

LIVRE SECOND.

Et le feu de ses yeux dans ses pleurs allumé,
Parut comme l'éclair à la pluye enflâmé.
 Six iours chez Lisamante en suite se passerent :
Les funebres appreſts cependant se dresserent ;
Et les derniers deuoirs, des Deffuncts attendus,
Furent à Dorisel au septiéme rendus.
La Veuue sur la fin vient à la Sepulture,
Romp son appretador, coupe sa cheuelure,
Et iette dans la fosse, auecque ses atours,
La matiere & l'espoir des secondes amours.
Libre alors des habits qui traiſnent la mollesse,
De son sexe auec eux l'embarras elle laisse :
Auecque la cuirasse & le casque elle prend,
Vne mine de Braue, vn air de Conquerant ;
Et part auec Alfonse, au point que les Estoiles, [les.
Resserroient leurs flâbeaux & reprenoient leurs voi-
 Ils costoyoient la Mer, & le flot trémoussant,
Commençoit à rougir sous le iour renaissant ;
Quand du fer agité la lueur éclatante,
Et de coups redoublez la riue étincelante,
Par l'espace de l'air porterent à leurs yeux,
Les signes d'vn combat sanglant & furieux.
Ils poussent leurs cheuaux & vont à toute bride,
Où le bruit les appelle, & la poudre les guide.
Ils trouuent là des morts sur la place étendus,
De longs ruisseaux de sang au large répandus,
Des restes de combat, des restes de pillage,
Et la guerre meslée auec le brigandage.
 Vn ieune Cheualier quoy que percé de dars,
Rendoit combat des mains, le rendoit des regars :
Son grand cœur se mõtroit par autant d'ouuertures,
Que le fer sur son corps auoit fait de blessures :
Et contre l'Ennemy qui de traits le pressoit,
Son courage éleué sur son front paroissoit.
Prés de luy se voyoit vne Belle vaillante,
Qui du feu de son cœur & de ses yeux brillante,

Sembloìt luy disputer d'vn magnanime effort,
La gloire & le peril d'vne honorable mort :
Et chercher par amour, non moins qu'auec audace,
A luy sauuer la vie & perir en sa place.
　Deux Pirates desia la Guerriere enleuoient ;
Les autres à grands cris vers la Mer les suiuoient ;
Quand l'épée à la main, la menace au visage,
Alfonse & Lisamante accourant au riuage,
Donnent sur les brigans, & font voler à bas,
Les testes, les armets, les escus & les bras.
A l'vn des rauisseurs l'espaule est abbatuë ;
L'autre en vain mord le fer d'Alfonse qui le tuë.
La vaillante captiue auec la liberté,
Recouure la valeur, recouure la fierté :
Le Cheualier blessé prend vn nouueau courage ;
Les Corsaires battus renouuellent leur rage ;
Le fer étincelant fait vn terrible iour ;
Tous les coups sont contez des Echos d'alentour ;
Par la iuste vertu, la fureur est forcée ;
Et la barbare troupe en desordre poussée,
Regagne sa galere, & laisse pour garans,
Du butin qu'elle a fait, des morts & des mourans.
　Le combat terminé, la Guerriere inconnuë,
De son noble transport à peine reuenuë,
Sans arrester les yeux sur son Liberateur,
Tourne vers le blessé ses regars & son cœur.
Mais luy, qu'vne subtile & vigoureuse flâme,
Epanduë au dehors du centre de son ame,
Auoit dans le peril au besoin renforcé,
De ce feu, de son cœur, de ses sens delaissé,
Auoit la nuit aux yeux, & la mort au visage ;
Et de tout mouuement déja perdoit l'vsage.
Ce funeste accident la Guerriere surprit,
Par trois fois la douleur ébranla son esprit ;
Elle accourt au mourant, le pleure, le desarme ;
Semble sur luy verser sa vie à chaque larme :

LIVRE SECOND.

Et du feu de son cœur haletant & pressé,
Par ses soûpirs extrait, par ses soûpirs poussé,
Luy fait vn appareil, dont la vertu nouuelle,
Rend la force à ses sens, & son ame r'appelle.
  Par ce medicament l'inconnu ramené,
Qui que tu sois, dit-il, vers Alfonse tourné,
Qu'vn Astre fauorable & luisant à ta Gloire,
Conduit à des exploits d'eternelle memoire:
Sçache au moins qui sont ceux, qui tiendront à bon-heur,
De deuoir à ton bras leur vie & leur honneur.
Ie me nomme Raymond, & suis de cette race,
Qui des Rois aujourd'huy dans Acre tient la place:
Cette ieune vaillante est Dame de Sidon,
Vn Brenne fut son Pere, & Belinde est son nom.
L'vn & l'autre François & Princes de naissance,
L'vn à l'autre attachez d'vne heureuse alliance,
Nous iouyssions en paix des premieres douceurs,
Que donnent de l'Hymen les innocentes fleurs ;
Quand du bruit de sa bouche, & du vent de son aisle,
La Renommée errante épand vne nouuelle,
Qui nous mit le desordre & le trouble en l'esprit,
Et de crainte, d'horreur, de honte nous surprit.
On m'apprend qu'Erixane ; Erixane est ma Mere,
Si chaste en sa ieunesse, & mesme si seuere.
Par vn declin honteux, en sa maturité,
Auoit du saint Hymen soüillé la pureté,
Que du faux ou du vray, Meliprant & Neronte
Delateurs déclarez, en publioient la honte:
Que par vn vain cartel, par vn deffy plus vain,
A la preuue ils s'offroient les armes à la main :
Et que par vn arrest de mon malheureux Pere,
Erixane deuoit mourir comme adultere,
Si dans des iours nommez, son droit ou son bon-heur,
N'amenoit deux Tenans armez pour son honneur.
  Confus à cette étrange & tragique nouuelle,
De honte domestique & d'amour naturelle,

C

Ie prépare au peril mes armes & mon cœur ;
Et destine à la mort l'vn & l'autre imposteur.
L'image d'Erixane accusée & mourante,
A mes yeux iour & nuit en flâmes se presente :
Elle me tend les bras du milieu du bucher ;
La fumée & le feu semblent me la cacher ;
Et son Ange qui sçait quelle est son innocence,
Pour l'aller secourir m'offre en songe vne lance.

 Belinde m'accompagne, & veut en ce danger,
Ou la gloire ou la mort auec moy partager.
Desia nous approchions & d'Acre & de la Lice,
Nous destinions desia l'imposture au supplice,
Quand surpris d'vn Pirate à terre descendu,
Apres mes gens deffaits, apres mon sang perdu,
I'allois perdre la ioye & le bien de ma vie :
Mon ame auec Belinde alloit m'estre rauie ;
Sans qu'à nostre salut vn bon Astre tourné,
T'a contre le Pirate en ces lieux amené. [meure?
Mais, Seigneur, qui vaincra le deuil qui nous de-
Faut-il que nous vinions & qu'Erixane meure ?
Blessé comme ie suis, la puis-je secourir ?
L'aymant comme ie fais, la puis-je voir mourir ?

 Alfonse luy repart, De cette autre victoire,
Ie prens sur moy la risque & me promets la gloire,
Le celeste Guerrier Intendant des combats,
Dans ce noble peril assistera mon bras :
Et l'honneur de sauuer l'Innocence opprimée,
De seruir la Vertu sans force & desarmée,
A qui sçait l'estimer, est l'honneur le plus grand,
Où se puisse éleuer l'espoir d'vn Conquerant.
Ie veux, répond Belinde, & mon deuoir l'ordonne,
Prendre auec vous, Seigneur, part à cette couronne.

 En suite, de Raymond le Sang est arresté,
Il est mis à cheual & vers Acre porté.
Alfonse accompagné des deux nobles Guerrieres,
Au galop va deuant, & se rend aux barrieres.

LIVRE SECOND.

Ils passent d'vn maintien magnanime & hautain,
La visiere baissée & la lance à la main :
Et conduits par la foule à la place publique,
Y trouuent vn spectacle effroyable & tragique.
Là brûloit vn bucher dans le milieu dressé,
Le peuple s'y voyoit à l'entour amassé :
La malheureuse en deüil & d'vn voile cachée,
Estoit au bois fatal d'vne corde attachée :
Autour d'elle le feu de pitié se pliant,
Sembloit en sa faueur se rendre suppliant ;
Et la flâme au dessus courbée & voltigeante
Luy faisoit par respect comme vne ombelle ardente.
 Le prodige est étrange & pris diuersement ;
Il est à l'vn miracle, à l'autre enchantement :
L'vn plaint à haute voix la noble Patiente,
Par son propre tourment déclarée innocente :
L'autre à cette merueille auec ioye applaudit ;
Vn autre la déteste & le charme en maudit :
Et les plaintes, les cris, les pleurs & les murmures,
Font des accords diuers d'eloges & d'injures.
Meliprant & Neronte étonnez & surpris,
Augmentent le tumulte, irritent les Esprits :
Et barbares autheurs d'vn acte si funeste,
Confirment leur rapport de la voix & du geste.
 Alfonse là dessus & Belinde arriuez,
Calment l'émotion des partis soûleuez :
Demandent le combat, & presentent le gage ;
Entre-eux & les Tenans le Soleil se partage.
Au signal de courir donné par les clairons,
Les cheuaux écumans pressez des éperons,
Laissent le champ derriere, & suiuent leur haleine,
Qui fait auec la poudre vn nuage en la plaine.
Alfonse à Meliprant la cuirasse faussa,
Et la pointe du fer par le corps luy passa.
Mille confuses voix à sa cheute s'ouyrent,
Mille confuses mains à sa mort applaudirent,

C ij

La lance de Belinde en éclats s'enuola ;
Sur son escu le coup de Neronte coula.
La carriere fournie, elle tourne visage ;
Le fer semble en sa main, briller de son courage.
Mais son cheual poussé glisse sur le terrain ;
Et sur elle desia Neronte auoit la main ; [nerre,
Quand Alfonse plus prompt que le plus prompt ton-
Qui d'vn nuage ouuert est lancé sur la terre,
Fond sur le Soustenant, & par dessous le bras,
Luy fait entrer la mort auec le coutelas.
Il descend aussi-tost, le desarme & le presse ;
Le malheureux pressé l'imposture confesse :
Et ce dernier adueu des Iuges entendu,
Est à cris redoublez par la Ville épandu.
Les maisons, les ramparts, les tours le repeterent ;
Aux riuages prochains les vagues le porterent ;
Et long-temps sur la mer, sur la terre long-temps,
On entendit les flots, on entendit les vents,
Redire de concert & d'vne voix constante,
Erixane sauuée, Erixane innocente.

 En tumulte le peuple accourt vers le bucher ;
Le feu respectueux luy permet d'approcher ;
Et là, par vn transport qui les cris renouuelle,
Sous l'habit d'Erixane on trouue Lisanelle.
Par vne sainte ruse & digne d'vn grand cœur,
Pour sauuer à sa Mere & la vie & l'honneur,
La genereuse Fille & noble vsurpatrice,
De sa Mere auoit pris la robbe & le supplice.
Sous elle aussi la mort de respect s'abaissa ;
Et le feu sans chaleur sa vertu caressa ;
Comme eust fait vn Lion, que la force des charmes
A ses pieds eust rangé sans colere & sans armes.

 Meronte & Meliprant dans le bucher iettez,
Furent à la rigueur par les flâmes traitez :
Le feu reuint soudain qu'il sentit cette proye,
Il en monta plus haut, il en saillit de ioye ;

LIVRE SECOND.

Le fer qu'en vn moment la chaleur consume,
De leur crime rougit, de leur peine fume;
Et le vent qui suruint, de la noire imposture,
Au loin porta l'odeur auecque la teinture.
    Apres deux mois passez en feste, & dans ces jeux,
Qui préparent l'adresse aux combats serieux;
Nos vaisseaux radoubez au retour s'appresterent,
Sisamante, Raymond, Belinde se croiserent;
Et tout ce qu'a Sidon de braue & de galant,
Tout ce qu'Acre a de noble auec eux s'enrôlant,
Sous Alfonse est venu prendre part à la gloire.
D'aller où vos Drapeaux conduiront la Victoire.
    Loüis à ce recit, leue les mains aux Cieux,
Ses yeux suiuêt ses mains; & ses pleurs dâs ses yeux,
Sans fumée & sans bruit, font vn sacré mélange,
D'insensible * parfum, de muette loüange.
    Le char étincelant où sont portez les iours,
S'auançoit vers le point qui partage son cours:
Les flâmes dans le Ciel naissoient de son orniere;
Tous les corps sur la terre estoient blâcs de lumieres
Et ses coursiers de pourpre & de rubis couuers,
De leur brûlante haleine échauffoient l'Vniuers;
Quand le bruit des clairons & la poudre éleuée,
D'Alfonse & de sa troupe annoncent l'arriuée.
Deux Corps sont commandez pour l'aller receuoir;
Son quartier se prépare, on accourt pour la voir;
Loüis y va luy-mesme, & meine la Noblesse,
Qui de cette recreuë admire la richesse.
A la teste marchoient sur des cheuaux bardez,
Cinq cens braues François fraîchement abordez.
Deux cent de ce païs, où la riche Garonne,
De tours & de chasteaux se fait vne couronne:
Cinquante de ces bords, où la Charente prend,
L'humide reuenu qu'à la Mer elle rend:
Cinquante de la plaine où d'vne prompte course,
La Dordonne en grondant s'éloigne de sa source,

C iij

Cent de ce gras terroir où le Rhofne auec bruit,
Se preffe de fuyr la Saone qui le fuit:
Et cent autres des lieux, où de bouquets d'oliues,
L'orgueilleufe Durance enuironne fes riues.
Alfonfe étincelant d'vn harnois cifelé,
A leur tefte montoit vn Barbe pommelé:
De fon riche cimier la montre flamboyant,
L'ame de fa deuife illuftre & menaçante,
Et tout ce qu'il auoit de guerrier & de grand,
Promettoit vn Heros, fentoit le Conquerant. [res,
 Ceux d'Acre & de Sidon fuiuent fous leurs bannie-
Diuerfes de façons, de couleurs, de matieres:
Lifamante, Belinde, & Raymond deuant eux,
Marchent d'vn train fuperbe & d'vn air genereux.
De Lifamante en dueil, la cotte d'armes brune,
Exprime le veuuage, explique l'infortune:
Sur fa cornette vn feu fans lumiere & fumant,
Montre de fon amour le trifte embrafement,
Et prés * d'vn palmier mort, vne palme mourante,
Fait voir en fon pauois fa peine & fon attente.
 Mais Belinde & Raymond tout autrement parez,
Suiuis de tous les yeux & de tous admirez, [mes,
De leur port, de leur mine & des iours de leurs ar-
Font vn nouueau concert de terreur & de charmes.
Les diamans fur eux alliez aux rubis,
Difputent de l'éclat, & conteftent du prix.
Leurs cottes d'armes font de feux brodez ardentes,
Et leurs cheuaux en ont les houffes flamboyantes:
Des Salamandres d'or fur leurs cafques dorez,
Brillent de riches feux fous elle figurez:
Et le pennache ondé que leurs bouches vomiffent,
Paroift vn feu volant dont elles fe nourriffent.
Deux rochers éleuez, qui brûlent fans fumer,
Et femblent aux rayons d'vn beau iour s'allumer,
Sur leurs pauois grauez font d'illuftres images, [ges,
Des flâmes de leurs cœurs fans trouble & fans nua-

LIVRE SECOND.

De l'esprit & des yeux tout ie Camp les conduit,
Auec l'étonnement le murmure les suit:
On admire sur tout Belinde & Lisamante,
L'vne forte en son dueil, l'autre belle & vaillante:
Cette double merueille attire tous les cœurs ;
Leurs yeux de tous les yeux, sans combat sont vain-
Mais ce qui les rauit, est de voir l'harmonie, [queurs,
D'vne telle valeur à tant de grace vnie.

Ces Princes, par Louys, à sa tente inuitez,
Auec Alfonse y sont superbement traitez:
L'agate, le saphir, l'émeraude, & l'opale,
En ordre y font l'honneur de la table royale.
La nappe estant leuée, & le buffet osté,
Vn lut est par vn Page à Coucy presenté.
Il chante la Nature à Moyse sujette,
Les flots de la Mer rouge ouuerts à sa baguette:
Les Rois Syriens vaincus & leurs Dieux écrasez,
Sous le riche débris de leurs Autels brisez:
Les ramparts * abbatus du tremblement des villes ;
Les monts épouuentez, les fleuues immobiles ;
Et sur les Elemens de frayeur éperdus,
Les * Planetes fixez, & les Cieux suspendus.

Il ajouste à cela les victoires de l'Arche ;
Du saint Camp qui la suit la triomphante marche ;
Les vagues & les vents par son ombre liez ;
Et les Demons vaincus sous elle humiliez.
Il chante apres d'vn air qui ses termes égale,
La fatale * machoire & la * fronde fatale ;
Les Philistins deffaits, leur Geant abbatu
Et la temerité soûmise à la vertu.
Il y joint ces Heros de haute renommée,
Ces * Freres deffenseurs de la belle Idumée,
Qui vainqueurs & vaincus, Martyrs & Conquerans,
Purgerent les saints Lieux d'abus & de Tyrans.
De là, sa voix montant, de son lut secondée,
Il appelle Louys aux palmes de Iudée:

C iiij

SAINT LOVYS,

Il fait voir les Sultans de Damiette chassez,
Et battus sur leur flotte, à ses pieds terrassez:
Et conclud par l'espoir, que la Vertu luy donne,
D'oster aux Sarrasins l'adorable Couronne.

Des Seigneurs assemblez les murmures diuers,
S'accordent à ses chants, répondent à ses vers.
Si les vents, dit Alfonse, ennemis de ma gloire,
M'ont empesché d'auoir ma part à la victoire;
Au moins i'ay combattu de l'esprit & du cœur;
Mes soucis & mes vœux ont suiuy le vainqueur;
Et i'ay malgré l'orage, & malgré la Fortune,
Enuoyé mes souhaits à la cause commune.
Mais, Sire, ajouste-t-il se tournant vers le Roy,
Le desir des Seigneurs arriuez auec moy,
Et comme moy priuez d'vne telle auenture,
Seroit d'en voir au moins en recit la peinture;
D'en mesurer les traits, d'en prendre les couleurs;
Et tirer sur vos faits le modele des leurs.
Le Saint Prince y consent, chacun preste silence;
Et Coucy par son ordre en ces termes commence.

Il vous doit souuenir des gages de beau temps,
Que la flotte receut des Astres & des Vents,
Quand aux rais de la Lune, & guidez des Estoiles,
Nous partismes de Chipre auecque trois cent voiles.
Iamais vn Camp plus beau sur la mer ne voia,
Iamais vne forest plus riche n'y roula:
L'Aurore à son leuer en parut étonnée;
Le Soleil pour la voir auança la iournée;
Et sembla de rayons plus clairs & mieux dorez,
Vouloir peindre les Lys sur nos masts arborez. [ce
Mais côme il vous souuient, cette heureuse bona-
Au trouble qui suiuit en vn moment fit place.
Apres le premier choc qui la flotte écarta,
Les vaisseaux que le vent vers Damiette porta,
Haut & bas agitez, souffrirent sans naufrage,
Tout ce que peut l'esprit qui regne sur l'orage.

LIVRE SECOND.

A la noirceur du iour, de feux sombres ardant,
Au tumulte de l'air de tonnerres grondant,
On eust dit que des Cieux les Spheres détenduës,
Et que des Elemens les masses confonduës,
Alloient à ramener dans le Monde détruit,
Et le premier desordre & la premiere nuit.
Les nuages peuplez de formes inhumaines,
Deuenoient à nos yeux d'épouuentables scenes ;
Et de longs hurlemens, qui redoubloient l'horreur,
Aux oreilles estoient des concerts de terreur.
  En suite il nous parut deux legions armées,
De coustelas de feu, de lances enflâmées,
On vit sous leurs cheuaux la nuë étinceler,
De l'vne à l'autre part on vit les traits voler.
Apres vn long combat, que tous les vents sonnerêt,
Dont la terre s'émeut & les flots s'éleuerent ;
Il se fit vn fracas accompagné d'éclair,
Et suiuy de feux noirs qui tomberent de l'air,
De feux noirs & puants, dont la Mer allumée,
Long-temps parut en trouble & long-têps en fumée.
Nous crûmes à ce coup, que ces Demons brûlans,
Qui des Spheres de l'Air sont les hostes volans,
Agitez de leur haine, & poussez de leur rage,
Nous auoient de complot excité cét orage ;
Et des Anges battus, de colere fumant,
S'estoient précipitez dans leur triste élement.
  Auec ces noirs Esprits les tenebres s'enfuyent,
Le mauuais vent s'abat, les nuages s'essuyent,
Et nos vaisseaux remis paroissent de nouueau,
Renaistre de la nuit, & remonter sur l'eau.
La crainte du naufrage est à peine passée,
Que d'vn second peril la flotte est menacée.
L'Egypte vient à nous : tout l'Orient en corps
Roule sous ses drapeaux, & répond à ses cors.
Du poids de leurs vaisseaux la Mer est affaissée.
La vague perd son cours de leur foule pressée,

C v

Les aisles de leurs masts à l'air ostent le iour ;
Les Vents en sõt lassez & les poussent par tour. [page,
　Le Roy quoy que moins fort en nõbre & d'équi-
Quoy qu'à peine sa flotte ait échappé l'orage,
Rejette loin de soy la foible seureté,
Et les honteux conseils de la timidité.　　[cent,
Ses vaisseaux en deux rangs vers l'Ennemy s'auan-
Deux nuages de traits l'escarmouche commencent :
Le Sarrasin répond d'vne gresle de fer :
De l'vn à l'autre Camp la Mort vole par l'air :
Les bords sont herissez, les pouppes sont jonchées,
De jauelots lancez, de fléches décochées :
Moins épais est l'épic qui charge les guerets.
Et moins le sont les joncs qui couurent les marais.
　Cét orage essuyé, les deux flottes s'approchent,
Les nauires poussez se choquent & s'accrochent,
Auecque moins d'effort des écueils rouleroient :
Qui de leur front cornu sur l'eau se heurteroient,
Et moindre estoit le choc de ces Roches mouuantes,
Qui sur le dos des Mers de leur course écumantes,
Au bruit de leur combat sembloient tenir jadis,
Et les flots suspendus & les vents interdits.
La guerre auparauant éclatante & pompeuse,
De blessures, de sang, de carnage est affreuse :
Sarrasins & François noyez confusément,
Ont vn commun cercueil dans l'humide élement :
L'onde fume & rougit, & comme en vn naufrage,
Où le nocher se perd & l'attirail surnage,
Casques, turbans, escus en desordre & meslez,
Sans testes & sans bras, par les flots sont roulez.
　La Victoire douteuse, & dans l'air balancée,
A se determiner par Louys est pressée :
Le Barbare Alonzel, & Gorgan l'inhumain,
Sont percez de deux traits qui partent de sa main.
Il renuerse Alemor d'vn coup de jaueline,
Alemor qui terrible & de taille & de mine,

LIVRE SECOND.

Fait bouïllonner la Mer tombant de son vaisseau,
Et perit étouffé de son sang & de l'eau.
Arbasan qui brilloit d'vne riche salade,
A la pompe ajoustant l'orgueil & la brauade,
Par tout où l'auiron sa galere poussoit,
De naufrage & de feux nos vaisseaux menaçoit :
Et la torche à la main portoit auec la flâme,
Autant d'éclair aux yeux, que de terreur dans l'ame.
D'vn long fresne ferré le Roy l'atteint au bras ;
La main se rend au coup, la torche tombe à bas.
Des balles de bitume & d'étouppe formées,
D'vn feu contagieux à sa chutte allumées,
Poussent auecque bruit vn prompt embrasement,
Qui se prend au tillac, passe à l'entablement,
Vole de pouppe en prouë, abbat voile & cordage,
Et sans tourmente fait vn terrible naufrage.
Soldats & matelots, roulez confusément,
Par vn double malheur perissent doublement :
L'vn se brûle dans l'onde, au feu l'autre se noye,
Et tous,en mesme tẽps de deux morts sont la proye.
   Le Pilote royal tourne vers Eliuant,
L'or de son pauillon ioüoit auec le vent ;
Et ses chiffres meslez auec ceux d'Orogune,
Faisoient des feux volans au dessus de la hune.
Le Barbare à l'abord abbat sur le tillac,
D'vn jauelot volant le jeune Canillac:
Il poursuit, & d'vn trait qui fait bruit de son aisle,
Et qui porte vne pointe acerée & mortelle,
Croyant frapper le Prince, il donne au bras d'Aluy,
Qu'vn bõ Ange auoit mis en garde deuãt luy.(chẽt
De longues mains de fer les deux vaisseaux s'accro
Les piques, les pauois, les coustelas s'approchent:
Le sang coule & boüillonne à ruisseaux par les bords:
Les vagues en fumant engloutissent les morts :
Et des morts engloutis les Ombres gemissantes,
Par les bancs, par les masts, par les voiles errantes

C ij

Apres le corps perdu, semblent garder le cœur,
Et siffler en volant à l'entour du vainqueur.
 Sur vn pont qui conjoint l'vne & l'autre Galere,
Loüis agit d'adresse, Eliuant de colere ;
Et la vertu combat auecque fermeté,
La temeraire audace, & la vaine fierté.
Enfin par la vertu l'audace est abbatuë ;
Loüis pousse Eliuant, le poursuit & le tuë.
Le malheureux leua les deux mains en mourant,
Au chiffre qui luy fut vn si noble garant ;
Et sa derniere voix blasphema la Fortune,
Qui le faisoit perir loin des yeux d'Orogune.
Le nauire vaincu, d'vne chaisne traisné,
Et comme prisonnier en triomphe mené,
Aux yeux des Sarrasins, est vn triste présage,
Et des plus resolus étonne le courage.
 La flotte du Sultan n'auoit rien de si beau,
Rien de si somptueux, que le riche vaisseau,
Où la belle Almasonte, & la belle Zahide,
Paroissoient deux Soleils sur la plaine liquide.
Les antennes, le mast, & les flancs figurez,
Eclattoient de flambeaux & de carquois dorez.
Au plus haut de la proüe vne Licorne armée,
D'esprit & de fierté se monstroit animée :
Et les voiles de pourpre à grands feux d'or volans,
Sembloient allumer l'air, & prouoquer les vents.
Sur les bords se voyoient cent Filles sous les armes,
Fieres de leur valeur, plus fieres de leurs charmes,
Qui la fléche sur l'arc, & le feu dans les yeux,
Menaçoient de deux morts les plus audacieux.
Sur leur banniere en or, * des abeilles volantes,
Les disoient en deux mots & vierges & vaillantes :
Et montroient que leurs traits temperez de douceur,
Estoient à craindre au corps & plus à craindre au cœur.
 Zahide sur la proüe, Almasonte à la poupe,
Donnoient lustre & vigueur à cette belle troupe.

LIVRE SECOND.

Sur leur harnois d'argent vne toile flottoit,
Où du prix auec l'art l'estoffe disputoit;
Et sur leurs pots ouuerts, vne Ermine luisante,
De sa bouche épandoit vne plume ondoyante,
Dont la blancheur passoit celle de la toison,
Qui tombe de la nuë en la froide saison.
Sur l'escu de Zahide vne * Lune nouuelle,
En Arabe annonçoit qu'elle estoit froide & belle.
Mais celuy d'Almasonte éclattoit d'vn Croissant,
Qui d'vn mot de menace, & d'vn teint rougissant,
Declaroit sa colere, & d'vn terrible orage,
Sur ces cornes portoit la montre & le présage.
  Ce vaisseau si pompeux tous les yeux attirant,
Charles porté vers luy d'vn cœur de Conquerant,
S'en promet vn butin facile & magnifique;
Et sur le bord du sien s'auance auec la pique.
Mais le bel escadron se montrant de plus prés,
Comme il vit éclater sous le fer tant d'attraits;
Aux Guerriers redoutable & ciuil aux Guerrieres,
Il passe, & fait baisser en passant ses bannieres.
Et luy-mesme leur fait, de la main qu'il leur tend,
Et de son bois qu'il baise, vn muet compliment.
  Il va donner de là contre vn puissant nauire,
D'où le Sultan du Phare & son Fils Elauire,
Comme d'vn Mole à voile, & roûlant sur la mer,
Accabloient nos vaisseaux d'vne gresle de fer.
Aprés vn long combat de masses & d'épées,
Soir de sang Sarrasin soit du nostre trempées,
Du courage à la fougue Elauire passant,
Saute dans le vaisseau de meurtres rougissant:
Charles pretend tout seul en auoir la victoire,
Et deffend à ses gens d'attenter à sa gloire.
Le tillac à tous deux est vn champ balancé,
L'vn & l'autre à son tour poussant & repoussé,
Vse tantost d'adresse & tantost de courage,
Sur le Barbare enfin Charles a l'auantage.

SAINT LOVYS,

La mort auec le fer luy paſſe par le flanc,
Son ame depitée en ſort auec le ſang;
Et ſa teſte ſans corps rejettée à ſon Pere,
Reporte auec l'effroy le trouble en ſa galere.

 Ce vaiſſeau ſi galand, où luiſoient tant de feux,
D'où ſortoient tant de traits à l'eſprit dangereux;
Fut pourſuiuy d'vn Grec, qui pouſſé d'auarice,
N'alla pas loin chercher ſa honte & ſon ſupplice.
De veritables traits de cent cordes laſchez,
Et de cent iuſtes mains tout d'vn temps décochez,
Qui comme tourbillons, par trois fois le chargerent,
Furent le ſeul butin que les Grecs emporterent.
Les deux yeux de Cnemon de deux fleſches percez,
Juſques dans le cerueau luy furent enfoncez:
A ce coup les lauriers dont les Muſes l'ornerent,
Au ciprez de la Mort ſa teſte abandonnerent:
Il quitta pour iamais & les vers & l'amour,
Et la nuit luy ſuruint par les * portes du iour.
Eumolpe fut frappé de deux fléches pareilles;
La Mort en reſonnant paſſa par ſes oreilles.
Il aymoit l'harmonie, il ſuiuoit les concerts;
Sa viole & ſon lut entroient en tous les airs:
Mais les cordes des luts & celles des violes,
Pour attacher la Mort ſont des chaiſnes friuoles.
Leucippe le Thebain, l'Athenien Polemon,
Les deux fils de Nearque, & vingt autres ſans nom,
Tuez par Almaſonte & deffaits par Zahide,
Trouuent leur monument dans la plaine liquide.

 Sans * le Tigre Gennois de vingt rames pouſſé,
Le * Centaure des Grecs alloit eſtre enfoncé:
Mais les Fieſques ſuiuis de Fregoſe & d'Adorne,
Arreſterent l'effort * de la belle Licorne.
Iuſtinien perit voulant ſauter dedans:
D'vn feu noble & guerrier les Spinoles ardens,
Abbattent ſur le bord Emire & Neripée,
L'vne auecque la pique & l'autre de l'épée.

LIVRE SECOND.

Par Almafonte Orie à la teste est blessé ;
Et sur luy par Zahide Adorne est renuersé.
La Victoire à ce coup prend le party des Belles,
S'arreste sur leur poupe, & là battant des aisles,
Et frapant des deux mains, étonne de sa voix,
Le Centaure des Grecs, & le Tigre Gennois.

D'autre costé Robert que le feu du courage,
Animoit à la gloire, & portoit au carnage ;
Apres quatre vaisseaux ou deffaits ou chassez ;
Et trois cens Sarrafins ou tuez ou blessez ;
Apres auoir battu le Sultan de Bubaste ;
Attaquoit vn nauire aussi pompeux que vaste,
D'où le fier Noradin aux meurtres acharné,
Et pareil au Sanglier des chiens enuironné,
Qui frappe de la dent & du regard menace,
Rompoit maille & plastron, bassinet & cuirasse ;
Et du sang des Soldats, du sang des matelots,
Faisoit rougir la Mer & bouïllonner les flots.
Il tua Meneuille, à qui la triste Orante,
Sur les bords de la Somme en crainte & gemissante,
Tous les iours vainement auecque ses soûpirs,
Enuoyoit son esprit sur l'aisle des Zephirs.
Il abbatit Fromont, que la Muse Romaine,
Que les Heros qu'il fit reuiure sur la Scene,
Et tout ce qu'Eluiane a de grace & d'appas,
De l'acier Sarrafin ne garentirent pas.

Robert renuerse Algut, à qui les faux augures,
Et des Astres menteurs les trompeuses figures,
Apres la guerre faite, auoient promis en vain,
Vn riche & noble Hymen sur les bords du Iourdain.
Il joint à celuy-là Merisel & Lormasse,
L'vn tué de l'épée & l'autre de la masse.
Ormin qui pût d'vn trait de son bras élancé,
Abbatre le Milan dans les airs balancé :
Et Gasel, ce nageur si fameux sur l'Eufrate,
Qui suiuoit de ses bras le cours d'vne fregate.

Ses bras coupez du fer qui luy donna la mort,
Semblerent pour nager faire vn dernier effort :
Et son corps tronçonné cherchant encore à viure,
Quelque temps auec art s'agita pour les suiure.
 Le Lion que la faim de son fort a tiré,
Fait vn moindre dégast du troupeau déchiré :
Et le Vautour chasseur de la troupe volante,
De moins de morts son bec & sa serre ensanglante,
Que le Comte n'en fait secondé des Barons,
Qui le long du tillac, le long des auirons,
Font boüillonner le sang, de mesme que boüillonne,
Sous le pressoir qui bruit le doux sang de l'Autonne :
 L'Admirale barbare en bel ordre roulant,
Paroissoit vn chasteau de six aisles volant ;
Les flesches comme gresle en foule débordées,
De là sur nos vaisseaux s'épandoient par ondées.
Le Roy par tout vainqueur, s'appreste à l'attaquer ;
Elle tourne la proüe & vient pour le choquer.
La Mer tremble à leur choc & les ondes mugissent ;
Les Balenes de peur en leurs canes fremissent ;
Et de l'air qui s'en trouble & de frayeur s'enfuit,
Aux riuages prochains les vents portent le bruit.
 On iette les harpons, les Galeres s'accrochent,
Deux tourbillons de fer à l'abord se décochent.
Forcadin des premiers menaçant & hautain,
Frappe des yeux, auant qu'il frape de la main.
Le plus ieune Choiseul qui laissa sur la Seine,
Son Hymen imparfait & Doralice en peine :
Rinel si curieux d'armes & de cheuaux :
Et Mailly qui rauit Elise à six Riuaux,
Contre luy leur adresse & leur force essayerent ;
Et tous trois de leur sang leur audace payerent.
Il leur joint Pressigny, Clinchans & Mirepoix ;
Chastillon le preuint, & taille son long bois :
Le Barbare a recours au trenchant de l'épée,
Rambaut qui s'y presente en a la main coupée ;

LIVRE SECOND.

Cette main qui les luts animoit de ses doits ;
Qui fut la belle sœur d'vne plus belle voix ;
Et qui deuoit vn iour apres nostre victoire,
En dresser à la France vn trophée en l'Histoire.
Mais cette main tombant sans ébranler son cœur,
Comme s'il eust braué la mort & la douleur,
A la droite aussi-tost la gauche il substituë,
Qui luy fut par le mesme aussi-tost abbatuë.
  Le Roy fait de sa part d'incroyables efforts ;
Il met la Mer en sang, il la comble de morts ;
Et la vague sous luy colorée & fumante,
Du feu de son courage encore semble ardente.
Merodac & Mintrane alliez & Persans,
Tous deux Braues, tous deux en la fleur de leurs ans,
Et riuaux en amour, riuaux mesme en fortune,
Par son bras abbatus, ont vne mort commune.
L'vn & l'autre en mourant Ozatis appella ;
Le vent mesla leurs voix, la mort leur sang mesla ;
Et les feux qu'en sortant leurs Ames répandirent,
Poussez de leurs soûpirs en l'air se confondirent.
Alazir qui les suit, d'Aronfat est suiuy,
Qui dans vn Palais noir, de cent Negres seruy,
Et de noir habillé, depuis l'heure fatale,
Qui rauit de son lit l'aymable Elitonphale,
Affecta par vn dueil plein de pompe & d'effroy,
D'auoir la Mort, la Nuit & les Manes chez soy.
La vaillance du Prince est des siens secondée,
Les morts tombent en foule, & le sang par ondée.
Montmorency, Beaujeu, Sergines, Aspremont,
Trempez de ieur sueur, & des meurtres qu'ils font,
Ressemblent aux limiers, à qui de la curée,
La machoire est gluante & la dent colorée.
  Vn ieune Sarrasin rayonnant de clinquans,
Orgueilleux de la fleur qui naist des ieunes ans.
Et plus fier du cotton qui doroit son visage,
Qu'vn ieune Paon ne l'est de son nouueau plumage,

Tué d'vn bois volant, au hazard décoché,
Languissoit comme vn Lys que la Bise a touché ;
Et la Mort en son teint, dãs son sang, dãs ses larmes,
Auoit pris de l'Amour l'apparence & les charmes.
Il tire en cét estat des pleurs de tous les yeux ;
Forcadin son parent en deuient furieux ;
Et tout moite de sang, tout ardent de colere,
Afin de le venger saute en nostre Galere.
L'éclair qui l'accompagne est suiuy de l'effróy ;
Il abbat à ses pieds trois des Archers du Roy ;
Il pousse, il force, il fend, il écarte, il renuerse ;
Et fait entrer la mort soit qu'il taille ou qu'il perce.
Mais luy-mesme au hazard d'vne fléche blessé,
Et d'Angennes, d'Aumont, de Viuonne pressé,
Ne voyant point d'espace ouuert à sa retraite,
Blasphemant de courroux en la Mer il se iette.
A sa chutte la vague écume & fait du bruit ;
Vn deluge de traits & de fléches le suit :
Il nage d'vne main ; de l'autre il tient l'épée,
De meurtres differens iusqu'aux gardes trempée :
Et le terrible feu qui luit en ses regars,
Répond auec menace à la gresle des dars.

   Vn Loup recule ainsi, lors que tout vn village,
En armes assemblé le chasse de l'herbage :
Le dépit & la faim luy font tourner les yeux,
Vers le bruit des cailloux, vers l'éclair des épieux :
Pour rentrer dans le parc, il cherche vne autre route ;
Et du sang qu'il a bû sa machoire dégoutte.

   Tandis que Forcadin lutte auecque les flots,
Qui gemissent sous luy, sous luy courbent le dos ;
Et qu'à force de bras il gagne vne chaloupe,
Et reuient au peril où l'appelle sa troupe.
A ses yeux par le Roy son nauire est forcé ;
Le Matelot qui cede en la Mer est poussé ;
Du Soldat qui tient bon le carnage redouble ;
La vague de nouueau s'en colore & s'en trouble,

LIVRE SECOND.

Le Pauillon barbare est de force arraché.
Et l'étendart François en sa place attaché :
A cét illustre signe arboré sur la hune,
La Victoire se range auecque la Fortune ;
Et de tous les endroits les Sarrasins chassez,
Laissent vingt vaisseaux pris & quatorze enfoncez.

REMARQVES.

* *Le Satyre Gennois* p. 38. *Le Lion de Venise* p. 38. ce sont des noms de vaisseaux.
* *Pour le secours de Iean* p. 40. Iean de Brenne Roy de Hierusalem, pour lequel les Chrestiens se croiserent l'an 1215.
* *D'insensible parfum* p. 53. Au sens de l'Escriture, les prieres & les soûpirs des Saints sont vn parfum.
* *Prés d'vn Palmier mort* p. 54. C'est vne Deuise fort propre à vne fidele Veuue, parce que le Palmier estant mort ou abbatu, la Palme ne fait plus que languir.
* *Les ramparts abbatus* p. 55. Cela arriua à la Ville de Hierico, dont les murailles tomberent en la presence de l'Arche.
* *Les Fleuues immobiles* p. 55. Cela s'entend des eaux du Iourdain, qui s'ouurirent & demeurerent immobiles au passage des Hebreux.
* *Les Planetes fixes* p. 55. Le Soleil s'arresta à la voix de Iosué.
* *La machoire, & la fronde* p. 55. Cette machoire est celle auec laquelle Samson deffit les Philistins: & cette fronde est celle de Dauid.
* *Ces Freres defenseurs* p. 55. Ce sont les Machabées, qui prirent les armes pour la deffense de leur Loy.

SAINT LOVYS, LIVRE SECOND.

* *De ces roches mouuantes* p. 58. Ce sont les Simplegades, fameuses par les écrits des Poëtes, qui ont dit qu'elles se choquoient continuellement.

* *Des abeilles volantes* p. 60. Les abeilles qui sont vierges & guerrieres sont icy données pour Deuise, à vne Compagnie de Filles vaillantes.

* *Vne Lune nouuelle* p. 61. La Lune qui est belle & froide, est la propre Deuise d'vne Beauté fiere & insensible, telle que Zahide est representée en ce Poëme.

* *Les portes du iour* p. 62. Les yeux sont appellez par Philostrate les portes de la lumiere & de l'amour.

* *Le Tygre Gennois. Le Centaure des Grecs* p. 62. Ce sont des noms de vaisseaux.

* *La belle Licorne* p. 62. Ce nom est donné au vaisseau de Zahide, parce qu'il auoit à la proüe la figure d'vne Licorne, & parce que la Licorne est guerriere & amie des Vierges.

F. Chauueau in. et fec.

SAINT LOVYS
OV LA
SAINTE COVRONNE
RECONQVISE.

LIVRE TROISIESME.

E Soleil cependant acheue sa carriere;
Mille feux blancs épars du char de la lu-
  miere,
Comme pour couronner le Camp victorieux,
En vn cercle sur nous s'assemblent dans les Cieux:
Et la nuit qui suruient plus sereine & plus belle,
Pour nous mieux éclairer de flambeaux étincelle.
Desia la Lune à plomb sur la Mer descendoit,
Et la Mer endormie en son lit s'étendoit;
Quand il s'offre à nos yeux dans vne nuë ardente,
Vne Croix de lumiere & de sang éclatante.
Sous elle des carquois vuides & renuersez,
Des arcs demy rompus, & des turbans froissez,

Sembloient luy composer vne base de gloire,
Et donner à la flotte vn signe de victoire.
La Lune sous la Croix tout à coup s'obscurcit,
D'vn sang prodigieux son croissant se noircit :
Et sa brillante suite auec elle effacée,
Fut par ce nouueau iour auant le iour chassée,
Tant que dura la nuict, ce signe rayonnant,
Fut à toute la Flotte vn spectacle étonnant :
Et le Soleil venant à se leuer de l'onde,
Soûmit à sa lueur la lumiere du Monde.

 Réjoüis du présage, & du vent assistez,
Nous sommes vers Damiette en peu de iours portez.
L'Egypte sur la riue en armes est rangée ;
La terre nous paroist de ses troupes chargée :
Les timbales d'airain, & les barbares cors,
Font retentir la Mer d'effoyables accors :
De leurs hennissemens les cheuaux y répondent :
Les harnois, les escus, les drapeaux les secondent :
Et cét amas confus de gens qui font du bruit,
De métal qui resonne, & de métal qui luit,
Pour nous battre de loin, & deffendre la terre,
Fait des éclairs sans nuë, & sans nuë vn tonnerre.

 La priere se fait, les ordres sont donnez,
Les vaisseaux sur deux fronts vers le bord sont tour- [nez ;
Le Soldat se tient prest, le rameur s'éuertuë,
Nous allons au trauers d'vne gresle qui tuë :
Et malgré mille morts qui volent contre nous,
Sur de noirs tourbillons de fer & de cailloux,
De quatre vaisseaux plats l'Oriflame escortée,
A force d'auirons à la riue est portée.
Angennes & Laual font le premier effort,
Et suiuent les premiers l'Etendart sur le bord :
Apres eux Aspremont, Sainte More & Ioinuille,
De leurs bandes suiuis arriuerent à la file.
Apres les coups de trait, on vient aux coups de [main :
Mille bras sont bandez pour vn pied de terrain ;
On

On le perd on le gagne, on fait ferme on succombe,
Où l'vn monte à son tour, à son tour l'autre tombe.
　　Ainsi quand deux essains, commandez par deux
Sortêt au iour naissant de leurs tentes de bois, [Rois,
Et que leurs escadrons se choquent au passage,
D'vn ruisseau qui serpente à trauers vn herbage ;
Le bruit est belliqueux que font dâs les deux Camps,
Les trompettes aislez & les tambours volans :
La plaine en retentit, la saulsaye en resonne ;
De l'ardeur du combat le villageois s'étonne ;
Par troupes les vaincus de l'air précipitez,
Sont le long du canal par les eaux emportez :
Il en est que l'on voit tirer vers le riuage,
Les vns sur vne feüille & les autres à nage :
Et le ruisseau couuert de blessez & de morts,
Murmure de leur perte & s'en plaint à ses bords.
　　Tandis que les premiers disputent le riuage ;
Et qu'à force de bras ils s'ouurent le passage ;
Loüis impatient, saute de son vaisseau,
Le beau feu de son cœur luy fait mépriser l'eau.
Soit crainte, soit respect, sous luy la vague baisse ;
Il auance, elle s'ouure : il pousse, elle se presse :
Son geste menaçant, son regard est hautain :
Vn Comete d'acier étincelle en sa main :
Deuant luy son escu pour sa teste est en garde,
La mort siffle à l'entour, & rien ne le retarde.
Ainsi l'Astre de Mars suiuy d'vn long éclair,
A son heure tombant de sa Sphere en la Mer ;
Son arme en l'air éclate, elle éclate en la nuë ;
Tout l'humide Element rougit à sa venuë,
Ses feux brillent en rond sur la face des flots,
Et la pasleur en vient au front des matelots.
　　La lueur est plus forte, & la frayeur plus grande,
Que le Prince répand sur l'infidelle bande :
Et soit que de son Ame vn nouueau feu poussé,
Autour de luy se fust par rayons ramassé ;
　　　　　　　　　　　　　　　D

Soit que l'Intelligence à sa garde enuoyée,
Eust au iour deuant luy sa vertu déployée;
Le Camp barbare en est d'étonnement frappé :
Nous occupons le bord qu'il auoit occupé :
Le cœur à ce succez aux moins hardis redouble,
On marche à l'Ennemy qui reuient de son trouble.
  Dix pas deuant leurs rangs Ormagor auancé,
Sur vn Barbe de pourpre & de clinquans houssé,
Fait montre en voltigeant, d'adresse & de vaillance,
Et prouoque nos Chefs à courir vne lance.
Six Braues des plus forts & des plus renommez,
Montez à l'auantage, & richement armez,
Piquent deuant leurs Corps, & vont la lance basse;
Mais Charles plus ardent va plus viste & les passe.
Le champ poudreux battu des pieds de son Coursier,
Ioint la nuë aux éclairs de son harnois d'acier :
Ormagor vient à luy, comparable à l'orage,
Precedé du tonnerre & suiuy du rauage :
Les éclats de son bois auec bruit s'éleuant,
S'allument de vistesse & font siffler le vent :
Le Prince plus adroit l'atteint à la visiere ;
Et bien loin des arçons l'étend sur la poussiere.
Le bruit en est pareil au bruit que fait vn pin,
Que la tempeste abbat du front de l'Appennin,
Ou pareil à celuy que fait vne colonne,
Quand la terre en tréblant de sa chûte resonne. [ler,
On voit en mesme temps les deux Camps s'ébran-
On voit de l'vn à l'autre vne forest voler :
L'air en est aussi noir, qu'il est sous les nuages,
Amassez par l'esprit qui forme les orages.
L'Escadron commandé par le Comte d'Artois,
Détaché le premier à l'arrest met le bois :
Et comme vn tourbillon qui fond sur les jauelles,
Comme vn torrent lasché sur les plantes nouuelles,
Il écarte, il abat, il dissipe les rangs,
Et jonche le terrain de morts & de mourans.

LIVRE SECOND.

Par la troupe du Roy l'aisle gauche poussée,
Sur le Corps qui le suit en trouble est renuersée :
Le Sultan de Damiette Almondar la remet,
Almondar qu'on voyoit exposer sans armet,
A cent morts qui voloient de l'vne à l'autre Armée,
Sa teste desia blanche & vainement charmée.
D'autre-part Forcadin par ses armes connu,
Connu par sa valeur, combattoit le bras nu. [pousse,
Son Corps pousse Bourgogne, & Bourgogne le
Tous deux sont ébranslez d'vne égale secousse :
Et semblables aux flots chassans & rechassez,
Semblables aux épics poussans & repoussez,
Tour à tour ils se font de iustes interuales,
D'auantages égaux & de pertes égales.

Cependant il nous vient du Ciel pur & serain,
Vn son plus éclatant que celuy de l'airain :
Et ce son tout à coup répandu par la plaine,
Fait taire les clairons & leur oste l'haleine.
Les Barbares d'abord en demeurent surpris,
La crainte auec le trouble entre dans leurs esprits,
Et comme s'il nous fust arriué par les nuës,
Quelque étrange renfort de troupes inconnuës ;
Comme si tout vn Camp de phantosmes affreux,
Sous des armes de feu, fust descendu contre-eux ;
Ils nous tournent le dos, & vont à toute bride,
Où le trouble les porte, & la crainte les guide.

Almondar veut en vain gouuerner cette peur,
Elle n'est point traitable, elle n'a point de cœur :
Là s'opposant tout seul à la fuite commune,
Et iurant contre Dieu, dépitant sa Fortune,
Par ses impietez il attire sur soy,
La colere du Ciel & la lance du Roy :
A ses cris outrageux les tonnerres répondent :
Le vent en fait du bruit, les nuages en grondent :
Le Roy fondant sur luy fait auecque le fer,
Le coup qu'apparemment alloit faire l'éclair :

D ij

Et l'infolent vomit d'vne bouche qui fume,
Le fang auec l'efprit, la rage auec l'écume. [grand,
  Forcadin d'autre-part toufiours fier, toufiours
A peine à la tempefte, à peine au feu fe rend.
Son front, où le dépit s'éleue fur l'audace,
Aux menaces du Ciel répond auec menace,
Et fon œil enflâmé, reflefchit de fon cœur,
Le fanguinaire efprit de l'affreufe lueur.
  Almafonte & Zahide égales en courage,
Auec luy tournent tefte en cedant à l'orage :
Leur retraite eft hardie, & le feu qui les fuit,
Eclate fur leur front, & dans leurs yeux reluit.
Deux Licornes ainfi par les chaffeurs pouffées,
Marchent deuant les chiens dont elles font preffées :
Leur ongle fait du bruit fur la terre qu'il bat ;
Dans leurs yeux leur dépit s'allume auec éclat :
Et l'arme de leur front, quand elles tournent tefte,
Du plus hardy limier la violence arrefte.
  On crût, & l'Ennemy l'a depuis confirmé,
Que dans l'air d'vn nuage à longs feux allumé,
Des Cheualiers ardens & croifez fe montrerent,
Qui l'effroy dans le Camp des Barbares ietterent.
Les pieds de leurs cheuaux de flâmes petilloient ;
Les brides, les chanfrains, les bardes en brilloient ;
Des cercles embrafez leur feruoient de rondaches ;
Des feux fur leurs armets voltigeoient en pennaches ;
Et des feux en leurs mains, en lames ondoyans,
Leur faifoient des coufteaux legers & flamboyans.
Eude les découurit aux rays de la lumiere,
Que luy mit dans les yeux l'ardeur de la priere ;
Quand au bord de la Mer de fang frais arrofé,
Les yeux trempez de pleurs & le cœur embrafé,
Il fouftint par fa foy d'vn faint zele enflâmée,
Les bras leuez au Ciel, tous les bras de l'Armée.
Il vit aux premiers rangs, Charles, Pepin, Martel,
Qui de taille & de port au deffus du mortel,

LIVRE TROISIESME.

Pouffoient les Escadrons des troupes infidelles,
Comme les Esperuiers pouffent les Tourterelles.
Il vit le grand Montfort & le grand Godefroy,
Qui portoient vers Damiette & le trouble & l'effroy.
Cette Ville superbe à tomber desia preste,
Sembla sous eux baisser son orgueilleuse teste.
L'enceinte du rampart de frayeur se lascha ;
Des tours qui sont au port, la chaisne s'arracha ;
Et les Croissans rompus qui des portes tomberent,
De sons meslez de cris tout le peuple étonnerent.

   Les Barbares ainsi poussez de toutes parts,
Eperdus & tremblans regagnent leurs ramparts.
Le Roy victorieux offre à Dieu sa victoire,
Et de ce grand succez luy rend toute la gloire.
Il donne, cela fait, l'ordre du campement,
Chaque Prouince en corps, marche à son logement.
Apres le Camp fermé les tentes sont dressées :
La nuit met en repos les troupes harassées ;
Et chacun estendu sous l'aisle du Sommeil,
Attend l'assaut remis au retour du Soleil.

   La Lune s'auançoit, & ses belles Suiuantes,
Sous leurs voiles d'argent, de brillans rayonnantes,
Faisoient de leurs flambeaux, dans le Ciel étoilé,
Apres le iour éteint, vn iour renouuellé.
Quand des cris de frayeur & des voix de menace,
Telles qu'on les entend au sac de quelque Place,
De leurs tristes accens rompent nostre repos,
Et réueillent au loin les Vents & les Echos.
Les Echos & les Vents en trouble leur répondent :
Du riuage prochain les vagues les secondent :
Et les vagues, les Vents, les Echos & la Nuit,
Font vn concert d'horreur, de tumulte & de bruit.

   Vn feu qui se fait iour à trauers la fumée,
Paroist en mesme temps sur la Ville allumée :
Les tours & les Palais ont beau pour s'en sauuer,
Leurs faistes sourcilleux dans la nuë éleuer ;

D iij

L'Element destructeur qui s'échauffe à la proye,
Montant par tourbillons sur leurs masses ondoye.
Dans l'air & sur la plaine vne clarté reluit,
Plus effroyable à voir que la plus sombre nuit :
Et sur la Mer au loin, les vagues qui rougissent,
Auecque la rougeur la crainte refléchissent.
Le tumulte qui croist auec l'embrasement,
Ajouste de l'horreur à nostre étonnement. [rieres,
Tous les Chefs commandez tiennent dans les bar-
Leurs Corps toute la nuit rangez sous les bannieres:
Et si-tost que le iour sur l'Orison parut,
Vn Chrestien du païs vers nos Gardes courut,
Qui de ce pitoyable & funeste incendie,
En pleurant leur apprit l'étrange tragedie.

 Il leur conte qu'apres les Chrestiens outragez,
Et de complot formé par troupes égorgez,
L'Ennemy furieux de sa double deffaite,
Pour faire vne éclatante & fameuse retraite ;
Et pour ne nous laisser qu'vn sepulchre fumant,
Auoit porté sa rage à cét embrasement.
Cent coureurs dépeschez trouuent la porte ouuerte;
Les dehors dégarnis, la muraille deserte.
Le Roy qui dans le cours d'vn bon-heur si soudain,
Reconnoist la vertu d'vne diuine main,
Le cœur brûlant de zele & l'œil trempé de larmes,
En rend graces au Dieu qui couronne ses armes.

 Aussi-tost le Soldat à son commandement,
Par bandes détaché court à l'embrasement,
Le spectacle est terrible, effroyable est l'image,
Des mourans & des morts, du sac & du carnage.
Le sang court à ruisseaux le long des carrefours:
Les corps & la ruïne en retardent le cours ;
Et parmy les charbons, la cendre & la fumée,
Le feu paroist sanglant & la mort enflâmée.

 Apres que l'Element à la proye échauffé,
Eust esté sur sa proye auec peine étouffé ;

LIVRE TROISIESME.

Le Soldat r'assemblé mesure le rauage,
Compare la ruïne auecque le carnage:
Et parmy le débris découure auec horreur,
Les bizarres effets d'vne étrange fureur.
Vne ville si vaste à demy consumée,
Nous paroist vn desert de cendre & de fumée.
Là les Peres brûlans sur leurs Enfans brûlez,
Là les Freres mourans auec les Sœurs meslez,
Font à nos yeux surpris vne scene sanglante,
Où s'étale l'horreur de la nuit precedente.
Là l'Espouse assommée & l'Espoux égorgé,
Sur leur lit nuptial en vn bucher changé,
Gardent de leur amour, qui n'a pû les deffendre,
Apres leurs feux éteints, la pitoyable cendre.

Vn Chrestien se trouua couché parmy les morts,
Qui sembloit deuoir fondre en larmes sur vn corps:
Et ce corps, quoy qu'il fust sans chaleur & sans ame,
Laissoit encor aller quelque reste de flâme,
Qui montant à la veuë, & descendant au cœur,
Y portoit la tendresse auecque la douleur.
On nous dit qu'il estoit de la belle Arimante,
Qui belle, vertueuse, & courageuse amante,
Apres six mois passez dans cette douce paix,
Où sont mis par l'Hymen les desirs satisfaits;
Sous l'habit d'Elimon qui l'auoit épousée,
S'estoit pour le sauuer à la mort exposée.
Par ses pleurs Elimon sa mort redemandoit;
Par son sang Arimante à ses pleurs répondoit;
Et la belle pasleur de sa bouche entr'ouuerte,
Sembloit l'encourager à supporter sa perte.

Vne autre se trouua qui voulant accourir,
Aux cris de son Espoux, qu'elle entendoit mourir,
Errant dans le tumulte & dans l'ombre égarée,
S'enferra de la pique en son corps demeurée:
Et sur luy trébuchant, par vn étrange sort,
Fut blessée à sa playe & mourut de sa mort.

D iiij

SAINT LOVYS,

Pitoyable vnion que les Graces pleurerent!
Que l'Hymen & l'Amour en commun regretterent;
Et dont auec les Vents, les ombres de la Nuit,
S'afligerent en vain, en vain firent du bruit!
   La plus tragique Scene estoit autour du Temple,
Où par vn sacrilege affreux & sans exemple,
En rond sur le Paruis, deux cent testes regnoient
Qui de ruisseaux de sang la muraille baignoient:
Et des lévres, des yeux, de la mine en silence,
Sembloient nous demander vne prompte végeance.
Dans le Temple soüillé de morts & de mourans,
Deux corps d'âge pareils, de sexe differens,
Renuersez sur l'Autel sanglant de leur supplice,
Venoient de consommer vn cruel sacrifice.
Le feu de leur bucher s'estoit éteint sous eux;
Soit qu'il eust respecté des cœurs si genereux;
Soit qu'il se fust trouué plus foible que les flâmes,
Qu'auec leur sang, l'amour épandit de leurs ames.
On eust dit que la mort belle de leur beauté,
Empruntast de leur front quelque air de dignité:
Et leurs graces sans teint languissantes & sombres,
Attiroient le respect, & n'estoient que des ombres.
Encor en cét estat, ils paroissoient s'aymer;
Et leurs bras étendus le sembloient exprimer.
   On les prend, on les leue, & tandis qu'on rappelle,
De leurs esprits éteints la derniere étincelle;
Le ieune homme trois fois ouure les yeux au iour,
Et poussant vn soûpir de douleur & d'amour;
Où sommes-nous, dit-il, d'où vient cette lumiere,
Qui vient si loin du iour, si loin de sa carriere?
Est-elle de vostre Ame, Alcinde, ou de vos feux,
Encor apres la mort propices à mes vœux?
Est-ce vous qui venez si brillante & si belle,
Décharger mon esprit de la masse mortelle?
   Voy-ie pas, poursuit-il, tournât vers nous les yeux,
Les Ministres cruels d'Olgan le furieux?

LIVRE TROISIESME.

Sa rage me suit-elle encore apres la vie ?
Est-ce peu qu'vne fois Alcinde il m'ait rauie ?
Alcinde. Soûpirant à ce mot, il pasma ;
Et le sang qu'il rendit sa douleur exprima.
On le fait reuenir, on l'instruit, on l'asseure ;
D'vn leger appareil on ferme sa blessure :
Et comme il remarqua nos armes & nos Croix,
Vers le Ciel éleuant les mains auec la voix ;
  Soyez beny, dit-il, vos bontez soient benies,
Destructeur des Tyrans, vengeur des Tyrannies :
Auant la mort ie voy Damiette en liberté :
Le joug des Sarrasins est de sa teste osté :
Et quoy que de leurs mains sanglante & déchirée,
De vostre grace elle est, de leurs mains retirée.
Ils sont enfin venus, ces Saueurs conquerans,
Attendus de si loin, desirez si long-temps ;
Et ie mourray content, mourant sur l'asseurance,
Que du beau sang d'Alcinde ils prendront la ven-
  Prié de moderer l'excez de sa douleur, [geance,
Et de nous raconter le cours de son malheur.
L'infortuné, dit-il, qui suruit à son ame,
Apres auoir passé par le fer & la flâme,
Fils de Leon le fort, Leonin se nommoit,
Quand vn feu plus serain son Estoile allumoit.
Et cette glorieuse & triomphante morte,
Dont l'ame fut si belle, & la vertu si forte,
Au temps qu'à sa vertu son bon-heur s'égaloit,
Illustre parmy nous Alcinde s'appelloit.
Nos Ancestres François & nez au bord de Loire,
Passerent en Syrie au bruit que fit la Gloire,
Quand l'Europe croisée alla sous Godefroy,
Deliurer l'Idumée & luy rendre la foy.
Apres la guerre éteinte, en Iudée ils vesquirent ;
De leur Race apres eux les rameaux y fleurirent ;
Et Saladin depuis ayant reconquesté,
Et le Royaume Saint, & la Sainte Cité ;

D v

Nos Peres qu'il bannit en Egypte passerent ;
Et de leurs biens pillez les restes y sauuerent.
Alcinde & moy venus de ces nobles bannis,
Dé-ja liez de cœur, & de promesse vnis, [gesne,
Viuions sous ce beau joug sans contrainte & sans
Où l'Amour innocent les beaux couples enchaisne:
Et nos Parens d'accord deuoient au premier iour,
Ioindre le joug d'Hymen à celuy de l'Amour ;
Quand le trouble & l'effroy de l'Egypte étonnée,
Arresterent la nopce à nos vœux destinée.

 Les presages sur l'eau, dans l'air, & sur les Cieux,
A vostre auenement furent prodigieux :
La Lune s'éclypsa sous vne Croix ardente ;
On vit dans vn nuage vne flotte luisante ;
De la teste du Phare on vit le feu rouler ;
De ses bouches en sang le Nil sembla hurler ;
Le vieux * Sphinx de porphyre éleué sur sa riue,
Troubla l'air d'vne voix effroyable & plaintiue ;
Et la grande Mosquée ouuerte auecque bruit,
Vomit vne vapeur plus noire que la nuit.

 De ces signes affreux la montre menaçante,
Portoit par tout l'horreur, le trouble & l'épouuante:
Et les bruits incertains aux certains confondus,
La terreur auancée, & les maux attendus,
Deuant le siege mis, & deuant la bataille,
De l'effroy des Esprits étonnoient la muraille.
Dans ce commun tumulte vn seul monstre restoit,
Qui de l'Estat branslant l'esperance arrestoit.
Le prodige en fut grand, & de nostre memoire,
Rien de plus merueilleux n'a paru dans l'Histoire.

 Apres * que Iean vainqueur, prés du Caire enfer-
Entre le Nil croissant & l'infidelle armé, [mé,
Eut remis pour auoir la retraite asseurée,
Damiette sous le joug dont il l'auoit tirée.
Sur ce large canal dont nos murs sont lauez,
Des flots bruyans & noirs le iour mesme éleuez,

Sans vent qui les enflaſt, en vn corps s'amaſſerent,
Et d'vn dome flottant la figure formerent.
Ce liquide edifice également conduit,
A peine fut au bord, que s'ouurant auec bruit,
Il ſortit de ſon flanc vn Crocodile enorme,
Et non moins monſtrueux de grādeur que de forme.
D'vne affreuſe lueur ſes yeux étinceloient;
L'orgueil & la fierté dans ſes regards rouloient;
D'vn double rang de dents ſa bouche eſtoit ferrée;
De ſon dos cuiraſſé l'écaille eſtoit dorée:
Et le poids de ſa queuë à peine le ſuiuant,
Faiſoit gemir la terre & menaçoit le vent.

 Enflé de cette horrible & formidable gloire,
Et député du Nil, meſſager de victoire;
Il entre dans la Ville, & marche lentement,
Le peuple ſuit des yeux, ſurpris d'étonnement:
La merueille eſt de voir en cét épouuentable,
La cruauté tranquille & la fureur traitable.
Sans mal faire il s'auance, & ſans crainte on le ſuit,
Iuſques dans le caueau d'vn vieux Temple détruit,
Où * d'Apis & du Nil les barbares figures,
Sembloient encor regner ſur de vaines maſures.

 Des Deuins de ſon temps Mouffat le plus vanté,
Par les ſages du peuple en corps eſt conſulté.
Il répond que le Monſtre eſt fatal à la Ville;
Que tant qu'il pourra viure, elle ſera tranquille;
Et ſe conſeruera libre auecque ſes Rois,
Des armes des Croiſez & du joug de la Croix.
Mais que dés le moment, que fleſche, épée, ou lance,
Au Monſtre tutelaire aura fait violence;
Et que la chair humaine à ſa fin manquera,
Sous le joug des Croiſez la Ville tombera.
Vn Demon de ſa troupe à ſa garde il aſſine,
Et deux enfans par iour à ſon ventre il deſtine:
Mais il veut que ce ſoient enfans regenerez,
Et par l'eau du Bapteſme à ſon gouſt préparez.

D vj

Cette barbare loy trouue des mains cruelles,
Par qui les innocens arrachez des mammelles,
Et liurez chaque iour à ce Monstre inhumain,
Desalterent sa soif, assouuissent sa faim.
Le sang frais en tout temps coule par sa demeure,
Sa machoire écumante en dégoute à toute heure,
Sur les restes des morts il ronge les mourans,
De ses ongles ouuerts, dans sa gorge expirans :
Les os, les intestins autour de luy pourrissent;
Et de clameurs au loin les voûtes retentissent.
Le Monstre ainsi vesquit du sanglant reuenu,
Qui de pleurs & de morts luy fut entretenu ;
Iusqu'à l'heureux moment, que sous de iustes armes
Son sang a r'acquitté l'vsure de nos larmes.

Au point que le combat se donnoit sur le bord ;
Qu'à vostre effort l'Egypte opposoit son effort ;
Que l'honneur entre deux, poussoit de violence,
L'vn des Camps à l'attaque & l'autre à la deffense ;
Et que le Sexe infirme assisté des Enfans,
Et suiuy des Vieillards courbez du poids des ans,
Alloient la crainte au cœur & les pleurs au visage,
De * l'Imposteur Arabe implorer le suffrage ;
Le Monstre tout à coup de sa caue sorty,
Comme pour rasseurer l'espoir de son party,
Marchant auec orgueil, traisne de place en place,
De son ventre pendant la sanguinaire masse.
La rencontre en est prise à signe de bon-heur ;
On accourt pour le voir & pour luy faire honneur;
De canelle, d'encens, de baume on le parfume ;
On fait vn nouueau iour des flambeaux qu'on allume:
Sans épargne & sans ordre on couure le chemin,
De bouquets d'Orangers, de moisson de iasmin :
Et les Dames en troupe enuironnent la Beste,
Les timbales aux mains & les fleurs sur la teste.

Le spectacle attirant tout le peuple apres soy,
La belle Alcinde émeuë & de zele & de foy,

LIVRE TROISIESME.

Et semblable au Soleil qui descend d'vn nuage,
Sort les armes en main & l'ardeur au visage.
La voix de tant de sang, celle de tant de pleurs,
Des Enfans, des Parens les confuses clameurs,
Les Manes assemblez de cent familles saintes, [tes,
Sous les griffes du Monstre & dans son ventre étein-
Presens à son Esprit, semblent encourager,
Son zele, sa valeur, son bras à les venger.
 Elle se mesle au peuple attentif à la feste,
Elle suit pas à pas la marche de la Beste ;
Et resinant à Dieu son zele & son dessein,
La mesure si droit, qu'au moment qu'à sa main,
La fléche décochée en murmurant échappe,
Elle ouure écaille & cuir, & dans le cœur la frappe.
Le fer, le bois, la plume entrent d'vn mesme effort:
Le sang à gros boüillons par l'ouuerture sort :
Vn long cry l'accompagne accompagné d'écume :
L'air en bruit à l'entour & la poussiere en fume.
Tout le peuple en effroy, suit le Monstre hurlant,
Qui vers sa noire grotte à peine reculant,
Tombe sous le portail de la grande Mosquée,
Et laisse de sa mort la lumiere offusquée.
De sa gorge écumante vn souffle s'épandit,
Qui deuint vn broüillas & le iour confondit :
Et les Esprits d'erreur qui du Temple sortirent,
De leurs cris, aux abois du Monstre répondirent.
Il en tomba deux tours, & le dome éboulé,
Attira le portail de sa chûte ébranlé.
 Alcinde qui s'estoit dans la foule cachée,
En vain des vns couruë & des autres cherchée,
Se sauue dans ce Temple, où bien-tost on la suit :
I'y cours à mesme temps appellé par le bruit.
L'Amour qui m'accompagne échauffe mon audace,
I'abas ce qui m'arreste & me fais faire place.
Alcinde me seconde & les traits emplumez,
De vistesse, de force & d'adresse animez,

Plus animez encor de la main dont ils partent,
Tiennent la porte libre & la foule en écartent.
Le tumulte s'augmente, on nous joint de plus prés,
Le nombre nous épuise & de force & de traits :
Accablez à la fin du fais de la Commune,
Et malgré la Vertu liurez par la Fortune,
Nous sommes à l'Autel dos à dos attachez,
Et ce qui fait mon deüil l'vn à l'autre cachez.

En cét étrange estat, si doux & si barbare,
Et qui d'vn mesme nœud nous lie & nous sépare,
Quelles plaintes mon cœur ne fit-il point aux Cieux ?
Que ne leur dis-ie point de la voix & des yeux ?
Tu le sçais, chere Alcinde, & tu sçais que mon ame,
Preste à souffrir pour toy, fer, précipice & flâme,
Desira, si le Ciel l'eust remis à son choix,
De mourir en ta place, & mourir mille fois.
Mais ton zele, ta foy, ton cœur me consolerent,
Et sur moy leurs douceurs par ta bouche verserent.
Dans les feux, disois-tu, dont nos corps brûleront,
Nostre sang, nos esprits, nos cœurs se mesleront :
Et de mesmes rayons nos Ames couronnées,
Seront sur vn mesme Astre à la gloire menées.

Le peuple cependant de fureur agité,
Les armes à la main s'épand par la Cité :
Les maisons des Chrestiens en tumulte assiegées,
Sont prises sans combat, sans respect saccagées.
Iusqu'à nous la nouuelle en vient auec le bruit,
La terreur l'accompagne & la pitié le suit :
Nos cœurs en sont émeus, & parmy tant d'alarmes,
Nous ne pouuons seruir nos Freres que de larmes.

Olgan fils d'Almondar du combat reuenu,
Est au Temple amené sanglant & le bras nu :
Son trouble paroissoit au teint de son visage,
Et son harnois poudreux dégoutoit de carnage.
Comme il vid sous les fers Alcinde qu'il aimoit,
D'vne ardeur sans espoir & qui le consumoit ;

LIVRE TROISIESME.

De surprise & d'horreur son ame fut saisie,
L'amour apres l'horreur émeut la jalousie,
Le zele du public à l'amour resista,
Et l'amour à la fin ses riuaux surmonta.
Ce tumulte appaisé, le Prince la déchaisne,
S'incline deuant elle, & la traite de Reyne.
Puis releuant les fers qui luy furent ostez,
Il se les met au bras, & s'en ceint les costez.

 Que i'aye au moins, dit-il, la qualité d'Esclaue;
Ie la prefere au tiltre & de Prince & de Braue;
Et prefere ces fers de vos mains honorez,
Aux cercles rayonnans dont les Rois sont parez.
La chaisne dont l'Amour a mon ame chargée,
Est bien d'vne autre trempe, & d'autres feux forgée:
Et si pour vostre gloire, & mon soulagement,
Vous daigniez emporter vn anneau seulement,
Il n'est royal bandeau, ny couronne royale,
Que par vne valeur à vos beautez égale,
Apres qu'au joug d'Hymen nos cœurs seront liez,
Ie n'aille conquerir & ne mette à vos pieds.

 Va, luy replique Alcinde, ailleurs trouuer ta Rey-
Porte ailleurs ta couronne, & me laisse ma chaisne. [ne,
Ces deux mots prononcez d'vn ton d'authorité,
Et suiuis d'vne honneste & modeste fierté,
Au cœur du Sarrasin le dépit allumerent,
Et contre son amour la fureur autre appellerent.

 Ton orgueil, reprit-il, est d'vne autre saison;
Le temps qui regle tout, doit regler ta raison;
Le peril est pressant, & la mort t'est certaine,
Fais estat de perir, ou d'estre plus humaine.
N'irrite point l'Amour; il est fier & hautain,
Où son ardeur le porte, il est prompt à la main,
Et sa main ne reçoit ny borne ny mesure,
Soit qu'il rẽde vne grace, ou qu'il venge vne iniure.

 Alcinde auec mépris & d'vn air genereux,
Répond de son silence au barbare amoureux:

Et vers moy se tournant d'vn geste de tendresse,
Interprete muet du cœur qui me l'adresse,
M'asseure de nouueau des gages de sa foy,
Et me iure des yeux qu'elle mourra pour moy.
  Olgan qui le remarque, en entre en ialousie:
Vne obscure vapeur trouble sa fantaisie:
Et de son cœur piqué d'vn funeste serpent,
L'enflure auec horreur sur son front se répand.
D'vn ton de furieux & d'vne voix coupée,
D'autres feux, luy dit-il, ton Ame ont occupée;
Et ton esprit captif, chargé d'autres liens,
N'est plus en liberté de prendre part aux miens.
Mais ce fer coupera tes attaches infames;
Ton sang étouffera tes impudiques flâmes;
Et l'amour à la fin vengé de tes dédains,
En soulera ses yeux, s'en lauera les mains.
  De fureur à ces mots du pied frapant la terre,
Et tirant tout d'vn temps le sanglant cimeterre,
Il s'approche d'Alcinde & le luy plonge au sein,
Quoy que le fer parust en fremir sous sa main;
Et que vers luy courbé, de respect ou de crainte,
Il semblast s'en deffendre & ployer de contrainte.
  Effrayé de son crime & demy chancelant,
Il me porte le fer encore ruisselant.
Doux & derniers regards de ma moitié mourante,
Magnanimes soûpirs de sa bouche expirante,
Ie vous prens à témoins, que ie n'éuitay pas,
Le coup qui m'apportoit vn si noble trépas.
Mon cœur voulut s'ouurir, pour receuoir la lame
Chaude du sang d'Alcinde & du feu de son Ame,
Et mon dernier souhait, quand la froideur le prit,
Fut de baiser sa playe, & d'y rendre l'Esprit.
Mais la main du meurtrier ne fut pas assez forte,
Et ie me trouue en vie, apres Alcinde morte.
Ny le fer, ny le feu n'ont pû m'en détacher;
Ie suruis à l'épée & suruis au bucher:

LIVRE TROISIESME.

Et rebut de la Mort, Ombre errante & funeste,
De mon Ame priué, sur la terre ie reste,
Pour traisner mon supplice, & faire voir au iour,
Le Spectre infortuné d'vn malheureux amour.

 Ces mots que deux soûpirs en l'air accompagne-
La voix de Leonin, & sa force épuiserent. [rent,
Le deüil, le desespoir, le regret, la langueur,
Introduits par l'amour entrerent dans son cœur:
Les ombres de la mort ses regards obscurcirent ;
Sa blessure s'ouurit, les esprits en sortirent ;
Le sang tout de nouueau sur Alcinde en coula ;
Sa bouche à sa blessure en mourant se colla:
Et son Ame sortant plus contente & plus gaye,
Fit briller sa lumiere au trauers de sa playe.

 Vn exemple si rare étonna nos Esprits,
Attendris de pitié, de merueille surpris ;
Et pour le faire voir à la race future,
Sur la base d'vne ample & riche sepulture,
Les noms des deux Amans en porphyre grauez,
Et leurs bustes en marbre au dessus éleuez,
Desia leur font d'auance vn monument de gloire,
En attendant celuy, qu'ils auront dans l'Histoire.

 Si-tost que le trauail de plus de mille bras,
Eust rangé le debris, éloigné l'embarras,
Et purgé la Cité des funestes reliques,
Qui combloient les maisons & les places publiques;
Au concert des clairons tout le Camp se mouuant,
Vers Damiette marcha dés le Soleil leuant. [nance,
Apres deux Corps d'Archers, & deux Corps d'Ordö-
Auancez pour mener la pompe en asseurance,
Les Ministres sacrez, suiuoient en habits blancs,
Par files diuisez & distinguez de rangs.

 Vn autel qui rouloit sur des cercles d'yuoire,
En triomphe portoit le Dieu de la victoire :
Vn poële de rubis & de perles greslé,
Luy faisoit au dessus comme vn Ciel étoilé.

Le Soleil deuant luy tout à coup deuint sombre,
Comme pour declarer qu'il n'estoit que son ombre:
Et reprenant apres son lustre & sa beauté,
Fit pour le couronner comme vn dais de clarté.
Les Palmiers d'alentour de respect se plierent,
Leurs cimes, leurs rameaux, leurs troncs s'humilie-[rent;
Et d'vn doux mouuement leur feüillage battu:
Sembla du Dieu caché découurir la vertu.
Douze nobles Enfans, parez de longues aisles,
Le front enuironné de guirlandes nouuelles,
Liez de chaisnes d'or à ce mobile autel,
Sembloient representer l'équipage immortel,
Que le * Prophete vit à la Machine ardente,
D'où la face de Dieu lumineuse & roulante,
Donnoit vie & chaleur aux Animaux aislez,
De cordages de feu deuant elle attelez.
　Le Roy marchoit apres pieds nuds & teste nuë,
Le front bas & la mine en respect retenuë:
L'encens de ses soûpirs vers le Ciel s'exhalans,
Les pleurs chauds & serains de ses yeux ruisselans,
Composoient deuant Dieu, côme vn parfum mysti-[que.
Tout autre que celuy de la gomme Arabique.
A l'exemple du Roy les Princes & les Grands,
Se deffont de l'orgueil commun aux Conquerans.
Tout le Camp qui les suit d'vne modeste allure,
Sans barde, sens cimier, sans plume & sans houssu-[re,
Fait voir ce que iamais on ne vit sous les Cieux,
Des Braues sans fierté, d'humbles Victorieux:
Et par vne celebre & nouuelle alliance,
Accorde le Triomphe auec la Penitence.
En cét ordre l'Armée entre dans la Cité,
L'incorruptible Agneau dans le Temple est porté:
Et là par les Vainqueurs, au bruit de cent trompettes,
Apres l'hymne chanté les offrandes sont faites.
　En ces termes, Coucy, son recit acheua,
La Royale assemblée, en commun l'approuua

LIVRE TROISIESME.

Et de nouueau chacun applaudit à la gloire
D'vne si memorable & si grande victoire.
  C'est à Dieu, dit le Roy, qu'en est dû tout l'hóneur;
Ses graces sont pour nous des sources de bon-heur:
Et selon que ses mains sur nos armes s'étendent,
Où les mauuais succez, ou les bons y descendent.
Ses mains font quand il veut, palme & laurier fleurir;
Quand il veut, elles font palme & laurier mourir:
Et ce qu'auec erreur l'ignorance commune,
Par les Fables deceuë, impute à la Fortune;
Ne se doit imputer, qu'à ces puissantes mains,
Qui font tout le tissu du destin des humains.
Que ce soit donc à luy, qu'on rende la couronne,
De tant de grands succez, qu'à nos armes il donne.
Et qu'à luy seul aussi, comme il est seul vainqueur,
Soient rendus les deuoirs de la bouche & du cœur.
Apres le iour viendra de la feste promise,
Pour le succez heureux de Damiette conquise.
Les Lices s'ouuriront: chacun s'apprestera;
Et sans trouble chacun son ordre y gardera.
  Là dessus il se leue: Alfonse luy demande [de,
D'auoir au moins l'hóneur d'entrer en quelque ban-
Il dit, que s'il n'a pû prendre part au danger,
S'il n'a pû du combat la gloire partager;
Son zele pour le moins, veut qu'apres la conqueste,
Auec toute la Cour, il ayt part à la feste.
A ces mots tous les Chefs d'vne commune voix,
Des rangs & des partis, luy remettent le choix.
Et tandis que chacun met le temps qui luy reste,
A dresser ses cheuaux, à tenir son train leste;
Auec vn soin pareil, l'ingenieux Couruaux,
Reglant de cent Ouuriers les mains & les trauaux,
Met sur pied, d'vne-part, en machines mouuantes,
Des Fleuues, des Forests, des montagnes roulantes:
Et d'autre-part les Chefs des Partis differens,
Preparent pour venir en pompe sur les rangs;

Tout ce que peut fournir à la Galanterie,
Où la Valeur sçauante, ou la Grace aguerrie.

REMARQVES.

* *Le vieux Sphinx* p. 82. Le Sphinx estoit vn Monstre celebre en Egypte, & adoré des Egyptiens. On luy donnoit vne teste de Fille & vn corps de chien.

* *Apres que Iean vainqueur* p. 82. Ce Iean fut celuy qui prit Damiette l'an 1215. & fut contraint de la rendre, pour retirer son Armée, engagée entre le Nil débordé, & les troupes des Sarrasins.

* *Où d'Apis* p. 83. Apis estoit adoré des Egyptiens sous la figure d'vn veau.

* *De l'imposteur Arabe* p. 84. C'est Mahomet, qui estoit Arabe de naissance.

* *Que le Prophete* p. 90. Ce Prophete est Ezechiel, & cette machine ardente, est le chariot tiré de quatre animaux aislez & en feu, où la gloire de Dieu luy fut montrée.

SAINT LOVYS
OV LA
SAINTE COVRONNE
RECONQVISE.

LIVRE QVATRIESME.

E troisiéme Soleil, à peine à son retour,
De ses feux renaissans eut rallumé le iour;
Que l'airain animé d'vne haleine harmonique,
Fit ouyr vn concert de guerriere Musique,
Qui du quartier Royal à tout le Cap passa ;
Et le Tournois futur aux Iousteurs annonça.
Dans tous les logemens d'autres concerts se firent;
Qui d'vn longue suite aux Royaux répondirent :
Et mille tons diuers, qu'on ouyt se mesler,
Semblerent les Echos au combat appeller.
L'allegresse assoupie, à ces bruits se réueille ; (le.
Chacun ou pour combattre, ou pour voir s'appareil-
La seureté du Camp se commet à six Corps,
Commandez tour à tour, d'estre en garde au dehors :

Et d'autres au dedans, rangez sous deux bannieres.
Sont nommez pour garder l'enceinte des barrieres.
    Déja vers le midy le Soleil s'auançoit,
Et sous les pieds des monts les ombres repoussoit :
Quand Louys assisté de la vieille Noblesse,
Qui ne prend plus de part aux ieux de la ieunesse,
Se rend à l'Echaffaut en Balcon façonné,
Et d'vn Dais magnifique au dessus couronné :
On voit à ses costez Belinde, & Lisamante,
L'vne en habit de deüil, l'autre en or éclatante :
Apres elles chacun prés du Roy tient le rang,
Que demande ou sa charge, ou son âge, ou son sang.
Et les Iuges assis autour du Connestable,
Ont le prix deuant eux rangez sur vne table.
    D'abord il entre au bruit de vingt clairons son- [nans,
Deux Sauuages chargez des lances des Tenans,
La neige auec la mousse estoit sur eux meslée,
Leur longue cheuelure en paroissoit collée :
Des glaçons tortillez à leurs barbes pendoient :
D'autres tournez en rond, de leur front décédoient
Et par tout où leurs pieds imprimoient quelque tra-
Il sembloit que la neige y vinst auec la glace. [ce,
Douze enfans les suiuoient, tous enfans des Hyuers,
De glace, de bruine, & de gresle couuerts.
Tout cela se voyoit sur leurs tocques gommées,
Sur leurs iuppes de talc, & de verre semées.
D'vn vernis éclatant leurs pennaches glacez,
De neige & de frimas paroissoient herissez ;
Et leurs cheuaux n'auoient en toutes leurs parures,
Que le froid, que le vent, que l'Hyuer en figures.
    Vers l'Eschaffaut Royal cette troupe marcha
Et ceux du premier rang, comme elle en approcha,
Ce cartel en recit de mesure entonnerent,
Et tous les spectateurs de leurs voix étonnerent.
Nourrissons de l'Hyuer, Enfans de ces Climas,
Où les iours sans chaleur ne font que des frimas,

Et

LIVRE QVATRIESME.

Et d'vn froid éternel la Nature engourdie,
D'aucun rayon du Ciel n'est iamais attiedie.
Nous venons maintenir aux yeux de cette Cour,
Que la Valeur ne peut s'allier à l'Amour :
Que les meilleurs Esprits à son feu s'obscurcissent,
Que les faits, que les nôs les plus beaux s'y noircissēt,
Que le joug qu'il impose est vne entraue aux cœurs,
Appellez par la gloire au faiste des honneurs ;
Et que le froid qui sert à former la Prudence,
Sert encor à former la Force & la Vaillance.

  Douze Escuyers suiuoient, de deux Parrains suiuis:
Leurs cheuaux estoient blancs, & marquetez de gris:
Sur leurs mantes, la neige estoit en mouchetures :
Et la glace en boutons apres leurs cheuelures.
Les Coursiers des Tenans menez de longs cordons,
Tantost alloient au pas, tantost à petits bonds :
Leurs housses, leurs girels, leurs bardes, leurs testieres,
Et depuis leurs cháfrains, iusques à leurs croupieres,
Tout paroissoit houppé de la blanche toison,
Tout brilloit du crystal de la froide saison.   { lées.

  Deux Vents les conduisoient, dont les testes ge-
Les visages bronzez, les espaules aislées,
Faisoient voir qu'ils estoient de la troupe des Vents,
Les plus froids, les plus secs, & les plus morfondans.
Aussi l'air qu'ils souffloient sembloit deuenir triste:
Les herbes paroissoient se flestrir sur leur piste :
Et leurs aisles, au bruit dont elles s'ébranloient,
La neige, le frimas, la bruïne appelloient.

  D'elle-mesme apres eux, marche vne Roche nuë:
Le corps en est tout blanc, la teste en est chenuë :
On luy voit le pied sec, on luy voit les costez,
Ou brillans de verglas, ou de glace encroustez.
Toute l'eau qu'elle iette, en filets se diuise ;
Et durcie, en tombant, au souffle de la bise,
En boutons de cristal d'vne-part s'arroudit,
Et de l'autre en corail s'allonge & se roidit.

E

Dix Chevaliers suiuoient, la lance sur la cuisse :
Leurs cheuaux du regard courant desia la Lice,
Sembloient estre venus de ces haras neigeux,
Où se prend de l'Hyuer, l'attelage orageux.
Leur crin long ressembloit à la toison crespée,
Qui du corps de la nuë en floccons est coupée :
Et leurs larges plumars paroissoient des buissons,
Où pendoient des cristaux pareils à ¹es glaçons.

 Apres, vingt Estafiers, qui terminoient la bande,
Les houppes sur la toque, & sur la houpelande,
Et tout l'habit parez de rubans veloutez,
Du cotons des hyuers paroissoient mouschetez.

 D'vn secret mouuement la Roche gouuernée,
Apres vn tour de Lice, en sa place est menée.
Là s'ouurant tout à coup, & iusques au dedans,
Receuant par vn arc, les yeux des regardans,
Elle expose à leur veuë, vn Salon magnifique,
D'vne riche matiere & d'vne forme antique.

 Huit pilastres égaux; moitié noirs, moitié blancs,
Mais tous de fin cristal, également distans,
Et situez en rond, diuisoient la structure,
Et donnoient à l'ouurage vne juste figure.
D'vn ambre clair & pur en pennache tourné,
Chaque pilastre estoit richement couronné.
Des bases les portoient, où cent gommes gelées,
Diuerses de teinture, & par le froid meslées,
Faisoient des corps polis, lumineux, transparens,
Selon leurs iours diuers, pareils ou differens,
L'architraue, la frise, & toute la corniche,
Estoient d'vne matiere à la veuë aussi riche :
Force pleurs de cristal, force pleurs d'ambre pur,
Meslez de poudre d'or, & de poudre d'azur,
Y faisoient vn meslange, où mille belles feintes,
Naissoient des iours diuers, & des diuerses teintes,
A la voûte pendoient des conques de glaçons,
Bizarres de couleurs, autant que de façons :

Et par ordre, on voyoit, dans le mur enchaſſée,
La roquaille vernie, & de mouſſe enlacée.
　Mais rien dans la Salon ne parut ſurprenant,
Comme parut ſous l'arc, l'vn & l'autre tenant.
Alfonſe, ſous le nom du froid Alaxarite:
Et Robert, ſous celuy de l'inſenſible Scythe.
L'vn & l'autre d'vn air qui s'égale à ſon rang,
La jaueline en main, le ſabre ſur le flanc,
Sembloit deſia du geſte, & de la contenance,
Meſurer la carriere, & demander ſa lance.
Leurs cimieres s'éleuoient, de pennaches couuers,
Plus blancs que les floccons que filent les Hyuers:
L'armure eſtoit d'argent; mais toute ciſelée,
Eſt telle que l'on voit, l'eau creſpuë & gelée:
Et de maint diamant prés à prés enchaſſé,
La cotte eſtoit greſlée & le caſque glacé.
　A leurs pieds vn Amour, les mains au dos liées,
Le corps bas & courbé, les deux iambes pliées;
Témoignoit le dépit qu'il auoit de ſe voir,
Sans armes & deffait, captif & ſans pouuoir.
　Deux ſuperbes eſcus expoſez en parade,
Pendoient aux deux piliers de la pompeuſe arcade;
L'vn portoit pour deuiſe vn Laurier imparfait,
Qui d'vne Femme encor conſeruoit quelque trait;
Et le mot Sarraſin diſoit, que la Victoire,
A qui fuyoit * l'Amour faiſoit venir la Gloire.
　Dans l'autre ſe voyoit vne ruche d'argent:
Vn eſſain d'or, en l'air, au deſſus voltigeant,
Faiſoit vn corps de garde, autour de ſon Monarque,
Reconnu par les traits de ſa royale marque:
Et le mot exprimoit, que ſans * eſtre amoureux,
Et ſans eſtre galant, il eſtoit valeureux.
　Cependant vn grand More arriue à la barriere,
Qui pour les Aſſaillans demande la carriere.
Elle leur eſt ouuerte, & l'on voit dix tambours,
En juppes de ſatin, en bonnets de velours,

S'auancer deux à deux ; & dans les interualles,
Suiure d'vn train pareil dix Ioüeurs d'attabales.
Tout est en feu sur eux ; & l'on diroit au bruit,
L'on diroit à l'éclat de leur clinquant qui luit,
Que du sein de la nuë ils sont venus sur terre,
Pour y mettre en concert l'éclair & le tonnerre.
 Deux Ciclopes suiuoient brûlez & demy-nus,
A leur taille, à leur front, à leur hâle connus.
L'vn & l'autre marchoit, les espaules chargées,
Des armes qu'il auoit à l'Assaillant forgées.
Le feu de la fournaise y paroissoit encor,
En charbons de rubis, en étinceles d'or:
Et soit qu'on regardast le métal, ou l'ouurage,
On ne sçauoit auquel adiuger l'auantage.
 Dix Pages les suiuoient sur des cheuaux bardez :
Leurs vestemens estoient de feux riches brodez :
Et leurs visages noirs de l'ardeur de leurs ames,
Sembloient, de leurs habits, accōpagner les flâmes
Tandis que leurs cheuaux, à courbettes passant,
Rentrant à petits sauts, & par bonds s'élançant,
Paroissoient agitez du feu, dont leurs houssures,
Dont leurs caparassons n'auoient que des figures.
Chaque Page à la main vne lance portoit,
Qui du tronçon au fer, en flâme serpentoit ;
Et sur la toque rouge vne ondoyante plume,
Representoit le feu, qui sous le vent s'allume.
 Vers le Roy cette troupe en bel ordre arriuant,
Vn des Pages la voix auec art éleuant,
Commence ce recit, les autres le secondent,
Et leurs voix, de concert, à la sienne répondent.
 Nourrissons des climats, où regne la chaleur,
Qui fait d'vn mesme feu l'Amour & la Valeur,
Brûlez cōme on nous voit,&tous couuerts de flâmes,
Nous venons à dessein d'aprédre aux froides Ames,
Que le feu, des grands cœurs est le propre Element;
Et qu'vne mesme ardour fait le Braue & l'Amant.

LIVRE QVATRIESME.

Pyriandre l'ardent, le vient auec les armes, [mes.
Soustenir contre tous, non moins qu'auec ses char-
Il est Braue & Galant ; & selon qu'il luy plaist,
Il sçait mettre en vsage, ou la force, ou l'attrait.

    Ce recit acheué les dix Pages passerent,
Les Escuyers apres, en leurs rangs s'auancerent ;
Sur leurs testes, des feux en plumes ondoyoient,
Des feux sur leurs cheuaux en bardes flamboyoient.
Et moins vuide que plein, leurs iuppes & leurs man-
De feux en broderie estoient étincelantes.   [tes.

    Deux Genets alezans en suite sont menez,
Vers le Midy tous deux, & sur le Tage nez.
Vn Vent les engendra d'vne seconde haleine,
Passant sur deux Iumens, qui passoiët dans la plaine.
L'vn se nomme la Foudre, & l'autre a nom l'Eclair:
Et plus viste que n'est vn trait qui vole en l'air, [se.
Sans se moüiller la corne, ils pourroient d'vne cour-
De la bouche du Nil, remonter à sa source.
L'vn & l'autre se sent de son extraction ;
Le feu brille en leurs yeux & dans leur action :
Le feu sur leurs harnois luit en orféurerie,
Sur leurs caparassons il luit en broderie :
Et leurs pas sont si hauts, ils vont si fierement,
Ils poussent l'air si loin de leur hannissement, [te.
Qu'il n'est point de valõ, d'où quelque Echo ne sor-
Qui de sa repartie au combat les exhorte.
Chacun d'eux à la main par vn Negre est conduit,
D'vn long cordon houppé qui de paillettes luit :
Et ces noirs Estafiers à la teste emplumée,
Semblent moitié de flâme, & moitié de fumée.

    Charles suit sous le nom de Cheualier ardent ;
Son air, son port, sa mine, ont du Braue & du Grand;
Et les feux de son Ame heroïque & hautaine,
Semblẽt s'estre épandus iusqu'au char qui le meine,
Il roule sur des feux en cercles façonnez :
En moyeux, en rayons d'autres feux sont tournez ;

E iij

D'autres font le timon, les essieux & la quille :
Et l'on n'y voit que feu, qui luit & qui petille,
　　Quatre coursiers de front à ce char attelez,
Sont de flames couuers, & de flâmes aislez.
Le feu de leurs naseaux sort auec la fumée :
Toute la Lice au loin en paroist enflâmée :
Et de feux sur leur crin tortillez & rampans,
Semblent se presenter à l'épreuue des Vents,
Vulcain, ardent cocher de l'ardent attelage,
A le feu dans les yeux, à la barbe au visage :
De six flâmes en pointe il a le front brûlant:
Et son corps, d'autres feux, se voit étincelant.
　　Charles sur cette ardente & pompeuse machine,
Soustient sa dignité de l'air & de la mine.
Son casque & son harnoys de flâme d'or chargez,
Eclattent de rubis, en flâmes arrangez.
Son cimier haut & riche est d'vne Salamandre,
Qu'on voit au lieu de feux douze plumes épandre,
Qui font de leur couleur & de leur mouuement,
Au tour du riche armet, vn mol embrasement.
　　De deux Amours, armez de carquois, & de flâmes,
Et des mieux agguerris à la chasse des Ames ;
D'vne-part, l'vn soustient son escu de combat,
Qui répond au Soleil d'vn effroyable éclat :
L'autre tient d'autre-part, l'escu de sa deuise,
Où d'vn feu pur & clair la * Salamandre éprise,
Dit d'vn mot Grenadin, en Arabe exprimé,
Que le feu glorieux, autour d'elle allumé,
Sans rien diminuer du * tour de sa couronne,
En augmente le prix, par le iour qu'il luy donne.
　　Sur trois lignes, apres, marchoient douze Estafiers,
De leur or, de leur soye, & de leur gaze fiers :
Des flâmes de clinquat éclatoient sur leurs mantes :
Et leurs toques estoient de feux de plume ardentes.
　　Apres tout l'équipage en belle ordre passé,
Charles iusqu'au Salon des Tenans auancé ;

LIVRE QVATRIESME.

Descend de bonne grace, & de l'arme qu'il porte,
Va toucher leurs escus, qui pendent à la porte.
L'vn & l'autre au combat par ce signe inuité,
Sort auec vne belle, & modeste fierté.
Alfonse le premier se fait voir dans la lice,
L'escu pendant au cou, la lance sur la cuisse.
Charles en mesme temps, monté sur son Eclair,
Qui passe, tourne, saute, & fait tout de bel air ;
A l'autre bout se rend pour prendre sa carriere,
Met la lance à l'Arrest, & baisse la visiere.

 Au signal du courir donné par les clairons
Repeté brusquement à grands coups d'esperons,
Les Coursiers animez de vîtesse s'élancent ;
Et de l'œil, qui les suit, la vîtesse deuançent.
Dans la carriere ouuerte à la jouste des flots,
Spectacle épouuantable aux plus fiers matelots,
Des Esprits orageux moins legere est la course,
Quand l'vn portât du Sud, l'autre portât de l'Ourse,
L'air éclate à leur choq, l'onde écume & gemit,
Et de frayeur, au loin le riuage fremit.

 Les deux Princes jousteurs portez d'vne vistesse,
Egale à leur valeur, égale à leur adresse,
Rompans sur leurs escus, sans quitter les arçons,
Font voler en éclats leurs bois iusque aux tronçons.
Les cheuaux vigoureux, la carriere fournie,
Tourne iuste à la main, sous l'art qui les manie.
Et les deux Cheualiers, de nouueaux bois armez,
Et d'vn nouueau courage à la jouste animez,
Font de telle roideur vne course seconde,
Que de son lict, le Nil en vit fremir son onde :
Et de leurs bois noüeux, en mille endroits brisez,
On vit luire dans l'air les éclats embrasez.
Les bois ainsi rombus, & les carrieres faites,
Les Princes vers leurs Gens retournent à courbettes.

 Mais desia pour courir contre l'autre Tenant,
Sur vn second cheual l'Angeuin reuenant,

E iiij

Le conduit d'vne adroite & sçauante maniere,
Et la lance à la main rentre dans la carriere.
D'autre costé Robert, bien armé, bien monté,
Et d'vn noble aiguillon à la gloire porté,
Se presente à la jouste auecque cette mine,
Si redoutable aux yeux de la Gent Sarrasine.
Vn faux hyuer sur luy brilloit de faux glaçons ;
Son Coursier le portoit en ses caparassons ;
Mais tout ce faux hyuer, & sa feinte froidure,
Maintenant qu'il agit, change bien de figure.
Il semble étinceler à tous ses mouuemens :
Il semble mettre en feu perles & diamans :
Et ce qui paroissoit, ou gresle, ou neige, ou glace,
Paroist flâme aux éclairs que iette son audace.
  Ils coururent, pareils à deux nobles Milans,
Qui d'vn nouuel amour, au Renouueau brûlans,
Dans la lice de l'air, qu'ils battent de leurs aisles,
Cherchent par le combat à vuider leurs querelles.
Au bruit de leur assaut, les Vents des enuirons,
De leurs songs si fflemens leur seruent de clairons :
Et des troupeaux paissans sur le prochain herbage,
Les Bergers étonnez, admirent leur courage.
  Tous deux & la premiere, & la seconde fois,
Coururent de tant d'art, qu'ils rompirent leurs bois.
Du coup de l'Angeuin les éclats s'ennolerent,
Et bien haut dans la nuë aux yeux se déroberent ;
Mais deux furent du sort conduits si iustement,
Qu'on en vit deux Aiglons, passans dans ce momêt,
Sous la gorge blessez, tomber sur la Carriere ;
Et de leur ieune sang arrouser la poussiere.
Presage merueilleux ! prophetique accident !
Par là, sur l'auenir le Destin regardant,
Voulut à l'Angeuin la deffaite prédire,
Dont il terrasseroit deux * Princes de l'Empire.
Chacun sans les comprendre, à l'augure applaudit :
Chacun le bon succez du desir en prédit :

LIVRE QVATRIESME.

Et quelques ans apres, de cette prophetie,
La promesse fatale à plein fut éclaircie,
Quand * Parthenope vit Charles son nouueau Roy,
Vainqueur de Conradin, & domteur de Manfroy,
Receuoir sur son port des mains de la Victoire,
La Couronne de l'Isle * au triple Promontoire.

Au battement des mains, accompagné de voix,
Vn concert succeda de cors, & de haut-bois.
Qui rangez deux à deux, la barriere passerent,
Et le long de la lice en deux files marcherent.
Huit Pages apres eux tenoient le mesme rang,
Leur habit incarnat estoit houppé de blanc:
Et leurs plumes de blanc & d'incarnat meslées,
Au gré du vent voloient sur leurs testes aislées.
Les penons, les rubans des lances qu'ils portoient,
Les housses, les plumars des cheuaux qu'ils môtoiét,
D'incarnat & de blanc, tantost clairs, tantost sōbres,
Faisoient cent iours diuers, & cent diuerses ombres.

Escuyers & Parrains s'auançoient apres eux,
D'habits à l'Arabesque éclatans & pompeux:
Les Plumes par boüillons sur leur front ondoyantes,
Répondoient aux couleurs de leurs vestes volantes,
Et leurs sayons de gaze, & de satin bandez,
D'argent trait se voyoient aux iointures bordez.
Leur longue cheuelure en natte cordelée,
Et de tresses d'argent & d'incarnat meslée,
Leur flottoit sur l'épaule, & dans l'air se mouuant,
Sembloit d'vn nœu frangé faire vn jouet au vent.

Vn Autel roule apres, la forme en est nouuelle,
Et d'vne Etoffe aux yeux aussi riche que belle.
De six chaisnes d'argent également tendu,
A six Colonnes d'or, il se voit suspendu.
Sur ces colonnes monte, en voute, vne coquille:
D'or de laque, & d'azur la canelure en brille:
Et des lauriers d'émail, aux colomnes liez,
Les rameaux serpentans, en chapiteaux pliez,

E v

Leur font, de l'ornemens que la feüille leur donne,
Vne ceinture au corps, au front vne couronne.
   Sur l'Autel qui paroist d'agate de Leuant,
Vn feu clair & serain, sans fumée & sans vent,
S'allume des esprits d'vne pure matiere,
Qui preste son amorce à la seule lumiere.
Sur l'innocent bucher vn * Phenix enflâmé,
Et de son noble feu, moins brûlé qu'animé,
L'attise de ses pieds & le bat de ses aisles,
Pour en rendre, s'il peut, les flâmes immortelles.
   Quatre cercles ardens façonnez en Soleils,
Et composez de feux à des rayons pareils,
Font rouler la machine, où l'on voit attelées,
Deux * Licornes de front, blanches & rauelées.
D'incarnat & d'argent leur long crin est tressé,
Leurs freins en sont couuers, leur dos en est houssé,
Et les cornes qui sont sur leur front arborées,
Sont de gaze à boüillons & de rubans parées.
Elles vont fierement, & d'vn air asseuré,
Qui paroist au concert des haubois mesuré,
Et suit les mouuemens d'vne ieune * Cochere,
A qui l'Aube, venant éclairer l'hemisphere, [ler,
Quelque pourpre, & quelque or qu'on luy voye éta-
Ne se peut en éclat de parure égaler.
Sa cuirasse à l'antique, est d'argent écaillée ;
D'vne moisson de fleurs sa cotte est émaillée :
Et l'aigrette mobile, à rayons d'argent trait,
Luy fait comme vn comet au faiste de l'armet.
   Aussi braue que belle, aussi belle que fiere,
Elle conduit le char le long de la carriere.
L'vne & l'autre Licorne est docile à sa main,
Et suit auec respect le maniment du frein.
Mais si-tost qu'elle fut dans la juste étenduë,
D'où sa voix sans dechet pouuoit estre entenduë,
Vers l'Echauffaut du Roy la bride elle tourna,
Et d'vn air concerté ce recit entonna.

LIVRE QVATRIESME.

Partisans de l'Amour, mais de l'Amour pudique,
Nous venons deputez du Climat Arabique,
Où l'eternel * Oyseau sans sexe & sans pareil,
Ne vit que de parfums, n'aime que le Soleil.
Le Braue qui me suit, est le noble Alcassante,
Qui vient pudique Amant d'vne pudique Amante,
Maintenir par le fer, que les feux de l'Amour,
Doiuent estre aussi purs que ceux qui font le iour:
Que moins ils ont de corps, & plus ils ont de force:
Que le Beau pur en est l'Aliment & l'amorce :
Que c'est de leur chaleur que naissent les lauriers,
Des Poëtes Heros, & des Heros guerriers:
Qu'ayant leur source au Ciel auecque la lumiere,
Ils ne peuuent tirer que du Ciel leur matiere:
Et qu'au dessous du Ciel, le droit d'en estre épris,
Ne peut appartenir qu'aux celestes Esprits.
  A ce recit chanté d'vne voix harmonique,
Répondoit dans l'escu la deuise heroïque.
On y voyoit ce feu * paisible, égal, & clair,
Qui d'vn tour embrasé ceint la Sphere de l'air :
Et le mot au dessus en lettres Arabesques,
Escrit d'or & d'azur, & bordé de Moresques,
Promettoit qu'estant pur, iamais il ne mourroit,
Et iamais son ardeur au temps ne cederoit.
  Coucy paroist apres, sous le nom d'Alcassante.
Sur son armure d'or & de rubis ardente,
Il voltige vn brocar de frisures ondé,
Et de flâmes en pointe, à l'aiguille brodé.
Sur son casque, vn Phenix s'éleue, & bat des aisles:
On diroit que le vent siffle en passant sous elles;
Vingt plumes à l'entour sont de leur mouuement,
Que leur couleur seconde vn feint embrasement:
Et paroissent aux yeux des flâmes qui s'allument,
Et qui brûlent l'Oyseau sans qu'elles le consument,
La zagaye Arabesque à chaque pas qu'il fait,
D̶i̶ ̶ ̶ ̶ action effraye, étonne, & plaist,

E vj

Et son éclat qui va le long de la carriere,
Est aux yeux vn deffy de terrible lumiere.
 Le Coursier qu'il montoit superbement paré,
Alloit d'vn air superbe, & d'vn pas mesuré :
La terre paroissoit s'entendre à son escole :
S'éleuer, s'abaisser, se rendre ou dure, ou molle :
Luy répondre en cadence, & mettre en diuers tons,
Les groupades, les sauts, les voltes & les bonds.
Son poil estoit plus blanc, que n'est l'humide laine,
Que l'Hyuer herissé forme de son haleine :
Auec ce blanc si pur, à floccons se mesloit,
Vn rouge dont l'éclat l'écarlate égaloit :
Et les yeux abusez de cette moucheture,
Attribuoient à l'Art le ieu de la Nature.
Le frein d'or sous ses dents d'écume dégouttoit :
De campanelles d'or son poitral éclatoit :
Et du milieu pendoit vne houppe frangée,
De rubis, de saphirs, & de perles chargée,
Qu'vn mufle soustenoit, de quatre diamans,
Qui brilloient en sa bouche, & luy seruoiët de dents.
Tout flâboyoit sur luy, châfreins, bardes, housture,
De chiffres enlacez, & de feux en figure.
Les Estafiers en suite, en deux lignes rangez,
Et vestus d'incarnat & de blanc mélangez ;
Alloient le front couuert de bonnets de peluche,
De masles de heron, & de plumes d'autruche.
 La Brigade en ce rang le long du champ passa :
Coucy vers les Tenans fierement s'auança :
Et d'vn geste heroïque accompagnant sa mine,
A l'escu de Robert porta la jaueline :
Il sort, par cét appel au combat inuité,
Son courage à la grace ajouste la fierté,
Tous deux marchent armez de pareilles Zagayes,
Dont le fer émoussé ne peut faire de playes.
Tous deux passent au large, & prennent auec art,
L'espace que demande, en l'air, le jet du dard.

Les Cheuaux autrefois dreffez dans le Manege,
L'vn de Ceriberac, & l'autre de Campege,
Legers à l'esperon, & dociles au frein,
Se meuuent de tout air, tournent à toute main;
Vont tantost terre à terre, & tantost à groupades.
Ajoustent à cent bonds, cent soudaines passades:
Et les cercles qu'ils font, soit au trot, soit au pas,
Soit mesmes au galop, semblent faits au compas.
La poudre sous le vent en rond pirouettée,
Auec moins de vitesse est en l'air agitée:
Et le feüillage sec emporté d'vn torrent,
A sauts precipitez vers la plaine courant,
Suit le long d'vn vallon d'vne course plus lente,
Les tours & les détours de la vague roulante.

 Les Cheualiers adroits, l'vn sur l'autre au passer,
Lancent les jauelots qui frappent sans percer.
Les escus à leurs coups se presentent sans crainte:
L'air en éclate au loin, & bruit à chaque atteinte.
A l'enuy les clairons paroissent les conter,
Les tambours à l'enuy semblent les repeter;
Et le champ, le valon, le riuage répondent,
Au frequent battement des mains qui les secondent.

 Apres dix jauelots de bel air élancez,
Et d'vn air aussi beau, des escus repoussez;
On voit les Combattans au son de la trompette,
Faire à pas mesurez vers leurs gens la retraite:
Et tandis qu'ils la font, vn autre bruit plus grand,
Rappelle tous les yeux à la porte du champ. [bales
 En trois rangs, six tambours, six clairons, six tim-
Entrerent separez de distances égales:
Leurs longs sayons, de gris, & d'orangé bandez,
Estoient aux entre-deux, de gros boüillons ondez,
Et leur front se couuroit de toiles ouuragées,
Et de plumes par touffe, à l'entour ombragées.

 Douze Pages vestus de pareilles couleurs,
Suiuoient en quatre rangs, môtez sur des Coureurs,

Des masses de herons s'éleuoient sur leurs tocques ;
Les bardes des cheuaux luisoient de pendeloques :
Et l'orangé par tout, auec le gris perlé,
L'argent par tout à l'or artistement meslé,
Faisoient sur les girels, & le long des houssures,
Diuers compartimens & diuerses figures.
 Huit Escuyers suiuoient; deux Parrains apres eux,
Alloient sur des cheuaux fiers, agiles, pompeux :
Leurs iuppes à fonds gris, d'orangé fleuronnées,
De grains d'or & d'argent se voyoient boutonnées,
Et de mesmes couleurs, leurs manteaux veloutez,
Estoient en écusson haut & bas clinquantez.
 Deux Mores Estafiers, de taille geantine,
Bizarres de parure, & barbares de mine ;
En suite conduisoient à la main deux cheuaux,
En vistesse, en fierté, l'vn de l'autre riuaux,
Qui d'vn souffle orgueilleux, & d'vne teste altiere,
Paroissoient deffier les Vents à la carriere.
On dit que vers l'Eufrate, ils nasquirent tous deux,
D'vn Coursier, possedé d'vn Lutin amoureux ;
Et que leur Mere fut vne ieune cauale,
En vitesse de course aux tourbillons égale.
Leur poil estoit gris brun, d'orangé tauelé ;
L'vn auec l'autre estoit dans leurs bardes meslé,
Et leur long crin frisé, d'vn mélange semblable,
Faisoit vne nuance à l'art inimitable.
 Apres les deux Cheuaux, vn Elephant venoit,
Que d'vne longue écharpe vn amour gouuernoit,
Il auoit sa testiere, il auoit sa houssure,
De la mesme liurée, & d'vne autre figure.
Vingt grenades d'argent qui des bardes pendoient,
Sembloient s'entrappeller du son qu'elles rédoient :
Et du mesme metal, autant de campanelles,
Sembloient s'encourager à sonner plus haut qu'elles.
 Sur l'énorme animal de la sorte paré,
Vn Globe s'éleuoit, haut, luisant, azuré :

LIVRE QVATRIESME.

La Lune au front cornu s'y voyoit argentée,
Et la Route de l'air d'Estoiles marquetée:
On y voyoit le cercle, ou le flambeau du jour,
D'vn mouuement reglé fait son oblique tour.
Les Maisons du Soleil y paroissoient brillantes,
D'Animaux * lumineux, & d'Enseignes ardentes:
Ces Nations de feu, ces Peuples étoilez,
Qui se montrent de nuit, qui de iour sont voilez,
Estoient là distinguez selon leurs differences,
De figures, de rangs, d'aspects, & d'apparences:
Et tout ce qu'à le Ciel de grand, de concerté,
Dans ce Globe, en bel ordre estoit representé.
L'Amour Moderateur estoit assis au faiste,
Soit pour le gouuerner, soit pour regir la beste:
Et son geste sembloit, d'vn absolu pouuoir,
Faire sous luy ces feux, & ces cercles mouuoir.

Apres cet animal, porteur de la machine,
Passent huit Cheualiers, grands de taille & de mine:
Leur liurée est de gris & d'orangé meslez:
Leurs escus en sont peints, & leurs bois drapelez,
Leurs plumes auec art en paroissent ondées:
Leurs lambrequins rayez, & leurs cottes brodées:
Et les douze Estafiers, qui marchent apres eux,
De veloux orangé, de satin gris pompeux,
Et plus pompeux encor de leur gaze qui brille,
En deux files rangez, terminent l'Escadrille.

Si-tost que l'Elephant deuant le Roy passa,
De respect les genoux & la teste il baissa:
Et l'Amour gouuerneur de la Boule azurée,
Entonna ce recit d'vne voix mesurée.

Le haut * Monde & le bas, sont sujets à ma Loy;
Les Corps & les Esprits ne sont meus que de moy,
Et mon pouuoir connu de toute la Nature,
Fait viure ce qui vit, & durer ce qui dure.
Ce n'est que de mes feux que le Ciel est paré,
Que le iour est luisant, que l'air est éclairé:

Et ce fut de mes feux, & de leurs étinceles,
Que le Mõde encor neuf, dãs ses Spheres nouuelles,
Vit dés le premier iour, le Soleil s'enflâmer,
Et vit la nuit d'apres, les Astres s'allumer.
Aussi, comme ie veux, ie mesure leurs routes, [tes:
Il fait, cõme ie veux, sõbre ou clair dans leurs vou-
Et comme ie préside aux concerts de leurs corps,
Ie puis, comme il me plaist, en rompre les accords.

De son dard à ces mots, il frappe sur la boule,
Elle s'ouure du coup, s'ouurant elle s'écoule :
Et ne laisse en sa place, aux yeux du Spectateur,
Qu'vn grand cercle de feu, qui serpente en hauteur.
Colligny sous le nom d'Ardent inextinguible,
Bethunes, sous celuy d'Ardent imperceptible,
Se trouuent sous le feu de ce cercle enflâmé,
Sans qu'vn de leurs cheueux en paroisse entamé.
Chacun de la machine admire la fabrique ;
Chacun selon son sens le simbole en explique ;
Et cependant, l'Amour sur ce feu balancé,
Acheue par ces mots le recit commencé.

De mon feu s'alluma cette ardente Ceinture,
Inaccessible aux yeux de la basse Nature ;
La flâme en est égale, & tranquille en tout temps:
Elle regne au dessus de la pluye & des vents:
Et les Demons autheurs du trouble & des tẽpestes,
Iusqu'à sa region n'éleuent point leurs testes.

Aussi rien ne l'abbat, rien ne la rallentit ;
Elle agit sans déchet, sans emprunt elle vit ;
Et de son propre fonds, sans corps entretenuë,
Elle n'est qu'aux Esprits & qu'aux Sages connuë.
Ces Cheualiers ardens, de ses flâmes nourris ;
Viennent en soustenir l'innocence & le prix :
Et ces Braues, Tenans du froid & de la glace,
S'ils ne cedent bien-tost le pas à leur audace, [feux,
A leur honte apprendrõt, qu'il n'est point sans mes
Ny d'Esprit éleué, ny de Cœur genereux,

LIVRE QVATRIESME.

Le recit acheué les Cheualiers descendent,
Sautent sur les cheuaux, vers les Tenans se rendent.
Colligny, ce iour là, s'estoit voulu parer,
De tout ce qui pouuoit les regards attirer.
Sur ses armes d'argent, richement burinées,
Passoit vn double tour de pierres enchaisnées.
Ouurage prophetique, où se voyoient de rang,
Les portraits des Beautez promises à son sang.
    L'Astrologue Segur en fit voir les visages,
Les destins fortunez, les nobles mariages.
Gazaillon qui les vit, en prit les premiers traits,
Et de taille d'épargne en graua les portraits.
Là se voyoit briller, sur chaque Cornaline,
Et sur chaque Turquoise, vne ieune Heroïne:
Vn grand Aigle, à chacune étaloit en blason,
De son futur Epoux la race & la maison.
    Le plus rare trauail, estoit sur vne Agate,
Dont la taille correcte, autant que delicate,
L'Histoire de Melisse en petit exprimoit;
Et de l'esprit de l'art, la matiere animoit.
On voyoit, comme apres son heureuse naissance,
Les Graces prenoient soin de sa premiere enfance;
Vn essain voltigeant, de miel la nourrissoit,
Des Cignes l'endormoient, vn Amour la bersoit.
    Plus bas, d'vn Esprit saint l'Image lumineuse,
L'ostoit d'entre les bras d'vne Furie affreuse:
Contre elle de courroux le Monstre se dressoit,
Et de son front hideux ses serpens herissoit.
Ailleurs on la voyoit sur vne roche verte,
La Lyre entre les mains, & la bouche entre-ouuerte,
Aux Nimphes, aux Amours, aux Sirenes chanter;
Et du son de sa voix les Zephirs arrester.
Les Muses alentour, en corps estoient assises,
De l'essor, & du feu de son Ame surprises,
Et dans la troupe, Orphée à ses vers attentif,
Sembloit de son Esprit auoir l'Esprit captif.

L'armet ne cedoit point en lustre à la cuirasse;
L'aigle des Collignis altier & plein d'audace,
Sur la cime éleué, d'or bruny flamboyoit,
Et tout prest à voler, ses aisles déployoit.
Douze plumes en feu, voltigeant sous sa serre,
Representoient aux yeux les pointes du tonnerre:
Sur son front, vn Amour d'autres feux brandissoit,
Et les Esprits plustost que les corps menaçoit.
Dans son Escu luisoit vne * pierre enflâmée,
Au grand vent, à la pluye, à l'orage allumée:
L'air en onde au dessus en vain se distilloit;
Plus il pleuuoit sur elle, & plus elle brûloit:
Et l'ame, en Castillan, d'or & de laque peinte,
Asseuroit qu'aucun temps ne la verroit éteinte.
　Bethunes d'autre-part, sur le casque portoit,
Vn pennache cendré qui par touffe flottoit.
Sa cotte estoit de gris, & de gris son armure;
Mais par vne sçauante & rare ciselure,
Cent batailles, d'vn art en ce temps là nouueau,
S'y voyoient par le feu, peintes en couleur d'eau.
Dans son large pauois, vn * grand Mont en deuise,
De cendres & de neige auoit la teste grise:
Vne fumée en l'air, du sommet s'éleuoit;
En cachette le feu par boüillons la suiuoit:
Et le mont se plaignoit, d'auoir contre nature,
L'embrasement dedans, & dehors la froidure.
Le Coursier plein de feu dans tous ses mouuemens,
N'auoit que de la cendre en ses harnachemens;
Et par ce gris cendré, Bethunes, de son Ame,
Le respect découuroit, & receloit la flâme.
　Que l'amour est subtil! qu'il est contagieux!
Il glisse par l'oreille, il entre par les yeux;
Quelquefois sous le deüil, d'autres fois dans la ioye:
Et pour gagner le cœur, il tente toute voye.
Il est vray que ses traits, dangereux en tout temps,
Sont tousiours acerez, & tousiours sont ardents:

Mais quand il en a fait la trempe auec des larmes,
Qui peut leur oppofer d'aſſez ſolides armes ?
　Bethunes autrefois inuincible à ſes traits,
Ouyt de Liſamante à peine les regrets,
Vit à peine ſes pleurs, comme perles s'épandre,
Qu'il ſentit à ſon cœur, vn feu nouueau ſe prendre.
La pitié l'alluma, la vertu le nourrit,
D'vn ſilence obſtiné le reſpect le couurit :
Et ne preſumant plus de s'y rendre inſenſible,
Tout ſon effort n'alloit qu'à le rendre inuiſible.
　En ce riche appareil, les Cheualiers ardens,
Vont toucher de l'épée aux deux Eſcus pendans.
Les Tenans que ce ſigne à la deffence appelle,
Engagent leur brigade en la meſme querelle.
Elle va fierement apres eux, le fer haut ;
Les Aſſaillans, en corps, s'appreſtent à l'aſſaut :
Les tambours, les clairons, les cors, les attabales,
Rangez de part & d'autre, en deux troupes égales,
Animent à l'enuy de leurs bruians accords,
L'adreſſe des adroits, & la force des forts.
On s'ébranle, on ſe ioint, on ſe meſle, on ſe pouſſe,
Le combat eſt ardent, mais ſon ardeur eſt douce :
Les coups ſont innocens ; & le fer rabatu,
Ne montre qu'en éclairs & qu'en bruit ſa vertu.
Les harnois, les eſcus, les cimiers en reſonnent :
Les oreilles long-têps ſous les pots en bourdónent :
Et dans tout ce grand bruit, de pouſſans, de pouſſez,
De courans, de courus, de chaſſans, de chaſſez ;
Sous des coups qui pourroient étōner des enclumes,
Il ne ſe voit tomber, que des pointes de plumes.
　Ainſi, d'vne Falaiſe, ou d'vn roc eſcarpé,
Que les ans & les flots ont à demy ſapé ;
On voit auec plaiſir, ſous les ondes tranquiles,
Les Saumons diuiſez par bandes & par files,
Contre-faire vne attaque, vn aſſaut imiter,
Combattre de la queuë, & du muſle hurter :

Et par mille détours, & mille caracoles,
Representer sans art les leçons des Ecoles.
Leur combat innocent le pescheur réjoüit:
De leur dos argenté l'écaille l'éblöüit:
Et des Sables prochains, d'vne conque perlée,
Le Trompette Marin leur sonne la meslée.

    Desia tous les Partis par Escadres rangez,
Apres le Tournoy fait, & les prix ajugez,
S'apprestoient à filer le long de la Carriere;
Quand deux cors Sarrasins sonnans à la barriere,
Y rappellent les yeux auecque les Esprits,
Du spectacle qui s'offre également surpris.

    On voit vn Cheualier de façon barbaresque,
De taille geantine, & d'armure Moresque,
Qui le casque baissé, le long bois à la main,
D'vne voix arrogante & d'vn geste hautain;
Se presente pour faire épreuue de sa lance,
Contre six des Iousteurs les plus fiers de la France.
Le Roy consent qu'il entre; & le fort Iosserant,
Par son choix le premier dans la Lice se rend.
L'orgueilleux Inconnu tous les regards attire;
L'vn admire son port, l'autre sa taille admire:
Mais c'est auec horreur, qu'on voit en son pauois,
Deux * hachesen sautoir, sur des testes de Rois;
Et deux mots à l'entour, en lettres burinées,
Qui disent qu'il en veut aux testes couronnées.

    Ses Valets à cheual, tous en Mores couuerts,
De manteaux voltigeans, moitié bleus, moitié verts,
Portoient pour égaler ses lances à sa force,
Des sapins ébranchez & reuestus d'écorce.
Si-tost que Iosserant dans la Lice parut,
La lance bas sur luy, le Barbare courut:
Du coup qui fut pareil à celuy du tonnerre,
Son cheual ébranlé posa la croupe à terre:
A peine Iosserant les étriers conserua;
Et l'Etranger vainqueur sa carriere acheua.

LIVRE QVATRIESME.

Sergines, Ibelin, Aspremont qui suiuirent,
Tous Braues qu'ils estoient, les arçons y perdirent:
Et Ioinuille s'offrant à la jouste apres eux,
Pour estre plus adroit, n'en fut pas plus heureux.
Chastillon qui parut le dernier dans la Lice,
Quoy qu'il y fust dressé par vn long exercice,
Et qu'il eust emporté le prix en vingt Tournois,
Fut vaincu du Barbare, & ploya sous son bois.
 Cela fait, d'vne mine aussi fiere que vaine,
A la teste du Camp le vainqueur se promeine:
Et d'vn geste arrogant, d'vn regard sourcilleux,
Fait à tant de Seigneurs vn cartel orgueilleux.
Vn des siens cependant, qui vers le Roy s'auance,
De sa part le prouoque à courir vne lance.
Cét insolent deffi des Seigneurs rejetté,
Et du Monarque seul hardiment accepté.
Il croit, du nom François, deuoir vanger l'injure,
Et pour d'honneur commun, subir cette auanture.
En vn moment armé de casque & de harnois,
Il monte Fulgurin, se charge d'vn long bois,
Le Coursier glorieux sous vn si braue Maistre,
Fait par cent bonds legers son adresse paraistre:
Et semble présager par son hannissement,
Du combat que l'on craint l'heureux éuenement.
 Cependant l'Inconnu retourné dans la Lice,
Trame * vne épouuantable & cruelle malice.
Il prend pour l'accomplir, vn pin noüeux & vert,
Armé d'vn long acier sous l'écorce couuert,
Et va contre Loüis, qui contre luy n'apporte,
Qu'vne lance sans fer, quoy que pesante, & forte.
Au signal de partir sonné de tous costez,
Les coursiers par le flanc, par l'oreille excitez,
Vont d'vne course égale à celle d'vn orage,
Que le Demon de l'air mene à quelque naufrage.
 Le coup de l'Estranger à la gorge porté,
Fst par le Prince adroit auec art éuité:

Le fer en gauchissant, glisse sur l'épauliere,
L'écorce qui se rompt l'expose à la lumiere :
Et son funeste éclat excite de longs cris,
Parmy les Spectateurs de la fraude surpris.
La lance de Louys auec effort brisée,
Où l'adresse le bras conduit par la visée,
Fait perdre les arçons au Barbare étonné,
Et pour comble de mal, du long bois tronçonné,
Vn éclat rencontrant sa visiere mal jointe,
Va iusques au ceruau le blesser de sa pointe.
Vn seul œil luy restoit, qui du front luy saillit,
Et donne issuë au sang, qui par bouillons jaillit :
Et malgré sa fierté, sa douleur la plus forte,
Tandis que son cheual sans conduite l'emporte,
Fait retentir la lice, & fremir les Esprits ;
De blasphemes meslez auec d'horribles cris.

 Ainsi court le Taureau le long de la prairie,
Lors que piqué du taon, qui le met en furie,
Il remplit les valons de sa terrible voix :
De regrets repetés il estonne les Bois.
Il n'est fleuues ny monts qui sa course retardent :
Les Bergers & les chiens en crainte le regardent :
Et l'on oyt de l'herbage, auec gemissement,
Les Genisses répondre à son mugissement.

 Le Roy court au blessé ; veut que tout on essaye,
Soit pour le retenir, soit pour panser sa playe :
Mais tout s'essaye en vain ; rien ne peut l'arrester ;
Rien ne le peut reduire à se laisser traiter.
Là, quoy qu'à mots coupez, & grondant, il explique,
Le mal-heureux succez de son dessein tragique.
On comprend qu'il estoit lié de parenté,
Au Vieillard Assassin des Roys si redouté :
Que venu de sa part, au bruit de l'entreprise,
Faite sur vne Terre à Mahomet soûmise ;
Il auoit crû deuoir aspirer à l'honneur,
D'en arrester le cours, tuant l'Entrepreneur.

LIVRE QVATRIESME.

Et que la Iouste ouuerte ayant fait ouuerture,
Aux moyens d'acheuer cette noble auanture;
Le Ciel par ialousie, auoit à sa valeur,
D'vn si hardy dessein enuié le bon-heur.

A ce recit, chacun benit la Prouidence,
Qui de iour & de nuit en garde sur la France,
Etendant sur le Roy sa paternelle main,
L'auoit rendu vainqueur du Iousteur inhumain.
Mais le Roy, d'vn coup seul, aussi iuste que rare, [re,
Vainqueur de tous les siens, nõ moins que du Barba-
D'vn excez de bonté couronnant sa valeur,
Veut de son ennemy consoler le mal-heur;
Et pour le renuoyer, fait freter vne barque, [que.
Qu'il charge de presens dignes d'vn grand Monar-

La feste dans le Camp tout ce iour-là dura:
La nuit, de ses flambeaux en suitte l'éclaira.
Il s'y fit vn combat, où de longues fusées
Seruoient aux combatans de lances embrasées:
Leurs Escus flamboyans paroissoient des Soleils;
Leurs coutelas estoient à des foudres pareils,
On voyoit sur leurs pots voler au lieu d'aigretes,
Des flâmes qui sembloient de mobiles Cometes:
Et leurs cheuaux houssez de feux étincelans,
Egaloient ces Coursiers lumineux & brûlans,
Qui de flâmes bardez, sortant du sein de l'onde,
De leurs nazeaux ardens soufflent le iour au Monde.

Coucy fut l'Inuenteur de ce nouueau Tournoy,
Où la Nature vit contre sa propre loy,
Des feux guerriers & doux, ennemis & paisibles;
Des feux brûlans aux yeux, au toucher insensibles:
Et de ces feux pompeux cent Cheualiers armez,
D'vn courage innocent & sans haine animez,
Sembloient aux Spectateurs des Planetes sur terre,
De concert descendus pour se faire la guerre.
Les Porteurs eternels des flambeaux de la nuit,
Qui fournissoiẽt leur course, en cadẽce & sans bruit,

Parurent pour mieux voir, cette Feste guerriere,
S'approcher de plus prés, & doubler leur lumiere.
La nuit en fut plus claire, & l'Aube à son retour,
Rougit de luy trouuer quelque aduance de jour.
　Par ces combats de feu la feste ainsi finie,
Au concert d'vne longue & guerriere harmonie,
Pour la marche du Camp les ordres sont donnez,
Les postes & les rangs sont aux Chefs assignez ;
Et chacun se prépare à suiure sa Banniere,
Dés que le iour naissant rougira de lumiere.

REMARQVES.

* *D'vne fille auoit encor*, &c. *pag.* 99. Le corps de cette deuise est Daphné, aymée d'Apollon, & changée en vn laurier.

* *A qui fuyois l'Amour pag.* 99. Ce mot veut dire qu'on va à la gloire par la fuite de l'amour, comme il arriua à Daphné, qui fut changée en vn laurier, & deuint glorieuse ayant fuy l'amour d'Apollon.

* *Sans estre amoureux pag.* 99. Cette deuise qui a pour corps le Roy des Abeilles, qui n'engendre point, declare assez bien, que la valeur peut estre sans l'amour.

* *La Salamandre éprise pag.* 102. On croit que la Salamandre vit de feu, & se nourrit dans le feu.

* *Du tour de sa couronne pag.* 102. Le mot de cette deuise, qui a pour corps, vne Salamande en feu & couronnée, veut dire, que le lustre des couronnes, n'est point obscurcy par le feu de l'amour honneste.

* *Deux Princes de l'Empire*, *page*. 104. Ces Princes sont Conradin & Mainfroy, que Charles d'Anjou deffit en bataille, estant desia Roy de Sicile.

　　　　　　　　　　　　　　　　　　* *Quand*

LIVRE QVATRIESME.

* *Quand Parthenope vit pag.* 105. La ville de Naples estoit nommée Parthenope par les Anciens.

* *L'Isle au triple Promotoire pag.* 105. Cette Isle est la Sicile qui a la figure d'vn Triangle & vn Promontoire à la pointe de chaque angle.

* *Phenix enflamé pag.* 106. Le Phenix est assez connu par son nom : Il est mis icy pour le simbole d'vn amour honneste & durable.

* *Deux Licornes de front pag.* 106. Vn char qui porte le simbole de l'Amour honneste, ne deuoit estre attelé que de Licornes, qui sont naturellement amies de la pureté.

* *Vne ieune cochere pag.* 106. A ce char attelé de Licornes, il falloit vne Vierge pour Cochere ; parce que les Licornes sont amies des Vierges.

* *Où l'eternel Oyseau pag.* 170. C'est le Phenix, qui n'engendre point, & qui ne meurt point, parce qu'il renaist de ses cendres.

* *Ce feu paisible, égal pag.* 107. C'est la Sphere du feu Elementaire, qui sert de corps à la Deuise, où se presente vn amour tousiours pur & tousiours égal.

* *D'animaux lumineux, &c. pag.* 11. Ce sont les douze Signes, qui seruent comme d'enseignes aux douze Maisons du Soleil.

* *Le haut Monde pag.* 111. C'a esté l'opinion de quelques Philosophes, que le Monde auoit esté tiré du Chaos par l'Amour, & qu'il ne se conseruoit que par l'Amour.

* *Vne pierre enflamée pag.* 114. C'est vne pierre, laquelle vne fois ayant pris feu, ne se peut iamais éteindre. Icy elle sert de corps à vne Deuise qui represente vn amour constant.

* *Vn grand mont en deuise pag.* 114. Ce mont est le mont Gibel qui se voit en Sicile. Il est couuert de neige & jette du feu ; & par-là il representent vn

F

amour discret, & caché sous vne froideur apparente.

* *Deux haches en sautoir pag.* 116. Le Prince des Arsacides faisoit porter deuant soy, vne hache reuestuë des cousteaux qu'il destinoit au meurtre des Roys Chrestiens.

* *Trame vne épouuantable pag* 117. Ionuille rapporte, que deux Assassins furent enuoyez par le Prince des Arsacides, pour tuer Saint Louys. Cette verité est moins belle dans l'Histoire, que dans la fable de cét Episope.

SAINT LOVYS
OV LA
SAINTE COVRONNE
RECONQVISE.

LIVRE CINQVIESME.

SI-tost que vers les bords, d'où nous vient le Soleil,
Le iour parut rayé de blanc & de vermeil;
Louys qui de l'Aurore, auoit paſſé ſa priere,
Preuenu le réueil, deuancé la lumiere ;
Voulut que les clairons, par de longs roulemens,
Annonçaſſent la marche en tous les Logemens.
A ces vents animez les tambours répondirent ;
De leur terrible accord les plaines retentirent;
Tous les Corps, au ſignal, en ordre delogez,
Autour de leurs Drapeaux ſont par files rangez.
Et tant de bataillons differens en figures,
Inégaux en puiſſance, & diuers en armures ;
A la marche des Chefs marchant également,
De leurs yeux, de leurs mains prennēt le mouuemēt.

L'air s'embrase à l'entour, la terre est allumée,
Des feux d'or & d'acier, qu'au loin jette l'Armée:
Et la poussiere encor semble vouloir en l'air,
Ioindre au feu la fumée, & la nuë à l'éclair.
Piques, lances, drapeaux, à leurs rangs, à leurs files,
Paroissent des forests luisantes & mobiles.
Et les pieds des cheuaux qui battent le terrain,
Répondent de mesure aux concerts de l'airain.

 Esprit moteur des Iours, directeur des Années,
Par qui sont les Saisons de concert gouuernées;
Eclaire icy ma veuë, & des siecles passez,
Retrace deuant moy les portraits effacez;
Ou permets, qu'éleué moy-mesme à cet espace,
Où iamais rien ne change, où iamais rien ne passe,
I'en rapporte icy bas, quelque trait de clarté,
Qui fasse luire aux yeux de la Posterité,
Les Peuples & les Chefs, qui la Croix embrasserent,
Et sous Louys croisé dans l'Egypte passerent.
Tu les sçais, toy qui sçais le present retenir,
Le passé rappeller, auancer l'auenir;
Et qui de tous les Temps, lis en toy sans memoire,
La suite permanente, & l'eternelle Histoire.

 Vn party de Coureurs auec choix depesché,
Fait comme vn Corps de garde errant & détaché;
Et pour la seureté de la marche commune,
Court des premiers perils la premiere fortune.
Le Commandeur Bichers qui la troupe conduit,
Aux combats, aux traittez également instruit,
Sert du bras & du sens, & porte à tout vsage,
Vn Soldat dans le cœur, & dans la teste vn Sage.

 L'Armée en escadrons suit ce Corps auancé,
Le * Temple sous Connac à la teste est placé;
Sous le braue Connac, qui fait assez paraistre,
Qu'il est de tout cet Ordre, & le Chef & le Maistre.
Les gages qui luy sont restez de cent combas,
Font l'honneur de sa teste & l'honneur de ses bras,

LIVRE CINQVIESME.

Et ses Vertus cent fois au Leuant couronnées,
Ioignent vn poids de gloire au poids de ses années.

   Robert Comte d'Artois le suit au premier rang,
Pour estre des premiers à répandre son sang :
Le Roy pour l'aguerrir, laisse à sa belle audace,
Le peril & l'honneur de cette illustre place.
La sueur de ses yeux & le feu de son cœur,
A son harnois doré semblent donner couleur :
Et pour mieux exprimer, que sa plus forte enuie,
Est plus du grand éclat, que de la longue vie ;
En or, sur sa Cornette, vn precieux éclair,
S'éteint en mesme temps qu'il s'allume dans l'air.
De la Comté d'Artois six cens lances venuës,
D'Archers & de Piquiers en deux Corps soustenuës,
Répondent de la mine au Chef qui les conduit ;
Et donnent jalousie à la troupe qui suit.

   Elle est forte & nombreuse, & vient de cette plaine,
Où d'vne part la Marne, & d'autre part la Seine,
Sans arrest se cherchant, arrousent de leur cours,
Le pied de cent chasteaux & le sein de cent bourgs.
En ce Corps sont placez, ceux des riues où l'Aisne
De gerbes couronnée auec pompe se traisne :
Ceux du fertile bord, où la Meuse au berceau,
De ses pleurs en naissant ne forme qu'vn ruisseau :
Ceux qui fendent la terre, où l'Ourse lente & morne,
A l'ombre des peupliers cache sa froide corne :
Et ceux de ces vallons, où d'vn cours diligent,
L'Aube traisne à longs plis ses flots frisez d'argent.

   Thibaut * qui regne seul en ce riche domaine,
A ses frais les soudoye, en personne les mene.
Il a dans vn corps sec vne verte vigueur ;
La cendre est sur sa teste & le feu dans son cœur ;
Et par vn sort meslé, vieil Amant & vieux Braue,
Capitaine captif, & Conquerant esclaue ;
Il traisne iusqu'au Nil, de celle qui le prit,
Les fers sous la cuirasse, & le joug dans l'Esprit.

F iiij

L'argent sur son harnois, l'argent sur sa cornette,
Le blanc de son cheual, le blanc de son aigrette,
De son baudrier perlé le blanc & riche tour,
Disent à tous les yeux que * Blanche est son amour:
Et du * Gibel ardent les neiges & la flame,
Montrent sur son Escu ce qu'il cache en son ame.

   Ainsi Champagne marche & Bourgogne la suit,
A sa teste, son Duc d'or & de pourpre luit ;
L'or est sur son armet, la pourpre en sa banniere,
Qui belle de façon & riche de matiere,
Par des * feux en Deuise, exprime de son cœur,
Les desseins genereux & la noble chaleur.
La troupe qu'il commande, actiue & vigoureuse,
Au trauail endurcie, au peril courageuse,
Brille du pur esprit de ces vins fors & doux,
Qui se boiuent au bords de l'Yonne & du Doux.

   Apres marche deux corps enuoyez de la Grece,
En courage pareils, & pareils en adresse.
On les croit descendus de ces Grecs d'autrefois,
Qui vainqueurs de l'Asie & dompteur de ses Roys,
Asseruirent le Tigre, & l'Eufrate attacherent ;
Le Sceptre de l'Empire aux Perses arracherent,
Et porterent les Arts à ces bords rougissans,
Où l'onde sert de lit aux Soleils renaissans.
De ces Peres fameux, les noms & la memoire,
Qui combattent encor,& regnent dans l'Histoire,
Leur inspirent vn air de gloire & de valeur ;
Leur remettent Athene & Sparte dans le cœur ;
Et pour moi, au marcher, par leurs rangs,& leurs fi- [les,
On n'entend resonner* qu'Arbelle & Thermopiles.

   A leur teste, Alexis Philosophe & vaillant,
N'a rien sur son cheual, rien sur soy de brillant :
Son casque est sans cimier, & sa cuirasse est brune ;
Sa banniere est sans or, & d'étoffe commune,
Vn cube qui s'y voit de quatre vents battu,
De son ame immobile exprime la vertu :

LIVRE CINQVIESME. 119

Et sur son Escu noir, vne Fortune peinte,
Sans couronne, sans rouë, & de chaisnes contrainte;
Semble dire du geste, à faute d'autre voix,
Qu'en dépit du hazard les Sages sont ses Roys.
 Le Corps qui marche apres sous diuerses banieres,
Est de ces Nations robustes & guerrieres,
Qui tiennent les climats d'où jadis les Normans,
Par peuplades sortis & par débordemens,   130
Occuperent les bords de cette riche plaine,
Où l'Ocean reçoit le tribut de la Seine.
Schomberg le plus hardy, comme il est le plus fort,
Va des premiers au front de ces bandes du Nord.
La gloire que Rodolfe a promise à sa Race,
Eleue son espoir, confirme son audace;
Et desia par auance il se tient couronné,
Du laurier auenir à son nom destiné.
 Ce Corps marche, suiuy d'vn autre Corps d'élite
Des plus petits en nombre, & des grands en merite: 140
Il est de ce Pays aymable & fortuné,
Où l'Arne est en tout temps d'Orangers couronné:
Et la belle Florence est de cette Milice,
Des plus lestes du Camp, l'agréable Nourrice.
En chaleur de courage, en lumiere de sens,
Barberin surpassoit tous ces braues Toscans.
Sur ses armes, au feu, d'vn bel art colorées,
Et de taille d'épargne au cizeau figurées,
Se voyoient des lauriers, où des essains voloient:
Et des rayons de miel, en larmes d'or couloient. 150
Sur son Escu d'azur, trois * Abeilles brillantes,
Qui de tous ces essains paroissoient les regentes,
Se vantoient de sçauoir, au doux joindre le fort;
Et mettre la Valeur, & les Graces d'accord.
 On dit, qu'encore Enfant dormant sur la prairie,
Qui fait au cours de l'Arne vne lice fleurie;
D'vn laurier, qui sur luy ses rameaux étendoit,
Et des traits du Soleil, sa teste deffendoit;
        F v

Vn essein attiré des fleurs de son visage,
Bien loin de le blesser, & de luy faire outrage,
Sur ses mains, sur son front, sur ses levres passa,
Et des filets de miel en passant y laissa.
Prodige merueilleux, qui luy fut vn augure,
De la gloire promise à sa Race future !
Les Abeilles depuis, furent de sa maison,
Le Symbole heroïque, & l'illustre blason.
Les siens toûjours depuis, Maistres en l'art de plaire,
Qui par le droit du sang leur est hereditaire,
Sans guerre conquerans, & sans armes vainqueurs,
Sur l'Arne & sur le Tibre ont gagné tous les cœurs.
Mais le Neueu d'Vrbain, le genereux Antoine,
A plus de part qu'aucun à ce beau Patrimoine :
Il est pront à promettre, à donner il est pront ;
Rien n'échape aux filets que les Graces luy font :
Et le miel de sa Ruche, est vn charme à tout prendre,
Deuant quelques Esprits, qu'il se plaise à le tendre.
Ainsi va Barberin, soustenant de son cœur,
Mesurant à son sens l'espoir de sa grandeur.

 Apres, suit la Bataille en dix corps partagée :
La Noblesse est au front par cornettes rangée :
Beaujeu qui la commande à la vigueur des ans,
Ajouste vne valeur courageuse & de sens.
Sur sa banniere en or, * le Lyon de sa Race,
D'vne belle action répond à son audace :
L'air qui le bat luy donne & voix & mouuement ;
On diroit qu'il rugit, qu'il a du sentiment :
Et teint encor du sang où ses ongles tremperent,
Quand deuant Taillebourg l'Anglois ils déchirerẽt,
Desia du sang du Perse & du Turc alteré,
Il paroist de la dent au combat preparé.

 Par vn si noble Chef la Noblesse conduite,
Luy fait vne éclatante & glorieuse suite.
Ioinuille, Valery, Sainte-Maure, Aspremont,
Marchent aux premier rangs qui cõposent le front.

LIVRE CINQVIESME.

Là sont les deux Nemours, les deux Bruns & Sergi-
Braues également de courage & de mine. [ne,
Là Iosserant se voit, Iosserant dont le bras,
Sortit victorieux de trente-cinq combats ;
Et peupla des Chasteaux, tapissa des Eglises,
Des corcelets captif & d'Enseigne conquises.
Là mille autres encor, par leur valeur connus,
Sont des riues de Seine & de Loire venus :
Les bardes, les cimiers, les housses, les bannieres,
Diuerses de couleurs, & riche de matieres,
Expriment en figure, & font voir en blason,
De chacun le dessein, l'esprit & la maison.
   La troupe qui les suit, magnifique & nombreuse,
Est de cette Cité si vaste & si pompeuse,
Qui sans iamais semer, sans moissonner iamais,
Abondante en la guerre, abondante en la paix,
Tient la cause commune à la sienne engagée,
Et dans la France fait vne France abregée.
Sur leur grand Etendart, * leur Nauire flottant,
Semble épuiser l'haleine & la force du vent :
D'vn taffetas ondé la vague glorieuse,
Sans eau luy fait en l'air vne mer precieuse :
Et cette feinte mer, qui le porte & le suit,
Contrefait de la vraye & l'enflure & le bruit. [de,
   Montmorency qui marche au front de cette ban-
A le cœur haut & fier, a l'ame droite & grande ;
Sur son bras vn Escu prophetique & fatal,
Plus ferme que l'acier, plus clair que le cristal,
Fait de sa Race auguste, en figures paraistre,
Les Heros desia nez, & les Heros à naistre.
Là d'vn cœur indomtable & d'vn bras conquerant,
Mathieu vainqueur d'Othon & donteur de Ferrand,
Ionche de Vallons morts la plaine de Bouines ;
Et fait de sang Flamand ondoyer des rauines.
Là sous le grand Bouchard, les * Leopards sanglans,
Laissent à Taillebourg leurs ongles & leurs dents ;

F vj

Par vn autre, l'Anglois repoussé jusqu'à Douure,
Passe, deffait, tremblant de ses Dunes se couure.
Là publique victime, & victime d'honneur,
Charles s'offre à la Mort, mais la Mort en a peur ;
Et n'osant l'accepter, à la vertu le donne,
Qui malgré la Fortune à Tournay le couronne.
Leurs Neueux en leur râg, tous braues, tous humains,
Ont la palme à la teste & les armes aux mains.
Sous Anne qui les suit, les Aigles fugitiues,
Laissent auec leur sang, leurs dépoüilles captiues :
Et son Fils grand par tout & par tout glorieux,
Ajouste ses Lauriers à ceux de ses Ayeux.
Henry le moins heureux & le plus plein de gloire,
A les Graces à gauche, à droite à la Victoire.
Des Enfans emplumez voltigeans à l'entour,
Portent des cœurs liez auec des lacs-d'amour.
D'autres plus grâds de taille, & de mine plus braues,
Menent comme en triomphe vne chaisne d'esclaues :
Et d'autres apres eux, vont courbez sous le faix,
Des simulacres d'or, ciselez de ses faits.
La Fille de la Mer, l'orgueilleuse Rochelle,
Tant de fois insolente & tant de fois rebelle,
Pleure là ses Nochers, qui vaincus sur les flots,
A l'Anchre de Henry sont liez dos à dos.
Là, les Alpes en l'air à leurs neiges connuës,
Font parestre l'orgueil de leurs testes cornuës :
Là, Suse, Marignan, & Veillane grauez.
De pieces de rapport sont peints & releuez :
Et l'Eridan captif, & de ses pertes morne,
D'entre ses joncs à peine ose leuer la corne.
D'autre part, vn nuage affreux & menaçant,
Sur le Victorieux poussé d'vn mauuais vent,
De feux entre-couppez éclate sur sa teste,
Et semble à ses Lauriers presager la tempeste.
D'vn autre feu plus pront, vn Ange enuironné,
Et de rayons plus purs & plus doux couronné,

LIVRE CINQVIESME.

Sur vn char lumineux, l'enleue de l'orage;
Et ne laisse de luy sur terre que l'Image.
Felice la reçoit; Felice à qui l'Amour,
D'vn funebre flambeau fait vn funeste iour.
Prez d'elle, d'vn grand deüil les Vertus sont voilées,
Les Graces sans atour y sont écheuelées,
Et d'vn riche labeur, les Amours artisans,
Y dressent * vn tombeau, qui doit vaincre les ans.
Du geste & du regard, la nouuelle Artemise,
Gouuerne les Ouuriers, dirige l'entreprise;
Et forte en sa douleur, jalouse de son deüil,
Fait à son Mary mort, de son cœur vn cercueil.
Du centre de l'Escu que deux festons couronnent,
Il s'éleue * vne Fleur que trois * Lys enuironnent:
D'vn mirthe, ces trois Lys l'vn à l'autre liez,
Sont d'vne douce etreinte autour d'elle pliez:
Et font, de leur lumiere à ses beautez vnie,
Eclater le concert, & briller l'harmonie.
Cet Escu fait au Ciel, & du Ciel apporté,
Par vn Ange à Mahy fut iadis presenté;
A ce * fameux Mahy, dont l'ame forte & belle,
Premiere baptisée, & premiere fidelle;
Par vn exemple illustre & qui tousiours suira,
Sous le joug de la Croix le * Sicambre attira.
Montmorency couuert de cette noble Histoire,
D'vn pas ferme & constant marche droit à la gloire:
Et le fier Escadron à sa charge commis,
Desia semble des yeux chercher les Ennemis.

   Ceux de Reims apres eux, & ceux de la Montagne
D'où la Marne à lôgs tours descéd vers la Chāpagne,
Gents de trait & Piquiers, par leurs Prelats menez,
Suiuent leurs Etendars de Mithres couronnez.

   En suite l'Oriflame ardente & lumineuse,
Marche sur vn grand char, dót la forme est affreuse,
Quatre énormes Dragons d'vn or sombre écaillez,
Et de pourpre, d'azur, & de vert émaillez,

Dans quelque occasion que le besoin le porte,
Luy font vne pompeuse & formidable Escorte.
Des grenas arrondis dans leurs terribles yeux,
Font vn sang éclatant, font vn feu precieux :
Et si ce feu paroist allumer leur audace,
Aussi paroist ce sang animer leur menace.
Le char roulant sous eux, il semble au roulement,
Qu'il les fasse voler auecque sifflement :
Et de la poudre, en l'air, il se fait des fumées,
A leurs bouches du vent & du bruit animées.

Quatre Barons fameux sont Gardes établis,
Du celeste Etendart & du destin des Lys.
Là, Maillé de courage & de taille heroïque,
Sur sa lance appuyé, resue au sens prophetique,
Des images qu'il vit de sa Posterité,
Quand Merin luy montra son miroir enchanté.
De ce noble auenir les illustres figures,
Offrent à son Esprit diuerses auantures :
Il conte, des lauriers sur ses branches antez,
Les sions genereux poussans de tous costez.
De l'vne * de ses Fleurs, de gloire enuironnée :
Il voit de trois Lys d'or la teste couronnée,
Mais vers les bords Toscans, d'vn Vaisseau fracassé,
La grande * Ancre rompuë, & le mast renuersé,
Tombant sur vn des siens, foudroyé dans ses armes,
Confondent sa pensée & luy tirent des larmes.

Angennes prez de luy, magnanime & hautain,
A le feu dans les yeux, & la lance à la main :
D'Oliuier son Ayeul, l'éclatante memoire,
Est à son ame noble vn aiguillon de gloire :
Mais de ses neueux peints de la main d'Alouuin,
Qui fut également grand Peintre & grand Deuin,
Les portraits de la Lice ouuerte à son courage,
Le pressent de plus prez, l'animent dauantage.

De la fierté du cœur, de l'audace du front,
Viuonne à son audace, à sa fierté répond ;

LIVRE CINQVIESME.

Et l'accord de leur grace à leur valeur vnie,
Fait en eux vne belle & terrible harmonie.
Attachez des liens que leurs Astres ont faits,
De rayons mutuels, de mutuels attraits,
Ils ont le mesme Esprit, & les mesmes pensées ;
Leurs Ames semblent estre en vne ramassées :
Quelque iour de * leur Race vn Couple se fera,
Que d'vn myrthe eternel l'Amour couronnera :
Et la * Fleur de ce myrthe illustre & parfumée,
Sur toute autre sera des Muses renommée.

Le quatriesme est Laual, dont le cœur haut & fier,
S'exprime en son blason, s'éleue en son cimier :
La guerriere lueur, que jette sa cuirasse,
Semble se refléchir du feu de son audace :
Et de Guy son Ayeul, les celebres combats,
Sont en or sur sa teste, en acier sur son bras.

De ces quatre Seigneurs l'Oriflamme escortée,
Et sur vn Char de pompe & de terreur portée,
Marche deuant Louys, suiuy de cent Barons,
Brillans depuis l'armet iusques aux esperons.
Son port, son mouuement, sa mine, son visage,
D'vne haute maniere expriment son courage.
Son air a de la force, & de la dignité ;
Sa grace se répand auec authorité ;
Il conduit du regard, du regard il commande,
Et son geste établit l'ordre dans chaque bande.

Les Heros des Hebreux iadis si renommez,
Par vn presage heureux sur luy sont exprimez.
Le premier Conquerant de la Terre promise,
Ce Guerrier, * Successeur du paisible Moyse,
Sur sa cuirasse en or, braue & victorieux,
Deffait l'Armorrhean, triomphe de ses Dieux.
Tout brille autour de luy de l'éclat de sa gloire ;
Le Soleil arresté fait durer sa victoire ;
Et ses rayons sur luy fixez d'étonnement,
Semblent estre assemblez à son couronnement.

Gedeon d'autre-part, fait au bruit des trompettes,
Des Roys incirconcis d'effroyables deffaites.
De carnage à l'entour le champ se voit fumer ;
Les morts semblent paslir & le sang écumer :
Et sur les Roys vaincus, les Idoles brisées,
De l'éclat du métal paroissent embrasées.
Sur le casque Samson en bosse figuré,
Des bras & du genoüil, presse vn Lyon doré :
Il semble qu'il rugit, il semble qu'il dépite,
Et que sous le Vainqueur de douleur il s'agite.
Vn long pennache ondé d'incarnat & de blanc,
De sa gorge fumante est l'écume & le sang.
Dans le bouclier, Dauid Berger, Braue, & Prophete,
Du Philistin deffait au Ciel offre la teste :
Le terrain, sous le poids du Geant affaisé,
Paroist demy noyé du sang qu'il a versé :
La fierté regne encor en son visage blesme,
Son silence menace & sa mine blaspheme.
   Le Saint Roy marche ainsi de mysteres armé,
Et des Heros qu'il porte au combat animé.
Autour de luy, sa Cour en armes & brillante,
Fait de luxe & de force vne montre éclatante :
L'acier jaloux de l'or, plus que l'or y reluit :
Chacun suit du regard le Prince qui conduit ;
Et du ton de sa voix, de l'air de son visage,
Les vns font leur prudence & d'autres leur courage.
   Ainsi quand vn essein de la ruche sorty,
Est conduit au fourrage, ou conduit en party ;
Autour du Roy volant, le Camp vole & se serre,
Les trompettes aislez font vn concert de guerre,
L'air au loin retentit du bruit des bataillons,
D'écailles cuirassez, herissez d'aiguillons.
Au milieu cependant le naturel Monarque,
Eclatant de son or, couronné de sa marque,
D'vn ton d'authorité fait ses commandemens,
Et donne à tout le corps l'ordre & les mouuemens,

LIVRE CINQVIESME.

Prez du Roy, Chasteau-roux grand Prelat & grand
Et Legat éclatant de la Pourpre de Rome, [homme,
Par le Pere commun, dans le Camp deputé,
Soustiens les droits des Clefs, & leur authorité.
Là, Courtenay remplit de bon sens & d'audace,
La nouuelle grandeur ajoustée à sa Race :
Et l'Aigle Imperial sur son casque planté,
Des ongles & de l'aisle excite sa fierté.
Là des premiers encor, en rang comme en estime ;
Coucy marche en amant, Monfort en magnanime.
Monfort, de son Ayeul des Albigeois domteur,
A l'esprit & le front, a les bras & le cœur :
Et Coucy, d'vn secret & charmant esclauage,
Porte la montre illustre, & le riche équipage.
Des fers sur son écharpe auec art sont tracez ;
Des cœurs sont dans ces fers par couples enlacez ;
Et d'vne chaisne d'or, à boucles ciselées,
De flammes en émail & de chiffres meslées,
Sur son harnois graué, les tours multipliez,
Semblent tenir son cœur & son esprit liez.
Mais il étale en vain cette chaisne fatale,
Qui des Roys, à son gré, les Couronnes égale :
En vain se pare-t-il de ce gage d'amour ;
La mal-heureuse Olinde en moura quelque iour :
Olinde qu'vne Mere auare & tyrannique,
A soûmise aux liens d'vne nopce tragique ;
Tandis que son Amant de ses dons enchaisné,
Par l'Amour & la Gloire à la guerre est mené.
   Le Roy de Chipre suit aueque sa Noblesse,
Renommée en valeur, éclatante en richesse.
D'vne fatale Tour, Lusine en son pauois,
Semble répandre au loin les charmes de sa voix ;
Lusine en son guidon, sur son casque Lusine,
Semble enchanter du geste, & charmer de la mine :
Et du brillant métal, le lustre precieux,
Paroist vn feu de charme allumé de ses yeux.

La Nation qui suit, robuste & courageuse,
Fit de ce gras-Pays, où la Sambre & la Meuse,
De leurs flots assemblez & ioints aux flots du Rhin,
Font vn bruyant tribut à l'Empire marin.
A ce Peuple est vny, le Peuple qui cultiue,
Les terres que la Scarpe embrasse de sa riue;
Celuy qui tient les bords où serpente la Lys,
Et celuy que l'Escaut entourre de ses plis.
Là troupe est de six mille, & leur Comte à leur teste,
Animé d'vn saint zele à la sainte Conqueste,
A le casque & l'escu parez superbement,
De ce Garde eternel du riuage Flamand,
De ce * Lyon fatal, qui mesme en son image,
De l'ongle & de la dent exprime son courage.

Aprez, des Tartarins depuis peu baptisez,
Suiuent trois cents cheuaux nouuellement croisez.
Ils sont tous courageux & nourris à la guerre,
Tous armez d'vn grand arc & d'vn long cimeterre:
Mouffat qui les conduit, ieune & plein de chaleur,
Ajouste au feu des ans le feu de la valeur.
De cent rubis taillez sa cuirasse allumée,
Luy fait vn autre feu superbe & sans fumée:
Et pour cimier il porte vn Dragon émaillé,
De diamans vnis aux saphirs écaillé.

Aux Tartares sont joints cent Nobles d'Armenie,
Ils ont la cotte noire & l'armure brunie:
Et de leur équipage obscur & sans couleur,
La pitoyable pompe, explique leur douleur.
Leur Prince Aligasel, pasle, deffait & sombre,
A la montre d'vn mort & la couleur d'vne Ombre:
Tout est plainte sur luy, tout exprime son dueil,
Tout est marqué d'horreur, & parle de cercueil.
Dès flesches & des faux, des flambeaux & des larmes,
De symboles de mort chargent sa cotte d'armes:
Et ses feux étouffez d'vn triste desespoir,
Semblent s'éuaporer par son pennache noir.

LIVRE CINQVIESME.

Sur sa cornette en dueil, vn Enfant qui lamente,
La mort d'vne Colombe abatuë & sanglante;
Et luy fait vn bucher de son carquois cassé,
De ses traits déferrez & de son arc froissé;
Montre que le trépas de la chaste Elgasime,
Du triste Aligasel est le dueil & le crime.
Elle luy fut promise; & le iour destiné,
A lier leurs Esprits d'vn myrthe fortuné,
Estant par vn Riual dans la feste rauie,
Et par Aligasel en trouble poursuiuie,
Vn coup mal mesuré luy porta dans le cœur,
La fléche que l'Espoux tiroit au Rauisseur.
Elle receut en gré cette triste auenture;
La main d'où vint le trait adoucit la blessure;
Et du feu qu'en partant sa belle Ame jetta,
Au cœur d'Aligasel la vapeur s'arresta.
Depuis ce coup fatal, haue, resueur & blesme,
A soy-mesme pesant, odieux à soy-mesme,
Il suit par tout la Mort, par tout la Mort le suit;
Et le laisse aux rigueurs de l'Amour qui le suit.

Des bords où la Tamise enflée & glorieuse,
Roule aueque fierté sa vague imperieuse;
De ceux où la Sauerne entre cent Bourgs glissant,
Va l'humide cristal de sa cruche versant;
Et de ceux où le Hombre en la Mer se dégorge,
Mille Anglois enuoyez sous Richard & sous George,
L'vn Comte de Lenclastre, & l'autre de Betfort,
Promettent d'effacer par quelque noble effort,
La tache dont jadis leurs Peres se noircirent,
Quand les François croisez, deuāt Acre ils trahirēt,
Le Comte de la Marche est en ordre auec eux,
Le nom * de Taillebourg, le rend moins sourcilleux:
Et son cœur abbatu, depuis cette auenture,
De honte ou de regret, a perdu son enflure.

L'Arriere-garde suit; Charles qui marche au front,
A l'Ame grande & forte, a l'esprit haut & prout,

SAINT LOVYS,

S'il n'est Roy de naissance, il est Roy de presage,
Il regne de la mine, il regne du courage :
Et les Astres qui l'ont * au Throsne destiné,
L'ont par vn noble essay, de graces couronné.
Soit instinct, soit augure, vn Courcier indontable,
De la Poüille enuoyé, sous luy seul est traittable.
Il reconnoist sa voix, il est souple à sa main,
Il souffre comme il veut, l'éperon ou le frein :
Et semble presager, luy soûmettant la teste,
Qu'à receuoir son joug desia Naples s'appreste.
Sur ce fier animal le beau Prince monté,
D'vne mine hardie aguerrit sa beauté :
De son noble cimier la flamboyante plume,
Paroist vn feu volant, qui sous le vent s'allume,
Et dans le riche tour de son large pauois,
Artistement bordé des Deuises des Roys,
Au milieu, pour la sienne, vne Aigle figurée,
D'vn Tiercelet vaincu fait en l'air sa curée.
Triste augure, où desia * du jeune Conradin,
En symbole se voit la trop sanglante fin.   [raine,
Deux mille hommes d'Anjou, deux mille de Tou-
Et deux mille venus de cette grasse plaine,
Où la Sarte répand le tribut de ses eaux,
Font vn Corps de six mille autour de ses Drapeaux.
    Le Breton qui le suit, va la teste baissée.
Du regret qu'il retient de sa faute passée :
Si cents cheuaux leuez sur ces fertiles bords,
Où la Loire aux Nantois étale ses thresors :
Et mille fantassins venus des grasses plaines,
Où se font les moissons de Vannes & de Rennes,
Marchent aprés le Duc, & semblent au marcher,
Appeller le peril, & l'Ennemy chercher.
    A la queuë vn grand Corps de Noblesse rangée,
Reluit d'or & de pourpre, & d'acier est chargée.
Tout est ferme en ce Corps, tout est braue & de choix
Les Barons d'outre-mer y sont joints aux François.

LIVRE CINQVIESME.

Brenne Comte de Iaphe est le premier en teste;
Aux desseins perilleux son Ame toujours preste,
Par la noble fierté, qui paroist sur son front.
A la riche lueur de ses armes répond.
Chastillon prés de luy prudent & magnanime,
Sa noble fermeté, par vn Palmier exprime;
Par vn Palmier vainqueur, sur son guidon brodé,
Qui battu de l'orage & des eaux inondé,
Malgré l'eau qui déborde & l'orage qui tonne,
De ses bras verdoyans luy-mesme se couronne.
Là sont des plus vantez, Ibelin le jousteur, [cœur,
Ro-Choüar grand de sens, Quinquenpoix grand de
La Guiche, Maluoisin, Matignon, Galerande,
Et cent autres qui font l'honneur de cette bande.
Ce Corps, à tous les Corps, est vn rampart suiuant,
D'adresse, de valeur, de concert se mouuant:
Au Beduin vagabond, à l'Arabe il fait teste,
Il pousse les coureurs; les brigans il arreste,
Il soustient les conuois, les Partis il conduit:
Le bon-heur l'accompagne & la Gloire le suit.

En cet ordre le Camp vers le Caire s'auance,
Par l'Egypte ébranlée au bruit de sa puissance;
Tout le Pays regarde auecque tremblement,
Où tombera le fais d'vn si grand armement;
Et le Mole orgueilleux, que le Phare couronne,
Du faiste au fondement à sa marche s'étonne.

Cependant Meledin en trouble & tourmenté,
De soins sur soins roulans à l'Esprit agité:
Et semblable au Nocher sans art & sans courage,
Qui remet sa fortune & sa barque à l'orage,
En tumulte il se porte à cent diuers aduis,
Sans arrest aussi-tost rebutez que suiuis.
Et son cœur dans le flux de sa raison errante,
Pareille à la lueur refléchie & volante,
Qui d'vn verre agité suit l'agitation,
N'a ny repos constant, ny constante action.

Le succez incertain de sa cruelle ruse,
Est vn surcroist de soins à son ame confuse :
Il craint que sur Louys, le harnois enchanté,
N'ait trop tard, ou iamais n'ait l'effet souhaitté :
Et la part que luy fait Meledor de son trouble,
Rengrege ses soucis, & ses craintes redouble.
 De semblables pensers le Barbare agitoient ;
Et comme vn flot batu, haut & bas le portoient ;
Quand Mireme luy vient offrir pour sa deffence,
Tout ce que la Magie a d'art & de puissance.
 Ie viens, dit-il, Seigneur, conduit par mon deuoir,
De mon art qui peut tout, t'offrir tout le pouuoir.
Tu sçais comme à mes loix les Elements se rangent,
Le Ciel s'assujettit & les Astres se changent :
Tu sçais comme ie puis faire marcher les monts,
Par mes sorts à leur masse attelant les Demons.
Tous ces Esprits moteurs de l'air & de la terre,
Ceux qui de leur haleine allument le tonnerre,
Ceux qui font sous leurs pieds la foudre étinceler,
Ceux qui font sur les eaux la tempeste rouler,
Ceux qui du battement de leurs ardentes aisles,
Enflament les brasiers des Ames criminelles ;
Soit de gré, soit de force, à mes ordres soûmis,
Comme esclaues les font, ou les font comme amis.
I'offre d'armer, Seigneur, contre ton Aduersaire,
De ces troupes sans corps, tout vn Camp volontaire ;
Tout vn Camp, qui sans frais suiura tes Etendars ;
Qui seruira sans solde, & combattra sans dars ;
Et sans dars combattant, abbatra plus de testes,
Qu'il ne tombe d'épics sous l'effort des tempestes,
Quand la froide carriere où se font les glaçons,
De pierre de cristal accable les moissons.
De leur force, à ton choix, Seigneur, ie mets la preu-
Soit dãs le champ de l'air, soit sur le cours du Fleuue.
Ils peuuent, si tu veux, l'air en flames changer,
Et d'vn deluge ardent inonder l'Estranger :

LIVRE CINQVIESME.

Ils peuuent y former des Legions volantes,
Et faire vn armement de machines brûlantes.
Le Fleuue est comme l'Air, & leur pouuoir soûmis ;
Ils le peuuent lascher contre nos Ennemis :
Et rompant la cloison qui l'arreste au riuage,
Les faire tous perir par vn soudain naufrage.
Mais si tu veux les vaincre auecque moins de bruit,
Nous pourrons infecter le Soleil qui leur luit :
Et sur eux euoquer cette Etoile funeste,
Qui nourrit les charbons dont s'allume la peste.
S'il est besoin, Seigneur, les Enfers i'ouuriray
Des Geans enchaînez les fers ie briseray,
Et tirant auec eux, de ces Royaumes sombres,
De tes Predecesseurs les magnanimes Ombres,
Ie les feray marcher en armes deuant toy,
Pour conseruer leur cendre & garantir leur Loy.
Ordonne seulement, & me laisse la gloire,
De preparer sous toy la voye à la Victoire :
    Le Sultant luy répond ; i'auois tousiours bien crû,
Pouuoir tout esperer de ta rare vertu :
Elle m'est aujourd'huy, ce qu'au fort de l'orage,
Est au Pilote errant, vn feu d'heureux presage.
Et sans examiner ny suite, ny hazard,
Ie resigne & fortune & conduite à ton art.
Mene-moy si tu veux, à ces pasles demeures,
Où le iour froid & mort n'a que d'obscures heures :
Mets si tu veux mes yeux, à l'épreuue des fers,
A l'épreuue des feux, qui fument aux Enfers :
Euoque deuant moy du sein des sepultures,
Des Manes les plus noirs les terribles figures :
Mon cœur & mon esprit intrepides par tout,
A tant d'objets d'horreur demeureront debout :
Et iusqu'en ces fourneaux que la nuit enuironne,
I'iray prendre dequoy m'armer pour ma Couronne.
Si le Ciel ne m'y sert, l'Enfer m'y seruira,
Ce que le droit ne peut, le crime le pourra,

Et le crime se change, & cesse d'estre crime,
Quand la necessité l'a rendu legitime.
  Mireme par ces mots à bien faire excité,
Sort auec le Sultan, sur vn grand char porté,
Sur vn char composé d'vne mobile nuë,
Qui va par vne route aux cheuaux inconnuë,
Tiré par deux Demons qui luy sont attelez,
Plus viste que les flots sous l'orage roulez.
  Il se voit prez de Caire, vne plaine deserte,
Que d'vn sable mouuant la Nature a couuerte;
Et qui semble vne espace applany sous les Cieux,
Pour le seul exercice ou des vents ou des yeux.
Les Pyramides sont de cette vaste plaine,
Le superbe embarras & la montre hautaine,
Leur masse offusque l'air, oste l'espace au iour,
Et l'œil sans reposer n'en peut faire le tour.
Les premiers feux du Ciel à leurs pointes s'allument;
Et les feux de l'Enfer sous leurs fondement fument.
La terre qui soûtient tant de corps differens,
Qui porte tant de bois, tant de monts sur ses flancs;
Ne sçauroit sans gêmir, porter de ces structures,
Les restes sourcilleux & les hautes mazures.
Iadis pour les bastir, les Nations en corps,
Et les Races par tout, firent de grands efforts :
Il leur falut suspendre & tailler des montagnes,
Il leur fallut couurir & combler des campagnes,
Il fallut renuerser l'ordre des Elemens,
Et de la Terre en l'Air, mettre les fondemens.
Aussi les Nations & les Races greuées
Perirent follement en ces vaines coruées.
  Sous les pieds de ces monts taillez & suspendus,
Il s'étend des pays tenebreux & perdus,
Des deserts spacieux, des solitudes sombres,
Faites pour le sejour des Morts & de leurs Ombres.
Là sont les corps des Roys & les corps des Sultans,
Diuersement rangez selon l'ordre des temps.

Les

LIVRE CINQVIESME.

Les vns sont enchassez dans les creuses images,
A qui l'art a donné leur taille & leurs visages :
Et dãs ces vains portraits, qui sont leurs monumens,
Leur orgueil se conserue auec leurs ossemens.
Les autres embaumez sont posez en des niches,
Où leurs Ombres encore éclatantes & riches,
Semble perpetuer, malgré les loix du Sort,
La pompe de leur vie, en celle de leur mort.
De ce muet Senat, de cette Cour terrible,
Le silence épouuante, & la montre est horrible.
Là sont les Deuanciers joints à leurs Descendans;
Tous les Regnes y sont; on y voit tous les Temps;
Et cette Antiquité si celebre en l'Histoire,
Ces Siecles si fameux par la voix de la Gloire,
Reünis par la Mort, en cette obscure nuit,
Y sont sans mouuement, sans lumiere, & sans bruit.

   Mireme dans ces lieux traitte auec les Phantosmes,
Qui luy sont deputez des tenebreux Royaumes :
Il y tient, loin du iour, dans vn noir appareil,
Ses Cercles infernaux, & son affreux Conseil :
Il y fait ses concerts, & ses festes funebres ;
Et pour luy l'Auenir ne luit qu'en ces tenebres.

   Son char à ce desert à peine se rendit,
Que du sien aussi-tost le Soleil descendit :
Et de peur de soüiller ses yeux & la lumiere,
D'vn pas precipité terminant sa carriere,
Vn broüillas sur sa route à la Lune laissa ;
La Lune en eut horreur, & son voile abaissa.
L'Enchanteur fait vn feu de souffre & de resine,
Qui trouble plus les yeux, qu'il ne les illumine :
Et mene, à la vapeur de ce triste flambeau,
Meledin qui le suit, dans le sein du tombeau.
D'vne baguette noire il compasse vn grand cerne :
Il fait de bruits confus resonner la cauerne :
Et frappant d'vn pied nud, la terre par trois fois,
Pousse iusqu'aux Enfers cette effroyable voix.

G

Manes imperieux, Ames jadis regnantes,
Iadis de ces grands corps superbes habitantes,
Si le soin de l'honneur auecque vous n'est mort;
Si pour luy, vous pouuez faire encor vn effort;
Si l'eternelle nuit qui l'Enfer enuironne,
Sur vos fronts a laissé quelque ombre de couronne;
Si pour vostre Patrie il peut estre resté,
A vostre souuenir quelque fidelité.
Sortez, Esprits, sortez des Royaumes funestes,
De vos Estats bruslans venez sauuer les restes.
Vos Thrônes, vos Palais, vos Tombeaux vont perir,
Si vous ne les venez au besoin secourir.
Cette Egypte qui brusle & qui desia succombe,
Vostre siege autrefois, aujourd'huy vostre tombe;
Bien tost iusques à vous sa ruïne étendra;
A vos os, à vos noms sa flame se prendra:
Venez donc, accourez, vous au moins qui sur terre,
A la Secte de Christ jadis fistes la guerre:
De ce maudit Serpent, les œufs mal étouffez,
Bouffis de leur venin, de leur rage échauffez,
S'ils ne sont écrasez, détruiront vostre Race,
Et iusqu'à vos cercueils porteront leur audace.
   L'Enchanteur à ces mots hautement prononcez,
En joint de plus puissans à voix basse poussez:
Et tout d'vn temps, vomit de sa bouche qui fume,
Le blaspheme & le fiel, les charmes & l'écume.
Cependant il s'éleue vne obscure vapeur,
De la terre qui tremble, & qui s'ouure de peur:
Des Manes grands & noirs y montent auec elle,
La troupe est nombreuse & la fierté cruelle:
Cette vapeur leur fait comme vn crespe de dueil,
Et chacun d'eux se range auprez de son cercueil.
Leur demarche est superbe, & leur orgueil menace,
Au trauers de leur voile ils montrent leur audace:
Ils sont d'vn air farouche, & d'vn œil inhumain,
Ce qu'ils furent jadis du cœur & de la main:

LIVRE CINQVIESME. 147

Et n'ayant plus ny fer, ny flame, ny machine,
Ils sont encor Tyrans du geste & de la mine.
 Le premier qui parut, fut * l'implacable Roy,
Qui par la nouueauté d'vn Edit plein d'effroy,
Aux Enfans des Hebreux assigna la Riuiere,
Et pour berceau commun, & pour commune biere;
Et crût pouuoir, le temps & la mort auançant,
Perdre le peuple à naistre aueque le naissant.
Apres monta celuy, de qui l'Ame endurcie,
Fut tant de fois batuë & jamais adoucie;
Ce Pharaon qui fut brisé de tous les fleaux,
Dont le Ciel bat la terre, & dont il bat les eaux :
Et tout brisé qu'il fut, de sa pensée altiere,
L'enflure conserua iusques dans sa poussiere.
 Apres les Pharaons, apres les autres Roys;
Ennemis des Hebreux & de leurs saintes Loix,
Monterent les Tyrans, sectateurs des mensonges,
De * l'Arabe qui fit vne Loy de ses songes.
Asame le cruel le premier y parut,
Déchiré du tourment dont jadis il mourut, [tée,
Lors que du sang des Saints, la voix aux Cieux por-
Sur sa teste attira la Iustice irritée.
 Le second fut Iezid, qui le premier voulut,
Dans l'Egypte abolir le signe de salut;
Et par vn sacrilege énorme & sans exemple,
Sur la Croix éleua le Croissant dans le Temple.
 Abulmasen le suit, encore dépité,
De la perte qu'il fit de la Sainte Cité, [rent,
Quand les Croisez vainqueurs, de force l'emporte-
Et poussant leur victoire Antioche enleuerent.
Son successeur Tafur fait montre entre les morts,
Du teint * noir que son Ame apporta de son corps.
Siracon qui le suit est fier de son audace :
Et plus fier d'auoir mis l'Empire dans sa Race.
 Mais son fils Saladin, de tout autre effaça,
L'audace & la fierté, si tost qu'il auança.
G ij

D'vn rameau de laurier la feüille séche & noire,
Sur son front conseruoit l'image de sa gloire :
Sa mine estoit d'vn Braue, & son geste d'vn Grand ;
Son Ombre auoit encor vn air de Conquerant :
Et sembloit reuenir, pour soûmettre à sa lance,
Ou les Aigles de Rome, ou celles de Bisance.
Il se mesloit pourtant à ces gestes d'orgueil,
Des signes de dépit, & des marques de dueil :
Et la fin de sa Race éteinte par son Frere,
De son Ombre tiroit des regars de colere.
 L'Esprit de Saphadin rouge encore & taché,
Du sang de ses Neueux laschement épanché,
A pas lents le suiuoit, soit de honte, ou de crainte;
Murmuroit à voix basse vne confuse plainte ;
Et du Sultan son Fils préuoyant les mal-heurs,
Luy donnoit des soûpirs & des ombres de pleurs.
 D'autres venus sans ordre, accrurent l'Assemblée:
La nuit en fut plus noire, elle en parut troublée :
Le seul Mireme ferme, en ce Conseil d'Esprits,
Ses charmes renouuelle & redouble ses cris.
Des mains & de la bouche il leur fait violence :
Au geste il joint la voix, & la voix au silence :
Il met tout en vsage, & pour dernier effort,
Il prononce ces mots armez d'vn nouueau sort.
 Ne parlerez-vous point, opiniastres Ames ?
Attendez-vous le fer, attendez-vous les flames ?
Et toy, grand Saladin, le plus interessé,
A sauuer cét Estat que tes mains ont dressé ;
Laisseras-tu tomber en pieces ton ouurage ?
N'as-tu pour l'appuyer ny force ny courage ?
De cét Esprit si grand, de ce cœur si hautain,
Il n'est donc demeuré, qu'vn Spectre pasle & vain,
Qu'vn Phantosme, qui n'a nul sentiment de gloire,
Qui laisse ruiner sa tombe & sa memoire ?
Réueille, Saladin, réueille ces vertus,
Par lesquelles jadis les Croisez abbatus,

Ont sous toy tant de fois laissé leurs Croix captiues,
Et de leurs Camps deffaits ont engraissé nos riues.
S'il n'est plus tēps, pour toy, de vaincre en bataillāt,
Il sera tousiours temps, de vaincre en conseillant.
 Saladin luy répond, d'vne voix menaçante,
Qui montre sa colere & la terreur augmente.
Le sang de mes neuf Fils, par neuf crimes versé,
A l'Egypte souïllée & le Ciel offencé :
Et par arrest du Ciel, iusqu'à me satisfaire,
L'Egypte en doit porter la peine & ma colere :
Ce sang, auec du sang, bien-tost se lauera ;
La Race du meurtrier du Throsne tombera ;
Et la Pourpre qu'il a de ses crimes tachée,
Auec crime doit estre à son Fils arrachée.
A cet arrest fatal, porté pour m'appaiser,
Meledin peut encore vn remede opposer :
Il peut, en immolant, Fils ou Fille, à ma Race,
De son mauuais destin détourner la menace :
Vne mort seule peut payer pour tant de morts ;
Vn membre retranché peut sauuer tout le corps.
Quand je l'auray permis, Mireme par ses charmes,
Pourra de ses Demons mettre en œuure les armes.
Le sang de la victime à peine aura touché,
Le grand Fleuue, du sang de mes Enfans taché,
Que de tous ses canaux, épandu sur la terre,
Contre vos Ennemis il portera la guerre.
 Il finit, & suiuy du terrible Conseil,
Qui sentoit approcher le retour du Soleil,
Dans la terre rentra, ne laissant que la crainte ;
A Meledin tremblant auec l'horreur empreinte.

REMARQVES.

* *Le Temple sous Connac* p. 126. le Temple est mis icy pour les Cheualiers du Temple, comme nous disons Champagne & Nauarre, pour les Regimens de Champagne & de Nauarre.
* *Thibaut qui regne seul* pag. 127. C'est Thibaut qui estoit Comte de Champagne du temps de Saint Louys.
* *Que Blanche est son Amour* pag. 128. Cette Blanche estoit la Reyne, Mere de Saint Louys dont Thibaut Comte de Champagne fut amoureux.
* *Du Gibel ardent* p. 128. Le Gibel, qui est vne montagne ardente & couuerte de neige, sert icy de corps à la Deuise d'vn Vieillard amoureux, qui a le feu dans le cœur, & la neige sur la teste.
* *Par des feux en Deuise* p. 128. Le feu est icy donné par anticipation, à vn Duc de Bourgongne, lequel estoit long-temps deuant ceux de la Maison de France, qui ont composé de feux & de fusils, le Collier de l'Ordre de la Toison.
* *Arbelle à Thermopyses* p. 128. Ce sont deux lieux celebres par deux victoires remportées autresfois par les Grecs sur les Perses. Ils furent deffaits aux Thermopyles par les Lacedemoniens à Arbelle par Alexandre.
* *Leur Nauire flotant* pag. 131. Le Nauire est l'Enseigne de Paris.
* *Leurs Leopards sanglans* pag. 131. Les Leopards sont l'enseigne d'Angleterre.
* *Y dressent vn tombeau*, pag. 133. Ce tombeau, qui est des plus magnifiques de l'Europe, se voit à Molins, où Madame de Montmorency qui l'a fait dresser s'est retirée.

LIVRE CINQVIESME.   151

* *Il s'éleve vne Fleur pag.* 133. Cela se doit entendre de feuë Madame la Princesse.
* *Le Sicambre attira pag.* 133. Ce Sicambre est Clouis, qui fut attiré au Baptesme par vn Montmorency, qui eut l'honneur d'estre appellé le premier Baron Chrestien.
* *De l'vne de ses Fleurs pag.* 134. Cette Fleur est Madame la Princesse, fille du feu Mareschal de Brezé.
* *La grande Ancre rompuë pag.* 134. Cette Ancre rompuë signifie la mort de feu Monsieur le Duc de Brezé, qui estoit Admiral de France.
* *De leur Race vn couple se fera pag.* 135. Cela fut accomply au mariage de Charles d'Angennes Marquis de Rambouïllet, & de Catherine de Viuonne.
* *La Fleur de ce Myrthe pag.* 135. Cette Fleur est Iulie d'Angennes Marquise de Montausier.
* *Le Guerrier successeur de Moyse. pag.* 135. C'est Iosué.
* *Lusine en son pauois pag.* 137. C'est la fameuse Melusine, à laquelle la fable attribuë l'origne de la Maison de Lusignan.
* *De ce Lyon fatal pag.* 138. Le Lyon est l'enseigne de Flandre, & la Flandre dans les Cartes a la figure d'vn Lyon.
* *Le nom de Taillebourg p.* 139. Il auoit esté deffait à Taillebourg par S. Louys.
* *Qui l'ont au Throsne destiné pag.* 140. Il fut apres Roy de Naples & de Sicile.
* *Du ieune Conradin pag.* 140. Ce Conradin pretendoit au Royaume de Naples, & y estant venu auec vne puissante Armée, fut deffait par Charles, & executé publiquement à Naples.
* *Fut l'implacable Roy pag.* 147. Ce Roy d'Egypte, fut celuy qui voulant exterminer les Iuifs, faisoit ietter tous leurs Enfans dans Nil.

G iiij

* *De l'Arabe qui fit pag.* 147. Cet Arabe est Mahomet Autheur de l'Alcoran.

* *Du tout noir pag.* 147. L'Histoire rapporte que ce Tafur estoit aussi noir qu'un Éthiopien.

SAINT LOVYS
OV LA
SAINTE COVRONNE
RECONQVISE.

LIVRE SIXIESME.

A Nuit s'éclaircissoit, & ses feux à l'entour,
Commençoient à passir des auances du iour :
Quand Meledin confus sort de la Sepulture,
Conduit de l'Enchanteur, qui sont Esprit r'asseure ;
Et dans son char traisné d'inuisibles Relais.
Auant le point du iour le rend à son Palais,
Mais il l'y rend troublé des funestes pensées,
Que l'ombre menaçante en son Ame a laissées.
Le Pere auec le Roy dispute dans son cœur ;
L'vn a l'amour pour soy, l'autre pour soy la peur :
L'vn allegue les droits que la Nature donne ;
L'autre se fonde en ceux qui suiuent la Couronne :

G vj

Et de ce cœur troublé, tous deux également,
Sont les Tyrans communs & le commun tourment.
 Enfin, le Roy vainqueur, sur le Pere l'emporte:
Et la plus tendre amour se rend à la plus forte.
Puis que le Sort, dit-il, m'impose cette loy,
Et qu'il me veut oster, ou le Pere, ou le Roy ;
Que le Pere se perde, & que le Roy demeure ;
Que ma Fortune viue & que ma Fille meure.
Ces vains & foibles noms d'Amis & de Parens,
Sont du Droit des petits & non du Droit des Grands.
Vn Roy, dans sa Couronne a toute sa Famille ;
Son Estat est son Fils, sa grandeur est sa Fille :
Et de ses interests bornant sa parenté,
Tout seul il est sa race & sa posterité.
Suiuons donc hardimēt ces royales maximes ; [mes:
Les Grands font les hauts faits, les petits font les cri-
Et les chaisnes du Droit, ny le joug du Deuoir,
Ne s'imposent qu'à ceux qui manquent de pouuoir.
On ne doit épargner, pour vn Throsne qui tombe,
Ny le plus saint Autel, ny la plus sainte Tombe :
Et c'est religion, de l'appuyer des corps,
De ses Enfans mourans & de ses Parens morts.
 Par ce cruel discours, le Tyran parricide,
Au crime preparé, fait appeller Zahide :
Il la mene à l'écart, & d'vne feinte voix,
Apres auoir pleuré la misere des Roys ;
Qu'il me vaudroit bien mieux, dit-il, que la Fortune,
Eust moulé mon destin d'vn argille commune !
Mon Esprit seroit libre, & mon front dégagé,
De ce brillant metal ne seroit point chargé.
Mon sang tel qu'il coula du sein de la Nature,
Ne seroit point meslé de contraire teinture :
Et mon cœur iuste & droit, ne seroit pas forcé,
De ployer sous le joug dont il est oppressé.
En l'estat où ie suis, ce qui m'orne me blesse :
Le Sceptre est mon appuy, comme il est ma foiblesse:

LIVRE SIXIESME.

Sous la Pourpre, mon sang a changé de couleur;
L'Or qui luit sur mon front est épine en mon cœur:
Et pour confondre en moy la gloire & la misere,
La dignité du Prince, est le tourment du Pere.
C'est de ce rang si haut, l'inflexible deuoir,
Qui malgré moy, me fait sujet à mon pouuoir;
Et qui tient sous le tour, dont j'ay la teste ceinte,
Ma pieté captiue, & mon amour contrainte.
Ie suis Pere, Zahide, & le suis iusqu'au cœur :
Le Roy n'est qu'au dehors, il n'est qu'en la couleur.
La Fortune qui fait & deffait les Monarques,
Peut, quand elle voudra m'en arracher les marques:
Et me les arrachant, me laisser aussi nu,
Qu'vn arbre dépoüillé deuant l'hyuer venu.
Ie luy remets le tout, auant qu'elle m'y force,
Content de ne garder que le cœur sous l'écorce ;
Et c'est ce pauure cœur, qu'elle veut m'arracher,
Auec le nom de Pere à mon amour si cher.
L'Ombre de Saladin des Enfers remontée,
En fureur & terrible à moy s'est presentée ;
A menacé l'Egypte & toute ma Maison,
Si de ses Fils tuez, ie ne luy fais raison :
Et ta mort, chere Fille, est la cruelle amande,
Que pour la mort des siens, l'implacable demande.
Si ton sang n'est, dit-elle, à son sang accordé,
D'vn deluge de sang tout l'Estat inondé,
Sous le fer estranger, sera pour nostre crime,
A sa iuste colere vne égale victime.
Mais l'Estat abbatu par pieces tombera,
Dans mon Palais brûlé mon Trosne brûlera,
Et sur mon Trosne ardent ma vie & ma fortune,
Au vent ne laisseront qu'vne cendre commune ;
Plustôt que je m'accorde à donner seulement,
Vn cheueu de la teste à cet embrasement.
   A ce discours tissu d'vne trame perfide,
La nature & le sang s'émeuuent en Zahide :

Mais la vertu retient la nature en son rang,
Et calme autour du cœur l'émotion du sang.
　Elle replique enfin, la mort la plus cruelle,
Ne me feras iamais reculer deuant elle.
Autour de moy i'ay vû ses machines rouler,
Ie l'ay veuë au combat sur mille traits voler;
Et si de mille traits l'effroyable tempeste,
Sans me faire bransler a passé sur ma teste;
Vn barbare cousteau peut me percer le cœur,
Peut y mettre la mort, sans y mettre la peur.
Que s'il me faut mourir, & si le Ciel m'ordonne,
D'affermir sur ton front, par mon sang ta Couronne,
Permets au moins, Seigneur, que par vn noble effort,
Ie me fasse moy-mesme vne celebre mort.
Ie ne mourray pas moins, & mourray plus contente,
Si du sang des François & du mien rougissante,
Apres moy ie les tire en cet embrasement,
Et me fais de leur cendre vn noble monument.
Mais de me voir seruir de victime publique,
De mourir d'vne mort basse, obscure & tragique,
Et souffrir laschement, qu'vne cruelle main,
Me plonge auec le fer la honte dans le sein;
Ie ne puis iusques là, Seigneur, t'estre fidelle,
L'infamie à mon Ombre en seroit eternelle.
　Le Sultan luy repart; c'est la force du cœur,
Et non celle du bras, qui soustient nostre honneur.
Cette chaude vertu des Braues si vantée,
N'est qu'vn boüillon de sang & de bile agitée:
Ce n'est qu'vne vapeur, que le hazard conduit,
Que le trouble accōpagne, & qui ne va qu'au bruit.
Et ces batteurs de fer, ces coureurs d'auentures,
Prodigues de leur sang, & vains de leurs blessures,
Quand leur fougue relasche, & que la vanité
Ne preste plus son soufle à leur temerité,
Etonnez & deffaits, sans cœur & sans conduite;
N'ont plus de mouuement que celuy de la fuite.

LIVRE SIXIESME.

La Valeur patiente est la haute Valeur ;
Elle est des nerfs de l'Ame, & des forces du cœur :
Et ce n'est pas l'effet d'vn feu de bile,
D'auoir sous la Fortune vne assiete immobile :
De luy tendre la gorge, & souffrir de sa main,
Vne outrageuse mort d'vn visage serain.
Ton sang ainsi versé feroit viure ta gloire,
Et de ton nom feroit l'honneur dās nostre Histoire;
Au Croissant offusqué la lumiere il rendroit;
De cet Empire ardent la flâme il éteindroit;
Et tout l'Estat sauué par ta mort heroïque,
Te seroit vne tombe illustre & magnifique.
Mais ie n'ay ny le cœur, ny l'esprit assez fort
Pour aspirer, ma Fille, à ces biens par ta mort,
La crainte qui me ronge en cette conjoncture,
Est, que faisant ceder l'Estat à la Nature,
Et pour sauuer le Pere abandonnant le Roy,
Ie perde l'vn & l'autre, & te perde auec moy.

Tu peux aller, Seigneur, luy replique Zahide,
Où le deuoir t'appelle, & l'interest te guide :
Et si toute la gloire où je puis aspirer,
Est de suiure mon Sort, sans me faire tirer ;
Ie le suiuray, Seigneur, & d'vne allure ferme,
I'iray sans m'effrayer à ce terrible terme :
Et pour luy reprocher l'outrage de ma mort,
Ma Memoire apres moy brauera son effort.

Ainsi, par sa vertu, la Fille magnanime,
Se prepare à seruir à l'Estat de victime ;
Sa mine & son courage embellissent sa mort,
Et sa fierté la met au dessus de son Sort.
Le Pere sans pitié, de cet acte sauuage,
Par l'auis de Mireme, appreste l'équipage.
La Renommée en fait vn sourd & triste bruit,
Que l'horreur accompagne & que le trouble suit.

Au coucher du Soleil, la Belle infortunée,
En habit de parade est au Fleuue menée :

Le Peuple en foule accourt defireux de la voir,
Et luy rend de fes pleurs le funebre deuoir.
L'vn regrette fes ans, l'autre fon innocence;
Mais leurs regrets luy font vne foible deffence,
D'autres pour fa beauté font d'inutiles veux;
Et par de vains foûpirs éuaporent leurs feux.
Les femmes que le bruit en public a tirées,
Confufes de fon fort, de fa perte épleurées,
Luy parent le chemin, de leurs cheueux coupez,
De leurs voiles rompus & de larmes trempez:
— Elle eſt leur cõmun dueil, & leur plainte commune;
Pour elle, mille voix reclament la Fortune:
Et la Fortune fourde aux clameurs des Humains,
Pour fauuer la Princeffe eſt encore fans mains.
Mais la Princeffe haute & ferme de courage,
Pareille au jour qui luit au deffus d'vn nuage,
Dans le trouble conſtante, & calme entre les cris,
Par fa force à fa grace ajouſte vn fecond prix:
Et fes yeux, à tant d'yeux qui luy donnẽt des larmes,
Ne rẽdẽt qu'vn regard trãquille & plein de charmes.

Dans vne éclipfe ainfi la Lune au front d'argent,
Va d'vn train toufiours droit & toufiours diligent:
Les Aſtres de fa fuitte autour d'elle languiffent;
Tous les yeux de la Terre à fon mal compatiffent:
Et du Ciel affligé tous les flambeaux en dueil,
Semblent auec la Nuit la conduire au cercueil.
Elle va cependant, & d'vne allure égale,
Suit fon Guide, & fournit fa carriere fatale:
Et fans s'épouuenter, regarde autour de foy
La Nature étonnée & le Monde en effroy.

Telle à fa trifte fin Zahide s'achemine;
Et ferme de l'Efprit, non moins que de la mine,
Ajouſte d'vn accord fans deffein concerté,
La douceur à l'orgueil, la grace à la fierté.
Comme elle arriue au Fleuue, vne lumiere fombre,
A peine diſtinguoit le iour d'aueque l'ombre:

LIVRE SIXIESME.

Et les corps d'alentour, de crainte ou de douleur,
Sembloient auoir perdu la forme & la couleur.
  Il se voit sur le Nil, en forme de theatre,
Vn autel, où du temps de l'Egypte idolâtre,
Les * Ministres d'Isis vne fois en Esté.
Sacrifioient au Dieu de la Fertilité.
Zahide d'vne marche heroïque & hautaine,
Monte auec le Sultan sur cette triste Scene.
Iamais on ne luy vit vn air si glorieux ;
Il n'éclatta iamais tant de feu dans ses yeux ;
Et comme le Soleil acheuant sa carriere,
A les rayons plus grands, iette plus de lumiere,
Et laisse pour donner du lustre à son tombeau,
Ses plus viues couleurs dans la nuë & sur l'eau ;
Zahide ainsi paroist & plus grande & plus belle :
La grace qui la suit semble prier pour elle,
Et ioindre sa priere aueque l'amitié,
Pour amollir son Pere & luy faire pitié.
Sur sa teste, les fleurs de sa guirlande meurent ;
Les funebres flambeaux goutte à goutte la pleurent:
Et mesme l'on diroit, que pour ne la point voir,
Le Ciel deuant ses yeux étend vn voile noir.
  Dans ce dueil general, le Pere inexorable,
Deuient plus endurcy, se rend plus intraitable :
Et tourne tous ses sens au Spectre de Grandeur,
Qui de sa Fille, tient la place dans son cœur.
Il saisit d'vne main, les cheueux de Zahide,
De l'autre il leue en l'air le poignard homicide ;
Et d'vn affreux regard accompagnant sa voix ;
En quelque part, dit-il, Saladin que tu sois,
Ombre noble & regnante, appaise ta colere ;
Reçois cette victime illustre & volontaire ;
Et souffre, que mon sang par moy-mesme versé,
Détourne le malheur dont je suis menacé.
Ie t'offre mort pour mort, & fais par cette offrande,
Des crimes de mon Pere vne celebre amande.

Vien rendre à cet Estat de tempestes battu,
La force qu'il tiroit jadis de ta vertu :
Il fut auant tes Fils, ta Famille & ta Race ;
Ta memoire & ton nom y regne en ta place ;
Pour te perpetuer cette posterité,
Remets dans la douceur ton Esprit irrité ;
Et fay que de mon sang l'offrande salutaire,
Du tien qui fume encor éteigne la colere.

 Acheuant par ces mots, il éleue le fer,
Qui semble de regret ietter vn triste éclair ;
Lors qu'vne voix confuse auec trouble épanduë,
Retint la mort en l'air sous sa main suspenduë.
Cette confuse voix estoit de Muratan,
Le Frere de Zahide & le Fils du Sultan,
Qui reuenu d'Alep, vainqueur & plein de gloire,
De sa Sœur auoit sceu la pitoyable histoire.
Plus que ses propres yeux, plus que son propre cœur,
La Sœur aymoit son Frere & le Frere sa Sœur.
En deux rayons égaux vne Ame partagée,
Sembloit en leurs deux corps auoir esté logée ;
Et cette égalité maintenoit leurs humeurs,
Dans vn iuste concert d'actions & de mœurs.
Leurs visages formez sur vn mesme modele,
Faisoient vn autre accort de grace mutuelle ;
Et des Astres gemeaux l'indiuisible amour,
A la flame moins pure & fait vn moins beau iour.

 De cet amour porté le Frere magnanime,
Accourt où s'immoloit l'innocente victime.
Il écarte le peuple ; & le peuple écarté,
Respecte sa douleur, cede à sa dignité :
Il montre d'vne audace à sa douleur égale,
Sur l'Autel où se fait cette offrande fatale :
Et saisissant le bras de son Pere étonné,
Ie suis, dit-il, Seigneur, à propos retourné,
Soit que pour assouuir l'appetit d'vn Phantosme,
Soit que pour étouffer les feux de ton Royaume,

LIVRE SIXIESME. 163

Tu prepares tes mains à ce noir attentat,
Tragique à ta Maison, funeste à ton Estat.
Dans mes veines, Seigneur, j'ay dequoy satisfaire,
L'impitoyable soif de l'Ombre sanguinaire :
Et mon sang pourra mieux, & moins barbarement,
De la guerre étouffer le triste embrasement.
Conserue, en conseruant cette vaillante Fille,
Le bras de ton Estat & l'œil de ta Famille.
De sa mort, ta fortune auec elle mourra :
Et sous le mesme fer, dont elle perira,
La gloire & la valeur de l'Egypte blessées,
Se verront auec elle à tes pieds terrassées.
Par tant de morts, Seigneur, que peux-tu ménager,
Qui soit d'assez grand prix, pour nous dédómager ?
Et que peut à l'Egypte apporter ta victoire,
Qu'vne couronne séche, & qu'vne palme noire ?
Vne perte bien moindre, & de moindre interest,
Des Manes ennemis peut accomplir l'arrest.
Ils demandent ton sang, & j'en ay dans les vaines,
Assez pour assouuir leurs bouches inhumaines.
Souffre que de ma Sœur je subisse le sort ;
Sers l'Estat de sa vie, & le sers de ma mort :
Il n'est pays conquis, il n'est ville sauuée,
Qui puisse luy valoir Zahide conseruée :
Et crain, que refusant de la luy conseruer,
Il ne te reste apres, qu'vn desert à sauuer.

Les pleurs de Muratan ces mots accompagnerent.
Et le cœur de Zahide, auant le fer blesserent.
Elle qui sans pastir, sans témoigner d'effroy,
Auoit vû de la Mort le bras leué sur soy ;
Maintenant que le bras de la Mort on arreste,
Et que pour elle, au coup son Frere offre la teste ;
Etonnée & confuse elle cede à la peur ;
Et perd la contenance aueque la couleur.
Mais cette peur soudaine est d'audace suiuie ;
Et son cœur s'éleuant pour refuser la vie,

Et pour se maintenir dans le droit de mourir,
Par le feu de ses yeux au fer semble courir.
Deux soûpirs auancez ses lévres desserrerent;
Et deuant son discours sa douleur expliquerent.
  Quel prestige, dit-elle, & quel étrange sort,
T'amene pour oster le repos à ma mort ?
Ma fortune, à ton gré, n'est pas assez cruelle ;
Il faut que ton amour me tourmente auec elle.
Veux-tu qu'à ton trépas mon trépas s'ajoustant,
Et que de ton mal-heur mon mal-heur s'augmentât,
Sous ce poids redoublé mon courage succombe,
Et forte en ma douleur, sous la tienne ie tombe ?
Si tu vis Muratan, dans ton cœur ie viuray ;
Et viuant dans ton cœur, par tout ie te suiuray :
Mais quelque fort lien qui mon Ame retienne,
Si tu meurs de ma mort, ie mourray de la tienne :
Dussé-je auec le fer ces liens détacher,
Et mon Esprit sanglant de mon corps arracher.
Toy, Seigneur, poursuit-elle, acheue ton offrande ;
Et donne a Saladin le sang qu'il te demande.
C'est moy qu'il a choisie ; & c'est moy que tu dois,
Sans plus longue remise immoler à son choix.
Conserue auec ce Fils ton support & ta gloire :
Sa perte à l'Ennemy vaudroit vne victoire :
Et le Sort de l'Estat ne l'a pas ramené,
De lauriers si fameux & si verts couronné,
Afin que de ta main, & d'vn cousteau tragique,
Aueque luy mourust la Fortune publique.
  Memorable combat, où par vn rare effort,
Deux magnanimes cœurs disputent de la mort :
Et poussez du beau feu que l'amitié leur donne,
Debatent du tombeau, comme d'vne couronne !
Et vous nobles Riuaux, genereux Concurrens,
Si mes vers du futur peuuent estre garans,
Nul assez sombre iour, nulle nuit assez noire,
Iamais de vostre amour n'obscurcira la gloire :

Et la Posterité qui vous applaudira,
Vn spectacle eternel de vos noms se fera.
  Durant ce beau combat de la Sœur & du Frere,
Les soins sont bien diuers, qui combattent le Pere.
Il voudroit conseruer ce Couple d'amitié :
Leur vertu le surprend & l'émeut à pitié :
Mais par vne rupture inhumaine & barbare,
Le Roy d'auec le Pere en son cœur se sépare,
Et conclut, diuisant son Ame en deux partis,
La perte de la Fille, & le salut du Fils.
  I'approuue, leur dit-il, cette honneste querelle ;
L'exemple en sera grand, & la gloire immortelle ;
Et les cœurs genereux qui vous succederont,
Vostre amour dans l'Histoire vn iour couronnerôt.
Mais aux grandes Vertus la Fortune est contraire ;
Leur teste, de ses traits est le but ordinaire :
Côtre ces traits pour vous, j'ay beau porter les mains,
I'ay beau pour vous sauuer faire de hauts desseins ;
La cruelle qu'elle est ne perd point sa visée,
Elle est, pour s'égarer trop iuste & trop rusée :
Et l'Histoire des temps n'a iamais remarqué,
Teste haute ny basse, où son arc ait manqué.
Le Sort ne nous suit pas, mes Enfans, il nous traisne :
Les Roys comme Forçats sont liez à sa chaisne ;
Et les Sceptres qu'on croit tout faire & tout mouuoir
Pour en rompre vne boucle ont trop peu de pouuoir.
Cette chaisne, mon Fils, si pressante & si ferme,
Traisne aujourd'huy Zahide, & la tire à son terme :
En vain pour l'arrester nous banderions les bras,
Nos bras en vain bandez ne l'arresteroient pas :
Bien loin d'estre arrestée, elle nous feroit suiure ;
Et nous mourrions plustost que de la faire viure.
Laisse luy, Mutatan, la gloire de sa mort ;
L'Estat ne souffre pas qu'elle en fasse vn transport.
Son sang & non le tien, est la fatale amande,
Que pour ses Fils tuez, Saladin nous demande.

Vse plus noblement du cœur qui t'est donné ;
Les victoires qui t'ont depuis peu couronné,
Te presagent assez par cette illustre auance,
Que de plus hauts lauriers sont dûs à ta vaillance.
Ne precipite rien, differe au moins ta mort,
Iusqu'à ce que vainqueur, par vn plus heureux Sort,
Tu puisse de ton sang faire vn meilleur vsage ;
Et donner vn employ plus iuste à ton courage.

  A ce discours du Pere, vne froide pasleur,
Du Fils desesperé découurit la douleur :
Il soûpira trois fois, & sa voix oppressée,
Aueque ses soûpirs fut trois fois repoussée.

  Et bien, dit-il, enfin, puis qu'il est arresté,
Et que l'arrest du Sort veut estre executé ;
Que Zahide perisse, & que des Ombres vaines,
Viennent boire à tes yeux le beau sang de ses veines:
Assouuis t'en toy-mesme, & join Pere inhumain,
Le crime de la langue à celuy de la main.
Par ton crime & son sang ta Couronne lauée,
Sans tache & sans dechet te sera conseruée :
Et ton Thrône, d'vn meurtre & d'vn Spectre affer-
Vaincra l'effort du Temps & du Sort ennemy. [my,
Iouys-en, parricide ; & si tu crains qu'il tombe,
Et que dans son debris ta Fortune succombe,
Ajoûte mort à mort, joins le Frere à la Sœur ;
Deux corps ferōt vn fond plus ferme à ta grandeur.
Mon bras t'épargnera la moitié de ce crime ;
Et Saladin vaut bien vne double victime.

  Il se plonge, à ces mots, vn poignard dans le sein ;
Et du sang qui jaillit se remplissant la main ;
Zahide, poursuit-il, le jettant dans le Fleuue,
Reçois de mon amour cette derniere preuue ;
Et souffre que pour toy satisfaisant le Sort,
De ma mort aujourd'huy je rachete ta mort.

  A ce coup, qui surprit & la Fille & le Pere,
L'vn demeure estonné, l'autre se desespere :

LIVRE SIXIESME.

Et la Sœur se iettant à son Frere blessé,
Tandis qu'elle le pleure & le tient embrassé,
Et qu'arrestant son sang, en desordre elle essaye,
D'arrester son esprit sur le bord de sa playe :
Sa foiblesse l'abbat ; & sur luy la douleur,
De son poids, dans le Fleuue encore abbat la Sœur.
Les Monstres & les flots à leur cheute applaudissent :
Les vents comme étonnez de la riue en fremissent ;
Tout le Peuple en tumulte, & de frayeur surpris,
D'vn pitoyable accent leur répond par ses cris :
Et bien loin dans le Caire, où ces cris s'étendirent,
Le desordre & le trouble auec eux s'épandirent.

   Sur le fatal autel, à cét euenement,
Le Pere infortuné reste sans mouuement.
Il croit voir de son Fils l'Ombre encor menaçante,
Qui se montant sur l'eau de son sang rougissante,
Et traisnant apres soy sa triste & pasle Sœur,
D'vn visage irrité luy predit son mal-heur.
De son peuple il entend les clameurs & les plaintes,
De pitié, de douleur, & de regret épraintes ;
Et telles que les flots de colere chenus,
Les font contre vn rocher dont ils sont retenus.
La principale peur dont son Ame est pressée,
Est que le Saladin l'Ombre encor offencée,
Pour le deposseder conspire auec la Mort,
Et porte à leur effet les menaces du Sort.

   Tandis que de ces soins son Ame tourmentée,
Comme de vents diuers haut & bas est portée ;
Dans le canal du Fleuue ils s'éleue auec bruit,
Vne colonne d'eau, qu'vn tourbillon conduit.
De l'vn à l'autre bord sa masse balancée,
Et comme par mesure également poussée,
Fait marcher deuant soy la vague & le boüillon ;
Et sur sa trace laisse vn écumeux fillon.
Elle flotte trois fois entre les deux riuages,
De menaces terrible, & cause de presage :

De là, d'vn flux soudain vers Damiette roulant,
Et de sa pesanteur, tout le Fleuue ébranlant,
Elle se perd enfin, & laisse par sa perte,
D'écume & de limon la riuiere couuerte:
　Ce prodige est suiuy d'autres plus étonnans :
En desordre les flots éleuez & tonnans,
Egalent de leurs bruits, ceux que fait dans la nuë,
L'ardente exhalaison par le froid retenuë.
Au tonnerre des flots il se mesla des cris,
Qui de crainte & d'horreur glacerent les Esprits.
Et l'on vit vn * Cheual de ceux que la Riuiere,
Nourrit dans les roseaux de sa moete carriere,
Qui presenta son corps sur la vague étendu,
Au sang de Muratan fraischement épandu,
Et leuant vers l'autel la teste auec audace,
Sur le marbre en sembla vouloir lescher la trace.
　A ces objets d'horreur, à ce terrible bruit,
Le Peuple épouuanté vers la Caire s'enfuit,
A la feüille pareil, qui vole de la teste,
D'vn chesne demy sec battu de la tempeste:
Ou pareil à ces flots qu'vn vent lasché du Nort,
En tumulte & bruyant roule contre le bord.
Mireme resté seul, prend tout à bon presage,
Confirme le Sultan, asseure son courage.
　Ton souhait, luy dit-il, Seigneur, est exaucé:
Le sang de Muratan n'est pas en vain versé,
Il a laué celuy qu'à repandu ton Pere,
Et de tes Oncles morts appaisé la colere:
Il a l'Estat branslant, par sa cheute affermy,
Et vaincu le Destin qui t'estoit ennemy.
Les Manes satisfaits cette offrande ont receuë,
I'ay du grand Saladin la grande Ombre apperceuë,
Elle agitoit les flots, & les flots agitez
Sembloient de son courage au combat excitez.
Et le puissant Demon qui le Fleuue gouuerne,
Sur les eaux paroissant dans vn liquide cerne,

Trois

LIVRE SIXIESME.

Trois fois a fait trembler la riue & le canal ;
Et du prochain deluge a donné le signal.
Tu le verras bien-tost, à vague débordée,
S'épandre auec fureur sur la plaine inondée ;
Iusques aux pieds des monts poursuiure l'Estranger;
Et d'vne mer soudaine en son Camp l'assieger.
 Il ajoûte à ces mots, d'autres mots qu'il murmure;
Du geste & de la voix ses Demons il conjure ;
Il frape sur la riue, il souffle sur les eaux,
Et pour les émouuoir fait des charmes nouueaux.
Cela fait, le Sultan vers le Caire s'auance,
Plus ferme de courage & plus fier d'asseurance.
Mireme l'accompagne, & luy met dans le cœur,
Auec vn nouueau fiel, vne nouuelle ardeur.
Sa rage s'en allume ; & sa rage allumée,
Est flame dans ses yeux, dans sa bouche est fumée.
 Comme vn Lyon captif, au Theatre exposé,
Quoy qu'auec le temps l'art l'ait appriuoisé,
Quand de cris & de coups son gouuerneur l'agasse,
Reprend auec l'orgueil, la fureur & l'audace ;
Romp chaisnes & barreaux, & les traisne apres soy;
Met le trouble au spectacle & le change en effroy :
Sur tout ce qu'on luy jette exerce sa colere ;
Tonne aueque la voix, auec les yeux éclaire ;
Et faute d'ennemis, bois & pierres hurtant.
Icy frape de l'ongle, & là porte la dent.
 Ainsi le vieux Sultan, sur les Chrestiens du Caire,
Prepare de sa rage vn essay sanguinaire.
Leurs Enfans par son ordre à la mort destinez,
Dans la tour du Palais, sont de force traisnez,
Il veut par vn honneur sacrilegue & tragique,
En faire à son Fils mort, vne offrande publique ;
Soit pour rendre par là celebre sa douleur ;
Et donner par le sang du prix à son mal-heur :
Soit pour associer tout vn Peuple à ses larmes:
Ou pour auoir des morts à mettre en nouueaux char-[mes.

H

De cette cruauté par tout s'épand le bruit :
L'horreur qui l'accompagne est accreu par la nuit
La Ville en est en dueil, les Peuples s'en étonnent;
Les places, les ramparts, les maisons en resonnent:
Le trouble est d'vne-part, de l'autre est la rumeur :
Des Peres affligez on entend la clameur :
Et les Meres d'effroy courent écheuelées,
Aux Gardes, aux Soldats, à leurs Enfans meslées.
A leurs pleurs Meledin prend vn cruel plaisir,
Et son cœur dans leur sang se baigne du desir:
Là dessus, le sommeil luy fermant la paupiere,
Sa pensée assoupie est encore meurtriere :
Son haleine menace ; & ses songes armez,
Sont au sang, au carnage, au supplice animez.

 Le Fleuue cependant éleué sur ses bornes,
Donne licence aux flots, qu'il pousse de ses*cornes:
Et les flots auec bruit de ses cornes poussez,
Passent victorieux sur leurs bords renuersez.
Autant que l'onde croist, autant décroist la plaine,
Sous le rapide cours de cette mer soudaine :
Routes, sillons, sentiers sont desia confondus;
Et les terres comme eux à l'eau se sont rendus.
D'vn charme imperieux la Lune suspenduë,
Semble donner signal à la vague épanduë;
Et pour enfler sa course, attirer de ses rays,
Et de l'eau des gazons, & de l'eau des guerets.
On ne distingue plus ny pré ny labourage ;
Le Fleuue ne veut plus de loy ny de riuage :
Et menace en brauant, canaux, digues & ponts,
De ne borner son lit, que des cimes de monts.

 Du iour & du trauail la belle Auantcouriere,
Se leue cependant & rentre en sa carriere :
Dans vn globe de feu le grand Astre la suit,
Et chasse deuant soy les restes de la Nuit.
Il semble à sa pasleur, que son Moteur s'étonne,
Du deluge nouueau qui l'Egypte enuironne.

LIVRE SIXIESME.

Il n'y remarque rien de ces debordemens,
Fecons & mesurez, qui regnent tous les ans ;
Quand l'Esté fait suer ces * montagnes chenuës,
Qui donnent à l'Hyuer retraitte dans les nuës.
L'Orison, qu'il auoit laissé si verdoyant,
Luy paroist au retour vn desert ondoyant. [Villes;
Tout nage autour des Bourgs, tout flote autour des
Prez & champs inondez sont deuenus mobiles :
Où la charruë alloit, où paissoit le troupeau,
La barque & le poisson suiuent le cours de l'eau :
Et les arbres surpris de si soudaines cruës
En vain pour se sauuer leuent les bras aux nuës.

Ainsi le Fleuue alloit par la plaine roulant,
Quant au gré de la vague vn vaisseau plat coulant,
Ramenoit à Memphis, du Sultan Melalime,
Qui regnoit en Damas, la Fille magnanime.
Dans le commun peril le Pere interessé,
Et de la mort d'Oxin mortellement blessé,
Du genereux Oxin, qui fut son Fils vnique,
Et que Bourbon tua dans vn tournois tragique ;
Auoit auec sa Fille, en Egypte enuoyé,
Vn renfort de Syriens à ses frais soudoyé.

La Princesse Almasonte, ainsi se nommoit-elle,
Quoy qu'elle fust vaillāte, autāt qu'elle estoit belle ;
Et qu'vn orgueil en paix, cōme en guerre vainqueur
Se fust mis dans ses yeux en garde pour son cœur ;
Iusqu'au cœur par les yeux auoit esté touchée,
D'vne flesche au hazard & sans dessein laschée :
Et l'autheur innocent du coup qui la blessa,
Son image en l'Esprit bien auant luy laissa :
Image tousiours viue & tousiours inherente,
Qui ramene Bourbon & Bourbon represente,
Soit à ses yeux ouuerts aux rayons du Soleil,
Soit à ses yeux fermez des aisles du Sommeil.
Cent fois dans les perils, de cette Ombre suiuie,
Elle chercha Bourbon, elle exposa sa vie ;

H ij

Et cent fois le succez manquant à son effort,
Elle ne pût trouuer, ny Bourbon ny la Mort.
  Dans le premier combat que les flotes donnerent,
Quand sur mer les Croissans & les Croix se choque-
Elle fit éclater le feu de sa valeur ; [rent;
La mer en écuma, la vague en prit couleur.
Depuis, à la descente, on la vit au riuage,
Resister aux François, luter contre l'orage ;
Et son cœur bien à peine aux flâmes se rendit,
Que le Ciel partisan des Croisez épandit.
Apres Damiette prise, elle fut jusqu'à Sienne, [ne;
Pour faire armer par tout contre la Gent Chrestien-
Et comme elle en venoit, le Fleuue débordé,
Luy cacha tout à coup le pays inondé.
  Elle approchoit du bord, où la Sœur & le Frere,
A la mort exposez par le barbare Pere,
Auoient de leur mal-heur aydé l'enchantement,
Qui portoit la Riuiere à ce debordement.
Quand elle voit de loin, comme vne tresse blonde,
Flottant à longs filets sur la face de l'onde.
Son pilote la suit, & de l'eau la tirant,
Tire vn corps demy-mort, & demy respirant.
D'vne soudaine horreur Almasonte ébloüie,
A cet étrange objet, demeure éuanoüie.
D'vn desordre pareil & d'vn pareil effroy,
Ses gens épouuantez, la rappellent à soy,
Elle reuient à peine, & de dueil éperduë,
Voit Zahide à ses pieds dans la barque étenduë.
  Le Tutelaire Esprit qui luy fut assiné,
Ministre du salut en son temps destiné,
Qui pour la garantir de la main de son Pere,
Fit agir l'amitié sur le cœur de son Frere ;
Et qui dans les perils, luy seruit tant de fois,
Contre les traits lancez d'inuisible panois ;
Quand du poids de son Frere & du sien attirée,
Elle tomba dans l'onde à sa mort preparée ;

LIVRE SIXIESME. 173

son ayde accourut, la deffendit des flots,
Et le moëte limon l'étendit en repos :
Et tout à coup luy fit de la vague ondoyante,
Autour d'elle voûtée vne liquide tente.
De là, sans l'éueiller sur l'onde il la poussa,
Au poinct que le vaisseau d'Almasonte passa ;
Et la remit aux soins de sa belle Parente,
De son mal-heur, autant surprise qu'ignorante.
  Almasonte en desordre à cet énenement,
Par ses pleurs, à ses soins donne commencement :
Le desespoir l'emporte, elle met en vsage,
Tout ce qu'apprend le dueil, & que dicte la rage :
Elle prend à party la Fortune & le Sort,
Elle accuse le Ciel & prouoque la Mort.
Puis, de douleur pressée & de larmes humide,
Elle colle sa bouche à celle de Zahide :
Et soit que de son cœur il sortit quelque esprit,
A quoy le cœur mourant de Zahide s'éprit ;
Soit qu'à ses doux soûpirs, quelques feux se mesle-
Qui cette ame étouffée à ses sens rappellerent ; [rent,
Zahide reuenuë ouure à regret les yeux ;
Souffre aueque dédain la lumiere des Cieux ;
Prend pour son Frere mort, Almasonte viuante ;
Luy parle d'vne voix plaintiue & languissante.
  Cher Muratan, dit-elle, en luy tendant la main,
Sommes-nous hors des loix de ce Pere inhumain ?
Pouuons-nous esperer malgré ses tyrannies,
De voir en ces bas lieux nos Ames réünies ?
Est-il apres la mort, ou des fers ou des feux,
Qui des chastes Amours rompent les chastes nœuds ?
A ces termes confus elle joint d'autres termes,
Capables d'atendrir les Ames les plus fermes :
Et des sens à la fin l'vsage recouurant,
Par les soins empressez qu'Amasonte luy rend ;
Tandis qu'elle s'afflige, & qu'elle se tourmente,
Apres son Frere mort, d'estre encore viuante :

H iij

Tandis qu'on la console, & qu'en la caressant,
Almasonte adoucit la douleur qu'elle sent ;
La vague qui se rend moins traittable & plus forte,
En depit du nocher loin du Caire les porte.

 Cependant les François par le Fleuue pressez,
Marchët sous leurs drapeaux, en corps & ramassez.
Le deluge suivy du trouble & du rauage,
N'abbat point leur esprit, n'éteint pas leur courage :
Leur retraitte est hardie, elle a de la fierté ;
Ils cedent sans desordre à la necessité :
Le flot sans les troubler, sur leur trace resonne,
Et sans les effrayer le peril les étonne.

 Du superbe Lyon l'orgueilleuse valeur,
Ainsi resiste aux coups & resiste à la peur,
Quand les Bergers armez deuant la bergerie,
En tumulte & sans art font teste à sa furie.
De l'éclair de ses yeux il répond à l'éclair,
Que font autour de luy les jauelots en l'air :
Il répond de sa voix, qui s'égale au tonnerre,
A la voix dont le cor luy declare la guerre.
Mais si pour l'arrester, les Bergers repoussez,
Font vn feu de fagots en desordre amassez ;
Plus surpris qu'effrayé, son audace il arreste,
Sans détourner le cœur il détourne la teste :
Sa démarche est terrible ; & l'orgueil qui le suit,
D'vne fiere clarté par ses regards reluit.

 Au delà de * Tafnis, vne riche colline,
S'éleue en commandant à la plaine voisine.
Son faiste fut jadis couronné d'vn Palais,
Que le pudique * Hebreu fit bastir à grands frais ;
Et qu'il accompagna de maisons destinées,
A garder les moissons des * sept grasses Années,
Qui de leurs * maigres sœurs, dans la necessité,
Soustinrent la disette & la sterilité.

 De ces hauts bâtimens les superbes reliques :
Etalent par morceaux les Histoires antiques :

LIVRE SIXIESME.

Adam s'y voit tout ieune, & par les ans vsé;
Le Serpent imposteur à ses pieds est brisé:
Et dans le marbre mort, son image sans vie,
Semble avec son poison répandre son enuie.
Là le * Frere innocent & le Frere assassin,
Egalement cassez ont vne égale fin: (de,
Le Temps qu'aucun respect, qu'aucun deuoir ne bri-
A fait de tous les deux vn second homicide.

Icy du Ciel ouuert vn deluge épandu,
Déborde à longs ruisseaux sur le Monde éperdu:
La pierre y fait aux yeux tous les effets de l'onde,
Elle roule, elle écume, elle s'enfle, elle gronde:
Et les Peuples noyez, encore apres leur mort,
Flottás sans mouuemēt, semblent chercher le bord.

Là, les foudres en pluye & la tempeste ardente,
Tombent avec éclat sur Sodome brûlante:
Le marbre & le porphyre ont du feu la couleur,
Il paroist mesme à l'œil qu'ils en ont la chaleur:
Et sans se consumer, la matiere allumée,
Semble jetter le souffre & pousser la fumée.

Le Pere des Croyans ailleurs representé,
Immole son espoir & sa posterité:
La pierre en mesme temps pitoyable & seuere,
Est tendre dans le Fils, est forte dans le Pere:
Et sous vn mesme coup, d'vne mesme froideur,
L'vn sa teste soûmet, l'autre soûmet son cœur.

D'autre-part, de Iacob les figures cassées,
Se trouuent par éclats à terre renuersées:
Et tout ce qu'eut Ioseph de gloire & de vertu,
Par les ans effacé, par les ans abbatu,
Ne fait plus qu'vn amas d'Histoires démolies,
De Mysteres brisez, d'Images abolies.

Les François poursuiuis de l'ennemy grondant,
Qui sur leurs pas alloit la campagne inondant,
Marchent vers ce costeau, qui contre le déluge,
Leur presente de loin sur sa croupe vn refuge.

H iiij

Le Camp se fut à peine à ce poste rendu,
Le Pauillon Royal à peine fut tendu,
Que les flots écumans à la colline accourent;
Et d'vn siege sans ordre aueque bruit l'entourent.
Ils l'attaquent de force, ils battent ses costez;
Ils montent à l'assaut, l'vn sur l'autre portez.
Leur courroux pousse au loin le bruit de leur menace;
Leur but est d'abismer, ou d'abbatre la place:
Et ne pouuant si haut leur fureur éleuer,
Ils semblent en tombant de dépit se creuer.

   Le Soldat étonné de cette étrange guerre,
Des yeux & de l'espoir en vain cherche la terre:
Il ne voit qu'vn espace ondoyant & desert,
Où s'égarent ses yeux, où son esprit se perd:
Il ne voit que peupliers & que palmes nayées,
Qui leuent en tremblant leurs testes effrayées:
Et ne découure au loin, où son regard s'étend
Qu'vne mort asseurée, & qu'vn tombeau flottant.
Vn si vaste peril, & de si grande montre,
Où de tous les costez la terreur se rencontre,
Par les cœurs les plus grands ne se peut mesurer;
Et ne laisse aux esprits aucun lieu d'esperer.

   Là des plus asseurez s'ébranle l'asseurance;
Les vaillans ont en vain recours à leur vaillance;
L'adresse de l'adroit & la force du fort,
Ne parent point aux coups de cette longue mort.
Leur dépit est de voir, qu'vne si belle vie,
Sans combattre leur soit sous les armes rauie:
Et qu'vn Camp de Heros, qu'vn Peuple Conquerát,
Meure comme vn troupeau traisné par vn torrent.

   L'vn se plaint à sa lance & l'autre à son épée,
Tant de fois dans le sang des Barbares trempée;
Et regrette, qu'obscure & froide à son costé,
Elle tombe auec luy sans bruit & sans clarté.
L'autre auprés du Coursier, qui fut en tant de Lices,
L'aide de ses combats & de ses exercices,

LIVRE SIXIESME.

Se plaint d'auoir perdu par le débordement,
La matiere & le lieu d'vn noble monument.
L'animal braue & fier que cette plainte touche,
Luy répond en jettant l'écume de la bouche;
Sa réponse se mesle au bruit que fait son frein:
Et d'vn noble dépit son pied bat le terrain.

Il en est, qui portez d'vne inutile audace,
Tendent contre les flots les bras auec menace;
Mais les flots menacez, au lieu de reculer,
Aueque plus d'effort semblent contre-eux rouler.
Dans ce peril commun, la vaillance contrainte,
Et le sés en desordre, ont leur trouble & leur crainte:
Et ceux qui craignent là, de perir dans les eaux,
De cent palmes ailleurs joncheroient leurs tôbeaux:
Et sous des tourbillons de cailloux & de fléches,
Par des torrens de feu, que vômiroient des bréches,
Iroient la teste haute, & le cœur asseuré,
Acquerir vn trépas d'vn beau titre honoré.

Le seul Esprit du Prince au deluge surnage,
Et sur tous les perils éleue son courage.
Affermy sur la base où l'établit sa Foy,
Il voit du Monde émeu le trouble autour de soy;
Et pourroit voir encor aueque la tempeste,
Les Cieux desassemblez éclater sur sa teste.
Il se rend aux quartiers, où les communs besoins,
Appellent sa prudence, & demandent ses soins:
Et par tout, son exemple aidé de sa parole,
Rasseure les craintifs & les tristes console.

Compagnons, leur dit-il, où sont ces braues cœurs,
Qui des Vēts & des Mers, qui des Mōstres vainqueurs,
Deuoient mener aux yeux de la France étonnée,
L'Afrique prisonniere & l'Asie enchaisnée?
Où s'est éteint ce feu, dont l'éclat & l'ardeur,
Menaçoient du Croissant l'infidele grandeur?
Nous reprochera-t-on qu'apres tant de conquestes,
Vn Camp vainqueurs des Mers, vainqueurs de leurs tempestes.

H v

Ait aueque l'espoir le courage perdu,
Au bruit vain d'vn torrent de son lit épandu ?
Quittez cette frayeur, reprenez l'esperance,
Iugez plus dignement du destin de la France.
L'Ange qui le gouuerne a les bras assez forts,
Pour ranger au plustost ce fuyard dans ses bords.
Il tint bien autrefois, pour la Race Iuisue,
Dans son propre canal la Mer rouge captiue ;
Et de flots escarpez, & par son bras fendus,
Luy bastit des rampars bruyans & suspendus.
Le temps n'a rien changé de ses forces premieres :
Ce qu'il est sur les Mers, il l'est sur les Riuieres :
D'vn petit soufle, il peut le deluge secher ;
De la vague affermie il peut faire vn rocher.
Il vous doit souuenir, quelle celebre auance,
Pour sauuer nostre Flotte, il fit de sa puissance ;
Lors que malgré les Vents, sans l'art des Matelots,
Il l'arracha de force à la fureur des flots.
Depuis armé, d'éclairs, & porté sur l'orage,
De Sarrasins deffaits il joncha le riuage :
Et poussant la tempeste & le feu deuant soy,
Dans Damiette il porta la déroute & l'effroy. [faire,
Ces grands coups qu'il a faits, de ses grands coups à
Sont vn essay fameux, sont vn noble exemplaire.
Mais, si par vn secret inconnu des Humains,
Dieu suspend son pouuoir, & luy retient les mains ;
Et si de ce Conseil eternel & supréme,   [me,
L'ordre est, que nous passions par vn second Baptes-
Qu'importe, Cōpagnons, qu'il soit de sang ou d'eau ?
L'eau peut oindre vn Martyr, peut sacrer vn tōbeau :
Il s'en peut teindre au Ciel vne Pourpre immortelle ;
Et non moins que du sang, la couleur en est belle.
Du Cheualier Chrestien, la plus haute vertu,
N'est pas de massacrer l'Infidelle abbatu ;
De noyer dans son sang les Lunes étouffées ;
Et de Turbans captifs eriger des trophées :

LIVRE SIXIESME.

Elle est de se roidir contre l'aduersité;
De se faire vne iuste & noble fermeté;
D'estre soûmis à Dieu, quelque destin qu'il donne,
Et prendre en gré, de luy, soit peine, soit couronne.
Le Tartare, l'Arabe & le Turc peuuent bien,
Vaincre aueque le fer non moins que le Chrestien:
Mais de vaincre en souffrant, c'est la seule victoire,
Qui d'vn Heros Croisé doit couronner la gloire.
De semblables discours Louys soustient le cœur,
De ses gents assiegez du Fleuue & de la peur.
La nuit qui vient alors plus obscure & plus trouble,
Cache aux yeux le peril, & la crainte en redouble.
Les tenebres, l'horreur, le battement des flots,
Appellent tout d'vn temps & chassent le repos.
Mais le Sommeil enfin conduit pa le silence,
Du tumulte & du bruit calme la violence.

REMARQVES.

* *Les Ministres d'Isis*, pag. 121. Isis estoit vne des fausses Diuinitez de l'ancienne Egypte.
* *Vn cheual de ceux*, pag. 168. Vn Monstre demy cheual, & demy poisson. Le Nil en nourrit de cette nature, & on les appelle Hippopotames.
* *Pousse de ses cornes*, pag. 170. Tous les anciens ont donné des cornes aux Fleuues: & plusieurs les representoient auec vne teste de taureau.
* *Ces montagnes chenuës*, pag. 172. Ce sont des Montagnes d'Ethiopie presque tousiours couuertes de neige: & quelques-vns croyent que le Nil se deborde, quand ces neiges se fondent aux grandes chaleurs de l'Esté.
* *Au delà de Tafnis*, pag. 174 Tafnis est vne Ville de l'ancienne Egypte, dont il reste peu de chose.

H vj

* *Le pudique ebreu pag.* 174. C'est Ioseph fils de Iacob.
* *Des sept grasses années pag.* 174. Ce sont les sept années d'abondance, representées à Phaon par sept vaches grasses.
* *De leurs maigres Sœurs pag.* 174. Ce sont les années steriles.
* *Là le Frere innocent pag.* 172. Abel & Cain.

SAINT LOVYS
OV LA
SAINTE COVRONNE RECONQVISE.

LIVRE SEPTIESME.

'AVBE bien-tost apres, d'vne clef de vermeil,
Rouure de l'Orient les portes au Soleil:
Le iour qui se répād par ces portes ouuer-
De feloūques fait voir les cāpagnes couuertes : [tes,
Et le François s'étonne, à cet objet nouueau
De voir l'eau sur la terre & des troupes sur l'eau.
Rome vit autresfois de semblables miracles,
Lors que dans ces * Enclos destinez aux Spectacles,
Il se representoit à ses yeux étonnez,
Des Fleuues faits par art & par art gouuernez.
Il se voyoit des mers couler par des portiques ;
A ces mers succedoient des forests domestiques ;
Et dans vn mesme parc, où des vaisseaux flottoient
Auec des Elefans les hommes se battoient.

Vn theatre plus vaste & plus estrange encore,
Est ouuert aux François, au retour de l'Aurore.
Mille batteaux poussez du Fleuue débordé,
Couurent d'vn Camp flottant le pays inondé :
A leur nombre, à leur ordre, à leurs files pressées,
Ils paroissent de loin des citez balancées.
Où l'on a veu le soc les guerets sillonner,
La rame auec effort fait les flots boüillonner :
Et le bois écumans s'ouure aueque la proüe,
Des chemins autrefois ouuers auec la roüe.
Le terrible concert de cors & de clairons,
S'accorde au bruit confus que font les auirons :
D'vn effroyable accent les Echos leur répondent;
Et les flots animez long-temps apres en grondent.
Les éclairs dont l'acier répond à ceux du iour,
De feux longs & soudains tranchết l'air d'alentour :
Et des troupes sur l'eau, les images coulantes, [tes.
Semblent aux yeux trompez d'autres troupes flotan-
 Les Sultan Meledin veut que cét armement,
Contre ses Ennemis ayde à l'enchantement ;
Et luy-mesme embarqué, le conduit en personne,
Au carnage du Camp que le Fleuue enuironne.
Des forces du Leuant mille batteaux chargez,
Voguent sous diuers Chefs, par Escadres rangez :
Le vaillant Forcadin de ces barbares troupes,
Conduit le premier Corps formé de cent chaloupes.
 Depuis ce * Philistin si fier & si vanté,
Qui fut par vn Enfant Chantre & Berger domté,
Le Nil ny le Iourdain, le Tigre ny l'Euphrate,
Où regne tant d'audace, où tant d'orgueil éclate,
N'auoiết point vû marcher en armes sur leurs bords,
Vn Esprit plus hautain dans vn plus vaste corps.
Sur son casque, vn Dragon terrible de menace,
Superbe de matiere, exprime son audace.
Et sur son grand pauois, vn roc qui va dans l'air,
Affronter le tonnerre, & prouoquer l'éclair,

LIVRE SEPTIESME. 185

Tandis qu'il foule aux pieds les vagues & l'orage,
Est de son arrogance vne orgueilleuse image.
Aussi c'est à regret, c'est aueque dédain,
Qu'il preste a cet exploit son courage & sa main :
Le François assiegé des eaux & par des charmes,
Luy semble vn Aduersaire inégal à ses armes.
Le peuple de Suez encore glorieux,
De la taille & du nom des * Geants ses ayeux,
Accompagne en bon ordre, & d'vne mine altiere,
D'vn Chef si renommé la superbe banniere.

 Apres, cent Cheualiers de la * Ville au Soleil,
Celebre par * l'Oyseau sans sexe & sans pareil,
Suiuent Elmeradan, dont les armes dorées,
Sont du chiffre d'Oxane en argent figurées.
Fou, qui croit, que les traits qui luy seront jettez,
A ses pieds tomberont, de ce chiffre enchantez :
Et fou, qui preuenu d'vne foy si profane,
A promis vn trophée à la porte d'Oxane.
Tous ceux de son Escadre & braues & galans,
Ont le harnois couuert de feux peints & volans ;
Et tous, sur le cimier, portent au lieu de plume,
L'Oyseau * que le Soleil ressuscite & consume.

 Apres suiuent les Corps belliqueux & hardis,
De Thebes si peuplée & si vaste jadis :
Leur drapeau principal tissu d'or & de soye,
L'image d'vne Ville, * à cent portes déploye.
Leur Chef Filmelansir, grãd de corps, grãd de cœur,
D'Euilat en duel venoit d'estre vainqueur,
Du jaloux Euilat, dont le fer parricide,
Auoit esté trempé dans le sang d'Elgatide.
Mais ce laurier n'est pas vn remede à son dueil ;
La tristesse paroist meslée à son orgueil ;
Et sur son étendart vne * Hermine égorgée,
Represente l'amour de son ame affligée.

 Ainsi par sa douleur son courage croissant,
Et par son desespoir sa valeur s'aigrissant ;

Il va d'vn cœur égal au cœur de la Lyonne,
Qui fiere du dépit que sa perte luy donne,
Apres ses faons rauis, le rauisseur poursuit ;
Ne redoute du fer ny l'éclat ny le bruit ;
Et vu de autant d'espoir que de crainte, n'essaye,
Qu'à perir fierement & d'vne grande playe.
  Ceux d'Abyde, où Ioseph eut son premier cercueil,
Egalent les Thebains le courage & l'orgueil ;
Et marchent en vn Corps, auec ceux de Bubaste,
Où de l'Antiquité l'ombre est encore vaste ;
Et des Siecles passez les trauaux sourcilleux,
Encore en leurs débris paroissent orgueilleux.
De masses & d'escus ces Nations armées,
Et d'vn zele barbare au combat animées,
Marchent sous le Drapeau du traistre Almutasin,
Qui de Chrestien qu'il fut deuenu Sarrasin,
Pour suiure vne Fortune errante & sans tenuë,
Pour les embrassemens d'vne mobile nuë,
Auoit quitté l'espoir de ce grand Auenir,
Où le Bien est solide & ne doit point finir.
De la foy des Chrestiens implacable aduersaire,
Et de la folle erreur zelateur sanguinaire,
En quelque part qu'il aille, il fait suiure apres soy,
Vn attirail d'horreur, vne montre d'effroy.
Cent testes de Martyrs, sont sur de longues piques,
Autour de sa maison des spectacles tragiques :
L'insolente Commune en passant les maudit ;
Le Ciel leur spectateur à leur gloire applaudit ;
Et les Anges en garde, & veillans autour d'elles,
Les parent tous les soirs de lumieres nouuelles.
  La bataille succede à ce Corps auancé ;
Tout le Fleuue en gemit, par les barques pressé ;
Et l'onde auecque bruit de l'auiron battuë,
Escume sous les coups, sous le faix s'éuertuë.
A la pointe Elgasel, suiuy de vingt vaisseaux,
Semble donner chaleur & mouuement aux eaux.

Sa taille est d'vne tour, & l'ondoyante plume,
Qui luy couure la teste & son armet allume,
Roule, voltige, éclate, ainsi que font ces feux,
Qui luisent au sommet d'vn Phare sourcilleux.
Sa troupe qui ne sçait ny ployer, ny se rendre,
Choisie en la Cité que bastit Alexandre,
La grande targe au bras, le grand sabre au costé,
Fait montre de valeur, de luxe, de fierté.

Ceux du Camp de Bochir joints à ceux de Rosette,
Ont tous la demy-pique, & l'armure complete:
Ils suiuent Gorgadan, le celebre Iousteur,
Dont le harnois charmé par Hemir l'Enchanteur,
Sous le fer émoulu, plus ferme qu'vne enclume,
S'étonnoit aussi peu d'vn dard que d'vne plume.

Ceux de Nicie vnis à ceux de l'Isle d'or,
Font vn Corps commandé par le ieune Elzamor.
D'Erminde, à son départ, les pleurs en vain coulerêt;
Et de ces pleurs en vain ses armes degoutterent:
Aussi peu que le fer, son cœur s'en échauffa;
De douleur en ses bras Erminde en étouffa:
Et le dernier soûpir qui termina sa plainte,
Laissa de son amour la flame en l'air éteinte.

Ceux de Damiete apres, dépitez & confus,
De l'onde auec cent bras precipitent le flux:
De leur triste Patrie abbatuë & captiue,
Iour & nuit apres eux, l'Ombre errante & plaintiue,
Leur fait voir de son front le Croissant arraché,
Et le joug des François à sa teste attaché.
Cette vaine Ombre allume vn feu dãs leur courage,
Qui les porte à vanger leur honte & leur dommage.
Olgand fils d'Almondar, qui fut par la vertu,
Du François Conquerant sous Damiette abbatu,
A leur teste auancé, de la mine menace;
Soustient d'vn grand dépit, vne plus grande audace;
Et par vœu solennel, du saint Prince promet,
Au tombeau d'Almondar la cuirasse & l'armet.

A ce barbare vœu les flots charmez répondent ;
Les Demons conjurez d'vn bruit sourd le secondét:
Et le celeste Garde à Louys destiné,
Qui découure de loin ce concert forcené,
Se sit du vin Olgan, & ses armes appreste,
Pour détourner l'effet de son vœu sur sa teste.

 Ceux de Tanes en suite, & du pays voisin,
Marchent sous le Drapeau du Vieillard Ormasin,
Qui vert en sa vieillesse, & droit sous la cuirasse,
A la neige des ans, joint le feu de l'audace :
A ces chesnes pareil, qui chenus & couuers,
De la froide toison qu'épandent les Hyuers,
Des bras encore forts, & fermes de la teste,
Luttent contre les vents & contre la tempeste.

 Apres eux le Sultan se voit enuironné,
Du Corps des * Mammelus à sa garde ordonné.
D'origine Chrestiens, Circasses de naissance,
Enleuez & vendus dés leur premiere enfance,
En suite, par l'vsage & les ans aguerris,
A la porte du Prince & sous ses yeux nourris,
Aux Corps de la Milice ils fournissent des testes;
Ils fournissent des bras à toutes les conquestes :
Et le Corps de l'Estat, fait par leur petit Corps,
Ses plus grands mouuemens & ses plus hauts efforts.

 Esedin qui commande à cette trouppe illustre,
A peine encor enfant, comptoit le second lustre,
Quand par ruse, du sein de sa mere arraché,
Et par ruse à la Loy du Croissant attaché,
Il joignit tant de force à la fleur des années ;
Il vit ses actions si souuent couronnées ;
Et fit monter si haut sa conduite & son cœur,
Qu'en commun la Fortune aueque la Valeur,
A son auancement de concert conspirerent,
Et de leurs bras vnis à ce rang l'éleuerent.
Encore n'est-il pas satisfait de ce rang ;
Il se destine au * Throsne vn chemin par le sang.

Et pour le couronner, la Fortune elle-mesme,
D'vn Turban déchiré luy fait vn Diadême.
Mais elle-mesme aprés de ses mains filera,
Le funeste cordeau dont on l'étranglera.
   Cent Braues de renom marchent sous sa banniere,
Dont l'étoffe est superbe & la Deuise altiere.
Là sont les deux iumeaux Adragut & Brinel,
A qui le fer ouurit le ventre maternel :
On y voit Sifredon le grand Caualerisse,
Qui ne sortit iamais que vainqueur de la Lice :
Brondicart le Pyrate, Orfadin le Iousteur,
Misaferne qui fut des Taures le domteur,
L'Escrimeur Ormadur, dont la terrible épée,
De quelque mort nouuelle est chaque iour trempée:
Rogadan, dont l'orgueil foule toutes les loix,
Soit celle du Croissant, soit celle de la Croix :
Gorasel, Euilat, Elipran, Gormadasse,
Tous fameux en conduite & fameux en audace :
Et cent autres d'adresse & de force puissans,
Dont les noms mesmes sont hautains & menaçans.
   Au milieu de ce Corps, Meledin dans sa barque
Marche auec l'appareil d'vn barbare Monarque.
A quatre anneaux d'argent quatre Esclaues liez,
Et sous le riche faix de leurs chaisnes pliez,
Par regle & de concert battent l'eau qui murmure,
Et la font sous la rame écumer de mesure.
D'vn bois rare & de prix le vaisseau façonné,
De la pouppe à la prouë est d'argent couronné.
Vne Aigle de vermeil éployée à la prouë,
Et muë au mouuement du flot qui la secouë,
Voltige sans partir, & semble en s'éleuant,
A faute d'ennemis s'éprouuer sur le vent.
Vn ciel fixe & tendu, qui suit le cours de l'onde,
D'vne étoffe brillante & d'vne forme ronde,
Eleué sur la poupe & semé de rubis,
Au Sultan fait vn ombre éclatante & de prix.

Luy couuert d'vn harnois de matiere semblable,
Mesl: au grand le terrible, au riche l'effroyable;
Et confondant le lustre aueque la fierté,
Se fait vne barbare & triste maiesté :
Au Comete pareil, dont la lueur fatale,
Des presages de mort aueque pompe étale;
Et fait autour de soy briller auec horreur,
D'vn funeste auenir la montre & la terreur.

 Des Peuples du Leuant les Corps auxiliaires,
Venus pour s'opposer aux communs Aduersaires,
Apres le Corps Royal, marchent sous leurs Dra-
Qui font vne forest volante sur les eaux. [peaux,
L'Escadre des Persans qui de richesse éclate,
Marche sous l'Etendart du triste Oromondate.
D'amour & de chagrin son Esprit trauersé,
Est de deux traits aigus également percé.
L'Ombre pasle d'Almire en son cœur dominante,
Et deuant sa pensée incessamment errante,
Sur son front refleschit vne sombre pasleur,
Qui malgré son courage exprime sa douleur.
Preuenu d'vn faux bruit semé par Ofrasie,
Et rongé d'vne iniuste & folle jalousie,
Quoy qu'opposast l'amour, quoy que dist la raison.
Il auoit fait mourir Almire de poison.
Mais aueque le temps la verité connuë,
De la noire imposture a dissipé la nuë :
L'innocence étouffée a repris sa clarté ;
Et d'Almire sans corps le Phantosme irrité,
Reuient toutes les nuits aueque les Furies,
Tourmenter son Esprit d'affreuses resueries.

 Les Arabes voisins, en deux Corps diuisez,
Marchent apres deux Chefs également prisez.
Albugar conduit ceux des Nations errantes, [tes;
Qui n'ont ny loix, ny mœurs, ny demeures constan-
Et font sur leurs chameaux dans vn Desert roulant,
De leurs * Bourgs portatifs comme vn Estat volant.

LIVRE SEPTIESME.

Les Fixes, Habitans de la contrée heureuse,
Où la Terre est toûjours parée & plantureuse,
Suiuent Albigasel, qui se tient glorieux,
De conter Mahomet au rang de ses Ayeux.
Vn crespe à cent * plis vers qui sa teste enuironne,
Au sens des Sarrazins luy vaut vne Couronne :
Et le fameux tombeau du Prophete trompeur,
Qui d'vne pestilente & fatale vapeur,
A de tout l'Orient étouffé la lumiere,
D'vn ouurage de prix brodé sur sa banniere,
Des troupes d'alentour attire tous les yeux ;
Et les Braues du Camp les plus audacieux,
Qui jamais n'ont ployé sous vent, ny sous tempeste,
Inclinent deuant luy les armes & la teste.

De ce noble climat, où le lit du Iourdin,
Aux pieds de cent palmiers fait vn fertile bain,
Le jeune Bridezel huit cens Archers amene :
Et Robazane autant de cette grasse plaine,
Où le superbe Euphrate en majesté coulant,
Son tribut vers la Mer va sans trouble roulant.

Mille Turcs naturels conduits par Muleasse,
De leurs cœurs, par leurs yeux font éclater l'audace.
Des monts Scythes jadis leurs Peres descendus,
Et jusques sur les bords de l'Euphrate épandus,
Pareils à des torrens, la Syrie inonderent ;
Et l'Empire Persan de leur choc éblanlerent.
Le Soleil * des Sophis si grand & si fameux,
En desordre & troublé recula deuant eux :
Et sa retraite fut vn infaillible augure,
Que contre la coustume & contre la Nature,
La * Lune quelque iour, au Leuant regneroit ;
Et de son ascendant le Soleil chasseroit.

D'vn si grand auenir l'illustre & noble auance,
Donne au vain Muleasse vn haute esperance :
Il porte sur le bras dans vn puissant pauois,
Ses Neueux en metal, en petit de grands Rois,

Il porte des citez, des flottes, des victoires,
Et d'vn Empire à naistre, en dessein les Histoires.
De ces originaux qui ne sont pas encor,
Les portraits precieux sont ciselez en or.
La Fortune Ottomane auant qu'elle soit née,
Desia par la Victoire y paroist couronnée ;
Et desia sur les bords, où le grand Constantin,
De * la seconde Rome establit le destin ;
De Tribunaux rompus, d'Enseignes renuersées ;
De Sceptres de Roys morts, de Couronnes cassées,
Vn Throsne elle se fait, sous quoy les Potentas,
Sous qui les Nations tiennent la teste bas.
Bizance est là captiue, & la Thrace à la chaisne :
La Grece déchirée & sanglante s'y traisne :
La Crete qui redoute vn pareil traittement,
Se cache de frayeur dans l'humide Element.
La Sicile prés d'elle, & plus loin * Parthenope,
Rampart, mal asseuré de la tremblante Europe,
Au Lyon * Venitien de peur tendent les bras :
Et le Lyon luy-mesme, apres tant de combas,
Quoy que puissant de force, & braue de courage,
De la Chipre chassé rugit sur son riuage.
Les Aigles cependant du Danube & du Rhin,
Volent à son secours du haut de l'Apennin.
Le iour paroist noircy de l'ombre de leurs aisles ;
L'air en est agité, le vent siffle apres elles ;
Et toute l'Alemagne attentiue à leur bruit,
De l'espoir & des yeux au combat les conduit.
Mais les vnes en trouble, & les autres blessées, [sées.
Sont par les Chasseurs Turcs dans leurs nids repous-
La France suruenant, braue & pleine de cœur,
Arreste les progrez du Barbare Vainqueur.
De là portant la Croix & les Lys au Bosphore,
Romp la corne au Croissant que l'Orient adore :
Et fait sur le debris des Serrails embrasez,
De sang Turc vne offrande au Dieu des Baptisez ;

D'vn

LIVRE SEPTIESME.

D'vn art ingenieux & d'vn trait prophetique,
De ces euenemens la montre magnifique,
Par Olgan fut grauée en ce riche pauois,
Quand les Turcs débordez pour la premiere fois,
De leurs vastes Deserts au Leuant s'épandirent,
Et le pas de l'Asie à leur Fortune ouurirent.
Ortogules * depuis du Sceptre s'emparant,
Prit auec ce Bouclier l'esprit de Conquerant ;
Et là, son Frere armé pour la cause commune,
De ses Neueux, en luy, croit porter la fortune.
Mais tous ces Braues d'or qui pendent à son bras,
De la main de Louys ne le saueront pas.

L'Arriere-garde suit, moins nōbreuse & moins forte,
Par l'ondoyante route où la vague la porte.
Secedon grand de sens, & plus grand de valeur,
De ce troisiesme Corps est la teste & le cœur :
Et tant d'Esprits diuers, qui sous le sien s'vnissent,
Non moins que par ses soins, par son sens s'aguer-
De l'Arabe Agezel, qui dez ses ieunes ans, [rissent.
Luy predit qu'il mourroit au Thrône des Sultans,
Le presage ambigu, reieue en sa memoire,
Des Spectres de grandeur & des Ombres de gloire :
Et de ces vains objets son cœur enuironné,
Est Monarque en desir, & d'espoir couronné.
De la grande Memphis les Communes hautaines,
Font au front de ce Corps les braues & les vaines :
Leurs bateaux de tapis & de festons ornez,
Semble moins au combat qu'au triomphe menez :
Et dans leur Etendart la * Sphinx representée,
Contre leurs Ennemis paroist estre irritée.

Ceux de Busire apres, vont armez de longs bois,
Meslez aux Massorins qui portent le carquois.
Drogasse les conduit, le sourcilleux Drogasse,
Qui d'vn viuant Colosse a la montre & la masse.
La chalouppe sous luy gemit, toutes les fois,
Que de son vaste corps il meut l'énorme poids :

I

Et d'vn fardeau si lourd les vagues oppressées,
Font ployer l'auiron dont elles sont poussées.
D'vn Serpent autrefois terrible & renommé,
Qui sur le bord du Nil, par luy fut assommé,
Le cuir vert & luisant, & l'écaille dorée,
Luy seruent sans acier d'vne armure acerée.
Et le muffle du Monstre en salade formé,
Et d'vn double rubis au dedans allumé,
Semble du feu qu'il jette, & des dents qu'il auance,
Des plus braues François deffier la vaillance.

   Ceux d'Ostracine apres, à force de ramer,
Font l'auiron gémir & la vague écumer :
Le faix de leurs harnois retarde leurs chaloupes,
Qui suiuent lentement le train des autres troupes.
Azel qui les gouuerne, aussi fougueux que vain,
Presse les matelots des yeux & de la main :
Et si l'ordre étably ne regloit son courage,
Il sauteroit dans l'onde, & passeroit à nage.

   Sur la fin, les Sienois qui font le dernier Corps,
Suiuent en des bateaux & plus longs & plus forts :
Auec eux les Cousans joint à ceux de Barbande,
Marchent sous l'Etendart d'Ofrin qui les cōmande.
Le Barbare nasquit en la noble Cité
Où le Soleil tournant au * Tropique d'Esté,
De traits à plomb lancez, chasse toutes les ombres,
Soit des plus hautes tours, soit des puits les plus som-
Naissant il apporta six dents & douze doits ; [bres.
Le bruit du Ciel émeu n'égale point sa voix ;
Il arrache d'vn bras les arbres de leur place ;
Des rochers qu'il secouë il fait bransler la masse :
Et le trait emplumé qu'vn Turc décocheroit,
A sa course en volant à peine arriueroit.
Mais ny force de bras, ny puissance de charmes,
A ses bras ajoustez, ajoustez à ses armes,
Ny tout ce qu'Abubal sur son corps mumura,
Quand du flanc maternel sanglant il le tira,

LIVRE SEPTIESME.

Ne le sauueront point de la Mort qui s'appreste,
A faire sur la poudre vn joüet de sa teste.
 Le Camp des Sarrasins en cét ordre marchoit ;
Et du Camp des François en vogant approchoit.
Du fer étincelant les terribles lumieres,
En éclairs redoublez s'y rendent les premieres :
Les voix de cent clairons qui font retentir l'air,
Y vont bien tost apres les lumieres du fer :
En suite des Drapeaux les toiles ondoyantes,
Des armes à long bois les forests menaçantes,
Et des vaisseaux enfin l'ordre & les rangs diuers,
Aux yeux des Assiegez sont à plein découuers.
A ce nouueau peril égal à leur audace,
Leur courage reprend son assiete & sa place :
Leur vertu se releue, & leur cœur r'affermy,
Par leurs yeux éclatant se montre à l'Ennemy.
 De mesme en ces Desers, où l'Afrique halée,
Des ardeurs du Soleil en tout temps est bruslée,
Dans vn Parc le Lyon par le Maure enfermé,
Apres auoir en vain force & voix consumé ;
Abatu sans combat, se couche sur le sable ;
Perd de ses yeux changez l'éclat épouuentable ;
Et semble en soûpirant, se plaindre de son sort,
Qui luy donna vne lasche & languissante mort.
Mais de si loin qu'il voit venir vn aduersaire,
Son audace éueillée éueille sa colere ;
La lueur de l'acier dans ses yeux, dans son cœur,
De ses feux assoupis r'allume la chaleur :
Et sa terrible voix répond d'vn long tonnerre,
Au bruit que fait sa queuë en l'air & sur la terre.
 Louys, qui de ses gents de la sorte animez,
Voit la mine hardie & les cœurs enflamez ;
Les prepare au combat, & va de bande en bande,
Offrir à leur valeur ce qu'elle luy demande.
 L'Ennemy, leur dit-il, Compagnons est venú,
Par vos vœux souhaité, par vos vœux obtenu,

I ij

Il vous ouure à la Gloire vne nouuelle Lice :
Des armes & des bras il vous rend l'exercice :
Et redonne à vos cœurs, auec le mouuement,
L'espoir de meriter vn fameux monument.
Entrons en cette Lice, allons à cette Gloire :
La Mort mesme par là conduit à la Victoire.
Icy nostre valeur n'est pas comme autrefois,
Vne valeur de montre, vne vertu de choix :
Entre ce grand deluge, & ce grand Auersaire,
Non moins que le mourir, le vaincre est necessaire.
L'Egypte auec le fer, le Nil auec les eaux,
Tout vn monde flottant d'hommes & de vaisseaux,
En vn corps assemblés pour nous faire la guerre,
Nous ont osté l'espoir, nous ont osté la terre :
Et l'onde qui nous suit auec tant d'orgueil,
Semble vouloir encor nous oster le cercueil.
Mais la haute valeur & l'heroïque audace,
Ont icy pour s'étendre vne assez iuste place :
Et malgré le deluge, il nous reste du lieu,
Pour vaincre, pour mourir, & pour aller à Dieu.
Vn espace plus grand, ouuriroit à la fuite,
Plus de lieu qu'au courage, & plus qu'à la conduite.
Conseruons seulement ce qui nous est resté ;
Et n'y laissons entrer ny peur ny lascheté.
Si nostre course icy doit estre terminée ;
Sortons par vne porte illustre & couronnée :
De nos cendres vn iour, des lauriers germeront,
Où nos noms renaissans à iamais fleuriront.
Souuent la courte vie est la plus grande en gloire ;
Et de la pronte mort, naist la longue memoire.
Pouuons-nous éleuer plus haut nostre vertu,
Que sur tout l'Orient à nos pieds abatu ?
Icy nous defferons Memphis & Babylonne :
Nous gagnerons icy l'immortelle Couronne :
Et glorieux Guerriers, Martyrs plus glorieux,
Par nos palmes, d'icy, nous monterons aux Cieux.

LIVRE SEPTIESME.

A ce difcours de feu, tous ceux qui l'entendirent,
D'vn accent de courage en commun répondirent:
Le vent qui le receut fur l'onde le porta;
Et l'onde en murmurant bien loin le repeta.
Louys à qui ces voix font vn heureux prefage,
Son Camp fous diuers Chefs en diuers Corps partage
Et de ces Corps diuers forme le long des eaux,
Vn mur contre l'Egypte & contre fes vaiffeaux.

La flote cependant en bel ordre s'auance;
Vn mouuement reglé la pouffe & la balance:
L'onde bruit deuant elle, & femble fe preffer,
Pour gagner la colline & l'affaut commencer.
Autour de fes vaiffeaux, le Barbare Monarque,
En pompe & lentement fait conduire fa barque.
Il vifite les Corps, il ordonne les rangs,
Il promet aux petits, il careffe les grands:
Sa voix s'entend des vns, & des autres fa mine;
En montrant les François rangez fur la colline.

Il font à nous, dit-il, le Ciel les a liurez,
Ces Ennemis, de fang & d'orgueil enyurez.
Contre eux les Elemens arment pour cet Empire;
Contre eux aueque nous la Nature confpire;
Et le Nil nous les a fur ce tertre amenez,
Par la peur abbatus, de l'onde emprifonnez. [voyez
Qu'on ne les craigne point, quelque éclat qu'on leur
Cet acier eft leur chaifne, & cet or noftre proye.
Liez de leur effroy, de leurs armes chargez,
Dépoüillez fans peril, & fans crainte égorgez,
Ennemis du Public & publiques victimes,
Ils feront par leur mort amande de leurs crimes,
Et leur fang éteindra les funeftes flambeaux,
Dont ils voudroient brûler iufques à nos tombeaux.
Qu'à fon efprit, chacun maintenant reprefente,
Les pleurs de la Patrie abatuë & mouueute.
Que fon fang, que fes pleurs enfemble confondus,
Et de fon corps ouuert par ruiffeaux épandus,

I iij

Echauffent de chacun le zele & la vaillance ;
Excitent en commun chacun à la vengeance.
Ce moment est fatal ; & du cours qu'il prendra,
Le salut ou la perte à l'Egypte viendra.
Si vous manquez de cœur, si par quelque artifice,
Ces Brigans aujourd'huy se sauuent du supplice ;
Aigris par le peril qu'ils auront éuité,
Et joignant au dépit la honte & la fierté,
Pareils à des Lyons échapez de la cage,
Ils reuiendront sur nous aueque plus de rage.
Sous leurs mains de nouueau l'Egypte tombera ;
L'ombre passe & sanglante à peine en restera.
Mais si vostre valeur égale mon attente,
Vous étendriez la guerre & future & presente ;
Vous mettrez pour iamais l'Egypte en seureté ;
Vous vaincrez ces Brigans & leur Posterité ;
Et de leurs Etendars, de leurs armes captiues,
Vous ferez pour iamais vn rampart à nos riues.
   Ce discours fut suiuy de la voix des clairons,
Du cry des Sarrasins, du bruit des auirons :
Et le signal donné, dix mille traits partirent,
Qui d'vn long sifflement au signal répondirent.
De la part des Croisez, vn nuage pareil,
Portant l'ombre & la mort offusque le Soleil.
Mais épaisse & moins forte est la gresle roulée,
Du magasin de l'air, où le froid l'a moulée ;
Lors que l'Hyuer contraint de quitter l'orison,
Au retour auancé de la belle Saison,
Le quitte en murmurant ; & lasche des nuages,
Auant que de partir, ce qui reste d'orages.
   De tourbillons pareils le iour est ombragé ;
Le Fleuue en est couuert, & le terrain chargé ;
L'vn & l'autre en rougit, & sous le sang qui fume :
De bouïllons chauds & noirs l'vn cóme l'autre écu-
   Prés du grand Forcadin, le ieune Elmoneror, [me.
Vain de son arc d'yuoire, & de son carquois d'or,

LIVRE SEPTIESME.

Et plus vain du succez de ses fléches charmées,
Que d'vn sort infaillible Erinde auoit armées;
Brauoit à tous les coups, du bras & de la voix;
Et pour but choisissoit les plus hauts des François.
Tandis qu'il fait le fier du geste & de la mine,
Vn jauelot poussé de la main de Sergine,
Couppe la chaisne d'or où pendoit son carquois;
Et luy met dans le cœur le fer auec le bois.
Arc & fléche, des mains à ce coup luy tomberent;
Et d'vn funebre son, tombant le regretterent.
A voix basse trois fois Brinde il inuoqua,
Trois fois auec le iour le souffle luy manqua:
Sa teste est du vaisseau vers le Fleuue panchée,
Comme l'est vne fleur que la bise a touchée:
Ses esprits défaillans meurent auec son teint,
Et du sang qu'il vômit, l'eau se trouble, & se plaint.

A ce malheur si pront, vne plus pronte rage,
Saisit de Forcadin les sens & le courage.
Le sang de son Amy luy semble vn feu nouueau,
Qui jaillit à ses yeux, & qui monte de l'eau:
Et de ce nouueau feu sa colere allumée,
Iette au dehors la flame aueque la fumée.
Sa barque à son signal poussée auec effort,
Sous la gresle du fer hurte contre le bord:
Et de son propre hurt, loin du bord repoussée,
Est aueque peril sur l'onde balancée.
Le Barbare en dépite; & d'vn air inhumain,
Le pauois sur le bras, & la pique à la main,
Sans attendre secours d'auiron ny de rame,
Transporté par le feu qui s'est pris à son ame,
A trauers mille traits, saute de son vaisseau;
Et d'vn pas de Geant force le fer & l'eau.
D'vn rocher escarpé la sourcilleuse teste,
Paroist moins intrepide aux coups de la tempeste:
Et le front d'vn Colosse éleué dans les airs, [clairs,
Est moins fort sous l'orage, est moins ferme aux é-

I iiij

Les vagues sous ses pas grondent & s'humilient;
Sur ses armes les traits qui l'attaquent se plient;
Et les moins asseurez qui n'osent l'attaquer,
S'écartent en sifflant de peur de le choquer.
　　Les vaisseaux auec luy de toutes parts approchent;
Et malgré les François à la terre s'accrochent.
Forcadin de fureur s'élance sur le bord;
Et du premier assaut met Berenger à mort.
L'aimable Berenger, pour qui sur la Durance,
Ormonde s'épuisoit de pleurs & de souffrance.
Tous les iours en esprit, elle passoit la mer;
Sans aisle tous les iours, elle voloit par l'air;
Et fidelle moitié d'vne moitié fidelle,
N'ayant que son amour qui marchoit deuant elle,
Dans l'Egypte elle alloit du braue Berenger,
Les trauaux, les combats, les perils partager.
La nuit qui preceda sa derniere iournée,
Par vn songe funeste au Camp François menée,
Elle vit son Espoux sanglant & renuersé,
Qui luy montroit son cœur d'vne pique percé.
L'effroy que luy causa ce terrible presage,
Par vne promte mort la sauua de veuuage:
A son Ame sortant en larmes par ses yeux,
A sa moitié s'alla rejoindre dans les Cieux.
　　Berenger abbatu, six autres le suiuirent;
Qui tous six de la main de Forcadin perirent.
Dans la confusion des morts & des blessez,
Dans l'embarras des Corps poussans & repoussez,
Son courage s'échauffe, son audace redouble;
Et sa force est plus grãde où plus grãde est le trouble.
　　Ainsi le Loup vainqueur du parc & du Berger,
Ne se peut assouuir de mordre & d'égorger:
Le sang à longs ruisseaux des machoires luy coule;
Ce qu'il ne peut manger, il l'étouffe & le soule,
La laine entre ses dents à la chair se confond;
Le feu sort de ses yeux, & ses yeux de son front:

LIVRE SEPTIESME.

Et les cris du troupeau repetez du riuage,
Luy sont comme vn signal qui l'anime au carnage.
　Tandis que Forcadin combat auec fureur,
Et mesle auec l'effroy le tumulte & l'horreur:
D'autre costé Louys, non moins braue que sage,
Ioint la force à l'adresse, & le sens au courage:
Et montre à sa conduite, autant qu'à sa valeur,
Qu'il est de son Armée & la teste & le cœur.
Les morts autour de luy tombent sous son épée,
Comme autour du faucheur tombe l'herbe coupée:
Et comme sous le chesne ébranlé par le vent,
Le fueillage abatu tombe aueque le gland.
Il fend d'vn coup pareil au coup d'vne tempeste,
Au grand Bridezel & le casque & la teste:
Il abat de Gorgan l'épaule auec le bras;
Il blesse Merodac, & jette Ogur à bas.
Gorasel s'auançant le frappa de la masse;
Mais sans remise il fut payé de son audace.
Le Prince, d'vn reuers la teste luy fendit;
L'armet étincelant en vain le deffendit;
Le feu soudain qu'il fit n'amollit point l'épée;
Elle fut dans le sang du Barbare trempée:
Et son Esprit grondant arraché de son corps,
Alla de sa blessure épouuanter les Morts.
　Comme quand le Sanglier, à qui la bouche fume
Du feu que la colere en ses veines allume,
De la dent a fendu le ventre du Limier,
Qui le presse le plus & l'atteint le premier;
Ses pitoyables cris, ses entrailles traisnantes,
Et les traces qu'il laisse affreuses & sanglantes,
Donnent de la terreur à la meute qui suit;
L'vn jappe de bien loin, l'autre plus loin s'enfuit:
Et le plus asseuré tourne à peine la teste,
Vers son ombre, qu'il préd pour l'ombre de la beste.
　Ainsi de Gorazel l'affreuse & vaste mort,
Trouble les Sarrasins, retarde leur effort.

I v

L'audacieux Olgan leur remet le courage,
Arreste les fuyards, leur fait tourner visage.
　　Où fuyez-vous, dit-il, hommes lasches & vains?
Le Voleur qui vo'chasse est-ce vn Mõstre à cẽt mains!
Peut-estre attendez-vous, qu'afin de vous deffendre,
La Mer apres le Nil, se vienne icy répandre;
Et que la Terre ouuerte & les Monts amassez,
Fassent autour de vous des murs & des fossez.
N'esperez aujourd'huy ny prodiges ny charmes,
Que ceux que vous ferez par la force des armes.
Ce Pyrate n'a point d'autre Demon pour soy,
Que sa brutale audace, & vostre lasche effroy.
Ses forces ne sont pas des forces plus qu'humaines;
Il n'a ny de l'acier, ny du fer dans les veines :
Et fust-il d'vne tour de bronze cuirassé,
De cette arme son flanc deuant vos yeux percé,
Vomira sous mes pieds son Ame déloyale,
A l'Europe non moins qu'à l'Egypte fatale :
Et son harnois sanglant & captif sera mis,
Au tombeau d'Almondar à qui ie l'ay promis.
　　A ces mots, que les cris de ses gens seconderent,
Et que les vents au loin en grondant repousserent;
Le temeraire Olgan la jaueline en main,
Marche pour accomplir son serment inhumain.
Son arme de fureur & de force jettée,
Entre deux airs sifflans vers le Prince portée,
De crainte ou de respect, sur son escu glissa,
Et passant à Martel sa cuirasse faussa.
La mort & la froidure auec le fer entrerent;
La chaleur & l'Esprit la place leur quitterent :
Et Martel glorieux du fauorable Sort,
Qui de la mort du Roy luy faisoit vn transport,
Offrit, ne pouuant faire vne offrande plus pure,
Ses mains pleines du sang qu'il prit de sa blessure.
　　De la mort de Martel le Prince est affligé;
De l'erreur de son dard Olgan est enragé :

LIVRE SEPTIESME.

Et tous deux échauffez d'vne égale colere,
Tous deux également portez à se malfaire,
De longs pauois couuers, de longs sabres armez,
Pareils à deux taureaux de chaleur animez,
S'affrontent fierement, & tiennent par auance,
La main preste à l'attaque & preste à la defence.
Olgan se precipite & gagne le deuant:
Le Roy pare le coup, le coup frappe le vent:
Mais d'vn bras plus heureux, d'vne plus ferme épée,
Du Barbare, au passer, la cuirasse frapée,
Donne ouuerture au fer, le fer ouure le flanc,
Et l'Ame dépitée en sort auec le sang.
De la cheute d'Olgan ses armes retentissent;
La terre au loin gemit, les Sarrasins pallissent;
Et des plus courageux, de sa mort esbranlez,
Les cœurs sont abatus, & les esprits gelez.
 Ainsi quand vn rocher miné par les années,
Et secoüé des vents, roule des Pyrenées,
Il entraisne sapins & chesnes apres soy:
Le fracas & le bruit au loin portent l'effroy;
Le mont en retentit, les forests le secondent;
Les riues, les vallons en trouble leur répondent:
Et les troupeaux craintifs, qui l'ont vû trébucher,
Long-temps encor aprés n'osent en approcher.
 Tandis que d'vn costé le Prince met en fuite,
Le reste de ce Corps errant & sans conduite.
D'Angenne & de Beaujeu, ses Freres assistez,
Et d'vn cœur genereux au peril emportez,
Entassent à monceaux sur les herbes trempées,
Les membres tronçonnez, & les testes coupées.
Les morts & les mourans, les armes & les corps,
Prés de l'onde éleuez luy font d'horribles bords:
Et le sang des vaincus, sur le terrain qui fume,
Encor apres leur mort de leur colere écume.
 Desia de toutes parts les Sarrasins poussez,
Courent à leurs vaisseaux vers la riue auancez:

I vj

Et Meledin qui craint vne entiere deffaite,
Pour ne pas perdre tout, fait sonner la retraite.
Mais le peril la presse, & le fer du vainqueur,
Ne laissent aux fuyards que le trouble & la peur.
Les Chefs ont beau tenir, la foule est la plus forte:
Sur l'ordre & sur l'honneur le tumulte l'emporte.

 Comme lors qu'vn torrent d'vn cours precipité,
Dans la plaine auec bruit par sa cheute est porté;
Il passe de fureur sur ponts & sur chaussées;
Il pousse deuant soy les arches renuersées;
Et les bois entraisnez par la force des eaux,
Aueque les Bergers entraisnent les troupeaux.

 Ainsi des Sarrasins les troupes éperduës,
Et le long de la riue en desordre épanduës,
De leurs Chefs emportez d'vn tumulte pareil,
Renuersent la conduite, & troublent le conseil.
Le braue Forcadin quelques efforts qu'il fasse,
A l'exemple ajoustant & priere & menace,
Par vn gros de fuyards est de force entraisné,
Et vient à son vaisseau, grondant & forcené.
De là, couuert de poudre, & soüillé de carnage,
Tournant auec fierté le front vers le riuage,
Son cœur combat encor, ne pouuant faire mieux,
Du geste & de la voix, de la mine & des yeux:
Et son Ame, en desir, sur le champ demeurée,
Se plonge dans le sang dont elle est alterée.

REMARQVES.

DANS ces endes, pag. 183. Ces enclos estoient les Cirques & les Amphiteatres, où les Romains representoient toute sorte de combats, iusques à des batailles nauales.

LIVRE SEPTIESME.

* *Depuis ce Philiſtin*, pag. 184. Ce Philiſtin eſtoit Goliat vaincu par Dauid.

* *De la Ville au Soleil*, pag. 185. C'eſtoit Heliopolis, ſelon le rapport de quelques Hiſtoriens, le nouueau Phenix portoit les cendres de ſon Pere.

* *L'oyſeau ſans ſexe*, &c. pag. 185. C'eſt le Phenix qui n'engendre point, & qui eſt vnique en ſon eſpece.

* *D'vne Ville à cent portes*, pag. 185. Cette Enſeigne eſt donnée à ceux de Thebes, parce qu'il y auoit autrefois iuſques à cent portes à Thebes.

* *Où de l'Antiquité*, pag. 186. Cette Ville a eſté particulierement remarquable par l'orgueil de ſes Edifices, & les reliques de ces Edifices l'ont renduë long-temps celebre.

* *Du corps des Mammelus*, pag. 188. La garde des Sultans a eſté long-temps compoſée de Mammelus.

* *Au throſne vn chemin*, pag. 188. Cet Eſedin fut celuy qui fit aſſaſſiner Melechalen, Fils de Meledin, & vſurpa l'Empire.

* *De leurs Bourgs portatifs*, pag. 190. Ces Arabes n'ont ny Maiſons ny Cabanes, & n'habitent que des chariots.

* *Vn creſpe à cent plis verds*, pag. 191. Il eſt particulier à ceux de la race de Mahomet, de porter vn turban vert, & cette marque les fait reſpecter de ceux de leur Secte.

* *Le Soleil des Sophis*, pag. 191. Le Soleil a eſté touſjours particulierement attribué aux Perſes, les Roys deſquels depuis quelque temps ont pris le nom de Sophis.

* *La Lune quelque iour*, pag. 191. La Lune en croiſſant eſt l'Enſeigne des Turcs, & icy par vne locution figurée, elle eſt priſe pour leur Nation, & pour leur Empire.

* *De la seconde Rome*, *pag.* 191. Constantinople a esté appellée la Seconde Rome, depuis que le Siege de l'Empire y fut transporté par Constantin.
* *Plus loin Parthenope*, *pag.* 192. Elle est icy prise pour la Ville de Naples selon l'vsage des Anciens.
* *Au Lyon Venitien*, *pag.* 192. Le Lyon est icy mis pour la Republique de Venise, qui la prise pour son Enseigne.
* *Ortogules depuis*, *pag.* 193. Ortogules estoit Empereur des Turcs du temps de S. Louys.
* *La Sphinx representée*, *pag.* 193. La Sphinx est icy donnée pour Enseigne à ceux de Menfis, parce qu'elle est vne des marques de l'ancienne Egypte.
* *Au Tropique d'Esté*, *pag.* 194. Cela est particulier à la Ville de Siene en Egypte, qu'en Esté, les corps n'y font aucune ombre sur le Midy.

SAINT LOVYS
OV LA
SAINTE COVRONNE
RECONQVISE.

LIVRE HVICTIESME.

EPENDANT le Soleil se couche dans son Lit,
Que luy-mesme de pourpre & de laque embellit:
Et la Nuit qui suruient aussi triste que sombre,
De toutes ses couleurs ne fait qu'vne grande ombre.
Aueque le Sommeil le Silence la suit,
L'vn amy du repos, l'autre ennemy du bruit:
Et quoy que sous leurs pas la tempeste se taise;
Quoy que le vent s'endorme & que l'onde s'apaise;
Le trouble agite encor les deux Camps ennemis,
Apres l'onde appaisée & les vents endormis.
Le Sultan d'vne part, bien que de son mécompte,
Il porte auec dépit le dommage & la honte;

D'vne mine orgueilleuse, & d'vn air de fierté,
Couure le déplaisir de son cœur irrité.
De l'suis de ses Chefs, les postes il ordonne ;
De trois rangs de vaisseaux le tertre il enuironne ;
Et commande, qu'au point que l'Aube de retour,
Ouurira l'Hemisphere à la course du iour,
Les troupes tout d'vn temps, & d'vn mesme coura-
Conduites par leurs Chefs, sautant sur le riuage, [ge,
Donnent de tous costez dans le Camp des François,
Et vengent le Croissant des affronts de la Croix.

 Les François d'autre part n'aspirans qu'à la gloire,
De laisser apres eux vne illustre memoire ;
S'excitent en commun, malgré l'onde & la faim,
A se faire en mourant, les armes à la main,
Du debris de l'Egypte, vne si haute tombe,
Que l'Afrique en gemisse, & l'Asie en succombe.
Leur magnanime Roy, d'vn visage asseuré,
Et qui semble du feu de son Ame éclairé,
Porte à tous les quartiers où le besoin l'appelle,
Vne nouuelle ardeur, vne vigueur nouuelle.
Il n'est pas iusqu'aux feux prés des Gardes veillans,
Qui de sa noble ardeur ne paroissent brillans :
Et l'air dont il soustient sa mine & sa parole,
Encourage les Chefs & le Soldat console.

 Apres l'ordre étably, le saint & sage Roy,
Qui sçait que la valeur ne peut rien sans la foy ;
Qu'elle est lasche à l'attaque, & foible à la deffence,
Si Dieu ne soustient l'arc, s'il ne conduit la lance;
Auec cette priere, en sa tente enfermé,
Combat les Ennemis tout seul & desarmé.

 Seigneur, où sont tes soins ? & que sont deuenuës
Tes bontés autrefois des Croyans si connuës ?
Ces yeux si bien-faisans, n'ont-ils plus rien de doux?
Ce cœur si paternel, est-il fermé pour nous ?
Et s'il nous est ouuert, est-ce de cette source,
Que ces fatales eaux ont leur funeste course ?

LIVRE HVICTIESME. 211

Ce deluge, Seigneur, nous vient-il de tes mains,
Qui verserent jadis leur sang sur les Humains ?
Nous vient-il de ton flanc, d'où ta grace écoulée
Et par ruisseaux aux feux de ton amour meslée,
Déborda sur la terre, & iusques dans leur fort,
Abysma les pechez, & consuma la Mort ?
A la montre d'vn Arc fait d'vne creuse nuë,
La tempeste fléchit, la pluye est retenuë :
Et l'esprit de ton sang, à ta mort épandu,
La montre de ton Corps, sur la Croix étendu,
Ne pourront arrester les eaux de ta colere :
Te laisseront encor des deluges à faire ?
Sans cœur & sans pitié, tu verras de ta Croix,
Perir cent Nations soûmises à tes loix ?
Que deuiendra ton nom ? où tombera ta gloire ?
Où n'ira point l'Erreur apres cette victoire ?
Et que dira l'Europe, au pitoyable bruit,
De ses Peuples noyez, & de son Camp détruit ?
Est-il de ton honneur, qu'à faux mesme, elle estime,
Que le Ciel deserteur du culte legitime,
Au party du Croissant ses Autels ait rangez ?
Que les Fleuues se soient à sa solde engagez ?
Et qu'auec les Demons, la Nature rebelle,
Ait pris du Mecreant contre toy la querelle ?
Le peril est pressant, éueille-toy, Seigneur,
Repren tes premiers yeux, repren tõ premier cœur.
Mais si de nos pechez la masse aux Cieux montée,
De ta main, de son poids, des Cieux precipitée,
Par sa cheute a creué le Reseruoir des eaux,
Et sur nous a tiré ces deluges nouueaux ;
Il est iuste, Seigneur, que pour te satisfaire,
Ie m'expose pour tous aux traits de ta colere :
Sans reserue ie t'offre, & la teste & le cœur,
Mais conserue ton Peuple, & sauue ton honneur.

   Ses pleurs & ses soûpirs qui sa voix arresterent,
En termes plus pressans sa demande acheuerent :

SAINT LOVYS,

Et dans vn vase d'or, par son Ange portez,
Sur l'Autel, où les vœux des Saints sont presentez,
Deuant l'Agneau regnant, vn parfum répandirent,
A qui des saints Vieillards les harpes applaudirent.
Le Monarque eternel fléchy par cét accord,
Consent à deliurer les François de la mort.
Il se fait d'vn rayon d'esprit & de lumiere,
Sans bruit vne parole, vne voix sans matiere :
Et ce rayon porté sans air, sans mouuement,
A l'Archange Michel est vn commandement.
 Le Ministre emplumé de sa Sphere s'élance,
A l'Estoile pareil, que sa cheute balance ;
Va d'vn vol, à qui cede & l'orage & l'éclair,
Par la Sephere du feu, par l'espace de l'air :
Où son aisle s'étend, les nuages fléchissent ;
Le vent baisse & gauchit, les ombres s'éclaircissent.
Il arriue à la Tente où le saint Roy prioit,
Et du cœur, pour son Peuple, en silence crioit.
Le feu pur & sans corps qui l'Archange enuironne,
De rayons ondoyans le pare & le couronne :
Et l'éclat qui par tout le precede & le suit,
Ecarte d'alentour les Spectres & la nuit.
Le Prince en est surpris, & baisse à ces lumieres,
L'esprit d'étonnement, de respect les paupieres.
 Tes pleurs, luy dit l'Archange, ont iusqu'au Cieux monté,
Et leur cours a le cours du deluge arresté :
La Riuiere aujourd'huy ne connoist plus de riue ;
De ses bras débordez ton Armée est captiue ;
Mais demain repoussée, & remise en ses bords,
En dépit des Demons, en dépit de leurs sorts,
Quelque effort qu'elle fasse & des bras & des cornes,
Elle sera soûmise & gardera ses bornes.
Ce peril éuité, la Gloire & la Vertu,
T'ouuriront vn chemin des Princes peu battu ;
Et par là, conduiront tes pas à la Couronne,
Qu'aux vainqueurs les plus fort la Patience donne.

La force du Heros n'est pas toute en ses bras ;
Son cœur sans leur secours peut donner des combats :
Et ce n'est pas au fer que se doit la conqueste,
Des lauriers les plus beaux qui luy ceignent la teste.
Ceux qui naissent du sang, qui sõt de sang mouïllez,
Sont de peu de durée & sont souuent souïllez :
Et ces esprits captifs, ces Ames enchaisnées,
Sous vn infame ioug par les Vices traisnées,
Peuuent auec audace & mesmes auec art,
Gagner vne bataille & forcer vn rampart.
Les ames des Sangliers & celles des Lyonnes,
Se pourroient acquerir de semblables couronnes :
Et d'vn Tigre échauffé les ongles & les dents,
Suffiroient à former de pareils Conquerans.
La vaillance Chrestienne a bien d'autres vsages ;
Les combats ne luy font que des apprentissages :
C'est dans l'aduersité, c'est contre le malheur,
Qu'elle agit hautement, qu'elle montre son cœur.
La Vertu tourmentée éclate dauantage ;
Elle se fortifie au vent & sous l'orage ;
Et le feu qui paroist la deuoir foudroyer,
Ne sert qu'à l'éclaircir, & qu'à la nettoyer,
L'honneur mesme des Arts, & leur beauté derniere,
Se font par les tourmens que souffre la matiere.
L'Argent deuient plus beau sous le fer qui le bat ;
L'Or jetté dans le feu prend vn nouuel éclat ;
Et c'est auec les coups que le marteau luy donne,
Qu'il se façonne en Sceptre & se forme en Couróne,
Ton Throne dans la Gloire ainsi s'acheuera ;
Par mille aduersitez la Croix t'y portera :
Et Dieu, pour preparer ton cœur à la souffrance,
Par vne montre illustre & de haute esperance ;
Veut que de l'embaras de ton corps déchargé,
Et du nuage obscur qui te suit dégagé,
Tu viennes mesurer le tour & l'étenduë,
Du Palais où ton Ame est au Ciel attenduë.

A peine par ces mots l'Archange eut achevé,
Que le Prince auec luy fut en l'air éleué.
Vne flame innocente & de pure lumiere,
Luy décharge le corps du faix de la matiere ;
Et fait autour de luy, d'vn globe étincelant,
Vn Throsne lumineux & sans aisles volant.
Moins pompeuse monta cette nuë embrasée,
Qui rauit autrefois le Maistre d'Elisée ;
Bien que quatre cheuaux y fussent attelez,
De flames petillans & de flames aislez.

  Louys dans cette claire & legere machine,
Qui d'vn mobile feu l'enleue & l'illumine,
Passe d'vn vol égal, & toussiours suspendu,
Tout ce vaste entre-deux où l'Air est étendu.
Là, des Vents en passant il remarque les courses :
De la pluye il voit là les conduits & les sources :
Il voit les Reseruoirs, où la froide Saison,
Tient la gresle en cristal, & la neige en toison.

  Plus haut, dans vn étage aux humains inuisible,
Il voit cét Arcenal éclatant & terrible,
Où des Anges soldats, & des celestes Camps,
L'equipage éternel se tient prest en tout temps.
Là sont des traits de feu, là des lances ardentes,
Du sang des Nations humides & fumantes :
Là sont des coutelas, à ces flames pareils,
Qui des plus tristes nuits sont les * affreux Soleils,
Là se voit cette claire & redoutable épée,
Du sang des premiers nez de l'Egypte trempée :
Et celle dont le Camp du * Roy blasphemateur,
Deffait en vne nuit, par l'Ange Executeur,
Laissa de l'Assyrie égorgée & sanglante,   [te.
Sous le rampart Hebreu, l'Ombre passe & tremblan-

  Là se tiennent encor ces chariots volans,
Qui sur le dos voûté des nuages roulans,
De leur feu, de leur course, & de leur attelage,
Font l'éclair & le bruit qui precedent l'orage :

LIVRE HVICTIESME.

Et tout cet attirail grondant & lumineux,
Que les Soldats de l'Air font marcher deuant eux ;
Des machines à grefle, & des mortiers à foudre,
Des canons à carreaux, qui font du feu fans poudre.
Là mefme prés du Lac, d'où jadis déborda,
Le deluge vengeur qui la Terre inonda,
Se voit le Reseruoir, d'où le souffre & les flames,
Roulerent à torrens sur les Villes infames.

 Le sainct Prince contemple auec étonnement,
Ce terrible appareil, ce superbe armement :
Et delà trauersant cette ardente ceinture,
Qui d'vn feu tiede & clair couronne la Nature ;
Il admire son calme ; & s'étonne comment,
Sans brûler il éclaire, & vit fans aliment.

 Apres, il est porté par ces voûtes roulantes,
Qui des Planetes font les carrieres mouuantes.
En chacune il remarque vn globe rayonnant,
Habité d'vn Esprit moteur & gouuernant,
Qui d'vne impression iuste & fans interuale,
A tout le cercle donne vne vitesse égale.
De ces mobiles corps l'vn dans l'autre emboëtez,
Et d'vn branfle reglé l'vn fous l'autre emportez,
Il fe fait vn concert, dont la double merueille,
Rauit les yeux du Prince & charme son oreille.

 Dans la Sphere plus haute, il voit du Firmament,
Le mouuement serain, l'augufte ameublement ;
Il le voit parqueté * de Figures fatales,
Qui du bas Monde font les mobiles Annales :
Il y voit ces Miroirs illuftres & constans,
Où luifent tour à tour les Images des Temps.

 En suite trauersant cette vafte étenduë,
Où se voit vne mer voûtée & fufpenduë ;
Il admire les flots en cercle balancez,
La iuftesse roulante & les tours compassez :
Il s'étonne de voir vne Sphere liquide,
Qui va d'vn train pareil au train d'vn Corps solide.

Et par son mouuement de tous costez égal,
Fait à ix Cieux vn enclos tournant & de cristal.
　　Au delà de ces corps sans ombre & sans matiere,
Il s'étend vn Pays de gloire & de lumiere,
Vn Pays, où le iour égal & sans declin,
N'a point eu d'orient & n'aura point de fin.
Celuy sous qui les feux des Astres se formerent
Quand ses pas sur le Ciel leurs traces imprimerent ;
Celuy qui d'vn regard le Soleil alluma ;
Qui les Esprits aislez de son souffle anima ;
Est celuy dont la face en lumiere seconde,
Fait le jour eternel qui regne en ce beau Monde.
　　Des plus grands Artisans les plus sçauantes mains,
Des Arts les plus hardis les plus nobles desseins,
Pourroient d'or & d'argent épuiser les minieres ;
Pourroient de diamans éleuer les carrieres ;
Pourroient mettre en vn corps composé de souhaits,
Tous les thresors à faire & tous ceux qui sont faits ;
Et ne pourroient tracer, de cét heureux Royaume,
Qu'vne feinte grossiere & qu'vn sombre Phantôme.
L'innocence & la paix, la gloire & les plaisirs :
N'y laissent ny sujet, ny matiere aux desirs :
Et les felicitez que la Fable a dorées,
Les Fortunes des Roys sur la terre adorées, [clarté,
Auroient là moins de montre, auroient moins de
Qu'vn grain d'or n'en auroit au Soleil ajousté ;
Que n'en auroient au Ciel, parmy tant de lumieres,
Ces feux errans qu'on voit voler prés des riuieres.
　　A ce lieu de bon heur le saint Prince porté,
Admire sa richesse, admire sa beauté ;
Et frapé de l'éclat que jettent ces merueilles, [les,
Qni n'eurēt, qui n'ont point ny n'aurōt leurs pareil-
Il sent les foibles rys de l'humaine splendeur,
S'effacer de son front, disparaistre en son cœur ;
Comme au feu du grād iour, les traces disparaissent,
Que les feux de la Nuit sur l'hemisphere laissent.

De

LIVRE HVICTIESME.

De ce brillant Palais les heureux Habitans,
Ont vn iour éternel, vn éternel Printemps,
Et quoy que separez de degrez & d'étages,
Comme ils sont distinguez de rangs & de partages,
Ils sont tous pleins de gloire, & comblez de plaisir:
Ils ont tous vn bon-heur égal à leur desir :
Et chacun satisfait du rang que Dieu luy donne,
Termine ses souhaits du tour de sa Couronne.

Il passe le bas ordre, où sont les Innocens,
Qui rauis par la mort en leurs plus tendres ans ;
Comme l'est vne fleur, que dés la matinée,
Vn vend froid & brûlant sur sa tige a fanée,
Ont auant la saison, d'vn pas precipité,
Par la perte du Temps gagné l'Eternité.
Mais comme leur salut n'est pas de leur conqueste,
Ils n'ont ny palme aux mains, ny laurier sur la teste:
Il ne décend sur eux, des diuines clartez,
Que la pointe derniere & les extremitez :
Cette pointe pourtant les comble & les couronne,
Et cette extremité leur étage enuironne.

Par dessus ce bas rang, qui dans la gloire fait,
Vn Cercle qui ressemble au grand * Cercle de lait,
La Commune des Saints regnante & couronnée,
Tient vne region plus ample & mieux ornée.
Les Pauures resignez, les Riches bien-faisans,
Les justes Magistrats, les loyaux Artisans,
Les Couples, qui liez d'vn Hymen legitime,
En ont porté le joug sans soüillure & sans crime,
Ceux qui d'vn Celibat dans les loix arresté,
Se sont fait vne sobre & chaste liberté ;
Tous ceux qui satisfaits d'vne Vertu commune,
Voulant monter au Ciel aueque leur fortune,
Empeschez de sa masse, & de son faix chargez,
De la terre se sont à peine dégagez :
Et tout le Peuple Saint, a dans ce grand espace,
Vn rang de gloire égal au degré de sa grace.

K

Les vertus des Viuans, & non les qualitez,
Distinguent là l'honneur & font les dignitez.
Ce qui fut or icy, ce qui fut écarlate,
Sur l'Ame en ce lieu là, ne pese ny n'éclate;
Et ce n'est que du feu, qui de son cœur s'épand,
Que le jour autour d'elle est ou petit ou grand.
   Louys de cét étage à l'autre étage passe,
Où dans vn plus auguste & plus illustre espace,
Les fidelles Heros en vertus differens,
Sur diuerses hauteurs occupent diuers rangs.
Le premier, est de ceux qui fameux en vaillance,
A l'appuy des Autels ont consacré leur lance,
Et de la sainte Loy, saints & justes Guerriers,
Sur la Croix auec gloire ont anté leurs lauriers.
   L'Auteur du saint Empire & de la * Rome Grecque,
Qui maintenant gemit sous le joug de * la Mecque,
Le premier Constantin, paroist là couronné,
D'vn cercle de lumiere en laurier façonné.
Prés de luy * l'Etendart, qui fut de sa victoire,
Le presage fatal, en exprime l'histoire :
Licine * en cette Enseigne, & * Maxence liez,
Ont la teste courbée, ont les genoux pliez :
Les Idoles sous eux éparses & cass'ées,
Sont comme eux, d'vn éclair foudroyans renuersées;
Et les Thrônes ostez aux infideles Roys,
Font auec leurs Autels vne base à la Croix.
   Là, le grand Theodose & le grand Heraclie,
Auec d'autres de Grece & d'autres d'Italie,
Diuers de nation, de merite diuers,
Et d'éternels lauriers également couuerts,
Ont sur des bases d'or, de palmes releuées,
De leurs gestes guerriers les histoires grauées.
   Ceux qui brillent plus dans cette region,
Sont les braues Neueux du fameux Francion,
Qui depuis que les Lys sur Clouis décendirent,
Et leurs fleurons sacrez dans la Gaule étendirent,

LIVRE HVICTIESME.

Cent fois de sang Barbare à torrens épandu,
Ont troublé le Iourdain, ont le Nil confondu:
Et de mille lauriers cueillis par la Victoire,
Ont couronné l'Eglise & releué sa gloire.
  Louys reconnoist là ses illustres Ayeux;
Leur éclat le surprend & luy remplit les yeux:
Il voit de leurs exploits, il voit de leurs victoires,
En portraits autour d'eux les celebres histoires.
Martel * qui sans couronne & sans sceptre fut Roy,
A de ses faits, en or, la montre deuant soy:
Là le Maure & le Got débordez de l'Espagne,
De leur sang infidele inondent la campagne;
Et laissent de leurs corps sur la Loire fumans,
La plaine embarassée & les flots écumans.
  Pepin que les Vertus sur le Thrône porterent,
Et du bandeau Royal à l'enuy couronnerent,
Eclate de son regne, autour de luy taillé,
Et d'vn rare trauail richement émaillé.
Le fier & vain * Lombard voleur du Saint Domaine,
Souffre là de son crime & la honte & la peine:
Et le Roy conquerant soûmet auec son cœur,
Les Clefs de cent Citez aux Clefs du grand Pasteur.
  Mais sa gloire presente & sa gloire passée,
Prés de son Fils paroist par son Fils effacée.
Du grand Charles qui suit, vn éclat se répand,
A qui tout autre éclat dans ce Climat se rend.
Trois bazes deuant luy de rubis étoffées,
Des Roys qu'il a vaincus soustiennent les trofées.
Là * Didier, de l'Estat d'Astulfe possesseur,
Et de sa tyrannie insolent successeur,
Sous les Alpes défait & domté sous Pauie,
De l'effort des François sauue à peine sa vie.
Charles victorieux, d'vne fidelle main,
Romp les fers preparez au Pontife Romain;
Et le * Serpent Lombard, fier encor & farouche,
De rage mord le fer qu'il luy porte à la bouche.

K ij

D'autre part les Saxons tant de fois reuoltez,
Et tant de fois battus, sont à la fin domtez.
Sur l'Elbe & sur le Rhin leurs troupes renuersées,
Font aux flots rougissans de barbares chaussées.
Vidiginde *, soûmis aux Lys comme à la Croix,
Auec soy leur soûmet la tige de cent Roys :
Et de leur * Dieu cruel, par vn celebre exemple,
Le Phantosme enfumé brusle auec son temple.

Dans le dernier trophée, vn harnois ciselé,
Fait voir à l'Espagnol le Sarrasin meslé :
L'outrageux * Belligan que Charles met en fuite,
Apres le cœur perdu, perd encor la conduite :
Aigolant * à ses pieds abbatu de sa main,
L'ame aueque le sang vomit sur le terrain :
Et la Segre de morts & de mourans comblée,
Roule à peine son onde écumante & troublée.

Dans cét illustre rang de Princes & de Roys,
Qui jadis de leur Sceptre appuyerent la Croix,
Louys connoist son Pere, heureux pour l'entreprise,
Qu'il fit d'assujettir d'Albigeois à l'Eglise.
Et du Fils & du Pere, à cét abord surpris,
Vn rayon mutuel penetre les Esprits :
Le Pere à bras ouuert jusqu'à son Fils s'auance,
L'appelle la couronne & l'honneur de la France :
Et luy fait, des lauriers de tant de Roys heureux,
De pressans aiguillons pour aller apres eux.

Acheue, luy dit-il, nostre nombre & ta gloire ;
Fournis la noble course ouuerte à ta Victoire :
Ioin tes pas à nos pas, dans ce fameux sentier ;
Et sois nostre Riual, comme nostre Heritier.
De sueur & de sang nos traces éclairées,
Et d'vn long trait de jour & de feu colorées,
Deuant toy sont encore, & feront apres toy,
Vne Lice d'honneur aux Heros de la Foy.
Spectateurs partisans de ta sainte milice,
Nous te verrons d'icy combattre en cette Lice :

LIVRE HVICTIESME.

Nous accompagnerons de nos vœux tes combats :
Nos cœurs & nos Esprits seconderont tes bras :
Et nous-mesmes vaincus, lors qu'en cette contrée,
Par les Vertus conduit, tu feras ton entrée,
Nous suiurons le triomphe, & pour te couronner,
Chacun de nous voudra ses palmes te donner.

 A ces mots il s'auance, & luy montrant la gloire,
Des Heros dont le nom bruit le plus dans l'Histoire:
Celuy-là, poursuit-il, qui brille d'vne Croix,
Qu'vn rubis éclatant forme sur son harnois,
Et le grand Godefroy, dont le bras heroïque,
Deffit dans la Iudée & l'Asie & l'Afrique :
Et du joug Sarrasin la Cité retira,
Que l'Homme Dieu jadis de ses pas honora.
Là sont les Boudoüins, qui son drapeau suiuirent,
Et le Sceptre apres luy de Sion recueillirent [fois,
L'autre est Foulques de Tours, qui deffit par deux
Les Bisantins jaloux du progrez des François.
Le grand Raymõd le suit, Raymond sous qui l'Espa-
Vit de sang Grenadin regorger sa Campagne ; [gne,
Et le Maure eut les bras des mesmes fers chargez,
Que la Grenade auoit pour le Chrestien forgez.

 Icy Louys le Ieune, & là Philippe Auguste,
Tous deux grãds & tous deux dignes du nõ de juste ;
Ioüyssent en commun, & dans vn mesme rang,
Des couronnes qu'ils ont acquises par leur sang.
De leurs combats fameux en nobles auantures,
Ces bazes de cristal font luire les figures,
Où malgré les Sultans, Acre prise soûmet,
A Phillippe vainqueur son orgueilleux sommet :
Et le tortu* Meandre enflé de sang barbare,
Remonte vers sa source, & de frayeur s'égare ;
Tandis que ton Ayeul fait auec les François,
De turbans, sur sa riue, vn trophée à la Croix.
Remarque * de Simon domteur de l'Heretique,
La teste rayonnante, & l'habit magnifique.

K iij

SAINT LOVIS.

La Cerbere Albigeois dans son bouclier fumant,
Et de sang, de colere & de bile écumant,
Traisne son vaste corps, le long de la Garonne,
Et du fiel qu'il épand les herbes empoisonne.
   Reconnois, à l'habit, ces deux rangs que tu vois,
Si lumineux du feu qui jallit de leurs Croix. [ple,
Geoffroy *qui d'vn grand zele émeu du grãd exem-
Eleua le premier la banniere du Temple ;
Là, dans vn calme heureux, des siens enuironné,
De lauriers eternels a le front couronné.
Et là, * Raymond l'autheur de la noble Milice,
Qui fit dans l'Hospital son premier exercice ;
Des Braues bien-heureux, de son Ordre assisté,
Ioüyt d'vne éclatante & douce eternité.
Que ce Corps Conquerant ira viste à la Gloire !
Que de ses hauts exploits il grossira l'Histoire !
Que de * Lunes vn jour en la Mer s'éteindront,
Par tout où de sa Croix les éclairs s'étendront !
S'il est de l'auenir quelque augure infaillible,
Cét Ordre sur la terre & sur l'onde inuincible,
Dans Rhodes deux cens ans de force regnera,
Et du débris des Turcs son regne affermira.
De là, tousiours plus grand, & tousiours plus vtile,
Il ira s'établir sur la Mer de Sicile ;
Et dans Malte à iamais son Empire affermy,
Sera l'écueil fatal du commun Ennemy.
   Le Heros attentif au discours de son Pere,
S'emplit des grands objets de cette grande Sphere ;
Benit l'heureux estat de ces saints Conquerans ;
Et voit de tous ces Corps l'harmonie & les rangs.
Là, s'offrit à ses yeux, en triomphe & pompeuse,
Des Martyrs de son Camp la troupe lumineuse,
Qui de leur sang parez, de leur mort glorieux,
Combattant à Damiette auoient conquis les Cieux.
Tous la palme à la main, tous la couronne en taste,
Encouragent le Prince à suiure sa conqueste ;

LIVRE HVICTIESME.

Et les rays de leur front, luy laissent dans le cœur,
Des aiguillons de zele & des pointes d'honneur.
  Sur ce rang de Heros à la guerre inuincibles,
D'autres sont éleuez sans armes & paisibles, [forts,
Qui braues contre-eux mesme, & sur eux-mesme
Ont vaincu le Plaisir & le Monde en leurs corps.
Victoire plus penible, & de plus grande gloire,
Que celles dont les bruits vont si loin dãs l'Histoire,
Exploit laborieux, où dans vn mesme cœur,
Le mesme Esprit vaincu, le mesme Esprit vainqueur,
Sans répandre de sang, ny liurer de batailles,
Fait plus, que s'il forçoit les plus fortes murailles ;
Que si cent Nations à ses pieds il mẽgeoit ;
Et sur cent Roys vaincus vn Throne il s'érigeoit.
  Dans le Departement de ces Forts pacifiques,
Regnent en majesté les Pauures heroïques,
Les genereux vainqueurs de ce brillant métal,
Qui fatal à la Paix, à la Vertu fatal,
Plus malin que le fer, au fer donne la force ;
Des vices les plus noirs assaisonne l'amorce ;
Et par tout où l'éclat de ses faux jours reluit,
Appelle la Discorde & la Guerre introduit.
Là, sont ceux qui d'vne aisle à peu d'Ames cõmune,
S'éleuant sur le Globe où regne la Fortune,
Victorieux du Monde, ont foulé les grandeurs,
Qui sont l'abbus des yeux & le piege des cœurs.
Les vns sont là montez de ces Plages brûlantes,
Où de soif & de chaud les terres sont ardentes :
Les autres sont venus de ces affreux Climas,
Où les Cieux sans chaleur ne sont que des frimass
Il en vient des forests, & de ces grottes sombres,
Où tous les jours sõt noirs, tous les corps sõt des om-
Il en vient de ces Monts qui de neige couuers, [bres,
Sont l'azile éternel du froid & des Hyuers.
Lothaire * & Carloman qui le Sceptre quitterent,
Et le Bandeau royal à la bure changerent,

Pour ces riches liens, par eux abandonnez,
Y sont d'astres vestus, & d'astres couronnez.
Là mesme le saint Roy, pour sa Sœur Ysabelle,
Trouue vn Thrône dressé de matiere éternelle.
En lettres de rubis son nom s'y voit taillé,
Et le champ d'alentour de saphirs émaillé,
De sa riche indigence, & de son humble gloire,
Par des iours differens represente l'Histoire.
 Dans le mesme Climat, mais dãs vn plus haut rãg,
Sont les Chastes, vainqueurs de la chair & du sang,
Les dõpteurs du Plaisir, qui dõptent des plus Braues,
Met les Forts à la chaîne, & fait les Roys esclaues.
Là, de force cailloux, en diamans changez,
Et diuers de lumiere, en balustres rangez,
Se fait deuant Susanne, vne scene, où s'explique,
De sa fidelité l'auanture heroïque.
Auprés d'elle est Iudith, qui par vn mesme effort,
Triompha de l'Amour, triompha de la Mort ;
Et d'vne hardiesse heureuse & renommée,
Dans vn seul pauillon deffit toute vne Armée.
 Là, celle qui sans nom sur * la Marne nasquit,
Qui d'vn cruel Amant la cruauté vainquit,
Et fit voir à la France vne Iudith Chrestienne,
Surpasse de Iudith, la gloire par la sienne.
 Là, le beau rejetton des belles Fleurs de Lys,
De sa haute vertu * Gondeberge a le prix :
L'outrageux Adalulfe, & la noire Imposture,
Ont de serpens affreux à ses pieds la figure :
Tout reluit autour d'elle, & ses fers d'autrefois,
Sont perles sur sa teste & bagues dans ses doigts.
Là, depuis peu Rozzi, guerriere & magnanime,
D'vn Thrône rayonnant qui ses combats exprime,
Braue encore l'orgueil du barbare Esselin,
Et menace ses iours d'vne tragique fin.
Là, le Ioseph * Romain, le second Hippolyte,
Crispe a son rang de gloire & son rang de merite :

LIVRE HVICTIESME.

Et prés du chaste Hebreu, martyr de pureté,
Couronné d'vn bandeau d'éternelle clarté,
De sa * Marastre ardente en la nuit de l'Abysme,
Voit à ses pieds fumer le supplice & le crime.

Là mesmes ont leur rang, ces Vierges mariez,
Qui separez de corps & de l'esprit liez,
Par vn effort de foy soustenu de courage,
Ont sceu joindre l'Hymen aueque le Vefuage :
Et libres sous le joug, dans la chair épurez,
Du flambeau de l'Amour, sans chaleur éclairez,
A ces neiges * pareils que respectent les flames,
Ont gardé dans le feu, la fraischeur de leurs ames.
Elzear & Delphine illustres en ce rang,
Sont couronnez de lys, sont reuestus de blanc :
Et prés de son Henry, Cunegonde éclatante,
D'vn double Diadéme à la teste luisante.

Louys, de cet étage au suiuant est porté,
Où dans vne plus forte & plus pure clarté,
Les Heros Pariens ioüyssent de la gloire,
Où les ont éleuez leur Force & leur Victoire.
Là, regne des premiers sur vn Thrône de iour,
Iob, ce fameux souffrant, qui fut comme vne tour,
Qu'en vain tous les Demons à la foule heurterent.
Que les chácres en vain, qu'en vain les vers rógerét,
Sous des membres pourris, sous vn cuir vermoulu,
Son cœur fut toufiours ferme & toufiours resolu,
Et sous soy vit tomber, sans sortir de sa place,
Les pieces de son corps, le debris de sa Race.
Tobie est prés de luy, brillant & glorieux ;
Sa gloire principale à sa source en ses yeux,
Il en sort par rayons des feux qui l'enuironnent,
Et d'vn tour éclatant la teste luy couronnent.

Là, sont les sept Neueux de ces saints Conquerans,
Qui du Peuple choisi vainquirent les Tyrans.
De zele, de courage, & de sang Machabées,
Apres leurs Champs détruits & les villes tombées,

K v

Dans la cheute commune & le commun effroy,
Ils resterent de bout, ils soustinrent leur Loy :
Et les Roys qui contre-eux le fer au feu meslerent,
Et tronçonnât leurs corps, leurs couronnes formerent.
Tous les autres Souffrans, ou fameux, ou sans nom,
Donnez en butre au Monde, à l'épreuue au Demon,
Plus clairs que les flambeaux de la voûte derniere,
Font en ce dernier ordre vn concert de lumiere.

 Louys reconnoist-là * Baudoüin son parent,
Qui souffrant valeureux & Martyr Conquerant ;
Apres auoir soûmis par le sac de Bisance,
Au grand Lys la grãde Aigle, & la Grece à la France,
En suite vers le Nord ses conquestes poussant,
D'vn mesme effort la Croix & sõ Sceptre auançant,
Mourut d'autant de morts, & longues & barbares,
Qu'il souffrit de tourmens sous le fer des Bulgares.

 Le Saint Comte de Brenne, en Syrie autrefois,
Là terreur du Croissant & l'appuy de la Croix,
Paroist-là glorieux de la riche couronne,
Que la main des bourreaux luy fit en Babilonne.
Là, les braues Seigneurs de Bar & de Monfort,
Sont éleuez au rang que leur acquit leur mort,
Lors que d'vne grãde Ame aux grãds faits disposée,
Nobles Auancoureurs de la France croisée,
Ils furent au Leuant par leur zele menez,
Et furent pour leur zele à Gaze couronnez.
Louys aueque ioye apprend leurs auantures,
Admire les rayons que iettent leurs blessures :
Et rauy de leur gloire, épris de leur splendeur,
Voudroit auoir changé sa Couronne à la leur.

 L'immortel Souuerain de la Cour eternelle,
Des Heros Patients le Chef & le Modele,
Sus vn Trône formé d'Esprits purs & bruslans,
Eclairez de cent yeux, de six aisles volans,
Tient le haut de la Sphere ; & de ce haut étage,
La ioye à tant de Saints & la gloire partage.

De sa mort, qui rendit la vie à tous les morts,
Les empreintes luy font cinq Soleils sur le corps :
Et par là, d'vne cheute égale & reguliere,
Comme par cinq canaux, se répand la lumiere.

 Iusqu'à ce Thrône ardent le saint Prince porté,
A peine en peut souffrir la pompe & la clarté.
Il en sort des concerts de voix étinçelantes,
De feux harmonieux, de lampes resonnantes :
Et les Chantres Vieillards répondent à l'entour,
Du concert de leurs Luts, à ces concerts de iour.
Vne voix cependant du Thrône descenduë,
Qui tient toute autre voix de respect suspenduë,
Le long d'vn doux éclair adressée à Louys,
Remet son ame émuë, & ses yeux éblouïs.

 Tu n'es pas, luy dit-elle, au bout de la carriere,
Tes ans ne sont pas pleins, ny ta couronne entiere,
Et tu ne peux, qu'apres le combat acheué,
Estre au Ciel des Vainqueurs auec nous éleué.
I'ay veu de ta constance, & veu de ton courage,
Le magnanime essay, le noble apprentissage :
Et sans plus differer, ces trauaux commencez,
D'vne auance d'honneur bien-tost recompensez,
Te seront dans la course où t'appelle la Gloire,
Vn attrait au combat, vn gage de victoire.

 Trois Couronnes luy sont offertes à ces mots,
Et le celeste Roy reprenant le propos,
Auec ce Cercle d'Or, poursuit-il, ie te donne,
Des Estats du Couchât l'ample & noble Couronne.
De l'Arcenal * Romain les tonnerres lancez,
Pour venger le Pontife & ses droits offencez,
Ont donné le signal au coup de la Iustice,
Qui doit de * Frederic auancer le supplice.
Le Sceptre Imperial de ses crimes taché,
Luy doit estre bien-tost par la Mort arraché :
Et son front qu'a frappé le feu de l'Anatheme,
Pour sa Race & pour luy perdra le Diadême.

K vij

J'offre encor à ton choix aueque ce Bandeau,
Rayonnant des thresors de la terre & de l'eau,
Tous les Estats soûmis au Thrône de Bisance ;
Tous ceux où les Sultans étendent leur puissance ;
Et tous ces beaux Climas, couronnez de Palmiers,
Que le iour renaissant visite les premiers.
La troisiesme Couronne à ton choix est offerte,
D'épines herissée & de ronces couuerte.
Auec elle ie t'offre, vne part à ma Croix,
Non à cette Croix d'or, qui luit au front des Roys;
Mais à ce bois chargé de souffrances humaines,
Qui m'a fait à ce Thrône vn degré de mes peines.
Du choix que tu feras, ton destin ie feray ;
Et selon ton souhait ie te couronneray.

   Le Prince penetré d'vne ardeur lumineuse,
Saisit à ce discours la Couronne épineuse :
Et sans jetter les yeux sur perles, ny sur or,
Celle-cy m'est, dit-il, vn assez grand thresor.
Ie ne puis receuoir des mains de la Victoire,
Vn don de plus grand prix, ny de plus haute gloire ;
Et ie m'en dois tenir plus riche & mieux paré,
Que si de cent lauriers à la guere honoré,
J'auois par ma valeur étendu ma Couronne
Au delà des Estats que la Mer enuironne.
Aux espines, Seigneur, si vous joignez vos cloux,
Les liens en seront plus fermes & plus doux :
Et vostre Croix pour comble, à vos cloux ajoustée,
Tiendra d'vn poids plus fort mon amour arrestée.
Heureux si prés de vous à la Croix attaché,
De vostre sang ie laue & du mien, mon peché !
Et plus heureux encor, si vostre sainte flame,
De ces épines peut s'allumer dans mon Ame !

   Les volans Animaux & les Chantres volans,
Du Thrône de l'Agneau porteurs étincelans,
A ce choix de Louys, des aisles applaudirent;
De leurs sacrez concers les Vieillards les suiuirent ;

LIVRE HVICTIESME.

Et du Thrône, en ces mots, décendit vne voix,
Qui répondit au Prince & confirma son choix.
　La route que tu prens demande vn grand courage,
De bonne heure il te faut préparer à l'orage :
Il sera de durée, & sera violent.
Et tout ce que l'Enfer a de plus turbulent.
Par des charmes conduit & soudoyé de charmes,
En foule opposera ses armes à tes armes.
Encor vne autre fois le Nil t'arrestera ;
Vn Monstre dans ton Camp la terreur jettera ;
Et les Demons liguez te feront des barrieres,
De torrens embrasez & d'ardentes riuieres.
D'vn peril si pressant par miracle arraché,
Tu verras le terrain de Sarrasins jonché ;
Tu verras à tes pieds la Riuiere captiue.
Te soûmettre sa corne & te ceder sa riue.
Mais d'vn illustre sang ton triomphe taché,
Et de sa tige, * vn Lys par la Mort détaché,
Mesleront la douleur & le deüil à ta gloire,
Et tireront des pleurs des yeux de la Victoire.
Toy-mesme atteint d'vn trait, & lentement brûlé,
D'vn feu fieureux au feu de ton zele meslé,
Tu verras ta Fortune aueque toy troublée,
Et ton Armée en deüil de ton mal accablée.
Guery bien-tost apres & plein de nouueau cœur,
Des Demons derechef & des Sultans vainqueur,
Tu verras à tes pieds les forces Sarrasines,
Et sur ton front enfin ma Couronne d'épines,
Couronne qui sera l'appuy des Fleurs de Lys,
Qui soustiendra ton Sceptre, & celuy de tes Fils :
Et sera d'vn Empire au Temps inébranlable,
Aux Princes de ton sang vn gage irreuocable.
Rien de plus grand ne peut tes armes Couronner,
Et c'est le but qui doit ta conqueste borner.
Glorieux de ce gage acquis par ta vaillance,
Et riche des thresors d'vne longue souffran

Apres auoir pâti tout ce que la Vertu,
Peut pâtir dans vn cœur de tout cofté battu,
Tu reuerras la France, & rendras l'allegreffe,
A fon Peuple accablé de crainte & de triftefle.
Là faifant remonter fur le Thrône auec toy,
L'Innocence & la Paix, la Iuftice & la Foy,
Tu laifferas aux Roys, d'vne forme nouuelle,
Tes Vertus en exemple & ta vie en modelle.
Apres la Paix reglée & le droit affermy,
Aggreffeur de nouueau du commun Ennemy,
Tu porteras la Guerre aux coftes de Cartage ;
Et vainqueur de fes murs, comme de fon riuage,
Feras trembler de crainte au feul bruit de tes faits,
Les Chafteaux de Maroc & les ramparts de Fez.
Mais de nouueaux mal-heurs encore dans l'Afrique,
Ouuriront à ton Ame vne Lice heroïque.
Ton Camp par efcadrons la Pefte fauchera ;
Vn de tes Fils atteint, fous fa faux tombera :
Du fuccez de ce coup la cruelle animée,
Ajouftera les Chefs aux membres de l'Armée :
Et par tant de tombeaux à ton Thrône arriuant,
Par tant de corps couchez, iufqu'à toy s'éleuant,
D'vne mort qui fera ta plus haute Victoire,
Fermera ta Couronne & t'ouurira la Gloire.
Fournis donc ta carriere ; vn Thrône icy t'atend,
Si haut, fi lumineux, fi ferme & fi conftant ;
Qu'il n'eft point de fouffrance à venir ny paffée,
Qui n'en foit richement vn jour recompenfée.

 A ces mots, vn grand Thrône à Louys prefenté,
Etale vne pompeufe & durable clarté.
Il n'eft pas compofé de ces lourdes matieres,
Que l'Auarice fait arracher des Minieres :
Il n'eft pas enrichy de ces verres taillez,
De ces boutons d'écume arrondis & caillez,
Dont le Luxe & l'Orgueil phantafques, & friuoles
Couronnent la Fortune, & parent fes Idoles.

LIVRE HVICTIESME.

L'étoffe est d'vne piece ; & de ses iours diuers
D'eux-mesmes rehaussez & d'eux-mesmes couuers,
Sans taille & sás couleur, sans traits & sans hachures,
Il se fait diuers corps & diuerses figures.
De ce Thrône, ! ouys auec étonnement,
Mesure la hauteur, contemple l'ornement :
Il y voit ses combats, il y voit ses victoires :
De toutes ses Vertus il y voit les histoires.
D'vne-part dans son Camp de famine pressé,
Il nourrit l'indigent, il traite le blessé :
Et cette main si braue à manier l'épée,
Si noblement au Sceptre & si bien occupée,
Descend de ses emplois, relasche ses efforts,
Pour ayder des mourans, pour enterrer des morts.
La poudre qu'il y prend, en Estoiles changée,
Sur sa robbe se voit par vn Ange rangée.
D'autre-part il se voit dans sa captiuité,
L'Esprit libre, & le front luisant de Majesté :
Il est dans sa prison ce qu'il seroit au Louure ;
Et quoy qu'il ait à peine vn manteau qui le couure,
De sa grace paré, pompeux de sa vertu,
D'vn air noble & tranquille à l'entour reuestu,
Sans or qui sur sa teste, & dans sa main rayonne,
Il soustient sa grandeur de sa seule personne.
Là tout ce qu'on remuë ou d'espoir ou d'effroy,
N'étonne point son cœur, n'ébransle point sa foy,
Son Ame sous l'épée, & prés de la torture,
Conserue son assiette & retient sa posture.
Plus bas, par vn miracle en liberté remis,
Il fait de nouueaux plans contre les Ennemis :
Il munit à ses frais les Places des Fidelles,
De murs renouuellez & de portes nouuelles.
Là des prisons du Caire, & des tours de Damas,
Des Peuples de Martyrs vers luy tendoient les bras,
Et de l'obscurité destinée à leurs gesnes,
L'appelloiēt de leurs pleurs & du bruit de leurs chaisnes.

L'or du Roy, dans la nuit de leurs cachots ouverts,
Epandoit ses rayons, faisoient tomber leurs fers :
Et de tout l'Orient sa Vertu reclamée,
Portant son action d'Egypte en Idumée,
De semblables Enfers, les captifs rachetoit,
Par tout où son Esprit ses largesses portoit,
  De ses Estats, ailleurs, il regloit la police,
Accompagné des loix, aydé de la Iustice.
Les Vertus prés de luy se voyoient sous le Dais ;
Et l'aueugle Fortune excluse du Palais,
Laissant dans le Conseil gouuerner la Prudence,
N'osoit mesler sa Roüe au Timon de la France.
Le pauure s'y voyoit, contre son ennemy,
A couuert sous le Throne, & du Sceptre affermy :
Et l'honneur sans orgueil, la grandeur sans audace,
Le merite modeste & contant de sa place,
Dans les termes du Droit reserroient leur pouuoir ;
Et plioient leurs desirs au ply de leur deuoir.
Sous eux l'Impieté de cent nœuds attachée,
Remangeoit les morceaux de sa langue arrachée :
Et le Blaspheme affreux auec elle encharsné,
De sa peine sembloit sanglant & forcené.
  Plus loin se remarquoit le renommé riuage,
Où Carthage n'est plus que l'Ombre de Carthage ;
Et cette Ombre hautaine, & fiere en son cercueil,
De son corps poudroyé garde encore l'orgueil.
Là, le * Prince François & le Prince de Thunes,
De leurs Estats suiuis, suiuis de leurs Fortunes,
L'vn guidé de l'Erreur, & l'autre de la Foy,
Les armes à la main combattoient pour leur Loy.
Carthage sous la Croix humilioit sa teste ;
Thunes à l'embrasser de loin paroissoit preste :
De la lueur des Lys l'Afrique blanchissoit ;
Et de sang Sarrasin la plainte rougissoit.
  Au secours des vaincus la peste suruenuë,
D'vn char de feu roulant sur vne ardente nuë,

LIVRE HVICTIESME.

Par le Camp des vainqueurs ses charbons épanchoit,
Et de meurtres sans fer la campagne jonchoit.
Pour l'Armée abbatuë, & sans combat deffaite,
Louys s'offroit aux coups de cét affreux Comette :
L'air, du feu de son zele à l'entour s'embrasoit ;
L'Ange Intendant des Lys à son vœu s'opposoit.
Vn trait portant la flame & traînant la fumée,
Partant auec éclat de la nuë allumée,
Apres * Tristan frappé, sur Louys s'élançoit ;
Et prés du Fils mourant le Pere languissoit.
Les Vertus, de leur Sphere en troupe descenduës ;
Prés du Prince expirant s'estoient toutes renduës :
De la masse du corps l'vne le déchargeoit ;
Des attaches des sens l'autre le dégageoit ;
L'vne ostoit à ses yeux l'ombre de la matiere ;
L'autre les éclairoit d'vne pure lumiere ;
Et de la main de Dieu son Esprit couronné,
Vers le Ciel s'enuoloit de gloire enuironné.
   Le saint Heros instruit par ces riches figures,
Du succez & du prix qu'auroient ses auantures ;
L'Epineux Diadême auec amour baisa,
Et de zele emporté sur son front le posa.
Les aiguillons pressez de toutes parts entrerent ;
Et de menus rayons par filets en coulerent.
   Non seulement ta gloire, ajousta l'Homme-Dieu,
Au dessus des Saisons & des Corps aura lieu ;
Mais dans le Temps encore, & dans ce court espace,
Où les Grands se deffont, où la Grandeur se passe,
Elle subsistera iusqu'à ce dernier iour,
Qui des Ans & des Cieux doit terminer le tour.
Les glorieux rameaux qui naistront de ta couche,
Egalant leur grandeur à celle de leur souche,
De sions touliours verts la France couuriront ;
Et d'vn cercle immortel ses Lys couronneront.
De ces grands Successeurs les Modeles illustres,
Ont leur suite & leur rang dans l'Espace des Lustres.

Et pour t'encourager, à tracer deuant eux,
Vn sentier heroïque au Bien laborieux,
Et de tes pas leur faire vne piste à la Gloire,
Ie t'en veux découurir les portraits & l'Histoire.

Il s'étend sur le Ciel, vn espace sans corps,
Lumineux au dedans, tenebreux au dehors,
Où de tout l'Auenir les formes éternelles, [les.
Sont esprit dans leurs Plans, esprit dans leurs Mode-
Les Corps sont là sans masse, & sans obscurité :
Tout ce qui roule icy, là se voit arresté :
Les jours, les mois, les ans parmy nous si mobiles,
Sont là tousiours presens, sont là toûjours tranquilles.
Et le Temps qui ne fait que courir & changer,
N'est dans ce haut Climat ny changeant ny leger.
Des feux meslez de nuit défendent cét espace,
Où nulle Intelligence, où nulle Ame ne passe :
Et ces Esprits si purs & si hauts dans les Cieux,
De quatre aisles volans, & voyans de cent yeux,
Ne peuuent s'éleuer ny des yeux ny des aisles,
Iusques à penetrer ces clartez éternelles.

Cét Espace, à Louys soudainement ouuert,
Epand vn iour immense où son regard se pert.
Mais son Guide éclairé d'vn rayon prophetique,
Qui distingue de loin l'Auenir & l'explique ;
L'arreste à ses Neueux, dans ce Thresor des Temps,
D'vne gloire auancée à ses yeux éclatans.

Cette bande nombreuse & de Lys couronnée,
A ton Thrône est, dit-il, par ton Lit destinée ;
Et tant qu'autour des Cieux les Astres tourneront,
Sur ton Thrône les Roys de ton sang regneront.
Philippe, que tu vois le premier de la bande,
D'vne grande Fortune & d'vne Ame plus grande,
Ton espoir & ta place aprés toy remplira ;
Le surnom de Hardy par ses faits acquerra ;
Et vainqueur de l'Afrique en bataille rangée,
Reportera tes os à la France affligée.

LIVRE HVICTIESME. 235

Delà, ses Etendars vers l'Espagne poussant,
Et l'orgueil de ses monts au passage forçant,
Du coup, dont à ses pieds il abatra Gironne,
Fera de l'Arragon chanceler la Couronne.

De Robert, grand de sens, & non moins grand de
Les Gascons terrassez sentiront la valeur : [cœur,
Et de luy s'étendra cette Branche Royale,
Qui sera de l'estat la Colonne fatale ;
Qui le Trône ébranslé cent fois affermira ;
Qui d'éternels fleurons au Sceptre fournira ;
Et tenant sous l'abry de son noble feüillage,
Les grands Lys à couuert du vent & de l'orage,
Par tout où les grands Lys épandront leur odeur,
Portera des Bourbons la gloire & la grandeur.

Voy de ton petit * Fils la grace magnanime ;
Son cœur par cette grace auec éclat s'exprime.
La force en luy, fera l'honneur de la beauté :
Et l'orgueil des Flamans deux fois par luy domté,
De son debris superbe & de ses cendres vaines,
Egalera les monts & comblera les plaines.

Louys * suiura de prés, & de prés le suiuant,
Pareil au jeune Lys abatu par le vent ;
Ne laissera de soy, que l'inutile plainte,
Que laisse vne esperance auant le temps éteinte.
Sur le Trône apres luy ses * Freres monteront,
Et du Trône au cercueil aussi-tost passeront :
Pareils à ces vapeurs dans la nuë allumées,
Qui d'vn esprit de feu pour vn temps animées,
Semblent ne s'éleuer par vn soudain effort,
Que pour faire vn spectacle illustre de leur mort.

Voy de leur * Successeur la bien-seante audace,
Voy ce modeste orgueil, qui plaist & qui menace.
La Branche de Valois au Trône il portera ;
Sous Cassel à ses pieds la Flandre tombera ;
Et son * Colose armé sera de sa victoire,
Deuant les saints Autels vne muette Histoire.

Mais par vn coup du Ciel son Estoile changeant,
Et l'Ange des combats vers l'Anglois se rangeant ;
Il laissera du sang de sa Noblesse éteinte,
La Somme colorée & la campagne teinte.

 Iean non moins magnanime & plus infortuné,
Par vn jeune Edoüart en triomphe mené,
A Charles * qu'vn broüillas auec bruit enuironne,
Laissera soustenir le poids de la Couronne.
Mais ce Sage, & broüillas & bruit dissipera :
Ses Ennemis armez sans armes deffera :
Et d'vn sens plus heureux que les bras de ses Peres,
Eteindra la Discorde & vaincra ses viperes.

 Son Fils * plus fort de corps, & d'esprit plus ardēt,
Passera sur le ventre aux Rebelles de Gand :
Et l'énorme Artuelle abatu de sa foudre,
D'vne mort de Geant fera fumer la poudre.
Mais, que l'éclat du Monde est mobile & trompeur :
Que l'Homme est vain, qui suit cette errāte vapeur !
Et que l'Astre assigné pour luire au grandes testes,
Fait biē moins de beaux jours, qu'il ne fait de tēpestes
Ce dompteur des Flamās, ce vainqueur des Anglois,
Dans les preparatifs d'autres plus grands exploits,
Attaqué d'vne siévre à la France fatale,
En épandra le feu dans la Maison Royale.
Sur sa teste, le Lys de ce feu sechera ;
Le Sceptre de ses mains par piece tombera ;
Et sa Pourpre du sang de ces Princes tachée,
Sera par l'Etranger à son Fils arrachée.
Mais, par ce * Fils errant, demy-nu, delaissé,
Le Voleur d'outre mer dans ses ports repoussé,
D'vn si grand attentat, & d'vn si grand Royaume,
A peine emportera le titre & le phantosme.

 Celle-là qui d'vn air magnanime & guerrier
Soustient vn grand Lys d'or enlacé d'vn Laurier,
Heroïque Berger, & Fille conquerante,
Dans ce trouble appuyra la France chancelante.

LIVRE HVICTIESME. 237
Voy sa grace hardie & sa modeste ardeur:
Voy l'audace en ses yeux meslée à la pudeur:
Elle semble desia menacer l'Angleterre;
Et son Ange desia la prepare à sa guerre.
O qu'vn jour Orleans au pied de ses ramparts,
Sous sa lance verra tomber de Leopards!
Que de sang étranger épandu sur la Loire,
D'vne illustre fumée éclaircira sa gloire!
  A ce Victorieux, ce * Fin succedera,
Qui Subjets & Voisins par esprit rangera.
Son * Fils plein de courage, & plus plein d'esperance,
Voudra renouueller les vieux droits de la France.
Le Tibre & l'Eridan luy soûmettront leurs eaux:
Naples à sa venuë ouurira ses Chasteaux:
Et le bruit en portant la terreur vers l'Aurore,
Fera paslir d'effroy les * Lunes du Bosphore.
De là, donnant par tout des marques de son cœur,
De cent Peuples armez à son retour vainqueur,
Il laissera le Tar sanglant de la deffaitte,
Des Liguez qui voudront empescher sa retraitte.
  Aprés luy, ce * Louys au Thrône montera,
Et de l'amour des siens son Thrône affermira.
Il cassera ces fleaux de taxes & de tailles,
Qui font couler le sang qu'épargnent les batailles:
Et plus grand ménager des bien-faits que de l'or,
Des cœurs de ses Subjets, il fera son thresor.
De l'Italie armée il abatra les forces;
Il tirera Milan d'entre les mains des Sforces
Sur les murs des Genois, deux fois victorieux,
Il fera refleurir les Lys de ses Ayeux:
Et l'orgueilleux * Lyon du Golfe Adriatique,
Deffait par sa valeur, & blessé de sa pique,
A peine vers ses bords tremblant se traisnera:
Et sur * l'Adde sanglant ses ongles laissera.
  Voy du braue François la démarche guerriere,
Voy du feu de son cœur, dans ses yeux la lumiere,

Qu'vn iour il fera grand ! que fa Couronne vn iour,
Si le bon-heur le fuit, fera d'vn large tour !
Du rampart * de Milan la Couleuure arrachée,
Sera par fa Vertu fous les Lys attachée :
Et ces * Freres hautains, des Alpes habitans,
En maffe comme en force égaux aux vieux Titans,
A Marignan deffaits, laifferont de fa gloire,
Et de leur folle audace, vne longue memoire.
Par tout égal à foy, nulle part abatu,
Quelques aduerfitez qui hurtent fa Vertu,
Il fera par l'effort d'vne Ame toufiours draite,
Libre dans fa prifon, vainqueur en fa deffaite :
Et par vn cours diuers d'éuenemens humains,
Par vn cercle inégal de pertes & de gains,
Paffera de bien loin cette Sphere commune,
Où les Roys du commun font mis par la Fortune.
  L'Aftre de fon * Riual au fien enfin cedant,
Sa Vertu reprendra fon premier afcendant.
De fon * Fils que tu vois, la valeur mieux conduite,
A Boulogne * mettra les Leopards en fuite :
L'injure * de Pauie à Renti vengera :
Des murailles de Mets les Aigles chaffera :
Et là, Charles deffait, & l'Allemagne en fuite,
Laifferont le debris de leur grandeur détruite.
De fa tragique mort le trifte éuenement,
Sera fuiuy d'vn long & fatal mouuement,
La Difcorde fanglante, & l'Herefie armée,
Leuant vn Etendart de flame & de fumée,
Au maffacre, au degaft, le Peuple appelleront,
Détruiront les Autels, le Thrône hurteront :
Et contre les beaux Lys cultiuez par tes Peres,
Lanceront leurs flambeaux, lafcheront leurs viperes.
  François * jeune & mal-fain, par la mort emporté,
A Charles laiffera le Royaume agité :
Charles en fouftiendra le poids auec courage :
Oppofera les bras & la tefte à l'orage :

LIVRE HVICTIESME.

Mais enleué bien-tost, du trouble dans les Cieux,
A son * Frere desia deux fois victorieux,
Et desia couronné de deux grandes Iournées,
Il laissera le faix des Gaules étonnées.

Des bords * de la Vistule, & de ces froids climas,
Où le jour de tout temps est chenu de frimas;
Ce Prince rappellé par les cris de la France,
Viendra luy redonner le jour & l'esperance :
Et si sa main ne peut plainement la guerir ;
Elle pourra du moins l'empescher de mourir.

Sa pleine guerison sera le grand ouurage,
D'vn juste & d'vn clement, d'vn vaillāt & d'vn sage:
Elle sera l'effort de ce Henry le Grand,
Qui des Lys Heritier, & des Lys Conquerant,
Soustenant de son bras le droit de sa naissance,
Se fera possesseur de son bien par sa lance.
Voy la belle clarté que ses armes luy font :
Voy couler des lauriers qui luy ceignent le front,
L'honorable sueur, & les illustres marques,
De la plaine d'Yury, de la campagne d'Arques.
Là l'Estranger trompeur, & les François trompez,
A détruire son droit follement occupez,
Tomberont à ses pieds auec le vain * Phantôme,
Erigé pour charmer tous les yeux du Royaume,
Craint en suite par tout, & par tout renommé,
Amateur de son Peuple, & de son Peuple aymé,
Il tiendra la Discorde & ses Sœurs forcenées,
De leurs propres Serpens à son Throne enchaisnées:
Et ses derniers desseins, de leur seul appareil,
Iusqu'à ce Lit fameux où couche le Soleil,
De l'Espagne feront trémousser les colonnes,
Et trembler de frayeur sur son front ses Couronnes.

A ces nobles desseins succedera son Fils,
Ce Fils qui luy naistra pour la gloire des Lys.
Celuy-là, de nouueau remettre ta memoire :
De tes gestes les siens rafraîchiront l'Histoire:

Et marchant apres toy par le Royal sentier,
Comme ton concurrent, comme ton heritier,
Il aura son Egypte à vaincre dans la France,
Et son zele y vaincra non moins que sa vaillance.
    Vn Monstre *de carnage & de pleurs engraissé,
Retranché dans vn Fort, par des Geans dressé,
Muny des Blemens, gardé par les tempestes,
A ses pieds abbatu perdra toutes ses testes.
A son secours en vain les orages viendront,
Aux vents en vain liguez les vagues se joindront ;
Louys attachera les saisons mutinées ;
Tiendra d'vn frein d'écueils les vagues enchaînées:
Et sous l'énorme faix du joug qu'il dressera,
La Mer tendra le dos & les bras baissera.
    Apres ce coup fatal à l'Hydre terrassée,
Il ira déliurer l'Italie oppressée.
Les Alpes sous ses pas de frayeur trembleront ;
Du Tesin & du Pô les chaînes tomberont ;
Et Naples, de ses fers à ce bruit attentiue,
Secoura le fardeau de sa teste captiue.
Iusqu'à ces froides Mers qui lauent le Danois ;
L'estime & le respect établiront ses Loix ;
Et la France sous luy rentrera dans les bornes,
Que le Rhin autrefois luy marquoit de ses cornes.
    Enfin, apres auoir porté l'odeur des Lys,
De la Mer de Noruege à celle de Calis ;
Apres auoir éteint la race des Viperes,
Qui naistront pour soüiller l'Eglise de ses Peres ;
Apres auoir battu les Anglois Leopards,
Le Lyon des Flamans, le Serpent des Lombards ;
Et fait voir leur dépoüille & leurs dents arrachées,
Sur les portes du Louure en parade attachées ;
Dans le Ciel des Heros éleué prés de toy,
Il laissera son fils sur son Thrône apres soy.
Encore apres sa mort, son Nom & sa Memoire,
Dans le party François retiendront la Victoire ;

Et

LIVRE HVICTIESME.

Et l'Estat quelque temps gardant le mesme train,
Suiura l'impression qu'y laissera sa main ;
Jusqu'à ce que son Fils en prenant la conduite,
De tant de hauts desseins accomplisse la suite.
　Voy sur ce front royal de graces reuestu,
La fleur de l'âge jointe aux fleurs de la Vertu :
Voy de ses yeux serains l'agreable lumiere,
Voy la noble fierté de sa mine guerriere.
Apres de longs souhaits à la France donné,
Bientost chargé du Sceptre & bientost Couronné ;
Il accroistra l'Estat de conquestes nouuelles :
Il ostera la Fronde à ses Subjets rebelles :
Ses Drapeaux triomphans iront porter les Lys :
Sur les bords de la Meuse, & sur ceux de la Lys :
Et jusqu'à ce riuage, où la Mer se couronne.
Des orgueilleuses tours de la riche Lisbonne,
Sa Fortune, son Nom, ses forces appuyront,
Les Princes opprimez qui le reclameront.
　Ces hautes visions par là se terminerent ;
A de soudaines nuits les Images cederent ;
Et dans leur propre espace enfin disparoissant,
Ne laisserent aux yeux qu'vn vuide éblouïssant.

REMARQVES.

* *Sont les affreux Soleils*, pag. 214. Ce sont les Cometes qui ne se voyent que de nuit, & qui paroissent assez souuent en forme d'épées.
* *Du Roy blasphemateur*, pag. 214. C'est Sennacherib, dont l'armée fut deffaite en vne nuit par vn Ange, en punition de ses blasphemes.
* *Cette ardente ceinture*, pag. 227. Cette ceinture est la Sphere de feu qui est entre l'air, & le Ciel de la Lune.

L

* *Parqueté de figures fatales*, pag. 215. Ces figures sont les Constellations, sur lesquelles se font les predictions des Astrologues.
* *Il y avoit des Miroirs*, pag. 215. Ce sont les Planetes, où les diuersitez des Saisons se voyent auant qu'elles arriuent.
* *Au grand Cercle de lait*, pag. 217. C'est cette grande route semée de petites Estoiles, qu'on appelle la Voye de lait, à cause de sa blancheur.
* *La Rome Grecque*, pag. 218. Constantinople, où le Siege de l'Empire fut transporté par Constantin.
* *Le ioug de la Mecque*, pag. 218. La Mecque est vne Ville d'Arabie, où est le sepulchre de Mahomet, & le siege principal de la Religion des Turcs.
* *Prés de luy l'Estendart*, pag. 218. Cét Estendart fut presenté en forme de Croix à Constantin, auant qu'il donnast la bataille contre Maxence.
* *Licine en cét Enseigne*, pag. 219. Licine & Maxence ont esté deux Tyrans qui pretendirent à l'Empire, & furent deffaits par Constantin.
* *Martel qui sans couronne*, p. 219. Charles Martel pere de Pepin, sans estre Roy, eut l'authorité des Roys.
* *Là Didier*, pag. 219. Didier Roy de Lombardie fit la guerre aux Papes.
* *Es le Serpent Lombard*, pag. 219. La Ville de Milan capitale de Lombardie a vne couleuvre pour Enseigne.
* *Vidiginde soûmis*, pag. 220. Ce Vidiginde Roy des Saxons fut deffait & assujetty par Charles-Magne.
* *Es de leur Dieu cruel*, pag. 220. Ce Dieu cruel, estoit Herminsul, à qui l'on sacrifioit des hommes.
* *Et le tortu Meandre*, pag. 221. Le Meandre est vn Fleuue de Phrygie, renommé par les détours qu'il fait, & par les Cignes qu'il nourrit.
* *Remarque de Simon*, pag. 221. C'est Simon de Montfort qui fit la guerre aux Albigeois.

LIVRE HVICTIESME.

* *Geoffroy qui d'vn grand*, pag. 222. Ce Geoffroy fut Fondateur de l'Ordre des Templiers.
* *Raymond l'autheur*, pag. 222. Ce Raymond fut Fondateur de l'Ordre de S. Iean, qui est celuy des Cheualiers de Malte.
* *Que de Lunes vn iour*, pag. 222. Les Lunes sont mises pour les troupes, ou pour les Drapeaux des Turcs, qui portent le Croissant, comme les Chrestiens portent la Croix.
* *Lothaire & Carloman*, pag. 223. Lothaire fut Empereur & Roy de France, Carloman fut fils de Pepin tous deux moururent Religieux.
* *Gondeberge à le prix*, pag. 224. Gondeberge fut Françoise, parente de Dagobert, mariée à Ariolde Roy des Lombards, faussement accusée d'impudicité. Son Histoire est dans la Gallerie des Femmes Fortes.
* *Sur la Marne nasquit*, pag. 224. Cette Fille fut du temps de Gondran Roy de Bourgogne, elle traitta vn Amolon, de la mesme sorte, que Iudith traita Holoferne. Son Histoire est dans la Galerie des Femmes Fortes.
* *Là depuis peu Rossy*, pag. 224. Blanche de Rossy femme de Iean Baptiste de la Porte, Seigneur de Bassano, qui prefera vne mort volontaire à l'amour d'Acciolin. Son histoire est dans la Gallerie des Femmes Fortes.
* *Là le Ioseph Romain*, pag. 225. C'est Crispus fils de Constantin, à qui le mesme arriua qu'à Hippolyte.
* *De sa marastre ardente*, pag. 225. Cette marastre Femme de Constantin s'appelloit Fausta.
* *A ces neiges pareils*, pag. 225. Il se voit sur le Mont Gibel en Sicile, de ces neiges, qui sont respectées de flames.
* *Baudoüin son parent*, pag. 226. Ce Baudoüin de Flandres, Empereur de Constantinople, fut pris & mis en pieces par les Bulgares.

L ij

* *De l'Arcenal Romain, pag.* 227. C'est le Saint Siege, d'où viennent les foudres des excommunications.
* *Qui doit de Frederic, pag.* 227. C'est Frederic second, excommunié & rebelle à l'Eglise.
* *De sa tige vn Lys, pag.* 229. Par ce Lys il faut entendre Robert d'Artois, frere de S. Louys, qui mourut à Massore.
* *Apres Tristan, pag.* 234. Ce Tristan fils de S. Louys, nasquit à Damiete, & mourut de peste au second voyage d'Afrique.
* *De Robert, pag.* 235. Ce Robert fils de S. Louys, fut le premier qui prit le nom de Bourbon.
* *Es son Colosse armé, pag.* 235. Cette statuë se voit encore dans l'Eglise de Nostre Dame.
* *Sur l'Adde sanglans, pag.* 237. L'Adde est vne riuiere d'Italie, celebre par la Victoire que Louys XII y gagna sur les Venitiens.
* *Es ces freres hautains, pag.* 238. Ce sont les Suisses, qui furent deffaits à Marignan, par François premier.
* *L'Astre de son Riual, pag.* 238. Ce Riual est Charles Quint.
* *L'iniure de Pauie, pag.* 238. Henry second deffit les Espagnols à Renti, & par là eut sa reuanche de la Iournée de Pauie, où fut pris François premier.
* *Des berds de la Vistule pag.* 239. La Vistule est vn Fleuue de Pologne, où regnoit Henry III.
* *Auec le vain Phantosme, pag.* 239. La Ligne est signifiée par ce Phantosme.
* *Vn Monstre de carnage, pag.* 249. Ce monstre est la Rebellion qui auoit son siege à la Rochelle.
* *L'énorme faix du ioug, pag.* 249. C'est la digue qui fut bastie à l'entrée du canal de la Rochelle.

SAINT LOVYS
OV LA
SAINTE COVRONNE
RECONQVISE.

LIVRE NEVFIESME.

Ovys instruit des faits, surpris des auentures,
Qu'à son Sang promettoient les celestes Figures,
De son Ange conduit, décend comme l'éclair,
Dont le feu balancé glisse du haut de l'air.
Comme il est à ce Cercle où la Lune argentée,
Pour éclairer la nuit en silence portée,
De ses rays redoublez les Ombres blanchissoit,
Et du jour auenir vne Image traçoit;
Son Guide lumineux l'arreste sur la voûte,
Où des Mois inégaux s'étend l'égale route :
Et de là, luy montrant de ce bas Vniuers,
Le Globe distingué de Terres & de Mers;

L iiij

Cette boule flotante & demy-submergée,
De son poids soustenuë & de son poids plongée,
Est l'espace, dit-il, où le mortel orgueil,
Croit se faire vn theatre & se fait vn cercueil.
L'Auare prend de là les matieres friuoles,
Dont il forge ses fers, dont il fait ses Idoles :
Et de l'Ambitieux l'infatigable main,
Dresse, plan sur plan, fait dessein sur dessein.
Mais, & desseins & plans, & trauaux & structures,
N'y font qu'vn embarras d'inutiles masures :
Et tant de hauts Palais qui s'égalent aux monts,
N'ajoustent à ce Point, que de l'ombre & des noms.
Sur ce Point cependant les Passions humaines,
Font leurs tragiques Ieux, ont leurs sanglátes Scenes.
Pour diuiser ce Point, on arrache le fer,
Du sein de la Nature & du cœur de l'Enfer :
Pour monter sur ce Point, le Fils abbat le Pere,
Le Frere met les pieds sur le corps de son Frere :
Et sur des Peuples morts, d'autres Peuples mourans,
Les armes à la main en debattent les rangs.

L'Espagne que tu vois de ces montagnes ceinte,
Est de sang Castillan & de sang Maure teinte :
Et deux Peuples riuaux, à sa conqueste armez,
Tombent entre ses bras l'vn de l'autre assommez.

Voy cet Angle flottât, que trois Mers enuironnent,
Et trois bords escarpez de falaises couronnent ;
L'Anglois, qui regne là, fomente dans les eaux,
D'vn long embrasement l'amorce & les flambeaux :
Et plus de trois cens ans ce fatal incendie,
Fumera dans la Guienne & dans la Normandie.
Mais éteint à la fin du sang des boute-feux,
Il laissera la France entiere à tes Neueux.
L'Angleterre confuse, & chez soy resserrée,
A peine sauuera sa Rose déchirée :
Et ses fiers Leopards, de vos bords fugitifs,
N'y reuiendront iamais, s'ils n'y viennent captifs.

LIVRE NEVFIESME. 349

Voy le calme honnorable & la Paix floriſſante,
Dont la France ioüyt ſous Blanche ſa Regente.
La Grace & la Vertu qui regnent en ſon nom,
Auec elle ont la main ferme ſur le timon :
L'orage, de reſpect, ſous des Guides ſi belles,
Modere ſa fureur, plie & baiſſe les aiſles :
Et le cours indulgent de l'Aſtre qui les ſuit,
Inſpire la douceur au Vent qui les conduit.
Bel Art de gouuerner ſceu des ſeules Perſonnes,
Qui ſçauēt que les cœurs ſōt l'appuy des Corōnes;
Que le Sceptre peut moins que ne peut le bien-fait;
Et que ſans douceur la force eſt ſans attrait :
Que puiſſes-tu bel Art, eſtre vn iour dans la France,
L'exemple d'vne forte & virile Regence :
Et que de Blāche vn iour, puiſſent prēdre leurs loix,
Les Reynes qui ſeront les Agentes des Roys.

Loin de cette bonace heureuſe & bien-faiſante,
Voy plus bas l'Italie en tumulte & ſanglante.
D'vn coſté * Frederic, & de l'autre * Eſſelin,
Icy le Party * Guelfe, & là le * Gibelin,
En font, comme des Chiens feroient d'vne carcaſſe,
Qui d'vn grād corps rōgé n'auroit plus que la place.
Le rebelle Empereur du feu Romain frapé,
A l'eſprit de colere & de rage occupé :
Le ſouffre pur encor, que le iuſte Anathême,
A laiſſé ſur ſa Pourpre & ſur ſon Diadême :
Et fumant de ce coup, de ce coup forcené,
Aux Temples, aux Autels, aux Preſtres acharné ;
Encore ſemble-t-il du geſte & de la teſte,
Deffier le nuage & brauer la tempeſte.
Mais il a beau le bras & la teſte éleuer,
Beau deffier la nuë, & l'orage brauer :
Mainfroy * pour l'étrangler luy prepare vne corde,
D'vn ſerpent qu'il a pris des mains de la Diſcorde :
Et de ce patricide encore dégouttant,
Le perfide Baſtard vol à meurtre ajouſtant,

L v

SAINT LOVYS,

Sur sa foy, sur le droit de * Conrad son pupille,
De force vsurpera l'vne & l'autre Sicile.

   A ce noir attentat le Pontife tonnant,
Et le commun signal à la guerre donnant,
Ton * Frere éleu vengeur des droits de la Thiare,
Fera rougir de sang la Mer qui baule * Phare :
Et là, sur les desseins de Mainfroy démolis,
Establira son Thrône & plantera les Lys.
Mais, ô funeste éclat des humaines conquestes,
Que pour cette Couronne il tombera de testes !
Que son faix sur le front de Charles pesera !
Et que de sang François sous elle coulera ;
Quand du * Gibel ardent les noires * Eumenides,
Sonneront de leurs cors ces * Vespres homicides,
Qui du Soleil tombant la chutte auanceront,
Et du Ciel effrayé les Astres chasseront !

   Voy de la Tartarie en trouble & débordée,
Du Nord iusqu'au Midy la campagne inondée.
Les Sarmates sanglans, & les Mosques bruslez,
Couurent de leur débris leurs pays desolez :
Le sang auec le feu confondus dans la plaine.
Roulent sur * la Vistule & sur le Boristene :
Et d'vn torrent pareil les Russes entraisnez,
Vont apres le Vainqueur par troupes enchaisnez.

   Voy tournant au Leuant, comme l'Asie armée,
Court au bruit de la guerre en Egypte allumée.
Elephans & cheuaux marchent de toutes parts ;
L'air répond en sifflant au bruit des étendars ;
Et par tout il se voit, sous des forests mouuantes,
Des Nations de fer & des Villes en tentes.

   Le Fils de Meledin qui les troupes conduit,
En pompe sur son char, d'or & de pourpre luit.
Deceu d'vn faux Prophete, & par de faux presages,
Il suit de son espoir les trompeuses images :
Il n'a les yeux ouuert, qu'à ce Thrône éclatant,
Où son Pere l'appelle, ou le Sceptre l'attend ;

LIVRE NEVFIESME.

Et ne s'apperçoit pas de la Mort qui s'appreste,
A faire sur ce Throne vn jouet de sa teste.
La Race des Sultans auec luy tombera ;
Celle * des Mammelus apres s'éleuera,
Redoutable à l'Asie, effroyable à l'Afrique,
Iusqu'à ce qu'elle cede à la *Lune Scythique ;
Et que les bras du Nil de carnage écumans,
Soient de force attachez au joug des Ottomans.

 Iette l'œil au delà du * Gange & de l'Oronte,
Vers ces bords d'où le Iour apres l'Aube remonte ;
Il vit là, sous des Cieux cachez à vos Sçauans,
Des Peuples arrestez & des Peuples mouuans,
Les vns ciuilisez, & les autres sauuages,
Tous de langues diuers, & diuers de visages,
Qui dans la noire nuit d'vne Infidelité,
En culte differente, égale en vanité,
Honorent des Demons enfumez & grotesques,
De victimes d'horreur, de cultes barbaresques.
L'Indalcan, le Mogor, la Chine, le Iapon,
Et d'autres qui chez vous sont encore sans nom,
Sont liez aux Autels de ces Ombres sanglantes,
Auec vn joug de fer, & des chaînes brûlantes.

 Mais vn jour, du Couchant des * feux s'éleueront,
Qui ces funestes nuits du Leuant chasseront :
Et suiuant du Soleil les gistes & la course,
De son lit ondoyant, jusqu'à sa belle source,
Epandront de la Foy les diuines clartez ;
Détruiront les Autels des fausses Deïtez ;
Et de l'embrasement de leurs sales Idoles,
Feront rougir les Mers & luire les deux Poles.

 Ainsi l'Ange & Louys, de l'esprit & des yeux,
Parcouroient les Estats étendus sous les Cieux ;
Quand le Prince surpris d'vne flame soudaine,
Qu'vn tourbillon de vent fit monter de la plaine,
S'informe de sa source & de son aliment :
Demande qui luy donne vn si prompt mouuement ;

L vj

Et d'où luy vient cét air de souffre & de bitume,
Qui sans bois se nourrit, & sans souffle s'allume.
 Ce feu, replique l'Ange, est de ces noires eaux,
Où Sodome & ses Sœurs ont leurs puans tombeaux.
Quand leurs crimes jadis jusqu'aux Cieux s'éleuerēt,
Et, retombant des Cieux les nuages crenerent;
Vn deluge de souffre auec eux descendu,
Et sur la terre infame à torrens épandu,
Porta la mort par tout, sur vn ardent nuage:
De gresles de charbons fit vn terrible orage:
Chastia de son feu, le feu des voluptez:
Et fit cinq grands buchers de cinq grandes Citez.
Enfin, pluye & fumée, incendie & rauines,
De Sodome roulant & des Villes voisines,
Firent de leurs torrens dans la plaine amassez,
Cette Mer, dont les feux semblent estre poussez,
Pour menacer de haut les crimes de la Terre,
Et contre-eux allumer l'éclair & le tonnerre.
Mais les feux ne sont pas des diuins jugemens,
Les seuls executeurs, & les seuls instrumens.
Long-temps auant les feux, les eaux à la Iustice,
Rendirent de concert cét effroyable office; [duits,
Quand de tous leurs canaux & par tous leurs con-
Coulant quarante jours, coulant quarante nuits,
Sans s'ouurir, sans tomber, la terre fit naufrage,
Et sur soy vit regner l'Ocean sans riuage.
De tant de hauts Palais qui s'éleuoient en l'air,
De tant de grands vaisseaux qui voloient sur la Mer,
Il ne se put sauuer qu'vne cabanne errante,
Qui sans voile, sans rame, & sans route flotante,
Quand l'onde s'abaissa, prit terre * sur ce Mont,
Que tu vois vers le Nort leuer son large front,
Là, d'vne si terrible & si celebre histoire,
Celebre monument & terrible memoire,
Comme d'vn haut theatre, elle annonce sans voix,
L'amour de la Iustice & la crainte des Loix.

LIVRE NEVFIESME.

Voy, tournant au Leuant, cette énorme structure,
Dont les restes encor pesans à la Nature,
Semblent de leur hauteur les Astres menacer,
Et de leur ombre, au loin la lumiere effacer.
C'est vn reste fameux de cette énorme masse,
Que dessina l'orgueil, qu'executa l'audace ;
De cette * Tour fatale, où la Confusion,
Engendra le desordre & la diuision :
Et le Peuple Geant, promoteur de l'ouurage,
De sa premiere langue ayant perdu l'vsage,
Méconnu de soy-mesme, à soy-mesme étranger,
Contraint de quitter tout & de se partager,
De sa presomption aussi vaste que vaine,
Par le Monde épandit la memoire & la peine.

Non loin de cette Tour, est le Parc merueilleux,
Où iadis broutad'herbe, * vn Monarque orgueilleux,
Qui par vn chastiment nouueau dans la Nature,
Et de l'Homme perdit & du Roy la figure.
D'vn cuir rude & velu le corps luy fut chargé,
Son Diadesme fut en deux cornes changé,
De ses doigts confondus il se fit d'autres cornes,
Sa bouche s'allongea, ses yeux deuinrent mornes :
Et ce faux Dieu de chair, adoré des flatteurs,
D'vne corde attaché par ses adorateurs,
Apprit au pasturage, & dãs le rãg des bestes, [testes.
Que les Roys ont vn Roy plus grand qu'eux sur leurs

Cette Mer, où tu vois sous les flots rougissans,
Des harnois conseruez des vagues & des ans,
Est vn autre Theatre, ou d'vn autre * Rebelle,
Le supplice sera d'vne montre eternelle.
Ce Tyran que le Ciel tant de fois menaça ;
Et sur qui tant de fleaux l'Ange de Dieu cassa ;
Poursuiuant les Hebreux par la route ondoyante,
Que leur fit le Moteur de la Colonne ardente ;
Englouty par les flots soudainement laschez,
Et de leur propre poids dans leur lit épanchez.

Du débris de son Peuple, & de son équipage,
Combla de ce Trajet l'vn & l'autre riuage.
Depuis ce temps, les flots sont toûjours demeurez,
De vengeance, de sang, de couroux colorez :
Et les traces * des chars sur le sable restées,
Des tempestes, des vents, des ondes respectées,
Sont vn illustre aduis, aux plus grands des mortels,
De ne point égaler leurs Thrônes aux Autels.
   Au delà de ces bords, voy ces terres perduës,
Vers l'Aube & vers le Sud sans limites étenduës ;
Là, jadis les Hebreux patirent quarante ans,
Par leurs rebellions, par leurs peines errans :
Et laisserent par tout, de leur mort violente,
Ou l'herbe ensanglantée, ou la campagne ardente.
   Ces ossemens, que l'air & le temps ont sechez,
Sur cette terre nuë, en desordre couchez,
Sont de ces Malheureux, qui de leur sang baignerēt,
Le Sacrilegue Autel du Veau qu'ils adorerent.
   Cét autre amas de corps calcinez & noircis,
Est de ces factieux & de ces endurcis,
Qui deuorez du feu, laisserent de leur peine,
La marque dans leur cendre &* le nom sur la plaine.
   Ce Gouffre, d'où le jour auec pasleur s'enfuit,
D'où jamais le Soleil n'a pû chasser la nuit,
Est le passage affreux, par où les trois * Rebelles,
Apres eux attirant leurs Maisons criminelles,
De la Terre engloutis, par vn étrange sort,
Passerent sans mourir à l'éternelle mort.
Exemple sans exemple, & dont au moins les crimes,
Apprendront à subir les ordres legitimes :
Et la Rebellion sçaura qu'il fait mauuais,
Des Thrônes bien fondez sur soy tirer le faix.
   Ces Climats, où jadis tant de fois, la Iustice,
Fit luire sa colere & fumer le supplice :
Sont les mesmes Climats, où la Grace à pleins bords,
Autrefois déborda des celestes thresors,

LIVRE NEVFIESME.

Sur ce * Mont sourcilleux, le grād Pasteur des Ames,
A Moyse Pasteur s'apparut dans les flames.
Le saint Buisson, qui fut éclairé de ses feux,
Conserua la fraischeur de sa feüille sous eux :
Et le vert eternel qui depuis le couronne,
Est respecté du Temps & la Nature étonne.
   Sur le * sommet prochain, d'éclairs étincelant,
De frayeur ébranlé, de sueur ruisselant,
Au concert des clairons accordez au tonnerre,
La Loy fut annoncée aux Peuples de la terre.
Le mont en fume encor, & la moëte vapeur,
Qui luy couure le front, luy reste de sa peur.
   Cette terre à ses pieds étenduë & deserte,
Est celle qui jadis quarante ans fut couuerte,
Sans le secours du soc, sans le trauail des mains,
De cét extrait * du Ciel & des Astres semains,
De ce suc épuré de la haute Nature,
Que long-temps à l'Hebreu seruit de nourriture.
Suy des yeux ce grand Fleuue, il conduira tes yeux,
A d'autres lieux plus saints & plus mysterieux.
Ce Bourg que tu vois-là, sans montre & sans parade,
Est le * Bourg où se fit la celeste ambassade;
Quand l'Amour vnissant troua ce grand milieu,
Qui d'vn Dieu fit vn Hōme, & fit d'vn Homme vn
  Plus bas, vers le Midy, se montre la masure, [Dieu,
Où le Prince eternel, le Roy de la Nature,
Sur la paille naissant, ne se vit assisté,
Que des Vents, de la Nuit, & de la Pauureté.
La Nuit s'en éclaircit, les ombres en brillerent;
Les celestes Esprits par troupes y volerent;
Et les Astres, du Ciel auec eux descendus,
Confus d'étonnement, de respect suspendus,
D'vn cercle lumineux l'Etable couronnerent,
Et leurs rays dans la Créche à la paille meslerent.
   Cet amas de maisons & de tours que tu vois,
N'est pas cette Sion si vantée autrefois :

Ce n'é est qu'vn Squelete & qu'vne Ombre enchaiſ-
Sous les fers, ſous le joug, ſous les ans décharnée. [née
Heureux qui de ſes bras les fers enleuera!
Qui le ioug Sarraſin de ſa teſte oſtera!
 Voy tirant vers le Nord cette ſeche colline,
Qui ſe montre de haut à la Cité voiſine.
C'eſt le ſacré Theatre, où la Vie à la Mort,
S'vnit par vn fatal & ſolennel accord:
Où de la mort d'vn ſeul tous les Morts reueſcurent;
Et d'vne ſeule mort toutes les morts moururent.
C'eſt là que l'homme-Dieu ſur le bois attaché,
Ecraſa le Serpent, étouffa le Peché;
Et que des cloux ſanglás, qui les mains luy percerẽt,
Les clefs des Cieux fermez, par l'amour ſe forgerẽt,
A la voix de ſon ſang de la Croix répandu,
Et du plus bas Enfer auec trouble entendu,
Les eſprits, & les Corps ſortis des ſepultures,
Coururent aux ruiſſeaux que rendoient ſes bleſſures:
La Nature mourante & tenuë en priſon,
En vit ſes fers rompus, en receut gueriſon:
Et ce Mont, qui jadis fut vn Mont d'Anatheme,
Où regnoit le ſupplice aueque le blaſpheme,
Laué de ces ruiſſeaux, & rendu glorieux,
Fait honneur à la Terre & fait enuie aux Cieux.
Anges, Hómes, Demons, doiuent tous au Caluaire,
Ou culte de contrainte, ou culte volontaire.
 Au Caluaire, à ces mots, le Prince s'inclina;
Luy remit ſes deſirs, ſon cœur luy reſina.
De là, ſoudainement, ſur ſa machine ardente,
Par l'eſpace de l'air reporté dans ſa tente,
Tandis que dans ſon Cáp tout eſt calme & sás bruit;
Il accorde au repos le reſte de la Nuit.
 Cependant du milieu de ce * Cercle liquide,
Qui fait autour des Cieux vne ceinture humide,
L'Ange Intendant des eaux par le vuide deſcend,
Et de traits lumineux ſa route blanchiſſant,

LIVRE NEVFIESME.

Vient remettre le Nil dans les loix de ses bornes,
Et ranger sous le joug ses orgueilleuses cornes.
Par tout où s'étend l'air, de ses aisles battu,
Son esprit se répand aueque sa vertu :
La Nuit cede à ses rays, & luy quitte la place ;
Le Vent respectueux perd l'haleine & l'audace ;
Tout l'Hemisphere sent le calme qui le suit ;
La Mer au loin s'abbat, la tempeste s'enfuit :
Et le Nocher surpris de voir tomber ses voiles,
Demande en vain raison de ce calme aux Estoiles,
  L'Ange au Fleuue arriué malgré l'enchantement,
Rechasse les Demons dans leur noir Element :
Et le bras éleuant, d'vne verge azurée,
Frape le dos courbé de l'onde conjurée.
De ses coups redoublez le Fleuue sent l'effort :
La vague à gros boüillons recule vers le bord :
Le trouble, le murmure, & l'écume pressée,
Montrent qu'elle a dépit de se voir repoussée :
Soit courroux : soit orgueil, elle roule auec bruit,
Le limon la precede, & la baue le suit :
Plus elle est commandée, & plus elle s'éleue ;
S'éleuant elle s'enfle, & s'enflant elle creue ;
Et semble se roidir, se plaindre & se fascher,
Sous l'Esprit Intendant qui la veut r'attacher.
  Comme vn Genest fougueux, qui porté de caprice,
Franchit en voltigeant les bornes de la Lice ;
Rebelle à l'esperon, comme rebelle au frein,
De son maistre n'entend ny la voix ny la main :
Et paroist ne deuoir terminer sa carriere,
Que sur vn precipice, ou sur vne riuiere.
Mais si pour le domter, la force est jointe à l'art,
L'orgueil & le dépit allument son regard :
Il bondit vainement ; vainement il consume,
Sa colere en fumée & sa fougue en écume :
Apres auoir en vain bondy, tourné, fumé,
Apres auoir écumé & soufflé consumé.

Soit de gré, soit de force, il faut qu'il obeïsse,
Et qu'à pas mesurez il rentre dans la lice.
  Ainsi des flots du Nil, de leur lit égarez,
Les vns sont dans leur lit par l'Ange resserrez;
Les autres vers la Mer auecque bruit décendent,
Et d'autres dans le sein de la terre se rendent.
L'Ennemy qui s'estoit auec eux auancé,
Est vers le grand canal auec eux repoussé,
Sans l'ayde du Nocher, que ce reflux étonne,
La barque suis la vague, & la vague en résonne.
De tant de bois flottans le soudain mouuement,
Du Nocher au Soldat porte l'étonnement.
Mais si-tost qu'à leurs yeux, des formes inconnuës,
Sur le Camp des François parurent dans les nuës;
Et que de longs éclairs meslez de bruits affreux,
Par la nuit entr'ouuerte éclatterent sur eux,
Alors l'étonnement à la crainte fit place,
— Le cœur des plus hardis trembla sous la cuirasse:
La frayeur fut commune, & commun fut l'effort,
Qu'elle fit pour fuir ces images de mort.
L'vn rame de sa pique, & l'autre de sa lance,
Le trouble les retarde autant qu'ils les auance:
L'émeute des Soldats jointe à celle des flots,
De bruits déconcertez confond les Matelots,
A peine quelques-vns ose tourner visage,
Vers le terre, où la France exposée à leur rage,
Deuoit par sa défaite, & dans son sang finir,
Et la guerre presente & la guerre auenir.
  Forcadin qui sans crainte, eust vû de la tempeste,
La machine bruyante éclater sur sa teste,
Tout seul inébranlable à la commune peur,
Dans le trouble maintient l'assiette de son cœur.
Il voit auec fierté de courage & de mine,
Les nuages ardens qui cignent la colline:
De ses yeux enflamez le formidable éclair,
Répond de sa lueur, à la lueur de l'air,

LIVRE NEVFIESME.

Et la sanglante main qu'il met au cimeterre,
Semble vouloir encor repartir au tonnerre.
Mais enfin par le cours de la vague entraisné,
De colere grondant, de dépit forcené,
Il fait d'vn iavelot, lancé vers la terrasse,
Vn carnel emplumé, qui porte *****

 Comme l'Ange commis au chastiment des eaux,
Eust resserré le Fleuue & rangé des vaisseaux,
Il appelle les Vents, & les vents qu'il appelle,
De leur bruyant Palais venus à tire d'aisle,
Au signal qu'il leur fait, sur la plaine volans,
Preparent les chemins encore ruisselans.
La Terre se découure à leurs chaudes haleines,
Ils luy sechent la face, ils luy sechent les veines,
Et terre à terre allant par dessus l'orison,
De l'aisle auec bruit ils battent le gason.

 Les Heures cependant brillantes & parées,
Ouurent de l'Orient des portes azurées :
Le iour pur & serain par ces portes s'épand,
A la pointe des monts son premier feu se prend,
Et descendant de là, s'découure sur la plaine,
Aux François deliurez vne nouuelle scene.

 Leurs Esprits, à leurs yeux surpris d'étonnement,
Demandent quel miracle, ou quel enchantement,
A pû faire si tost vne Mer disparaistre,
Si tost croistre vne terre & des arbres renaistre.
Ils cherchêt en quel lieu, tout ce grand peuple armé
S'est auec son deluge & sa flote abismé.
Et comme le Pilote échappé du naufrage,
Apres qu'vn meilleur Astre a dissipé l'orage,
Surpris de son salut, cherche la nuë en l'air,
Le trouble dans les flots, & les vents sur la mer :
Et porté tout à coup, par delà son attente,
A peine croit au port qui les bras luy presente.

 De mesme le François cherche demy confus,
Et demy deffiant le Nil qu'il ne voit plus :

Et libre d'vn si vaste & si terrible obstacle;
Etonné d'vn si grand & si soudain miracle;
Des ruisseaux de ses yeux, & du feu de son cœur,
Fait vn pur sacrifice à son Liberateur.
A de si saints deuoirs saint Prince l'anime,
Par sa voix, par ses pleurs, sa pieté s'exprime:
Et l'exemple qu'il donne, est vne viue loy,
Qui tire par les yeux tous les cœurs apres soy.
  A cette pieté qui par les chants s'explique,
Succedent des deuoirs de tristesse publique;
Des corps des Sarrasins, ceux des Francs separez,
Et d'vn tombeau champestre à la haste honorez,
Sont assistez des vœux, & loüez par les larmes,
De tous les Escadrons en deüil & sous les armes.
Des casques, des escus, & des harnois dorez,
Autour du monument sur des troncs arborez,
Leur font vn riche eloge; & sont à leur memoire,
Vn escorte d'honneur, & des Gardes de gloire.
  Ces offices de deüil vont iusques à la nuit,
Le repos leur succede & dissipe le bruit.
L'Aube apres remontant, on voit marcher l'Armée,
D'vne nouuelle ardeur à bien faire animée:
Et sur la fin du jour, quand le Soleil baissant,
Par les Heures conduit, vers sa couche descend;
Les troupes sur le Nil en bataille se rendent.
Et dans tous les Quartiers les pauillons se tendent.
  Archambaut cependant à Damiette arriué,
Des Pirates, du fer, de la prison sauué,
Menoit sur vn vaisseau, le long de la Riuiere,
Vn renfort qui s'estoit rangé sous sa Banniere.
  Tandis que le Saint Roy par l'Hyuer arresté,
Dans la Chipre attendoit le retour de l'Esté;
Bourbon brillant du feu de l'âge & de l'audace,
De la Mer & des Vents méprisa la menace;
Et ne pouuant rester tant de mois en repos,
Captif du mauuais temps & prisonnier des flots;

LIVRE NEVFIEME.

Au bruit qui s'épandit du trouble d'Armenie,
Attaquée au dehors, au dedans desvnie ;
Alla seruir Ozat, contre les Roys voisins,
Qui le tenoient bloqué d'vn Camp de Sarazins.
Il vainquit la saison, les flots le respecterent,
La Fortune & les Vents ses voiles seconderent :
Mais le Corsaire Amir, par vn étrange sort,
S'estant trouué sur Mer, comme il alloit à bord ;
Le Combat qu'il rendit fut terrible & funeste ;
A peine vn Chevalier luy demeura de reste :
Et luy mesme à la fin moins vaincu que lassé,
De blessures sanglant, & dans la Mer poussé,
Comme dans l'onde encore il luttoit contre Azate,
Toucha de sa valeur le General Pirate ;
Et sauué par ses soins, par ses soins assisté,
Au Sultan de Damas depuis fut presenté.
Les graces de son air galant & magnanime,
Aussi-tost qu'il parut le mirent en estime.
Il surprit, il charma ; la fureur & l'amour,
En deux sectes pour luy partagerent la Cour.
Mais comme il eust tué dans vn tournois tragique,
Osmin Fils du Sultan, d'vn éclat de sa pique ;
De ce coup mal-heureux le Pere forcené,
Sans iustice l'auoit à la mort destiné :
Et rien n'eust amolly le Barbare implacable,
Si sa Fille Almasonte, amante ou pitoyable,
Par vne genereuse & noble trahison,
Au Meurtrier innocent n'eust ouuert la prison.
Bourbon sauué par là d'vn injuste supplice,
Sortit auec le cœur de sa Liberatrice,
Qui volontaire esclaue, & sans fers enchaisné,
En triomphe apres luy, par l'Amour fut mené.
Comme il fut à Damiette, il prit de Vandenesse,
Et joignit en vn corps, vn renfort de Noblesse.
La Recruë estoit belle ; & venoit de ces lieux,
Où la Loire d'vn cours superbe & glorieux,

SAINT LOVYS,

Sans obstacle roulant, sa vague précipite,
Vers le riche terroir où la Beausse l'inuite.
Vierzon & Suilly, Chasteau-neuf & Culans,
Egalement hardis, également galans,
La Chastre adroit & fort, Montlusson riche & braue,
Le courageux de Bar, le courtois Bellenaue,
Sancerre curieux de chiens & de cheuaux,
Chabannes inuincible aux belliqueux trauaux,
Le jeune Monfauçon, & le sage Lignieres, [res.
Au Drapeau de Bourbon auoient joint leurs Bannie-
  Contre le cours du Nil, la Nef qui les portoit,
Par des bras des rameurs vers le Caire montoit :
Et la vague à l'entour blanchissante & crespée,
Grondoit sous l'auiron dont elle estoit couppée,
Quand vn vaisseau parut à dix rames nageant,
Et brillant de l'éclat de cent Lunes d'argent.
Des ondes & du fer Zahide preseruée,
Et d'vne double mort, par miracle sauuée,
Menoit cette Galere au secours du Sultan,
Qui la croyant noyée aueque Muratan,
D'vn dueil sec & muet, sans larmes & sans plainte,
Maudissoit le destin de sa famille éteinte.
  Sur la Mesme Galere, Amasonte éclatoit,
Des feux clairs & dorez que son harnois jettoit ;
Tandis que de son cœur la douce & lente flame,
Eclairoit le portrait de Bourbon dans son ame.
Cinquante Cheualiers à Zahide engagez,
S'estoient pour la deffendre autour d'elle rangez :
Ils auoient tous juré de suiure sa fortune,
Et courir auec elle vne risque commune.
Leur sag & leurs esprits de neuueaux feux bouilloiēt,
Leurs mines, leurs regards, leurs armes en brilloient:
Et la Zagaye au poing Almasonte & Zahide,
De la pouppe luisoient sur la route liquide,
Pareilles aux Gemeaux de rayons emplumez,
Reuestus de rayons, & de rayons armez ;

LIVRE NEVFIESME.

Qui par les feux diuers dont éclatent leur testes,
Annoncent aux Nochers le calme où les tempestes.
  Bourbon qui reconnut au Croissant argenté,
Voltigeant à la pouppe, & sur le mast planté,
Que la Galere estoit de l'Armée infidelle,
Voulut qu'à toute force on allast apres elle :
Elle tourna la prouë, & vint auec fierté,
A l'agresseur, du vent & des rames porté.
Aux bois cours & volans qui l'assaut commencerent,
Les piques, les marteaux, les sabres succederent :
Du sang qui se versa l'onde prit la couleur ;
Et sembla mesme encore en prendre la chaleur :
Et dans le fleuue, en flo des morts qui le grossirent,
La colere, l'amour, la valeur s'éteignirent.
  De la main de Bourbon vn jauelot lancé,
Renuersa Leganor d'écailles cuirassé :
Il tira de fureur le fer de sa blessure,
Et son ame en fumant sortit par l'ouuerture.
Orman d'vn coup pareil dans le Fleuue abbatu,
Maudissant les combats, blasphemant la Vertu,
Detesta le Laurier & regretta l'Oliue,
Que le Iourdan pour luy nourrissoit sur sa riue.
  A ces deux il ajouste vn Barbare inconnu,
Qui des climats du Nort en Egypte venu,
Pouuant pretendre au nom de Vaillant & de Braue,
Se faisoit appeller le volontaire Esclaue ;
Et traînoit, magnanime & glorieux Amant,
Vne chaîne d'anneaux liez d'esprits d'aymant.
Le superbe s'estoit engagé de promesse,
D'arborer au vaisseau de la belle Princesse,
Vn pauillon tissu du poil qu'il coupperoit,
Aux Cheualiers Croisez que son bras desferoit,
Mais de ce vain serment sa foy fut dégagée,
Et sa teste abbatuë & dans son sang plongée,
Acheua d'vn regard à Zahide adressé,
Vn adieu foiblement à demy prononcé.

Blimel & Merin à la mort le suiuirent,
Leurs Ames à la sienne en sortant se joignirent,
Et toutes trois en l'air semblerent en sifflant,
Resiner leur amour & leur colere au vent.
Blimel fut pleuré de la riche Almasée,
Que pour suiure Zahide il auoit méprisée.
L'infortuné Merin d'Arsise rebuté,
De dépit au peril s'estoit precipité : [rent
Mais les flots, qui son corps vers la Mer emporte-
Des outrageux rebuts d'Arsise le vengerent.
L'ingratte, le trouuant rejetté sur le bord,
Luy fit de ses dédains justice par sa mort :
Et son cœur tout en feu, par sa gorge percée,
Luy demanda pardon de sa froideur passée.

Ainsi Bourbon couuert de sueur & de sang,
Des Braues de Zahide éclaircissoit le rang ;
Plus ardent qu'vn Lyon, qui dans vn pasturage,
Orgueilleux du peril qui pique son courage,
Fait des chiens éuentrez les entrailles fumer,
Des taureaux étranglez fait le sang écumer ;
Et la chair des bergers qui de ses dents degoutte,
De celle des taureaux & des chiens le degouste.

Zahide d'autre-part sa valeur signaloit,
Almasonte du bras & du cœur l'égaloit :
Les yeux étincelans à trauers la visiere,
Faisoient au loin jallir vne lueur guerriere,
Pareille à ces rayons de pourpre colorez,
Qui coulent sur le fond des nuages dorez,
Quand l'Aube à son leuer trouue encore les voiles,
Que d'vn air vaporeux la Nuit fait aux Estoiles.

Par Zahide, Amaury d'vn jauelot percé,
Est de la pouppe en l'onde auec bruit renuersé :
Les Muses qu'il seruit & qui le couronnerent,
Ses armes en Egypte en vain accompagnerent :
Le Laurier qu'il vantoit ne le garantit pas,
Et luy fut vn Dictame inutile au trépas.

Clodo-

LIVRE NEVFIESME.

Clodomire & Guerry nez sur le bord de Loire,
Et riuaux en amour, comme riuaux en gloire :
L'vn traitté de caresse & l'autre de rigueur,
Tous deux en âge égaux, comme égaux en vigueur.
D'vne auanture égale en Ægypte moururent ;
Et leurs ames encore à la mort concoururent.
D'Orasie en émail, sur leurs riches escus,
Les traits furent du fer de Zahide vaincus :
Et la belle Chrestienne, à la braue infidelle,
Laissa de ses Amans terminer la querelle.

 De la mort d'Alonuille Osaferne brauoit,
Et pour luy joindre Acour le coutelas leuoit :
Montlusson le preuient, & d'vn coup qu'il allonge,
L'acier étincelant dans la gorge luy plonge.
Almasonte le vange, & d'vne arme à long bois,
Trauerse à Montlusson le conduit de la voix :
Il l'auoit claire & iuste, & long-temps dans la France,
Les Instrumens muets plaignirent son absence :
La Musique long-temps de sa mort soûpira ;
Et iusques à mourir Orane la pleura ;
Orane dont la voix fut iusques à l'enuie,
Des Nymphes, des Echos, des Sirenes suiuie.

 A Montlusson mourant Ligniere est ajousté.
De Crequy son amy vainement assisté :
Comme il couroit à luy, la terrible Guerriere,
Luy mit auec le fer la mort par la visiere.
Encore parut-il en tombant le chercher,
Sa cheutte par la sienne il voulut empescher,
Ses bras froids & pesans deuers luy s'étendirent,
Et ne le trouuant point du geste s'en plaignirent.
Suilly qui s'auança pour les vanger tous deux,
Quoy qu'il fust plus adroit, ne fut pas plus heureux ;
L'escrime qu'il auoit apprise dans la Sale,
Ne le garantit point de la pique fatale :
Il tomba dans le Nil ses bras ruant la mort,
Comme pour escrimer, par vn dernier effort,

M

De coups en vain tirez les vagues assaillirent ;
Les vagues de son sang, & non du leur rougirent :
Et soufflelles perdant la vie aueque l'air,
Encore dans la vase [illisible] qu'il le fer.
La pique de la belle & vaillante homicide,
Se rompit sur Leon, comme il frapoit Zahide :
Le bois auec le fer par le corps luy passa ;
Entre deux jets de sang son Ame balança ;
Et par la bouche enfin sortant sur son haleine,
Alla rejoindre au Ciel l'Ame de Melimene.
    Mais Bourbon, de Culans & de Bar assisté,
Dans l'infidele Bord auoit desia sauté :
Son épée & son bras secondant son courage,
Sous ses coups le vaisseau regorgeoit de carnage :
Les Sarrasins mouroient fierement & sans peur ;
Zahide de ses yeux leur échauffoit le cœur ;
Et leurs cœurs échauffez d'vne flame si belle,
A l'enuy se pressoient pour mourir autour d'elle.
    Aueque moins de foule on voit sur vn estang,
Les poissons éblouïs teindre l'eau de leur sang ;
Quand l'auide pescheur, d'vne ruse cruelle,
Les perce à la lueur du feu qui les appelle :
    Là perit Oliban tireur d'arc estimé,
Adroit joüeur de pique, Escrimeur renommé :
Tant d'armes, tant de bras au besoin luy faillirent ;
Et trois Braues en luy, d'vn mesme coup perirent.
Il fut suiuy d'Olfar grand & fameux Lutteur,
Et d'Elizel plus grand & plus fameux Iousteur :
La Lice luy manquant, sans Lice luy fut vaine,
L'adresse qu'il auoit de rompre à la Quintaine.
Algut tomba sur luy, l'adroit & iuste Algut ;
Dont les flesches iamais ne manquerent leur but :
Mais à ce coup, la Mort, qui fut meilleure Archere,
Sans le voir, l'abatit du haut de la Galere :
Et comme d'vn grand chesne abatu par le fer,
La fueille se détache & voltige dans l'air ;

Les traits de son carquois en foule s'échapperent,
Le vent en fit du bruit & les flots s'en joüerent.

　Azorin grand chasseur, grand dôteur de cheuaux,
Estimé de Zahide entre tous ses riuaux,
Orgueilleux de la mort du jeune Galerande,
A ses pieds immolé par vne vaine offrande,
Portant son bras à son arme, & sa fierté, plus haut,
Luy destinoit encor la teste d'Archambaut.
Mais loin de ses cheuaux, & loin de son Escole,
Le François ebahis aux yeux de son Idole,
Ses regards en mourant sur elle il attacha,
En elle son Estoile & son Ciel il chercha,
Et son ame en sortant, luy laissa la fumée,
De son amour encore en son sang allumée.

　Zahide à la vengeance éleue auec le bras,
La force, le dépit, le cœur, le coutelas ;
A son dépit son cœur & son bras répondirent :
Mais le fer se rompit, les éclats en bondirent,
Et semblerent en l'air, en sifflant s'affliger,
De laisser la Beauté, desarmée au danger.
Bourbon qui ne veut rien deuoir à l'auanture,
Qui ne veut des lauriers que de haute mesure,
Laisse prendre Zahide à Curton qui le suit ;
Et porte ailleurs la mort, qui sur son arme luit.
Il frappe Nerodan, qu'vne Hydre menaçante,
Et sur son pot doré de grenas flamboyante,
Ny le vain * Talisman qui pendoit à son bras,
A ce moment fatal ne garantirent pas.
Les bancs & le tillac de sa cheutte branslerent,
Le mast s'en étonna, les voiles en tremblerent.

　Almasonte restoit seule sur tant de morts,
Haute & fiere du cœur, ferme & saine du corps.
Elle vient à Bourbon, Bourbon tourne vers elle,
L'vn & l'autre au combat son ardeur renouuelle.
Le fer étincelant, & battu par le fer,
A celuy qui le bat rend éclair pour éclair ;

M ij

Et des coups que d'adresse ou de force ils se donnent,
L'air au loin retentit & les vagues resonnent.
Le champ de soy petit, s'étend par leur vertu :
L'vn & l'autre à son tour est battant & battu :
Leur peril est égal, égale est leur fortune,
Et l'inégalité du lieu leur est commune.

 Que bizarre est le Sort des mal-heureux humains !
Que leurs iours sōt fautifs, que leur projets sōt vains !
De l'amour d'Archambaut Almasonte blessée,
En tous lieux le portoit empreinte sur sa pensée ;
Cette agreable Image en son cœur dominoit,
Et ses soins, ses desirs, ses desseins gouuernoit :
Et voila qu'elle & luy commis par la Fortune,
D'vne fureur égale, & d'vne erreur commune,
Epreuue à l'enuy pour se donner la mort,
Tout ce que sçait la ruse, & ce que peut l'effort ;
Sans que l'Amour leur preste, à trauers la visiere,
Pour les desabuser vn rayon de lumiere.

 Zahide qui retint dans son propre mal-heur,
Sous le fer du Sultan l'assiette de son cœur ;
Pour sa chere Almasonte étonnée & craintiue,
Au peril qui la presse à la veuë attentiue.
Son cœur semble conter d'vn soudain battement,
Les coups qu'elle reçoit & les coups qu'elle rend ;
Et sans la seconder de pauois ny d'épée,
Elle frape pour elle, & pour elle est frapée.

 Ainsi quand l'Eperuier fond, pareil à l'éclair,
Sur la jeune Cicogne en la plaine de l'air ;
Tous deux armez de bec, cuirassez de plumage,
Et sans art aguerris combattent de courage.
Par tout on les voit suiure & par tout reculer ;
On voit couler leur sang, & leur plume voler ;
L'air, le vent, le vallon de leurs aîles resonnent ;
Les passans arrestez de leur combat s'étonnent :
Et la vieille Cicogne en peine & sans vigueur,
Sur le prochain rocher s'en herisse de peur

LIVRE NEVFIESME.

Bourbon presse Almasonte, & déja son épée,
Du sang de la Guerriere vne & deux fois trempée,
Craignit de s'en tacher vne troisiesme fois,
Et comme par pitié coula sur son harnois.
Archambaut depité quitte l'art & s'en trouble;
Auecque le dépit la force luy redouble;
Et leuant à deux mains le fer étincelant,
Sur la Belle l'abat d'vn coup si violent,
Que saphirs & rubis de sa teste saillirent,
Et bondissant bien loin dans l'onde s'éteignirent.
La mort suiuoit le fer, mais le fer s'arresta,
Au cimier éleué que l'armet presenta;
Et de l'Hermine d'or la solide figure,
Garantit Almasonte & receut sa blessure.

Sous le poids de ce coup la Guerriere bransla,
L'haleine luy faillit, tout son corps chancela:
Et pour se soustenir n'estant plus assez forte,
Sur les morts étendus elle cheut demy-morte.
Le coup qui l'abatit sa Parente blessa,
Et iusques dans le cœur par les yeux luy passa.
Déja, par les François Zahide reconnuë,
Et traittée en Princesse auoit la teste nuë:
Et ceux qui l'auoient prise, à sa grace attentifs,
Sans combat, à leur tour, deuenoient ses captifs.

Aussi-tost qu'elle vit Almasonte étenduë,
Elle accourt, de douleur & de crainte éperduë:
Et saisissant l'épée en la main du vainqueur,
Acheue, luy dit-elle, acheue sur mon cœur.
I'ay de quoy toute seule honorer ta victoire,
Et mon nom peut donner quelque lustre à ta gloire.
Fraper vn ennemy quand il est abatu,
Est vn coup de fureur & non pas de vertu.
Fais moy rendre vne épée, & maintien par courage,
Ce que sur moy le Sort t'a donné d'auantage.
Si mon arme rompuë, a trahy mon dessein,
Le cœur m'est demeuré mieux armé dans le sein.

M iij

Il peut combattre encore, & peut par sa deffaite,
Te laisser du combat la couronne complete.
Donne moy le moyen de vaincre ou de mourir,
De suiure ma Parenté, ou de la secourir :
Au moins, voy si le fer pourra passer sans honte,
Par le corps de Zahide, à celuy d'Almasonte.

   D'Archambaut en parlant l'épée elle tenoit,
Et par vn doux effort contre soy la tournoit :
La Grace & la Pitié son discours acheuerent ;
Et le fer de la main du Vainqueur arracherent ;
Tandis que son Esprit en trouble, & partagé,
De phantosmes diuers se trouuoit assiegé.

   Mais quand pour aleger Almasonte pasmée,
Zahide eut de son pot sa teste desarmée ;
Et que ses yeux ternis, que ses regars tournez,
Que les lys de son teint expirans & fanez,
Sa peine & son peril en silence expliquerent,
Et de compassion tout le monde toucherent ;
Bourbon surpris alors, de sa fatale erreur,
Tout à coup fut porté de la crainte à l'horreur.
L'haleine luy faillit, ses membres se roidirent,
Ses sens deconcertez leur commerce rompirent :
Et le cours des esprits vers le cœur rappellé,
Laissant dans les vaisseaux le sang trouble & gelé,
Son Ame de douleur outrée & languissante,
Vint s'offrir à la mort, pour la Belle mourante.
Et tantost détournant, tantost leuant les yeux,
Sembla de son erreur vouloir charger les Cieux.

   Il reuient, r'appellé par ceux qui l'enuironnent,
Du trouble de son cœur, ses oreilles bourdonnent ;
Ses yeux s'ouurent à peine ; il semble s'étonner,
De voir autour de luy toutes choses tourner ;
Et le froid de son front s'écoule goutte à goutte,
Au reflux des esprits qui reprennent leur route.
Deux fois voulant parler, sa douleur par deux fois,
Commit à ses soûpirs l'office de la voix ;

Et deux fois ſes ſoûpirs auec preſſe ſortirent,
Pour ouurir le paſſage à ces mots qui ſuiuirent.
  Victoire parricide ! auantage inhumain !
M'auoit-elle ſauué pour perir de ma main ?
Et deuois-je du ſang de ma liberatrice,
D'vne Eſtoile bizarre accomplir le caprice ?
Qu'il m'euſt eſté meilleur d'abreger par ma mort,
Les longs égaremens de mon aueugle Sort !
Et que pour mō repos, nō moins que pour ma gloire,
I'euſſe mieux à Damas terminé mon hiſtoire ;
Lors qu'en la noire Tour où iamais il ne luit,
Où iamais il n'entra que ſupplice & que nuit,
Ie me vis deſtiné, malheureuſe victime,
A payer de ma vie vn meurtre fait ſans crime !
Mon ſang pur à ma mort & ſans tache verſé,
Sur ma memoire auroit quelque luſtre laiſſé ;
Et la funeſte fin de mes premieres armes,
Au moins parmy les miens auroit trouué des larmes.
Au lieu que ſans repos, non moins que ſans honneur,
Soüillé du ſang d'vn Frere & du ſang d'vne Sœur,
D'vn Frere mon amy, d'vne Sœur mon amante,
Auec peine ſuiuant vne Fortune errante,
Et moy meſme traiſnant mon tourment auec moy,
Ie ſeray deſormais vn exemple d'effroy.
Pour ſupplice eternel, pour eternelle honte,
I'auray le nom d'Oſmin, & le nom d'Almaſonte :
Et leurs Manes ſanglans armez de flambeaux noirs,
Mes Suiuans tous les iours, mes Hoſtes tous les ſoirs,
D'vn funeſte appareil, d'vne montre tragique ;
Sans tréue me feront vn Enfer domeſtique.
  A ces mots, ſes ſoûpirs, & ſon deüil redoublant,
Auec peine il ſe leue, & ſe traiſne en tremblant,
Où Zahide muette, & de pleurs ébloüye,
Souſtenoit Almaſonte encor éuanoüye.
Là, ployant le genoüil & la main luy preſſant,
D'vn ton bas & plaintif, & d'vn air languiſſant ;

Ie ne viés point, dit-il, meurtrier lasche & timide,
D'vn foible desaueu courir mon parricide.
Où parle voſtre ſang, où voſtre ſang reluit,
Ie chercherois en vain le ſilence & la nuit.
Ie viens encore moins vous prier pour ma vie,
Rien ne peut me toucher d'vne ſi baſſe enuie :
Et ce Monde n'a point de Fortune à donner,
Qui plus heureuſement puſt mes iours couronner,
Que l'euſt fait vne mort de voſtre main parée,
Et du luſtre qui ſuit voſtre nom éclairée.
Auſſi viens-je à vos pieds, pour r'auoir cette mort,
Le crime de mes mains & l'erreur de mon Sort :
La cruelle eſt à moy, puis qu'elle eſt mon ouurage :
Vous ne pouuez entrer en ce triſte partage.
Rendez donc à mes yeux cette funebre nuit,
Rendez leur cette horreur ſi ſombre qui la ſuit :
Les voſtres allumez pour regner & pour luire,
Sans détruire le iour ne ſe peuuent détruire :
Et tant d'hoſtes ſi doux qui s'y ſont amaſſez,
N'en peuuent par la nuit qu'à tort eſtre chaſſez.
Remettez moy ce triſte & funeſte ſilence,
Qui fait en voſtre bouche, aux Graces violence :
Et laiſſez, pour finir ma vie & ma douleur,
Ce teint paſſe à mon front, & ce froid à mon cœur.
   Là, ſes ſoûpirs montant ſa parole étouffèrent,
Ses larmes ſur les mains d'Almaſonte coulerent :
Et ſoit qu'auec ſes pleurs, par les canaux des yeux,
Vn eſprit s'épandit pront & contagieux ;
Soit que de ſes ſoûpirs la vapeur fut ſuiuie,
D'vne flame ſubtile, & d'vn extrait de vie ;
Le cœur de la Guerriere à cét eſprit s'ouurit,
Cet extrait y coula, cette flame s'y prit ;
Ses ſens furent par là remis en leur vſage ;
Goutte à goutte le teint luy reuint au viſage ;
Et du premier rayon dans ſes yeux retourné,
Autour d'elle le iour parut raſſerainé.

Dans la Bouſſole ainſi l'aiguille tournoyante,
Quand ſon eſprit éteint la laiſſe languiſſante,
Ne connoiſt plus le Nord, n'a plus de ſentiment,
Et de ſa peſanteur ſuit le ſeul mouuement:
Mais ſi l'Aymant qu'elle ayme, à ſon ſecours arriue,
Encore qu'elle ſoit en ſa boëte captiue,
De nouueau ranimée, & d'aiſe trémouſſant,
Elle tourne la teſte à l'attrait qu'elle ſent;
Et le charme ſecret qui la porte à le ſuiure,
Fournit à ſon inſtinct l'eſprit qui la fait viure.

 Almaſonte remiſe, Archambaut ſe remet:
Le deſeſpoir le quitte, il met bas ſon armet;
Et s'offrant teſte nuë à la belle bleſſée,
Donne vn ſujet nouueau de trouble à ſa penſée.
Vn rayon de pudeur meſlé d'étonnement,
Et ſuiuy d'vn ſubit & doux treſſaillement,
Luy coula ſur le front, & du front ſur la jouë,
Pareil aux premiers feux dont l'Aurore ſe jouë,
Quand d'vn foüet de pourpre elle chaſſe la Nuit,
Et prepare la route au Soleil qui la ſuit.
Son vainqueur, à ſō tour vaincu, luy rend les armes.
Ioint le trouble à la hôte, au trouble joint les larmes,
Et preſente à ſon choix, pour lauer ſon erreur,
Ou le ſang de ſa teſte, ou celuy de ſon cœur,

 L'erreur vous eſt, dit-elle, auec moy commune,
Et le blaſme en doit eſtre à la ſeule Fortune.
Ne nous imputons point vn mal qu'à fait le Sort;
Conſeruez voſtre vie & me laiſſez ma mort:
Ie n'en pouuois auoir vne plus fauorable,
Au moins s'il vous en reſte vn regret veritable.

 Ces mots furent ſuiuis d'vne belle rougeur,
Qu'vn boüillō d'eſprits chauds apporta de ſō cœur;
Et que l'Amour accrut, voltigeant autour d'elle,
Du ſouffle de ſa bouche & du vent de ſon aiſle.
A ce ſouffle, à ce vent, Archambaut s'enflama,
D'vn feu que la pitié dans ſon cœur alluma:

M v

Et son cœur autrefois aux Graces inuincible,
A la compassion s'estant trouué sensible :
Pour se l'assujettir, par vn dernier effort,
L'Amour emprunta l'arc & le trait de la Mort.

Poursuiuant son chemin, captif de sa captiue,
Sur le declin du jour à l'Armée il arriue :
Et par les Grands du Camp, par Louys honoré,
Il se rend au quartier à ses gens preparé.
Aux Princesses à part vne tente est dressée,
Et Moxon, Cheualier de vieillesse auancée,
Mais encore genereux, encore plein de cœur,
Prés d'elles est laissé garant de leur honneur.

REMARQVES.

* *Vn costé Frederic*, pag. 249. Frederic II. Empereur excommunié.
* *Et de l'autre Esselin*, pag. 249. Esselin ou Acciolin fut vn Tyran qui fit d'étranges rauages en Italie du temps de S. Louys.
* *Le party Guelfe*, pag. 249. Les Guelfes & les Gibelins sont deux factions, qui ont long-temps diuisé & ruiné l'Italie.
* *Mainfroy pour l'estrangler*, pag. 249. Mainfroy bastard de Frederic II. vsurpa le Royaume de Sicile sur Conrad son Neueu, fils de Conradin.
* *Ton Frere éleu*, pag. 250. Charles d'Anjou, frere de S. Louys, nommé Roy de Naples & de Sicile par le Pape.
* *Quand du Gibel ardent*, pag. 250. Le Gibel est vne Montagne de Sicile qui iette du feu.
* *Les noires Eumenides*, pag. 250. Ce sont les furies ou

LIVRE NEVFIESME. 275

les Demons autheurs des massacres.

* *Ces vespres homicides*, pag. 250. Les Vespres Siciliennes, surnommées par le massacre des François.

* *Celle des Mammelus*, pag. 251. Les Mammelus vsurperent le Royaume d'Egypte sur Melecsalim, fils de Meledin, & s'y maintinrent jusqu'à ce qu'ils en furent chassés par Selim, Empereur des Turcs.

* *A la Lune Scythique*, pag. 251. La Lune Scythique est mise pour l'Empire des Turcs, venuz de Scythie.

* *Du couchant des feux*, pag. 251. Par ces feux venus du Couchant, il faut entendre ceux de la Compagnie de Iesus, qui ont porté la Foy au Levant.

* *Prit terre sur ce Mont*, pag. 252. C'est la Montagne où l'Arche s'arresta apres le Deluge.

* *Vn Monarque orgueilleux*, pag. 253. Nabuchodonosor, qui fut changé en vn Bœuf, en punition de son orgueil.

* *Vn autre Rebelle*, pag. 253. Pharaon rebelle au commandement de Dieu, & endurcy à ses fleaux.

* *Et les traces des Chars*, pag. 254. Cela est dit selon l'opinion de ceux qui ont écrit, Que les traces des chariots de Pharaon, se voyoient encore sur le sable de la Mer rouge.

* *Par ces trois Rebelles*, pag. 254. Coré, Dathan, & Abiron, rebelles à Dieu, & reuoltez contre Moyse.

* *Sur ce Mont sourcilleux*, pag. 255. Le Mont Oreb, où Dieu s'apparut à Moyse dans vn buisson ardent.

* *Sur le sommeil prochain*, pag. 255. Le Mont Sina, où la Loy fut donnée à Moyse.

M vj

* *De cét extrait du Ciel*, pag. 255. La Manne donnée aux Israëlites.

* *Est le Bourg où se fit*, pag. 255. Le Bourg de Nazaret, où l'Ange fut enuoyé à la Vierge.

* *De ce cercle liquide*, pag. 256. C'est la Sphere des eaux qui sont au dessus des Cieux.

* *Ny le vain Talisman*, pag. 267. C'est vne pierre marquée de quelque figure, ou formé naturellement, ou faite par artifice sous quelque constellation, de laquelle on croit qu'elle a vne vertu merueilleuse, contre les maladies & les blessures.

SAINT LOVYS
OV LA
SAINTE COVRONNE
RECONQVISE.
SECONDE PARTIE.

SAINT LOVYS

OV LA
SAINTE COVRONNE
RECONQVISE.

LIVRE DIXIESME.

ANDIS que sous le Ciel, la Nuit Mere des
 Ombres,
Dans son humide sein, & sous ses voiles
 sombres,
Tient le trouble & le bruit, les soins & les trauaux,
Liez par le Sommeil de chaisnes de pauots,
Louys de qui l'Esprit luit à trauers ces voiles,
Veille pour son Armée aueque les Estoiles.
Le Ministre immortel à sa garde aresté,
Assiste à ses conseils, luy preste sa clarté:
Et luy montre aux rayons que répand sa lumiere,
De ses trauaux futurs les plans & la matiere.
 Ainsi dans vn vaisseau, quand le calme & la Nuit,
Rameinent le repos, & font taire le bruit;

Des Nochers engourdis les bras s'apesantissent,
Les rames en leurs mains s'abaissent & languissent,
Le Vent mesme abatu sous les voiles s'endort,
Et les flots assoupis s'étendent iusqu'au bord :
Le Pilote qui veille auec la Boussole,
Prend auis cependant de la Carte & du Pole :
Et consulte les feux qui seruent sur les eaux,
De Guides asseurez aux mobiles vaisseaux.

 La porte du Matin de rubis étoffée,
Du Soleil renaissant fut à peine échauffée ;
Que sur vn plan tracé de la main de Couruaux,
Establiy dans le Camp Directeur des trauaux,
On s'appreste à dresser vn long & vaste ouurage,
Pour estre sur le Fleuue aux troupes vn passage.
Cent bucherons puissans de forces & de bras,
La coignée à la main, escortez de soldats,
Vont attaquer vn bois, où le jour triste & sombre
A le teint de la Nuit, & la fraischeur de l'Ombre.

 Au premier bruit ces troncs sous le fer languissans,
Des sifflemens aigus, & de loin menaçans,
Du fond de la forest coup sur coup leur répondent,
Et d'horribles éclairs leur réponse secondent.
A ces longs sifflemens, qui semblent s'auancer,
Et faire de frayeur les feüilles trémousser ;
Il succede vn fracas de branches renuersées,
De cailloux entraisnez, & d'écorces foissées :
Le tumulte s'approche, & pousse deuant soy,
La surprise & l'horreur, l'épouuante & l'effroy.

 Dâs ce trouble, vn Dragon d'vne grandeur énorme,
Monstrueux en ses plis, monstrueux en sa forme,
Paroist à la lueur des éclairs que luy font,
Deux globes flamboyans qui roulent sur son front.
De sa creste au dessus la tissure est horrible ;
De son dos écaillé la nuance est terrible ;
Et de sa langue en feu, le trait fixe & mouuant,
Pique l'air de colere, & menace le Vent.

Les arbres d'alentour semblent à son passage,
De crainte d'étourner leur bras & leur feüillage :
Et pour estre à couuert de l'horreur qui le suit,
Dans leurs ombres chercher vne plus noire nuit.
  Les Ouuriers effrayez abandonnent l'ouurage ;
Le Soldat en fuyant tourne à peine visage.
Deux des plus éperdus, à qui l'étonnement,
A fait perdre le soufle auec le mouuement,
Sont surpris du Dragon, qui s'étend & se dresse,
Qui se lance de force, & glisse auec souplesse :
Et tient, d'vn nœu fatal, en soy-mesme plié
Ce pitoyable couple à son malheur lié,   [blent :
Les Bois, en vain, leurs cris & leurs plaintes redou-
Le vent en vain les porte aux vallons qui s'en trou-
L'impitoyable Monstre à leur mort acharné, [blent :
Par leur cris redoublez n'en est pas détourné.
  Le Mouton que le Loup hors du troupeau deuore,
Reclame ainsi les Chiens, & les Bergers implore :
En vain ses plaintes vont au village prochain :
Les vallons d'alentour les repetent en vain :
Encore que les Chiens du village y répondent ;
Encore que les voix des vallons les secondent ;
Le rauisseur se tourne à peine vers le bruit.
Qui de loin le menace, & sans armes le suit :
Et du sang qui des dents & des ongles luy coule,
De la chair qu'il déchire, & de celle qu'il foule,
La poussiere trempée, & la terre en couleur,
Semblent du mal-heureux ressentir la douleur.
  Cependant les fuyars en trouble & hors d'haleine,
Trauersent d'vne course & le bois & la plaine.
A leur entrée au Camp, leur trouble & leur pasleur,
Rendent auant leur voix témoignage à leur peur.
L'image du Serpent à longs plis les talonne ;
Dans leurs testes encor son sifflement resonne :
Le recit qu'ils en font, étrange & plein d'effroy,
Trouue sur leurs frayeurs dans son Camp de la foy.

La Renommée au loin en porte la nouuelle,
Sur les vents differens qu'elle fait de son aisle :
Et selon qu'elle fait, ou moins ou plus de vent,
Le trouble qu'elle excite est ou petit ou grand.

Quoy ? dit en murmurant la timide Commune,
Les écueils & les Mers, la Guerre & la Fortune,
N'auoient point de perils assez affreux pour nous ?
Estoient à nostre perte ou trop lents ou trop doux ?
Il restoit d'évoquer du centre de la Terre,
Des Demons deuorans, pour nous faire la guerre :
Il restoit d'appeller du Royaume des Morts,
L'horreur, la cruauté, la fureur en vn corps.
Que ceux-là sont heureux, que les flots engloutirent,
Quand les Vents soûleuez nos vaisseaux assaillirent !
Mais plus heureux ceux-là, dont le fer Sarrasin,
D'vne mort honorable a couronné la fin !
Bien loin de l'épouuante & du trouble où nous som- [mes,
Marchant par le chemin battu des plus grands hom-
Ils sont auec honneur arriuez au repos ; [mes,
Il ont laissé la gloire & la paix à leurs os.
Au lieu que reseruez pour seruir de pasture,
A des Monstres volans, & d'énorme figure,
Ecrasez de leur poids, moulus entre leurs dents,
Et consumez du feu de leurs gosiers ardents,
Nous mourrons de trois morts ; & nos Ombres ges-
Encore de leurs plis resteront enchaînées. [nées,

Le murmure croissant arriue jusqu'au Roy,
Qui prend part au soucy, sans en prendre à l'effroy :
Il consulte son sens, son zele, son courage ;
Sur les diuers moyens de se faire vn passage :
Et pour l'hôneur du Camp, pour celuy de son Nom,
Il conclud auec eux à la mort du Dragon.
Les Seigneurs conuoquez s'assemblent en sa Tente :
La troupe en est nombreuse, & la montre éclatante :
Et de leur train pompeux la foule qui les suit,
Au lustre joint le trouble & l'embarras au bruit.

Ainsi, quand sur le soir, vn essain qui bourdonne,
Se ramasse au signal que le bassin luy donne;
Les Chefs & les Soldats également aisez,
Et pour le Roy volant également zelez,
S'assemblent alentour de leur Palais de cire;
Partagent les emplois de leur petit Empire;
L'air brille du faux or qui sur leurs armes luit:
Leurs aisles, des clairons representent le bruit:
Et le ruisseau qui roule au trauers de l'herbage,
Applaudit à leur pompe, & leur donne courage.
 Apres que les Barons assis selon le rang,
Qu'assignoit à chacun, l'employ, l'âge, ou le sang;
Parurent à Louys preparez à l'entendre;
Le bruit, Seigneur, dit-il, qui vient de se répandre,
Et qui remplit le Camp de murmure & d'effroy,
Sans doute a fait en vous vn mesme effet qu'en moy.
Aussi, qui sans rougir, apprendroit qu'vne Armée,
Qui de zele, de foy, de courage animée,
Parloit d'assujettir tout le Monde à la Croix,
Treble au bruit d'vn Serpent découuert dâs vn bois?
Est-ce par cét effroy que le Camp se prepare,
A marcher sur le ventre à ce Peuple barbare ?
Qu'il s'appreste à passer, jusqu'au Soleil naissant,
Par le sac des Citez sujettes au Croissant ?
Sont-ce là ces exploits, sont-ce là ces victoires,
Qui deuoient faire bruit dans toutes les Histoires?
Qui deuoient dans Paris se chanter si long-temps;
Et remplir nos Palais des thresors des Sultans?
Nos Peres autres fois en triomphe y traisnerent,
Les Squeletes affreux des Monstres qu'ils donterent;
On y voit, des Geans jadis par eux deffaits,
Les énormes harnois, & les vastes portraits:
Et nous, dignes Enfans de ces Peres si braues,
Nous qui deuions traisner cent Nations esclaues;
De crainte d'vn Serpent, qui fait vn peu de bruit,
De nos trauaux passez nous quitterons le fruit?

Mais à quoy que me porte, & quoy que me presage,
Le mouuement secret qui pousse mon courage;
Ie verray si le Monstre est tant à redouter,
Et s'il n'est point d'effort qui le puisse dompter.
La vertu que jadis aux Croyans fut donnée,
Ne s'est pas au berceau de l'Eglise bornée :
La foy peut tout encore ; & l'Arme de la Croix,
A la mesme vertu qu'elle auoit autrefois :
Le sang du Dieu mourant, qui laua son écorce,
Et luy communiqua son esprit & sa force,
Est maintenant encore aussi fort qu'il estoit, [toit.
Quand tout frais & tout chaud, les Demons il don-
Et ce nouueau serpent n'a pas la peau plus dure,
Que le premier * Dragon fatal à la Nature,
Qui du poids de sa queuë, & de son mouuement,
Fit du Monde étonné trembler le fondement ;
Et d'vn souffle embrasé de bitume & de souffre,
Alluma les buchers qui brûlent dans le Gouffre.
Ce terrible, d'vn coup de la Croix abatu,
Nous apprend où se peut étendre sa vertu,
Et ce ne luy peut estre vn fort rare chef-d'œuure,
Apres l'Enfer vaincu, de vaincre vne Couleuure.

A ce discours du Roy les Seigneurs sont surpris:
Il laisse vn aiguillon de gloire en leurs Esprits :
La piqueure en est viue ; & jusques au visage,
Le sang en rejallit de honte & de courage.
L'vn de l'autre Riuaux, d'vne voix & d'vn cœur,
Ils s'offrent en tumulte à ce peril d'honneur :
Et quoy qu'en cette illustre & noble concurrence,
Chacun auec ardeur brigue la preference,
Le vœu commun de tous, est d'empescher le Roy,
De mettre tout l'Estat en peril auec soy.

Chasteauroux Enuoyé de la triple Couronne,
Authorisé du droit que la Pourpre luy donne,
Represente à Louys ; que du Sens & du Cœur,
Diuers sont les emplois, diuerse est la valeur :

Que s'il veut conquerir, il doit mettre en vsage,
Le sens plus que les bras, & plus que le courage :
Que l'Armée est vn Corps de membres differens,
Et non moins diuisez d'offices que de rangs :
Que la teste au soucy de conduire occupée,
Doit resigner aux bras l'action & l'épée :
Que le Monde est ainsi par le Ciel gouuerné,
Qui lumineux d'Esprits, d'Estoiles couronné,
Eleué sur l'espace où les foudres éclatent
Où de lances de feu les Cometes se battent,
Sans se mesler au trouble, & sans faire de bruit,
Des Corps inferieurs les mouuemens conduit.
   Et puis, ajouste-t-il, les Testes souueraines,
Qui regnent sur le cœur des Fortunes humaines,
Sont d'vn ordre trop haut, pour les petits Lauriers,
Que la Gloire dispense au commun des Guerriers.
Il en est de plus grands, & d'vne autre matiere,
Qui répandent au loin l'odeur & la lumiere :
Et c'est de ces Lauriers éternels & luisans,
Qui preseruent les Noms de l'outrage des Ans,
Et font luire des Morts les Ombres dans l'Histoire,
Qui vous doit couronner la main de la Victoire.
Mais que diroit l'Europe, & que diroient ses Roys,
Spectateurs & Riuaux des gestes des François ;
Quand les porteurs des bruits que fait la Renômée,
Iroient leur raconter, que les Chefs de l'Armée,
Par vne foible crainte, & par vn lasche effroy,
Rachetant leur peril, du peril de leur Roy, [sonne.
Auroient aux dents d'vn Monstre, aueque sa per-
Abandonné l'Estat, & liuré la Couronne ?
Le reproche en seroit à la France éternel ;
Et le nom des François traité de criminel,
Deuant le Tribunal où sied la Renommée,
En porteroit la tache à iamais imprimée.
   Ie sçay, répond Louys, de la Lice des Rois,
Les rigoureux devoirs, & les seueres loix :

N v

Mais aussi sçay-je bien, jusqu'où va la carriere :
Ie n'en connois pas moins le but que la barriere :
Et la Gloire, dit-on, jamais n'y couronna,
Que ceux que par le sang la Valeur y mena.
Il est vray, le bon sens est d'vn Chef le partage ;
Mais ce bon sens doit estre animé de courage :
La prudence sans luy, n'est qu'vn jour sans chaleur,
Qui ne sçauroit nourrir ny feüillage ny fleur :
Et ne peut de sa froide & pesante lumiere,
De la moindre Couronne engendrer la matiere.
Dans le Monde abbregé que fait le Corps humain,
La teste a ses perils, aussi bien que la main :
Et le * Ciel, cette teste éternelle & supréme,
A qui tant d'Astres font vn roulant Diadéme,
Plus prompt & plus actif que tous les Elemens,
De ses feux les anime & de ses mouuemens.
Les bras les plus nerueux, les mains les plus habiles,
Sous vn Chef languissant demeurent immobiles.
Et le corps, quoy que fort, quoy qu'à la guerre in-
Ne va point au peril que la teste refuit.   [struit,
Veut-on, que Chef de montre, & teste inanimée,
Ie ne tienne de rang qu'aux pompes de l'Armée ?
Et qu'entre mes Archers en parade traisné,
Comme seroit vn tronc luisant & couronné,
Ie n'égale mon nom, & n'emplisse ma place
Que d'vne creuse feinte, & d'vne vaine masse ?
Cela fut bon jadis à ces Roys Faineans,
Qui foibles de courage, & plus foibles de sens,
Semblables, sur le Throne à des souches pesantes,
Humides de parfums, de dorures luisantes,
Au faiste des grandeurs ne se croyoient placez,
Que pour estre en repos, & pour estre encensez.
Le sang du grand * Capet, son Esprit, sa memoire,
N'ont pas encor perdu la route de la Gloire :
Et tantost, tout le Camp sçaura, si j'ay le cœur,
De marcher d'vn pied ferme, où m'appelle l'hôneur,

LIVRE DIXIESME.

A ce dessein du Roy les Barons s'opposerent:
Leurs devoirs & les siens en tumulte alleguerent:
En vain de ses devoirs, & des leurs combattu,
Il s'obstina d'aller où vouloit sa vertu.
Il consent à la fin, soit pour les satisfaire,
Soit pour ne pas subir le nom de temeraire,
Qu'vn second, au peril auec luy prenne part;
Mais il veut que le choix s'en remette au hazard:
Et parmy tant de noms connus de la Victoire,
Le hazard sur Raymond fait tomber cette gloire.
Il en benit le Ciel; il appelle bon-heur,
Le peril d'vn combat, qui s'égale à son cœur.
Tous les autres exclus y consentent à peine;
Nomment le Sort bizare, & la Fortune vaine:
Mais Belinde y resiste; & veut de ce danger,
Aueque son Raymond le succez partager.
Déja du noble feu dont son ame est émeuë,
La flame en son visage éclate & se remeuë:
Et de quoy qu'elle soit, d'amour ou de valeur,
Ses yeux en ont l'éclat, & son front la couleur.

Elle s'addresse au Roy, le presse & le conjure,
De ne remettre point son droit à l'auenture:
De moins considerer son sexe, que son cœur:
Et ne luy point fermer la Lice de l'Honneur.
Elle dit qu'on a veu des Femmes plus débiles,
Vaincre des Nations & déliurer des Villes:
Et que par des Enfans sans force & desarmez,
Des Geans autrefois se sont veus assommez:
Qu'elle n'a pas quitté le luxe & la mollesse,
Pour acquerir le bruit d'vne legere adresse,
Et faire sans peril, la Braue en vn Tournois,
De l'argent d'vne aigrette, & de l'or d'vn harnois:
Que la fin est plus haute, où la Vertu l'appelle;
Que la Victoire encore a des palmes pour elle:
Et qu'à quelque combat qu'on la puisse mener,
Elle y sçaura cueillir dequoy se couronn .

Son magnanime Epoux, qui ne vit auec elle,
Que de la douce ardeur qui leur est mutuelle;
La conjure d'attendre, & de se ménager;
De ne s'exposer point sans ordre à ce danger;
De mesurer ses pas aux pas de la Fortune;
De ne la point presser d'vne auance importune:
Il luy dit que le fruit des Palmes veut meurir;
Qu'il a son temps de naistre, & son temps de fleurir:
Que les Couronnes ont des saisons destinées,
Qui leur sont pour germer, & pour croistre assinées:
Que l'Archange guerrier, Intendant des Combats,
Preparoit des trauaux plus fameux à ses bras:
Et que pour luy laisser vn plus long exercice.
Pour tenir plus long-temps sa vertu dans la Lice,
Il ne luy donnoit point de part à ce danger,
Qu'il préuoyoit deuoir sa carriere abbreger.

Vne vapeur de sang subtile & rougissante,
Pareille à la lueur de l'Aurore naissante,
Du cœur de la Guerriere, à ce discours monta;
L'esprit qui la suiuit sur le front la porta:
Et le feu s'y meslant aueque le courage,
Et fit autour des yeux comme vn brillant nuage.

Quoy, dit-elle, Raymond, le Sort est vostre loy?
Mais l'Honneur est la miéne, & l'Amour est mõ Roy.
Leurs ordres ne sont pas des ordres d'auenture:
Ils sont du premier Droit qu'établit la Nature.
Cette Fortune, à qui vous soûmettez mon cœur,
N'est qu'vn Phãtôme aueugle & cõduit par l'Erreur,
Et jamais je n'appris, à suiure vne Puissance,
Qui se meut en desordre, & va sans connoissance.
Encore voulez-vous, qu'vn Phantôme si vain,
Ayt auec nos destins, nostre honneur en la main:
Vous voulez qu'au hazard des succez il ordonne;
Qu'au hazard les Lauriers, & les Palmes il donne;
Qu'au hazard, sous ses pas naisse l'auguste fleur,
Dont l'Ange des combats couronne la valeur.

Vostre

LIVRE DIXIESME.

Voſtre portrait, Raymond, que l'Amour dans mon
A luy meſme graué d'vne pointe de flame, [ame,
Eſt la ſeule Fortune, à qui mon cœur ſoûmis,
Malgré le temps contraire, & les vents ennemis,
De l'honneur, ſans gauchir, fournira la carriere;
Et par tout laiſſera des traces de lumiere,
Des traces, où mon nom & le voſtre éclatans,
Des peuples reuerez, & reſpectez du Temps,
Seront de noſtre amour, ſeront de nos victoires,
Aux ſiecles à venir les illuſtres Hiſtoires.
Ne craignez point pour moy le venin du Serpent;
Ne craignez point les feux que ſon ſouffle répand;
Ses dents à ſon venin, à ſes feux ajouſtées,
Et ſur ſon vaſte corps ſes écailles antées,
Qu'ont-elles qui ſe puiſſe en fureur égaler,
A ce Monſtre, qu'on voit ſur les Morts ſe rouler:
A ce Monſtre inhumain, qu'on appelle la Guerre,
Qui du poids de ſon corps les Nations atterre,
Qui de bronze, de fer, & d'acier cuiraſſé,
Donné de coutelats, de lances heriſſé,
Touſiours yure de ſang, & chargé de carnage,
Porte auec ſoy le feu, traiſne apres le rauage?
Si ce Monſtre, pour moy ſuſpend ſa cruauté,
S'il a juſques icy mon ſexe reſpecté;
Croyez que du Serpent, qui n'eſt pas ſi terrible,
La victoire, à mon bras ne peut eſtre impoſſible.
L'Amour qui me gouuerne, & qui regne en mõ cœur,
Des Monſtres, de tout téps, s'eſt nõmé le vainqueur.
Il deffait les Geans, & ſans fer les enchaîne:
Il donte les Lyons, & ſans cordes les traiſne:
Et vous m'auez apris, que ſa puiſſante main,
Met les Ours ſous le ioug, met aux Tigres le frein.
Il reprendra pour moy l'vſage de ſes charmes;
Il ſouſtiendra mon bras, il conduira mes armes;
Le trait que par mes yeux ſon arc décochera,
Les écailles du Monſtre à ma lance ouurira

O

Et sa peau suspenduë au lieu de la victoire,
De l'Amour aux passans annoncera la gloire.

Ainsi parla Belinde, & Louys admirant ;
Dans le corps d'vne Grace, vn cœur de Conquerant ;
Qu'elle vienne, dit-il, & que cette grande Ame,
Nous preste en ce combat, son exemple & sa flame.
Qu'elle nous fasse voir, que la force est du cœur ;
Qu'il n'est âge ny sexe éloigné de l'Honneur :
Que la Grace aguerrie est de plus grand vsage,
Que la vaillance inculte & la Vertu sauuage ;
Et que le Myrthe joint aueque le Laurier,
N'est point vn faux atour sur le front d'vn Guerrier.

A ces mots le saint Roy se retire & s'appreste :
Et d'vn jour de peril, faisant vn jour de Feste,
Pour donner vn éclat plus riche à sa Vertu,
Sort de son Pauillon superbement vestu.
Le Soleil moins pompeux se leue apres l'Aurore,
Sortant du lit d'azur, qu'il a sous l'onde More,
Quand il vient sans broüillas departir aux Humains,
Les presens lumineux de ses brillantes mains.

Quoy que l'habit du Roy de richesse étincelle,
Quoy que l'art en soit rare, & l'étoffe en soit belle,
Son port, son action, son air, ses mouuemens,
Ostent le prix à l'or, l'ostent aux diamans ;
Et de son cœur en feu la fierté magnanime,
Qui par vn vif éclair en ses regards s'exprime,
Monstre aux siēs, qu'il ne prēd sō lustre que de soy,
Et qu'en luy, le Heros est l'ornement du Roy.

Aux yeux de tous les Chefs rangez deuant sa Tente,
Il se fait apporter l'Armure pestilente,
Qui deuoit d'vn feu sombre, & d'vn secret poison,
Acheuer du Sultan l'infame trahison.
Le jour estoit serain ; & les fatales armes,
D'écarboucles brilloient, étinceloient de charmes.
De leurs feux, & des siens le saint Prince paré,
Semble vn Soleil couuert d'vn nuage doré,

LIVRE DIXIESME.

Mais il ignore, helas! que ces feux magnifiques,
Sont d'vne étrange mort les instrumens tragiques:
Et que tout ce harnois si pompeux & si cher,
Luy peut faire sans flame vn funeste bucher,
 Vous, témoins permanens de tout ce qui se passe,
Qui mesurez des Ans la durée & l'espace,
Intendans des Soisons, Moderateurs des Temps,
De l'immortelle Histoire, immortels Assistans;
Apprenez moy comment, & par quelle merueille,
L'Ange qui sur nos Roys, & sur leur Sceptre veille,
Du harnois enchanté rompit l'infame sort;
Et preserua Louys d'vne cruelle mort.
D'vn miracle si grand, la renommée, à peine,
Par la route des Ans, obscure & peu certaine,
A pû jusques à nous confusément venir;
Et nous en apporter vn leger souuenir.
 Le Prince rayonnant de l'Armure tragique,
D'vne main prend l'Escu, de l'autre prend la pique:
Et dit, leuant au Ciel, les yeux auec le cœur,
Vous eternel Guerrier, vous eternel Vainqueur,
Qui dans cette inuisible & celeste Carriere,
Où sans bruit se donna la bataille premiere,
Deffites autrefois le superbe Serpent,
Qui iusqu'à vostre Trône à longs cercles rampant,
Mit en trouble le Ciel complice de son crime,
Et tombant, de son poids fit l'eternel Abisme.
Vous qui fistes jadis, à des Serpens de feu,
D'vn Serpent en figure vn remede à l'Hebreu:
Vous qui sur le * saint Mont dressastes vn trophée,
Du Dragon écrasé, de la Mort étouffée;
Et malgré les Enfers, fistes voir le Peché,
De ses propres Serpens sous la Croix attaché.
De ce nouueau Serpent, Seigneur, liez la rage;
Assistez contre luy mes bras, & mon courage.
 Couuert de vostre Nom, plus que de ce harnois,
Moins armé de ce fer, qu'armé de vostre Croix.

O ij

I'entreprens le combat contre l'affreuse Beste ;
I'en promets à l'Autel l'épouuantable teste :
Exaltez vostre Nom, honorez vostre Loy,
Et leur donnez, Seigneur, la victoire pour moy.

 A peine par ces mots il conclut sa priere,
Que dans le Ciel ardent d'vn surcroist de lumiere,
Vn tonnerre soudain sans nuage roula,
Dont l'air au loin s'émût, & la terre bransla.
Des tentes à ce bruit les bannieres fremissent ;
Les caues & les bords du Fleuue en retentissent :
Et comme si les flots en estoient menacez,
De mouuemens diuers on les voit balancez.

 Le roulement subit de ce bruyant tonnerre,
Est suiuy d'vn éclair qui coule vers la terre,
Et parmy les Barons le Prince choisissant,
Comme vn long trait de feu sur son casque descend.
Aux plumes du cimier vne flame allumée,
N'en laisse qu'vne courte & legere fumée :
Des plumes à l'armet en suite elle se prend,
L'Emeraude luy cede, & le Saphir s'y rend :
D'vn émail precieux la Sphinx étincelante,
A ce feu vainement du cimier se presente ;
Et pour s'en garantir, auance vainement,
Ses ongles de rubis, ses dents de diamant.
L'or a beau rayonner, les pierres ont beau luire,
Leur prix n'empesche pas le feu de les détruire.
Tout se fond sur le Prince, & coule innocemment,
Sans se faire sentir qu'à son étonnement.

 Delà sans espargner étoffe, ny figure,
Le feu vainqueur s'étend au reste de l'armure :
Cent profanes portrais ciselez & brunis,
Sont d'vne mesme flame également punis.
Le Nil ardent y fume auec les Pyramides,
Le Colosse & le Phare y deuiennent liquides ;
Et les Temps fabuleux auec art exprimez,
S'éuaporent en l'air, par le feu consumez.

LIVRE DIXIESME.

Mais ce feu qui braſſars, cuiraſſe, armet conſume,
Qui devore le bronze & l'acier comme plume ;
A l'égard du ſaint Roy, ſans force & ſans chaleur,
Semble n'avoir du feu que la ſeule couleur.
Il rampe mollement, & ſans luy faire outrage,
Le long de ſon habit, le long de ſon viſage :
Et s'éteignant enfin, laiſſe tout à l'entour,
Des traces qui luy ſont comme vn cercle de jour.

De meſmes autrefois dans cét * Enfer de brique.
Qu'alluma la fureur d'vn Prince tyrannique,
Les trois ieunes Hebreux avec étonnement
Des bourreaux, des Demons, & de l'embraſement,
Vainqueurs de la douleur, nō moins que des delices,
Se virent honorez de leurs propres ſupplices.
Bien loin de les brûler, le feu les delia ;
Et courbé de reſpect ſous eux s'humilia :
Il leur fit à lentour, comme vne illuſtre tente ;
Il leur fit comme vn Days de pourpre voltigeante ;
Mais contre les Bourreaux de colere grondant,
Et du fourneau ſur eux de fureur débordant,
Il fit comme vn Lyon, qui ſorty de ſa cage,
Commence par ſon Maiſtre à reprendre ſa rage.

L'embraſement éteint, Louys qui ſans branſler
L'auoit veu ſa cuiraſſe & ſon caſque bruſler ;
Rappelle ſon eſprit, recueille ſes penſées,
Fait vn ſage retour ſur les choſes paſſées :
Et s'adreſſant au Ciel, conçoit de nouueaux vœux,
Pour apprendre à quoy tend l'augure de ces feux.
Les auis ſont diuers ſur vn ſi grand prodige :
Il eſt à l'vn preſage, à l'autre il eſt preſtige :
Et ſur ce different, les Eueſques croiſez,
Conſultez par le Roy ſont entre-eux diuiſez.

Sire, luy dit Odon, l'embraſement des armes,
Ne peut eſtre venu de ſi haut, par des charmes.
Les Aſtres ſont à Dieu, ce que ſont aux Humains,
Les ſignes de la langue, & les ſignes des mains.

O iij

C'est aueque ces voix visibles & roulantes,
Ces lettres de lumiere & d'esprit éclatantes,
Qu'il parle aux Nations, qu'il s'explique aux Estats,
Qu'il predit l'Auenir aux yeux des Potentats.
 De ces Signes de feu, la flame est descenduë,
Qui par vn long trajet jusqu'à vous répanduë,
A voulu vous apprendre, à garder vostre rang ;
A ne point exposer sans besoin vostre sang ;
A ne plus hazarder, qu'auec toute l'Armée,
Cet Esprit general dont elle est animée ;
Et desormais chercher du nom dans les combats,
Où la victoire vient du sens plus que des bras.
 La raison iusques-là, peut dans cette auanture,
Entrer à sa lueur, & sur sa conjecture :
Au delà tout est nuit ; & le discours humain,
Aueugle & chancelant s'y commettroit en vain.
Il faut auoir l'Esprit déchargé de la masse,
Dont le voile obscurcit, dont le poids embarasse ;
Il faut estre du rang de ces Saints épurez,
Qui de jours sans broüillas & sans ombre éclairez ;
Reçoiuent sans milieu, conseruent sans nuages,
Les traits & les rayons des celestes images.
 Vne Femme éleuée à cette pureté,
Apres les sens vaincus, apres le corps domté,
Dans le Desert prochain, tousiours en Dieu rauie,
Aux celestes Esprits s'égale par sa vie.
La Nature, dit-on, conserue en son Desert,
Cét esprit doux & sain, cét habit pur & vert,
Qu'elle auoit autrefois, lors qu'encore innocente,
Et des premiers presens de la Grace éclatante,
Elle regnoit en paix, riche de ses atours,
Et belle de la fleur des Saisons & des jours,
L'Esté frais & serain, l'Hyuer tiede & sans neiges,
Y conseruent encor leurs premiers priuileges :
Et quoy que naturels & constans ennemis,
Par vn accort secret à la Sainte soûmis,

LIVRE DIXIESME.

Ils suspendent leur hayne, & remettent pour elle,
A decider ailleurs leur droit, & leur querelle.
  Les plus fiers Animaux, & les plus inhumains,
Dociles à sa voix, traitables sous ses mains,
Semblent en elle encor, de la Nature humaine,
Reconnoistre l'empire honorer le domaine.
Lors mesme que le Nil par son debordement,
De tout le plat pays ne fait qu'vn Element ;
Le flot respectueux, & la vague tremblante,
D'vn enclos de cristal ceignent la Penitente.
Son saint Reduit alors, du Fleuue enuironné,
Et d'vn rampart mobile & flottant couronné,
Est comme vn saint Azile, où durant le deluge,
Les Animaux, prés d'elle, ont vn lieu de refuge.
  Il n'est pas iusqu'au Temps, ce comun destructeur,
Qui de son âge encor ne conserue la fleur :
Et soit que son Esprit à sa chair bien-heureuse,
Fournisse vne vigueur constante & lumineuse ;
Soit que de sa vertu, qui jaillit au dehors,
La viue & pure fleur s'épande par son corps ;
Soit qu'vne riche auance, & qu'vn luisant presage
De sa gloire future éclate en son visage,
Elle est fraîche, elle est * belle encore apres cent ans,
Et l'Hyuer de sa vie égale son Printemps.
  On dit que l'Auenir est pour elle sans voiles ;
Et que sans consulter les chiffres des Estoiles,
Elle découure au iour que son Ange luy fait,
Des Destins & des Ans l'ordre le plus secret.
Cette Femme pourra d'vn Esprit prophetique,
Nous declarer le sens de ce grand Pronostique :
Et nous dire, Seigneur, qu'elle offrāde ou quel vœu,
Demande à tout le Camp cette langue de feu ;
Langue étrange & terrible, & dont la voix ardente,
Menace vostre teste & nos cœurs épouuante :
  Sur l'auis du Legat, deux Prelats deputez,
Et leur suite en rang, par honneur escortez,

O iiij

Dés que l'Aube eut au jour sa belle porte ouuerte,
Vont par l'ordre du Roy, vers la plaine deserte.
Du milieu de son cours le Soleil approchoit,
Et ses traits les plus droits sur les corps décochoit;
Quand il s'offre à leurs yeux vne ronde Vallée,
Qui iamais ne sera d'aucune autre égallée.
 Dans le cëtre on voyoit cent Palmiers verdoyâts,
Qui des bras enlacez, de la teste ondoyans,
Sans muraille & sans toit, sans voûte, & sans colône,
Faisoient vn edifice en forme de couronne.
La structure en estoit reguliere sans art :
Elle estoit sans compas iuste de toute part :
Et des jours inégaux les lueurs differentes,
Au trauers des rameaux & du feüillage errantes,
Sur vn fond vert, nué de rays d'or & d'argent,
Y formoyent vn lambris lumineux & changeant.
 Les Prelats étonnez de la verte structure,
En admirent le tour, la voûte, & la peinture :
Leurs yeux en sont surpris, & ne sçauent comment,
La Nature a sans l'art produit tant d'agrément.
Mais plus rauis encor de l'innocente haleine,
Du Printemps eternel qui regne en cette plaine ;
Ils prennent ce Vallon pour le Iardin fatal,
Qui des premiers Humains fut le Pays natal.
Afin de les conduire, & de leur faire escorte,
Vn Tigre & deux Lyons se trouuent à la porte :
Ces fiers Introducteurs deuenus innocens,
De la langue, de l'œil, du pied des caressans,
Exprime d'vne voix qui ressemble au langage,
Leurs barbares respects & leur culte sauuage.
 Les Euesques surpris arriuent auec eux,
Où la Sainte, en vn cercle ardent & lumineux,
Qui s'épand de son ame, au feu de sa priere,
Eclairoit le Reduit d'vne pure lumiere.
De ce rauissement l'vn & l'autre étonné,
Attend que son Esprit à ses sens retourné,

LIVRE DIXIESME.

Reprenne son assiette; & leur fasse reprendre,
Les devoirs mutuels de parler & d'entendre.
   Avec soin cependant, & d'vn œil arresté,
Du merueilleux Desert contemplant la beauté;
Ils remarquent les bras des Palmes verdoyantes,
...rgez d'oyseaux diuers, côme de fleurs volantes,
Qui sembloient de concert, rappeler par leurs châts,
La Sainte extasiée à l'vsage des sens.
Ils s'étonnent de voir glisser sur la verdure,
Comme sur vn tapis tissu par la nature,
Sans fiel & sans venin, des Serpens écaillez,
De couleur, de vernis, de dorure émaillez,
Qui differans de forme, & de lustre superbes,
Sembloiët des veines d'or qui râpoiët sur les herbes.
   Mais rien ne les surprit, comme fit vn tombeau,
Si rare de matiere, & d'ouurage si beau,
Qu'il sëbloit que l'Ouurier eust ioint en sa structure
Tous les thresors de l'Art à ceux de la Nature.
Aussi, ny vers les bords où l'Inde couronné,
Des perles que répand le jour quand il est né;
Ny vers la belle riue où le superbe * Hidaspe
Se roule dans vn lit enuironné de jaspe;
Ny vers celle où le * Gange éclatant & doré,
Porte en pompe à la Mer son tribut azuré,
Il n'est mine si riche, & si noble carriere,
Qui pust de cette tombe égaler la matiere.
Ses diuerses couleurs, & ses lustres diuers,
D'vne part releuez, & d'autres part couuers,
Accompagnoient les traits, acheuoiët les sculptures,
Et d'vn teint naturel animoient les figures.
   Vne armure complette au dessus éclattoit,
Qui d'vn terrible jour les regards r'abattoit.
La trempe en paroissoit aussi forte que fine,
Et d'vn metal meslé, comme est l'Auenturine,
Où l'Or & le Rubis l'vn de l'autre alterez,
Et de feux mutuels l'vn de l'autre éclairez,

Faiſoiẽt d: leurs rayõs, ou plus clairs, ou plus sõbres,
De cent riches Portraits & les jours & les ombres:
 Auprés du Monument vn rocher ſe hauſſoit,
Qui le feu par la cime aueque l'eau pouſſoit.
La merueille en parut aux Eueſques étrange:
A peine croyoient-ils leurs yeux ſur ce mélange:
Et plus à peine encor leurs Eſprits entendoient,
Par où deux Elemens ſi diuers s'accordoient:
Et quel inſtinct ſecret de nouuelle alliance,
Les pouuoit-là tenir en bonne intelligence.
 La Sainte enfin reuient de ſon rauiſſement,
Et les Princes Paſteurs de leur étonnement:
Elle tombe à leurs pieds d'humilité confuſe;
Leur fait de ſon tranſport vne modeſte excuſe:
A leur tour, ils luy font excuſe en peu de mots,
D'eſtre venus troubler ſon bien-heureux repos.
Les complimens finis, ils content l'auenture,
Du feu tombé du Ciel ſur la royale armure:
Et conſultent comment ce preſage d'effroy,
Se pourra détourner de l'Armée & du Roy.
 Ie ne ſuis pas, répond la noble Solitaire,
Celle qu'vn bruit trõpeur fauſſement me veut faire:
Et tout ce qui ſe voit d'étrange en ce Deſert,
Ce Printemps eternel du terroir touſiours vert,
Cét immortel eſprit des herbes & des plantes,
Cette ſoûmiſſion des beſtes innocentes,
Sont vn culte public, que la Nature rend,
Aux cendres d'vn Heros, qui martyr Conquerant,
Laiſſa dans ce vallon fameux par ſa victoire,
Sa Memoire en honneur & ſon cercueil en gloire.
 S'arreſtant à ces mots, elle éleua les yeux;
Vn pur & pront éclair leur répondit des Cieux,
Qui traçant vn long trait, ſembla dans l'air écrire,
En caracteres d'or ce qu'elle auoit à dire.
 De la ſorte éclairée, & rentrant en diſcours;
Dieu, dit-elle, qui fait ſans feu luire les Iours,

LIVRE DIXIESME.

Qui fait fumer des Monts les sourcilleuses testes,
Qui fait étinceler sous ses pieds les tempestes ;
Est celuy, dont le souffle a dans l'air allumé,
La flame qui s'est prise au harnois consumé.
Detestable harnois, dont la trempe infernale,
A la France, à l'Europe, à l'Eglise fatale,
Devoit d'vn feu couuert le saint Prince brûler,
Et d'vne seule mort, mille morts égaler !
  Mais le souffle de Dieu, sans détruire ces armes,
En pouuoit dissiper le venin & les charmes.
Et ce qu'il a meslé la grace auec l'effroy,
Dans vn foudre innocent, pour le salut du Roy ;
Luy doit estre vn auis, de regler la vaillance,
Qui le porte où ne peut le suiure la prudence :
Et commet sans besoin sa Fortune & son sang,
Au delà des deuoirs mesurez à son rang.
  Du Conseil eternel l'intendante diuine,
A la mort du Dragon d'autres armes destine :
Et le Temps est venu, qu'encore vne autre fois,
Leur éclat donnera du lustre au nom François ;
Et fera des Bourbons, apres cette victoire,
Refleurir les Lauriers, & reuiure la gloire.
Encore vn autrefois sous les armes d'Aimon,
On verra triompher sa foy, son sang, son nom :
Et le Heros esleu successeur de ses armes,
Plus fort que la fureur, & plus fort que les charmes,
Du monstre venimeux la teste écrasera,
Des Sarrasins deffaits le Fleuue comblera :
Et sa Race apres luy, de gloire couronnée,
Sera par la Vertu sur le Trône menée.
  La sainte solitaire à ces mots s'arresta ;
Et des Prelats pressée aussi-tost ajousta.
Sçachez donc, Peres saints, que ie suis d'vne Race,
Qui sous les Lys encor tient vne illustre place.
Alegonde est mon nom, & mon Pere autrefois,
Fut vn Montmorency fameux par ses exploits.

Mais le sang des Humains inégale en sa course,
Divers en ses ruisseaux, est le mesme en sa source:
Et l'Esprit Createur, qui jadis anima,
Et la teste & les mains de l'Homme qu'il forma,
N'a pas vn autre souffle, & n'a pas d'autres marques,
Pour les corps des Sujets, que pour ceux des Monar-
 I'estois en la Saison qui fait la fleur des ans; [ques.
Quand Aimon de Bourbon entre cent Pretendans,
Illustres de naissance, & Braues de courage,
Me fut joint par le nœu d'vn chaste mariage.
Le feu de nos Amours dans nos cœurs renfermé,
Sans matiere agissant, sans fumée allumé,
Ressembloit à ce feu de la Sphere suprême,
Qui de soy mesme ardent, & nourry de soy-mesme,
D'vn eternel effort sur les corps s'éleuant,
Tient tousiours le dessus de la pluye & du Vent.
D'vn accord mutuel & secret, nous bornasmes,
Ce feu de pur esprit, à l'hymen de nos Ames:
Et ce qui de nos cœurs, à nos yeux en passa,
De nos yeux, à nos corps iamais ne s'abaissa.
 La France en ce temps-là d'vn beau zele animée,
Entreprit de porter la guerre en Idumée:
Les Citez & les Bourgs en troupes embarquez,
Les Peuples & les Grands de croix blâches marquez,
Tout l'Estat en vn corps, & d'vn mesme courage,
Sous * Philippe enrollé se prepare au voyage.
Ie voulus suiure Aymon, & voulus au hazard,
Aussi bien qu'à la gloire auec luy prendre part.
Dés la premiere nuit que le port nous quittasmes,
Nostre vaisseau parut enuironné de flâmes:
Les voiles & le mast de feux étincelans,
D'autres feux de la proüe à la pouppe roulans,
Et du haut de la hune vn globe de lumiere,
Ebloüirent Aymon, qui veilloit en priere.
 Vn celeste Guerrier de rayons emplumé,
Couronné de rayons, & de rayons armé,

LIVRE DIXIESME.

Vers Aymon éblouï, de ce globe s'auance,
L'exhorte à la valeur, l'exhorte à la souffrance,
Luy predit le succés des combats qu'il fera,
L'auertit de la mort qui les couronnera ;
Et pour le preparer à la Guerre future,
Luy laisse vn inuincible & prophetique armure ;
Inuincible aux Demons aussi bien qu'aux Humains,
Et cizelée au Ciel par d'immortelles mains,
Sur ces Patrons sans corps, sur ces diuins Modeles,
Qui sont dans l'Auenir les formes eternelles.

De ces predictions le Guerrier animé,
Et du harnois fatal diuinement armé,
Seruit au siege* d'Acre, & seruit à sa prise :
Et pour seruir encor apres Acre conquise,
De Cheualiers d'élite il fit vn Corps volant,
Qui d'Acre vers Damas, & vers Gaze roulant,
Courant tout le Iourdain, courant jusqu'à la riue,
Où gemit de *Sidon la vieillesse captiue,
Fit des Roys Sarrasins les Trônes chanceler ;
Du barbare Croissant fit les cornes bransler ;
Et jusques au Liban, où ses armes passerent.
Des Cedres effrayez les testes s'abaisserent.

Apres diuers combats donnez en diuers lieux,
Aymon braue par tout, par tout victorieux ;
Accourt auec sa troupe, aux plaintes des Eglises,
Que Saladin tenoit à son Sceptre soûmises.
Le Sultan de Bubaste instruit de son dessein,
En vain nous attendit, nous combattit en vain.
Sur ses Gardes forcez à ses yeux nous passasmes ;
Armes, cheuaux, rampars sur luy nous renuersasmes :
Et le bruit de ce pas, qui fut au loin porté,
Retentit sur les bords du Nil épouuanté.

Saladin contre nous toute vne Armée ameine,
Et de douze Escadrons nous ceint dans cette plaine.
Mais auant le combat, il nous fait députer,
Vn Ministre d'Erreur, qui nous vient presenter,

Vn * Turban d'vne main, de l'autre vn Cimeterre;
Et la paix auec l'vn, auec l'autre la guerre.
Au seul mot de Turban & d'infidelité,
Le genereux Aymon de son zele emporté,
Fait donner le signal, & fond comme l'orage,
Qui sort aueque bruit du ventre d'vn nuage.
 L'effroy qui le precede, & la mort qui le suit,
Remplissent tout de sang, de tumulte, & de bruit,
Son Corps fondant apres augmente le carnage,
Le trouble cede à l'ordre, & la foule au courage.
Mais enfin la victoire accablant le vainqueur;
Et son bras engourdy ne suiuant plus son cœur;
L'adresse, & le courage à leur tour defaillirent,
A force de perir les vaincus nous deffirent.
Pas vn ne recula, pas vn ne fit effort,
Que pour nourir debout, & signaler sa mort.
 Aymon que la vertu de la celeste Armure,
Auoit dans le combat conserué sans blessure,
Espuisé de trauail, à la fin succomba,
Et sous le noble poids de ses Palmes tomba;
Ie tombay prés de luy, de sa mort plus blessée,
Que du trait dont i'auois vne épaule percée.
 A peine son Esprit fut du corps separé,
Que dans l'Air iusqu'alors d'vn jour pur éclairé,
Sans vapeur precedente, & sans autre présage,
Il s'épand vn subit & tenebreux nuage:
Du feu qui dans son sein s'agite aueque bruit,
La menace murmure & la colere luit.
L'eau, la gresle, la flame en descendent en foule:
Il s'emble que l'eau brusle & que la flame coule:
La voix des vents aux voix des tonnerres répond:
Terrible est le concert qu'en roulant elles font:
Et des foudres volans les flamboyantes aisles,
Font luire l'air au loin d'affreuses étincelles.
 A ces feux, à ces bruits, les Barbares troublez,
Pensent voir éclater les Cieux desassemblez:

LIVRE DIXIESME.

Les bandes en desordre, & les Chefs sans conduite,
Vont où l'effroy les chasse, où les porte la fuite.
Les forts & saints Martyrs sur le champ demeurez,
Empourprez de leur sang, & de leur mort parez,
Augmentent leur frayeur des éclairs qu'ils épādent,
Et des feux que leurs corps par leurs blessures rēdē̄t.
  Là ie crus, & des-ja mon cœur s'y preparoit,
Aller apres Aymon dont l'Esprit m'esclairoit.
A mon Ame, l'Amour voulut ouurir la porte,
Et de l'effort qu'il fit ie restay demy morte.
En cét estat, Aymon se presente à mes yeux,
Paré d'vn Diadême illustre & glorieux.
Des rayons moins brillans le Soleil enuironnent;
Lors qu'apres son leuer les Heures le couronnent;
Et la douceur meslée à la serenité,
Donne au front du Printemps vne moindre beauté,
Que n'en donnoit au sien, la Guirlande nouuelle,
D'eternelle allegresse, & de gloire eternelle.
Outre le tour de fleurs qui le front luy ceignoit,
Et d'vn riche lien ses cheueux étreignoit;
En sa main d'autres fleurs, en couronne pliées,
Se voyoient d'vn filet de lumiere liées.
Il sembla me l'offrir, & dire en me l'offrant,
  Elle est vostre Alegonde, & i'en suis le garant.
Quoy que belle pourtant, elle n'est pas entiere :
Il y faut plus de temps, plus d'art, plus de matiere :
Et pour en acheuer l'étenduë & le tour,
Vos vertus y mettront quelque fleur chaque jour.
Viuez, & l'acheuez par vne autre milice,
Sous vn autre Etendart & dans vn autre Lice :
Si la course en est longue, & le combat frequent,
Le triomphe en sera plus illustre & plus grand,
Ie reuiendray vous prendre au bout de la carriere :
Et reünis alors dans vn corps de lumiere,
Nous ne serons qu'vn Astre, & ne ferōs qu'vn jour,
Prés du Trône eternel de l'eternel Amour.

A ces mots il s'enuole, & me jette vne flame,
Qui m: sert d'vn subit & lumineux dictame;
Me guerit de ma playe, & remet dans mon cœur,
Apres mes sens remis, la force & la vigueur.
Ie m'appreste au combat plus ardente & plus fiere,
Et pour voir l'ennemy ie leue la visiere.
Mais, admirez de Dieu les sentiers inconnus;
Deux ieunes Etrangers tout à coup suruenus,
Me desarment l'Esprit, me calment le courage,
Et pour me conseruer me tiennent ce langage.

 Guerriere c'est assez : les Barbares deffaits,
S'en vont auec leur trouble, & vous laissent la paix.
Changez cette valeur turbulente & sauuage,
Qui se nourrit de sang, qui vit dans le carnage.
C'est trop long-temps cōbatre, & marcher trop long-temps
Sur les pas des Renauds, sur les pas des Rolās.
Vostre temps est venu, de suiure en cette plaine,
Ceux de la Melanie, & de la Magdelaine :
Et sans verser de sang, ny plus faire de morts,
Vostre Esprit jour & nuit armé contre son corps,
— Tranquille conquerant, & vainqueur sedentaire,
Chef & Soldat d'vn Camp paisible & solitaire,
En sa chair vn trophée à la Croix dressera,
Et les Demons vaincus sous elle enchaisnera.
— Mais ces Saints verront-ils du Trône de leur gloire,
— Leurs corps sacrez pourrir au chāp de leur victoire ?
Les verront-ils seruir auec les Mescreans,
Et de pasture aux Loups, & de joüet aux Vents ?
Celuy qui fit d'vn mot les monts & les carrieres,
Qui remplit de metaux les veines des minieres,
Peut sans materiaux, comme sans instrumens,
Par nos mains leur dresser de riches monumens :
Et vos yeux auiourd'huy spectateurs de l'ouurage,
Pourront à l'auenir en rendre témoignage.

 L'vn d'eux à ce discours fait signe de la main,
De la terre à ce signe, il sort vn feu soudain,

LIVRE DIXIESME.

Qui pareil au torrent debordé de la riue,
Où sa vague long-temps a demeuré captiue,
Roule, voltige, ondoye, & porte en vn moment,
Où fumoit le carnage, vn prompt embrasement.

Les corps des Sarrasins, d'auancent ont ces flâmes,
Vn Enfer separé de l'Enfer de leurs Ames.
Le metail le plus dur ne leur peut resister :
Le plus riche ne peut s'en faire respecter :
Les armets cizelez, les cuirasses dorees,
D'ouurages curieux les casaques parées,
Et tout ce qui se porte où d'artiste ou de cher,
Des morts qui l'ont porté deuenu le bucher,
Fait vn superbe feu, qui la terre nettoye,
Et consume le sang sur lequel il ondoye.
Mais discret & benin pour les fideles Morts,
D'vne course innocente il passe sur leurs corps :
De jours serains & purs il dore leurs armures,
Il laisse des rayons autour de leurs blessures :
Et ce qui fut sanglant, ce qui fut pasle en eux,
Prend le teint de leur gloire & deuient lumineux.

A la flame dans l'air, cela fait, dissipée,
Succede vne vapeur de jours entre-coupée ;
Sur les corps des Martyrs cette vapeur s'étend,
Cesse d'estre vapeur, deuient terre à l'instant :
Et fleurie, aussi-tost qu'en terre elle est changée,
Se trouue de palmiers à l'entour ombragée,
De Palmiers, qui parfaits tout d'vn téps & produits,
Et tout d'vn temps couuers de feüilles & de fruits,
La tombe & le repos des Martyrs honorerent,
Et ce Dome touffu de leurs bras me dresserent.

Le Corps du seul Aymon sur le champ demeuré,
Attendoit vn Tombeau des autres separé.
Les jeunes Inconnus l'espace en mesurerent,
Des lances qu'ils tenoient, la figure en tracerent ;
Et le terrain qui fut de ces lances touché,
Eleué sans machine, & sans mains ébauché,

De soy-mesme forma, de cette sepulture,
Autour du corps d'Aymon, la soudaine structure.
Mais grossiere d'abord, & sans autre ornement,
Que celuy d'vn massif & rude ébauchement,
Elle se vit bien-tost de colonnes ornée,
Et d'vn riche frise à l'entour couronnée.
 La terre molle & soupple à ces puissantes mains,
Suit leurs intentions, s'ajuste à leurs desseins,
En bosse s'arondit, se forme en basse-tailles,
Represente des Camps, exprime des batailles,
Fait voir des Conquerans, fait voir des Roys armez,
De mine, d'action, de posture animez :
Et deuient, en petit, de leur future gloire,
Le tableau prophetique, à la muette histoire.
L'argille cependant, selon les traits diuers,
Se coloroit de jours releuez ou couuers ;
Et ces jours, qui faisoient les teintes differentes,
Des figures sans vie actiues & viuantes,
Sous les sçauantes mains des Ouuriers s'allumoient,
Et la force du marbre à l'ouurage imprimoient.
 La riche Sepulture ainsi fut acheuée,
Et l'Armure d'Aymon sur le faiste éleuée.
En suite, vn des Ouuriers m'adressant son discours ;
Guerriere, me dit-il, la course de vos jours,
Par vn ordre eternel à ce Desert bornée,
Si vous suiuez cét ordre, y sera couronnée.
Vostre Esprit, & l'Esprit d'Aymon se ralliront,
Et dans vn mesme Ciel de mesmes feux luiront.
Vostre corps & le sien dans cette Sepulture,
Par les ans respectez, libres de pourriture,
Attendront en repos les Trompettes aislez,
Par qui les Morts seront à la vie appellez.
Et sous vos Noms vn jour, dás *vn autre Hymenée,
Dont l'vnion sera feconde & fortunée,
Vn Conquerant naistra, qui portera les Lys,
De la riue Baltique aux riues de Calis :

LIVRE DIXIESME.

Et les replantera d'vne main glorieuse,
Sur les bords du Danube, & sur ceux de la Meuse.
　L'vn & l'autre à ces mots en l'air s'éuanoüit ;
Et laisse vn trait de feu qui coule & m'éblouit.
Ie reste toute seule aueque les images,
De ce grand Auenir, & de ces grands presages.
Et la Nuit tost apres le repos m'amenant,
Me découure vn spectacle encor plus étonnant.
　Vne mobile nuë au dedans éclairée,
Et d'vn double Arc-en-ciel à l'entour colorée,
Descend iusques à moy, par l'espace de l'air,
Et sans bruit se fendant jette vn tranquille éclair.
A l'éclair, à la nuë, il succede vne Roche,
Qui d'vn bransle reglé, se remuë & s'approche,
Et si tost qu'elle eut pris racine de son poids,
Vn esprit doux en sort aueque cette voix.
　Alegondé, il est temps de sortir de vous mesme ;
D'entrer dans ce Desert lumineux & supréme,
Où par dessus les Corps, par dessus les Esprits,
Et les bas interests de merite & de prix,
De vous mesme purgée, & de vous mesme vuide,
Vous n'aurez que l'Amour pour objet & pour guide ;
Et pure en vostre espoir, ferme dans vostre foy,
Vous n'irez qu'à ma gloire, & ne tendrez qu'à moy.
Supprimons pour iamais & peine & recompense ;
Remettons à l'Amour l'épée & la balance ;
Soûmettez vous au joug qu'il vous imposera ;
Ne souffrez de liens, que ceux qu'il vous fera.
Pour éteindre l'Enfer, & noyer ses supplices,
Pour embraser le Ciel, & brusler ses delices,
Pour reduire à moy seul vos craintes & vos vœux ;
Ie vous laisse * ces eaux & vous laisse ces feux.
　La voix nuë & sans corps acheua bien à peine,
Que du Rocher ouuert il sort vne fontaine,
D'vn jet de feu qui brille, & d'vn jet d'eau qui bruit,
Et s'allie en bruyant, à la flame qu'il suit.

Mon ame des vapeurs du somme enuelopée,
De ce bruit si soudain, par l'oreille frapée,
En sursaut se dégage, & reuenuë à soy,
A ses sens étonnez à peine ajouste foy.
L'eau, le feu, le Rocher ne sont plus les ouurages,
D'vn Sommeil ébaucheur d'incertaines images :
Ce sont des corps massifs, ils se peuuent toucher,
I'en ay les yeux remplis, & n'ose en approcher.

 Mon Esprit conuaincu prend ce dernier spectacle,
Pour vn signe du Ciel, pour vn sensible Oracle.
Deflors en ce Desert j'établis mon sejour,
Où ne voyant que Dieu, n'ayant que mon Amour,
Solitaire de corps, d'Esprit plus solitaire,
I'ay reduit tous mes soins au seul soin de luy plaire,
L'Eternité n'a plus ny Trône, ny Bucher,
Qui me puisse d'espoir, ou de crainte toucher.
Et ce grand Auenir qui partageoit mon Ame,
Esteint auec cette eau, bruslé de cette flâme,
Me laisse toute entiere & sans diuersion,
A ce Centre des cœurs, à ce Dieu d'vnion,
Qui bien loin du Seruil, bien loin du Mercenaire,
N'admet à ses faueurs que l'Amour solitaire.

 Ce recit acheué, les Prelats bien instruits,
Auant qu'on vist monter la Courriere des Nuits,
Reprennent leur chemin vers le Camp des Fideles ;
Vont rendre conte au Roy de ces grandes nouuelles ;
Et le choix de Bourbon, par le Roy confirmé,
Est au bruit des clairons dans le Camp proclamé.
A son nom, la Fortune & la Gloire applaudissent ;
Du riuage prochain les flots en retentissent ;
Et l'Echo qui de loin se plaist à l'annoncer :
En va iusqu'en son fort le Monstre menacer.

LIVRE DIXIESME.

REMARQVES.

* *Le premier Dragon*, pag. 284. Ce Dragon est le premier Demon, qui mit la reuolte dans le Ciel, & attira apres soy vne partie des Anges & des Estoiles.
* *Et le Ciel cette teste*, pag. 286. Le Ciel est la teste du Monde, & par sa situation, & par sa dignité.
* *Du grand Capet*, pag. 286. Saint Louys estoit descendu de la Race de Huë Capet.
* *Sur le saint Mont*, pag. 291. Ce mont est le Caluaire, où le Serpent & le peché ont esté vaincus.
* *Dans cét Enfer de brique*, pag. 293. Cét Enfer de brique est la fournaise où les trois Hebreux furent jettez par le commandement de Nabuchodonosor.
* *Elle est belle*, pag. 293. Cette beauté en vne personne de cent ans, ne sera pas trouuée estrange par ceux qui prendront garde, que la Personne est miraculeuse; & que sans miracle, Sara fut aymée, & mesme enleuée apres soixante ans.
* *Le superbe Hidaspe*, pag. 297. L'Hidaspe & le Gange sont des Fleuues des Indes.
* *Sous Philippe enrollé*, pag. 300. C'est Philippe Auguste qui se croisa l'an 1191. & fit le voyage de Syrie.
* *Seruit au siege d'Acre*, pag. 301. Acre ville de Syrie fut prise par Philippe Auguste.
* *Où gemit de Sidon*, pag. 301. Sidon est vne ville de Syrie, autrefois riche & fameuse, sujette aux Sarrasins.

* *Vn Turban d'vne main*, pag. 302. Le Turban est aux Chrestiens vne marque d'Apostasie.
* *Dans vn autre Hymenée*, pag. 306. Cet Hymenée d'vn Bourbon, & d'vne Montmorency, est vne prediction du mariage de feu Monsieur le Prince, & de feuë Madame la Princesse.
* *Ie vous laisse ses eaux*, pag. 307. Cecy est imité de l'Histoire, qui parle d'vne Femme, qui fut veuë en Egypte, auec vn flambeau pour mettre le feu a Ciel, & vne cruche d'eau, pour éteindre le feu d'Enfer.

SAINT LOVYS
OV LA
SAINTE COVRONNE
RECONQVISE.

LIVRE ONZIESME.

 RCHAMBAVT cependant sur ce grand pronostique,
De promesse diuine, & de faueur publique,
Aueque son espoir, sa fortune & son cœur,
De ses gestes futurs mesure la hauteur.
Et si tost qu'au Leuant l'Aube eut ouuert la porte,
Au courier, eternel qui la lumiere porte,
Beny par les Prelats, caressé par le Roy,
Il va fortifié d'esperance & de foy,
Au Desert, où l'attend la sainte Solitaire,
Qui le découure au iour de l'Ange qui l'éclaire;
Et pour le receuoir, va iusques aux Palmiers,
Qui sur deux rangs égaux auancez les premiers,

P

De leurs bras enlacez & touffus de feüillage,
Font comme vn Vestibule à son Palais sauuage.
  A peine le Heros daigne voir les Serpens,
A longs plis sur les fleurs & les herbes rampans:
Il daigne voir à peine, à l'ombre & sous les Palmes,
Les Lyons adoucis & les Pantheres calmes
Mais si tost qu'à ses yeux, vn éclair surprenant,
Eut annoncé de loin le harnois rayonnant;
A ce feu precieux, que ses regars suiuirent,
Aueque ses regars ses desirs se rendirent.
Son visage en rougit; & ce rouge croissant,
A l'éclat, qui sur luy de l'Armure descend,
Le mélange en paroist vne viue nuance,
De courage & d'espoir, de zele & de vaillance.
  Ainsi rougit dans l'air, le nuage enflamé,
Des premiers feux du jour par l'Aube rallumé.
Il s'y fait vn commerce, il s'y fait vn mélange,
Où l'or deuient azur, l'azur en or se change:
De longs rayons de pourpre, à des pinceaux pareils,
A cent traits argentez en meslent de vermeils:
De la Mer au dessous la face rougissante,
Reçoit de ces couleurs l'image tremoussante:
Le Soleil entre deux paroist en se leuant,
En éloigner la pluye, en détourner le vent;
Et des jours temperez, qu'il répand de mesure,
Il donne à tant de traits la derniere teinture.
  Alegonde, qui iuge à ce boüillon d'esprits,
Que le cœur de Bourbon de l'Armure est épris:
Luy dit, elle est à vous, & vous fut destinée,
Du moment qu'à la mort Aymon l'eut resinée.
Eclatante de l'art d'vn celeste Armurier,
Eclatante des faits d'vn bien-heureux Guerrier;
Elle attend de vos mains, & de vostre courage,
Vn jour, qui la doit faire éclater dauantage.
Mais des cœurs les plus grands, de plus vaillantes mains,
Si Dieu ne les soustient, tous les efforts sont vains.

La valeur n'est sans luy, qu'vne fougue indiscrette,
Comme il veut, la Fortune ou se donne, ou se preste:
Et c'est à son signal, que la Victoire met,
Les Lauriers sur le front des vainqueurs qu'elle fait.
Mais, Seigneur, ces Lauriers ne sont pas de ces plai-
Où se cueille la fleur des delices humaines. [nes,
On ne les voit point naistre en ces lieux enchantez,
Où le Luxe nourrit les molles Voluptez :
Où l'Amour, cette Abeille agreable & funeste,
D'vne courte douceur fait vne longue peste.
Il se doiuent cueillir sur ces Monts escharpez,
D'honorables sueurs, de sang noble trempez,
Où bien loin du repos, bien plus loin des delices,
Entre de hauts rochers, & de bas precipices,
Par vn sentier qui n'est que des Heros batru,
On arriue à la Gloire, en suiuant la Vertu.
Le sentier est penible, & la Guide va viste ;
Et l'on ne monte pas apres elle à ce giste,
Auec vn ioug si lourd, & des fers si massifs,
Que sont ceux dont l'Amour accable ses captifs.
Seigneur, rompez ce joug secoüez cette masse,
Qui charge vostre Esprit, & vos sens embarasse,
Ne croyez pas pouuoir estre Esclaue & Vainqueur ;
Ioindre au plaisir la Gloire, & l'Amour à l'honneur.
La chaisne qui vous charge, & qui vous enuire
Ne laisse point sur vous de place à la Couronne,
Et vostre Esprit, aux pieds d'vne Idole abbatu,
A peine peut leuer les yeux à la Vertu.
Que faites-vous captifs de cette vaine Idole ?
Vous, dont le sang vn jour, de l'vn à l'autre Pole,
Dans le Ciel des Heros vn long sentier fera,
Qui du sentier de lait l'éclat effacera ?
Vous, de qui les Neueux au faiste de la Gloire,
Conduits par la Valeur, couronnez par l'Histoire,
Encor aprés leur mort, de leurs Ombres luiront,
Et leur vie en Modele aux Princes laisseront.

P ij

Voyez dés maintenant, de ces grandeurs futures,
La Prophetie en marbre, & la montre en figures.
 Du geste, là dessus, sa pensée exprimant,
Et suiuant de la main les traits du Monument,
Elle explique à Bourbon les images fatales,
Qui font de ses Neueux les muettes Annales.
De ce noble Auenir, le Heros s'entretient :
Les Destins & les Ans de l'espoir il preuient :
De ceux qui le suiuront, il suit les auentures :
Il combat de l'Esprit aueque leurs figures :
Et de leurs hauts exploits sur le marbre exprimez,
Son Ame est échauffée, & ses yeux enflamez.
 Robert*, en qui se fit la fatale Alliance,
D'vne fleur *de Bourbon & d'vn rameau de France,
Exprimé des premiers, en ses plus ieunes Ans,
Terrasse les Gascons deuant luy se pressans :
Leur Garonne en gemit, sa vague s'en tourmente,
Et leur Roger captif sur le bord s'en lamente.
 Prés de Robert, Louys grand de mine & de cœur,
Est deux fois des Flamans en bataille vainqueur.
Furnes luy tend les bras, Iuliers baisse la teste,
La Meuse épouuantée à sa marche s'arreste,
Et semble en s'arrestant, presager par sa peur,
Des Louys de ce nom, la fatale grandeur.
 Castille plus bas, deffaite & languissante,
Et du meurtre * de Blanche encore gemissante,
A Bourbon * son vengeur & son Frere, soufmet,
De ces superbes Tours, le sourcilleux sommet,
La Grace écheuelée, & les Vertus en larmes,
Implorent sa iustice & reclament ses armes :
Et le * Cruel, autheur d'vn si noir attentat,
Laisse à son Ennemy sa vie & son Estat.
 Soûs le mesme Bourbon l'Angleterre confuse,
Accable de ses morts la riue de l'Escluse :
Le Geant * Arteuel, & les Mutins de Gand,
Sous luy sont étendus sur le terrain Flamand ;

LIVRE ONZIESME.

Sous luy, les Sarrasins, vers les bords de Biserte,
Laissent de leurs Drapeaux la campagne couuerte:
Et le sang infidelle à gros bouillons descend,
Vers la Mer, dont les flots vōt d'horreur se pressans.

Iean le fleau des Anglois, les bat en Normandie:
Sa mine dans le marbre est constante & hardie:
Les Leopards vaincus y semblent à ses pieds,
De blessures sanglans, & de frayeurs liez.

D'autre paroist sur la riue où l'Arn pesant & morne,
Paroist dans les roseaux cacher sa froide corne:
Gilbert * victorieux fait le pas à son Roy:
Les Toscans abatus se rangent sous sa loy:
Et Naples enchaisnée, au bruit de sa victoire,
De ses premiers * amours rappellant la memoire,
Detette de sa Tour, ses Maistres inhumains,
Et secoüant ses fers, de loing luy tend les mains.

Plus bas, où se voyoient les bandes Espagnoles,
De leur sang inonder le champ de Serisoles,
Anguein * déja vainqueur, les fuyars poursuiuoit,
L'Eridan pour le voir sur ses bords s'éleuoit:
Et pour le couronner, les Peupliers du riuage,
Luy presétoiēt de loin leur * Ambre & leur fēüillage.

La France d'autre part deffaite & sans couleur,
Du plus grand des Bourbons imploroit la valeur:
Sa robbe estoit rompuë, & de son sang taché:
Sa Couronne tomboit, de son front détaché:
Des Monstres * inconnus en fureur accouroient,
Et pour la déchirer leurs ongles preparoient.
Henry, pour la sauuer, opposoit à leur rage,
La Fortune & le Droit, le sens & le courage:
Le fer victorieux en ses mains éclatoit;
Et de son seul éclat les Monstres écartoit.
A leur secours, en vain, d'vne corne infernale,
La Discorde aux Estats, aux Empires fatale,
Ses implacables Sœurs des Enfers appelloit,
Et de son souffle, en vain, la tempeste rouloit.

P iij

Le Heros assisté d'vn Ministre Celeste,
Reprimoit l'attentat de la Troupe funeste: [noient;
Tous deux d'vn mesme effort les Serpens tronçon-
A peine dans leur sang les tronçons se traînoient:
Et leurs gosiers bouffis, encore auec menace, [dace,
Souffloient leurs derniers feux, & leur derniere au-
  Apres ces Monstres morts, la France renaissoit,
Ses yeux se rallumoient, son teint refleurissoit;
Et de sa guerison à l'entour de sa teste,
Ses Lys renouuellez, sembloient sentir la feste.
Là, son Liberateur, apres de longs trauaux,
De ses Subjets vainqueur, vainqueur de ses Riuaux,
Sur la plaine d'Yury de Rebelles jonchée,
Receuoit sa Couronne à l'Espagne arrachée:
La Discorde & l'Enuie à ses pieds en fumoient;
Leurs Serpens herissez de rage en écumoient;
Et le sanglant Demon, Ministre de la Guerre,
Auec elle lié du front battoit la terre.
  Du glorieux Henry le Fils plus glorieux,
Attaquoit vne Roche injurieuse aux Cieux:
Sur des chasteaux vogans l'Angleterre embarquée,
Accouroit au secours de la Roche attaquée:
Aueque les Saisons, les Demons s'en mesloient;
Les tempestes, les vents, les vagues y roûloient;
Et l'Esprit de reuolte assisté des Furies,
Mettoit les tourbillons pour elle en batteries.
Les Anges Intendans des ondes & des airs,
S'y voyoient d'autre-part enuironnez d'éclairs:
Les vns, pour éloigner les Flottes conjurées,
Faisoient changer de temps, & de cours aux marées:
D'autres faisoient aux flots grondans & murinez,
Vn nouueau joug d'écueils l'vn à l'autre enchaînez.
D'vn si vaste trauail la Mer humiliée,
Escumoit sous le frein dont elle estoit liée:
Et des Hommes Marins sur les vagues portez,
Des Balenes, de Thons, de Dauphins escortez,

LIVRE ONZIESME.

Annonçoient de la trompe, à la Roche rebelle,
La foudre desia preste à descendre sur elle.
   Les Alpes s'y voyoient, & sur leurs dos coupez,
De ramparts suspendus, & des forts escarpez,
Louys, sans redouter ny monts, ny précipices,
Marchoit apres la gloire, & suiuoit ses auspices.
Les cornes des Rochers deuant luy s'inclinoient,
Et les Sapins courbez d'enhaut le couronnoient.
Sous les Tours de Milan, au bruit de ses conquestes,
Les Couleuures cachoient leur frayeur & leurs testes:
Naples, Gennes, Cazal, au bruit de ses combats,
L'appelloient de leurs fers, & luy tendoient les bras:
Et l'Eridan, jadis des Fleuues le Monarque,
N'ayant plus de grandeur ny vestige ny marque,
Montroit, pour l'exciter à déliurer ses eaux,
Des chaisnes sur sa rame & parmy ses roseaux.
   Plus bas, le Pirenée à cent testes cornuës
Montant auec orgueil, & regnant sur les Nuës,
Sembloit toute la France au combat prouoquer,
Sembloit armé de Pins afin de la choquer.
Louys, du Mont Geant méprisant la menace,
Au passage, au combat préparoit son audace.
Au bruit de sa venuë à l'Espagne porté,
L'Ibere * se voyoit de frayeur arresté:
Le Tage * resserroit dans son Vrne dorée,
Son grauier jaunissant, & son onde azurée:
Et jusques au riuage, où les flots s'en troubloient,
Les Colonnes * d'Hercule auec eux en trembloient.
La Nauarre d'ailleurs en éleuoit la teste;
A secoüer le joug Barcelonne estoit preste;
Et Lisbonne appelloit du geste & de la voix,
Sur ses fers se haussant, ses legitimes Roys.
   Louys donné du Ciel, apres Louys le Iuste,
Dés son enfance meur, dés sa jeunesse auguste,
Au Thrône se voyoit par les Graces porté,
Et des Vertus, en garde, à l'entour escorté.

P iiij

Cent villes d'Allemagne, & cent autres de Flandre,
Soit de gré, soit de force, à luy se venoient rendre :
Et la Meuse, le Rhin, la Moselle, & la Lys,
Par sa gloire attirez, tendoient les bras aux Lys.
　　La Discorde y couroit, de fureur enflammée,
De viperes couuerte, & d'vne fronde armée :
Mais d'vne fronde affreuse, & faite de Serpents,
Qui la pierre & le feu portoient entre leurs dents.
Tout vn peuple en furie, & changé par ses charmes,
La suiuoit à la foule, armé de mesmes armes.
A la main de chacun, deux longs Serpents rouloient,
D'où flames & cailloux en tumulte voloient.
L'air en estoit ardent, & la terre allumée :
On ne voyoit par tout que trouble & que fumée :
A ce trouble intestin se mesloit l'Étranger ;
Et la France ébranlée en estoit en danger.
Là, le jeune Monarque assisté de son Ange,
Apaise le desordre, & la Discorde range :
L'Infernale Frondeuse a les deux bras liez,
De ses propres Serpents sur son dos repliez :
Et le peuple guery d'vn charme si funeste,
Barricades & Fronde auec horreur deteste.
　　Plus bas, où se voyoit le jeune Prince armé,
Et d'vn noble aiguillon à la guerre animé,
Les drapeaux, les canons, les foudres de la France,
Brilloient de nouueaux feux tirez de sa presence.
Le hautain Montmedy paroissoit glorieux,
Ayant à trébucher, de le faire à ses yeux.
Et l'Aigle des Romains, de l'Autriche échapée,
Luy presentant de loin le grand Globe & l'Epée,
Sembloit vers luy la teste & les aisles tourner,
Et prendre son essor, pour l'aller couronner.
　　Des portraits ciselez sur la Tombe historique,
Bourbon passe aux portraits de l'Armure heroïque.
Là, se voyoit d'vn trait prophetique & fatal,
Du Rameau de Condé l'esperance en metal.

Le Premier de ce nom, d'vne Ame haute & fiere,
Deux fois des Estrangers défendoit la frontiere.
Son bras & son conseil suspendoient le malheur ;
Il rendoit aux vaincus l'espoir & la valeur ;
Et sa seule Vertu, dans la perte commune,
Epouuentoit l'Espagne & brauoit sa Fortune.

Prés du bord planturéux, où la Saone en dormant,
Se traîne vers le lit du Rhosne son Amant ;
Henry donnoit la chasse aux forces Allemandes,
Dont les drapeaux nóbreux, & les nombreuses ban-
Sembloient faire dans l'air de volantes forests, [des,
Et de torrens ferrez inonder les guerrets.
Les Fleuues d'alentour éleuez sur leurs bornes,
Entouroient l'Ennemi & le pressoiét de leurs cornes ;
Ces lourds & vastes Corps, où les vagues alloient,
De leur masse empeschez, en desordre rouloient :
Et les cheuaux traisnez aueque le bagage,
Du pied cherchoient le fonds, & de l'œil le riuage.
L'effroyable Galas, à son tour effrayé,
Fuyoit son Camp flottant, & son espoir nayé.
Quelques Aigles à peine auec luy fugitiues,
Laissoient le lóg des eaux leurs dépoüilles captiues :
Et rien ne luy restoit : apres tant de fureur,
Que le nom de terrible, & sa propre terreur.

Louys apres Henry, le Fils apres le Pere,
Opposoit la valeur à la force estrangere,
Les plaines & les monts s'y voyoient inondez,
D'escadrons ennemis à Rocroy débordez.
La France estoit en deüil, & les François en larmes,
Des crespes noirs faisoient vne nuit sur leurs armes ;
Et leurs tambours muets, leurs trompettes sans voix,
De leurs Drapeaux traînans les longs & tristes bois,
Sébloient de leur Roy mort, regretter la memoire,
Et joindre leurs regrets à ceux de la Victoire.
Louys encore jeune & desia plein de cœur,
Faisoit là son essay de Chef & de Vainqueur.

Les François à son feu rechauffoient leur courage,
Les Vallons effrayez en changeoient de visage,
La foudre des canons sembloit s'en allumer,
Le fer sembloit en luire, & le sang en fumer :
Et du Lyon Flamand l'effroyable paupiere,
Ne pouuoit qu'en fuyant en souffrir la lumiere.
La Victoire suiuoit auec étonnement,
D'vn feu si genereux le noble emportement :
Et la Fortune lasse, & presque hors d'haleine,
Des aisles & des pieds ne le suiuoit qu'à peine.
  Là Thionuille en vain,& Philisbourg forcez,
Opposoient au vainqueur leurs murs & leurs fossez ;
Les murs les plus hautains qu'il battoit de sa foudre,
Tombât dans leurs fossez, les côbloient de leur pou-
Et l'on voyoit germer des Lauriers & des Lys, [dre:
Sur les fossez comblez, & les murs démolis.
  Fribourg y paroissoit bordé de roches nuës,
Des Vautours seulement & des Aigles connuës.
On voyoit là sans corps la crainte & la terreur,
Sans traits on voyoit là l'épouuante & l'horreur :
Le celeste Artisan les auoit exprimées,
Sur les Bois, sur les Monts, dâs les râgs des Armées.
Louys par tout Vainqueur les Allemans poussoit,
Des fleuues de leur sang la terre rougissoit,
Les roches se voyoient de leur chutte ébranlées,
Et leurs morts paroissoient des môts dâs les vallées.
  Les Bauarois pareils à des Sapins armez,
Prés de là se monstroient de fureur animez :
La plaine de Norlingue en estoit affaissée,
Elle sembloit gemir, de leur marche pressée :
Et l'orgueilleux Mercy qui leurs troupes rangeoit,
Sous l'acier éclatant, à leur front voltigeoit.
Mais de ce faux éclat la menace estoit vaine,
Il tomboit abattu d'vne foudre soudaine :
De ce coup ses Lauriers en souffre s'exhaloient,
Ses armes auec eux autour de luy brûloient.

LIVRE ONZIESME.

Les Drapeaux renuersez, & les bandes couchées,
Ressembloiēt aux moissons que l'orage a touchées:
Le Danube & le Rhin couronnez de roseaux,
Au de là se cachoient de frayeur dans leurs eaux :
Et de leurs bords fecons les Citez habitantes,
Au bruit de la deffaite en desordre & tremblantes,
En vain tendoient les bras aux Aigles, que la peur,
Chassoit bien loin, deuant l'impetueux vainqueur.
   D'autre-part on voyoit vne Mer figurée :
La riue en estoit verte & la vague azurée :
Les Vaisseaux y sembloient auec le vent voler,
Les flots chenus d'écume y sembloient se rouler,
Et l'œil deceu de l'art & de son imposture,
Pensoit en distinguer le cours & le murmure.
Là, Dunquerque autrefois la Reyne de la Mer,
Des masses de ses tours offusquoit l'onde & l'air,
L'Espagne auec la Flandre en garde sur sa porte,
Dans son Port, la Tempeste & sa bruyante escorte,
Le long de ses ramparts cent canons arrangez,
De morts, d'embrasemens, de tonnerres chargez,
Et de cent Nations la deffense inuincible,
Sembloient mesme aux regards la rēdre inaccessible.
Mais Louys, & la Flandre & l'Espagne en chassoit,
Et malgré les Saisons & les Mers la forçoit.
Des voix de sa trompette, & du bruit de ses aisles,
La Renommée au loin en portoit les nouuelles :
Et les Vents Messagers que la Gloire conduit,
Alloient iusques au Tage en répandre le bruit.
A ce bruit, on voyoit iusqu'aux dunes prochaines,
Les Tritons s'égayer aueque les Sirenes :
Et dans les plis des flots, les Dauphins ciselez,
Faire luire l'argent de leurs dos estoilez.
   La bataille de Lens autre part exprimée,
Faisoit couler le sang, & monter la fumée ;
L'air en perdoit le jour, la terre en rougissoit,
De cent canons tonnans la flame éblouyssoit,

P vj

Et d'vn trait merueilleux la matiere brunie,
Sembloit en imiter la terrible harmonie.
Sur ces torrens de sang, sous ces foudres de fer,
Louys a loit brillant, d'vn formidable éclair;
Les armes, les drapeaux, les combats, la victoire
Tiroient de cét éclair vne lueur de gloire.
Et le Lyon Belgique, auec l'Aigle Germain,
De ses feux éblouïs, & blessez de sa main,
Vers les riues de Lys se retirant à peine,
Laissoient auec leur sang, leurs ongles sur la plaine.
 Archambaut parcourant de l'esprit & des yeux,
Cét Auenir illustre & déja glorieux;
S'excite à la lueur de ces grandes images,
A porter sa vertu plus loin que ces presages:
Et jaloux de son Sang, riual de ses Neueux,
S'encourage à monter plus viste, & plus haut qu'eux.
 Hastez le pas, Seigneur, luy dit la Prophetisse,
Des-ja vos Successeurs s'approchent de la Lice,
Aux barrieres des-ja leur valeur fait du bruit,
De rayons auancez des-ja leur gloire luit.
Il vous seroit honteux de demeurer derriere,
Estant long-temps deuant entré dans la Carriere.
Leurs exploits auenir qui vous doiuent armer,
A de plus grands exploits vous doiuent animer.
Et vous ne sçauriez plus qu'aller à la Victoire,
Couuert de leur Fortune, & chargé de leur Gloire.
Commencez donc à vaincre, & commencez par vous:
Sur vôtre propre cœur tournez vos premiers coups.
Ce cœur si haut jadis, ce cœur jadis si braue,
Est maintenant vaincu, maintenant est esclaue,
Vn Enfant desarmé, vagabond, fugitif,
L'a blessé sans combat, & l'a fait son captif.
Et blessé, comme il est, & courbé sous la chaîsne,
Qu'à peine & gemissant, aprés l'Amour il traîsne,
Encore voulez vous, qu'il monte à des exploits,
Plus hauts que la Fortune, & le Destin des Roys.

LIVRE ONZIESME:

Il faut rompre, Seigneur, la chaîne qui le lie;
Il faut briser le joug, dont le poids l'humilie;
L'aiguillon de l'Honneur, celuy de la Vertu,
S'émoussent contre vn cœur sous l'Amour abatu:
Et les armes d'Aymon tant de fois couronnées,
A parer vn Captif ne sont pas destinées.
Secoüez donc ces fers, rompez cette prison;
Rentrez dans le chemin où vous veut la raison?
Et chassez loin de vous, cette Esclaue regnante,
Qu'en vain vo' tourmêtez, côme elle vous tourmête.
Quoy, vous ne pourrez vaincre vn * Insecte volant,
Qui répand par les yeux vn venin doux & lent;
Et vous vaincrez vn Monstre, aux Geans redoutable,
Vn Monstre qui les Pins & les Cedres accable?
Commencez donc par vous, chassez de vostre cœur,
Cét Insecte volant, ce doux Empoisonneur.
Vous ne pourrez, qu'aprés ce combat domestique,
Prendre possession de l'Armure heroïque.
Pour gage cependant prenez ce coutelas;
Sa vertu doublera la force à vostre bras:
Et par tout où luira sa fatale lumiere,
La Victoire & l'Honneur suiuront vostre banniere.

Alegonde à ces mots le coutelas luy ceint;
Luy conte de quel sang autrefois il fut teint;
L'instruit de la vertu qu'il a contre les charmes,
De la force qu'il a sur les plus fortes armes:
Et de seconds aduis les premiers confirmans,
A l'honneur de la Croix & des Lys l'animant,
Le congedie enfin, sur le point que les ombres,
Se faisoient sous les corps plus grädes & plus sôbres,
Il retourne, animé de l'exemple d'Aymon,
Glorieux des Heros destinez à son nom;
Et les Lauriers promis aux rameaux de sa Race,
Releuent son espoir & doublent son audace.

Tandis qu'il s'entretient de ce grand Auenir,
Que son Esprit ne peut qu'à peine contenir;

L'image d'Almafonte altiere & dominante,
Et fur toute autre image en son Ame regnante,
Aueque la Vertu difpute de fon cœur ;
L'vne a pour foy l'Amour, l'autre a pour foy l'Hô- [neur;
L'vne allegue fon fang & montre fes bleffures,
L'autre étalle l'éclat des Couronnes futures :
La Raifon chancelante & confufe entredeux,
Laiffe leur droit obfcur & le combat douteux.

 Ainfi, quand fur le dos de l'écumeufe plaine,
Deux Vents d'égale force & de pareille haleine,
L'vn du Midy venu, l'autre venu du Nord,
Difputent le butin d'vn Vaiffeau de haut bord ;
Sous l'vn gemit la pouppe, & fous l'autre la prouë;
L'vn déchire la voile, & l'autre la fecouë :
L'arbre battu ne fçait à qui des deux ceder ;
Le Pilote éperdu ne fçait dequoy s'ayder ;
Il fe confeille en vain aueque la Bouffole ;
En vain il prend aduis de la Carte & du Pole ;
La Bouffole le trouble, & n'a rien d'arrefté :
La Carte le confond, le Pole eft fans clarté :
Et l'art luy deffaillant, non moins que le courage,
Il fe remet au Sort, & s'apprefte au naufrage.

 D'vn orage pareil Archambaut combattu,
Tantoft cede à l'Amour, tantoft à la Vertu :
La Raifon le retient, la Paffion l'emporte,
Selon que l'vne ou l'autre eft plus foible ou plus for- [te:
Et friffonnant de crainte, enflamé de defir,
Ne fçachant que laiffer, ne fçachant que choifir,
Il flotte haut & bas au flux de fes penfées,
De l'vn à l'autre objet en trouble balancées ;
Comme entre deux écueils d'écume blanchiffans,
Sont balancez les flots troublez & gemiffans.

 Le Sort donc veut, dit-il, que ie vous abandonne,
Sur l'efpoir d'vne frefle & friuole Couronne ;
Que ie quitte l'Amour pour aller à l'Honneur ;
Que ie pare mon front, & m'arrache le cœur ?

LIVRE ONZIESME.

Dequoy me seruira ce Phantosme de Gloire,
Qu'auec tant de peril engendre la Victoire;
Si tandis que ie suis d'vn vain Laurier chargé,
D'vn poison penetrant mon Esprit est rongé:
Si tandis que l'encens des Peuples me parfume,
Vn feu lent & secret, au dedans me consume?
Qu'importe à mon repos de vaincre le Dragon,
De tracer de son sang l'Histoire de mon nom,
Si l'Amour me doit estre vne Harpie immortelle,
Qui jour & nuit ma peine, & ma mort renouuelle;
Escoutez, Almasonte, escoutez vostre Amant;
Son cœur parle, & iamais la voix du cœur ne ment.
Ie remets à vos pieds, & Couronne, & victoire, [re-
Et ne veux plus que vous pour Fortune & pour Gloi-
Desormais sous vos yeux mes combats se feront,
Mes Palmes desormais sous vos yeux germeront;
Et de vos yeux encor naistront les Destinées,
Qui seront par l'Amour à mes jours assinées.

A ces mots, il sembla que son cœur détaché,
Et d'vn subit effort de sa place arraché,
Sur vn ardent soûpir volant vers Almasonte,
Dûst abatre en partant & l'honneur & la honte.
La raison qui suruint, de son poids l'affermit:
Et l'honneur ébranlé dans son lieu se remit.

Qui l'eust pensé, dit-il, & qui l'auroit pû croire,
Que pour suiure l'Amour tu laissasse la Gloire?
Infidele transfuge, infame deserteur,
Qu'est deuenu ton sens, qu'as-tu fait de ton cœur?
Donques pour vne Idole aussi fresle que vaine,
Qui brasle à tous les vents de l'inconstāce humaine,
Qui maintenant reluit, & tantost pourrira,
Qu'vne ride, demain, au plus tard, détruira?
Quitteras-tu le rang, perdras-tu la Couronne,
Que la Vertu promet, & que la Gloire donne? [voix
Crain du moins le reproche, écoute au moins la
De tes Enfans Heros, & de tes Neueux Roys.

Ne souïlle point l'honneur que le Ciel leur prepare:
Ne soûmets point leur Pere au joug d'vne Barbare.
Mais, où vit-on iamais sans amour vn grand cœur?
Qui iamais sans amour, vit vn Guerrier vainqueur?
Sans ce feu, la vaillance a-t'elle quelque force?
La Palme sans le Myrte a-t-elle quelque amorce?
Et quelle est cette ingrate & cruelle raison,
Qui veut qu'vne Beauté qui rompit ma prison,
Qui fut pour me sauuer sourde au sang de son Frere,
Qui pour moy, se chargea du couroux de sa Pere,
Contre ma foy laissée, & contre mon serment,
Laisse à mon souuenir vn eternel tourment?
Amour, Honneur, Raison, Almasonte, Victoire,
Qui suiuray-je de vous, qui de vous dois-ie croire?
 De soins si differens Archambaut diuisé,
Combattu de soy-mesme, à soy-mesme opposé ;
Arriue dans sa tente, au point que les Estoiles,
Pour se montrer au Mōde auoient leué leurs voiles.
Retiré de ses gens, & sans autres témoins,
Que la Gloire & l'Amour complices de ses soins,
Sur son lit il se iette ; & remet ses pensées,
Au flux des passions dont elles sont poussées.
 Tout à coup dans ce trouble, vn soudain jour s'é-
Qui luy frape les yeux & son esprit suspend. [pand,
Il voit vne Couronne illustre & flamboyante,
Sans apuy suspenduë au milieu de sa Tente.
Le cercle estoit de cœurs par couples arrangez,
Et de chiffres ardens l'vn dans l'autre engagez.
Chacun d'eux rayonnoit d'vne flame plus belle,
Que n'est celle du jour que l'Aube renouuelle :
Et de la nuit, changée au grand feu qu'ils faisoient,
La paleur éclatoit, les ombres s'embrasoient.
Du milieu de ces cœurs disposez en couronne,
Vne voix étenduë en ces termes resonne.
 Du Globe, où le Planete Intendant des Amours,
Suiuy de mille feux a sa route & son cours ;

Nous, qui fufmes jadis des Ames Conquerantes,
Qui fommes maintenant des Eftoiles errantes ;
Et qui fuiuons par tout, le glorieux Flambeau,
Qui fait l'attrait du Bon, & la grace du Beau ;
En trouppe nous venons, de l'Amour depuiées,
Pour ranger les Vertus contre luy reuoltées ;
Et monftrer aux Vaillans, que fans luy, la Valeur
N'eft qu'vne temeraire & brutale chaleur :
Que la Gloire n'a point de Couronne complette,
Que des Lauriers qui font cueillis fous ce Planette :
Et que tous les grands cœurs fe font fous les regars,
De l'Aftre de Venus, & de l'Aftre de Mars.
 Des rayons redoublez ces paroles fuiuirent,
Et par toute la chambre, en rond fe répandirent.
Tout ce qu'on y voyoit, à l'aiguille tracé,
Difparut tout à coup par ce jour effacé :
Et par vne fubite & furprenante Scene,
Au lieu des Chefs de foye & des Soldats de laine,
Qui fur le longs tapis en repos combattoient,
Et des guerres fans bruit, aux yeux reprefentoient ;
A Bourbon étonné, les hiftoires s'offrirent
Des Guerriers qui jadis à l'Amour fe foûmirent.
 Alcide le premier y paroift defarmé ;
De gommes de Leuant fon poil eft parfumé ;
De fa peau de Lyon vne * Fille fe jouë :
D'vn éuentail de plume vne autre l'amadouë :
Et pour l'affujettir, les Amours fes vainqueurs,
Luy font vn joug d'vn arc enuironné de fleurs.
 Achille fe voit-là, captif de fa * captiue :
Il chante ; & les Tritons l'écoute de la riue :
Vn Amour, de deux traits à fes chans applaudit ;
Son Efclaue Maiftreffe aux Echos les redit ;
Les Dauphins vers le bord, pour les ouyr s'auance ;
Patrocle * les apprend, & les Nimphes les dancent.
 Le Braue & fort Samfon, l'Hercule des Iuifs,
Eft mis là par l'Amour au rang de fes Captifs.

Du sang des Mescreans la maschoëre trempée,
Qui iadis luy seruit de pauois & d'épée,
Sert la d'vn vain joüet à des Enfans volans,
Qui la percent de traits, & luy cassent les dents:
Dalile, * d'vne main cependant le couronne,
Et d'vn regard bruslant par les yeux l'empoisonne.
  Dauid mesme s'y voit; prés de luy deux Amours,
Auec vn grand * Lyon enchaisnent vn grand Ours.
Du Geant Philistin la teste ensanglantée,
Est par d'autres Amours en triomphe portée.
Ils semblent tous au son de la harpe animez,
Ils sont tous de cailloux * & de frondes armez :
Les cordes de leurs arcs sont en frondes changées;
Et de cailloux ardens leurs trousses sont chargées.
Le Frondeur Conquerant, d'vn coup secret atteint;
Au silence, aux Echos, à sa harpe se plaint.
Bersabée y consent, les Zephirs y répondent;
Et leurs plaintes en l'air aux siennes se confondent.
  Ce theatre d'Amour à Bourbon presenté,
Suspend l'émotion de son cœur agité,
Il consulte ses sens ; & ses sens qu'il consulte,
Mettent l'étonnement où regnoit le tumulte.
Il se resout enfin, il reprend sa vigueur,
Au secours de l'Esprit il fait venir le cœur,
Et du riche fourreau tirant l'arme inuincible,
Qui dans la main d'Aymon iadis fut si terrible;
Il marche où ces Amans, sans couleur colorez,
Et sans corps se mouuans, paroissent figurez.
A la vertu qui sort de la fatale épée,
Cette Scene trompeuse à l'instant dissipée,
Dans les ombres se perd, aueque les Autheurs
Des portraits supposez, & des faux imposteurs.
Bourbon ne doute plus de la ruse ennemie;
Le calme se remet dans son Ame affermie;
Et son cœur sous le poids de l'Amour abatu,
Tout à coup releué, se rend à la Vertu.

LIVRE ONZIESME.

Ie suis à vous, dit-il, noble & grande Maistresse,
Venez à mon secours, appuyez ma foiblesse :
Ie sens qu'au trait d'Amour, qui m'a percé le cœur,
Vn trait va succeder d'éternelle douleur.
Et de ce trait second la funeste ouuerture,
Est mal propre à fermer ma premiere blessure.
La Victoire & l'Honneur ont beau pour me guerir,
Et Palmes, & Lauriers à mains pleines m'offrir :
Ny Palme, ny Lauriers, ny quoy que l'on essaye,
Ne se peut auec fruit appliquer à ma playe,
Mais, diuine Vertu, soit du Ciel, soit du Sort,
Sans plainte, il faut souffrir pour vous, iusqu'à la mort,
Et c'est à vos Suiuans assez de recompense,
Que vostre seul aduen couronne leur souffrance.

A ces mots vn subit & rayonnant éclair,
Sans bruit tombant du Ciel remet le jour dans l'air :
Et dans sa Tente il voit les peintures de laine,
Prendre d'autres couleurs, former vne autre Scene,
Mais des couleurs de sang, vne Scene d'horreur,
Où le plaisir est peine, où l'amour est fureur.

Alcide consuméé d'vn lent & long supplice,
Qui ses veines épuise & par ses os se glisse,
Detestant * Dejanire, & l'Amour blasphemant,
Cherche dans vn bucher la fin de son tourment.
De cét acte sanglant la figure est affreuse ;
La pasle Ialousie y paroist furieuse ;
Elle souffle, elle attise, & ses * cheueux sifflans,
Allument le bucher auec elle soufflans.

Le fier & fort Achile, aux pieds * de Polixene,
Est là d'vn Ennemy la victime inhumaine.
L'Amour qui l'a liuré de son malheur se rit,
Et * Polixene mesme à sa chute applaudit.

Samson paroist apres sous les fers & sans armes ;
Le sang de ses * yeux morts coule auecque ses larmes
Dalile fait son jeu de ses cheueux coupez ;
A tourner vn moulin ses bras sont occupez ;

La honte & le dépit tour à tour les confondent,
Et les cris de la roüe à ses plaintes répondent.
    En suite il voit David, penitent & puni,
De son Trône chassé, de son Palais banni.
L'Amour qui l'a deceu deuenu sa Furie,
La torche en main le suit, auec * l'Ombre d'Vrie.
Et l'Ange Executeur sur sa teste volant
Le frappe des éclairs d'vn coutelas bruslant.
    Archambaut contemploit cette seconde Scene,
Quand vne voix en sort harmonieuse & pleine,
Qui luy fait obseruer, des Vaillans amoureux,
Les desordres punis de succez malheureux:
A la voix, il se mesle vne pure lumiere,
Qui penetre son Ame à trauers la matiere,
Degage son Esprit, éclaire sa raison,
Luy découure son joug, luy fait voir sa prison,
L'Image d'Almasonte en son sang imprimée,
A ce rayon diuin s'éuapore en fumée:
Nulle trace n'en reste, & dans ce nouueau jour,
Il trouue à peine où fut la flêche de l'Amour.
    Le Pilote eschapé de la main du Corsaire,
Garanti des écueils & de la Mer contraire,
Paroist moins doucement étonné sur le bord,
Où l'orage irrité fait son dernier effort,
Et les flots écumans, d'vne plainte commune,
Semblent de son salut accuser la Fortune.
Par cét affreux spectacle Archâbaut mieux instruit,
Acheue en oraison le reste de la nuit:
Et si tost que le jour, de couleurs renaissantes,
Eut repeint la campagne, & redoré les Tentes;
Il consulte auec soin, comment & par quel art,
Il pourra disposer Almasonte au depart.
    De soins sur soins roulans la Princesse agitée,
Arriue là dessus, de Zahide assistée.
Dés la derniere nuit, cent songes menaçans,
Auoiént mis la frayeur & le trouble en ses sens.

L'Ombre d'Osmin son Frere encore languissante,
Par trois fois l'appella d'une voix gemissante :
Son cœur, par un Vautour, de son corps separé,
Par un autre Vautour luy sembla déchiré.
L'Ermine du cimier élevé sur ses armes,
En jetta de longs cris, en répandit les larmes :
Un croissant d'or bruni de son harnois sauta,
Et d'une sueur rouge à ses yeux degoutta.
De ces songes si noirs, & de si triste augure,
La Princesse attendoit quelque étrange auanture ;
Et le froid, que Bourbon des-ja changé luy fit.
D'une frayeur nouuelle ébranla son Esprit.

Quoy, dit-elle Bourbon, cent affreuses images,
Sans vous m'auroient esté de faux & vains présages ?
Et sans cette froideur, qui m'anonce la mort,
Ie n'aurois rien compris de mon funeste sort ?
Sçauray-ie encor de vous s'il faut que ie perisse,
Qui sera mon Bourreau, quel sera mon supplice ?
Vous auez commencé, vous pouuez acheuer :
La mort n'est pas le pis qui me puisse arriuer. [peine.

Ce froid, qui vous surprend, & qui vous met en
Me vient, luy répond-il, d'une Estoile inhumaine :
I'en souffre plus que vous ; & iusques dãs mon cœur
La fatale influence a porté sa rigueur.
Mais puis-ie l'arrester ? & les ordres celestes,
Heureux ou malheureux, propices ou funestes,
Viennent-ils pas à nous, conduits par vn pouuoir.
Qui ne se peut changer, non plus que se preuoir ?
Sous les ordres cruels de cette Loy suprême, [me
Qui veut qu'en vous perdãt, ie me perde moy mes-
Qu'en m'arrachant de vous, ie m'arrache le cœur ;
Puis-je me contre-faire & cacher ma douleur ?
Encore si l'Estoile à me nuire obstinée,
Auoit à mon trépas sa rigueur terminée ;
Ie mourrois, Almasonte, & sans perdre l'amour,
Vous laissant mon esprit, ie laisserois le iour.

Mais c'est à mon amour qu'en veut cette cruelle,
Mon honneur & ma foy conspirent auec elle,
L'ordre mesme fatal à ma Posterité,
A noüé dans le Ciel cette necessité :
Et sans tacher mon nom, sans exclure ma Race,
Du Trône où le Destin luy prepare vne place ;
Ie ne puis suiure icy la pante de mon cœur,
Et pour sauuer l'amour, abandonner l'honneur.
Ie le prens à témoin, cét honneur qui m'entraisne,
Que ses deuoirs me sont vne pesante chaisne :
Et j'aurois preferé, s'il estoit à mon choix,
Vn joug fait de vos mains aux Couronnes des Roys.
Mais côtre mon instinct, mon Estoile est trop forte :
Et la necessité sur le plaisir l'emporte.
Au moins, malgré l'Estoile & la necessité,
Vostre nom tousiours grand, & tousiours respecté,
Par estime, non moins que par reconnoissance,
Sur tout autre, en mon cœur, aura la preference.
Là, d'vn long souuenir vos bienfaits conseruez,
Et de la propre main des Graces cultiuez,
Aueque vos vertus, seront de ma memoire,
Le plus cher entretien & la plus douce histoire :
Et d'vn art immortel, vostre portrait tiré,
Sera tousiours de moy, sans riual adoré.

 Tandis qu'il parle ainsi, sur le front d'Almasonte,
La douleur, le dépit, la fureur, & la honte,
Paroissent en tumulte, & montent de son cœur,
Chacune auec son feu, chacune en sa couleur.
Le Theatre estoit noble, & la Scene agreable,
Mais les Acteurs affreux la rendoient effroyable.
Trois fois pour l'interrompre elle haussa la voix ;
Le trouble & la fureur l'étoufferent trois fois :
Les éclairs de ses yeux, pour la voix s'expliquerent ;
Aux éclairs, les soûpirs en foule succederent :
Et la parole enfin le passage forçant,
Par ces mots éclata d'vn effroyable accent.

LIVRE ONZIESME.

Acheue, deloyal, ta barbare victoire,
Mets vne illustre fin à ta cruelle Histoire.
Ma deffaite peut mieux que celle du Dragon,
Couronner tes exploits, perpetuer ton nom :
Et ta main, de la mort de ton * Amy sanglante,
Ne peut mieux se lauer qu'au sang de ton Amante.
Que crains-tu? qu'attends-tu? que de ma propre main,
Ie te fasse vn passage à mon cœur par mon sein ?
Infidele, la tienne aux meurtres exercée,
Sçait comment, & par où, ie puis estre blessée.
Depuis le iour fatal qu'elle m'ouurit le flanc,
Le goust te dure encor, que tu pris à mon sang :
Et tu dois à ta soif inhumaine & funeste,
Le barbare plaisir d'épuiser ce qui reste.
L'Estoile qui te porte à l'infidelité,
Peut te porter encore à cette cruauté :
Et le Dieu que tu sers, complice de ton crime,
Viendra prendre auec toy sa part de la Victime.
Mais tu cherches à faux à ta déloyauté,
Dans les Cieux innocens, vn pretexte aposté :
Et s'il est quelque Estoile aux Amans fauorable,
Si quelque Dieu se rend à mes veux exorable,
Bien tost l'on te verra dans les plis du Serpent,
D'effroyable clameurs le Ciel en vain frapant,
Implorer la clemence, & souffrir la iustice,
De l'Amour irrité, present à son supplice.
Encore aprés la mort ta peine te suiura :
A tes os, à mes os, mon dépit suruiura :
Et mon Ombre sera, de ton Ame infidele,
Dans l'eternelle nuit, la Furie eternelle.

  La parole à ces mots, de douleur luy manquant,
Et de son cœur émeu les boüillons l'offusquant,
Elle sort, de dépit & de trouble emportée :
Zahide qui la suit en est épouuentée :
Et les feux, qu'elle voit dans ses regards rouler,
Le sang qu'auec ces feux elle voit se mesler,

Dans ses yeux, sur son front, & sur tout son visage,
Luy sont vn signe affreux, d'vn plus affreux orage.
A ces feux à ce sang, meslez & confondus,
Il succede des pleurs à ruisseaux épandus ;
Comme on voit succeder aux éclairs de la nuë,
L'impetueuse pluye en son sein retenuë.
Les tapis, les carreaux, le lit en sont trempez :
Il se mesle à ces pleurs des mots entre-coupez,
Au tonnerre pareils, qui murmure & qui gronde,
Quand l'orage fondu les campagnes inonde.
  Malheureuse, dit-elle, à quoy reserues-tu,
Ce vain nom de valeur, cette ombre de vertu ?
Que te sert de pleurer, que te sert de te plaindre,
Si ton feu ne se peut que de ton sang éteindre ?
Si le sang n'y suffit, joins au sang le poison ;
Ce n'est plus desespoir, c'est effort de raison :
Et tu dois, pour le moins, à ton nom cette gloire,
D'auoir eu sur l'Amour, par ta mort la victoire.
  De sourds & longs soûpirs succedans à ces mots,
Elle sembloit vouloir essayer le repos ;
Et la main sur les yeux, éprouuer par auance,
De sa future mort la nuit & le silence :
Le dépit tost aprés, ses esprits r'animant,
Quoy ? ie mourray, dit-elle, & mourray laschement ?
Et par ce déloyal mon amour outragée,
Pour comble de malheur, ne sera point vengée ?
Meurs, Almasonte, meurs, & laisse agir le Sort :
Tes vengeurs sont tout prests, ils naistrõt de ta mort,
Ton sang meslé de feu, sortant de ta blessure,
Suiura ton ennemy, vengera ton iniure :
Et de ta cendre mesme vn Serpent se fera,
Qui iusques aux Enfers son Ame rongera.
  Sa voix encore icy, de sa douleur pressée,
Ne pût que d'vn soûpir expliquer sa pensée ;
Ensuite elle reprend ; Espoir iadis si doux,
Mais, espoir si trompeur, de quoy me parlez-vous ?

LIVRE ONZIESME.

En vain vous m'abusez d'impostures flateuses,
Vous m'étalez en vain des images menteuses;
Ie vous crus autrefois, cét autrefois n'est plus,
Et vos charmes me sont desormais superflus.
Vous voulez que ie viue; & mesme que ie tente,
Tout ce que peut l'Amour par la voix d'vne Aman-
Ah! mó cœur est trop ferme, il ne peut se plier; [te,
Quoy qu'il fasse, il ne peut se soûmettre à prier.
Iray-je à mes Amans ou de Gaze ou de Caire,
A qui i'ay preferé cét infame Corsaire?
Rechercheray-je Alzir, dont la haute valeur,
Dont le côstant amour n'ont pû fléchir mon cœur?
Demeureray-je icy captiue & méprisée,
Rare & fameux sujet d'vne juste risée;
Non, non, il faut mourir; ie ne puis autrement,
Eteindre mon amour, ny finir mon tourment.
Mouroˆs, mais d'vne mort qui nôtre hôneur repare;
Mais mourant, s'il se peut, tombons sur le Barbare.
Le fer qui de son flanc à mon flanc passera,
Vne porte plus douce à la mort m'ouurira:
De son sang & du mien mon Ame dégouttante,
De ce corps mal-heureux sortira plus contente;
Et mon plaisir sera d'aller dans les Enfers,
Accroistre ses tourmens, & redoubler ses fers.
  En ces termes parloit Almasonte irritée;
Son amour au dépit la place auoit quittée:
Par ses larmes Zahide aux siennes répondoit,
Et de compassion, ses plaintes secondoit.
Archambaut cependant, quoy qu'à peine son Ame,
Retinst quelque chaleur de sa premiere flame;
Ebranlé des soûpirs, émeu de la douleur,
De celle qui venoit de regner en son cœur;
Deliberoit pour elle auecque ses pensés;
Appelloit au conseil ses promesses passées;
Et par les mouuemens que donne la pitié,
Repanchoit vers l'Amour, panchant vers l'Amitié.

Q

Mais la Vertu celeste, à ce combat presente,
Raffermit son Esprit, l'arreste sur la pante :
Et de peur que l'Amour, plus fort que la raison,
Renoüant ses liens le remette en prison,
Il retourne au Desert, & charge Vandenesse,
De mettre en liberté l'vne & l'autre Princesse.
Des magnifiques dons, qui leur sont presentez,
Deux boucliers sans blason, par Zahide acceptez,
Succedent en leurs bras, à ceux qu'elles perdirent,
Au combat, qu'en venant, sur l'onde elles rendirent.
Mais funestes boucliers, que vous leur peserez !
Infortunez presens, que vous leur cousterez !
Et que pour diuertir le coup qui les menace,
Vostre acier quoy que ferme aura peu d'efficace !

De ses fers amoureux Archambaut déchargé,
Marche à ses hauts desseins, d'vn cœur plus dégagé.
Les vœux & les souhaits de tout le Camp l'escortét:
Son nom se multiplie aux clameurs qui le portent:
Et les petits drapeaux sur les Tentes volans,
A ce concert de cris, leurs murmures meslans,
Semblent donner auis de sa marche à la plaine,
Et du Monstre annoncer la deffaite prochaine.

Ainsi, quand vn cheual par ses courses connu,
Appellé des clairons, dans la Lice est venu ;
Chacun du souuenir ses combats renouuelle,
Ses victoires chacun & ses palmes rappelle :
Il semble s'accorder aux applaudissemens,
Il semble y consentir de ses hannissemens,
Du souffle, & du regard, il fournit la carriere,
Il frape de la teste & du pied la barriere :
Et du feu, qui le pousse à faire cét effort,
La fumée auec bruit par les naseaux luy sort.

Bourbon suiuy du Camp, qui des yeux l'accōpagne
Et qui fait de clairons retentir la campagne,
Répond en s'éloignant, d'vn air fier & serain,
Aux souhaits des soldats, aux concerts de l'airain:

LIVRE ONZIESME.

Et semble garentir de la mine & du geste,
Ce qu'à promis de luy le presage celeste.
Sur le declin du jour, il arriue où l'attend,
Le harnois, du Destin de sa Race éclatant.
 Là des saintes leçons qu'Alegonde luy donne,
Il apprend à peser l'eternelle Couronne:
A connoistre l'abus & la malignité,
Des bouquets épineux que fait la Volupté:
De chauds & longs soûpirs, il chasse la fumée,
Qui restoit de la flame en son cœur allumée:
Et les tiedes ruisseaux de ses yeux épanchez,
En emportent la cendre, & lauent ses pechez.
Il perseuere ainsi deuant la Sepulture,
A demander d'Aymon les Vertus & l'Armure:
La Grace renouuelle & ses sens & son cœur;
Et par le Penitent prepare le Vainqueur.
 Le iour meurt cependant, & laisse à la Nature,
Le silence, & le deüil, l'horreur & la froidure:
Et pour luy succeder, les Filles de la Nuit,
S'auancent sur sa route à couuert & sans bruit.
Alzir, & Melodor, dans cette nuit si sombre,
D'armes noires couuers, & mieux couuers de l'ôbre,
Vont au camp des François, guidez par leur Amour,
Qui leur fait plus de feu, qu'il ne leur fait de jour.
Alzir estoit Syrien, Melador Arsacide,
L'vn seruoit Almasonte, & l'autre aimoit Zahide;
Tous deux fiers & hautains, beaux & ieunes tous deux
Et portez par la Gloire aux desseins hazardeux;
Sur le bruit qui courut, des Princesses Guerieres,
Deffaites par Bourbon, & faites prisonnieres:
Voüerent à l'Amour, iurerent Mahomet,
De ne poser iamais le harnois ny l'armet;
Que l'épée à la main, au peril de leurs vies,
Ils n'eussent aux François leurs Princesses rauies;
Et qu'auec les fers de leurs bras deliez,
Ils n'eussent assommé le vainqueur à leurs pieds.

Q ij

SAINT LOVYS,

Vœux barbares & vains, qui sur eux retomberent,
Et du Ciel irrité la mort leur apporterent!
  Engagez cependant à ces barbares vœux,
Pour escorte n'ayant que l'Amour auec eux,
Ils vont entre le Fleuue & la poudreuse plaine,
Où l'Espion Ragut en silence les mene.
Arriuez dans le Camp par des sentiers perdus,
Ils trouuent les Soldats sur la terre étendus
Les cheuaux en repos, les armes accrochées,
Aueque les clairons les trompettes couchées,
Les feux des Corps de garde assoûpis & fumans,
Et les tambours muets, sur le ventre dormans. [de,
  Mais surpris, de ne voir, qu'vn sôbre & triste vui-
En la Tente où logeoient Almasonte & Zahide;
Ils passent en fureur, pour suiure leur dessein,
A celle de Bourbon, les armes à la main.
Le feu veille à la porte; au faîte la Banniere,
Veillant auec le feu, s'agite à sa lumiere;
Et du bruit qu'elle fait, aux Gardes endormis,
Annonce le dessein des Princes ennemis.
Mais elle bruit en vain, en vain elle s'agite,
Le signal qu'elle donne, en vain les sollicite;
Egorgez sans deffense, ils passent sans réueil,
A la nuit de la Mort, de la nuit du Sommeil.
  Les barbares Amans échauffez du carnage,
Qui leur ouure à la Tente vn asseuré passage;
Entrent, de jalousie au massacre animez;
Semblables à deux Loups de long-temps affamez,
Qui du meurtre des chiens, se portent de furie,
Au meurtre des Bergers & de la Bergerie.
Quatre Pages, dés-jà courageux & guerriers,
Et dés leurs premiers ans capables de Lauriers,
Massacrez sans pitié, l'vn sur l'autre moururent;
En vain pour les sauuer les Graces accoururent:
Et le dernier soûpir de leurs corps expirans,
En vain plaignit l'espoir, & la fleur de leurs ans.

LIVRE ONZIESME.

Là Culans se trouua, qui nasquit sur la Loire,
Allié d'Archambaut & Riual de sa gloire :
Mais d'Almazonte alors triste & secret Amant,
Sur vn tapis de Tyr, couché négligemment,
Encore suiuoit il l'image fiere & creuse,
Qu'vn faux songe en faisoit d'vne vapeur trõpeuse;
Tandis que de ses yeux ses larmes ruisselant,
Et dans sa bouche ouuerte aux soûpirs se meslant,
Sembloient vouloir par là, couler jusqu'à son Ame,
Soit pour lauer sa playe, ou pour nourrir sa flame.
  Surpris en cét estat, & pris pour son Cousin,
Il teignit de son sang le poignard Sarrasin :
Ses sanglots, à la mort, Almasonte appellerent :
A ce nom son Esprit & ses feux se meslerent :
Alzir qui l'entendit, écuma de fureur ;
Et trois fois luy plongea le poignard dans le cœur,
Par mes mains, luy dit-il, Almasonte l'Amante,
A Bourbon son Amant cette faueur presente.
  Le Barbare à ces mots retirant le poignard,
Et roulant par la Tente vn terrible regard,
Remarque à la clarté d'vne bougie ardente,
L'armure de Bourbon de dorures brillante.
Le harnois de Culans de prés luy répondoit ;
Et d'vn éclat pareil son éclat secondoit.
Le Prince de Syrie, & le Prince Arsacide,
Qui du iour remontant, sentent venir le Guide,
Pour faire leur retraite aueque seureté,
Auant que l'Orison fust reteint de clarté ;
A ces riches harnois, leurs armures changerent,
Et déguisez ainsi, sans obstacle passerent, [sans,
Aux yeux de quelques Corps, dans leurs postes vail-
Alzir pour Archambaut, Meledor pour Culans.
  Mais, que l'Estoile est trouble & la Carte incertaine,
Qui prestent leur conduite à la Prudence humaine !
Et qu'il aduient souuent, par vn bizarre Sort,
Qu'il se trouue vn écueil où l'on cherchoit le port.

Q iij

Ils vont à la lueur de ces armes nouuelles,
Qui jettent à l'entour de riches étincelles ;
Pareils à deux Lyons, qui de sang degouttans,
Et du bercail détruit les restes regrettans,
De l'effroyable feu qui sort de leur paupiere,
Se font durant la nuit vne affreuse lumiere.
Ou pareils aux Gemeaux armez & lumineux,
Qui sans l'ayde du iour font leur iour deuant eux ;
Et des rayons guerriers, qui leurs testes couronnent,
Eclairent les Vaisseaux, & les Nochers estonnent.
   Le succez de la ruse au projet répondant,
Et l'air encore noir au succez s'accordant ;
Le coupple Sarrasin, auant la nuit passée,
Ioint la Garde à cheual, hors du Camp auancée.
Là de la main d'Alzir Edoüard terrassé,
Pleura l'ample heritage à son Frere laissé,
Et Richard abattu par le fer Arsacide,
Abandonnant l'épée, abandonnant la bride,
Les bras auec les yeux vers la Lune leua,
La Lune sans le voir, sa carriere acheua :
Et les Princes vainqueurs sur les cheuaux sauterent,
Que les Gardes deffaits en mourant leur quitterent.
   Les Messagers du iour cependant s'auançoient,
Et les cimes des monts de leurs feux blanchissoient ;
Tandis que d'autre-part, Almasonte irritée,
Et de soins differens vainement agitée,
Tourne, auance, recule ; & semblable au vaisseau,
Que deux Vents opposez se disputent sur l'eau ;
Se porte sans arrest, à quoy que sa pensée,
En tumulte presente à son Ame offensée.
Tantost elle voudroit pouuoir commettre au sort,
D'vn combat singulier sa vengeance ou sa mort :
Tantost elle remet le soin de sa personne,
Aux auis moderez, que Zahide luy donne,
Puis tournât tout à coup, vers le Camp des François,
Reprenant son dépit, & releuant sa voix.

LIVRE ONZIESME.

Pourquoy suiure, dit-elle, vne raison timide ?
Pourquoy craindre le bras & le cœur d'vn Perfide ?
I'ay deux bras comme luy, comme luy j'ay du cœur,
Et de plus, i'ay l'Amour, qui sera mon vengeur.
Ce terrible Second me prestera ses armes,
Se fera contre luy des flames de mes larmes ;
Et dans le combat mesme, au traistre apparoissant,
Horrible du regard, du geste menaçant,
Luy fera commencer, par l'effroy, son supplice ;
Et j'en seray sous luy la juste executrice.
Du moins, s'il est au Ciel arresté que ma mort,
Termine en ce combat la trame de mon Sort ;
Mon Ombre restera furieuse & sanglante,
Pour estre du vainqueur l'implacable Suiuante :
Et la voix de mon sang, des Cieux attirera,
La foudre qui son crime & ma mort vengera.

Tandis qu'elle s'irrite & parle de la sorte,
Les Heures aux yeux pers, à l'Aube ouurent la porte:
Elle vient sur vn char émaillé de rubis ;
La semence des fleurs coule de ses habis ;
Et ses cheuaux grimpans, poussent de leur haleine
La lumiere, le feu, les couleurs sur la plaine.
A cette effusion qui repeint l'Vniuers,
Alzir, & Meledor d'assez loin découuers,
S'auancent au grand pas, & la visiere basse ;
Les Princesses contre-eux vont par le mesme espace:
Au grand Lyon d'émail, dont l'escu rayonnoit,
Les armes d'Archambaut Almasonte connoist,
Et les connoist encor au cimier, dont l'aigrette,
Sur le casque faisoit comme vn riche Comette.

Surprise, elle interroge, & le jour & ses yeux,
Regarde de plus prés, & s'en asseure mieux :
Enfin mieux asseurée, ou quelque Astre, dit-elle,
A mes vœux indulgent, amene l'Infidele :
Ou de quelque Demon luy-mesme transporté,
Vient ajoûter le meurtre à l'infidelité :

Q iiij

Et foi : que par ma mort son crime il accomplisse,
Soit que sous mon épée il trouue son supplice,
Où mourant, ou meurtrier, il me satisfera,
Et mon sang, ou le sien, ma peine finira.
    Elle pique à ces mots, de colere poussée,
Le fer nu, le bras haut, la visiere baissée,
Sans la connoistre, Alzir la reçoit fierement :
Zahide qui la suit s'attache à son Amant.
Le combat est cruel, les vallons en resonnent,
Il semble qu'alentour les Palmiers en bourdonnent :
L'Echo répond aux coups, l'air répond à l'éclat,
Soit de l'acier battu, soit de l'acier qui bat :
Le vent en prend le bruit, en passant par la plaine,
Et le porte bien loin vers la riue prochaine.
    Déja le sang d'Alzir sur ses armes couloit,
Et des filets de pourpre aux filets d'or mesloit :
D'vne couleur plus viue, Almasonte blessée,
Déja faisoit rougir sa cuirasse faussée :
Et de pareille ardeur l'vn & l'autre portez,
Hurtans également, également hurtez,
Abbatoient sous les coups des trenchantes épées,
Les cimiers tronçonnez, & les mailles coupées.
    Ainsi, quand il se bat deux amoureux Faucons,
On voit en l'air voler les plumes par floccons :
On voit couler le sang dont les herbes se teignent :
Des chemins d'alentour les voyageurs les plaignét :
Et le Pigeon craintif effrayé de leur bruit,
Quoy que loin du peril, encor plus loin s'enfuit.
    Trois fois le coutelas de la belle Guerriere,
Fit luire aux yeux d'Alzir la mort par la visiere :
Et trois fois repoussé par la trempe du fer,
Il ne fit qu'vn bruit vain, suiuy d'vn vain éclair.
Alzir allonge vn coup, qui trouue d'auenture,
Du casque & du harnois la fatale jointure :
Il entre, & fait sortir vn ruisseau rougissant,
De chaleur, de dépit, de force jaillissant.

LIVRE ONZIESME.

Almasonte à ce coup redouble son audace :
Son cœur tousiours plus fier, s'affermit en sa place :
Et sur la breche ouuerte à la prochaine mort,
Aueque sa valeur sa haine fait effort.
Mais plus elle s'efforce, & plus sa force baisse :
L'infortuné vainqueur y prend garde & la presse :
Et d'vn reuers qui fait luire & siffler le fer,
Fait voler de l'armet les attaches en l'air.
L'armet desassemblé laisse la teste nuë :
Et la belle mourante est trop tard reconnuë.

A cette veuë, Alzir pasle & surpris d'horreur,
Croit à peine à ses yeux témoins de son erreur.
Ses esprits vont en foule au cœur qui les appelle :
Son sang froid & pesant dans ses veines se gele :
Ses bras restent sans force, & le fer inhumain,
De son poids abatu, luy tombe de la main.
Ainsi, quand le Chasseur trouue au lieu de la beste,
Qu'il poursuit dans vn bois, vn Spectre qui l'arreste,
Immobile & perclus, sans poux & sans chaleur,
Il perd auec les sens le souffle & la couleur :
Sa voix meurt en sa gorge, & son poil se herisse :
Le froid qui le saisit par ses veines se glisse :
Son arme entre ses mains paroist en frissonner,
Et le chien qui le suit semble s'en estonner.

De la mort cependant, Almasonte pressée,
D'vn reste de vigueur dans ses bras ramassée,
Fait vn dernier effort, frappe sur son Amant,
Et le fait reuenir de son estonnement.
La secousse & l'effort sa blessure élargissent :
Le sang & les esprits à ruisseux en iaillissent :
Le iour meurt dans ses yeux, le teint meurt sur son
Aueque la fierté, la pasleur s'y confond : [front,
Et sur son corps armé, sa teste languissante,
S'abbat comme la fleur sur le buisson mourante.
Le malheureux Alzir s'auance & la soustient :
Le dépit la rechauffe, & la voix luy reuient :

Q v

Mais ce n'est qu'vne voix sans force & sans haleine,
Que l'Ame, qui la suit, fait sortir auec peine.
Acheue, luy dit-elle, infidelle vainqueur;
Il ne te reste plus qu'à m'arracher le cœur :
Mets-y la main, cruel, tire-le par ma playe ;
Tu verras s'il souffrit, si son amour fut vraye.

 Elle en vouloit plus dire, & sa voix qui baissa,
Entre les noms de haine & d'amour balança :
La mort l'interrompit, & son Ame irritée,
Murmurant s'enuola, sur vn sanglot portée.
Alzir par ses regrets vainement l'appella :
A son sang vainement ses larmes il mesla :
La Mort qui ne connoist ny remedes, ny charmes,
Fut sourde à ses regrets, fut aueugle à ses larmes.
Le corps entre ses bras sans esprit demeura :
De pitié, comme luy, le Vent en soûpira ;
Et le iour, qui parut plus couuert & plus sombre,
Sembla vouloir en deüil accompagner son ombre.

 Zahide, cependant, heureuse d'autre-part,
Ioignant l'art à la force, & la soupplesse à l'art;
Apres vn long combat, auoit eu l'auantage,
Et la victoire alloit couronner son courage.
Son Amant inconnu sous elle renuersé,
Et, de sa main, deux fois mortellement blessé;
En ce dernier moment, d'vne voix langoureuse,
Luy faisoit de sa vie vne offrande amoureuse.

 Zahide, disoit-il, pour le moins, si le sort,
Eust souffert que vos yeux éclairassent ma mort ;
Ie mourrois bien-heureux : & mon Ame contente,
Du iour de vos regards, & de son feu luisante,
Ses Astres & son Ciel prés de vous trouueroit :
A vous suiure, à vous voir, sa gloire borneroit.
Mais puisque le sort veut que vous soyez absente,
Vôtre Image, du moins, dans mon cœur dominâte,
A mes derniers soûpirs, pour vous assistera;
De mon sang, de mon feu, l'offrande acceptera :

Et les vents, s'il en est d'indulgens à ma peine,
De mon cœur expirant, vous porteront l'haleine.
Elle vous touchera, vous la ressentirez;
Et se meslant à l'air que vous respirerez;
Peut-estre, elle fera couler iusqu'à vostre Ame,
L'esprit de Meledor, ou l'esprit de sa flame.

A la voix, comme au nom de Meledor mourant,
Vers le cœur de Zahide, vn froid soudain courant,
Y porte auec l'effroy la surprise & le trouble,
Le desespoir s'y mesle, & l'horreur en redouble.
Enfin elle se force, & pour le soulager,
Voulant de son armet sa teste descharger,
Elle le reconnoist, & s'en fait reconnoistre :
Le mourant à ses yeux sembla deuoir renaistre;
Mais le trait de la Mort trop auant attaché,
Par la main de l'Amour ne pût estre arraché.

Son Ame deliée & desia sur la porte,
Luy fit parler sa main, pour sa voix desia morte :
D'vn langage pareil Zahide respondit :
Ce que dit vne main, l'autre main l'entendit :
Et les pleurs que sur luy respandit la Princesse,
Tesmoins de son erreur, tesmoins de sa tristesse,
Degoûtant sur ses yeux, sur son front ruisselant,
Et iusques à son cœur par sa bouche coulant,
Les fatales rigueurs de sa mort tempererent;
De son Ame, en sortant, les aisles y tremperent;
Et le vent qu'elle fit, quand elle s'enuola,
Aux soûpirs de Zahide en passant se mesla.

Ainsi l'œil eternel qui sur les Hommes veille,
Ne se ferme iamais, ny iamais ne sommeille :
Et les coups sont certains, du bras executeur,
Qui du Monde est sous luy l'immobile Moteur.
Ainsi fut de ce bras puny le parricide,
Qu'attenta Meledor, pour acquerir Zahide.
Le coûteau qu'il auoit à Louys destiné,
Par l'Ange de Louys, fut sur luy détourné;

Q vj

Et son Idole mesme à ses vœux mal propice,
Presta son ministere à ce iuste supplice.

 La Guerriere se leue, & pleine de douleur,
D'auoir contribué ses mains à ce mal-heur ;
Va confuse, où l'effroy de sa faute la porte ;
Et trouue Alzir mourant sur Almasonte morte.
Déja l'infortuné, pour punir sur son cœur,
Sa tragique victoire & sa funeste erreur ;
Par son flanc découuert auoit poussé l'épée,
Du sang encore frais d'Almasonte trempée ;
Et sur elle courbé, du geste l'appelloit,
A l'offrande du sang qui de son corps couloit.

 Belle Ame, disoit-il, acceptez la victime,
Que mon bras repentant immole pour son crime.
Et voyez, par ce feu liquide & ruisselant,
Si de mon cœur pour vous, le feu fut violent.
Tel qu'il fut dans mon cœur, il sera dans mon ame:
Et mon Esprit porté vers vous sur cette flame,
Si vostre mort se peut par la mienne expier,
Se pourra dans le Ciel auec vous rallier.

 A ces mots il tomba, deux ruisseaux qui jaillirent,
De ses deux flancs ouuerts à terre s'épandirent :
Et son corps, sur le corps d'Almasonte étendu,
Son sang auec le sien sur l'herbe confondu,
Leurs Esprits que la Mort & les Ombres vnirent,
De leur funeste Hymen le mystere accomplirent.

 A ce triste surcroist de perte & de mal-heur,
Zahide en trouble suit le poids de sa douleur.
En vain, contre son dueil, sa Vertu fait la forte ;
Le trépas d'Almasonte au desespoir la porte :
Elle s'en plaint au Ciel, elle impute à l'Amour,
Les tragiques succez de ce mal-heureux iour :
Et malgré sa raison, elle met en vsage,
Tout ce qu'à la douleur peut inspirer la rage.

 Trois fois elle voulut à sa vie attenter,
Et sa mort à la mort d'Almasonte ajoûter :

LIVRE ONZIESME.

Et l'inuisible main de son Garde celeste,
Trois fois luy fit tomber des mains l'arme funeste.
Surprise, elle s'écrie, inuisible Ialoux,
Qui m'ostes le seul bien qui pouuoit m'estre doux ?
Esprit contrariant, qui me retiens en vie,
Apres vne moitié de mon Ame rauie ;
Si tu viens enuoyé vangeur de cette mort,
Ie te suy, conduis-moy, prenん le soin de mon Sort;
L'infidele Archambaut deuenu ma victime,
Tost ou tard me payra l'interest de son crime :
Et iamais de mes pleurs le cour ne sechera,
De mon Ame iamais le deüil ne cessera,
Que sur le Monument de la Princesse morte,
En offrande sa teste & son cœur ie ne porte.

Là dessus elle ajoûte, au Ciel leuant la main,
A sa vaine promesse, vn serment aussi vain.
Le Ciel l'en dispensa, les Vents le dissiperent,
Et leurs aisles en l'air de sa voix se joüerent.
Des Pescheurs, cependant, venus du bord de l'eau,
Mettent les Princes morts dans vn prochain tôbeau,
Fait d'vn long Obelisque, & d'vne baze vuide,
Autrefois erigé pour l'aimable Nebride,
Qui plus heureusement que * Rhodoがn sa Sœur,
Aueque la Beauté sceut allier l'Honneur.
Zahide, cela fait, réueille son courage,
Remonte son cheual, va le long du riuage :
Et tous ceux qu'elle trouue à la guerre animant,
Reporte aux siens la joye auec l'étonnement.

REMARQVES.

* *Robert en qui se fit pag.* 316. Ce Robert fut Fils de S. Louys, Comte de Clermont, qui épousa Beatrix de Bourbon, dont il prit le nom, qui est demeuré à ceux de sa Race.
* *D'vne fleur de Bourbon pag.* 316. Cette fleur est Beatrix de Bourbon, qui espousa Robert Comte de Clermont, & mit le Duché de Bourbon dans la Maison Royale.
* *Du meurtre de Blanche pag.* 316. Cette Blanche estoit Fille du Duc de Bourbon, mariée à Pierre Roy de Castille, qui la fit mourir.
* *A Bourbon son vengeur pag.* 316. Iean de Bourbon Frere de Blanche, fut enuoyé en Castille pour venger la mort de sa Sœur.
* *Et le Cruel pag.* 316. Pierre Roy de Castille surnommé le Cruel.
* *Le Geant Arteuel, pag.* 316. Arteuel fut vn Flamand puissant de corps & d'esprit, qui fut autheur de la reuolte de ceux de Gand.
* *Gilbert victorieux, pag.* 317. Gilbert de Bourbon, Duc de Montpensier, qui fit le voyage de Naples auec Charles VIII.
* *De ses premiers amours, pag.* 317. Parce que le Royaume de Naples auoit esté aux François, dés le temps de Charles d'Anjou, Frere de Saint Louys.
* *Anguien desia vainqueur, pag.* 317. Louys Duc d'Anguien, de la maison de Bourbon, qui gagna la bataille de Serisoles.
* *Leur Ambre & leur, &c. pag.* 317. Les Poëtes

LIVRE ONZIESME.

ont dit qu'il naissoit de l'ambre jaune, des Peupliers qui sont sur les riues du Po; & que cét ambre estoit des larmes des Sœurs de Phaëton, changées en Peupliers.

* *Des Monstres inconnus* pag. 317. Ces Monstres sont l'Heresie, la Ligue, & la Rebellion.

* *L'Ibere se voyoit* pag. 319. L'Ibere & le Tage sont des Fleuues d'Espagne; & le Tage est particulierement renommé par le grauier d'or que les Poëtes luy attribuent.

* *Les Colonnes d'Hercule* pag. 319. Elles sont sur le détroit de Gibraltar, où l'on dit qu'Hercule finit ses voyages.

* *Vn Insecte volant* pag. 325. Cela est selon la pensée d'vn Grec, qui compare l'Amour à vne Guespe, & d'autres l'ont comparé à vne Abeille, à cause des aisles, & des fléches qu'on luy donne.

* *Vne Fille se iouë* pag. 329. Cette Fille est Omphale, qui s'habilloit de la peau de Lyon, que portoit Hercule.

* *Captif de sa captiue* pag. 329. Cette captiue est Briseis prisonniere & maistresse d'Achille.

* *Patrocle les apprend* pag. 329. Patrocle amy d'Achille.

* *Dalile d'vne main* pag. 330. Dalile est cette Philistine, qui fut cause de la perte de Samson.

* *Auec vn grand Lyon* pag. 330. Dauid encor enfant vainquit vn Lyon & vn Ours, & l'Amour dans Lucien, met les Lyons & les Tigres sous le joug.

* *De cailloux & de frondes* pag. 330. Les Amours sont icy armez de frondes, à cause que la fronde a esté la premiere arme de Dauid, lequel à cause de cela est appellé icy Frondeur Conquerant.

* *Detestant Deianire*, pag. 331. Deianire fut femme d'Hercule, qui mourut empoisonné d'vne chemise pestilente, qu'elle luy auoit donnée par jalousie.
* *Ses cheueux siflans*, pag. 331. La Ialousie a icy des Serpents au lieu de cheueux, comme les autres Furies.
* *Es Polixene mesme*, pag. 331. Polixene fut Fille de Priam, laquelle estant promise à Achille, il fut tué au Sacrifice qui se faisoit pour la ceremonie de ses Nopces.
* *Le sang de ses yeux morts*, pag. 331. Samson fut aueuglé par les Philistins, & condamné à tourner vn moulin.
* *Rhodope sa sœur*, pag. 349. Rhodope a esté vne Egyptienne, celebre par sa beauté, ses richesses, & ses débauches.

SAINT LOVYS
OV LA
SAINTE COVRONNE RECONQVISE.

LIVRE DOVZIESME

'AVTRE-part, cependant, dés que l'Aube éueillée,
De nouuelles couleurs eut la terre émail-
   lée,
Et fi-toft qu'au Defert, d'Alegonde habité,
Les Chantres emplumez leur Hymne eurent chanté;
Bourbon étincelant de la fatale Armure,
Et conduit d'vn celeste & fauorable augure,
Sur la foy d'Alegonde, & sur le fort d'Aymon,
Auoit pris le chemin qui menoit au Dragon.
L'éclat de fon armet, celuy de fa cuiraffe,
Annonçoient fa venuë, exprimoient fon audace;
Et le cercle aceré qui du bras luy pandoit,
Les feux du jour naissant, de fes feux fecondoit.

Le Soleil en rougit, & sembla s'en confondre ;
A sa confusion l'escu sembla répondre :
Et dans l'air, à l'enuy, cent traits furent poussez,
Soit refleschis de l'vn, soit de l'autre élanchez.

 Comme il est dans le Bois, vne effroyable Scene,
Estale à ses regars vne montre inhumaine.
Il voit des ossements de fiel encore teints,
Des pieds sanglans, meslez à de sanglantes mains,
Des intestins pourris, des costes qui pourrissent,
Des cranes sás cheuaux, & sans peau qui blachissent.
Le Bois sombre & plaintif luy paroist en fremir,
La feüille en murmurer, la verdure en blesmir :
Et les soûpirs des vents, qui sous les arbres glissent,
Sót pris pour les soûpirs des Ombres qui gemissent.

 A tant d'affreux objets, l'assiette de son cœur,
Immobile au danger, inflexible à la peur,
Est pareille au rocher, qu'vn amas de nuages,
Menace vainement de cent creuses images.
Il s'auance ; & déja de plus prés mesurant,
La grandeur du peril, d'vn cœur encor plus grand.

 Toy, dit-il, d'vn regard conduisant sa priere,
Qui deffis autrefois d'vne arme de lumiere,
Ce Serpent, * reuolté, le Pere des Serpents,
Qui de leurs vastes plis sur les Astres rempans,
D'vn venin sale & noir leurs rayons infecterent,
Et de leurs sifflemens les Cieux déconcerterent.
Toy qui tiens dans la nuit, & sous terre enchaisné,
Ce monstrueux Dragon de cornes couronné,
Qui du fiel de sa rage, & du feu de l'Abisme,
Nourrit la Mort, qu'il garde au chastimét du crime;
Seigneur, soustien ta gloire, & benis mon dessein ;
Fais luire la Vertu de ton nom sous ma main :
Ie feray sous ta Croix, de l'effroyable Beste,
En trophée attacher l'épouuentable teste.

 Sa priere acheuée, il éleua la voix ;
Et fit de trois longs cris retentir tout le Bois.

LIVRE DOVZIESME.

Les Echos d'alentour ce deffy repeterent,
Et jusques dans son fort, au Dragon le porterent.
L'ombrage s'en émût, la feüille en frissonna,
Et des troncs les plus vieux l'écorce en resonna.
Vn Inconnu, couuert d'vne armure luisante,
Tout à coup dans ce bruit à ses yeux se presente.
Son air illustre & grand meslé de majesté,
Donnoit force à sa grace, & grace à sa fierté.
Et ce qui paroissoit de vif en son visage,
Sembloit estre allumé du feu de son courage.
  Il s'auance, & Bourbon contre luy s'auançant,
Terrible de la mine, & du fer menaçant :
Qui que tu sois, dit-il, Auant-coureur ou Garde,
Du Serpent ennemy qui nostre Camp retarde ;
Si tu viens auant luy mes forces mesurer,
Tu te peux sans remise, au combat preparer.
Au moins aprendras-tu, si le fer que ie porte,
Pour le Monstre sera d'vne trempe assez forte.
  Suspend cette valeur, luy répond l'Inconnu,
Et sçache qui ie suis, & d'où ie suis venu,
Ce fut moy, qui jadis vengeur du premier crime,
Le Dragon * Deserteur abatis dans l'Abisme.
Ce fut moy, qui liay ce * Dragon rougissant,
Qui de sept fronts cornus, sept couronnes haussant,
Du torrent que vomit sa gorge venimeuse
Attenta de noyer la Femme lumineuse.
Encore fut-ce moy, qui deffis autrefois,
Ce * Dragon adoré des Peuples & des Roys,
Qui de l'or imposteur de sa fausse couronne,
Enchantoit l'Assyrie, & charmoit Babilonne.
Et maintenant ie viens à ton ayde enuoyé,
Par vn ordre, à la foy de Louys octroyé ;
Pour conduire tes mains, & te prester des armes,
Dôt malgré les Demôs, & malgré tous leurs char-
Le grand Serpent deffait, à tes pieds tombera ; [mes,
Et la frayeur du Camp par sa mort finira.

Là dessus il luy donne auec sa jaueline,
Vne boule de poix, de gluë, & de raisine ;
L'instruit de leur vsage, & luy monstre l'employ,
De la valeur soûmise à l'esprit de la Foy.

A peine eut-il parlé, que des souches branlantes,
Des rameaux abatus, & des pierres roulantes,
Tout à coup par le Bois, il s'éleue vn grand bruit,
Que l'horreur accompagne, & l'épouuante suit.
Vn sifflement s'y joint, dont le taillis résonne,
Et le vent qui s'enfuit, long-temps aprés bourdon-
Et le trouble qui croist, l'effroy qui se répand, [ne:
Annocent à Bourbon l'approche du Serpent.

Il le voit arriuer, terrible de la creste,
Qui de plis herissez luy couronne la teste :
Et plus terrible encor, des éclairs rougissans,
Que roulent de ses yeux les globes menaçans.
Des Cedres ébranlez, & ployans sous sa force,
Il fait tomber les bras, il emporte l'écorce :
Et de sa queuë égale aux masts des grands Vaisseaux,
Il abat les Palmiers comme les arbrisseaux.

Archambaut intrepide, & pareil à la roche,
Qui méprise des flots la menace & l'approche,
Marche droit au Dragon, qui déja se dressant,
Et de son corps enflé l'écaille herissant,
Tout prest à s'élancer, vomissoit la fumée,
De la fureur déja dans son cœur allumée.
De la main du Heros le fer vole & fend l'air,
Menaçant d'vn terrible & foudroyant éclair :
Le coup suit la menace, & la beste est blessée :
Du poids du jauelot son eschine est cassée :
Et la pointe du fer, le corps luy trauersant,
Et jusques au terrain d'vn mesme effort passant,
S'enfonce dans le pied d'vn Pin qui s'en étonne,
Et d'vn long trêblemêt jusqu'au faiste en frissonne.

Le Monstre fit vn cry, que l'air au loin porta ;
Et que le Bois en trouble aux vallons repeta :

LIVRE DOVZIESME.

Les oyseaux effrayez sur la plaine en tomberent,
Et de peur, dans le Nil les poissons se cacherent.
Le Dragon se replie, & se tourne en hurlant,
Autour du jauelot, autour du Pin roulant.
Mais il ne peut tirer, quelque effort qu'il essaye,
Ny la pointe du Pin, ny le bois de sa playe.
A la fin le rompant de force & de fureur,
Et de ses hurlemens renouuellant l'horreur;
Il traisne vers Bourbon son eschine cassée,
Et d'vn éclat de larme encore trauersée.

  Ainsi la vaste Nef, à peine se mouuant,
Aprés son gouuernail rompu d'vn coup de vent;
Panche son flanc brisé, vers l'écumeuse plaine,
Où la porte le faix du mast & de l'antene.
Les flots qui sous la proüe auparauant rouloient,
Ceux qui des deux costez de la pouppe couloient,
Contre elle souleuez, s'opposent à sa course,
Qui ne tient plus de route, & ne cónoist plus l'Our-
Et de son Pauillon l'orgueil humilié,   [se:
Le Drapeau de sa Hune, ou baissant, ou plié,
Semble à la Vertu qui gouuerne l'orage,
Soûmettre leur fortune, & rendre leur hommage.

  D'vn pareil mouuement le Monstre s'auançoit,
Et de sa langue en feu la pointe brandissoit,
Ouurant jusques au fond, la cauerne liuide,
De sa gorge, de fiel, & de venin humide.
Bourbon de l'Ange instruit, de pied ferme l'attend,
Et la gluante boule en sa gueule jettant;
Des venimeux rasoirs qui seruent à sa rage,
Sans peine & sans peril, luy fait perdre l'vsage.
Le Monstre en vain s'agite, il se debat en vain,
Sa force est inutile à secoüer ce frein:
Plus il s'échauffe, & plus la poix qui se fait molle,
Embarasse ses dents, & ses machoires colle.
Le feu, que la fureur dans ses yeux fait rouler,
Semble deuoir le Bois, & la terre brûler:

Et la vapeur qu'épand sa narine ronflante,
Pareille à la vapeur d'vne fournaise ardente,
D'vn pestilent nuage enuelopant le jour,
Noircit jusques au pied les arbres d'alentour.
  Tandis qu'auec rage il tourne, & se tourmente,
Empetré de ce frein de matiere gluante ;
Le Heros prend le temps, & l'atteint d'vn reuers,
Où la creste & le col ioints de cercles diuers,
Faisoient vn arc pareil, à ceux que fait la pluye,
Quand le Soleil couchant de ses rayons l'essuye.
Au tranchant de l'acier l'écaille resistant,
Fait jaillir à lentour vn feu pirouëtant :
Et le bruit qu'elle fait, est comme d'vne enclume,
Quand sous le fer qui bat, le fer battu s'allume.
  A ce coup, le Serpent deuenu furieux,
Se dresse, & pour ses dents, fait répondre ses yeux.
Bourbon qui craint ses plis, passe aueque souplesse,
Et joignant au passer, la force auec l'adresse,
Luy porte sous la gorge, où le cuir jaune & vert,
D'écailles desarmé se monstroit découuert.
Le fer entre, & le sang en sort auec la vie,
D'vne noire vapeur, d'vn venin noir suiuie.
Où monta la vapeur, le Soleil se voila ;
Et de crainte, ou d'horreur ses rayons r'appella.
Où coula le venin, les herbes se flestrirent,
La verdure mourut, & les arbres languirent.
Et le Monstre tombant, des grottes d'alentour,
Et des troncs, habitans de ce touffu sejour,
Mille confuses voix tout à coups s'éleuerent,
Qui d'vn concert d'effroy, tout le Bois étonnerent.
  De la sombre vapeur que le Serpent vomit,
Sur sa teste, dans l'air, vn Phantôme se fit,
Qui sembla du regard, en s'éleuant de terre,
Menacer le Vainqueur, d'vne nouuelle guerre.
A tout éuenement Archambaut preparé,
Demeure d'vn pied ferme, & d'vn front asseuré :

Et

LIVRE DOVZIESME.

Et presente le fer, qui dégoutte & qui fume,
Du sang noir de la Beste, & de sa noire écume.
  Et quoy, dit le Phantosme, encore aprés la mort,
Du Dragon qui me fut assigné par le Sort,
Qui me seruit de Temple, & qui fut mon image,
En qui les Nations m'ont rendu leur hommage,
Tu m'attaques moy-mesme ; & ta temerité,
Te porte à violer auec impieté,
Le Dieu des Pharaons, le Dieu * des Ptolomées,
A qui sur cent Autels, cent lampes allumées,
Cent cassolettes d'or, cent moutons expirans,
Cent taureaux couronnés sous le couteau mourans
Des Peuples & des Roys le culte presenterent,
Et la gloire pour prix de leur culte emporterent ?
L'Egypte fut heureuse, & ses Roys furent grands,
Tant que de leurs Destins mes soins furent garans.
Depuis qu'ils ont quitté mes Autels & mon culte,
Ils n'ont souffert qu'orage, ils n'ont veu que tumul-
Et si i'ay sçeu punir des Pays apostats,   [te:
Si des Roys Deserteurs i'ay détruit les Estats ;
Ie sçauray faire vn iour, valoir auec vsure,
Sur ta Race & sur toy, le fruit de cette injure.
  Le Phantosme à ces mots en l'air s'éuanoüit,
Et laisse vn feu souffré qui Bourbon éblouït.
L'Archange de nouueau, deuant luy se presente,
Et du grand iour que fait sa teste rayonnante,
Dans l'air puant & noir, de la mort du Serpent,
La clarté, la douceur, & le calme répand. [Race,
  Ne crains point, luy dit-il, pour toy, ny pour ta
Du Phantosme imposteur l'insolente menace.
Sous le vain nom * d'Isis, il soûmit autrefois,
Ce Royaume infidele à ses profanes loix :
Et faux Dieu, vray Tyran, & Furie enragée,
A son culte brutal tint l'Egypte engagée.
Le Temple fut superbe, & pompeux les Autels,
Qui luy furent dressez des aueugles Mortels :

R

Et ce Bois est encor fameux par les reliques,
De tant d'impietez jadis si magnifiques.
Son regne fut cruel, autant que glorieux,
Et dura iusqu'au iour, que l'Enfant Roy des Cieux,
En Egypte arriuant, les Temples s'ébranlerent.
Et sur les Dieux cassez les Autels s'éboulerent.
On vit celuy d'Isis de ce foudre abattu,
Et son Demon frappé de la mesme vertu,
Du Demon * Caldean renouuellant l'exemple,
Choisit vn vieux Dragon pour Idole & pour Tēple.
 Ainsi donc son Idole, & son Temple mouuant,
Du sang & de la mort des Nations viuant,
Artisan de carnage, instigateur de crimes,
Et luy-mesme chasseur de ces propres victimes,
Il a fait le degast, partout où l'a porté,
L'instinct de sa fureur & de sa cruauté.
Son culte fut long-temps vn public homicide :
Sa grotte, de sang frais tousiours estoit humide :
Et les corps auec pompe à sa race exposez,
Au son du Sistre estoient sous ses dents écrasez.
 Le temps ayant changé, les coustumes changerent;
De ce Dieu deuorant les Peuples se lasserent ;
Et ses courses depuis, d'vn sanglant reuenu,
L'ont iusqu'à maintenant tousiours entretenu.
Le Ciel, à ta valeur en gardoit la victoire,
Pour l'honneur de ta Race, & pour ta propre gloire
Et tant que la Vertu conduira tes Neueux,
La Richesse & l'Honneur marcheront auec eux :
Et sous moy, la Fortune à solde engagée,
La Victoire apres moy, sous leurs drapeaux rangée,
Par tout où le deuoir portera leur valeur,
Feront voler la Gloire & marcher le Bon-heur.
 Se perdant à ces mots, dans vne claire nuë,
Il reprit vne route aux Humains inconnuë,
Par tout où l'air battu de son aisle éclatta,
Vn long sentier de feu sur ses traces resta :

LIVRE DOVZIESME. 363

Le jour en fut plus net, les vents s'en adoucirent,
Et dans l'air épuré les nuages rougirent.
Bourbon le suit, autant que le peuuent ses yeux,
Par le brillant sillon qu'il laisse allant aux Cieux,
Et les genoux fléchis, rend graces auec larmes,
De la grande victoire octroyée à ses armes.

A son retour au Camp, la Gloire qui le suit,
En répand aussi-tost l'allegresse & le bruit.
On court vers le Serpent ; & sa teste apportée,
Sous vne grande Croix en parade est plantée.
Le vulgaire timide, auec étonnement,
Voit du cuir écaillé l'effroyable ornement :
L'vn admire des yeux les boules iaunissantes,
D'vne lueur terrible encore menaçantes :
Vn autre, auec effroy, voit des énormes dants,
Les rasoirs acerez de venin dégouttans :
D'autres plus asseurez de la langue liuide,
Mesurent le long trait de fiel encor humide :
Et d'autres plus craintifs, se figurent d'en voir,
L'Ombre qui leur paroist siffler & se mouuoir.

Les arbres cependant sous la hache gemissent :
De leurs gemissemens les plaines retentissent :
Mais ils ont beau gemir, & beau ployer les bras
Le fer aueugle & sourd, ne leur pardonne pas.
La Palme que l'orage a cent fois espargnée,
Plaint son indigne sort, tombant sous la coignée :
Le Cedre & le Ciprés, en hauteurs concurrens,
L'vn sur l'autre couchez, perdent leurs differens :
Et les Pins sourcilleux, dont les testes altieres,
Au leuer du Soleil se trouuoient les premiers,
Par le fer abatus, semblent en descendant,
Attirer aprés eux le tonnerre & le vent

Là, du Temple d'Isis se trouuent les reliques,
Des Voûtes en blocaille, en plastras des Portiques,
Les Domes démolis, des Autels renuersez,
Des ... es en morceaux, des Chapiteaux cassez,

R ij

D'vn somptueux orgueil les superbes masures,
Et d'vn Dieu monstreux les enormes figures.

   Sous ce fameux debris, encore spacieux,
Encore au souuenir, aussi vaste qu'aux yeux ;
On ouurit vne caue au Soleil inconnuë,
Où prés de deux mille ans la Nuit s'estoit tenuë.
Là des Morts, autrefois au Serpent immolez,
Les ossemens restoient en desordre & meslez :
Et leurs Ombres sembloient, de leurs voiles funebres,
De cette affreuse Nuit redoubler les tenebres.
Aussi l'air s'en troubla, le jour s'en obscurcit,
Ou de crainte, ou d'horreur, le Soleil s'en noircit ;
Et les bois, les oyseaux, les hommes expirerent,
A qui les mauuais vents cette peste porterent.

   Les arbres abatus, l'vn à l'autre enchaisnez,
Sur d'autres bois roulans vers le Camp sont traisnez.
La terre au loin gemit de leur masse pressée :
Leur route, à grands sillons, sur son sein est tracée :
Tout se meut à l'entour, & se meut reglément :
Couruaux donne l'esprit & l'ordre au mouuement :
Et le Prince present, du geste & du visage,
Donne force aux Ouuriers & chaleur à l'ouurage.

   Ainsi, quant au retour de la belle Saison,
L'Hyuer s'est retiré dans sa triste maison ;
On voit à gros esseins les Abeilles dorées,
Deuant leur Camp d'oziers, & leurs tentes cirées,
Preparer la matiere, & dessiner les plans,
De leurs trauaux futurs & de leurs logemens.
Le riuage murmure, & les ruches resonnent, [nent :
Au tumulte, au concours, des troupes qui bourdon-
L'vne garde au dehors, au dedans l'autre agit ;
La Nature est leur art, & l'instinct les regit :
Le Roy preside à tout ; & le son de son aisle,
La force, l'industrie, & le soin renouuelle.

   Desia six fois le Ciel, de cent Lustres orné,
S'estoit ouuert au jour, par l'Aube ramené,

LIVRE DOVZIESME.

Et dés-ja sur le Nil, vne Tour exhaussée,
Se voyoit en estat de flanquer la Chaussée.
Les Trauailleurs munis contre le jet des traits,
D'vn rang de Gabions enchaisnez prés à prés,
Pouuoient planter les pieux, étendre les fascines,
Et conduire à couuert l'ouurage & les machines.

Mais au septiesme, jour à peine le Soleil,
Sous la terre eut chassé la Nuit & le Sommeil ;
Que le Camp Sarrasin couurit l'autre riuage,
De cheuaux, d'Elephans, d'hommes & de bagage.
Par tout où le François peut étendre les yeux,
Il ne se voit qu'vn feu terrible & specieux,
De l'Or guerrier qui brille, & brillant époüante ;
De la pourpre dés-ja de soy-mesme sanglante ;
Des Bannieres, qui font des nuages roulans ;
Et des Dragons, en l'air, aprés elles volans.
L'air au loin retentit du son des Attabales,
Qui d'vn bizarre accord répondent aux Timbales :
Et de toute l'Egypte ajoustée au Leuant,
A ces concerts d'airain, sous le fer se mouuant,
Le tumulte barbare, & le vaste équipage,
Embarassent la plaine & chargent le riuage.

Du costé des François, sans crainte émerueillez,
La Vertu, l'Ordre & l'Art à ces bruits réueillez,
Au trouble, cóme aux cris des Sarrazins répondent,
Et leurs accords affreux, d'autres accords secondent.
Le Fleuue entre ses bords en semble trémousser,
Et les bords sous le poids des troupes s'affaisser.

Louys reuoit les Corps, les ordonne & les range :
Anime l'vn d'espoir, & l'autre de loüange :
Les Archers les premiers de longs carquois chargez,
Autour des Gabions & des trauaux rangez,
L'arbaleste à la main, & l'œil sur l'arbaleste,
Preparent de leurs traits la volante tempeste.
Les Barbares aussi de leur part s'auançans,
Frondeurs & Gents de traits, du geste menaçans,

R iij

Contre les trauailleurs apprestent vn nuage,
Qui les doit accueillir d'vn redoutable orage.
  Au signal de lascher, deux tourbillons ferrez,
De l'vn à l'autre bord, tout d'vn temps sont tirez :
L'vn éclate en partant, en volant l'autre gronde :
Le bruit de l'arc répond à celuy de la fronde :
Le trait hurte le trait, qu'il rencontre dans l'air ;
De leurs pointes le feu jallit auec éclair :
Et des cailloux lancez, les fléches rechassées,
Vont mourir prés de l'arc, qui les auoit poussées.
Tout le Fleuue s'en couure : & le fer, qui deuant,
De son vole égaloit la vistesse du vent,
Entraîné de la vague, & nageant de ses aisles,
Va porter du combat à la Mer les nouuelles.
Les boutons du cristal dans la nuë épaissi,
Et d'vn froid penetrant par la Bise durcy,
Font vn moindre degast le long du labourage,
Où les pousse l'Esprit qui regne sur l'orage ;
Que la graisle des traits volans à tourbillons,
N'en fait sur les Trauaux, & dans les Bataillons.
  De la Tour déja haute, & déja menaçante,
L'arc d'yuoire à la main, Belinde & Lisamante,
A l'homicide fer qui de leurs doigts partoit,
Et conduit de leurs yeux, la mort au loin portoit ;
Dans l'espace où le bois pouuoit suiure ses aisles,
Auec choix destinoient les armes les plus belles.
Erimasan, d'vn trait par Belinde poussé,
Comme il rangeoit sa troupe, à la gorge blessé,
Ne fut point garanty, par l'écharpe vantée,
Qu'Olzande auoit tissuë, & Mizel enchantée.
Encor auec respect, mourant il la baisa ;
Sur son mauuais Destin sa mort il excusa :
Et les boüillons de sang qui sur elle jallirent,
De ses feux d'or moulu les flâmes éteignirent.
L'infortuné Merin, son Frere & son Riual,
D'vne fléche pareille abbatu de cheual,

LIVRE DOVZIESME.

Expirant, se tourna, comme luy, vers Olzande,
De son Esprit luy fit vne derniere offrande ;
La Mort qui la receut, se mocqua de ses vœux,
Et pour les accorder les épousa tous deux.

   A la teste des Turcs, le hautain Muleasse,
De l'armure brauoit, non moins que de l'audace,
Et l'éclat de l'acier dont il étinceloit,
De tous les traits sur luy, les pointes appelloit.
Lisamante à son arc en promet la victoire ;
Le trait quitte en sifflant & la corde & l'yuoire ;
Mais le fier Muleasse à Louys reserué,
De la mort qui venoit est à ce coup sauué.
Le fer glisse auec bruit sur la vaste rondache,
Qui d'vn brillant acier iusqu'aux genoux le cache ;
Et portant sa fortune & son vol plus auant,
Frappe Olgut, au conduit de la voix & du vent ;
Olgut son braue Fils, qui sur de faux augures,
Se feignant vn long cours d'illustres auentures,
Déja passant la Mer, trauersant l'Apennin,
Coupant les bras du Rhosne, & les cornes du Rhin,
Soûmettoit au Croissant, d'vne folle esperance,
Les Aigles de l'Empire, & les Lys de la France.

   Le jeune malheureux est à peine frappé,
Qu'vn second jauelot du mesme arc échappé
Atteint son Frere Achmet, au dessous de l'aisselle,
Et luy met dans le corps le bois iusques à l'aisle.
Orgules qui restoit au Pere infortuné ;
Des malheureux Cadets, le malheureux Aisné ;
Comme il tendoit les bras au secours de ses Freres,
De deux traits est Frappé, par les belles Archeres.
Muleasse à ces coups, iusques au cœur percé,
Et sans verser de sang, de tous ces traits blessé,
Deteste son Destin, se deteste soy-mesme,
Vômit de desespoir l'écume & le blaspheme :
Et semble en querellant & le Ciel & le Sort,
Vouloir auoir de force ou ses Fils, ou la Mort.

SAINT LOVYS,

Du Corps des * Muſulmans, qui ſuiuent ſa Banniere,
Vn nuage aceré vole ſur la riuiere :
Et d'vne ombre terrible, à l'air oſtant le jour,
Couure les Gabions, les Trauaux, & la Tour.
Le ſang, les corps, le bois, les armes ſe confondent :
Aux traits des Sarraſins ceux des Croiſez répondent :
Et les morts, les mourans, les bleſſans les bleſſez,
L'ouurage interrompu, les ouuriers renuerſez,
Font vn meſlange affreux de carnage & de trouble,
Où le deſordre croiſt, & la frayeur redouble.
   L'orage le plus fort venoit des Elephans,
Pareils à des Chaſteaux équipez & mouuans,
Qui chargez de Donions rangez en batterie,
D'où le fer & le feu rouloient auec furie,
Iuſqu'aux huttes portoient, & iuſqu'aux Pauillons,
Les flèches à torrens, les traits à tourbillons.
   De ces bords ſi vantez, où le ſuperbe Euphrate,
De criſtal & d'azur, dans ſon grand Lit éclate.
Azaferne à Memfis depuis vn mois venu,
De Victoire & d'Hymen Pretendant reconnu,
Montoit vn Elephant, dont le riche équipage,
Expliquant ſon amour, exprimoit ſon courage.
Sa blancheur égaloit la plus fraiſche toiſon,
Dont l'Apennin ſe couure en la froide ſaiſon :
Les chanfrains eſtoient d'or ; & les bardes dorées,
De flambeaux, de carquois, de traits eſtoient parées :
Et le nom de Zahide en chiffres abbregé,
Sur la houſſure, au nom d'Azaferne engagé,
En figure déſ-ja, par vne vaine auance,
Presageoit de leurs cœurs la royale alliance.
Sur l'énorme Animal, vne Tour ſe mouuoit,
Où de Zahide, en boſſe, vn portrait s'éleuoit ;
Vn Amour au deſſus luy faiſoit vne Ombelle,
L'armant de ſon carquois, le couurant de ſon aiſle.
   Le Prince, de ſes fers moins lié que paré,
De la fiere Princeſſe Eſclaue declaré,

LIVRE DOVZIESME.

Se fait voir sur la Tour, dont la haute charpante,
Diuerse de couleurs, de dorures brillante,
Semble aux traits décochez, dont elle bat le bort,
Vn Magazin d'orage, vn Arcenal de Mort.
Le feu se mesle au fer, la pierre au feu se mesle,
De ce meslange affreux plus affreuse est la gresle,
Les rochers flamboyans, & les arbres ferrez,
Aprés les dars communs, à leur tour sont tirez,
Aux arcs, aux iauelots, succedent les machines.
La Mort ne perce plus, elle fait des ruïnes :
De son Frere mourant, le Frere est écrasé :
Du sang de son Fils mort, le Pere est arrosé :
Les entrailles, en l'air, au cerueau sont meslées,
Où les pieds sont froissez, les testes sont bruslées.
Et le bronze, le fer, l'acier, d'vn mesme effort,
Brisez auec les corps, auec eux ont leur mort.
   Louys malgré le poids de ce fatal orage,
Sauteroit dans le Nil, le passeroit à nage,
Seroit des Elemens & des Hommes vainqueur,
Si son Camp, si son corps, pouuoiët suiure son cœur.
Au moins, il met par tout l'ordre & la discipline :
Il est de tous les traits la commune machine :
Rien ne part, rien ne vole, ou de fer, ou de bois,
Qui ne prenne la force & l'esprit de sa voix.
   D'vn arc qui fut jadis sur les Monts Pirenées,
Vn grand arbre, aguerry des Vents & des Années,
Matignon, qui par tout suiuoit le Roy de prés,
Faisoit autant de morts, qu'il décochoit de traits.
Louys prend de sa main, cette arme redoutable,
Et pour la signaler, par vn coup memorable,
Dans la troupe des traits, fils aiflez du Carquois,
Qui semblent t'émousser en s'offrant à ses doits ;
Il choisit le plus fort de la pointe & de l'aisle,
Le plus propre à porter vne atteinte mortelle ;
Il le met sur la corde, & les yeux éleuant ;
Toy, dit-il, qui conduis sur les plumes du Vent,

R v

Par vne route aux yeux des Humains inconnuë,
Tes traits de feu, sonnans dans le sein de la nuë;
Qui mets en batterie, & ranges dans les airs,
Les orages porteurs de foudres & d'éclairs;
Donne force à cét arc, Esprit Moteur du Monde,
Comme tu fis jadis à la fatale fronde,
Dont le Berger enfant, de sa foy seule armé,
Abatit en ton nom, le Colosse animé ;   [gloire,
Mon cœur, mes yeux, mes mains, ne visent qu'à ta
Et mon espoir n'attend que de toy la victoire.

  Il finit, & le trait s'envolant de ses doits,
Fait murmurer la corde, & tremousser le bois ;
Et l'Esprit directeur, qui d'enhaut le gouuerne,
L'adresse à l'Elephant monté par Azaferne.
Ainsi, brillant d'ardeur, de menace grondant,
A sa legereté sa force répondant,
Pareil au trait de feu lancé dans la tempeste,
Il entre par vn œil dans l'effroyable teste.
Le fer jusqu'au cerueau passe aueque le bois,
Le sang jaillit au loin, au loin s'entend la voix:
La Beste auparauant si douce, & si traitable,
Par sa propre frayeur deuenuë effroyable,
Ne connoist plus de loy, ne suit que sa fureur,
Et par tout met le trouble aueque la terreur.

  La vaste & riche Tour, de son dos abatuë,
Accable de son poids ses Gardes, & les tuë.
L'orgueilleux Azaferne auec eux renuersé,
D'vn éclat de sa pique à la gorge est blessé.
En vain il tend les bras au portrait de Zahide,
Bien loin d'estre propice, il deuient homicide:
Dans le commun debris, tombant de sa hauteur,
Il écrase la teste à son adorateur :
Et de l'Amour encor l'Image aussi cruelle,
Luy tombant sur le flanc le perce de son aisle.

  L'effroy, le sang, les cris de l'Animal blessé,
L'objet affreux du trait dans sa teste laissé,

LIVRE DOVZIESME.

Le fracas de la Tour abatuë & traisnante,
Dans l'énorme troupeau répandent l'épouuante.
Ces Monts effarouchez, ces Colosses bruyans,
Dans ce trouble soudain par la plaine fuyans,
Roulent sans écouter ny chastiment, ny bride,
Où la fougue les porte, où la fureur les guide.
Icy leurs Gouuerneurs de leurs dents sont percez;
Là de leurs lõgues mains leurs Maistres sont froissez:
Ils entrent dans les Corps, ils rompent rangs & files,
Ils renuersent les forts aueque les agiles.
Et sous leurs vastes pieds, les ventres écrasez,
Les intestins sanglans, les ossemens brisez;
Autour d'eux la frayeur, la fuite & le carnage,
D'vn horrible combat sans combat ont l'image.
Ainsi Louys, de loin les Barbares poussa,
La Victoire pour luy, le combat deuança;
Et contre tous ces Corps de troupes Sarasines,
Vne flesche en sa main fit plus que cent machines.

Cependant le Soleil à son giste se rend:
Le iour meurt, & le bruit auec le iour mourant,
Pour en porter le deüil, les tenebres descendent,
Et d'vne Armée à l'autre en silence s'étendent.
Le Sommeil qui les suit aueque le repos,
Oste l'haleine aux Vents & le murmure aux flots;
Les Cedres endormis sous luy baissent la teste,
Les Palmiers sont courbez du pied iusques au faiste;
Et les Camps ennemis encore en mouuement,
Reçoiuent de leurs Chefs l'ordre & le reglement.

Louys malgré la nuit, brille sur le riuage,
Des feux de son harnois, de ceux de son courage:
Son exemple qui porte au trauail les Soldats,
Est lumiere à leurs yeux, est vigueur à leurs bras;
Et d'vn effort sans peine, à sa seule presence,
La matiere obeït, & l'ouurage s'auance.

Des-ja le char de Iait, qui sans faire de bruit,
Par les Ombres traisné porte la noire Nuit,

R vj

SAINT LOVYS,

Egalement distant de l'Inde & de l'Ibere,
En deux iustes moitiez partageoit l'Hemisphere ;
Quand vn Corps à cheual, pour la garde auancé,
Assailly brusquement, & brusquement poussé,
Reporte dans le Camp l'alarme & l'épouuante,
Que la surprise accroist, & que la nuit augmente.
　La Princesse Zahide estoit dans ce party,
De l'élite des Chefs & des Corps assorty.
En quelque part qu'elle aille, Almasonte sanglante,
S'offre à son souuenir, à son cœur se presente.
Son Ombre luy paroist à lentour voltiger,
Et luy tendre le fer afin de la venger.
　Sous cét auspice affreux, sous cette triste Guide,
Elle suit les fuyars, les pousse à toute bride :
Taille en pieces deux gros à la haste accourans,
Passe au trauers des morts, au trauers des mourans :
Forcadin qui luy sert d'Assistant & d'escorte,
Le tumulte auec elle, & le rauage porte.
Les concers enroüez des diuers instrumens,
Répondent aux longs cris, aux longs hannissemens :
La Nuit les agrandit, & l'Echo les redouble ;
Autant que la peur gagne, autant gagne le trouble :
Et l'effroy qui croit tout, se feint autant de Corps,
Qu'il s'entend de tambours, qu'il retentit de cors.
　Polisy qui nâquit vers les bords où la Seine,
Des-ja fiere & superbe auec bruit se promene ;
A la teste du Camp, des premiers auancé,
De la main de Zahide à la gorge est blessé :
L'infortuné, jadis, fut sur vn faux ombrage,
Remis à la mercy d'vne Louue sauuage :
Aueque ses petits la Beste l'allaita ;
Son Pere mieux instruit, son abus retracta :
Ondeberge sa Mere à tort emprisonnée,
Au concert des Clairons fut chez luy remenée :
Et son Fils, de la mort dans les langes sauué,
Sous la cuirasse icy n'en est pas preserué.

LIVRE DOVZIESME. 373

A Polify mourant, Longueual elle ajouste,
En vain braue au Tournois, en vain ferme à la Iouste
Les prix six fois gagnez, ne purent empescher,
Que Zahide en passant ne le fist trebucher.
Creton pour le vanger des-ja prenant l'épée,
D'vne plus prompte main, la main luy fut coupée.
Le fer sautant, en fit vn bruit meslé d'éclair,
Et de son coup perdu, sembla se plaindre en l'air.

Choiseul venu des bords où la Marne naissante,
Dans son berceau de joncs est encore tremblante,
Sousstenu de son Fils, va contre les torrents,
Des poussans des poussez, des courus des courans :
Il écarte les vns, les autres il arreste ;
A la gresle du fer, il expose sa teste,
Dont le poil venerable, est pareil aux floccons,
Que l'Hyuer fait rouler sur la teste des monts,
Il tourne brusquement & l'épée & la bride,
Et frappe Forcadin, des-ja de sang humide :
De l'audace du coup l'armet étincela ;
Le feu pront & brillant iusqu'à terre en vola ;
Et Forcadin parut sous l'éclair de l'épée,
Comme vn de ces Rochers, à la teste escarpée,
Qui sans mouuoir le pied, sans détourner le front,
Etincelent au feu que les nuages font.

A l'éclair, luy dit-il, qu'à fait ton cimeterre,
Le mien plus aceré, répond de ce tonnerre,
Le Barbare, à ces mots prononcez en grondant,
Et suiuis d'vn regard, par la visiere ardent, [percee,
D'vn coup, qui tout d'vn temps éclaire, tonne, &
Luy fait perdre l'arson, & sous soy le renuerse,
Le vieillard genereux tombe comme vn vieux Pin,
Qui soustenu long-temps du dos de l'Apennin,
Terrassé par le fer, tombe du haut étage,
Où ses bras tant de fois auoient braué l'orage :
Des arbres d'alentour, de sa chute troublez,
Les vns sont abatus, les autres accablez ;

Et la teste du Mont, du peril éloignée,
Murmure encor apres des coups de la coignée.
　　La chute de Choiseul les plus fiers étonna :
Son Fils, contre son deüil, son courage obstina :
Se fiant à l'adresse acquise à la Barriere,
Il court à Forcadin, le frape à la visiere :
Le Barbare irrité, d'vn reuers luy répond,
Qui luy fausse l'armet, & luy casse le front.
Le * Bourrelet brodé de la main d'Adelise,
L'enseigne du cimier, riche de sa Deuise,
Et les chriffres témoins du secret des Amans,
Luy sont contre ce coup de foibles Talismans.
Etendu sur son Pere, il baisa sa blessure ;
Il fut son Epitaphe, il fut sa sepulture :
Epitaphe de sang, sepulture d'Amour,
Que la posterité puisse jetter vn jour,
A pleines mains sur vous, & sur vostre memoire,
La fleur de la loüange, & l'encens de la gloire :
Et qu'vn si rare exemple à nos Neueux laissé,
Du grand Liure des Temps ne soit point effacé.
　　Louys vient cependant, le Corps qui l'accõpagne,
Fait bruire l'air au loin, fait trembler la campagne,
Le trouble & la terreur, le rauage & l'effroy,
Sont les Auant-coureurs, & les Suiuans du Roy :
Il est le Chef, le cœur, le bras de chaque bande,
Sa conduite combat, son exemple commande :
Et malgré le tumulte, & l'horreur de la nuit,
Il met l'ordre par tout où son courage luit.
Il abat Sifredon, fameux Caualeriste.
En vain fort à la Iouste, en vain juste en la Lice ;
Sa justesse à courir, ny sa force à jouster,
De la mort à ce coup ne purent l'exempter.
Il luy joint Romesel, à Romesel Ortane,
Qui Zelateur cruel de son culte prophane,
Par tout faisoit marcher quatre chameaux chargez,
D'instrumens de terreur pour les Chrestiens forgez.

LIVRE DOVZIESME.

Le Barbare Oragan, alloit la teste armée,
D'vne teste de Tigre en salade formée :
Les dents de l'animal sur le front s'auançoient ;
Ses ongles menaçans sous le col luy passoient ;
Et ce meslange affreux, ce composé sauuage,
De pattes & de bras, de muffle & de visage,
Augmenté de la nuit nourrice de l'erreur,
Des ombres secondé, compagnes de l'horreur,
Sembloit aux effrayez, vn Spectre Capitaine,
Qui de Spectres Soldats auoit couuert la plaine.
Louys d'vn mesme coup, leuant le coutelas,
Coupe au Tigre vne patte, auale à l'homme vn bras.
Il redouble ; & le fer qui fend la double teste,
Sur la poussiere étend le Barbare & la Beste :
Et leur chute deffait les Phantosmes armez,
Que la frayeur s'estoit de ce Monstre formez.
   Ainsi Louys ardent du feu de son courage,
Fait le sang ruisseler, fait fumer le carnage.
Vn rocher détaché qui des Alpes descend,
Vn torrent écumeux de courroux bondissant,
Vn tourbillon lasché sur les gerbes dressées,
Vn Fleuue débordé vainqueur de ses chaussées,
Auec moins de degast, auec moins de terreur,
Rauagent en passant l'espoir du laboureur.
   Archambaut d'autre-part accompagné d'Alfonse,
Renuerse rang sur rang, file apres file enfonce.
Bondicart vainement à la pique exercé,
A la lutte Osaphat plus vainement dressé,
Ormin grand Escrimeur, Ismaël grand Pirate,
Le Chasseur Aragut, & l'Archer Omondate,
Abatus à ses pieds & blessez de sa main,
De leurs énormes corps chargerent le terrain :
Et leurs Esprits affreux, dās les Royaumes sombres,
A la foule arriuans effrayerent les Ombres.
   Mais pendant que Bourbon la victoire pressant,
Va les bandes, les Corps, les Escadrons poussant ;

Zahide d'autre-part de meurtres dégouttante,
Arriue à son quartier, donne iusqu'à sa Tente.
Les Gardes à l'entour sous les armes rangez,
Forcez par la Guerriere, & par ses gens chargez,
Tombent, comme l'on voit, le fruit & le feüillage,
Tomber sous vn noyer, qui borne vn labourage;
Quand les jeunes bergers, de longs bastons armez,
A l'enuy l'vn de l'autre, au butin animez,
Se mettent en sueur, se mettent hors d'haleine,
Font bruire l'air de coups, en font gemir la plaine:
En vain pour les fléchir, l'arbre leur tend les bras,
Ses fruits infortunez en vain tombent à bas;
Il n'est droit, ny pitié, qui leur attaque arreste,
Tant qu'il reste vne feüille attachée à sa teste.

Autour du Pauillon les harnois & les corps,
Et les cheuaux mourans, meslez aux valets morts,
Font sous les chariots, & parmy le bagage,
Vn embarras d'effroy, de fureur, de carnage.
Là, de nouueau l'Esprit d'Almasonte irrité,
A l'Esprit de Zahide, en trouble est presenté:
Elle croit voir iaillir, par la mesme ouuerture,
Le feu de son courroux, le sang de sa blessure.
Cét effroyable mixte, à ses yeux s'enflamant,
Et son cœur, par ses yeux, de fureur allumant;
Elle pretend vn flambeau, s'approche de la Tente,
Et sa voix adressant à l'Idole sanglante;
Ie t'obeys, dit-elle, & vais où me conduit,
Le feu qui par ta playe, & de ton cœur me luit:
En attendant le sang, que ton sang me demande,
A ton feu, de ce feu, ie vais faire vne offrande.

Sous la Tente à ces mots, elle met le flambeau;
Et le feu, sans respect de riche, ny de beau,
Saute à la pourpre, à l'or, à la laine, à la soye;
Et s'en fait vne rare, & magnifique proye.
Les Empires du Monde, * en quatre partagez,
Et sur la riche Tente en figure abbregez,

LIVRE DOVZIESME.

Fument auec leurs Temps, aueque leurs Histoires,
Bruslent auec leurs Roys aueque leurs Victoires.
Et tout leur feint éclat, en cét embrasement,
Ne luit que pour s'éteindre, & ne luit qu'vn momēt.
 Celle qui de ses jours fut * l'Aigle & la Colombe,
Semiramis en or, la premiere y succombe.
Sa beauté, ses plaisirs, sa valeur, ses combats,
De l'auide Element ne la deffendent pas :
En vain elle est charmante, en vain elle est armée,
Agreable & terrible, elle n'est que fumée.
 De l'Empire Persan, le * Mede Fondateur,
Comme elle enuironné du feu deuorateur,
Brusle aueque l'Asie en bataille rangée,
Dans le Camp dont il tient Babilonne assiegée,
Et l'Eufrate, qu'il a par canaux diuisé,
Auec tous ses canaux est luy mesme embrasé.
 Prés du Mede, le * Grec qui suiuit la Fortune,
Iusques où le Soleil sort des bras de Neptune,
Fumant auecque Tyr, auec Suze brusté,
A l'Egypte, à la Perse, aux Indes est meslé.
 Le grād * Iules, non moins que le grād Alexādre,
Sous ses propres Lauriers est là reduit en cendre ;
Le Tybre, l'Ocean, le Gaulois, le Romain,
Par ses armes vaincus, le deffendent en vain :
Le Destin de l'Empire auec luy s'y consume ;
La Fortune de Rome auecque Rome y fume ;
Les Aigles, les Drapeaux, les Dieux en font du bruits
De leurs feux & des siens le Capitole luit :
Et tout ce grand tissu d'Annales magnifiques,
D'où prenoit Archambaut des leçons heroïques,
Embrasé de la flame, & du vent agité,
Est vn signal ardent au François irrité. [rieres,
 Raymond, Charles, Robert, suiuis des deux Guer-
Et soustenus des Corps qui suiuent les Bannieres,
Pareils au tourbillon sur la plaine roulant,
Courant à la lueur du Pauillon bruslant.

Le choc s'en renouuelle, & le meurtre en redouble:
La nuit mesme, dans l'air, s'en échauffe & s'en trou-
Et la vapeur du sang qui ruisselle des corps, [ble:
Les plaintes des mourans, & les Ombres des Morts,
Mille funebres voix, mille images funebres,
Font vn concert d'horreur aueque les tenebres.

 Robert, sur le menton, le fier Alziu blessa:
Le bois, apres le fer, les vertebres passa:
Deux rigoles de sang des deux costez saillirent:
Les esprits diuisez auec le sang jaillirent:
La gorge, pour la bouche, à sa mort sanglota;
L'Ame en trouble & confuse, entre-deux s'arresta;
Et dépitée enfin, sortit par l'ouuerture,
Que luy laissa le bois tiré de la blessure.

 L'auare Alisuman, d'vn Sanglier cuirassé,
Mord le fer dont il est sous Charles terrassé.
L'Ame de son Pupille encore gemissante,
Le poignard dans le sein, à ses yeux se presente:
De l'ombre de son sang, vne ombre de voix sort,
Qui d'vn accent affreux luy reproche sa mort:
Et l'or fatal, qui fut le sujet de son crime,
Luy reuient dans l'esprit, & de son poids l'opprime.

 De la main de Raymond Garamel abatu,
Regrette vainement l'inutile vertu
Des herbes qu'il sçauoit cueillir sous les Planetes,
Et qu'il sçauoit munir de paroles secretes:
Son Frere malheureux qu'Aggir auoit armé,
Que de vingt Talismans Aggir auoit charmé,
Abattu par Belinde, en vain Aggir appelle,
Enchanteur ignorant, & guarant infidelle:
Et mourant, de dépit, il ronge auec les dents,
Les chiffres imposteurs à ses deux bras pendans.

 Zumel qui vers les bords d'où se leue l'Aurore,
Nâquit d'vn Pere Perse, & d'vne Mere More,
D'vne-part demy blanc, demy noir d'autre-part,
Sembloit vne Figure, où par vn jeu de l'Art,

LIVRE DOVZIESME.

L'Ebene d'vn cofté, d'autre cofté l'Yuoire,
Paroiffoient l'vn fur l'autre affecter la victoire.
Lifamante d'vn coup, qui fait fiffler le vent,
En deux juftes moitiez le vifage luy fend :
L'Yuoire eft par le fer feparé de l'Ebene :
Tous deux cedent au bras de la Belle hautaine :
Il coule de tous deux vn long ruiffeau de fang,
Qui mefle dans le rouge, & le noir & le blanc ;
Et l'Ame, qui déja de fa peine eft hideufe,
Dans les Enfers defcend plus noire & plus affreufe.

 Lifamante à Zumel ajoufte Almonefor,
Qui pleura, de mourir fi loin de fon threfor.
Elle leur joint Mogut, qui de fon propre Pere,
Fut l'infame riual en l'amour de fa Mere.

 Mais la Vefue qui va fon courage fuiuant,
Dans vn gros d'Ennemis s'engage trop auant :
La nuit qui s'éclaircit, les ombres qui blanchiffent,
De fon fer, de fes yeux, la lueur reflefchiffent :
Sa vertu fe remarque : on accourt, on la fuit :
Le concours fait la foule, & la foule le bruit.
Aueque le peril fon audace s'augmente :
Tout menace, tout frappe, & rien ne l'épouuente.
 Déja de quatre coups fon bouclier eft fauffé :
Son fuperbe cimier eft fans plume & froiffé :
Son cheual à trauers houffes, bardes, & mailles,
Reçoit, auec le fer, la mort dans les entrailles :
Et fix marteaux pointus contre-elle confpirans,
Dix coutelas courbez auec eux coniurans,
Vingt jauelots inftruits à porter des bleffures,
N'attendent qu'à frapper & prennẽt leurs mefures.
Zahide là deffus à la courfe arriuant,
Plus vifte que l'éclair, plus prompte que le vent ;
Reconnoift le peril qui preffe la Guerriere,
Se jette entre les fiens, & leuant la vifiere ; [cœur,
 Compagnons, leur dit-elle, à tant d'hommes de
Vn Laurier fi petit ne feroit point d'honneur,

Et la mort d'vne Femme, à vos nôs, dans l'histoire,
Laisseroit de la honte, & non pas de la gloire.
Vers la vaillante Vefue ensuite se tournant,
La vie auec la paix, & la main, luy donnant.

Belle, & Braue, dit-elle, ayez tout l'auantage,
Et celuy de l'adresse, & celuy du courage.
Mais cedez à la foule : & ne vous plaignez pas,
Si vos deux bras n'ont peu préualoir à cent bras.
Vous auez moins perdu, que lassé la Victoire :
Nulle vertu iamais ne pressa tant la Gloire :
Mais souuent la Fortune est contre la Vertu :
Le vaillant sous le lasche est souuent abbatu :
Et l'aueugle Hazard, qui les vainqueurs couronne,
Pour des Cerfs, quelquefois, des Lyons abandonne.
Venez, ne craignez point, vous pourrez parmy nous,
Acquerir des Lauriers moins sanglans & plus doux :
Et nos plus vaillans Chefs, nos Princes les plus braues,
A la foule viendront se rendre vos esclaues.

Lisamante surprise, à regret y consent :
Son cœur libre, s'oppose à sa main qui se rend.
Zahide prend sa foy, luy choisit vne escorte :
Et retourne au peril ou son ardeur la porte.
Mais ses troupes des-ja plioient sous les François,
Que Louys animoit du bras & de la voix.
Forcadin fait en vain, tout ce qui se peut faire,
Ruisselant de carnage, écumant de colere :

Il ressemble au Sanglier, qui des Chasseurs pressé,
Dresse les * épics noirs de son dos herissé.
Le sang des chiens creuez, teint ses armes d'yuoire :
L'écume par boüillons coule de sa machoëre :
Son cœur en feu se voit, par ses naseaux fumer,
Comme s'il en vouloit tout le bois allumer :
A cent diuerses voix qui dans l'air se confondent,
De ses dents auec bruit les menaces répondent :
Et reculant, il semble encor des regars,
Prouoquer les Limiers, & deffier les dars.

LIVRE DOVZIESME.

Ainsi le Sarrasin terrible de visage,
En sa retraite encor fait craindre son courage :
Aueque luy Zahide, & d'autres Chefs de cœur,
Reparent de leurs Corps le desordre & l'honneur.
   Cependant la nouuelle à Bethunes arriue,
Que la Vefue Heroine est ou morte ou captiue :
Il quitte Albumesel qu'il combatoit à part,
Plus viste que le trait de la corde ne part :
Et pique vers le Corps, où d'vn bras homicide,
Forcadin faisoit front, secondé de Zahide.
Auec luy l'Amour vole, & luy met dans le cœur,
Vn trait noir & plombé, forgé par la douleur.
L'amere jalousie entre par la blessure ;
Et fait à la colere vne large ouuerture :
Le desespoir la suit, suiuy de la fureur,
Et son audace en fait rejaillir la terreur ;
Comme on voit rejaillir au trauers d'vn nuage,
La soudaine lueur qui precede l'orage.
   Il joint, il blesse, il tuë ; Azaman l'inhumain,
Tombe aprés Omofate abatu de sa main.
A gauche comme à droit, son épée éclatante,
A tous les coups qu'il frappe appelle Lisamante.
Et rien ne luy répond, que l'effroyable bruit,
De la Mort qui moissonne, & de sa faux qui luit.
Mais est-il quelque crainte, est-il quelque menace,
Qui retarde l'Amour animé par l'audace ?
De cinq meurtres des-ja Bethunes degouttant,
S'auance de fureur, où Forcadin l'attend ;
A ces roches pareil, qui sur l'onde affermies,
Rompent du pied l'effort des vagues ennemies :
Et de leur front hautain, poussant la corne en l'air,
Fieres sous le tonnerre, & fieres sous l'éclair,
L'attaque des Hyuers de l'épaule secoüent ;
De leurs assauts de neige & de gresle se joüent ;
Tandis que de la Mer, vn bruit haut s'éleuant,
Donne d'vne autre attaque, vn vain signal au Vent.

Le Barbare, à deux coups que le François luy porte,
Répód d'vn bras plus ferme, & d'vne main plus for-
L'effort pourtant n'a pas le succez qu'il pretend; [te;
L'aigraitte vole en l'air, & le cimier se fend :
Mais la trempe du pot aussi fine que dure,
Empesche que l'épée y fasse d'ouuerture,
Bethunes étourdy, sur l'arçon balança :
Sous la charge du coup sa teste s'abbaissa :
Et sans quitter l'épée, abandonnant la bride,
Alla tomber aux pieds du cheual de Zahide.

 Chabanes, Matignon, Sainte-More accourans,
Aueque les deux Bruns & les deux Iosserans,
Prés à le secourir autour de luy se rendent ;
Les plus fiers à monceaux sur la poussiere étendent :
Et malgré Forcadin, Bethunes releué,
Et remis à cheual de ses mains est sauué.
De dépit, sa fureur en est renouuellée,
La Mort aueque luy rentre dans la meslée :
Et la Victoire allant de l'vne à l'autre part,
Sans arrest balancée, & conduite au hazard, [ste,
Semble attendre dans l'air, qu'il vienne quelque te-
Digne de la Couronne en sa main des-ja preste.

 Louys vient là dessus ; son nom porté deuant,
Sur les vois des clairons, sur les aisles du vent,
Et secondé du bruit des cheuaux de sa suite,
Annonce aux Sarrasins ou la mort ou la fuite.
La Victoire forcée, & le Sort arresté ;
Sans plus déliberer, passent de son costé,
Et la Barbare troupe en desordre, & pressée,
Hors du retranchement est à la fin poussée.

 Ainsi, lors que les Vents, soit dans le cháp de l'Air,
Soit dans l'Estat branlant de l'écumeuse Mer,
S'ébatent au signal, que la Lune leur donne;
L'Air bruit de leur combat, & la Mer en resonne :
Les vagues tour à tour, sous vn égal effort,
Tantost vont au midy, tantost reuont au Nort :

Et les Vaisseaux errans, malgré Carte & Boussole,
Sans arrest sont portez de l'vn à l'autre Pole.
Mais si dans la meslée il suruient quelque Vent,
D'vn plus puissant esprit sur la plaine regnant;
Tous les autres sous luy baissent l'aisle & la teste;
Tout seul il donne cours & force à la tempeste :
Et son souffle, vainqueur des flots & des nochers,
Fait cacher les écueils, & trembler les rochers.
 Zahide & Forcadin en vain à cette fuite,
Opposent leur courage, opposent leur conduite :
La vaillance des Chefs ne remet pas le cœur,
Dans les Corps où le trouble a fait entrer la peur :
Et le Vainqueur, apres vne assez longue chasse,
Retourné dãs son Camp, qu'vn autre assaut menace;
Range, pour asseurer les trauaux commencez,
Six Drapeaux de Flamands, iusqu'au bord auancez.
 Cependant la Nuit tombe, & r'entre dans la Terre:
Son voile humide & noir se plie & se resserre;
Et les portes du Iour ouuertes au Soleil,
Se repeignent d'azur, de laque & de vermeil.
Le François étonné de voir sur le riuage,
Le cruel appareil d'vn spectacle Sauuage;
S'apperçoit que le Ciel, étonné comme luy.
Semble ne luy prester le iour qu'auec ennuy.
 Sur la riue, où le Camp des troupes Sarrasines,
Paroist fortifié d'vn long rang de machines,
On voit à cent poteaux, en eschiquier plantez,
Cent couples de Chrestiens dos à dos garrotez.
Ils sont tous baptisez, & de nobles Familles,
Au nombre des Garçons, répond celuy des Filles.
Le iour, que pour sauuer Zahide de la mort,
Mairatan s'immola par vn noble transport,
Son Pere Meledin, furieux de sa perte,
Desesperé du deüil de sa Maison deserte;
Enleua les Enfans des Chrestiens de Memfis,
Pour en faire vne offrande aux Manes de son Fils.

Maintenant à son Camp, le long de la Riuiere,
Il en fait vne affreuse & tragique barriere.
Barbare ingenieux, à qui l'humanité,
Sert contre les Humains, sert à la cruauté !
Cruelle inuention, de se faire des armes,
De l'horreur & des cris, de la crainte & des larmes !

 Le Sarrasin couuert de ce rampart de corps,
Sur les Trauaux François redouble ses efforts :
Le fer, le feu, le bois, font auec le bitume,
Vn déluge qui luit, vne gresle qui fume :
Les Soldats, aux Ouuriers, dans l'orage meslez,
Sont par les mesmes traits & percez & bruslez :
La Mort double par tout, confond sur le riuage,
Le sang & le débris, la cendre & le carnage.

 Le François qui se voit assailly par ces rangs,
D'Innocens garrottez, de Fidelles souffrans ;
Effrayé de leurs cris, amolly de leurs larmes,
Ne peut innocemment se seruir de ses armes :
Il ne peut, aux torrens, contre luy décochez,
Répondre que de pleurs, à ruisseaux épanchez :
Les dars en sont moüillez, leurs aîles en languissent :
Sur les arcs dégouttans, les flêches s'attendrissent :
Et le fer amolly d'vn sentiment humain,
En perd le mouuement, & tombe de la main.

 Les Martyrs, cependant, de la mine & du geste,
Accompagnent l'horreur de la Scene funeste ;
Tout est plaintif en eux, tout est pleurs, tout est voix,
Tout porte la pitié dans le cœur des François :
Et par cette pitié, leur force est desarmée ;
Par ces voix, par ces pleurs, leur valeur est charmée.
Ainsi, la Pieté sur eux faisant effort,
Vaincus de leur tendresse, ils s'éloignent du bord :
Et de peur de souiller leurs mains de sang fidelle,
Et d'vne guerre sainte, en faire vne cruelle ;
De peur d'estre meurtriers de leurs Freres souffrans,
Et de tuer des Saints, visant à des Tyrans ;

LIVRE DOVZIESME.

Par l'ordre de Louys, ils font place à l'orage,
Et laiſſent pour vn temps repoſer leur courage.
 En pompe cependant les morts ſont enterrez,
Et d'éloges, de pleurs, de palmes honorez :
Trois fois l'Aube venant diſſiper les tenebres,
Appella les François, à ces deuoirs funebres ;
Et la Lune trois fois les rappella ſans bruit,
Au trauail de leur Pont, ſous l'aiſle de la Nuit.

REMARQVES.

* *Ce Serpent reuolté*, pag. 356. C'eſt le premier Ange que l'Eſcriture en pluſieurs endroits appelle du nom de Serpent.

* *Ce Dragon deſerteur*, pag. 357. C'eſt l'Ange deſerteur : & le Dragon à ſept teſtes, eſt celuy dont il eſt parlé au Chap. 12. de l'Apocalypſe.

* *Ce Dragon adoré*, pag. 357. C'eſt celuy que les Babiloniens adoroient, & que Daniel fit mourir.

* *Le Dieu des Ptolomées*, pag. 361. Les Ptolomées ont eſté des Roys d'Egypte.

* *Sous le vain nom d'Iſis*, pag. 361. Iſis eſt le nom d'vne Deeſſe adorée des Egyptiens.

* *Du Demon Caldean*, pag. 362. c'eſt celuy que les Babiloniens, du temps de Daniel, adoroient ſous la figure d'vn Dragon.

* *Du Corps des Muſulmans*, pag. 368. Les Muſulmans ſont les Turcs.

* *Le bourrelet brodé*, pag. 374. Le bourrelet eſtoit vn ornement fait de ſoye ou de broderie, qui ſe mettoit autrefois entre le caſque & le cimier ; & ordinairement, il eſtoit de la liurée des Cheualiers, ou de celle de leurs Dames.

* *Les Empires en quatre partagez*, *pag*. 376. Il y a eu quatre principaux Empires dans le Monde, celuy des Assyriens, celuy des Perses, celuy des Grecs, & celuy des Romains, ils estoient tous quatre representez dans la tente de Bourbon.
* *Fut l'Aigle & la Colombe*, *pag*. 377. C'est Semiramis qui fonda l'Empire des Assyriens. Elle fut vne Aigle par sa valeur : elle fut vne Colombe par sa mollesse : aussi auoit-elle esté nourrie par des colombes, & l'Escriture luy donne le nom de Colombe.
* *Le Mede Fondateur*, *pag*. 377. Ce Fondateur de l'Empire des Perses est Cyrus, qui mit l'Eufrate à sec, & prit Babilone.
* *Le Grec qui suiuit*, *pag*. 377. Ce Grec, est Alexandre, qui osta l'Empire aux Perses, & le laissa aux Grecs.

Le grand Iules, *pag*. 377. Ce Iules, est Iules Cesar le premier Empereur Romain, & le Fondateur de l'Empire.

SAINT LOVYS
OV LA
SAINTE COVRONNE
RECONQVISE.

LIVRE TREIZIESME.

ELEDIN cependant iour & nuit se consu-
me,
D'vn feu, qui sans lueur, dans ses veines
s'allume.
Soixante & dix Hyuers, en neige ramassez,
Sur sa teste chenuë, & dans ses os glacez,
Ne peuuent amortir la pestilente flame,
Qui s'est prise à son sang, qui regne dans son Ame,
Et qui de veine en veine, & d'os en os glissant,
Fond la lie & le marc, de son âge baissant.
Lisamante luy fut à peine presentée,
Que sur vn trait d'esprits, cette flâme portée,
Par les conduits des yeux, penetra dans son cœur,
Y mit vne fievreuse & soudaine chaleur;

S iij

Et jusqu'à sa raison, des vapeurs en monterent,
Qui la mirent en trouble, & ses jours étoufferent.
 Dans cette nuit qu'il porte, & qui par tout le suit,
Rien ne plaist à son Ame, à ses yeux rien ne luit,
Que l'éclair, qui s'y fait des yeux de Lisamante,
Idole, sur toute autre, en son cœur dominante.
Deuant elle, & deuant le feu de son Amour,
L'Ambition n'est plus qu'vn Phantosme sans jour:
La Gloire n'est qu'vn Spectre, & la Fortune sombre,
A perdu son éclat, & ne paroist qu'vne Ombre.
 Les sales Intendans de ses sales plaisirs,
Grands Artisans d'amorce à gagner les desirs,
Vers elle deputez, tour à tour se relayent,
Et sur son cœur en vain tous leurs pieges essayent.
Ny les Thresors promis, ny les Sceptres offers,
Ny l'horreur de la Mort, ny la crainte des fers,
Ne peuuent rien gagner, sur ce cœur inuincible,
Et non moins à l'effroy, qu'à l'espoir inflexible.
 Le Vieillard insensé, qui croit que les attraits,
D'vne grande Fortune agiront mieux de prés;
Et que les yeux deceus, ou surpris par ses charmes,
Disposeront le cœur à luy rendre les armes;
Fait à vingt boucles d'or, sur vingt bases d'azur,
Suspendre vn Pauillon, le chef-d'œuure d'Alzur,
Qui n'eut point de pareil, en l'art de peindre en soye,
Depuis ceux que jadis vanta la vieille Troye.
 Dans ce Palais pliant, où cent Roys exprimez,
Sont visibles sans corps, & sans ame animez;
Meledin auec pompe introduit Lisamante,
Qu'il fait déja traitter de Sultane regnante.
Et là, deuant ses yeux, qu'il pretend débaucher,
Et par eux à l'Esprit ses pieges attacher,
Par ordre, il fait ranger, sur des tables d'Agate,
Dont la façon non moins que la matiere éclate,
Tout ce que les Sultans, tout ce que les vieux Roys,
Qui depuis * Amasis regnerent autrefois,

LIVRE TREIZIESME.

Des Riuieres, des Mers, des Mines amasserent,
Et d'vne Race à l'autre auec soin conseruerent.
  Cét Astre, qui d'vn feu glissant le long de l'air,
Prepare les thresors des Nimphes de la Mer;
Qui de leur sang qu'il fige, & de leur lait qu'il caille,
Fait le Corail en branche, & la Perle en écaille.
Et celuy, dont le feu plus vif & plus perçant,
Par des conduits secrets, dans les Mines descend;
Qui fait les Diamans, des boutons de lumiere,
Qui tombent quelquefois de sa luisante orniere;
Ne firent iamais rien d'illustre ny de beau,
Dans le sein de la Terre, ou dans le sein de l'Eau,
Qui se puisse égaler, aux thresors que déploye,
Le Barbare Amoureux, dans ce Palais de soye.
  Là, sur vn pied d'Opale est la Table * d'Isis,
Son bord est releué de cent pierres de prix:
Cent chriffres à lentour, font à la Mosaïque,
De morceaux assemblez, vn tableau * symbolique.
Le Sceptre * d'Osiris, de Saphirs verdoyant,
Et celuy d'Amasis, de rubis flamboyant,
Semblent là disputer de gloire & de noblesse,
Et montrer à l'enuy leur lustre & leur richesse.
  Là se voit le present qu'Alexandre porta,
A ce fameux * Ammon, qui pour fils l'adopta;
Six cassolettes d'or, & six vases d'Agate,
Cicelez de la main du sçauant * Stesicrate.
Mais là rien ne surprend, rien n'attire les yeux,
Comme les iours nuez, & les feux precieux,
Que fait vn cercle, ardent de pierres inconnuës,
Dont la lueur s'égale à la lueur des nuës,
Lors que l'azur & l'or à la pourpre ajoûtez,
Font des Arcs differens, l'vn sur l'autre voûtez.
Rhodope * qui jadis fit tant de cœurs esclaues,
Qui dôpta les plus fiers, qui vainquit les plus braues,
Dans le Temple d'Isis, cette Couronne offrit,
Des tributs imposez aux Amans qu'elle fit.

S iiij

Tout ce que la Mer Rouge, & que la Mer Indique,
Ont porté de plus riche & de plus magnifique,
Par des mains de renom, sçauamment ouuragé,
Et dans la riche Tente, en bel ordre rangé,
Redouble son éclat aux yeux de Lisimante;
Et pour les arrester, en foule s'y presente.

Le Sultan qui la mene, & qui luy fait tout voir,
Croit en elle allumer le vain desir d'auoir.
Il luy montre vn Carquan, de dix Perles en poire,
Qui fut à Cleopatre, & seruit à sa gloire,
Le iour, qu'auec Antoine, elle vit à ses pieds,
Les Aigles & les Dieux de Rome humiliez.

Il luy montre vn Miroir, dont la glace constante,
Dont la bordure d'or, d'Escarboucles ardente,
Sont vn miracle aux yeux, où la Nature & l'Art,
A l'enuy l'vn de l'autre ont vne égale part.
Au dessus du Miroir, deux Amours fait d'albatre,
Y couronnent encor le nom de Cleopatre;
Comme ils y couronnoient son image autrefois,
Quand elle en apprenoit à triompher des Roys.
Là mesme il luy fait voir la fatale corbeille,
De Rubis ciselez éclatante & vermeille,
Où cette Reyne, aux yeux, de sa barbare Cour,
Qui pleuroit le succez de son funeste amour,
Voulut qu'vne Vipere, entre les fleurs nourrie,
Luy donnast vne mort parfumée & fleurie.

A la fin le Sultan, de tout ce grand thresor,
Prend vn Atour Royal, fait en Appretador,
Dont * Roxane eut jadis la teste couronnée,
Quant au lit d'Alexandre elle fut destinée.
Il l'offre à Lisamante, & luy dit d'vn accent,
Qui declare l'ardeur, que son Ame ressent.

Cét Atour seul manquoit à ta Royale teste;
Et tes yeux seuls pouuoient en faire la conqueste.
Reçois-le de ma main: souffre qu'auec l'Amour,
La Fortune aujourd'huy te couronne à son tour.

LIVRE TREIZIESME.

La Beauté, la Vertu, ny la Victoire mesme,
Sans elle, ne sçauroient former vn diadême :
Et le front qui n'est point de son lustre éclairé,
N'est brillant qu'à demy, n'est qu'à demy paré.
Mais l'injuste qu'elle est, pour aller au Merite,
A besoin qu'on la presse, & qu'on la sollicite.
Ce qu'elle fait de droit, ne se fait que bien tard :
Et ses faueurs vont moins au deuoir qu'au hazard.
De ses deuoirs pourtát aujourd'huy mieux instruite,
Par les Vertus forcée, & des Graces conduite,
Pour acheuer en toy, ce trait de Royauté,
Que le Ciel t'imprima te donnant la beauté ;
Par mes mains elle t'offre, auec cette Couronne,
Tout ce que le grand Nil de ses bras enuironne,
Tout ce que le Iourdain, à longs plis ondoyant,
De son lit càlme & riche, en paix va costoyant :
Et tout ce qui s'étend, de l'Arabique plaine,
Iusqu'à celle, où de Tyr l'ombre encor est hautaine,
Que ton front brillera sous ce Royal Atour !
Que l'eternel Courrier, qui du Ciel fait le tour,
Dans la Gent Sarrasine & dans la Gent Chrestienne,
Verra peu de clartez, que n'efface la tienne !
Tout l'Orient viendra se ranger sous tes loix :
Tu répandras la gloire & l'éclat sur ses Roys :
Et de tes volontez cent testes couronnées,
Cent Peuples belliqueux, feront leurs destinées.
Ces thtesors seront tiens, & cent autres encor,
De Riuieres d'argent, & de Riuieres d'or,
Qui sous mon Throsne vont d'vne feconde source,
Prendrõt de toy leur pâte, auront sous toy leur cour- [se,
A fin de t'esleuer à ce faiste d'honneur,
La Fortune n'attend que l'aueu de ton cœur :
Iuge, s'il te vaut mieux, estre Esclaue que Reyne,
Porter vne Couronne, ou traisner vne chaisne.

Tandis que le Sultan de la sorte parloit,
Vn tout autre dessein Lisamante rouloit,

S v

Quatre fois la pudeur, de son zele allumée,
Fit luire sur son front vne pourpre animée :
Le dépit quatre fois, en chaleur y monta,
Et de feux refléchis dans ses yeux éclata.
Mais vn instinct plus fort luy changeant la pensée,
A repartir ainsi, sa langue fut forcée.

    La Beauté qui se voit n'est qu'vn nuage ardent,
Qui se resout en pluye, & se dissipe au vent.
Ce n'est qu'vne legere & trompeuse peinture,
Qui déguise aux humains leur propre pourriture :
Et ie prise fort peu ce teint, qui d'vne fleur,
A la courte durée, & n'en a pas l'odeur.
Ie prise encore moins cette terre luisante,
Dont se fait, des Mortels, l'Idole dominante :
Et ces faux ornemens, ces vains atours, qui sont,
Des fardeaux à l'Esprit & des liens au front.
La bizarre Fortune, à qui vont tant d'offrandes,
A qui les Peuples font tant d'injustes demandes,
Est vn autre Phantosme, à qui ie n'ay iamais,
Au prix d'vn grain d'encens, demandé de bienfaits.
La Pourpre qu'elle teint, les Sceptres qu'elle dore,
Sont les retz où se prend la Foule qui l'adore :
Et tout ce que ses mains font de plus precieux,
N'est qu'vn piege où l'Esprit s'épestre par les yeux.
La fortune, Seigneur, à laquelle j'aspire,
Et que ie prise plus que le plus grand Empire,
Est de me conseruer la part que mon bon-heur,
Confirmée de ton choix, m'a donnée à ton cœur.
Vne petite part d'vn cœur si magnanime,
Arreste tout desir, & passe toute estime :
Et l'Astre qui les Grands & les Heureux conduit,
Qui sur le Sort des Roys & sur leur teste luit,
N'a point fait de Destins, & n'en a point à faire,
Qui soit à preferer au bon-heur de te plaire :
Desormais il sera ma gloire, & mon atour :
I'en feray mon thresor, i'en feray mon amour :

LIVRE TREIZIESME.

Et le gage auancé que ta bonté m'en donne,
Déja dans mon esprit tient lieu d'vne Couronne.
　Vn air doux & gagnant à ces mots ajoûté,
Et iusques dans le cœur de Meledin porté,
En tire les esprits ministres de la joye ;
L'allegresse, apres eux, sort par la mesme voye ;
Son front change de teint, sa fierté s'adoucit ;
Et sous ses cheueux blancs, son œil qui s'éclaircit,
Ressemble au iour d'Hyuer, qui descend de la nuë,
Sur la terre gelée, & de neige chenuë.
Il veut que sans remise on dresse l'appareil,
De la Nopce assignée au coucher du Soleil.
Chacun s'en réjoüit, tout le Camp s'y prepare,
La Feste en est publique & la pompe barbare.
　Cependant le iour baisse, & le Ciel rougissant,
Se peint des derniers traits du Soleil qui descend :
Le Festin est superbe, & les Tables rangées,
Tremblēt sous les thresors dont elles sont chargées.
Là se voit l'Inde en plats, & le Gange en buffets,
De l'or qu'ils ont fourny, mille vases sont faits,
Là paroist la Topase en gondolles taillée :
En cuuettes on voit l'Agate trauaillée.
L'esprit de la Grenade est dans l'or ciselé,
A l'esprit petillant de la vigne meslé :
Et les riches sueurs des plantes parfumées,
Dans des nuages feints auec art enfermées,
Se répandent en pluye, à longs filets coulant,
D'vn Ciel d'or & d'azur, par la tente roulant.
　Le Sultan sous vn Dais, d'vne étoffe luisante,
Couronné de rayons, le Soleil represente.
La nouuelle Sultane assise auprés de luy,
Dissimule ses soins & cache son ennuy :
Et sur son front d'yvoire, vn Diamant énorme,
Exprime de la Lune & l'éclat & la forme.
Seize Princes, Neueux de Sultans ou de Roys,
Representent apres, les Saisons & les Mois.

SAINT LOVYS,

Et d'autres Cheualiers, par diuerses parures,
Des autres feux du Ciel contrefont les figures.
Il succede au festin, vn Bal mysterieux,
Où se voit l'harmonie & le bransle des Cieux :
Et les pas mesurez au concert des Timbales,
Representent des Temps les Courantes fatales.

 La Nuit croît cependant ; & les cloux argentez,
Dans le celeste azur brillans de tous costez ;
Chacun va retrouuer le repos dans sa Tente,
Et laisse le Sultan aueque Lisamante ;

 Spectateur immortel de la course des Ans,
Assistant de l'Histoire, & Directeur des Temps,
Eclaire icy mes yeux, ouure-leur cét espace.
Où viuent les Portraits de tout ce qui se passe :
Et m'apprens quel pouuoir, soit diuin, soit humain,
A Lisamante offrit sa secourable main :
Et propice à sa vie, à sa vertu propice,
Les sauua toutes deux si prés du precipice :
Le bruit en reste à peine ; & le long-temps passé,
Des Memoires connus en a l'acte effacé.

 Si-tost que Moledin se vit en solitude,
Libre du joug qu'impose aux Grands la multitude ;
Ebloüy des vapeurs, qui du vin luy restoient,
Et jusques à ses yeux, en nuages montoient,
Il se rend au sommeil, dont l'aisle humide & sombre
Sans poids l'appesantit, & sans corps luy fait ombre.
L'Esprit mesme Intendant des heures de la Nuit,
Tire du moëte sein de l'Astre qu'il conduit,
La plus fraische influence, & la plus endormante,
La met dans vne nuë obscure & dégoutante,
Et la répand de là, sur le Camp Sarrasin,
De trauail accablé, plus accablé de vin.
Les Vents qui passent là tombent & s'assoupissent :
Prés des Gardes dormans, les feux mourans languis-
Et la vague elle-mesme arriuant à ce bord, [sent:
Se rend à l'influence, & dans son lit s'endort.

LIVRE TREIZIESME.

Dans ce commun repos, vne étrange tourmente,
De craintes, de soucis agite Lisamante,
Mesurant de plus prés & d'vn œil plus rassis,
Le perilleux détroit où son honneur est mis;
Elle en a de l'horreur, & n'entreuoit qu'à peine,
La Couronne où le Ciel par ce détroit la mene.
  Est-ce vn instinct, dit-elle, est-ce vne illusion,
Qui m'a fait consentir à ma confusion?
N'auois-je pas apris que le nom de souffrante,
Estoit de plus grand prix que le nom de vaillante;
Ie n'ay pas eu le cœur d'allier les Lauriers,
Qui ceignent les Martyrs aux Palmes des Guerriers:
Et i'ay laissé tomber l'éternelle Couronne,
De peur d'offrir la teste à la mort qui la donne.
Ah! que plûtost la Terre ouure ses flancs sous moy,
Que ie vous abandonne aimable & sainte Loy:
Et que d'vn sale amour, le feu noir & profane,
Corrompe Lisamante, & la change en Sultane.
Mais, j'ay dequoy du mien préuenir ce mal-heur:
Qui peut mourir, se peut sauuer du des-honneur,
Le Bourreau pour cela ne m'est point necessaire:
Le chemin en est court, toute main le peut faire:
Et pourueu qu'on échape, il importe fort peu,
Que ce soit par le fer, par l'onde, ou par le feu.
  A ces mots se tournant, elle voit sur sa teste,
Vn coûtelas qui s'offre à l'acte qu'elle appreste:
Il luit de Diamans, d'Escarboucles il luit:
Et d'éclairs precieux il écarte la nuit.
L'Enchanteur Azumel l'auoit muny de charmes,
A qui cedoit l'acier des plus solides armes:
Et Saladin jadis en couppoit d'vne main,
Les colonnes de bronze, & les bazes d'airain.
Sous les bras des Demons cette lame forgée,
Estoit aux Sarrazins par sa trempe engagée:
Et le charme en estoit tellement composé,
Qu'elle n'eust pas souffert la main d'vn Baptisé:

Lisamante la voit, s'en saisit, & la tire;
Mais, ô cas surprenant, & merueilleux à dire!
A peine de l'Yuoire elle eut tiré le fer,
Qu'il trompe son espoir, s'éuanoüit en l'air;
Et ne laisse en sa main que l'Escarboucle ardente,
Qui seruoit de poignée à l'arme flamboyante.
 Au trouble qui luy vient de cét enchantement,
Il suruient d'autre part vn autre étonnement.
Elle voit vne Femme habillée à l'antique,
Mais belle & graue, autât qu'illustre & magnifique:
Vn brillant coûtelas en sa main rayonnoit:
Vn cercle plus brillant sa teste couronnoit:
Et l'Aurore nous vient moins belle & moins parée,
Quand des rayons du iour & des siens éclairée,
Elle annonce aux mortels le Soleil qui la suit,
Et de ses feux éteint tous les feux de la nuit.
 Ie viens à ton secours, Femme forte, dit-elle,
Entre dans la Carriere où la Vertu t'appelle;
Mes pas y sont tracez; & tu peux les suiuant,
Porter plus haut ta gloire, & ton nom plus auant.
Ce fut moy qui jadis, pour sauuer l'Idumée,
Abbattant Holoferne, abbatis son Armée:
Tu peux d'vn coup pareil, & d'vn égal effort,
Ebranler tout ce Camp, par vne seule mort.
La victime t'attend; Dieu qui te la demande,
A destiné ta main à cette illustre offrande.
L'instinct te le disoit, l'exemple te le dit;
Dans ce détroit, l'honneur veut vn coup de Iudit;
Ainsi Dieu te l'ordonne; & tu dois cét office,
A ton propre peril, non moins qu'à sa Iustice.
 Acheuant par ces mots, elle luy tend le fer:
Qui passant en sa main redouble son éclair.
Lisamante le prend, & sa foy renouuelle,
Sa jouë en est en feu, son œil en étincelle:
Toute chose à l'entour, prend part à son danger:
Le repos, le secret, semblent l'encourager:

LIVRE TREIZIESME.

Les ombres & la nuit luy donnent asseurance :
Deux flambeaux allumez l'éclairent en silence :
Et pendant que le cœur, qui luy bat dans le sein,
Conte tous les momens, & presse le dessein ;
Elle pose vne main sur le front du Barbare,
Et de l'autre, son corps de sa teste separe.
Le sang à gros boüillons de ses canaux jaillit ;
Le tronc meurt, & mourant se debat dans son lit :
Encore sous le fer, sa langue begayante,
D'vn murmure confus appelle Lisamante :
La Mort vient au lieu d'elle ; & son œil se fermant,
D'vn regard de trauers, la cherche vainement.

Ce grand coup acheué, la belle & chaste Veuue,
Sort l'épée à la main, & marche vers le Fleuue :
Iudit qui va deuant, l'asseure, la conduit,
Et luy fait vn flambeau de l'éclat qui la suit.
Où les portent leurs pas, les ombres s'éclaircissent :
Et sur le Camp barbare au double s'épaicissent ;
Deux Gardes qui s'estoient dégagez du sommeil,
Frappez de cét éclat, tombent à leur réueil :
Les autres endormis, & couchez sur la terre, [re-
Sous les drapeaux du Somme, en songe font la guer-

Là, Iudit de rayons redoublez & plus beaux,
Sur le bord arriuant, fait éclater les eaux :
Comme on voit au Soleil, ramené par l'Aurore,
Sur la Mer éclater les vagues qu'il colore.
Elle auance, & tirant Lisamante apres soy
Il faut, dit-elle, icy renouueller ta foy ;
Le Dieu que nous seruós, Seigneur de tout le móde,
A le mesme pouuoir sur la terre & sur l'onde :
Et son esprit intime à tant de vastes Corps,
Est leur centre au dedans, & leur borne au dehors.
Les vagues, quand il veut, sont fixes & solides :
Quand il veut, les rochers l'ont mouuans & liquides,
Et c'est de la vertu qui s'étend de ses doigts,
Que la Mer a son cours, & la Terre a son poids.

Cette main, qui soûtient tant de corps dans le vuide,
Te seruira sur l'eau de sentier & de guide :
Les Fleuues ne sont pas d'aujourd'huy seulement,
Instruits à se soûmettre à son commandement.

 Par ces mots la Iuifue asseure la Guerriere,
Qui la suit d'vn pas ferme, à trauers la Riuiere,
Le cristal ondoyant, sous leurs pieds étendu,
Leur fait comme vn plancher mobile & suspendu.
Sans s'ouurir, le flot coule, en coulant il murmure,
Et semble à ce miracle appeller la Nature.
La Lune s'en étonne ; & son Globe argenté,
De merueille en paroist dans sa Sphere arresté :
Toute sa belle Suite, aussi surprise qu'elle,
A cét objet nouueau, ses flames renouuelle ; [beaux,
Et leurs portraits nageans, semblent d'autres flam-
Pour l'éclairer de prés, descendus sur les eaux.
D'vne inuisible main Lisamante portée,
Et des ombres, des vents, des vagues respectée :
Ainsi passoit le Nil, qui plus calme & plus lent,
Alloit auec respect, sous ses pieds se roulant.

 Bethunes cependant sorty de la Barriere,
Estoit en faction au bord de la Riuiere :
Au de là, son Esprit conduit par son Amour,
Sans crainte du Barbare, & sans l'aide du iour,
En desordre & côfus, cherchoit de Tente en Tente,
Et dans tous les quartiers demandoit Lisamante.
Mille épineux soucis, l'vn sur l'autre naissans,
Et du fond de son cœur épandus par ses sens,
A ses feux intestins seruoient de nourriture,
Et mesloient au dedans la flame & la piqueure.

 Tantost il figuroit à son Esprit jaloux,
Quelque Sultan Riual, quelque Admiral Epoux.
L'enchantement de l'Or, l'attrait du nom de Reyne,
Le pouuoir d'vn Tyran, la force de la gesne,
Et tout ce que l'espoir peut aueque la peur,
Sur vn Sexe peu ferme & de corps & de cœur,

LIVRE TREIZIESME.

Faisoient vn double orage en ses tristes pensées,
Entre la deffiance, & l'amour balancées.
Tantost persuadé de la force & du cœur,
Qu'apportera la Veuue à sauuer son honneur;
Il la voit aux Sultans, aux Boureaux inuincible:
Il la voit aux plaisirs, aux tourmens inflexible:
Mais il luy voit aussi, souffrir autant de morts,
Que le fer peut donner d'atteintes à son corps.

Agité de ce trouble, outré de cette crainte,
Et lié du respect, qui le tient en contrainte;
Il s'éloigne des Siens, & va jusqu'où les flots,
De tenebres conuers s'étendent en repos.
Là, craignant de parler de sa peine au Silence;
Craignant mesme d'en faire à la Nuit confidence;
Il coniure tout bas le Silence & la Nuit,
D'entendre son secret, sans en faire de bruit.
Puis s'addressant à l'onde assoupie & muette,
Sois sourde, luy dit-il, ou du moins sois discrette.
Le secret est nouueau, que ie fie à ta foy;
Mon ombre mesme à peine en a rien sceu de moy.
Helas! i'ayme: à ce mot il r'entre en deffiance,
De l'onde, de la Nuit, & mesme du Silence:
Et déja son respect luy feint que les roseaux,
Le decelent aux Vents qui passent sur les eaux.

Rare & modeste peur! belle noble foiblesse,
D'vn cœur si genereux, si plein de hardiesse!
Il a seul affronté la Mort, plus de cent fois;
Et leul nom d'amour luy fait perdre la voix.

Quoy, dit-il, reprenant la voix & le courage,
Vn Amour qui n'a rien de bas, ny de volage,
Engendré des Vertus, & nourry par l'honneur;
Est-ce vn crime à m'oster l'asseurance, & le cœur?
Est-il honteux, d'auoir l'Esprit & la paupiere,
Penetrables au Bien, ouuers à la lumiere?
Qu'engendrera le Beau, s'il n'engendre l'Amour?
Et d'où se produira la chaleur que du jour?

Mais, dequoy peut seruir à ma chere Captiue,
Le timide respect d'vne Ame si craintiue ?
Au lieu que mon Amour deuoit me faire aller,
Admiraux & Sultans à ses pieds immoler :
A peine ozé-je dire, à ces roseaux que i'ayme :
A peine, sans trembler, me le dis-je à moy-mesme.
Aymons, s'il faut aimer, aymons auec vigueur :
Prestons à nostre Amour nos bras & nostre cœur,
Qu'il vienne aueque nous deliurer nostre Reyne,
Et rompre à ses Tyrans, la teste auec sa chaisne.
Valeur à contre-temps ! Vertu hors de saison :
Il falloit de mon sang racheter sa prison.
Qu'iriez-vous deliurer ? peut-estre vne Adultere,
Et le reste honteux d'vne amour étrangere.
Esprit blasphemateur, de qui me parles-tu ?
Respecte Lisamante, épargne sa vertu.
Peut-estre vn corps sans corps, & l'affreuse relique,
D'vne longue torture & d'vne mort tragique.
Du moins, par quelque illustre & memorable effort,
I'appaiseray son sang, ie vengeray sa mort :
Et mesleray, pour faire vne amande à ses Manes,
Aux testes des Sultans les testes des Sultanes,
Cela fait, ruisselant de mon sang & du leur,
Et victime d'Amour, victime de douleur,
Ie mourray satisfait, si ma secrete flame,
Aussi pure qu'elle est, sortant auec mon Ame,
Peut faire à ce corps Saint, par vn dernier honneur,
Vn agreable encens des cendres de mon cœur.
Mais quoy que vous soyez, celeste Lisamante,
Soit au Camp Sarrasin dans leurs fers gemissante ;
Soit de palmes couuerte & le front couronné,
Dans le Ciel, au repos des Martyrs destiné ;
Souffrez, si vous viuez, à mes tristes pensées,
D'aller baiser les fers dont vos mains sont pressées :
Permettez à mon cœur de se fondre sur eux :
Et que pûst-il encor, les fondre de ses feux.

LIVRE TREIZIESME.

Que ſi vous n'eſtes plus, aymable & chere morte;
Icy la voix me manque, & la douleur m'emporte:
Ah! du moins permettez, qu'en eſprit & du cœur,
Iuſqu'à voſtre ſaint corps, ie me traine en langueur:
Que i'aille prendre part à toutes ſes tortures:
Que i'en aille eſſuyer le ſang & les bleſſures:
Et que i'y laiſſe, auant que de m'en departir,
Ma langoureuſe vie aueque ce ſoûpir.

A ces mots ſoûpirant, il voit vne lumiere,
Qui s'auançant vers luy, trauerſe la Riuiere.
Il en voit les rayons, en cercle ſe jettans:
Il en voit l'onde & l'air à l'entour éclatans:
Mais il n'y paroiſt rien, qui luy faſſe connaiſtre;
Ou ce qui la ſouſtient, où ce qui la fait naiſtre.
Vne Femme la ſuit, qui maiſtreſſe des flots,
D'vn pas imperieux leur marche ſur le dos.
Le Guerrier ne la prend, que pour vne Ombre erran-
A la vaine lueur d'vne vapeur ardente.   [te,
Mais comme elle s'auance, & qu'il voit de plus prés,
Au iour qui l'accompagne, & ſa taille & ſes traits:
D'abord l'étonnement luy met l'eſprit en trouble:
La crainte qui le ſuit l'émotion redouble:
La douleur toſt apres, auec le deſeſpoir,
Eſtendent ſur ſes yeux, comme vn nuage noir:
Et ſon cœur affligé, ſon haleine contrainte,
Donnent aueque peine iſſuë à cette plainte.

Ah! c'eſt fait de mes iours, Liſamante n'eſt plus:
Mes yeux, apres ſa mort, vous m'eſtes ſuperflus.
Tout Aſtre eſt noir pour vous, toute lumiere eſt ſom-
Et le jour deſormais ne vo⁹ ſera qu'vne ombre. [bre,
Mais pourquoy me venir ſon trépas annoncer?
Pourquoy l'épée au poing? pourquoy me menacer?
Belle Ame, ah! vous venez punir de ma penſée,
Le temeraire orgueil, & l'audace inſenſée.
A peine euſſé-je dû me ranger ſous vous pieds,
Parmy les Roys captifs, & les Heros liez:

Et i'ay pensé pouuoir, par vne iuste estime,
Me faire en vostre cœur vn accez legitime.
Cette audace est extréme, & vostre seule main,
A droit de chastier vn attentat si vain.
Pour le moins, maintenant qu'il n'est plus de nuage,
Qui des yeux de l'Esprit vous empesche l'vsage;
Vous voyez en quel rãg, soit de culte, ou d'honneur,
L'Amour & la Vertu vous ont mise en mon cœur:
Vous voyez l'aliment, dont se nourrit la flâme,
Qui brûle deuant vous, jour & nuit dans mon Ame.

 Bethunes à voix basse, en ces mots se plaignoit:
La Veuue cependant le riuage gagnoit:
Et si-tost que son pied fut hors de la Riuiere,
Iudit s'éuanoüit aueque sa lumiere.
La Guerriere apres elle, enuoye auec son cœur,
Ses yeux, sa voix, ses vœux à son Liberateur.
La surprise en l'esprit de Bethunes s'augmente:
Encore en begayant nomme-t-il Lisamante.
Elle le reconnoist, & pour le r'asseurer,
Luy va de son peril le succez declarer.
Rauy d'étonnement, de respect, & de joye,
Au Ciel, à tous les mots, vn regard il enuoye:
Son cœur les accompagne, & l'amour qui les suit,
Dans vn soûpir se cache & n'ose faire bruit.
L'Aurore cependant faisant signe aux Estoiles,
De quitter leurs rayons, & de prendre leurs voiles,
Il la ramene au Camp, la conduit chez le Roy:
Son auenture trouue à peine de la foy:
Et de tous les Quartiers, cette grande nouuelle.
L'étonnement, la foule, & l'allegresse appelle.

 Mais dans le Camp barbare, aussi-tost que le bruit,
Publia le succez de la tragique nuit;
Le tumulte & l'effroy, les cris & l'épouuante,
S'épandirent par tout de la royale Tente.
De la chute du Chef tous les Corps étonnez,
Roulent par les Quartiers, en trouble & mutinez:

LIVRE TREIZIESME. 405

Les voix des Commandans ne sont point écoutées:
Du trouble à la fureur les troupes sont portées :
Et sans arrest, passant au deüil, de la fureur,
Remplissent tout le Camp de desordre & d'horreur.
 Ainsi, lors que du sein de la plaine ondoyante,
Vn Vent seditieux monte auec la tourmente ;
A regret la bonace à l'orage se rend :
L'Element alteré s'en plaint en murmurant :
Le riuage en gemit, les vagues s'en courroucent :
Et roulant auec bruit ou leurs fougues les poussent,
Vont tantost vers le Sud, tantost vont vers le Nord,
Escumer sur la greue, & se debatte au bord.
 Le tumulte s'appaise & perd sa violence :
Dans son poste chacun s'appreste à la vengeance.
Meledin escorté de six Drapeaux en deüil,
Est conduit vers Memfis, dans vn riche cercüeil :
Deux Admiraux suiuis d'Officiers de la Porte,
President à la pompe & conduisent l'escorte :
Et le Peuple qui marche aprés eux, en deux rangs,
Va comme enseuely de longs suaires blancs.
Aprés les derniers vœux, le corps de baume humide,
Prés de son Pere est mis, dans vne Pyramide :
Et l'Aube vit dix fois montant deuant le iour,
Dix fois la Lune vit remontant à son tour,
Des Femmes du * Serrail la troupe écheuelée,
Le pleurer dans la nuit du sombre Mausolée.
 Cependant Forcadin, braue & du sang des Roys,
Proclamé General d'vne commune voix,
Remet l'obeïssance, ou regnoit le tumulte :
Reçoit de tout le Camp le serment & le culte :
Et de rang deuant luy les Escadrons passans,
Deuant luy les Drapeaux leur orgueil abbaissans,
Semblent de son regard, de sa main, de sa mine,
Prendre la force & l'art, l'ordre & la discipline.
 La pompe ainsi finie & le serment presté,
De la mort du Sultan l'Enchanteur irrité,

Et bouffy du venin d'vne secrette rage,
S'addresse au General & luy tient ce langage.

 Sous toy, Seigneur, l'Estat auiourd'huy rafermy,
Ne craint desja plus rien de l'orage ennemy :
Et ta valeur bien-tost y remettant le calme,
Y fera refleurir l'Oliue aprés la Palme.
Les presages en sont illustres & constans,
Dans le cours, dans l'aspect de l'Astre des Sultans,
Qui rayonnant sur toy, d'vne clarté nouuelle,
La Fortune à ta suite & la victoire appelle.
Ie puis tout sur cét Astre : & l'Esprit Intendant,
Establi sur sa route, & sur son ascendant,
Non moins que les Esprits de l'Infernale bande,
Se soûmet sans reserue, à ce que commande.
Toute l'Egypte à veu, du liquide Element,
Rangé sous mon pouuoir, le terrible armement ;
Par mon ordre, elle a veu, des Legions grondantes,
De boüillons sousleuez & de vagues roulantes :
Et si tu veux encor y prester ton adueu,
Elle verra bien-tost vn armement de feu,
Vn camp rouge & fumant, éclater sur la terre,
Du mobile Arcenal d'où tombe le tonnerre.
Soit pour dresser ce Camp, soit pour le soudoyer,
Rien ne se peut, Seigneur, de plus vil employer,
Que les maudits Surgeons de cette infâme Race,
A qui nostre indulgence a donné de l'audace.
Les poteaux qui leur sont plantez le long du bord,
Les appellent au feu, les citent à la mort.
Ce fut de Meledin la derniere sentence,
Et tu dois à son sang, au moins, cette vengeance.
Tu la dois au tragique & cruelle attentat,
Entrepris sur sa vie, entrepris sur l'Estat :
Et la iuste douleur du Camp, qui la demande,
Ne se peut appaiser, par vne moindre offrande.

 Forcadin luy repart, les Estoiles tiendront,
Dās leurs Cercles roulās, le cours qu'elles voudrōt

LIVRE TREIZIESME. 407

Sans mettre leur vertu, ny leur pouuoir en doute,
Ie les laisse aux Esprits Intendans de leur route :
Et ne veux consulter, sur le sort des combats,
D'autre Astre que ce fer, d'autre Dieu que ce bras.
Tant que ceux-là seront à mes desseins propices,
La victoire suiura mes pas, sous leurs auspices :
Et ie n'immoleray qu'à ma seule Vertu,
Le Pirate François, à mes pieds abattu.
Cependant ie consens, que les Coupples prophanes,
Immolez au Sultan, satisfassent, ses Manes :
Et que le deüil public de l'Estat outragé,
Par tes mains, par ton art, des Chrestiens soit vengé.
Qu'on entende pourtant, que Forcadin n'estime,
Que les Lauriers cueillis dans vn champ legitime :
Et que sans tes Demons, de charmes soudoyez,
Sans tes noirs armemens, des Enfers enuoyez,
Il sçaura bien venger, par sa seule vaillance,
Le Croissant de la Croix, l'Egypte de la France.

　Forcadin là-dessus reuoit les logemens,
Laisse en diuers Quartiers, diuers commandemens:
Et Mireme irrité, sur le Fleuue prepare,
Le funeste appareil d'vn spectacle barbare.
Les Coupples innocens rattachez dos à dos,
A des pieux entourez de paille & de fagots,
Sont aux yeux des François, de la Piece inhumaine,
Le tragique sujet, & la cruelle Scene.

　Parmy ces Coupples saints, l'vn à l'autre liez,
Semblables à des Lys sur leur tige pliez;
Merinde paroissoit, comme vne ieune Rose,
Aux baisers du Soleil tout fraichement éclose :
Orasin son Espoux comme vn pareil bouton,
Encore fleurissant de son premier cotton;
Plaignoit, à son costé, de son triste Hymenée,
Le progrez mal-heureux, la suite infortunée.

　Qui iamais, disoit-il, vit le cœur d'vn Amant,
Brusler d'vn feu plus pur, & plus battu du vent;

Et quel Astre aura droit, de garantir sa flâme,
Aprés l'outrage fait à celle de mon Ame ?
Ce fut, chere Merinde, au feu de vostre Esprit,
Que mon cœur s'embrasa, que mon Ame s'éprit :
Et ce fut de ce feu, que les rayons iaillirent,
Qui purgerent mes yeux, mon Esprit éclaircirent :
Et laisserent sur eux, d'vn trait pur & nouueau,
La forme de l'Honneste, & l'image du Beau.
Cette brillante image, en mon Ame laissée,
Se tournant vers sa source, y tourna ma pensée :
Et ie montay vers vous, au nuage pareil,
Que le Soleil éclaire, & qui monte au Soleil.
A ce noble dessein, l'implacable Fortune,
Fit auec nos Parens vne guerre importune.
Mais enfin nos Amours demeurerent vainqueurs,
Et l'Hymen apprestoit ses doux nœuds à nos cœurs :
Quand d'vn trouble nouueau, ramenant la tempeste,
Eteignit les flambeaux, preparez à la feste :
Et rompit les liens des-ja prests & benis,
Dont nos Esprits deuoient desormais estre vnis.
A ces liens sacrez, les chaisnes succederent,
Qui du Lit nuptial au cachot nous traisnerent :
Et pour comble des maux, durât deux mois souffers,
Dans vne affreuse tour, sous d'effroyable fers,
Victimes auiourd'huy d'vne rage publique,
Et celebres sujets d'vne Histoire tragique,
Il nous faut terminer, par vn étrange sort,
Les feux de nostre amour, des feux de nostre mort.
Est-ce à quoy m'appelloit le nocturne presage,
De ce char, flamboyant d'vn illustre attelage,
Sur lequel, ie songeois, qu'aueque vous mené
Par vn Enfant volant, & de feu couronné ;
I'entrois victorieux, par vne porte ardente,
Et de charbons rangez en dome, rougissante.
Ah ! que l'Astre qui luit aux Couples amoureux,
A mal pris mes souhaits, mal expliqué mes vœux !

Et

LIVRE TREIZIESME.

Et que mon cœur imbu de sa douce influence,
A de bien autres nœuds portoit son esperance :
Au moins, si ie pouuois, Merinde, pour tous deux,
Subir la cruauté de ces barbares feux,
I'aymerois mon bucher, ie benirois mes peines :
Mon sang auec plaisir couleroit de mes veines :
Et mon esprit content, & conduit de vos yeux,
A nostre commun Astre iroit se rendre aux Cieux.

  Amy ! luy repliqua la Fille magnanime,
Porte plus haut ton cœur, mets plus hauts ton esti-
Leue les yeux au Ciel, d'où nous tendent les bras, [me:
Tant de Saints, spectateurs de nos derniers combats.
Là, de nostre bucher toutes les étincelles,
Nous formeront vn Dais d'Estoiles éternelles :
Et là, de ce poteau, le siege se fera,
Où de rayons pareils, Dieu nous couronnera.
Garde que tes regrets ne soüillent ta Couronne :
Soûmets toy constamment à la main qui la donne :
Il faut vaincre en souffrãt, le Roy mesme des Roys,
Pour monter à son Throsne, a monté sur la Croix.

  Ainsi le consoloit l'Amante forte & sage :
Son zele paroissoit en feu sur son visage :
Et d'vn regard tranquille & serain, ses doux yeux,
Marquoient à son Esprit la route vers les Cieux.

  Le jour meurt cependant ; & de sa sepulture,
Il sort vne grande ombre affreuse à la Nature :
Tout ce qui luit encor, tout ce qui fait du bruit,
Se cache deuant elle, ou deuant elle fuit :
Et les Filles du jour, les couleurs qui languissent,
Aprés leur Pere mort, d'vn long deüil se noircissent.
Au signal, que cét ombre à Mirome donna,
De joncs demy bruslez, sa teste il couronna :
Et d'vne main, tenant vne torche allumée,
Qui sembloit augmenter la nuit par sa fumée ;
De l'autre, vn double cercle autour de soy traçant,
Il prononça ces mots d'vn effroyable accent.

T

Esprits Moderateurs, grandes Ames du Monde,
Qui regnez sur la Terre, & qui regnez sur l'onde,
Gouuerneurs éternels des Magasins roulans,
Où les foudres se font, où se forment les vents;
Descendez à ma voix, les offrandes sont prestes:
Mais descendez armez de toutes vos tempestes.
Le sujet en est digne, & iamais nos Ayeux,
Quoy qu'ils eussent pour vous vn culte ambitieux,
N'ont mis sur vos Autels offrande, ny victime,
Qui mieux que celles-cy, meritast vostre estime:
Non pas mesmes au temps que leurs Enfans brûlez,
Par les mains de * Moloch vous estoient immolez.
Venez donc équipez du bruyant attelage,
Sous qui la foudre luit, sous qui roule l'orage:
Ne vous reseruez rien, vuidez vostre Arsenal,
Sur le Pont qui déja regne sur ce canal.
Apres le Pont brûlé, laschez contre les Tentes,
Vos machines à feu, vos ruines ardentes:
Que de tât d'orgueilleux, que de tât de grâds Corps,
Les Ombres seulement restent parmy les Morts.

A ces mots, il se fait d'vn amas de nuages,
Comme vn Chasteau volât, plein d'affreuses images.
Le mur en est ardent, ardente en est la tour:
Vne ardente Milice est en garde à l'entour:
Et dans tous les creneaux, des lances embrasées,
Sur de grands arcs de feu paroissent disposées.
Ces Phantosmes guerriers, sur Mireme arrestez,
Luy iettent pour signal, d'effroyables clartez.

Vous venez au besoin, dit-il, leuant la teste,
Esprits de tourbillon, Ministres de tempeste:
L'Egypte est aux abbois, & l'Estat Sarrasin,
Auec elle ébranlé decline vers sa fin.
Détournez son peril, & mettez en vsage,
Contre nos Ennemis, le feu, le fer, l'orage.
Contre de si pressans, de si fiers Ennemis,
Toute arme est legitime, & tout effort permis.

LIVRE TREIZIESME.

 Il adjoustent à ces voix, d'autres voix inconnuës
De la torche, en grondant, il menace les nuës:
Et de fureur, apres d'autres cercles tracez,
Il la porte aux buchers sur la riue dressez.
Le bois souffré prend feu, le feu monte & petille:
L'air en bruit alentour, & la Riuiere en brille.
Les Martyrs, de leur foy, de leur mort, de leurs corps,
Eclairent les deux Camps, font luire les deux bords,
Le François qui les voit, leur dône en vain des larmes;
Il leur presente en vain le secours de ses armes.
Et l'on entend leurs cris repetez des Echos,
Tandis qu'on voit leurs feux redoublez sur les flots.
 Cependant leurs Esprits sans liens & sans voiles,
Enleuez dans vn char, roulant sur quatre Estoiles;
Sont comme Conquerans, en triomphe menez,
Et de la main de Dieu dans le Ciel couronnez.
Ce triomphe dépleut à l'infernale Armée;
Elle en parut d'enuie, & de rage enflamée:
Vn tonnerre soudain l'vne & l'autre exprima;
D'éclairs longs & frequens l'orison s'alluma:
Et cent confuses voix, de concert s'y meslerent,
Qui l'attaque prochaine aux François annoncerent.
 L'orage en mesme temps à torrens épandu,
Roule par les crenaux du Chasteau suspendu:
Le Vent par tourbillons, à la flame se mesle;
L'eau se mesle à l'éclair, & l'éclair à la gresle;
Et les Astres éteints, les Cieux déconcertez,
Les Elemens confus, les Demons reuoltez,
Semblent auec fracas de leurs Spheres descendre;
Où pour noyer la Terre, ou pour la mettre en cendre.
 Le Soldat commandé pour la garde du Pont,
Pris à dos, pris de flanc, pris encore de front;
Ne sçait par où ceder, ny par où faire teste:
Vn orage le chasse, vn orage l'arreste:
Et ces Braues hardis, ces Fiers déterminez,
Qu'vn déluge de traits n'auroit pas étonnez,

En desordre & cõfus, cherchẽt sous leurs Machines,
L'Abry contre le Ciel, & contre ses ruïnes.
 A l'assaut des Demons, Mireme de sa part,
Ajouste vn autre assaut, de foudres faits par art,
De longs Brusleaux roulans, dont la gorge fumáte,
Est de souffre allumée, & de bitume ardente.
Ces Boute-feux aislez, qu'vn comete conduit,
Qu'vn tonnerre accõpagne, & qu'vne foudre suit,
Pareils à des Dragons, volans sur la Riuiere,
La font au loin rougir, d'vne affreuse lumiere:
Et contre les François, de l'vn à l'autre bord,
Portent l'embrasement, le rauage, & la mort.
 Le feu se prend au Pont, aux Tours, à la Leuée:
L'onde elle mesme en est à peine preseruée,
Elle écume, elle siffle, & par son sifflement,
Ou s'irrite, ou se plaint de l'ardeur qu'elle sent.
Mais elle en siffle en vain, en vain elle en écume,
Son ennemy vainqueur de son dépit s'allume:
Et contre elle échauffé, contre elle s'éleuant,
A son renfort encor appelle-t-il le vent.
 Ainsi victorieux, il roule de furie,
Contre les mantelets, contre la batterie:
Le Cedre & le Ciprés en machines formez,
Le Pins voûtez en arcs, & d'autres Pins armez,
Emulateurs bruyans du foudre & du tonnerre,
Vont par l'air en fumée, en cendres vont à terre.
 D'vne pareille ardeur, le fougueux Element,
Franchit Ligne & fossé, passe au Retranchement;
Se prend aux chariots, qui sont autour des Tentes,
Pour la garde du Camp, des murailles roulantes:
Et du vent secondé, porte à longs tourbillons,
L'embrasement qui vole aux premiers pauillons.
Le tumulte s'accroist, l'effroy se renouuelle,
La clameur suit en l'air la flame & l'étincelle:
Et les Drapeaux, qu'on voit en trouble s'ébranler,
Semblent toute l'Armée au secours appeller.

LIVRE ONZIESME. 425

Le Roy, qui plus en Dieu, qu'en ses armes se fie,
Animé d'vn esprit, que la Foy fortifie;
Accourt à la lueur, qui fait rougir la nuit,
A trauers l'embarras, la fumée, & le bruit.
Il arriue ; & soudain, merueille étrange à croire,
Et qui fera douter de la foy de l'Histoire !
Soit qu'vn celeste Esprit de sa vertu l'aydast ;
Soit que l'Esprit malin à sa vertu cedast ;
Soit qu'vn diuin'éclair épandu de son Ame,
Eblouïst les Demons, & reprimast la flame ;
Elle arreste son cours ; mais c'est en rugissant ;
C'est en faisant effort sur l'effort qu'elle sent :
Il semble qu'elle en fume, & qu'elle s'en irrite :
Il semble qu'à passer, qu'à vaincre elle s'excite.

Ainsi, lors qu'vn torrent tombé d'vn Mont chenu,
Roule d'vn long Hyuer le bruyant reuenu ;
Il passe auec orgueil, par dessus les chaussées :
Il traisne le débris des arches renuersées :
Et mesle au bruit des ponts emportez de ses eaux,
Les clameurs des Bergers & les cris des troupeaux.
Mais s'il trouue en chemin, digue, ou mur, qui l'ar-
Desireux de porter plus auant sa conqueste ; [reste,
Il bouïllonne, il mugit, il fait autour de soy,
Iaillir l'écume au loin, plus loin jaillir l'effroy :
Le Voyageur surpris, fuit sa vague irritée ;
Et jusqu'aux Bourgs voisins la crainte en est portée.

Le Saint Roy, qui déja se voit demy vainqueur,
Sa victoire poursuit, de la voix & du cœur ;
Et dit, leuant les mains, vers la voûte éternelle,
Qui de flambeaux roulans alentour étincelle ;

Feu sans forme & sans corps, de tous les corps Au-
Reprime le torrent de ce feu destructeur. [theur,
Ce fut de ton Esprit, que la flame premiere,
Receut le mouuement, la chaleur, la lumiere :
Et tous les feux, depuis ce premier né des feux,
Ne vont qu'à ton signal, ne brûlent qu'où tu veux.

T iij

De ton souffle se fit, celuy qui fume encore,
Dans la plaine souffrée, où jadis fut Gomore :
Et l'éclair de tes yeux, au desert alluma,
Celuy qui † le Rebelle à ta Loy consuma.
Le feu, comme il te plaist, funeste ou salutaire,
Nous fait voir ta bonté, nous fait voir ta colere :
Et soit dans ces Buchers, sous la Terre embrasez,
Soufflez par les Demons, par la Mort attisez ;
Soit dans ces hauts flâbeaux, qui luisent sur les voû-[tes,
Où les Siecles, les Ans, & les Mois, ont leurs routes;
A tes commandemens, le feu par tout soûmis,
Eclaire tes Enfans, brûle tes Ennemis.
Commande donc, Seigneur, vse de ta puissance,
Reprime de ce feu l'outrageuse licence :
Et qu'il ne soit point dit vn jour, que ton courroux,
Attiré par le poids de nos crimes sur nous,
Ait mis, sans que ton nom, les en ait pû deffendre,
Tant de Peuples Croisez, auec leurs Croix en cédre.

En ces termes Louys eut à peine acheué,
Que le feu qui s'estoit comme vn mur éleué,
S'abbat auec vn bruit égal au bruit des nuës,
Enceintes des vapeurs dans leur sein retenuës.
Et roulant, petillant, se traisnant vers le bord,
Emporté malgré luy d'vn inuisible effort ;
Il se perd dans le Nil, qui boüillonne & qui fume,
Et iusques à la Mer en va montrer l'écume.

Les Phantômes Soldats, qui du fort flambloyans
Laschoient aueque bruit l'orage foudroyant,
Frapez d'vn coup subit, tombent dans la Riuiere,
Suiuis d'vne terrible & sanglante lumiere.
Leurs machines à vents, leurs magasins à feux,
Démontez & rompus se renuersent sur eux.
Au tonnerre, au fracas, qui se font à leur fuite,
Ils semblent entraisner la Nature détruite :
Et dans leur chute encor fougueux & menaçans,
Contre l'éclair du Ciel, leurs vains éclairs poussans

Ils laissent sur le dos de la vague allumée,
Leurs blasphemes en souffre, & leur rage en fumée.

REMARQVES.

* *QVI depuis Amasis*, *pag.* 390. Amasis a esté vn des premiers & des plus grands Roys, qui ont regné en Egypte.

* *Est la table d'Isis*, *pag.* 391. Isis fut vne Reyne d'Egypte, Femme d'Osiris, adorée des Egyptiens apres sa mort. La table d'Isis est celebre entre les Sçauans, par l'obscurité des Symboles, & des chiffres mysterieux dont elle estoit composée.

* *Le Sceptre d'Osiris*, *pag.* 391. Osiris a esté vn autre Roy d'Egypte : il enseigna l'agriculture & les autres Arts aux Egyptiens, qui luy donnoient rang parmy leurs Dieux, sous le nom d'Apis, & sous la figure d'vn Bœuf.

* *A ce fameux Ammon*, *pag.* 391. Ammon est vn des noms de Iupiter : il auoit vn Temple en Afrique sous ce nom : & ce fut en ce Temple, qu'Alexandre affecta d'estre reconnu pour fils de Iupiter.

* *Le sçauant Stesicrate*, *pag.* 392. Stesicrate estoit vn des plus celebres Sculteurs, que la Grece eust du temps d'Alexandre.

* *Rhodope qui iadis*, *pag.* 391. Il a esté déja dit plus d'vne fois, que Rhodope fut vne Egyptienne, fameuse par les richesses, que sa beauté luy acquit.

* *Dont Roxane eut iadis*, *pag.* 392. Roxane a esté la seule Femme qu'Alexandre a épousée : Il y a

T iiij

dans Lucien, vne rare peinture de leur mariage.

* *Par les mains de Moloch*, pag. 392. C'estoit vne Idole d'airain, à laquelle les Iuifs sacrifioient leurs Enfans, les luy mettant entre les mains, quand elle estoit toute en feu.

* *Des Femmes du Serrail*, pag. 405. Quoy que le Serrail ne fust pas en ce temps-là, il a pû neantmoins estre mis icy par vne figure qu'on appelle Anticipation.

* *Celuy qui le Rebelle*, pag. . Par ce Rebelle, il faut entendre les Iuifs, qui se reuolterent contre Moyse, & furent consumez par le feu.

SAINT LOVYS
OV L'
SAINTE COVRONNE
RECONQVISE.

LIVRE QVATORZIESME.

 Pas les feux éteints, & les vents a
    coisez,
    Le repos se remet dans le Camp des Croi-
    sez.
Leur saint Roy cependant, souffre seul en sa Tente
De mille soins pressans la nouvelle tourmente.
Il voit de ses desseins l'appareil & les plans,
Par le feu devorez, emportez par les vents :
Il voit le Pont à bas, les Machines détruites,
Les dépenses en cendre avec elles reduites ;
Et sur le tout, il voit ses Soldats transsez,
Du mal-heureux succez de ses Travaux bruslez.
Parmy tout ce débris, sa foy reste en son Ame,
Inébranlable au vent, invincible à la flame ;

                    T v

Et son cœur, sur sa Foy, dans sa place affermy,
Se releue au dessus de l'orage ennemy.

Mais que peut-il tout seul? & que pourroit l'Armée,
Fust-elle de sa Foy, de son cœur animée,
Si les Trauaux détruits, si le Pont abbatu,
Ostent auec l'espoir, l'espace à leur Vertu?
Et si toute l'Asie, auec l'Egypte en armes,
Si tout l'Enfer en corps, éuoqué, par des charmes,
Si les vents & les feux en Machines changez,
Pour le Camp Sarrazin contre luy sont rangez?
Dans ce trouble, il ne sçait à quel auis se rendre;
Il ne sçait quel party, quelle route il doit prendre.
Et leuant tout à coup les mains auec les yeux;

Toy, dit-il, qui de l'eau fis la Terre & les Cieux,
Inuisible Ocean, Mer sans fond & sans riue,
Source d'estre éternelle, immense & primitiue,
Qui de ton sein fertile en infinis thresors,
Epans d'vn libre cours les Esprits & les Corps;
Souffriras-tu que l'onde à ton pouuoir soûmise,
Retarde vne conqueste à ta gloire entreprise?
Et que tant d'Escadrons du Couchant & du Nort,
Arriuez à trauers mille Images de mort,
Afin de conquerir par vne sainte Guerre,
Ta Couronne adorée autrefois sur la Terre,
Sur ce Fleuue arrestez, ainsi que des troupeaux,
Qui craindroient défier leur ombre au cours des
Laissent sur ce riuage, auec leur entreprise, [eaux,
Le fruit de leur Croisade & l'honneur de l'Eglise?
Encore maintenant les eaux, comme autres fois,
Font tes commandemens, sont souples à ta voix:
Et le * Dragon fameux, qu'on croit regner sur elles,
N'a iamais pû les rendre à tes ordres rebelles.
Le Nil de ses longs bras, de ses cornes hautain,
Ne t'est pas moins sujet que le fut le Iourdain: [ches
Et ton saint Corps voilé, qui dans nos troupes mar-
N'a pas moins de vertu qu'autrefois en eut l'Arche.

Sur ce gage sacré, Seigneur, ouvre les yeux :
Il peut tout pour la Terre, il peut tout sur les Cieux
Et l'on doit obtenir tout ce que l'on demande, [de.
Au nõ d'vn Dieu fait Prestre, & d'vn Dieu fait offrãt.
   Apres ces mots ardens, auec foy prononcez,
Et sur de chauds soûpirs vers les Astres poussez,
Le saint Roy sans quitter les soins, ny la priere,
Abandonne au repos sa pesante paupiere :
Et dans le somme encor, son esprit agissant,
Pardessus les vapeurs du cerueau se haussant,
Fait la ronde du Camp, visite les Tranchées :
Reconnoist au dehors les Gardes détachées :
Et trauersant le Nil, sans chaloupe & sans pont,
Par les chemins couuerts que ses songes luy font,
Il abbat à monceaux le Turc, l'Indien, le Perse ;
A cent Peuples, il joint cent Villes qu'il renuerse :
De là tournant le front vers la sainte Cité,
Apres tout l'Orient par ses armes domté,
Il érige en trophée, au sommet du Caluaire,
Les Soleils * de Bagdet, & les Lunes du Caire.
   Ces exploits sans peril, sans bruit, & sans trauail,
Retinrent son esprit, jusqu'au point que l'émail,
Qui se forme des pleurs de l'Aube renaissante,
Humecta le manteau de la Nuit blanchissante.
En ce temps où les yeux des hõmes, moins chargez,
Des vapeurs du Sommeil sont demy dégagez ;
Et les formes du Vray, plus nettes & plus pures,
Donnent de l'auenir de plus certains augures ;
L'Ange Intendant des Eaux, au Roy se presenta,
Et mit en feu la Tente, au iour qu'il y porta.
De sa robbe d'azur, ondée & voltigeante,
Par nuance sortoit vne lueur changeante,
Pareille à ces rayons refléchis & crespez,
Dont se teignent les flots de frisures coupez,
Quant au Soleil naissant, sur la plaine salée,
La pourpre à filets d'or à l'azur est mêlée.

Douze rayons en onde, & jaillissans en rond,
D'vn Ator lumineux luy couronnoient le front:
Les Vents * selon le rang que la Carte leur donne,
Descendent des rayons qui font cette Couronne:
Et selon qu'ils en sont retenus, ou poussez,
Les flots sont dans les Mers calmes ou courroucez.
Vn Sceptre dans sa main brilloit d'vne matiere,
Qui du plus beau Planete eust vaincu la lumiere:
Ce Sceptre, * & non la Lune, est le moteur des eaux,
De luy vient la bonace, ou l'orage aux Vaisseaux:
Il marque l'étenduë & le temps aux Marées,
Deux fois du vuide au plein, chaque iour mesurées:
Et son attrait agit sur tout cét Element,
Comme agit sur le fer la vertu de l'aimant.

Ainsi s'offrit l'Archange, & d'vn trait de lumiere,
Du Prince qui dormoit, déliant la paupiere;
Ie viens à toy, dit-il, commis déja deux fois,
Pour le salut des tiens, pour l'honneur de la Croix.
Ce fut moy qui sauuay ton Camp, de la colline,
Où l'assiegeoient le Nil, l'Egypte & la famine:
Et ce Fleuue fougueux, qui s'estoit emporté,
Se remit dans son Lit, par mon Sceptre domté.
Aujourd'huy ie reuiens contre le mesme Fleuue,
Donner de mon pouuoir vne seconde preuue.
Rien de grand ne se fait sur l'humide Element,
Que par mon ministere, & de mon mouuement.
Ce fut moy qui rompis la Leuée éternelle,
Quand pour noyer jadis la Terre criminelle,
Le Deluge vengeur, par l'espace de l'air,
A longs ruisseaux tomba de la celeste Mer.
Ce fut par ma vertu, qu'à la Race Iuisue,
La Mer rouge s'ouurit, de l'vne à l'autre riue:
Et luy fit de ses flots bruyans des deux costez,
Deux ramparts de cristal liquides & voûtez.
Par mon pouuoir encor les eaux se diuiserent,
Et dans leur Lit à sec vne route laisserent,

LIVRE QVATORZIESME.

Où le fidele Hebreu, le Iourdain trauersant,
Et sous le vaste abry d'vn mont de flots passant,
De sa foy, de ses pas, à la future Race,
Il resta sur la gréue vne éternelle trace,
Ces miracles Hebreux, déja plus d'vne fois,
Se sont renouuellez au salut des François :
Et n'agueres encor, du temps que l'Angleterre,
Par la France épandoit l'incendie & la guerre,
La Loire à plein canal, & d'vn rapide cours,
Arrestant ton Ayeul, qui marchoit contre Tours ;
Ie fis que la Riuiere, & rebelle & hautaine,
Pour l'Anglois soûleuée aueque la Touraine,
Reconnut son deuoir, son orgueil abbaissa,
Et se * rendit gayable, où Philippes passa.
La merueille est plus grande, & la faueur plus rare,
Que la grace du Ciel à tes armes prepare :
Commande, qu'aussi-tost que le rayon naissant,
Aura repeint de iour l'Orison rougissant,
Chaque Escadron par ordre, & suiuant sa Banniere,
Marche vers l'Orient, le long de la Riuiere ;
Ie me rendray leur Guide, allant au premier rang,
Sous vn harnois d'azur, & sur vn coursier blanc.
Renouuelle ta foy, redouble ta constance,
La Victoire ne peut naistre sans la souffrance :
Et parmy tes Lauriers, des espines viendront,
Qui de ton propre * sang ta Couronne teindront.
  L'Ange apres ce propos, s'enferme en sa lumiere;
Le Prince qui le perd, le suit de la priere :
Rend graces du secours à ses armes promis,
Contre les Elemens, contre ses Ennemis :
Et si-tost que le iour, d'vne lueur dorée,
Des Pauillons croisez la pointe eut colorée,
A l'ordre de la marche, annoncé par l'airain,
Et par le vent porté dans l'Air pur & serain,
Fantassins & Cheuaux filans hors des Barrieres,
Font diuers Escadrons rangez sous leurs Bannieres,

Là, s'offrit tout à coup le Guide déguisé :
Le cheual qu'il montoit, au crin blanc & frisé,
Aux mouuemens legers, à l'action brillante,
Paroissoit vne neige animée & roulante.
Ses armes qui sembloient d'acier en couleur d'eau,
Se nuoient aux rayons du iour encor nouueau :
Et des poissons dorez, sur sa casaque ondée,
Nageoient sans mouuement dans vne Mer brodée.
Vn Daufin en cimier, sur son casque dressé,
De perles, de roseaux, de corail enlacé,
Vomissoit de sa bouche vne flottante plume,
Qui dans l'air imitoit & la vague & l'écume.
 Le Grãd Maistre Connac, déja du Prince instruit,
Deuant tous le remarque, & deuant tous le suit.
Et luy-mesme est suiuy de cent Profez du Temple,
Tous dressez de sa main, tous fiers à son exemple.
Arthois qui marche apres, par Robert est conduit,
Qui plus de son ardeur, que de ses armes luit.
Iamais il ne parut plus braue, ny plus leste ;
De son front, de ses yeux il sort vn feu celeste ;
Vn feu qui par rayons, autour de l'y regnant,
Et toute autre clarté, de la sienne éteignant,
Par vn presage heureux, le prepare à la gloire,
Où le doiuent porter la Mort & la Victoire.
 Tout le Camp qui suiuoit, en trois Corps partagé,
Et sous trois Commãdans & trois Drapeaux rangé,
En cét ordre marcha, iusqu'à ce que le Guide,
Vers la riue, où s'étend Massore, tournant bride ;
Fit bondir son cheual, dans le Nil le poussa,
Et du bois qu'il tenoit les ondes menaça.
Quoy qu'il fust déguisé, les ondes les sentirent :
Et d'vn soudain respect leur orgueil luy soûmirent.
Plus il auance, & plus s'abbaisse le courant :
Et iusques au grauier, tout le Fleuue s'ouurant,
Laisse vn espace vuide, où la vague couppée,
Reste comme vn cristal en rocher escarpée.

LIVRE QVATORZIESME.

Connac qui marche apres, surpris d'étonnement,
Craint de l'illusion dans cét éuenement :
Et comme entre le doute & l'espoir il balance,
Robert pique deuant, & sur le bord s'auance.
Quoy, dit-il, deuant nous les vagues s'ouuriront,
Les celestes Vertus deuant nous marcheront ;
Et craintifs cependant, pour aller apres elles,
Encore attendrons-nous qu'il nous vienne des aîles?
Ie te suy, secourable & diuine Vertu ;
Qui que tu sois, sous qui le Nil s'est abatu :
Que l'on aille à la Mort, qu'on aille à la victoire ,
Te suiuant, on ne peut arriuer qu'à la Gloire.

Il picque auec ces mots apres l'Ange, & le suit :
Connac en est émeu, sa Troupe en fait du bruit.
Cependant il auance, & les vagues qui grondent,
Les Vents leurs Alliez, qui du bord leur répondent,
Et semblent à leur cours les vouloir rappeller,
Luy donnent asseurance au lieu de l'ébranler.
Les Templiers vont apres, toute l'Armée en suite ,
Entre dans le canal, par le Prince conduite.

Les Chefs & les Soldats surpris également,
Ont l'esprit & les yeux liez d'étonnement.
Leur merueille est, de voir des vagues suspenduës,
Des glaces sans gelée, & fixes & fonduës :
De passer à pied sec, où les poissons nageoient :
De marcher sans peril, où des Monstres logeoient :
Elle est, de voir des murs durables & liquides,
Et des Digues de flots arrestez & solides.

Mais l'Esprit du Saint Roy, par la route des yeux,
S'éleue à chaque pas, & vole vers les Cieux.
Son cœur le suit, porté sur l'inuisible flame,
Que ces visibles eaux allument dans son ame :
Et tout son corps épris d'vne pareille ardeur,
Semble encore vouloir monter auec son cœur.

Mer sans bord, disoit-il, inépuisable Centre, [tre,
D'où tout viēt, où tout va, d'où tout sort, où tout rē

Qu'à jamais soit beny ton riche & vaste sein,
Qui toujours se répand, & toufiours reste plein :
Que l'Esprit soit loüé, qui fit de l'Eau premiere,
De tant de Corps constans l'inconstante matiere :
Et qui toufiours depuis, par les Eaux reconnu,
De l'humide Element l'Empire a retenu.
Esprit fixe, qui fais de ton souffle sur l'onde,
Vn pilotis sans corps, à la masse du Monde :
Esprit moteur, qui fais rouler les Vents en l'Air,
Les Astres dans le Ciel, les Fleuues vers la Mer ;
Affermis, Esprit saint, nos Esprits en ta grace :
Détourne-les du flux, de tout objet qui passe,
Attire-les à toy, conduis leur mouuement,
Et sois de nos desirs l'eternel Element.

Puis s'addressant aux flots ; Vagues obeïssantes,
Solides maintenant, auparauant glissantes,
Adorez, disoit-il, & benissez la main,
Qui d'vn signe vous fait vn inuisible frein.
Pures & tiedes Eaux, par gouttes répanduës,
Des crespes, ou dans l'Air vous estes suspenduës ;
Benissez l'Artisan, qui d'vn secret pouuoir,
Sans étoffe vous fait ce volant Reseruoir.
Vous Fleuues, qui baignez l'vn & l'autre Hemisphe-[re,
Doux & calmes Enfans d'vne fougueuse Mere ;
Qui vers la Mer coulez ; qui coulez de la Mer,
Et n'en retenez rien d'orageux ny d'amer.
Vous Arrosoirs roulans, iaillissantes mammelles,
Toufiours vieilles aux yeux, aux yeux toûjours nou-[uelles ;
Fontaines benissez ce Bien coulât toûjours,
Ce Bië, dôt tous les Biës ont leur source & leur cours.
Et vous Bassin sans fond, Cuue immense du Monde,
Infiny Reseruoir, vaste Centre de l'onde,
Champs flottás, où l'on voit mille Chasteaux aislez
Emportez par les Vents, par les vagues roulez :
Et vous celestes eaux, Ocean sans orage,
Mer sans rade & sans port, sans greue & sans riuage.

LIVRE QVATORZIESME

Voûte claire & liquide, Abisme suspendu,
Sur la route des Iours & des Ans répandu,
Benissez de concert, cette Mer sans espace,
Source de la Nature, & source de la Grace,
D'où sourdent sans contrainte, & sans épuisements
Les Esprits & les Corps, l'Estre, & le Mouuement.

 Ainsi Louys marchoit, suiuy de son Armée,
De merueille surprise, & de zele animée.
A leur zele, l'éclat de l'acier s'accordoit :
A leurs hymnes, le bruit des Drapeaux répondoit :
Et le long du canal, les flots, de leur murmure,
Sembloient à ce concert inuiter la Nature.

 Forcadin cependant est d'vn Garde auerty,
Que le Camp des Croisez de son Poste party,
Auoit pris, en tournant, sa marche vers l'Aurore,
Et passoit où le Nil se courbe sous Massore.
Le General Barbare à ce nouuel aduis,
Prend dix mille cheuaux, de douze autres suiuis :
Et s'auance à grand train, le long de la Riuiere,
Aueque Muleasse, & la belle Guerriere. [peaux,

 Déja les premiers Corps, & les premiers Dra-
Conduits par l'Ange armé, Garde & Moteur des
En bataille s'estoient rangez sur le riuage, [eaux,
Et du Camp qui suiuoit asseuroient le passage.
Mais si-tost qu'à leurs yeux, l'infidelle Croissant,
Au front des Escadrons, dans l'air apparoissant,
De ses éclairs meslez à la poudreuse nuë,
Leur eut des Ennemis annoncé la venuë ;
Chacun prest au combat, à la victoire prest,
Met ou le trait sur l'arc, ou la lance à l'arrest.
Robert marche à la teste ; & le celeste Guide,
L'Immortel Intendant de l'Empire liquide,
Pour s'oster à leurs yeux, va comme vn tourbillon,
Se perdre dans les gros du premier Bataillon.

 Le Comte qui le croit déja dans la meslée,
Le suit la lance basse, & la bride aualée :

Lozamut est percé de son fer, le premier;
L'orgueilleux Lozamut, que le tronc d'vn Palmier,
Euentré par le Temps, caué par la vieillesse,
Encor enfant sauua du jaloux Agramesse.
Tousiours depuis, son cœur des Palmes presageant,
En veillant les cueilloit, les cueilloit en songeant:
Et dans son vain cerueau, de Palmes enlacées,
Quelque objet qu'il suiuist, s'offroient à ses pensées:
Mais la lance du Comte, à terre le portant,
Et de son fol espoir les Palmes abattant;
De colere, ses dents la poussiere en mordirent;
Et ses yeux de trauers aux Astres s'en plaignirent.
 Robert à Lozamut ajouste Zoranel,
Qui sortit tout velu du ventre maternel:
Il luy joint Azorin, chantre & joüeur de Sistre,
Qui nourry sur les bords du tortueux * Caystre,
Des Cignes amoureux, habitans de ses eaux,
Qui de leur harmonie animent les roseaux,
Apprit les doux accens, dont Arsure touchée,
Luy voulut bien au joug d'Hymen estre attachée.
Trop tard l'escu, l'armet, la lance il detesta:
Les Cignes, les chansons, le sistre il regretta:
Et les derniers soûpirs, que ses levres formerent,
Son Esprit vers les bords du Caystre porterent.
 Le temeraire Ocmat voltigeoit par les rangs,
Le front enueloppé de crespes vers & blancs,
Où des charmes tissus en chiffres Arabiques,
Brisoient lances & traits, rompoiēt sabres & piques:
Mais de charmes en vain contre le fer armé,
Il est d'vn bois sans pointe & sans fer, assommé.
Robert luy porte au front le tronçon de sa lance,
Le sang par l'os cassé jaillit de violence,
A la bouche d'Ormin, aux yeux d'Almerondart,
L'vn d'vne masse armé, l'autre armé d'vn long dart:
Et tous deux échauffez d'vne égale colere,
A venger sur Robert le trépas de leur Frere.

LIVRE QVATORZIESME.

Ainsi quand le Veneur, lasche sur vn Sanglier,
Aculé dans son fort, deux Chiens à grand collier,
D'vne pareille ardeur l'vn & l'autre l'attaque,
L'Yuoire de leurs dēts sous leurs machoires craque,
Et le bruit du combat, que le vent porte au loin,
Tiēt les troupeaux en crainte & les Bergers en soin.

Ormin leue le bras, & tandis qu'il menace,
Le comte plus adroit, luy fausse la cuirasse:
Le fer entre, & prepare vne entrée à la Mort:
Le sang à gros boüillons auec la vie en sort:
Et l'Esprit irrité, qui les suit par la playe,
D'vn presage funeste Almerondart effraye.
Il fait ferme pourtant, & sur l'arçon dressé,
La targe mise en garde, & le sabre haussé,
Il frappe, où le cimier vomit vn feu de plume,
Qui tout l'armet ombrage, & l'ombrageāt l'allume.
L'or massif & battu fait resistance au fer,
Qui de dépit en semble étinceler dans l'air:
Et sous l'effort du coup, des bluettes jaillissent,
Qui sifflant sur Robert, du peril l'auertissent.
Le Comte sans bransler, au Sarrasin répond,
D'vn reuers qui luy fait entrer l'épée au front;
Boucles, mailles & cloux entrent auec l'épée,
Par le casque fendu, par la coëffe couppée:
Et son Esprit qui sort par le crane enfoncé,
Laisse au vent vn blasphême à demy prononcé.

Aux trois Freres deffaits, Robert joint Algōbare,
Remarquable à son train, aussi vain que barbare.
A sa suite marchoient six cheuaux, harnachez,
Des peaux de six Chrestiens de sa main écorchez:
Et d'vne cruauté qui iamais n'eut d'égale,
Encore battoit-il de leurs os sa Timbale.
Dans la gorge le fer le Comte luy poussa;
Le fer de sang auide aux vertebres passa:
Et sortant par la nuque, à trauers coëffe & lame,
Fit vne double porte au passage de l'Ame.

Le cruel, en tombant retint sa cruauté;
Et sur Imbaut mourant, par sa chute porté,
A la Croix qu'il luy vit, renouuellant sa rage,
Il luy mangea les yeux, luy rongea le visage;
Et son Ombre feroce aux Enfers descendant,
Y fut le sang aux mains, & la chair sous la dent.

 Par tout où va Robert, à la foudre semblable,
Sa rencontre est fatale, & son bras redoutable.
A tous les coups, il fait des morts, ou des mourans,
Le sang aueque bruit sous luy roule à torrens:
Et la funeste Parque, où passe son épée,
Est plus à ramasser qu'à faucher occupée.

 De l'vne à l'autre bā de Albubar voltigeoit, [geoit,
Vne Aigrette à trois rangs tout son casque ombra-
Sur son cheual cendré, par vn ieu de Nature,
Des flames se voyoient sans art & sans teinture:
Et des feux d'or battu, sur les bardes volans,
Sur les caparaçons des feux étincelans,
Estoient vne pompeuse & magnifique image,
Des feux de son Amour, de ceux de son courage.
Mais l'Arabe, de rien ne faisoit tant le vain,
Que d'vn tissu, qu'Alzune auoit fait de sa main,
Où des pierres de prix, auec art enchassées,
Et d'vn iuste raport l'vne à l'autre enlacées,
De leurs eaux, de leurs feux, & de leurs diuers iours,
Faisoient en basse taille vne chasse d'Amours.
Albubar orgueilleux d'vne si chere auance,
De l'amitié d'Alzune & de son alliance,
Hurtant files & rangs, comme vn foudre passoit:
Hommes, armes, cheuaux sur la terre poussoit:
Et quelque coup qu'il fist, au lieu de la Fortune,
Au lieu de la victoire, il inuoquoit Alzune.

 Guerry Frere d'Olinde adroit & vigoureux,
Veut chastier l'orgueil de l'Arabe amoureux:
Le coup porte au bras droit le tranchant de l'épée;
Du tissu precieux la trame en est coupée;

LIVRE QVATORZIESME. 431

Escarboucles, saphirs, rubis cedent au fer:
Chiffres, figures, nœuds, Diuises vont en l'air:
Albubar en dépite, & l'amour dans son Ame,
Allumant la colere, & luy meslant sa flame;
Sacrilegue, dit-il, tu recules en vain,
Ta teste me payra le crime de ta main.
Il éleue à ces mots le large cimeterre,
Qui sa lueur égale à celle du tonnerre;
Et le coup sur Guerry de tout son poids tombant,
Luy fait sauter le casque & le crane luy fend.
Il tombe sous l'acier, comme du Pirenée,
Tombe vn Pin dont la teste est de fruits couronnée,
Et dont les bras touffus, de leurs poids se mouuans,
Lutte contre l'orage, & prouoquent les Vents.
Albubar ajoustant l'insolence au courage,
Traite Guerry mourant, de brauade & d'outrage:
Et trois fois de dépit sur son ventre passant,
Trois fois le cimeterre auec la voix haussant,
Chere Alzune, dit-il, fiere & charmante Idole,
Cette victime est tienne, & mon bras te l'immole.
Ce mot est de Coucy bien à peine entendu;
Qu'il tourne, & voit Guerry sur la poudre étendu:
La Mort de son Amy, le deüil de son Amante,
L'vn present à ses yeux, l'autre à son cœur presente,
D'vn commun aiguillon irritant sa valeur,
L'eschauffent à vanger & le Frere & la Sœur.
Il part, il joint, il frape: & de sa large épée,
Des-ja du sang des Turcs & des Perses trempée;
L'amour & la pitié redoublant son effort,
Dans le flanc d'Albubar il fait entrer la mort.
Son amure dorée à sa chute resonne,
Le terrain en gémit, son cheual s'en étonne:
Et coucy qui le voit sur la poudre fumant,
A voix haute s'écrie, Olinde reclamant,
Olide, sage Olinde, accepte le supplice.
Du Barbare outrageux, dont ie te fais iustice.

Le sang qu'à gros bouillons il vomit par le flanc,
De ton Frere abbatu, n'égale pas le sang:
Mais vil ou precieux, c'est vne iuste amande,
Que mon amour te doit, & que ton dessil demande.
   Il part aprés ces mots, & terrasse en passant,
Alserne qui meurtrier de sa Mere en naissant,
Par la Mort vint au Monde; & par vne blessure,
Vit la premiere fois le iour & la Nature.
Il fend le front d'Ormat, qui fut en douze mois,
Quarante fois Mary, Pere quarante fois;
Et laissa sur le Nil, quarante malheureuses,
Encore aprés sa mort de son Ombre amoureuses.
   Il luy joint Elimel qu'vne contraire humeur,
Dans ses veines durcie, & glacée en son cœur,
Tenoit dans vn Palais champetre & solitaire,
Des Femmes ennemy, de l'Hymen aduersaire.
Mais cette dureté n'amollit point son Sort,
Le vainqueur de l'Amour fut vaincu de la Mort:
Et faute d'heritiers, son puissant heritage,
Demeura le butin de tout le voisinage.
Par tout où va Coucy, de Robert deuancé,
Sur le Turc abattu, l'Arabe est renuersé:
Et des rouges ruisseaux de la Mort debordée,
Les guerests sont couuerts, la plaine est inondée.
   Dans cette aisle rompuë, vn Escadron restoit,
Qui sous Almutasin encore combattoit.
Le cruel Renegat yvre de sang fidele,
Et brûlant d'vn barbare & sacrilegue zele, [main,
Moins Soldat que Bourreau, moins Braue qu'Inhu-
Effrayoit de la mine, & tuoit de la main:
Et son plaisir estoit, de voir dans la meslée,
Sous les pieds des cheuaux la Croix Sainte foulée.
   Robert va contre luy, le frape sur l'armet,
Et le fer iusqu'aux dents, par le crane luy met.
Le sang sort par ses yeux, par son nez, par sa bouche:
Sa chute aueque bruit sur la poudre le couche:

Et

LIVRE QVATORZIESME.

Et son Ame en partant, enuenime sa voix,
Du blaspheme dernier, qu'il fait contre la Croix.
 Comme la Clef tombant d'vne Sale voûtée,
La structure auec elle est à terre portée:
Les mesures, les rangs, les ordres se deffont;
Le fondement au faiste auec bruit se confond:
Et ce qui fut ou frise, ou corniche, ou figure,
N'est plus qu'vne confuse & poudreuse masure.
Le Chef ainsi tombant, le Corps est renuersé,
Soit étonné du coup, soit du Compte poussé:
La crainte y met le trouble, & le trouble la fuite:
Files & rangs deffaits n'ont ny cœur ny conduite:
Et chacun sans tourner la teste vers l'honneur,
Court à bride abattuë, où le porte la peur.
 Le Comte qui piqué d'vn aiguillon de Gloire,
Poursuiuant les fuyars croit suiure la Victoire;
Donne jusqu'à Massore, auec tant de chaleur,
Suit son zele si loin, suit si loin sa valeur,
Qu'il passe la barriere aueque ceux qu'il chasse,
Et se trouue tout seul engagé dans la place.
Il se tourne, il regarde, il voit de toutes parts,
Des hommes, des cheuaux, des portes, des ramparts.
La grandeur du peril excite son courage;
Vn feu noble & soudain en monte à son visage;
Et sur les Sarrasins, par ses yeux jaillissant,
Produit vn froid contraire à l'ardeur qu'il ressent.
 Ainsi dans les Desers de ces Plages brûlées,
Qui des grands Animaux sont les * meres halées,
Par la mort des Veneurs vn Lyon renommé,
Dans vn Parc à la fin, par surprise enfermé;
Tonne aueque la voix, auec les yeux éclaire:
A trauers ses naseaux fait fumer sa colere:
Et montre des taureaux, & des chiens égorgez,
Le sang, la peau, le poil, entre ses dents figez.
Les cordages du Parc, les mailles en fremissent:
Les Chasseurs assemblez de frayeur en pallissent:

V

Et comme si le fer auoit part à la peur,
Il leur tremble à la main au battement du cœur.

Aprés ces vifs éclairs, messagers de la foudre,
Robert fond sur Ocmat, & l'étend sur la poudre.
Le coup qu'il l'abattit, l'augure dégagea,
Qui dans son lieu natal la mort luy presagea.
Augure captieux ! trompeuse prophetie,
Bien loin de son espoir, par son sang éclaircie !
Mais de tout temps il fut, il sera de tout temps,
De faux illuminez & de vains Charlatans.

Le Comte sur Ocmat, tuë Algir & Gerasse,
Fendant l'armet à l'vn à l'autre la cuirasse :
De deux Peres, iumeaux ; Freres de diuers sang,
L'vn fier, & l'autre doux ; l'vn noir, & l'autre blanc ;
L'vn semblable à la Nuit, au Iour l'autre semblable,
Ils arriuent ensemble au pas ineuitable :
Pareille est la noirceur des Ombres de leurs corps :
Le destin est pareil qu'ils auront chez les Morts :
Et pareille sera la cendre froide & vaine,
Qui de leurs os pourris restera sur la plaine.

Sur ceux-là Rontaferne, & Phorbut renuersez,
Regrettent leurs thresors sur l'Eufrate laissez.
Moradan qui les suit, aueque peine expire :
Son Esprit à Bagdet demeuré prés d'Eluire,
Par l'Amour établie arbitre de son Sort,
Ne peut en reuenir, pour se rendre à la Mort.

Ainsi Robert captif, est encore indontable :
Plus il est en peril, plus est-il redoutable :
Et de quelque costé qu'il étende le bras,
Cheualiers & cheuaux sous luy roulent à bas.

Tel qu'il est dans ces murs, telle est dans vne nuë
L'ardente exhalaison par le froid retenuë :
De ses feux redoublez le Ciel au loin reluit :
La Terre tremble au loin, surprise de son bruit :
L'Air en est en sueur, & les Vents hors d'haleine :
La crainte en fait fremir les moissons sur la plaine.

LIVRE QVATORZIESME.

Les arbres les plus hauts, de ses traits menacez,
Ont la teste courbée, & les bras abaissez :
Enfin fendant la nuë, & fondant sur la Terre,
D'vn long éclair suiuie, & d'vn plus long tonnerre,
De colere elle abbat la teste d'vn Sapin,
Elle renuerse vn Chesne, elle terrasse vn Pin :
Et toute vne forest de sa chute allumée,
Long-temps en put le souffre, & long-têps la fumée.

 Le jeune Alamezel déja fier, déja grand,
Déja pareil en force à son Pere Geant,
Rappelle les fuyars, leur reproche leur fuite ;
Reuient suiuy d'vn gros, marchant sous sa conduite,
Et le fer à la main, sur le Comte passant,
Le frappe, où le bras droit de l'épaule décend.
Il repasse, & Robert à cette autre passade,
D'vn reuers foudroyant l'atteint sur la salade.
Quoy que l'acier fust fort, & fortement trempé,
D'vne force plus grande il est en deux couppé.
L'aigrette, le cimier, la visiere bondissent :
Le sang & le cerueau jusqu'à terre jaillissent :
Et le superbe Mort, de son poids abattu,
Par sa chutte soûmet l'orgueil à la vertu.

 Les vns plaignent le coup, & les autres en treblent :
Ils s'écartent d'effroy, de honte ils se rassemblent :
Et le cœur leur manquant, pour combattre de prés,
Ils chargent le Heros d'vn orage de traits.
Son cheual qu'vn Vent tiede engendra d'vne Mere,
En vistesse fameuse aux riues de l'Ibere,
Quoy que d'écailles d'or & d'acier cuirassé,
De la gresle acerée est sous luy terrassé :
Et les larmes qu'il verse en mourant, font paraistre,
Le déplaisir qu'il a d'abandonner son Maistre.
Robert en pied saillit, en garde se remet ;
Menace de l'escu, du sabre, de l'armet :
Et le feu de son cœur, à trauers la visiere,
Mesle au feu de ses yeux vne affreuse lumiere.

V ij

Le bruit court cependant qu'Alamezel est mort :
Drogace furieux en blaspheme le Sort :
Et laissant à Forgan la garde de la porte,
Va la teste baissée, où sa douleur le porte.
La honte & le dépit, le deüil & la fierté,
Partagent à l'enuy son esprit agité :
Et l'amour paternel meslé dans ce partage,
Commet à la fureur les deuoirs du courage.

Vain zele, disoit-il, inutile valeur !
Sujets infortunez de mon dernier malheur ?
Dequoy me sert, d'auoir asseuré la muraille ;
Conserué le débris épars de la bataille ;
Si l'vnique surgeon qui restoit de mon corps,
Couppé d'vn coup fatal, est au nombre des morts ?
Apres ce beau surgeon, quelle autre fleur me reste ?
Que suis-ie qu'vn tronc sec, qu'vne souche funeste ?
Et qu'ay-je plus, qui puisse adoucir mon ennuy,
Que l'espoir de tomber, & mourir prés de luy ?
Alamezel le veut, son Ombre m'y conuie,
Et sans luy, ie n'ay rien qui m'attache à la vie :
Mais à ma chutte, au moins, le Pirate François,
Mourra sur mon Fils mort, accablé de mon poids.

Il ajouste à ces mots, l'outrage & le blaspheme,
Son regard s'en noircit, son visage en est blesme.
L'Ourse a moins de fureur, quand hurlant elle suit,
Le Danois rauisseur de ces Faons qui s'en fuit.
Moins terrible en sa bauge, est l'écumeuse Laye,
Quand pour ses Marcassins sa colere elle essaye :
Et que la voix des chiens jointe à celle des cors,
Etonnant le marais d'effroyables accords ;
Les broches de ses dents de leur bruit y répondent,
De ses naseaux souflans les vapeurs les secondent ;
Et de son poil touffu, le taillis herissé,
Se roidit sur son dos de bourbe cuirassé :
Et semble que les joncs, que les saules en tremblent,
Et les Chasseurs épars à peine se rassemblent.

LIVRE QVATORZIESME.

Le Pere furieux vers le Comte arriuant,
Iette vn cry, qu'vn long dard va de l'aifle fuiuant:
Si-toft que de la main du Barbare il échape,
En mefme temps il fiffle, il étincelle, il frape.
Le Lyon d'or maffif, en garde fur l'efcu,
Fift atteint pour le Prince, & du dard eft vaincu:
Le fer entre, & pouffant plus auant fon audace,
Apres la targe ouuerte, attefte à la cuiraffe:
Mais il la touche à peine, & Robert le tirant,
D'vn bras fort & nerueux à Drogace le rend.
Le dard changeant de main, de party, d'auenture,
Porte à fon premier Maiftre vne large bleffure.
Le fang, le feu, le fiel pouffez en mefme temps,
Luy fortent par le bras, par les yeux, par les dents:
Et le fabre, à fa main tant de fois fi fidelle,
Sur le François tiré, de fes coups étincelle:
L'air en refonne au loin, comme au loin il en fuit;
Et les murs au dehors en redoublent le bruit.

   Ainfi dans vne herbage, où les Geniffes paiffent,
Deux Taureaux échaufez de leurs cornes fe preffét:
L'amour qu'ils ont au cœur, le feu qu'ils ont aux
Les rend également jaloux & furieux.   [yeux,
De leur fang les gafons & les herbes fe teignent:
Les Bergers en ont peur, les Geniffes s'en plaignét:
La terre fous leurs pieds de leur combat gemit,
Et du ruiffeau prochain l'eau troublée en fremit.

   L'Archange, General des Troupes emplumées,
De la Sphere de Mars, où campent fes Armées,
Affifté de fes Chefs & de fes Lieutenans,
De cometes, d'éclairs, de foudres rayonnans;
Cependant contemploit la fanglante meflée,
De tant de Bataillons qui couuroient la vallée,
Il voyoit d'vne part le Monarque François,
Pouffer les mefcreans, mettre en route leurs Rois;
Et fon bras foûtenu d'vne force diuine,
Ioncher de corps fanglans la riue Sarrafine;

V iij

Il voyoit Archambaut d'vn effort plus qu'humain,
Combattre de la voix, du regard, de la main.
Il voyoit prés de luy Belinde & Lifamante,
L'vne & l'autre de zele & de courage ardente :
Et tous ceux qu'il voyoit, receuoient de ses yeux,
L'Esprit qui fait les Forts & les Victorieux.

 Mais voyant d'autre part, dans Massore fermée,
Robert seul, combattant contre toute vne Armée;
Diuinement instruit du succez de son sort,
Heureux Prince, dit-il, heureux mesme en ta mort:
Fournis sans démarcher, cette Lice de gloire;
Il ne te reste plus qu'vn pas à la Victoire :
Le trauail est petit, mais le prix sera grand,
Et déja dans le Ciel la Couronne t'attend.

 A ces mots s'addressant à la celeste Escorte,
Qui le harnois croisé sous sa Banniere porte;
Compagnons, leur dit-il, le temps est terminé,
Qui par l'Autheur des Temps à Robert fut donné.
Mais il faut que sortant couronné de la Lice,
Par ce Geant défait, sa course il accomplisse.
Et Dieu veut que son corps d'outrage preserué,
Et bien loin de ces lieux, par nos mains enleué,
Soit mis dans ce Tombeau de structure éternelle,
Qu'érigea la Iudée, estant encor fidelle,
A ces Heros Hebreux, qui pour les saintes Loix,
Firent la guerre aux Grecs, & défirent leurs Rois.
Allons donc receuoir cét Esprit heroïque :
Honorons de nos soins sa Royale relique :
De ses cendres vn iour, des Lauriers germeront,
Qui de sa gloire au loin le parfum porteront.

 Descendant à ces mots, des iours de son armure,
Il fait luire la haute & la basse Nature :
Et par tout où son vol cette lueur épand,
En l'air, sur l'onde, à terre vn feu soudain se prend:
Vn feu pareil à ceux que les eaux reflechissent,
Quand du iour qui les bat les rayons rejaillissent.

LIVRE QVATORZIESME.

Il arriue, suiuy de trois Anges armez,
Où Drogace & Robert de valeur animez,
Apres diuers assauts, auoient mis en vsage,
Tout ce que peut la force ajoûtée au courage.
 Le Comte fatigué des precedens combas,
Ne meut que pesamment, le pied, le fer, le bras:
Son poumon épuisé ne peut que bien à peine,
Au grand feu de son cœur, fournir assez d'haleine:
Et de ce feu, qui pousse au dehors sa lueur,
Ses esprits échauffez s'écoulent en sueur.
Mais l'Archange Guerrier, d'vn rayon de lumiere,
A peine en arriuant eut touché sa visiere,
Qu'vne vertu la suit, qui le renouuellant,
Et ses esprits épars à son cœur r'appellant,
De là, les fait apres couler de veine en veine,
En raffermit ses bras, en double son haleine:
Le fer mesme en sa main s'en trouue r'allumé:
Le cimier en paroist sur son casque animé:
Et des feux menaçans que iette son armure,
Aux yeux du Sarrazin plus terrible est l'augure.
 Ainsi l'Aigle autrefois de cent Faucons vainqueur,
Quád sa force & son aisle accompagnoiët son cœur,
Engourdy par le froid, qui les Eleuues arreste,
Vers le Ciel pesamment leue l'œil & la teste:
Et de ses longs tuyaux * les auirons pliez,
Sont à son corps tremblant de paresse liez.
Mais dés que * le Belier, qui les iours renouuelle,
Montre ses cornes d'or au Printemps qu'il r'appelle,
Le volant Roy de l'air auec luy reuiuant,
Sur les monts éleué bat la nuë & le vent:
L'air siffle au loin des coups, qu'il reçoit de son aisle,
Dans le cœur des Herons le sang de peur se gele:
Et le Milan, qu'il a battu plus d'vne fois,
Non sans crainte répond à l'appel de sa voix.
 Le Comte rétably dans sa vigueur premiere,
Se trouuant le bras fort, l'action viue & fiere,

V iiij

De soy-mesme étonné, se demande, d'où vient
L'air qui le rafraîchit, l'esprit qui le soûtient.
Il alonge deux coups au terrible Drogace :
L'vn impose à ses yeux d'vne feinte menace ;
L'autre allant à couuert, où la main le conduit,
Luy perce le costé, sans éclat & sans bruit.

  Drogace qui le sent, à la vengeance appreste,
L'acier large & courbé, qu'il destine à la teste.
Mais l'Archange Guerrier, Intendant des combas,
Presentant à ce coup son inuisible bras ;
Oste la force au fer ; & le fer comme verre,
Rompu sur le parois en éclats vole à terre.
Le Barbare s'en prend au Ciel, à Mahomet ;
Sa colere paroist en feu par son armet :
Et tandis qu'il rugit, qu'il fume, qu'il blaspheme ;
Qu'apres le Ciel maudit, il se maudit soy-mesme,
Robert le mesurant, hausse le coûtelas,
Appelle son courage, au secours de son bras ;
Et fait d'vn coup qui bruit, cóme bruit la tempeste,
Loin de son corps voler son effroyable teste.

  Ainsi tombe en la Mer, d'vn Rocher orgueilleux,
Sous le carreau souffré, le faiste sourcilleux ;
Les riues d'alentour à sa chutte répondent :
La vague, le limon, le sable se confondent :
Le poisson prend la fuite, effrayé de ce bruit :
L'onde mesme troublée en écume le suit.
Et dans les prez flottans, où les Baleines paissent,
Les Dauphins & les Thons autour d'elles se pressét.

  Drogace trébuchant, les Sarrazins troublez,
Font retentir les murs de leurs cris redoublez, [cho,
Le vainqueur les poursuit: mais déja l'heure est pro-
Que doit pour luy sonner, la triste & noire Cloche ;
Ce funebre metal, qui donne tost ou tard,
Aux Grands comme aux Petits, le signal du départ.
L'Archange qui le sçait, l'abandonne à luy-mesme :
Sa lassitude croist, sa foiblesse est extresme :

LIVRE QVATORZIESME. 441

Et ſes bras, ne ſont plus portez que de ſon cœur,
Qui garde ſon aſſiette, & retient ſa vigueur.
  Encore en cét eſtat, menaçant & terrible,
Aux Barbares confus il paroiſt inuincible :
Et ſemblable au Lyon accroupy ſur les corps,
Des Dogues expirans, meſlez aux Chaſſeurs morts;
Il combat du regard, de la voix, du viſage :
Son ombre meſme luit du feu de ſon courage :
Et ſon pauois brillant, d'vn bruit aigu répond,
A la greſle du fer, que cent Archers luy font.
Vn trait ſeul dans la foule, ou de force, ou d'adreſſe,
Pouſſé d'vn inconnu ſous la gorge le bleſſe.
  De ſon ſang, à ce coup, ſe rempliſſant les mains,
Il eſt voſtre, dit-il, Redempteur des Humains :
Ce m'eſt vn ſort heureux, de pouuoir vous le rendre,
Pour celuy, que l'amour, pour moy vous fit répadre.
Tout ce que la Fortune a de grand & de doux,
Ne vaut pas vn filet de ſang verſé pour vous :
Et la Mort qui me fait joüir de cette gloire,
Me couronne bien mieux, que n'euſt fait la Victoire.
Ie meurs loin d'vn Climat, où ie fus en naiſſant,
Receu dans vn Berceau de pourpre floriſſant :
Mais qu'importe en quel lieu ma dépoüille demeure
Pourueu qu'être vos bras, qu'en voſtre ſein ie meure?
Helas! pouuois-je ailleurs, mourir plus doucement?
Pouuois-je ailleurs auoir vn plus haut Monument?
Auec ce peu de ſang, mon Eſprit ie vous donne,
Receuez la Victime, & ſoyez ſa Couronne.
  A ces mots expirant, il adora la Croix,
Qui d'vn riche trauail brilloit ſur ſon pauois.
De Lauriers lumineux ſon Ame enuironnée
Au triomphe eternel fut en pompe menée :
Et dans vn tourbillon formé ſoudainement,
Son corps ſaint emporté, fut mis au monument,
Où le grãd Machabée, & ceux de ſa Famille, [brille,
Sous vn marbre, où leur nom touſiours vit, touſiours

V v

Des Siecles destructeurs, brauant le vain effort,
Iouïssent en repos de l'honneur de leur mort.
 Le Monument se voit pompeux de Pyramides,
Vers la riue, où la Mer, entre ses bras humides,
Etreint auec regret, les Saints lieux profanez,
Et leurs Peuples, au joug du Croissant enchaisnez.
Le Temps qui de sa faux a fait voler en cendre,
Le Tombeau de Mausole, & celuy d'Alexandre ;
Qui de tant de trauaux si vantez & si vains,
N'a pas même laissé l'ombre aux yeux des Humains,
Touché d'vn saint respect, pour cette Sepulture,
N'auoit encore osé violer sa structure.
 Là, *des Braues Hebreux les faits si renommez,
En demy-bosse estoient sur le marbre exprimez :
Et là, les Grecs vaincus, encore du visage,
Meditoient le blaspheme, & respiroient la rage.
Vne baze imparfaite en attente y restoit,
Dont le Iaspe, en beauté tout autre surmontoit :
Les Anges, qui le Comte en ce Tombeau porterent
L'Histoire de ses faits, de leurs mains y taillerent;
Et fort long-temps apres, dans le Siecle suiuant,
Ce trauail fit l'honneur de la France au Leuant.

REMARQVES.

* *Et le Dragon fameux*, pag. 420. Ce Dragon est le Diable, que l'Escriture sainte, en plusieurs endroits, met dans la Mer & sur les Fleuues.

* *Les Soleils de Bagdet*, pag. 421. Bagdet est Babylone Ville de l'Empire des Perses, qui de tout temps ont pris le Soleil, pour leur Enseigne ; comme les Turcs ont pris le Croissant.

* *Les Vents selon le rang*, pag. 422. Cette nouuelle distribution des Vents, n'est pas selon la Boussole & la Carte des Gens de Marine. Mais elle est selon l'imagination de la Poësie, qui a pû auec vray-semblance, donner à l'Ange Intendant des eaux, vne Couronne composée d'autant de rayons qu'il y a de Vents.

* *Ce Sceptre en non la Lune*, pag. 422. Les Philosophes attribuent à la Lune le flux & le reflux de la Mer : on l'attribuë icy à la vertu d'vn Sceptre, que porte l'Ange Intendant des eaux : & cette imagination, quoy que Poëtique, a autant d'apparence, que celle des Philosophes.

* *Et se rendit gayable*, pag. 423. Cette merueille arriuée en France, selon le rapport de nos Historiens, rend vray-semblable, la fiction des eaux du Nil diuisées en faueur de S. Louys.

* *Qui de ton propre sang*, pag. 423. La blessure de saint Louys, & la mort de Robert Comte d'Arthois son Frere, sont predites par ces paroles.

* *Du tortueux Caystre*, pag. 428. C'est le Meandre

Fleuve d'Asie renommé par ses détours, & par la multitude des Cignes qu'il nourrit.

* *Les Meres hâlées*, pag. 433. Ce sont les Regions d'Afrique, qu'Horace par vn mot plus hardy encore que celuy-cy, appelle la seiche Nourrice des Lyons.

* *Et de ses longs tuyaux les auirons*, pag. 430. Le nom d'auiron donné à des aisles, n'est pas plus hardy, que celuy de rames que leur donne Virgile.

* *Mais dés que le Belier*, pag. 439. Ce Belier est le Signe par où le Soleil recommence le Printemps.

* *Là des Braues Hebreux*, pag. 442. Ce sont les Macabées, qui firent la guerre contre les Grecs ennemis de leur Loy & de leur Nation.

SAINT LOVYS
OV LA
SAINTE COVRONNE
RECONQVISE.

LIVRE QVINZIESME.

'Avtre-part dans la plaine, à sa valeur ouuerte,
Et de sang Sarrasin, de sang Chrestien couuerte,
Louys portoit l'effroy, le desordre, & la Mort,
Dans les Corps ennemis ployans sous son effort.
Du haut de l'Apennin, aueque moins d'audace,
Le Milan descendu, donne aux Herons la chasse:
Le Lyon de Lybie, aux yeux étincelans,
Fait vn moindre dégast, dans les troupeaux bélans;
Et le torrent enflé du tribut des montagnes,
Plus enflé du butin enleué des campagnes.
Aueque moins de trouble, aueque moins de bruit,
Le trauail & l'espoir du Laboureur détruit;

Quoy qu'il roule les ponts aueque les chauffées ;
Qu'il porte le debris des maisons renuersées ;
Et qu'aueque les troncs des arbres entraisnez,
Il batte en écumant les rochers étonnez.

 Le Colosse Elgasel sembloit dans la bataille,
A voir son mouuement, à mesurer sa taille ;
Tel que paroist en Mer sur les moindres vaisseaux,
Vn de ces grands Voiliers, qui roulans sur les eaux,
De sa vaste fabrique étonne la Fortune,
Porte jusques aux Cieux les aisles de sa hune :
Et de son poids énorme, auec bruit se mouuant,
Fait la vague gemir, & murmurer le vent.
Le Barbare ajoûtant à cette grande masse,
Vne force aussi grande, vne plus grande audace,
Fauchoit auec le fer les files & les rangs,
Et jonchoit le sablon de morts & de mourans ;
Comme on voit sous la faux, la campagne jonchée,
De la jaune moisson par jauelles couchée.

 Hossonville & Chamblay, de sãg noble & Lorrain,
Accablez de son bras baignerent le terrain.
Là mesme Beaufremont, La Guiche, Galerande,
Les plus braues Ioûteurs, les plus fiers de leur bande;
Apres deux gros de Turcs, par leur valeur poussez,
Sous ce Mole viuant à leur tour renuersez,
A leurs noms, en mourãt, vn grand lustre laisserent;
Et long-temps apres eux leurs Races en brillerent.

 De sang & de sueur Augenne dégouttant,
Turcs, Arabes, Syriens, & Perses abbattant,
Ioint le vaste Elgazel, & frappe où la visiere,
Fait vn passage à l'air, & reçoit la lumiere.
L'armet comme indigné sous le coup fait du bruit ;
Vne étincelle en sort qui petille & qui luit :
Et tost apres, la main à la vengeance preste,
Ioint la foudre, à l'éclair qui jaillit de la teste.
Des-ja le coutelas en sifflant menaçoit,
Des-ja l'air d'alentour de crainte se pressoit,

LIVRE QVINZIESME. 449

Quand tout à coup suruient le genereux Viuonne,
Qui poussé de l'ardeur que l'amitié luy donne,
S'auance par vn noble & glorieux transport,
Pour garantir Angenne, & pour subir son sort.
Il se presente au coup, & le fer du Barbare,
Luy descend sur l'espaule, & du corps la separe.
D'vne part le corps tombe, & de l'autre le bras,
Qui mille fois vainqueur en mille autres combats,
Rend la vie & le sang par l'épaule coupée ;
Sans qu'aueque sa vie il rende son épée :
Et tandis qu'il la hausse & la serre des doigts,
Pour couurir son Amy, l'autre tend le pauois.

Angenne malgré luy garanty de la sorte,
De fureur s'abandonne au regret qui l'emporte :
Il reproche sa vie, & son salut au Sort :
A son Amy mourant il reproche sa mort :
Et du pied, de la main, du coutelas, s'auance,
Resolu d'en tirer vne illustre vengeance.
Mais par l'ordre étably sur le Sort des Humains,
Cette teste estoit deuë à de plus nobles mains.
Du coup qu'il luy porta des bluettes sauterent :
D'vn feu court & soudain ses plumes en brûlerent :
Il eust fait d'vn grand Pin tomber la teste à bas,
Et le front d'Elgasel sous luy ne branla pas.
Mais sous l'acier trenchant dont frappe le Barbare,
L'escu cedant au coup, qu'en vain Angenne pare,
Et le brillant armet, encore apres l'escu,
Quoy que deux fois trempé, du mesme coup vaincu,
Sa teste sans deffense au fer abandonnerent,
Les Croisez de frayeur à sa chutte branslerent :
Et le bruit qu'elle fit, accompagné d'effroy,
Et suiuy de desordre, alla jusques au Roy.

Il suspend à ce bruit son bras & son courage :
Vers ses gens effrayez, il tourne le visage :
Son regard les chastie, & leur remet au cœur,
La crainte de la honte, & l'amour de l'honneur,

Cette masse de chair, leur dit-il, vous étonne ?
Plus elle est vaste, & plus de prise elle vous donne.
Allons; armez de foy ; sans machines, sans bras,
La Foy seule a jetté semblables tours à bas :
Et * le grand Philistin, à tout vn Camp terrible,
A la foy d'vn * Enfant ne fut pas inuincible.

Il se charge à ces mots, d'vn fresne armé de fer,
Pique vers Elgazel, & va comme vn éclair :
Le Geant s'y prepare, & s'arme d'vn grand Orme,
Dont le bois est noüeux, & la pointe est énorme :
Les François de respect, les Sarrazins de peur,
Leur laissent le champ libre & les suiuent du cœur.
La poudre vole au loin, par les cheuaux foulée ;
La plaine au loin gemit, de leur course ébranlée ;
Deux foudres dans la nuë, à l'enuy se choquans,
Sous leurs aisles font moins bruire l'air & les vents :
Et dans la Lice ouuerte aux combats des tempestes,
Deux écueils se hurtans de leurs affreuses testes,
D'vne moindre frayeur étonneroient les flots,
D'vn moindre effroy feroiẽt trembler les matelots.

Le grand orme serré que baisse le Barbare,
Glisse sur l'épauliere, & de son but s'égare :
Mais le bois du Saint Prince, auec plus d'art cõduit,
Et gouuerné d'vn bras aux joustes mieux instruit,
Dans le front luy portant le fer par la visiere,
Bien loin de son cheual l'étend sur la poussiere.
Le terrain affaissé de son poids s'étonna :
D'vn long gemissement le Nil en bourdonna :
Et sa vague long-temps de frayeur ébranlée,
Sembla se retirer de sa riue croulée.

Ainsi lors que tomba * ce Phare si vanté,
Qu'autrefois sur son port l'Egypte vit planté ;
La terre au loin trembla, de sa chute accablée :
La Mer de son debris au loin se vit comblée :
Elle en perdit le fond, le bord elle en perdit :
Aueque le grauier l'onde se confondit :

LIVRE QVINZIESME.

Les écueils de frayeur leurs testes abaisserent:
Les poissons écartez vne autre Mer chercherent:
Et l'orage vainqueur du grand Mole abatu,
Iusques à Thunes fit retentir sa vertu.

Par cette grande mort l'Aisle gauche deffaite:
N'attend pas que les Chefs annoncent la retraite:
Et sans égard de rang, de deuoir, ny d'honneur,
Chacun fuit, au signal que luy donne la peur.
Louys sans s'arrester à suiure la Commune,
Inégale à son cœur, non moins qu'à sa Fortune,
Charge tout ce qu'il voit d'éminent & de fort:
Met en fuite les vns, met les autres à mort:
Pareil à ces grands Vents, qui maistres de la plaine,
Laissant chasser la feüille aux Vẽts de moindre halai-
Abbattent les moisons, ébranlent les forests, [ne,
De chaisnes arrachez accablent les guerests;
Et portent, en grondant, vne fatale guerre.
Aux Vaisseaux sur la Mer, aux Clochers sur la Terre.

Apres ces Corps deffaits, Louys demy vainqueur,
Tourne vers l'Aisle droite, & ses soins & son cœur.
Là, Forcadin suiuy de la fiere Zahide,
L'œil ardent de fureur, le bras de sang humide,
Eclaircissoit les rangs, les files renuersoit,
Hommes, armes, cheuaux à monceaux entassoit:
Et faisoit à boüillons, couler le sang fidelle,
Comme l'on voit couler la vendange nouuelle,
Quand à force de bras, le Vigneron conduit,
Le Pressoir écumant qui tourne aueque bruit.

Là petit Trichastel, qui laissa sur la Tille,
Moins d'or que de Lauriers à sa noble Famille,
Le fer du Sarrasin, qui luy fendit le flanc,
Fit jaillir son Esprit sur vn boüillon de sang.
Ruilly qui le suiuit, fut suiuy de Tiange,
Qu'vne teste pareille à la teste d'vn Ange,
Et tout ce que la Grece a de fleur & d'appas,
Dans ce moment fatal, ne garantirent pas.

Cent autres enuoyez des riues de la Seine,
Firent vn mont affreux de leurs corps sur la plaine:
Et cent autres, des bords de la Marne enuoyez,
Dans vn fleuue de sang demeurerent noyez.
   Zahide cependant à l'Eperuier pareille,
Qui du sang les Pigeons, à la serre vermeille;
Passant de Corps en Corps, Lisamante cherchoit;
Et du fer, en passant, rangs & files fauchoit.
De son Pere immolé l'Ombre pasle & sanglante,
Luy presente sa teste encore dégouttante:
Et cét affreux objet, à toute heure, en tous lieux,
Irritant son Esprit, & s'offrant à ses yeux;
Luy demande le cœur de la Vefue guerriere,
Qu'il nomme son Epouse, & qui fut sa meurtriere.
   Pour luy rendre vn si triste & si cruel deuoir,
A son deüil, à son cœur, mesurant son pouuoir;
Elle passe à trauers tout ce qui se presente:
Va d'vne bande à l'autre, appelle Lisamante
Et Lisamante enfin tournant teste à sa voix,
Ie te suy, répond-elle, attend qui que tu sois.
Se tirant à ces mots, du fort de la meslée,
Où sa valeur s'estoit par cent morts signalée;
Elle abat vne épaule, au fier Azaluyr,
Qui croyant follement, qu'elle voulust fuyr,
Piqué du vain desir d'enleuer son armure,
De rubis flamboyant & riche de graueure,
Afin de l'arrester, osa porter au frein,
De fougueux Moripel, sa temeraire main.
Elle luy joint Zoglan, à Zoglan Menedasse,
Faussant l'armet à l'vn, à l'autre la cuirasse:
Et d'vn reuers, ajouste à ceux-là Zalemor,
Qui regrette en mourant, les quatre tonnes d'or,
Qu'il acquit par vn meurtre & par vn adultere,
Et qu'il laisse à la soif de son auare Frere.
   Comme vn feu sousterrain, qu'vne caue lõg-temps,
A nourry de bitume, en ses humides flancs;

LIVRE QVINZIESME.

Aprés auoir enfin confumé fes entrailles,
Sort auec le fracas des toits & des murailles,
Enleue comble & fond, écarte aueque bruit,
Domes, Tours, Pauillons du Palais qu'il détruit:
Et mefle fur la terre, aux Colomnes caffées,
Et Pilaftres rompus, & Frifes renuerfées.

 Ainfi la forte Veuue, agiffant de l'ardeur,
Que fournit à fon bras, le beau feu de fon cœur;
Se fait jour au trauers de tout ce qui l'arrefte:
Icy fait choir vn corps, là voler vne tefte:
Et parmy les bleffez, parmy les morts fe rend,
De carnage foüillée, où Zahide l'attend,
Si-toft qu'elle paroift, la fiere Sarrafine;
La reconnoift à l'air, aux armes, à la mine:
Et la vifiere haute, au galop s'auançant,
Luy dit d'vne voix aigre, & d'vn ton menaçant,

 Ie crie, & tu n'entens, Ame ingrate & cruelle,
Ny ma voix, ny le fang du Sultan qui t'appelle.
Ton terme eft arriué, tu recules en vain,
Tu ne peux éuiter fon courroux, ny ma main.
Les Cieux eftoient fermez, & leur lumiere éteinte,
Quand tu portas la main à cette tefte fainte;
Et la Nuit leur cacha dans fon obfcurité,
D'vn fi noir attentat, l'horrible cruauté.
Mais ouuers maintenant, à la voix de ton crime,
Ils affignent ta tefte au Sultan, pour victime.
Cruelle, mille morts feroient trop peu pour toy:
Mais la honte & l'horreur, le regret & l'effroy,
Qui t'accompagneront dans la Nuit éternelle,
Et feront les Vautours de ton cœur infidelle,
Acheueront d'vn long & penetrant remors,
Ce que le fer aura commencé fur ton corps.

 Tu ne dois accufer, luy répond Lifamante,
Que le fale Tyran, de fa mort violente.
Il fit effay de tout pour me rauir l'honneur;
Et contre fon attente, il me trouua du cœur.

Le mesme cœur me reste ; & sans tant de jactance,
Il peut auec ce bras suffire à ma deffense.
Mais si mon cœur est ferme, où l'exige l'honneur,
Il est tendre aux bienfaits, plus que tout autre cœur.
La gratitude y regne au dessus du courage,
Et de bien reconnoistre, au moins ay-je l'vsage.
Ne m'obligez donc pas, à manquer malgré moy,
A ce que ie vous suis, à ce que ie vous doy.
Ie ne suis que par vous ; & ie vous dois la vie,
Qui sans vostre secours m'auroit esté rauie.
Remettez à quelqu'vn de ces Braues iurez,
Au feu de vostre amour, en Egypte attirez,
De faire contre moy, dans vne juste Lice,
La preuue de mon droit, ou de mon injustice.
Epargnez seulement à mes mains le mal-heur,
De perdre contre vous l'innocence ou l'honneur.

   Zahide luy répart, tu le deuois toy-mesme,
Reuerant d'vn vieux Roy, l'âge & le Diadème :
Et ton sang, que mes mains venoient de menager,
A respecter le sien te deuoit obliger :
Aussi, mes seules mains ont droit sur ton offence ;
Et Meledin n'attend que d'elles sa vengeance.

   Zahide là dessus se tournant auec art,
Partage le Soleil, en prend sa juste part,
Ramasse sa vigueur, son audace réueille :
La Veuue luy répond d'vne audace pareille :
L'vne joint à son deüil, tout ce que la valeur,
A de fougue heroïque, a de noble chaleur.
L'autre encore plus haute, ajoûte à son courage,
D'vne celeste Foy, l'inuincible auantage.

   Les preludes d'abord, sont beaux & compassez :
Les coups tirez par art, sont par art repoussez :
L'épée & le pauois semblent d'intelligence ;
L'vne allant à l'attaque, & l'autre à la deffense :
Et de l'acier battu le murmure grondant,
A l'acier qui le bat, de concert répondant,

LIVRE QVINZIESME.

Bien loin dans le vallon, les repliques s'entendent,
Des coups qui sont dōnez & des coups qui se rēdēt.
  Ainsi lors qu'en vn Bois, deux Bucherons puissans,
Le fer à tour de bras, sur vn chesne haussans,
Et sur son large tronc, le rabatans de force,
Font herisser sa teste, & fremir son escorce ;
L'Echo reprend les coups, & les repete au mont,
Qui d'vne longue voix à son tour luy répond :
Le peuple aux bras feüillus de frayeur en tremousse:
Et la terre, auec l'air, tremble de la secousse.
  A la feinte, à la ruse, aux finesses de l'art,
Succede la fureur, qui regit le hazard.
Zahide que le deüil à la vengeance anime,
Renonce la premiere aux regles de l'escrime :
Et sans plus menager ses armes, ny son bras,
Au boüillon de son cœur conduit son coutelas.
  Lisamante s'épargne ; & garde en sa deffense,
Tout ce que la valeur peut garder de prudence.
Mais c'est bien à regret ; & son cœur ne consent,
Que pour sauuer sa vie, au combat qu'elle rend.
Estant reconnoissante, autant que valeureuse,
Elle se croit ingrate, & se tient malheureuse,
Dans ce fascheux détroit, ou son funeste Sort,
L'arme contre Zahide, & la pousse à sa mort.
Elle combat pourtant, mais son bras se modere :
Et son ardeur n'a rien du feu de la colere :
Elle passe, elle rentre, elle tourne, elle suit :
Au parer, au fraper, vn mesme art la conduit :
Et le Coursier sous elle, à la bride docile,
Est à ses manimens aussi juste qu'agile.
  Zahide d'vn reuers, qui porta sur son bras,
Le mufle du moignon luy fit sauter à bas.
Trois dents de fine Opale, aueque luy sauterent,
Le tremblement en vint à celles qui resterent :
Et l'acier trop hardy, qui l'épaule éfleura,
D'vn long filet de sang l'yuoire en colora.

La Veuue, de douleur & de honte irritée,
Suit le boüillon soudain, dont elle est emportée:
Et perdant le respect gardé iusques alors,
L'atteint entre le flanc & le deffaut du corps.
Soit de l'acier frappé, soit de l'acier qui frappe,
Vn feu piroüettant aueque bruit échappe.
Le tranchant affilé va iusques à la chair;
Mais soit que tout à coup la force manque au fer;
Soit qu'vn respect soudain à la Veuue reuienne,
Qui suspende sa force, & son dépit retienne,
La blessure est legere, & le sang qu'elle rend,
Du corcelet ouuert goutte à goutte décend.

 Que vous faut-il encor, dit alors Lisamante,
Vous auez de mon sang, demeurez-en contente.
Le Destin des combats n'engage point sa foy;
S'il peut estre pour vous, il peut estre pour moy:
Et l'inuisible main qui les succez dispense,
Ne donne pas tousiours les bons à la Vaillance.

 D'vn brusque & pront reuers Zahide luy repart,
Lisamante le pare, & l'éuite auec art.
Alors, d'vn nouueau feu leurs dépits se r'allument:
Le combat s'en réchauffe, & les cheuaux en fument:
Les coutelas ardens, & de sang alterez,
N'épargnent ny cimiers, ny moignons figurez:
Boucles & mailles d'or, à tous les coups bondissent,
Des harnois, des brassars, des pots qui retentissent:
Et force Diamans sur la poudre semez,
Du feu que fait l'acier, & du leur allumez,
Sous les pieds des cheuaux semblent des étincelles,
Que les Guerrieres font jaillir à l'entour d'elles.

 Bethunes cependant de Brenne accompagné,
Apres vn Etendart sur les Perses gagné;
Passe au lieu du combat, entend les coups d'épées,
Tourne, & voit de leur sang les Guerrieres trepées.
De merueille tous deux surpris également,
Et suiuans de leurs cœurs le premier mouuement;

Ils

LIVRE QVINZIESME.

Ils accourent, sans voir, à quoy leur course vise,
Ce que veulẽt leurs cœurs, quelle est leur entreprise;
Et dans le nouueau trouble, où sont leurs sentimens,
S'ils vont cõme ennemis, ou s'ils vont cõme Amans.

 Du temps que sur sa foy, la Princesse Guerriere,
Demeura dans le Camp, de Bourbon prisonniere;
Brenne s'en vit blessé, mais d'vn coup si secret,
Que personne iamais n'en découurit le trait.
Aussi penetra-t'il iusqu'au fond de son Ame:
Il y mit le poison, il y porta la flame:
Et depuis ce temps-là, ce feu de jour en jour,
Soufflé de ses soûpirs, attisé par l'Amour,
S'en accrut à tel point, & vint à telle force,
Qu'il ne demanda plus d'aliment, ny d'amorce.
Le Portrait de Zahide en son cœur dominant,
De là, sur ses esprits, dans son sang, rayonnant,
Le nourrit, l'entretint, luy seruit de matiere,
Et luy donna chaleur, luy prestant sa lumiere.

 Souuent dans les combats, il chercha de la voir,
Autant que le permit la loy de son deuoir:
Il affecta souuent, de faire en sa presence,
Quelque action illustre & de haute vaillance:
Souuent dans le peril pour elle il se jetta:
Il s'exposa pour elle, aux coups qu'on luy porta:
Et pour rendre par fois quelque hõmage à ses char-
Il baissa deuant elle, & la teste & les armes. [mes.

 Maintenant étonné de la voir en danger,
Il s'auance au galop, pour l'aller dégager:
Et le feu de l'amour allumant sa colere,
Il tourne le fer nu contre son Aduersaire.
Bethunes emporté d'vn pareil mouuement,
N'ayant ny moins d'amour, ny moins d'étonnemẽt,
Suit pressé de la peur, qu'il a pour Lisamante,
Qu'il voit des-ja blessée, & de sang degouttante.

 Il dit d'vne voix aigre, & l'épée à la main,
Où va le Comte Brenne, & quel est son dessein?

X

Il est, replique-t-il, d'estre de la querelle,
De seconder Zahide, & de mourir pour elle.
Et le mien, luy repart Bethune en s'auançant,
Et de l'air, du regard, du geste menaçant;
Est d'estre contre vous, Second de la Chrestienne,
Et joindre à son besoin, mon épée à la sienne.
Mais le meilleur seroit, sans s'alterer si fort,
De ménager leur sang, & les mettre d'accord :
Leur sexe & leur vertu demandent cét office :
Et l'Honneur nous reserue ailleurs vne autre Lice.

Cependant des dangers plus grāds se preparoient,
La Fortune & la Mort à l'enuy conspiroient ;
Et sur vn arc Arabe vne flesche empestée,
Estoit contre la Veuve en cachette aprestée.
Le superbe Alfasel restoit de quatre Fils,
Par le puissant Arsur enuoyez à Memfis.
Ses Freres, à ses yeux, percez de coups de pique,
Venoient de trébucher sous la Veuve heroïque :
Et tous trois en mourant, vers luy leuant les bras,
Venoient de l'animer à vanger leur trépas.

De là, le cœur outré d'vne douleur mortelle,
Allant de Corps en Corps, il tournoit autour d'elle :
Et n'osant l'affronter, ny commettre à son bras,
Cette vengeance à faire auec le coûtelas ;
Quelquefois à costé, d'autres fois par derriere,
Le trait couché sur l'arc, il suiuoit la Guerriere.
A la fin s'arrestant, au point que le duel,
Entre elle & la Princesse estoit le plus cruel ;
Tandis qu'il prēd son temps, tandis qu'il la mesure,
A voix basse ces mots en colere il murmure.

Louue infame & cruelle, estoit-ce peu pour toy,
D'auoir plōgé tes mains dās le sang d'vn vieux Roy?
Estoit-ce peu, d'auoir foulé par cette injure,
Les droits des Nations & ceux de la Nature ?
Apres le Pere mort, encore voudrois-tu,
Par la mort de la Fille, abbattre la Vertu ?

LIVRE QVINZIESME.

Ce sacrilege seul, inhumaine aduersaire,
Deuroit sur toy, du Ciel attirer la colere.
Mais le Ciel à l'Amour la vengeance en remet;
Et l'Amour par mes mains la fera de ce trait.
Cher & charmant sujet de mes plus douces peines,
Abbregé des Vertus & des Graces humaines,
Zahide, que i'aimay, dés que mes ieunes jours,
Sentirent la chaleur, dont naissent les Amours.
Pour vous ie suis sorty des Estats de mon Pere;
I'ay méprisé pour vous les larmes de ma Mere;
Et quoy que ma Fortune eust de grand & de doux,
I'ay tout abandonné, pour me donner à vous.
Receuez de ma main, en dernier Sacrifice,
L'Ingrate, dont ce trait vous va faire justice.
De mes Freres tuez, ie luy remets la mort :
Si le Sort y prend part, je la remets au Sort :
Mais ce qu'elle commet contre vous, est vn crime,
Qui ne peut s'expier par vne autre victime :
Et mon cœur, qui iamais ne m'a rien dit de vain,
M'auertit que vos yeux l'attendent de ma main.

Sur le point que ces mots sō murmurēt acheuerēt,
Les Amans suruenus les Dames separerent :
Et le Barbare outré donna le vol au dard.
Par l'espace de l'air, mesuré du regard.
Que nos yeux sont bornez! que leur lumiere est sombre!
Que pour le but, souuent, du but nous prenōs l'ōbre!
Que nos bras sont fautifs! & que nos coups souuent,
Retournent contre nous repoussez par le vent!
Le trait s'enfuit de l'arc, l'air & la corde en grōdēt :
Les vents qui vont aprés, en sifflant leur répondent :
Et le fer sur l'escu de la Veuue porté,
L'atteignant vers la bosse, & glissant de costé,
Prend vn second essor d'vne force nouuelle;
Va frapper vers le col la Princesse infidelle.
Et trouuant l'entre-deux du casque & du harnois,
Iusqu'à prés de la hampe y fait entrer le bois.

X ij

La blesture l'émeut sans qu'elle s'en effraye :
Elle tire le trait tout sanglant de la playe :
Et pendant qu'elle tourne, & d'vn œil irrité,
Regarde fierement qui peut l'auoir jetté ;
Les lettres de son nom l'vne à l'autre enlassées,
Se découurent le long de la flèche tracées :
Et l'asseurent par là, qu'elle vient du carquois,
Qu'Alfazel en present receut d'elle autrefois.
　　La surprise & l'horreur de l'étrange auanture,
Ebranslent son Esprit ; rengregent sa blessure :
Et le dépit nouueau, la nouuelle douleur,
Par deux endroits diuers luy saisissant le cœur ;
Quoy qu'elle fasse ferme, & qu'elle s'éuertuë,
De cette double attaque à la fin abatuë,
Elle cede à son mal, & sur l'arson, penchant,
Des Barons soustenuë à terre elle descend.
　　Là, tandis qu'autour d'elle, aueque Lisamante,
Bethunes s'inquiete, & Brenne se tourmente,
Et qu'à l'ensy chacun, auec empressement,
Preste en trouble ses soins à son soulagement.
Au bizarre détour de la flèche infidelle,
Le Barbare frappé d'vne douleur mortelle,
Tout à coup perd l'esprit, le sens, le mouuement,
Et reste iusqu'au cœur, glacé d'étonnement,
A cette pesanteur vn tremblement succede :
Tout le corps luy fremit, de l'horreur qui l'obsede :
Le frisson est suiuy d'vne froide sueur,
Qui relasche les nerfs, qui décharge le cœur,
Et prepare aux esprits qui l'assiegent en foule,
La retraite aux conduits, par où le sang s'écoule.
Les sens luy reuenant, & trouuant en sa main,
De son coup malheureux l'instrument inhumain,
　　Infidelle, dit-il, en le jettant à terre,
Qu'as-tu fait ? qu'ay-ie fait ? quel si juste tonnerre,
Peut descendre du Ciel, auec assez de feux,
Auec assez de mots, pour nous punir tous deux ?

LIVRE QVINZIESME.

Et toy cruelle main, main barbare & traistresse,
Quel sang te lauera, du sang de ma Princesse ?
Prend le fer hardiment, plonge le dans mon cœur,
Il ne te reste plus d'autre voye à l'Honneur.

   Ces mots precipitez sont suiuis d'vn silence,
Confident des pensers qu'en tumulte il balance :
Au silence il succede vn murmure sans voix,
Approbateur confus d'vn effroyable choix :
Le desespoir en suite, executeur barbare,
Aueque la fureur à l'œuure se prepare.
Il met vn pied sur l'arc, le débande, & l'étend ;
Et contre luy des bras & du genoüil luttant,
Le brise d'vn effort, qu'vne noüeuse Antene,
Par le temps endurcie auoit souffert à peine.
Le bois vole en éclats & les deux bouts d'émail,
Où deux Serpens naissoient d'vn precieux trauail,
Dans ses mains luy restant, auec la corde entiere,
Il se la met au col, là passe par derriere,
Sort de son ambuscade, & porté de fureur,
N'ayant plus que Zahide, & la mort dans le cœur,
Accourt à toutes deux, d'vne égale vistesse,
Et confus se va rendre aux pieds de la Princesse.

   A ce funeste aspect, l'vn & l'autre est surpris,
Deux mouuemens diuers confondent leurs Esprits :
Les regards émoussez de Zahide blessée,
Pareils aux rays mourans de la Lune eclypsée,
Tombant sur Alfazel, de ses yeux languissans,
Rengregent sa douleur, luy renuersent le Sens :
Et d'vne voix de sang, la bouche de sa playe,
Rouuerte à son abord, le menace & l'effraye.

   Blessé de cette bouche, outré de cette voix,
Aprés vn long soûpir, entrecoupé deux fois,
Ie le tiens luy, dit-il, ie le tiens & l'ameine,
Le barbare Meurtrier, dont la main inhumaine,
D'vne erreur sacrilegue a violé ce corps,
Aux Graces consacré, comble de leurs thresors.

X iij

Prononcez son arrest, decernez son supplice,
Les bras autheurs du crime en feront la iustice.
Vostre bouche se taist : mais vos yeux offencez,
De leur regards mourans me condamnent assez.
La voix de vostre sang se fait assez entendre,
Ie ne puis la dedire, & ne m'en puis deffendre.
Au moins, illustre sang, moderez vostre voix,
Ie sçay ce qu'elle veut, & ce que ie luy dois.
Quoy que vous demādiez, soit mō cœur, ou ma teste,
A tout executer ma main est toute preste.
Mais pourray-ie sans crime, attenter sur vn cœur,
Que l'Amour vous soûmit, dés qu'il en fut vain- [queur?
Qu'il reste dōc entier, cōme il reste fidelle?
Que vostre image y soit, s'il se peut, imortelle ;
Et que le premier feu dont il fut allumé,
Aueque mon Esprit y demeure enfermé.
 Il incline, à ces mots, le front iusques à terre :
De la corde de l'arc le gozier il se serre :
Et de l'effort, que font ses bras, en la tirant,
Aux pieds de la Princesse il tombe en expirant.
Cette tragique mort luy laisse vn nouueau trouble,
Qui r'ouure sa blessure, & sa langueur redouble :
Lilamante confuse, & les Barons surpris,
Renouuellent leurs soins, r'appellent ses esprits :
Elle reuient à peine, à peine reuenuë,
Elle est conduite au Camp, de Brenne soustenuë :
Et le corps d'Alfasel en depost est laissé,
Sous les bras d'vn Palmier, iusqu'à terre abbaissé.
 Archambaut d'autre part aux Barbares fait teste,
Met en route les vns, & les autres arreste :
Et par tout où son cœur peut étendre son bras,
Turcs, Arabes, Persans sous luy tombent à bas.
Il coule vers le Nil, des ruisseaux d'écarlate,
De morts de la Mer rouge, & de morts de l'Eufrate.
Des Circasses deux fois le Corps il enfonça ;
Deux fois son Escadron Forcadin repoussa.

LIVRE QVINZIESME. 463

Et comme dans * l'Euripe, où la Mer est captiue,
L'onde va sans arrest de l'vne à l'autre riue :
Comme des blons épics l'or mobile & ployant,
Va du Nord au Midy, sous le souffle ondoyant :
Ainsi des deux Partis les forces balancées,
Tour à tour se voyoient poussantes & poussées.
Quand le fer à la main, le saint Prince arriuant,
Ecarte, pousse & romp ; renuerse, taille & send :
Pareil au tourbillon, qui fond sur les jauelles ;
Au torrent qui descend sur les plantes nouuelles ;
A la gresle, qui bat l'arbre des-ja fleury ;
Au feu mis dans le bled, que le haste a meury.

A tous ses coups, qui sont de fatales tempestes :
Les braslars pleins de bras, les casques pleins de te-
Tombent autour de luy, côme tombe le gland, [stes,
D'vn vieux chesne, ébranlé par la force du vent,
Il abat Sifredon, Braue & Caualerisse,
Que cent Lauriers cueillis autrefois dans la Lice,
Quoy que hauts & fameux, ne preseruerent pas,
De l'ombre qui se fait des Ciprez du trépas.
Il luy joint Alamel, & Goraman son Frere,
L'vn Amant de sa Sœur, l'autre aymé de sa Mere :
Et tous deux, de la mort de leur Pere accusez ;
Tous deux d'vn faux espoir de Couronne abusez.
Espoir tousiours charmant, amorce tousiours belle,
Mais espoir imposteur, mais amorce infidelle,
Où comme Oyseaux pipez, les orgueilleux Esprits,
De tout temps ont esté, de tout temps seront pris.

Azolin brandissoit vne torche allumée,
Effrayant tous les yeux, de sa flame charmée :
Et portoit, pour donner encore plus d'effroy,
Les dents, la peau, le poil d'vn Monstre autour de
Le Prince méprisant d'vn esprit heroïque, [soy.
Le vain épouuentail de sa torche magique ;
En passant, d'vn reuers, musle & casque luy send :
A sa chute, la flame à son habit se prend :

X iiij

Et le bruſlant, tandis qu'il meurt de ſa bleſſure,
Fait vn Demon en feu, d'vn Demon en figure.

  Louys piſſe, & d'vn coup, qu'il allonge en paſſant,
Au jeune Arimanzir le flanc gauche perçant,
Aueque bruit l'abat, non loin de Muleaſſe,
Qui n'auoit plus que luy pour releuer ſa Race.
Le Barbare auoit vû ſes trois illuſtres Fils,
De trois funeſtes coups, d'entre ſes bras rauis:
Et maintenant il voit, le Neueu qui luy reſte, [ſte,
D'vn coup plus glorieux, quoy que non moins funé-
Expirant à ſes yeux, répandre par le flanc,
Sa reſſource derniere, & l'eſpoir de ſon Sang.
Vne douleur ſauuage, à cét objet l'emporte,
Au dépit, auec bruit, ſon Ame ouure la porte:
La colere, à ſa ſuite, entre auec la fureur,
Et tout s'émeut en luy de tumulte & d'horreur.

  Comme vn rocher bondit, pour aller où le pouſſe,
De ſon corps ébranlé la bruyante ſecouſſe:
Et roule des Sapins, par les routes du Bois,
Les bras, les pieds, les troncs abatus de ſon poids.
Ainſi le Turc outré de ſa perte nouuelle,
Pour aller, où le ſang de ſon Neueu l'appelle,
Couppe vn bras à Vigniers, à Barry fend l'armet,
Perce à Vanon la gorge, & l'épaule à Lamet:
Et paſſant ſur Louys, luy porte à la paſſade,
Du coutelas ſanglant, vn coup ſur la ſalade.
Vers les riues du Rhin, l'acier jadis trempé,
De l'acier de Damas eſt vainement frapé:
Et Louys, d'vn reuers tourné ſur le Barbare,
Vne moitié du corps, de l'autre luy ſépare.
La teſte d'vn coſté, tombe aueque les bras,
Le tronc demeure en ſelle accompagné du bas:
Et le long des eſtriers, les entrailles traiſnantes,
Au cheual effrayé font des bardes ſanglantes.

  Du coup prodigieux, dont le Turc fut couppé,
Plus de ſix Eſcadrons eurent le cœur frapé:

LIVRE QVINZIESME.

Par tout, l'acier fatal autheur de la merueille,
Leur brille dans les yeux, leur resonne à l'oreille:
Et par tout, l'inuincible & formidable bras,
Sur eux multiplié leue le coutelas.
Tout fuit; & la frayeur qui tout suit & tout chasse,
Loin du combat encor, tout frape & tout menace.
En vain Forcadin crie, il les rappelle en vain;
La terreur est sans front, est sans cœur & sans main:
Et sourde à la raison, aueugle à la conduite,   [te.
N'a de vigueur qu'aux pieds, n'est forte qu'à la fui-
  De leur Camp cependant d'épouuantables Tours,
Sur d'autres tours de chair, viennent à leur secours.
Vingt Elephans chargez de bandes Sarrasines,
Equipez de chasteaux, & munis de machines,
Sur deux lignes de front, au combat s'auançant,
Font trembler sous leurs pas le terrain gemissant.
Ce qui reste de ferme & d'entier dans leurs troupes,
Se fait vn rang de Forts de ces immenses Troupes:
Et commis à deux Chefs, en deux Corps partagé,
En ordre de bataille à leur queuë est rangé.
  Le combat recommence, à l'ombre d'vne ondée
De cailloux & de traits de ces tours debordée:
Moins épaisse en Hyuer, est la froide toison,
Qui de floccons volans tapisse l'orison:
Moins épaisse est la gresle, au raisin redoutable,
Quand l'orage ennemy les vendanges accable.
Là, Coucy des premiers sur le front auancé,
D'vne canne serrée à la gorge est blessé.
A ce coup, sans effroy, sentant la mort prochaine,
Il sortit de la presse & couché sur la plaine,
Son casque détaché luy seruant de cheuet,
Il addresse ces mots à l'Escuyer Louuet.
  Fidelle compagnon de mes premieres armes,
Reserué à d'autres morts, cette source de larmes
La plus promte n'est pas vn mal à regretter,
Ny la plus éloignée vn bien à souhaiter.

X y

SAINT LOVYS,

Il n'importe d'auoir, ou courte, ou longue Lice,
L'espace y sert de peu, pourueu qu'on la fournisse :
Et le prix est pour ceux, qui iusqu'au bout constans,
Ont couru le plus iuste, & non le plus long-temps.
I'ay vescu, i'ay couru, maintenant sans enuie,
Ie sors de la Carriere & resine la vie.
Le Iuge qui preside aux courses des Humains,
Me voyant acheuer la Croix entre les mains,
Ne me priuera pas, de la Palme qu'il donne,
A ceux qui sous sa Croix courent à la Couronne.
Mais en vn point, Louuet, i'ay besoin de ta foy,
Et mourant, ie ne puis le commettre qu'à toy.
De tout temps i'ay fié mon cœur à ta prudence,
Et iamais elle n'a trompé ma confience.
Ie meurs comme tu sçais, possedé d'vn Amour,
Le plus pur, le plus beau, qu'ait iamais veu le iour :
Cette écharpe des mains d'Olinde trauaillée,
De son chiffre & du mien cette chaisne émaillée,
Sont à mon cœur captif, des liens, qu'autrefois,
Ie n'eusse pas changez aux Couronnes des Roys.
Maintenant ie les quitte ; & cette main fatale,
Qui les chaisnes de fer aux chaisnes d'or égale ;
Et sans distinction brise tous les liens,
Aujourd'huy, malgré moy, me décharge des miens.
Reçois-les, cher Louuet, & me donne asseurance,
Si jamais tu reuois le doux Ciel de la France,
De les aller remettre, à celle dont l'Esprit,
Non moins que la Vertu, de sa douceur me prit.
Mais si tu m'es loyal, sur tout ie te coniure,
De luy porter mon cœur, où regna sa peinture,
Où des feux aussi purs, que les celestes feux,
Toûjours clairs, toûjours beaux, toûjours respe-[ctueux,
De iour, comme de nuit, deuant elle bruslerent ;
Et d'vn culte secret, son merite honorerent.
De ces feux innocens, il s'y conseruera,
Vn reste de chaleur, qu'Olinde sentira ;

LIVRE QVINZIESME.

Et d'vne larme au moins, son cœur rendu plus tēdre,
Du cœur qu'elle conquit arrosera la cendre.
   Louuet qui fond en pleurs, s'engage auec serment,
A l'execution du triste testament :
Et l'Esprit de Coucy, sur vne douce haleine,
Sort auec vn soûpir, qui vers le Ciel le meine.
Mais que les soins sont vains, & les soucis trōpeurs,
Qui d'vne ombre flatteuse imposent à nos cœurs !
Et que l'Homme, qui suit leurs fausses apparences,
S'égare loin du but où vont ses esperances !
   Ce funebre depost fidelement porté,
Par le jaloux Flayel à l'Escuyer osté,
Fut par vne fureur sans pareille & nouuelle,
D'vn repas inhumain la matiere cruelle.
Olinde * à ce repas, mangea de son Amant,
Le pitoyable cœur haché barbarement ;
Et le iuste regret de cette barbarie,
La faisant de l'horreur passer à la furie ;
Le Soleil douze fois, la vit le long des bords,
Où l'opulente Somme étale ses thresors,
Appeller de Coucy la Memoire & l'Image,
Maudire du Ialoux l'imposture & la rage :
Et mourant à la fin, par vn funeste effort,
Luy laisser pour Bourreaux, son Phātôme & sa Mort.
   Des tourbillons de fer pareils à des rauines,
Descendent cependant des Tours & des Machines :
Les Elephans armez, de leur charge orgueilleux,
Vont contre les François, & les François contre eux.
Le spectacle est terrible, effroyable est la Scene,
De ce Monts aguerris, se mouuans sur la plaine.
Des cheuaux, de leurs pieds, sur la terre écrasez,
Et des hommes, en l'air, de leurs trompes brisez,
Le fer, le sang, le bruit, l'embarras, & le trouble,
Ajoûtent de l'horreur à la mort qui redouble.
   Là Belinde & Raymond, Braues, Amans, Epoux,
Des premiers au peril, des plus ardens aux coups,

X vj

Brillans de mesme feu, piquez de mesme gloire,
D'vne pareille ardeur alloient à la Victoire :
Quant au milieu du trouble, au milieu de l'horreur,
Qui par tout, vont apres la mort & la terreur ;
Belinde sent sortir du centre de son Ame,
Vne plus violente, vne plus forte flame,
Qui se faisant vn corps, d'vne chaude vapeur,
Luy met vn feu nouueau dans la masse du cœur.
De cét ardent esprit la Princesse pressée,
Aueque son courage esleuant sa pensée,
Forme ie ne sçay quoy d'heroïque & de grand,
Qu'en ces mots elle fait entendre à son Amant.
  Ie ne sçay d'où me vient cette ardeur si soudaine,
Qui s'est prise à mon sang, & va de veine en veine ;
Mais le souffle, Raymond, qui l'allume en mon sein,
Doit venir de plus haut, que de l'Esprit humain.
Elle est trop glorieuse ; & quoy qu'il en arriue,
A quoy qu'elle me porte, il faut que ie la suiue.
Dans les desseins hardis, l'entreprise est du cœur :
Le bon succez ne peut naistre que du Bon-heur :
Et le Bon-heur qui suit le vent de la Fortune,
Est au Mal, comme au Bien, vne faueur commune.
Vois-tu cét Elefant, si vaste, & si hautain ;
Qui de la longue faux, qu'il brandit de sa main,
Qui de ses pieds, égaux au pied d'vne colonne,
Qui du chasteau greslant, dont son dos se couronne,
Fait vn dégast plus grand parmy les Bataillons,
Que celuy qu'vn Sanglier feroit dans les sillons ?
C'est contre ce Geant, qui vaut toute vne Armée,
Que me pousse le feu dont ie suis enflamée.
L'entreprise est illustre, elle est digne d'vn cœur,
Où le cœur de Raymond a mis quelque valeur :
Et pourueu qu'au peril, d'vn regard il m'escorte,
I'empliray de mon nô, tout le Camp, viue ou morte.
Ce Laurier nous sera commun, si ie reuiens :
Si ie meurs, il aura son rang parmy les tiens :

LIVRE QVINZIESME.

Et tant que ton amour conseruera sa flame,
Par elle, ie viuray bien-heureuse en ton Ame.
　Son magnanime Epoux confus de sa valeur,
En prend vne subite & nouuelle pasleur ;
La prudence & l'amour, l'honneur & le courage,
Font de son cœur en trouble vn étrange partage.
L'amour craint pour Belinde, & la veut retenir :
Le courage & l'honneur voudroient la preuenir :
Et dans ce different, de peur de se méprendre,
La prudence ne sçait à qui des deux se rendre.
Le trouble enfin s'accoise ; & l'Esprit en repos,
A la bouche fournit la réponse en ces mots.
　Belinde c'est bien trop, qu'vne si chere vie,
Coure tous les perils dont la Guerre est suiuie :
Et que vous exposiez tous les iours tant de fois,
Vne teste honorable aux plus braues des Roys.
Mais, Belinde, ce trop, est selon la mesure,
De la valeur reglée, au cours de la Nature.
La vostre, qui vous vient d'vn principe plus haut,
Peut estre sans excez, comme elle est sans deffaut :
Et le feu que le Ciel dans vos veines allume,
Par dessus toute regle, & contre la coustume ;
Veut qu'icy vous laissiez, par quelque illustre sort,
La raison à l'écart, pour suiure le transport.
Suiuez le donc, Belinde, allez où vous ordonne,
Ce feu qui vous éclaire, & des-ja vous couronne :
Mais souffrez, qu'auec vous ie puisse partager,
L'vn & l'autre succez d'vn si noble danger.
La Palme à vostre front, par la Gloire apprestée,
Si i'ayde à la cueillir, n'en sera point gastée :
Et si le Ciel le veut, mourant aueque vous,
Ma mort sera plus belle, & mon repos plus doux.
　S'embrassãt, à ces mots, quelques goutes de larmes,
Sans l'aueu de leurs cœurs, s'écoulẽt sur leurs armes,
Ils laissent leurs cheuaux, au soin d'vn Escuyer ;
Et s'auançant d'vn pas aussi ferme que fier,

Ils abattent à droit, ils abattent à gauche ;
Ce que leur fer atteint en passant, il le fauche ;
Et leur vertu leur fait, par des monceaux de corps,
Vers vne mort plus grande, vne route de morts.
　Ils arriuent enfin à l'effroyable masse :
La grandeur du peril aggrandit leur audace :
Là d'vne part Belinde, & Raymond d'autre-part,
Partageant l'Ennemy, l'attaque, & le hazard ;
Entrent sous ce grãd corps, en prennẽt les mesures ;
Et par où son harnois est ouuert aux blessures,
Luy poussent, à deux mains, le fer auec vigueur,
Iusques dans le reduit où reside le cœur.　[dent,
Deux fleuues chauds & noirs auec bruit en debon-
Qui le champ d'alentour d'vne Mer rouge inondẽt:
Le grand Mole de chair, sur ses bases branlant,
Et d'vn pas inégal, vers la mort chancelant,
S'abat sur la Guerriere ; & du poids de sa masse,
Des fleuues de son sang, du fer de sa cuirasse,
Etouffe, noye, écrase, & de trois promptes morts,
Détruit en vn moment le plus parfait des corps.
　Ainsi perit Belinde, & sa propre victoire,
La fait moins succomber à sa mort, qu'à sa gloire.
Le Chasteau portatif, sur l'Elefant dressé,
Auec sa garnison à terre est renuersé.
Amorin de son casque a la teste froissée,
De son arc Alazir a la temple perceé,
Osir écrase Almat, & Zelinde son faix,
Et luy-mesme a la gorge ouuerte de leurs traits :
Vingt autres sans renom, sur leurs armes tomberent,
Et leur vie, en tombant, à Belinde immolerent.
　Comme quand le Mineur, loin de l'air & du iour,
Entreprend par le feu, d'enleuer vne Tour ;
Le tonnerre intestin, qu'il forme en ses entrailles,
De leur chutte, en grondant auertit les murailles :
Puis aueque fracas, tout à coup éclatant,
Et terrasse, cordons, ceintures écartant,

LIVRE QVINZIESME.

Il mesle, d'vne horrible & soudaine tempeste,
Les poutres aux rochers, le fondement au faiste.
Les Gardes malheureux, ou froissez au dehors,
Ou bruslez au dedans, ont de bizarres morts :
Et ce débris sanglant, de testes enleuées,
De membres écrasez, & d'entrailles creuées,
Est du Mineur surpris, & par sa mort vainqueur,
Le triomphe & le deüil, la gloire, & le malheur.

La pudique Heroïne ainsi fut opprimée :
Sa mort fut sa victoire, & fit sa renommée.
Mais à peine Raymond vit cét aymable corps,
Sous l'Animal mourant, couché parmy les morts;
Qu'vne subite horreur, de tenebres suiuie,
Presage du peril, qui menaçoit sa vie,
Par les canaux du sang, & par ceux des esprits,
Mit l'effroy dans ses sens d'étonnement surpris.

De son Ame frapée, au premier coup sortirent,
De soudaines lueurs, qui dans ses yeux jaillirent :
Trois fois aprés le coup, rappellant sa vigueur,
Elle la mit en garde à l'entour de son cœur :
Et trois fois, cette garde impuissante & troublée,
Sans secours la laissa, de son mal accablée.
A la fin, la douleur abatant la vertu,
Raymond du mesme poids est sous elle abattu :
De ses nerfs relaschez les ressors se détendent;
Ses membres engourdis à la froideur se rendent;
Il demeure sans poux, sans souffle, sans couleur;
Et l'amour qui luy reste, est sa seule chaleur.

Deux Cheualiers des siens, que deux de la spe escor-
Pour prendre soin de luy, vers le Fleuue le portent; [tent,
Et cependant Louys, de la main, de la voix,
De l'exemple animant les Escadrons François;
Malgré les Elefans, & leur vaste attelage,
Des Sarrasins rompus fait vn nouueau carnage.
L'effroy n'est pas si grand, parmy les étourneaux,
Que le Faucon chasseur poursuit le long des eaux :

Et dês Pigeons sans fiel, la trouppe épouuantée,
D'vne moindre frayeur est par l'air emportée,
Quand vn Aigle les suit, auec vn sifflement,
A quoy le vent de loin répond en l'animant.

De ces monts cuirassez, & porteurs de Machines,
Le plus vaste en leuant vn Neueu de Sergines,
Qui tout fort qu'il estoit, s'en deffendoit en vain,
L'étouffoit dans les plis de sa nerueuse * main.
Par la gresle des traits, qui de sa Tour descendent,
Par les ruisseaux de sang, qui sous eux se répandent.
Vers l'énorme Animal le saint Prince arriuant,
Et d'vn noble transport sur l'arson s'éleuant,
Luy fait tomber d'vn coup, cette trompe flexible,
De figure, de force, & de longueur horrible,
Qui d'vn ply tortueux, Sergines embrassoit,
Et d'vn fier ronflement, les autres menaçoit.
Le sang coule à randon de la Beste blessée,
Comme coule le vain d'vne cuue enfoncée :
Et le Prince tourné vers vn autre Elefant,
La teste d'vn reuers sur l'oreille luy fend.

Mais de l'arc d'Amurat vne flêche échapée,
D'Amurat gouuerneur de la Beste frapée,
A quatre aisles volant, & faisant bruire l'air,
Par le cuissart faussé luy passe dans la chair.
Le sang chaud ruisselant, par sa couleur exprime,
Le genereux dépit du Prince magnanime :
Et l'effort qu'il se fait, pour vaincre sa douleur,
D'vn air plus noble encore exprime sa valeur.
Il craint qu'aueque luy, sa victoire arrestée,
Plus auant ce jour-là, ne puisse estre portée :
Et malgré sa vertu, qui dans sa mine luit ;
Qui du cœur & de l'œil les Barbares poursuit ;
Il se remet au soin des siens qui l'y contraignent,
Et pour s'en asseurer douze Barons l'enceignent.
Encore ne peut-il se donner de repos,
Que l'Ennemy rompu ne luy tourne le dos :

LIVRE QVINZIESME.

Et veut, quoy que son sang l'appelle à la retraite,
Par sa presence au moins acheuer sa défaite.
　De sa main cependant les Elefans blessez,
Piquez de la douleur, & de l'effroy pressez,
Par leurs terribles cris, par leur montre sanglante,
Portent par tout le trouble, & par tout l'épouuante.
L'effroyable Troupeau de machines chargé,
Et contre les François en bataille rangé,
S'enfuit auec ses Tours, aueque ses Machines,
Et renuerse en fuyant les Troupes Sarrasines.
Forcadin furieux de la fuite des siens,
Trois fois soustient tout seul la foule des Chrestiens,
Et pareil au Lyon, qui les Chasseurs arreste,
A six des plus pressans il fait laisser la teste.
　Mais tandis qu'il dispute auec son propre cœur,
Qu'il balance sa vie aueque son honneur,
Son parent Secedon passe auec vne bande,
Des plus braues du Caire, & de ceux de Barbande;
Et malgré qu'il en ait, le Gros l'enuironnant,
Côme vn Roc que les flots vont de force entraînâts,
Il se trouue couuert de sang & de poussiere,
Plus porté, que conduit, jusques à sa Banniere:
　Encore en cét estat, d'vn farouche regard,
Où la honte & l'orgueil ont vne égale part,
Sur la plaine qui fume, & desja deuient noire,
Il cherche sa Fortune, il cherche la Victoire.
Le voile de la Nuit cependant étendu,
Oste aux viuans le jour, que les morts ont perdu:
Et le François vainqueur obeït au Trompette,
Qui d'vn ton lent & clair, l'appelle à la retraitte.

REMARQVES.

* *Et le grand Philistin*, pag. 450. Ce Philistin est Goliat, & Dauid, l'Enfant qui le vainquit.
* *Ce Phare si vanté*, pag. 450. Le Phare a esté vn des miracles du Monde. C'estoit vne Tour bastie sur le port d'Alexandrie, au dessus de cette Tour estoit vn Phanal, qui seruoit de guide aux vaisseaux.
* *Et comme dans l'Euripe*, pag. 467. L'Euripe est vn bras de Mer qui est entre la Boeoce & l'Isle de Negrepont où le flux se fait sept fois le iour.
* *Olinde à ce repas*, pag. 467. Cét éuenement n'est pas fabuleux, au moins s'il en faut croire Fauchet qui le rapporte. L'Autheur de la vie des Poëtes de Prouence en raconte vn tout pareil.
* *De sa nerueuse main*, pag. 472. On appelle ainsi la trompe de l'Elefant, parce qu'en toutes choses il s'en sert comme d'vne main.

SAINT LOVYS
OV LA
SAINTE COVRONNE
RECONQVISE.

LIVRE SEIZIESME.

Es Heures aux yeux pers, Gouuernantes
    du Iour,
Repoſoient ſons la Mer, dans cette hu-
    mide Cour,
D'où mille pots de Nacre, & mille Porcelaines,
A longs ruiſſeaux d'argent, répandēt les Fontaines :
Et leurs obſcures Sœurs qui gouuernent la Nuit,
Autour du ſombre Char qu'elles roulent ſans bruit,
Accompagnoient la Lune, & menoient les Eſtoiles,
Qui les rayons épars, & libres de leurs voiles,
Comme pour faire honneur au Camp victorieux,
Paroiſſoient à l'enuy ſe monſtrer dans les Cieux.
  Mais ſi toſt que le jour, ramené par l'Aurore,
Eut en pourpre changé l'azur de l'onde More,

D'vn soin religieux accompagné de deüil,
Le Peuple sans tumulte, & les Grands sans orgueil;
Vôt rêdre aux Ss. Martyrs, que leur a faits la Guerre,
Les deuoirs que leurs corps attendent sur la terre.
Rangez sous des gazons, benis par les Prelats,
Ils sont ceints de Palmiers sans feüillage & sãs bras,
Où cent riches harnois, cent armets barbaresques,
Cent bizarres Drapeaux, blasonnez de Moresques,
Et cent brassars pendans aueque cent escus,
Auec cens gantelets se déclarans vaincus,
Des Saints Victorieux, les tombes enuironnent,
Et de tiltres d'honneur leur memoire couronnent.

 Le seul Comte d'Artois, des Anges enleué,
Cherché de toutes parts, n'est nulle part trouué.
On l'appelle; & pour luy, les ondes & la riue,
Répondent d'vne voix douloureuse & plaintiue.
On le demãdent aux Monts, on le demãde aux Bois,
Et rien n'en vient pour luy, qu'vne confuse voix.
De son nom dans le Camp, les quartiers retétissent:
Les Tentes de sa perte, & les Drapeaux gemissent:
Et par tout auec deüil, on reproche sa fin,
Soit aux vagues du Nil, soit au fer Sarrasin.

 Louys, sur tous le plaint, mais sa plainte est mode-
Il estime sans luy, sa victoire funeste :   [ste;
Il sçait, tout grand qu'il est, s'abbaisser sous la loy,
De celuy qui regit le Sujet & le Roy :
Et par vn saint retour, il luy fait vne offrande,
Du Frere qu'il regrette, & du Camp qu'il cõmande.

 Mais le corps de Belinde, auant qu'estre enterré,
A ses honneurs à part, & son deüil separé.
Le funebre appareil dans sa Tente se dresse :
On y prepare vn Dais qui brille de richesse :
Des carreaux de rubis & de perles chargez,
Sur des tapis Persans, sont par piles rangez :
Et la Guerriere morte, est sur eux étenduë,
La teste découuerte & la tresse épanduë.

LIVRE SEIZIESME.

Ses cheueux, sur son front obscurcy de pasleur,
Sont tels qu'on voit au soir, les rayons sans chaleur,
Que le Soleil d'Hyuer laisse aller sur les nuës,
Pesantes de froidure & de glace chenuës.
  Ce n'est plus ce beau corps qu'on voyoit autrefois,
Triompher des Vainqueurs & regner sur les Roys:
Il ne s'en est sauué qu'vne confuse masse:
Ses membres ont perdu leur assiette & leur place:
Et de tout ce qu'elle eut de fier, de grand, de beau,
Il n'est rien demeuré que le droit du tombeau.
Toutes choses en deüil autour d'elle gemissent;
La pourpre, les clinquans, les rubis en paslissent.
Dix funebres flambeaux y font vn triste jour:
Dix Cassolettes d'or expirent à lentour:
Et de tous les costez, de longs ruisseaux de larmes,
Attristent la victoire & ternissent les armes.
  L'infortuné Raymond, qui sent déja son cœur,
Iusqu'au centre percé du trait de la douleur;
Appuyé sur le bras d'Albin qui le supporte,
Traîne son corps mourant vers son Espouse morte.
Là, déja demy froid, déja pasle, & sans voix,
De ses lévres, à peine ouuertes par deux fois,
Il pousse deux soûpirs, qui forcent le passage,
Et pour son Ame font à Belinde vn message:
Ces soûpirs messagers, coup sur coup depeschez,
Sont suiuis de ces mots, d'autres soûpirs tranchez.
  Aymable & chaste corps, que les Graces formerét,
Et que de leur sejour les Vertus honorerent;
Donc vous voila détruit, & ce noble habitant,
Cét heroïque Esprit de lumiere éclatant,
Est allé loin de vous enuironné de gloire,
Receuoir dans le Ciel le prix de sa victoire.
Mais quelle si seuere, & si funeste loy;
Vouloit que s'en allant, & sans vous, & sans moy,
Vous fussiez à la Mort, cette hostesse terrible,
Implacable aux Vertus, aux Graces inflexible;

Et i'eusse le regret, de viure apres le iour,
Que vos yeux me faisoient, qui faisoit mon amour?
Non non, ie ne le puis ; cette heureuse lumiere,
Sur mon Sort malheureux agira la derniere :
Et si ie vis encor, ie vis de la lueur,
Qui malgré vostre mort en reste dans mon cœur.
Ie la sens qui des-ja cede à la nuit mortelle,
Mes sens qu'elle animoit, luy cedent auec elle :
Et nos Esprits bien-tost reünis dans les Cieux,
Ensemble ioüïssans, ensemble glorieux,
Seront libres des loix, de ce Destin barbare,
Qui diuise les cœurs, & les Coupples separe.

 Soûpirant à ces mots, & luy baisant la main ;
Belle & forte, dit-il, mais belle & forte en vain !
Ouuriere de liens, de Couronnes ouuriere,
Ce fut vous, qui d'vn nœu sans prix & sans matiere,
Où la Vertu voulut trauailler auec vous,
Me fistes ce lien si charmant & si doux,
Que i'ay toûjours chery, plus qu'aucune Couronne,
Et plus que Sceptre aucun, que la Fortune donne.
Mais helas ! trop guerriere & trop vaillante main,
Eleuant vos exploits, sur tout exploit humain ;
Et par vne heroïque & magnanime faute,
Aspirant à cueillir vne Palme trop haute,
De son énorme poids, sur vous-mesme abattu,
Vous auez accablé la Grace & la Vertu.

 Là, de nouueaux soûpirs sa parole tranchée,
Laissa sa langue seche à sa bouche attachée :
Son Esprit les liens de son corps dénoüa ;
Deux fois auec frisson leur charge il secoüa :
Et montant à ses yeux, sembla de ses deux aisles,
Tout prest à s'enuoler, obscurcir ses prunelles.
Alors ses nerfs glacez, & ses membres perclus,
Manquans à leurs deuoirs, & ne l'appuyans plus,
Demy mort au costé de la morte il se couche,
Et l'haleine des-ja défaillant à sa bouche ;

LIVRE SEIZIESME.

Il dit d'vne voix foible & d'vn ton languissant,
De ses derniers soûpirs le souffle ramassant.

Nous eusmes, en commun, la vie & la Fortune,
Il restoit que la mort nous fust aussi commune :
Et que de nostre amour, dont le feu fut si beau,
La cendre se meslast en vn mesme tombeau.
Qu'elle y soit donc meslée ; & qu'aprés cette vie,
De l'Hymen eternel de nos Ames suiuie,
Bien-tost nous ne soyons, & morts, & glorieux,
Qu'vne cendre sous terre, & qu'vn feu sur les Cieux.

De ses levres, ces mots bien à peine sortirent,
Qu'aprés deux lōgs soûpirs, qui de prés les suiuirēt,
De son cœur entre-ouuert, son Esprit s'enuola,
Vers l'Astre d'où Belinde en brillant l'appella.

Grand & riche patron ! rare & noble modelle !
Quel si sçauant pinceau, fust-ce celuy d'Apelle,
Osera d'vn amour si constant & si beau,
Laisser à nos Neueux la memoire en tableau ?
Mais où seront les Cœurs, qui sur ce grand exēple,
Bruslans d'vn feu pudique, & beny dans le Temple,
Aux liens de l'Hymen, leur rudesse osteront ;
Et de son joug de fer, vn joug d'or se feront ?

De ces Espoux Guerriers telle fut l'auenture,
Digne que l'Amour mesme en traçast la peinture ;
Ce fort & chaste Amour, dont les feux parfumez,
Sont de rayons plus purs que le iour allumez.
La Gloire, les Vertus, les Graces les pleurerent :
Et d'immortelles fleurs leur memoire honorerent.

Aux yeux de tout le Camp, de leur perte affligé,
Du Conuoy des deux Corps, vn vaisseau fut chargé,
Vn Vaisseau magnifique, où cēt Drapeaux funebres,
Estaloient en plein iour de pompeuses tenebres.
Sans se plaindre le vent ne pouuoit y toucher :
Le iour sans s'obscurcir, n'osoit en approcher :
Et le noir Estendart voltigeant sur la Lune
Sembloit encor au deüil inuiter la Fortune.

Y

À la prouë, à la pouppe, & le long des deux bords,
Cent corcelets oſtez à cent Sarraſins morts,
Cent caſques ſuſpendus aueque cent rondaches,
Cent turbans enlacez aueque cent pennaches,
En forme de Captifs, à la pompe aſſiſtans,
Et leur barbare éclat au Cercueil ſoûmettans,
Des deux braues Amans faiſoient durer la gloire,
Et leur entretenoient vne ombre de victoire.

 Mais l'effroyable teſte, & les énormes pieds,
De l'Elefant deffait, aprés le maſt liez,
De l'yuoire des dents, à deux arbres pareilles,
Des deux boules des yeux, des deux vans des oreilles,
Du canal de la trompe, & des baſes de chair
Capables d'écraſer, & le marbre, & le fer,
Compoſoient vn Trophée auſſi rare qu'horrible,
Et d'vne feinte affreuſe aux plus hardis terrible.

 Ainſi ce train meſlé de triomphe & de deüil,
Auec deux Enuoyez, conducteurs du Cercueil,
Commis au cours du Nil, prend auec ſon eſcorte,
La route de la Mer, qui vers Acre le porte.

 Forcadin d'autre-part, de ſa perte irrité,
Et confus de l'affront, à la perte ajouſté ;
Se conſume en ſecret d'vne orgueilleuſe rage,
Du feu de ſon dépit rallume ſon courage :
Et tout rompu qu'il eſt, porte encore ſon cœur,
Et deſſus ſa deffaite & deſſus ſon vainqueur.

 Le Lyon repouſſé par les Chaſſeurs Lybiques
Armez de longs épieux, & de plus longues piques,
Ainſi de ſon courroux l'écume remaſchant
A la terre, aux rochers, aux arbres ſe faſchant,
De la voix & de l'œil au combat les appelle :
Ses tonnerres contr'eux, ſes éclairs renouuelle :
Le bois en bruit au loin, l'air au loin en reluit,
Et du Deſert qu'il bat, au loin la poudre en fuit.

 L'Enchanteur cependant, qui voit aueque rage,
Le Camp Croiſé vainqueur, & maiſtre du riuage,

LIVRE SEIZIESME.

Se resout à vuider l'Enfer de ses Demons,
A mesler l'onde à l'air, & les plaines aux Monts,
A faire, s'il se peut, tomber sur la Nature,
Des Cieux desassemblez l'eternelle structure ;
Auant que de souffrir, qu'aux Sultans soit osté,
Le Diadême saint par l'homme-Dieu porté.

Non loin du Cap barbare, où la poudreuse plaine,
Des plus agiles Vents eust espuisé l'haleine ;
Vers le Nord se voyoit, vn Salon sousterrain,
Encore enuironné de Pilastre d'airain,
Dont les Filles du Temps, la Roüille & la Vieillesse,
Auoient rompu la forme, & détruit la richesse.
Cent masques monstrueux, l'vn dans l'autre meslez,
En demy-bosse estoient sur les bases moulez.
Sur la Frise regnoient cent hideuses figures,
Effroyables d'aspect, bizarres de postures :
Et les corps monstrueux de cent affreux Serpens,
Sur les corps enroüillez des Pilastres rampans,
De leurs plis enlacez, & tournez en grotesques,
Sans lettres composoient des Chiffres barbaresques.

Le Salon magnifique & superbe iadis,
Fut dressé sur le plan qu'en fit Azaradis,
Pour les douze * Sorciers, qui par de vains prestiges,
Cururent du Grand Moyse, égaler les prodiges.
Ce Senat mal faisant, ce rebelle Conseil,
Tenoit là tous les soirs, dans vn triste appareil,
Sous les Demons Commis aux actions magiques,
Ses funestes Sabbats, ses Seances tragiques.

Là d'vn maudit metal, & d'vn Chiffre enchanteur,
Imprimé de la dent du Serpent imposteur,
Par vn art infernal, les * Verges se forgerent,
Qui du Dieu des Hebreux les * Verges imiterent ;
Lors que par les pouuoirs d'vne noire Vertu,
Aux yeux de Pharaon, du Ciel en vain battu,
Les Mages apostez les faux miracles firent,
Qui son Esprit rebelle à la Grace endurcirent.

Y ij

Ce lieu toûjours depuis des Hommes detesté,
Des Hiboux, des Dragons, des Spectres habité;
Fait pâlir le Soleil, fait horreur à son ombre:
Et toûjours infecté, toûjours noir, toûjours sombre,
N'a point d'autre clarté, que celle qu'y répand,
Le regard d'vne Orfraye, ou celuy d'vn Serpent.

 C'est en ce lieu fatal, que l'Enchanteur Mireme,
Va de venin liuide, & de colere blesme,
Demander aux Demons, sur les charmes Commis,
Vn nouuel armement contre ses Ennemis.
Il tourne, il frappe, il crie, & d'vne voix affreuse,
Il fait bruire à l'entour, la Sale tenebreuse.
A la triste lueur, que luy fait vn flambeau,
De la graisse d'vn mort enleué du tombeau;
Il déchiffre en grondant, & lit auec murmure,
Des Pilastres grauez la barbare escriture.
Enfin frapant du pied la terre par sept fois,
Et de sa main leuée accompagnant sa voix.

 Noires Ombres, dit-il, Puissances sousterraines,
Si fieres autrefois, & maintenant si vaines,
A qui remettez-vous l'Empire du Croissant,
Qui deuant les Croisez, déja disparoissant,
Voit sa vertu ceder, voit reculer ses bornes,
Et sous la Croix bien-tost verra tomber ses cornes?
Le Nil, qui de son Lit à ma voix debordé,
Assiegea les François dans leur Camp inondé,
Mal-gré luy, mal-gré moy, renfermé dans ses riues,
A veu son cours contraint, & ses ondes captiues:
Et depuis, on l'a veu soûmis à leurs Drapeaux,
S'entr'ouurir à leur marche, & suspendre ses eaux,
Le Dragon qui pouuoit engloutir leur Armée.
Qui pouuoit l'étouffer de sa seule fumée,
Deffait par vn seul Homme, & dans le Camp traisné:
Est encore à present sous leur Croix enchaisné.
Ce Câp d'Esprits Guerriers, cét Armement d'orages
Qui de flâmes ardent, & roulé des nuages,

LIVRE SEIZIESME.

Deuoit Tentes, Trauaux, Machines foudroyer,
Sans faire que du bruit, est venu se noyer.
Que vous reste-t-il plus, Ombres foibles & vaines,
Que gemir dans vos fers, que hurler dãs vos peines ?
Que nous reste-t-il plus, que de prendre la Croix,
Que de subir le joug de ses honteuses Loix ?
Donc nous le subirons. Vne orgueilleuse Idole,
De la Terre qui bruit, sort à cette parole.
Vn tissu triste & noir, qui se plioit en rond,
D'vn ombre de Turban luy couronnoit le front :
Vn autre long tissu, faisoit d'vn tour funeste,
A l'ombre de son corps comme vne ombre de veste;
Et d'vn Sceptre noircy, l'ombre vaine en sa main,
Soustenoit la fierté de son œil inhumain.
C'estoit de Medelin, deffait par Lisamante,
L'Ombre encore irritée, & de sang dégoutante.
Mireme qui remarque en sa noire pasleur,
La honte & le dépit meslez à la douleur ;
Luy dit, changeant de voix, & baissant deuant elle,
La Verge enchanteresse, & la torche cruelle.

Grand & dernier appuy de l'Estat agité,
Viens-tu le rasseurer, aprés l'auoir quitté ?
Viens-tu dans le peril, où l'a poussé l'orage,
Augure de malheur, predire son naufrage ?
Le temps est donc venu, ce déplorable temps,
Qui doit mettre la Croix sur le front des Sultans
Bien-tost nous la verrons, au faiste des Mosquées,
Détruire du Croissant les cornes offusquées.
Que plûtost, les Démons prisonniers des Enfers,
Aille briser là haut les Astres, de leurs fers ;
Que plûtost auec eux, les criminelles Ames,
Dans ces Globes brisez aillent porter leurs flâmes :
Et que plûtost le Iour se mesle auec la Nuit
Dans la Terre abismée, & dans le Ciel détruit.

Espere, luy répond le Spectre, & te rasseure ;
Nôtre Astre va changer, & de route & d'allure :

Et les Astres faueurs des Peuples d'Occident,
Deuant luy dissipez, vont perdre l'ascendant.
Le Tyran, General de l'outrageuse Armée,
A la cuisse blessé d'vne pointe charmée,
Et bruslé d'vn feu lent, que nourrit le poison,
En vain des Medecins attend la guerison.
Telle fut la Figure, & l'Estoile fut telle,
Sous lesquelles Ozan fit la flêche mortelle,
Qu'il n'est remede aucun, ny connu, ny caché,
Par où l'effet fatal en puisse estre empesché :
Et du Tyran Croisé la mort est asseurée,
S'il n'a pour en guerir l'eau de la * Matarée.
Donc que ton premier soin, soit de mettre à l'entour,
Vne Garde qui veille & de nuit & de iour ;
Vne Garde inuincible aux ruses, comme aux armes,
Qui l'approche en deffende, ou par force, ou par [charmes.
Forcadin cela fait, renforcé du secours,
Qui luy vient du Climat, d'où renaissent les iours,
Attaquera le Camp, que la mort du Corsaire,
Aura laissé sans Chef, & facile à deffaire.
L'Empire des Sultans par là s'establira,
La Secte des Croisez par là s'abolira ;
Et tous leurs Chefs, aprés la victoire emportée,
Par troupes immolez à mon Ombre irritée,
Vn iuste monument, de leurs corps me feront,
Et l'affront de ma mort, de leur sang laueront.

    L'Ombre ayant acheué, cent autres la suiuirent,
Qui de longs sifflemens, à sa voix répondirent.
L'Enchanteur, à son char inuisible & volant,
Deux Limoniers aislez par vn charme attelant,
Va sans faire de bruit, sans éleuer de poudre,
Plus viste que l'Oyseau ministre de la foudre.
Ses Agens tenebreux en troupe le suiuans,
De leur souffle empesté gastent celuy des Vents.
L'air en pût, l'herbe en meurt, les nuages s'en trou-
Et de l'affreuse nuit les frayeurs en redoublét. [blét,

LIVRE SEIZIESME. 487

Non loin des hauts rāpars, qui de trois larges tours,
De brigues encrouſtez, & diſtinguez de Tours,
Font au Caire ſuperbe, vne triple ceinture,
Solide de matiere, autant que de ſtructure ;
Dans vn lieu ſolitaire, & du trouble écarté,
D'hoſtes vers & touffus ſeulement habité,
Il ſourd à gros boüillons, vne viue fontaine,
Nourrice des Palmiers qu'engendre cette plaine :
Et d'autres bois heureux, qui formēt de leurs pleurs,
Le precieux eſprit, des plus douces odeurs,
Vierge, quoy que nourrice, elle va ſans meſlange ;
Ne s'altere iamais, & iamais ne ſe change.
Son nom eſt Matarée ; & l'on dit qu'en ce lieu,
La Mere, qui ſans Pere enfanta l'Homme-Dieu,
Du temps de ſon exil, alloit lauer ſes langes,
Terribles aux Demons, adorables aux Anges.
Cette eau, pour le ſalut des Peuples de Memfis,
Soit des mains de la Mere, ou des langes du Fils,
Receut vne vertu, qui feconde en merueilles,
N'eut iamais autre part, ny n'aura de pareilles.
Depuis, ſon nom paſſant bien loin delà les Mers,
Et le cours de ſa gloire empliſſant l'Vniuers ;
Elle fut, aux Eſprits, comme aux corps ſalutaire,
Vne ſource de vie & de graces au Caire.
  Là, Mireme ſuiuy de ſes Demons ſeruans,
Arriue ſur ſon char, plus leger que les Vents.
D'abord, ſur les Palmiers, qui la ſource enuironnent,
Et de leurs bras touffus & courbez la couronnent :
Aprés le long des bords, qui font au cours de l'eau,
Par les prez verdoyans, moins vn lit qu'vn berceau :
Il trace auec le doigt, cent bizares figures,
Que ſa bouche en grōdāt, ſuit de ſecrets murmures.
Cela fait, à voix haute, il cite ſes Demons,
Les vns par leurs emplois, les autres par leurs noms :
Il aſſigne à chacun ſon poſte & ſon office :
Il met en faction la ruſe & la malice :

Y iiij

Et d'vn accent, qui fait le vallon refonner,
Et les Bois d'alentour de frayeur friſſonner,
   Officiers, leur dit-il, de la Nuit eternelle,
Compagnon tenebreux, Garde noire & fidelle ;
Prenez ſoin de ces eaux, ſoyez-en les garans,
Sur tout, Soldats ſans corps, deffendez les des Fràcs.
Auecque la Fontaine, à vos ſoins ie reſne,
L'Empire de l'Aſie, & la Loy Sarraſine :
Conſeruez l'vn & l'autre, en ce commun hazard
Où l'art ne pourra rien, ioignez la force à l'art :
Et donnez ſi bon ordre, à ces fatales riues,
Que le Croiſſant y voye vn iour les Croix captiues.
   Aprés cette funeſte & noire garniſon
Sur la Source établie & ſur tout l'Oriſon,
Mireme reporté vers les Barbares Tentes,
De leur perte derniere encore gemiſſantes,
Prepare vne autre ruſe, à tout éuenement,
Où regne l'impoſture auec l'enchantement.
Il dépeſche vn Demon, vers les riues fameuſes,
Où coulent du Iourdain les vagues orgueilleuſes.
Et ſe fait apporter, de ces roſeaux noüeux,
Heriſſez haut & bas d'aiguillons eſpineux,
Dont le cruel Hebreu, fit la Couronne Sainte,
Qui du ſang precieux de l'Homme-Dieu fut teinte.
   A l'inſtant ces roſeaux au Barbare apportez,
Et de ſorts peſtilens & mortels infectez ;
Pour vn charme dernier, preſentez à l'haleine,
Du Monſtre le plus noir de l'Infernale plaine,
Sont imbus du poiſon, que ſa gorge y verſa,
Et penetrez du fiel, que ſa dent y laiſſa.
   L'Enchanteur cela fait, les arrange & leur donne,
Vn tour pareil au tour de la ſainte Couronne :
Et ſoit illuſion, ſoit adreſſe d'vn art,
Qui trompe la penſée, en trompant le regard,
Il fait vn ſecond cercle, au premier ſi ſemblable
Qu'on ne peut diſtinguer le faux du veritable.

LIVRE SEIZIESME.

Et confiant fa rufe, au Garde du threfor,
Enferme l'vn & l'autre en la caffette d'or.

Il croit, car que ne croit la malice rufée,
Que du François vainqueur, la Prudence abufée,
Ne fçachant que choifir, dans cette égalité,
Du cercle falutaire & du cercle infecté ;
Les emportant tous deux, portera dans fes Tentes,
Vn noir embrafement de flâmes peftilentes ;
Et fon Camp, que la Mort, de ce feu détruira,
Par fa victoire au moins fa perte acheuera.

Plein de cette efperance & friuole & cruelle,
Il porte à Forcadin l'agreable nouuelle,
Du fecours qui luy vient du Leuant & du Nort,
Et du Roy de Croifez luy préfage la Mort.
De là porté dans l'air, fur vn char de nuage,
Dont vn Cocher de feu, gouuerne l'attelage ;
Il va reuoir la Source, & les Demons en corps,
Eftablis pour fa garde à l'entour de fes bords.

Du coſté des François, cependant la Victoire,
Sous fes Palmes gemit, eft trifte dans fa gloire.
Le peril de Louys, de tout le Camp vainqueur,
Eft le trouble commun, & la commune peur :
Tous les Chefs, tous les Corps, bleffez de fa bleffure,
Sans plaindre leurs trauaux, plaignent fon auenture :
Et les tambours muets, les trompettes fans voix,
Les cafques fans honneur, couchez fur les pauois,
Semblent ioindre leur deüil à la plainte commune,
Et d'vn trifte filence, accufer la Fortune.

Le Roy feul dans ce trouble, à foy toufiours pareil,
Regne encore du cœur, de l'efprit, du confeil.
Son Ame forte en tout, & par tout heroïque,
Ne prend aucune part à la crainte publique.
Le charme & le venin, la fiévre & la langueur,
Ont abattu fon corps, fans ébranler fon cœur.
Et la Mort elle-mefme auec cét équipage,
Qui fait trembler le Fort, qui fait blefmir le Sage ;

Y v

A ses yeux asseurez de prés apparoissant,
Et son terrible dard, sur luy de prés haussant.
L'épouuante aussi peu que feroit vn Phantosme,
Qui le menaceroit d'vne flesche de chaume.

Ainsi, quand le Soleil defaillant en plein iour,
Met l'effroy dans sa suite, & le trouble en sa Cour;
Les Heures, de son mal autour de luy languissent;
Les Astres ses sujets, de frayeur en pallissent;
Le Ciel en est en deüil, la Nature s'en plaint,
L'vn en perd la lumiere, & l'autre en perd le teint:
Il marche cependant d'vne mesme vistesse;
Tout éclipsé qu'il est, il garde sa iustesse:
Et sans s'épouuanter du trouble, ny du bruit;
Sans paroistre étonné de l'ombre qui le suit;
Il va d'vn pas égal, d'vne égale constance,
Où veulent son deuoir, & son intelligence.

Dans la confusion de ce commun effroy,
Causé par le peril, où se trouue le Roy;
Brenne quoy que si braue, amoureux de Zahide,
Auec elle languit, & pour elle est timide.
Si la fieure la brusle, il fond à son ardeur:
Si le frisson l'émeut, il gele iusqu'au cœur,
Et soit froidure ou chaud, que la Malade souffre,
Il se sent tout de glace, ou se sent tout de souffre.

Dans sa Tente, où par fois il reste aussi perclus,
Que s'il n'entendoit rien, que s'il ne voyoit plus;
Il ne paroist viuant que par la seule haleine:
Il a les sens liez, le cœur luy bat à peine;
Encore ce qu'il bat, n'est que pour l'auertir,
Que son Esprit blessé se dispose à partir.

D'autresfois agité d'inégales pensées,
Pareilles en leurs flux aux vagues balancées,
Sans arrest il se porte, à tous les mouuemens,
Que le poids de l'Amour donne au corps des Amans.
Il sort, il rentre, il erre; & Zahide mourante,
Quoy qu'il fasse, ou qu'il aille, à ses yeux se presente;

LIVRE SEIZIESME.

Mais d'vn œil qui languit, & semble en languissant,
Demander du secours aux douleurs qu'elle sent.
 Que ne puis-je, dit-il, tourné vers cette image,
Qui d'vn regard mourant allume son courage ;
Que ne puis-je m'offrir, pour vostre guerison,
Au precipice, au fer, à la flame, au poison !
Que i'aurois de plaisir à m'épuiser les veines,
Si mon sang pouuoit estre vn remede à vos peines!
Et qu'il me seroit doux que la rigueur du Sort,
Voulust, à vostre acquit, se payer de ma mort !
Ie croirois en mourant, renouueler ma vie ;
Et mon nom dôneroit aux Amans de l'enuie. [doux,
Mais à quoy bons ces vœux, aussi vains qu'ils sont
La Mort ne prendra rien en échange pour vous :
Et ie croy bien plus seur, de forcer la cruelle,
Que de vouloir entrer en commerce auec elle.
La Source n'est pas loin, dont les fameuses eaux,
Ont la force d'oster les mourans aux tombeaux :
Vn Corps de Sarrasins en garde le passage ;
Mais que ne peuuent point l'amour & le courage ?
 A ces mots il conclut d'engager auec soy,
Sous pretexte d'agir pour le salut du Roy,
Quelqu'vn de ces Vaillans, dont la force Heroique,
Tient le rang le plus haut, dans l'estime publique.
Et Bourbon luy semblant le plus homme de main,
Sans remise il luy va proposer son dessein. [néces
 De quelques beaux Lauriers, Seigneur, que tes an-
Dés long-temps, luy dit-il, soient déja couronnées,
Le tour n'est pas côplet, que leurs rameaux te font,
Et le plus glorieux manque encore à ton front.
Il t'est propre, il est prés ; & dés-ja son feüillage
Appelle ta valeur, & s'offre à ton courage.
Loüys est en peril ; & la Nature en vain,
En vain l'Art à son mal semblent mettre la main.
La flame que la fiévre en ses veines allume,
De son sang se nourrit, & ses forces consume :

Et le funeste fer dans sa cuisse caché,
Sans vn second peril n'en peut estre arraché.
Bien s'offre-t'il aux mains de la sçauante troupe
Et coniure sans peur, que sans respect l'on coupe :
Mais ce cruel essay, bien loin de le guerir,
Pourroit aigrir son mal, & le faire mourir.
L'Ange Tuteur des Lys, qui permit la blessure,
Te reserue l'honneur d'vne si grande cure.
L'entreprise est illustre, elle est digne de toy,
Et tu la dois, non moins à ta gloire, qu'au Roy.
La Sainte Mataiée au Leuant si fameuse,
Par la vertu qui suit son eau miraculeuse,
Commence prés du Caire, à sourdre d'vn Rocher,
Que les bras des Palmiers, au iour semblent cacher.
Il n'est point de Malade à son onde incurable ;
Elle est aux corps, non moins qu'aux Esprits secou-
Et soit contre le feu dans les veines bruslant, [rable:
Soit contre le venin par les membres coulant,
Soit contre la Mort mesme, à qui toute herbe cede,
Elle est vn aussi doux qu'infaillible remede.
Seigneur, ie sçay la langue, & la Carte des lieux,
Et deuant que deux fois la nuit ferme les Cieux,
Suiuant les Oliuiers qui ceignent cette plaine,
Le puis te rendre au bord de la sainte Fontaine.
Le succez est douteux, & le peril certain ;
Mais que ne peut ton cœur, & que ne peut ta main?
Et quel sort pourroit mieux occuper ta Fortune,
Que le sort d'vne vie à tant de Corps commune ?

A ce discours, que Brenne auec adresse fit,
Au grand cœur de Bourbon vn feu soudain se prit:
Et de là, dans ses yeux, des bluettes jaillirent,
Qui de sa volonté d'auance répondirent.

Mes Lauriers, luy dit-il, sont encor en bourgeon;
Bien loin de me couurir, à peine les voit-on ;
Et ce que le Public appelle vne Couronne,
N'est qu'vn petit sion, que sa faueur me donne.

LIVRE SEIZIESME.

Mais, Seigneur, mon souhait est grād d'en acquerir,
Falluſt-il chaque iour, de mon ſang les nourrir.
I'eſpere que marchant ſur tes pas à la gloire,
Tu me preſenteras du moins à la Victoire :
Et i'auray quelque brin de ce Laurier ſi vert,
Dont tout le Camp jaloux te reuerra couuert.

L'vn & l'autre auſſi-toſt s'appreſte à l'entrepriſe,
D'Enſeigne & de Blaſon le Comte ſe déguiſe.
Il prend vne cuiraſſe infidelle, & ſans Croix,
Il ſe fait Sarraſin du caſque & du pauois :
Et croit par cette ruſe, aueque moins d'obſtacles,
Arriuer à la ſource ouuriere de miracles.

Mais Bourbon mieux inſtruit à vaincre, qu'à ruſer,
Voulant à découuert, tout faire, & tout oſer ;
Va brillant de ſa riche & magnifique armure,
Où des rubis en croix regnent ſur la dorure :
Et le fer, tant de fois teint de barbare ſang,
Qu'à groſſes boucles d'or il enchaiſne à ſon flanc,
Contre tout Ennemy, viſible & non viſible,
Aſſeure à ſa valeur le tiltre d'Inuincible.
Ainſi les deux Guerriers diuerſement armez,
Et de ſoins bien diuers au voyage animez,
Vont d'vne ame à tout faire, à tout voir preparée,
Par où le droit chemin mene à la Matarée.
Deſ-ja l'Aſtre roulant qui diſpenſe les iours,
Des rayons qu'il lançoit du milieu de ſon cours,
Faiſant jaillir le feu dans les lieux les plus ſombres,
Oſtoit le frais aux Bois, & la noirceur aux ombres:
Lors que Brenne & Bourbon, vers le Caire auáçans,
Découurent ſes ramparts couronnez de Croiſſans :
Et plus loin, dās vn vuide, où la veuë eſt sās bornes,
De trois Moles pointus apperçoiuent les cornes.
Bourbon en eſt ſurpris ; & meſurant des yeux,
De ces Monts cimentez l'eſpace ambitieux.

Quelles teſtes, dit-il, aſſez outrecuidées,
Ont pû porter ſi haut leurs énormes idées ?

Est-ce-là, qu'autrefois cét assaut se donna,
Qui fit trembler la Terre, & le Monde étonna;
Quand les Peuples Geants, qui le Ciel assaillirent,
De Monts sur Monts dressez des échelles se firent?
　Les Geants, luy repart le Comte mieux instruit,
Dont la memoire fait encore tant de bruit,
Sur d'autres plans ailleurs, & sur d'autres mesures,
Eleuerent l'orgueil de leurs folles structures.
Celles que tu vois là, qui semblent se hausser,
Iusqu'à choquer les Cieux, & les Astres percer,
Sont de vieux Monumens, que des Ames hautaines,
Encore apres leur mort & dans leurs cendres vaines,
Entreprirent iadis, pour laisser à leurs Noms,
Des Tombeaux cimentez du sang des Nations.
Desir extrauagant! folle & bizarre enuie,
De chercher dans la mort vne immortelle vie!
Mais orgueil inhumain! cruelle vanité,
Qui pour vne phantasque & fausse eternité,
Pour vne vie en ombre, en memoire, en phantôme,
A tiré tout le sang des veines d'vn Royaume!
　De ces Monts faits par art, le faiste audacieux,
Qui dans l'air se perdant, & se cachant aux yeux,
Semble aboutir en pointe, est vne plate forme,
De quarrure, non moins que de hauteur énorme.
Sur celuy du milieu, dans vn char attelé,
De quatre grands coursiers de marbre pommelé,
Vn * Geant se voyoit taillé d'vne Montagne,
Qui d'vn geste arrogant commandoit la campagne.
　Celuy qui porte en l'air sa pointe vers le Nort,
Qui braue encor le Temps, & lasse son effort,
De Rhodope iadis dans l'Egypte fameuse,
Fut la Tombe, à son siecle, à son Pays honteuse,
Le scandaleux trafic, par elle entretenu,
Fit de ses sales gains l'immense reuenu,
Qui soustint la dépense, & iusqu'à cét étage,
Où s'égarent les yeux, accompagna l'ouurage.

LIVRE SEIZIESME.

Cét autre que tu vois monter vers le Midy,
D'vn faiste moins superbe, & d'vn frõt moins hardy,
Se dressa sur le Plan, que les Tyrans formerent,
Qui d'vn injuste joug les * Hebrieux opprimerent.
Les Patriarches saints, les Prophetes Ayeux
De l'Oint prophetisé, qui décendit des Cieux, [rent
De lõgs ruisseaux de pleurs que leurs maux leurs tire-
La terre, le ciment, la brique en detremperent :
Et le sang, que la terre à leur sueur mesla,
De leurs dos, de leurs bras, dans l'ouurage coula.
  Mais que foible est le fõd de la Grandeur humaine!
Que la Baze en est creuse, & l'assiette incertaine!
Ces vains Entrepreneurs, apres eux n'ont laissé,
Qu'vn Nõ qui ne vit plus, qu'vn bruit qui s'est passé :
A peine pouuons-nous déterrer leur Memoire,
Des fabuleux debris qui restent de l'Histoire.
Sous la chutte des Ans sans ordre & confondus,
En d'autres Noms plus grands, les leurs se sont per-
Et cette Eternité qu'ils ont tant affectée,   [dus ;
Qu'ils ont de pleurs, de sang, de sueurs cimentée
Ne leur demeure, apres tant de trauaux soufferts,
Qu'en ombre sur la Terre, & qu'en feux aux Enfers.
  Dans le mesme Desert, d'où ces vastes structures,
Portent si prés du Ciel, leurs superbes mazures ;
Sur vn vaste rocher, en Baze trauaillé,
Vn rocher est assis en * Colosse taillé :
La Figure autrefois parlante & prophetisse,
Fut de tout le Pays l'Idole seductrice ;
Quand le Pere d'erreur ses levres inspirant,
Et l'Egypte abusée à sa voix accourant,
L'air fumoit iour & nuit, du feu des sacrifices,
Offers pour acheter des réponses propices.
Mais lors que l'Enfant Dieu, des Anges escorté,
Fut par sa Mere Vierge en Egypte porté ;
L'Esprit inspirateur de la menteuse Idole,
Cedant au Verbe chair, la laissa sans parole :

Et le marbre imposteur, qui depuis ce temps-là,
Iamais n'oüit parler, & iamais ne parla,
Encore maintenant reconnoist en silence,
Du Verbe alors Enfant l'éternelle puissance.
　　Les deux Heros ainsi leur chemin soûlageoient,
Et du dechet du iour les ombres s'allongeoient;
Lors qu'approchât des bords, où le Nil semble faire,
De son onde tranquile vn grand miroir au Caire;
Le Comte derechef à Bourbon s'addressant,
Cette Isle, luy dit-il, que l'eau va carressant,
Et que * le papier vert, & la canne qui sonne,
Ceignent d'vne bruiante, & mobile couronne;
Est la mesme, où Moyse exposé sur les eaux,
Dans vn panier de joncs, porté sur des roseaux,
Par son Ange conduit, guidé de son Estoile,
Arriua sans timon, sans cordage, & sans voile.
　　Déja dés ce temps-là, son puissant Ascendant,
A la Nature, au Fleuue, à la Mort commandant,
Les vagues de respect deuant luy se soûmirent:
Leurs hostes écaillez en troupe le suiuirent:
Et le vent qui passoit, de merueille abbatu,
D'vne haleine muette honora sa vertu.
Le bruit mesme s'oüit, des riues qui tremblerent,
Du Caire épouuanté les ramparts en bransierent:
Et le Fleuue rendit ce iour-là sur ses bords,
Auec dix * Chiens mourans, six Crocodilles morts.
　　Ce fut là que Termut, Princesse belle & sage,
Fille de Pharaon, passant sur le riuage;
Découurit le panier, que le courant des eaux,
Auoit comme en depost, caché sous des roseaux.
De l'Enfant exposé les larmes la toucherent:
Son âge, sa beauté, son destin la gagnerent:
Elle le fit nourrir, l'adopta pour son Fils,
Le proposa pour Prince, au Peuple de Memfis:
Et l'entretint chez soy, dans le lustre que donne,
Aux Successeurs des Roys l'espoir de la Couronne.

LIVRE SEIZIESME.   497

Ce riuage, ajousta le Comte, en s'auançant,
Où le Fleuue troublé va sa course pressant,
Est celuy qui trembla sous la main de Moyse,
Quand pour rendre à l'Hebreu la liberté promise,
De Dieu mesme établi le Dieu de Pharaon,
Auec vne baguette, où fut emprint son nom ;
Il fit plus, qu'il n'eust fait auec mille machines,
Plus qu'auec tout le brōze, & tout l'acier des mines.
  Ce fut là que le Nil frapé du bois fatal,
Perdit la pureté de ses flots de cristal.
D'vn sang épais & noir ses veines se remplirent :
Le limon, les roseaux, les riues s'en teignirent :
De là par ses canaux, & par ses bras roulant,
Et bien loin dans la Mer, de ses bouches coulant,
Il donna de l'horreur aux Nochers qui le virent :
Et l'haleine en faillit, aux Vents qui le sentirent.
Le Fleuue auant cela d'vn cours tranquile & pur,
Rouloit dans ses canaux vn doux & frais azur ;
Où comme dans vn bain, la Lune & les Estoiles,
S'ébloient toutes les nuits descēdre sans leurs voiles.
On ne l'a veu depuis que sombre & que bourbeux ;
Il n'est plus ce miroir autrefois si pompeux ;
Et ses eaux que le temps n'a iamais éclaircies,
Encore maintenant en paroissent * noircies :
  Ainsi, Brenne faisoit remarquer à Bourbon,
Les lieux à qui l'Histoire a donné tant de nom ;
Quand prenāt vn détour, qui gauchit vers la plaine,
Où s'épand le cristal de la sainte Fontaine,
Il s'offrit vn Figuier, qui parut à leurs yeux,
De ceux qui les premiers saluerent les Cieux,
Quand le Temps ieune encor, & la Terre encor pure,
Etalerent au iour la premiere verdure.
Il sort de son vieux corps, des bras longs & voûtes
Qui de leur poids, en rond, ployans de tous costez,
Et de leur vert vny d'vne tissure égale,
Sans l'ayde du compas, font vne ronde Sale,

Où par l'accort de l'ombre aueque la clarté,
La nuit est tous le iour, le frais est tout l'Esté.
L'edifice est sans art, & iamais la Nature,
Iamais l'Art n'ont fait voir de plus iuste structure.

Brenne, auec reuerence à Bourbon le montrant,
Ce Figuier, luy dit-il, si vieux, si rond, si grand,
Est celuy qui iadis, fut par vne merueille,
Qui iamais n'auoit eu, ny n'aura de pareille,
Vn *refuge à la Mere, vne cachete au Fils,
Par les Agens d'Herode à la mort poursuiuis.
Dans son tronc, qui s'ouurit d'vne secrete force,
Le Figuier les receut, les couurit de l'escorce:
Et le peril passé, de nouueau se fendant,
Et l'air, le iour, la terre au saint dépost rendant,
Il sauua de la Mort l'Enfant Sauueur des Hommes:
Et depuis ce têps-là, iusqu'au temps où nous sômes
Pour le Figuier sacré, les Saisons & les Ans,
Ont eu de la douceur, ont esté complaisans.
Iamais hale, ny froid, ne flétrit son feüillage:
Iamais gresles, ny vents, ne luy firent outrage;
Et tout âgé qu'il est, des Siecles respecté,
Il se trouue en Hyuer aussi beau qu'en Esté.

Tous deux, le saint Figuier du geste venererent;
Tous deux, de l'Enfant Dieu la memoire honorerent;
Et portez d'vn secret & diuin & mouuement,
Marcherent preparez à tout éuenement.
A peine de cent pas, qu'ils firent d'vne haleine,
Ils eurent accourcy leur voyage & la plaine;
Qu'il s'offrit vn Verger, d'vn long rempart fermé,
Mais d'vn rempart viuant & d'épines armé.
On eust dit que la Terre à l'entour enbaumée,
Au Soleil d'Arabie eust esté parfumée:
Et le Vent y sembloit animé des esprits,
Dont se forment les fleurs qui naissent sous l'Iris.

Brenne arrestant Bourbon, qu'vn air si doux étône,
Ce Verger, luy dit-il, que l'épine enuironne;

LIVRE SEIZIESME.

Est le fameux Verger, où le Bois est planté,
Dont se tire le Baume, au Levant si vanté.
Quoy qu'il soit, larme ou sang de la plante blessée,
Il coule de son tronc, par l'écorce percée :
Et sang amy du sang, larme vitale aux corps,
Il guerit les mourans & conserue les morts.
La Garde iour & nuit est en armes & forte,
Que les Roys de Memfis tiennent à cette port:
Et le tribut est grand, que ces Barbares Roys,
Recueillent du trafic qui se fait de ce bois.
Il faut d'art, ou de force, entrer par ce passage ;
Mais l'art le doit tenter premier que le courage.

  Il s'approche, & Bourbō qui ne peut qu'à sō cœur,
Deuoir de ses exploits le succez & l'honneur ;
Suit la main sur l'épée, & veut à force ouuerte,
Faire bresche à l'enclos de la muraille verte.
A peine de six pas se fut-il auancé,
Que sur vn pont de bois soudainement baissé ;
Il sort vn Sarrasin terrible de stature,
Terrible de menace, & terrible d'armure.
Il sembloit vn Sapin marchant sur le terrain :
L'air d'alentour brilloit de son escu d'airain :
La souche d'vn vieux chesne au Mont Liban coupée,
Pesante de cent cloux, l'armoit au lieu d'épée :
Et le cuir écaillé d'vn grand Rinoceros,
Estoit casque à sa teste, & cuirasse à son dos.

  Sortant en cét estat, d'vn barbare murmure,
Il augmente l'effroy que donne son armure.
Brenne à beau haranguer, & montrer son pauois,
Où le Croissant de gueule est au lieu de la Croix ;
Le bras leué sur luy, le Sauuage s'auance,
Mais entre deux Bourbon le fer au point s'élance :
Et du coup qu'il luy porte, & que reçoit l'escu,
En deux iustes moitiez abbat l'airain vaincu.
Le Barbare à deux mains hausse la lourde masse ;
Tout s'émeut à l'entour, l'air troublé luy fait place,

Et le champ de son poids, sous ses pieds accablé,
D'vn long gemissement répond à l'air troublé.
Le nuage orageux d'où descend le tonnerre,
D'vn moindre tremblement croule l'air & la terre:
Et le corps à cent bras d'vn chaisne suranné,
S'abat moins lourdement du Liban étonné.
Le coup pareil à ceux qui porte la tempeste,
Eust cassé d'vn rocher la sourcilleuse teste;
Mais le braue Bourbon, autant adroit que fort,
Gauchissant auec art, se derobe à la Mort:
Et d'vn reuers trompeur, qui surprend l'Infidelle,
Luy plonge en repassant le fer sous la mammelle.
  Il tombe, comme fit ce Colosse doré,
Sur la Mer, sur la Terre, à Rhodes adoré;
Quand attaqué des Vents, assailly des orages,
Qui fondirent sur luy d'vn amas de nuages;
Du fracas de sa cheute il étonna la Mer,
Il accabla la Terre, il fit murmurer l'air:
Et de son corps brisé, des tronçons demeurerent,
Qui chargerent la riue, & le havre comblerent.
  Vingt soldats de la Garde accoururent à ce bruit,
L'airain luit sur leurs bras, en leurs mains le fer luit:
Et le feu du courroux, joint au feu du courage,
Ajouste de l'horreur à leur mine sauuage.
Bourbon s'étonne moins de leurs vains hurlemens,
Que ne s'étonne vn roc, des vains mugissemens,
Que fait des flots émus la foible populace,
Par les vents suscitée à l'oster de sa place.
Et les reçoit du fer encore dégouttant;
A quatre des plus fiers, qu'à ses pieds il étend,
Il en ajouste six, que mal-gré leur audace,
De six coups differens l'vn sur l'autre il terrasse.
  Le Sanglier que la meute entoure en glabaudant,
Fait vn dégast pareil de son affreuse dent:
Les Limiers éuentrez autour de luy gemissent:
Ses broches, ses naseaux, sa mochere en rougissent:

LIVRE SEIZIESME.

Ceux qui restent entiers s'en herissent de peur :
Et l'épieu mesme en suë en la main du Chasseur.
 La valeur de Bourbon, est de Brenne suiuie ;
Des-ja de vingt soldats, seize ont perdu la vie :
Mais ceux qui sont debout, de crainte pantelans,
Et pareils aux Pigeons chassez par les Milans,
Iettent leurs armes bas, abandonne la porte,
Et vont sans retenuë, où leur effroy les porte.
 Les deux victorieux, ce combat terminé,
Gagnent le pas du pont sans Garde abandonné :
Ils entrent ; & leurs yeux diligens dés l'entrée,
Depeschent leurs regards par la verte contrée,
Qui s'enquestent du lit, où le sacré ruisseau,
Roule en paix & sans bruit, le thresor de son eau.
 A peine du chemin leurs pas les approcherent,
Qui des cris effroyans tout à coup s'éleuerent :
Vn tonnerre subit à ces cris succeda ;
La terre d'vn bruit sourd & long le seconda.
Les Palmiers d'alentour secoüez sans orage,
De leurs bras agitez lancerent leur feüillage :
Et les gazons roulans, comme roulent les flots,
Quant aux courses des Vents la Mer preste son dos,
Coururent sur le sein de la plaine alterée,
Et firent comme vn flux de poudreuse marée.
 Archambaut cependant, & Brenne qui le suit,
Marchant d'vn pas égal, & sans branfler au bruit ;
Vn tourbillon formé de poussiere & de sable,
Roule auec vn fracas aux yeux épouuantable :
Et rompant les Cyprés, les Palmiers abbatant, [tant,
Leurs cimes, leurs rameaux, leurs troncs au loin iet-
Fond sur les Cheualiers, les couure d'vne nuë,
Qui leur semble vne nuit auant la nuit venuë :
Et suiuy d'vn terrible & petillant éclair,
Sans toucher à Bourbon, enleue Brenne en l'air.
 Inuincible vertu, puissance émerueillable,
Du Signe salutaire aux Enfers effroyable !

Le Comte deguisé de casque & de harnois,
Poussé d'vn vain amour, desarmé de la Croix,
Est porté dans le sein du tenebreux nuage,
Sur l'aisle de l'Esprit moteur de cét orage :
Et Bourbon protegé, soit des armes d'Aimon,
Soit du Signe sacré, formidable au Demon,
Se trouue aprés le vent, la nuë, & le tonnerre,
Le fer haut à la main, & le pied ferme à terre.

Il se tourne, il regarde, il appelle deux fois :
Deux pitoyables cris répondent à sa voix :
Et comme sa grande Ame à tout voir preparée,
S'auance vers ces cris d'vne mine asseurée,
D'entre les bras touffus, d'vn Palmier terrassé,
Vn Crocodile sort d'écailles cuirassé.
Deux longs rangs de rasoirs, & de broches d'yuoire,
En garde sur sa haute & sa basse machoire,
A son gosier de sang & de meurtre alteré,
Font vn double rampart, haut & bas acceré.
Son corps tout grád qu'il est, n'est qu'vne gueule ouuerte,
Ses pieds sont gros & courts, sa queuë est longue & verte:
Et de ses yeux en feu les cercles enflamez,
Paroissent deux brasiers sur sa teste allumez.

Ce terrible Animal sur Archambaut s'élance ;
D'vn reuers iuste & pront le Heros le deuance ;
Le coup porte le fer, sur l'écaille du dos,
Le fer malgré l'écaille entre iusques à l'os :
Il en jaillit du feu, qu'vne voix accompagne,
Qui porte la frayeur au loin sur la campagne.
Le Monstre furieux, sur deux pieds se dressant,
Et les deux autres pieds, en l'air se balançant,
Comme s'il prouoquoit Archambaut à la lutte,
S'appreste à l'écraser l'ebbattant de sa chutte.
L'intrepide Guerrier qui le voit découuert,
Luy porte de la pointe, où le jaune & le verd,
L'vn à l'autre meslez, sur le cuir sans écailles,
Font vne molle enceinte à ses sales entrailles.

LIVRE SEIZIESME.

Le fer poussé de force entre jusques au cœur;
Vn ruisseau de sang noir jaillit sur le Vainqueur;
Et le Monstre déploye, expirant sur le sable,
De son énorme corps la masse épouuantable.

 A peine eut-il vomy la vie auec le fiel,
Qu'vne soudaine nuit oste le iour au Ciel.
Le Soleil disparoist, l'air obscurcy se trouble:
Vn broüillas sombre & noir les tenebres redouble:
Des arbres d'alentour tout à coup tranformez,
Les vns sont des Geans de montagnes armez:
Et les autres diuers de formes & d'armures,
Font vne legion de terribles figures.

 Bourbon sans s'effrayer, regarde fierement,
De ce Camp tenebreux l'effroyable armement.
Il se voit attaqué de lances embrasées,
Rouges de feux sifflans, comme ceux des fusées:
Il se voit assailly de vipereaux volans,
Qui sortent du gosier de cent Dragons brûlan
Il voit de tous costez mille faces veluës;
Mille testes en feu, de serpens cheueluës;
Mille Monstres aislez, accourans au signal,
D'vn long Cyprés fumant, qui leur sert de Fanal.
Il les voit sans les craindre, il entend leur murmure,
Sans froncer le sourcil, ny changer de posture.
Puis, contre eux à grads pas, tout à coup s'auançant,
Et le saint coutelas de force brandissant,
Il frappe les Dragons, les Geans, les Meduses:
Il en sort mille voix plaintiues & confuses:
Et tout le Camp deffait se dissipe dans l'air,
Suiuy d'vn long tonnerre, & d'vn terrible éclair.

 Bourbon demeuré seul, voit le Soleil paraistre,
Les arbres reuenir, & les herbes renaistre.
Il s'arreste, il écoute, il entend comme vn bruit,
D'vn ruisseau qui se plaint, & se plaignant s'enfuit.
Il marche vers l'endroit, d'où luy viēt ce murmure:
Et là, spectacle étrange! effroyable auanture!

A ſes yeux étonnez, il s'offre vn gouffre ouuert,
Vn gouffre dont les bords ne portent rien de vert:
Peu de troōcs ſecs & noirs, ſans bras & ſans feüillage,
Font vn funeſte tour à ſon triſte riuage.
L'épouuantable gouffre à ray-de bord eſt plein,
D'vn fleuue limonneux, rouge de ſang humain:
Le feu s'y meſle à l'onde, & l'onde fugitiue,
Roule ſans interualle à l'entour de ſa riue.
Là mille malheureux haut & bas agitez,
Et des vagues, du feu, du limon tourmentez,
Flottent, comme l'on voit le débris d'vn naufrage,
Sur la Mer en courroux, flotter durant l'orage.
  Bourbon ſurpris regarde auec étonnement,
De ce liquide Enfer l'effroyable Element.
Il eſt d'abord en doute; aprés il croit connoiſtre,
Les Malheureux qu'il voit ſur les vagues paroiſtre.
Il s'en aſſeure enfin; & non moins à la voix,
Qu'au viſage il apprēd, qu'ils ſont du Cāp François.
  Là le Comte Robert à ſes yeux ſe preſente,
Le corps percé de coups, & la teſte ſanglante:
Il voit là Chaſteau-neuf, Coucy, Choiſeul, Culans,
Tantoſt roulans ſur l'eau, tantoſt à fond coulans:
Il y voit Raymond paſle, & Belinde affligée,
Aueque luy flotante, aueque luy plongée.
Et cent autre fameux, qui paſſent ſans repos,
Et des flots à la flame, & de la flame aux flots.
  Sa plus grande ſurpriſe, eſt de voir en cette onde,
Fatale à tant de morts, de tant de ſang immonde,
Brenne ſon conducteur, par l'orage emporté,
Parmy ces Malheureux, & comme eux tourmenté.
Cét accident le trouble, & tandis qu'il y penſe,
Brenne pouſſé d'vn flot qui vers le bord s'auance,
Les bras leuez en l'air, à Bourbon s'adreſſant,
A voix haute luy crie, & d'vn terrible accent.
  Fuyez, Seigneur, fuyez cette barbare Terre:
Cherchez ſa gloire ailleurs, portez ailleurs la Guerre:

Le

LIVRE SEIZIESME.

Le Ciel n'approuue point, que malgré luy, nos Rois,
Portent deçà la Mer, l'enseigne de la Croix.
Et pour auoir troublé d'vne guerre inutile,
Le repos de l'Egypte, auparauant tranquille,
Nous souffrons dans ce gouffre, & nous y souffrirös,
Tant que sera la Terre, & tant que nous serons,
Vn semblable succez à vos armes s'appreste,
Et ce gouffre sera vostre seule conqueste,
Pour peu que vous tardiez, & que le vain soucy,
De voir ce qui n'est plus, vous tienne encore icy.
Cette Source autrefois dans l'Histoire fameuse,
N'a rien laissé de soy qu'vne mare bourbeuse.
Ne vous obstinez pas à la vouloir trouuer :
Donnez le temps qui reste au soin de vous sauuer :
Le peril est pressant, & d'vne estrange suite ;
Et rien ne vous en peut garantir que la fuite.

 Ainsi l'Ombre parloit, & Bourbon cependant,
Le feu, le sang, les flots, les Manes regardant,
D'horreur, & de pitié sentoit son ame atteinte,
Mais d'vne fiere horreur, d'vne pitié sans crainte.
Et tandis qu'en suspens, son esprit & son cœur,
L'vn vague sans arrest, l'autre ferme & sans peur,
Consultent sur le choix du party qu'il faut prendre,
Et disputent s'il faut resister ou se rendre ;
Il voit du fond du gouffre, & du milieu des Morts,
Vers la riue nager vn Monstre à double corps,
Qui d'escailles Dragon, & Lion de figure,
Paroist meslé de l'vne & de l'autre nature.
Son muffle armé de dents, ses pieds d'ongles armez,
Semblent à la rapine, au carnage animez :
Et du flexible mast de sa queuë estenduë,
Tantost l'air est battu, tantost l'onde est fenduë.
Il saute sur le bord, qui paroist en trembler :
L'inuincible Heros l'attend sans se troubler ;
L'autre vaste & denté de sa gueule qui fume,
Vomit vne vapour, dont l'air siffle & s'allume.

Z

Le tonnerre, le feu, l'éclair y sont meslez :
Les arbres d'alentour s'en trouuent ébranslez ;
Et de ce bruit confus, que le vallon redouble,
Le gouffre retentit, & sa vague se trouble.   [vain,
  Comme vn Chesne branchu, que le vent pousse en
Archambaut de pied ferme, & l'épée à la main,
D'vn regard asseuré le Monstre affreux mesure,
Et cherche à luy porter la mortelle blessure.
Son escu sur son bras est en garde auancé :
Il en couure son corps, sur vn flanc balancé :
Et comme auec fureur, l'épouuentable Beste,
Contre luy s'élançant, au fer offre la teste ;
Du pied, du corps, du bras le Guerrier s'allongeant,
Et de force, le fer au gosier luy plongeant,
En tire auec l'esprit, vn long cry qui resonne,
Et d'vne horreur subite, au loin la plaine étonne.
  A ce cry, qui n'est pas d'vn Lyon rugissant,
Mais d'vn homme, qui plaint la douleur qu'il ressent,
Le vainqueur est surpris ; & sa surprise augmente,
Quand à ses pieds, au lieu de la Beste sanglante,
Il s'offre vn grand Vieillard, sur la poudre étendu,
Qui menaçant encore aprés l'esprit rendu,
Luy semble auec le sang, vômir par sa blessure,
La rage & le dépit, le blaspheme & l'iniure.
  C'estoit Mireme mort, Mireme l'Enchanteur,
Qui du gouffre, des flots, des morts fabricateur,
Apres auoir en vain déployé tous ses charmes,
Et mis en vain sur pied, des Phantômes en armes ;
En ce monstre luy-mesme à la fin déguisé,
Pour imposer aux yeux du Guerrier abusé,
Auoit veu, par le fer de la celeste épée,
Et sa ruse deffaite, & sa gorge coupée.
  Tous ses Ministres noirs, de sa mort se plaignans,
Et son Ame aux Enfers, en foule accompagnans,
De hurlemens confus, leur retraite annoncerent ;
Et l'Abisme eternel de leur chute étonnerent.

LIVRE SEIZIESME.

Au lieu du goufre feint, où les feints morts rouloiét,
Où la flame & le fang aux vagues fe mefloient;
Le Guerrier étonné ne voit qu'vne Fontaine,
Qui d'vn cours lent & pur fe mouuant fur la plaine,
A fa gloire applaudit, l'inuite à s'approcher,
Et femble en trémouffant des palmes luy chercher.
 Il s'auance à grands pas, & montant vers la fource
D'où ce mobile argent prend fa liquide courfe,
Il voit Brenne attaché de cent boucles de fer,
Au tronc d'vn vieux Palmier, dont la tefte bat l'air,
Et dont les bras courbez fur la fource naiffante,
Luy font comme vn berceau de touffe verdoyante.
Il s'approche de luy ; mais c'eft aueque peur,
Qu'à fes yeux abufez, quelque charme trompeur,
Impofe de nouueau, par vn autre artifice,
Qui conduife fes pas à quelque precipice.
Il s'approche pourtant, & frappe par deux fois,
Sur les fers enchantez qui tiennent Brenne au bois.
L'inuincible tranchant de la fatale épée,
Fait voler les anneaux de la chaîne coupée :
Le charme en eft rompu, Brenne defenchanté,
Recouurant la parole auec la liberté,
Accourt les bras ouuers, à Bourbon qui s'étonne,
Et pour embraffement, embraffement luy donne.
 Où fuis-je ? dit le Comte, & d'où fuis-je venu ?
De quelle dure chaîne eftois-je retenu ?
A quel deftin plus dur me referuoient ces charmes,
Sans le puiffant fecours de vos celeftes armes ?
Et que ie dois benir, foit la main, foit le fer,
Qui me tire aujourd'huy du pouuoir de l'Enfer !
 Mais la grace, Seigneur, à vos victoires duë,
Ne peut paroiftre icy dans fa iufte étenduë :
Et de plus hauts deuoirs, des foins plus importans,
Veulent que nous faffiós vn autre employ du temps.
Cette eau que vous voyez, qui d'vne lente courfe,
Semble à regret quitter le berceau de fa fource,

Z ij

Est cette eau souueraine à mille guerisons,
Forte contre le fer, & contre les poisons :
Et sa vertu luy vient de cette sainte riue,
Qui tousjours a gardé l'empreinte heureuse & viue,
Des vestiges sacrez, qu'y laisserent jadis,
La Reyne Vierge & Mere, & l'Hôme-Dieu son fils.
 A ces mots, les Guerriers le saint Lieu reuererent,
Et leurs mains auec foy, dans la source lauerent.
Là Brenne s'apperçoit, qu'vne Agate de prix,
En cruche façonnée, & riche de rubis,
D'vne chaisne d'émail, à son flanc attachée,
Dans l'effort du combat s'en estoit arrachée.
Et comme en ce besoin, tous deux deliberoient,
Comment à son defaut, l'eau sainte ils porteroient,
Du costé du Leuant, vne Aigle forte & fiere,
Leur vient, battât des vents l'ample & libre carriere,
Et soûtenant son corps, dans l'aire balancé,
Apres trois tours sur eux, faits d'vn vol compassé,
S'abbat en leur presence, & planant terre à terre,
Sur le riuage herbu, laisse choir de sa serre,
La cruche desirée, où d'vn riche trauail,
Cent artistes portraits, d'vn naturel émail,
Sur l'Agate faisoient les acteurs d'vne Histoire, [re.
Nô moins aimable aux yeux, que sainte à la memoi-
 Brenne & Bourſ n surpris d'vn secours si soudain,
Benissent de concert cette inuisible main,
Cette main, qui tousjours, & par tout agissante,
Au dessus, au dessous également puissante,
Soûtient tout au dedans, couure tout au dehors,
Meut tout, sans se mouuoir, par de secrets ressorts:
Donne au sort incertain de certaines mesures,
Met dans vn train reglé le cours des auantures,
Et conduit à son but, par vn merueilleux art,
Les traits de la Fortune, & les coups du hazard.
 Apres ce doux transport, le couple magnanime,
D'vn geste qui son culte & son respect exprime,

A genoux, & panché deuant le saint Ruisseau,
De l'eau sainte remplit le precieux vaisseau,
Et le cœur plein d'espoir, l'ame de zele pleine,
Reprend du Camp croisé, le chemin par la plaine.

Le iour meurt cependant, & l'ombre de la nuit,
Apres le iour éteint cache tout ce qui luit, [bres,
Tous les objets sont noirs, tous les corps sont fune-
Aux yeux des Cheualiers, qui vont par les tenebres:
Et rien ne les conduit, qu'vn rayon meruicilleux,
Qui jaillit de l'eau sainte, & marche deuant eux.
De la Vierge feconde, autour du pot d'Agate,
L'Histoire ciselée, auec l'eau sainte éclate :
Et ses portraits sacrez, des mains, du front, des yeux,
Leur prestent la clarté, qui leur manque des Cieux.

REMARQVES.

* *Pour les douze Sorciers, pag. 483.* L'Egypte a toûjours esté fertile en Sorciers, & du temps de Moyse il y en eut qui contrefirent par prestiges, tout ce qu'il faisoit par miracle.

* *Les verges se forgerent, pag. 483.* Parce que Moyse se seruoit d'vne baguette en tous les miracles qu'il faisoit, les Enchanteurs d'Egypte, afin de l'imiter, faisoient tous leurs miracles auec de semblables baguettes.

* *Les Verges imiterent, pag. 483.* Ce sont les fleaux dont l'Egypte fut affligée, & que les Magiciens contrefirent par leurs prestiges.

* *L'eau de la Matarée, pag. 483.* Cette Matarée est vne fontaine prés du Caire, où l'on tient par vne ancienne tradition, que la Vierge refugiée en Egypte, alloit lauer les langes de son Fils.

* *Les Hebreux opprimerent, pag. 495.* Il est de l'Histoire, que les Enfans d'Israël furent employez à bastir vne des Pyramides, ce que l'Escriture signifie par les trauaux de brique à quoy ils seruoient.

* *Vn Geant se voyoit*, pag. 494. Cette figure n'est pas vn ouurage de l'inuention du Poëte, elle est de l'Histoire sur laquelle il l'a copiée.
* *En Colosse taillé*, pag. 495. Cét autre Colosse est encore tiré de l'Histoire, & Strabon, Herodote, Pline, & les autres qui ont écrit de l'Egypte, en font mention.
* *Es que le papier vert*, pag. 496. Ce papier n'est pas vn papier comme le nostre ; c'est vn roseau qui croist sur le Nil : ses feüilles seruoient à écrire, & de là est venu le nom de celuy qui nous sert au mesme vsage.
* *Auec dix chiens mourans*, pag. 496. Il y a des Chiens dans le Nil, auec des Hipopotames & des Crocodiles.
* *Vn Refuge à la Mere*, pag. 498. Cecy est de l'Histoire, qui nous a appris, que la Vierge portant son Fils en Egypte, se voyant poursuiuie des Soldats d'Herode, se cacha dans vn grand Figuier, qui s'ouurit pour la receuoir, & se referma sur elle.
* *En paroissent noircies*, pag. 497. L'eau du Nil est noire, & le Poëte feint icy, que cette couleur luy est demeurée, depuis qu'elle fut changée en sang par Moyse.

SAINT LOVYS
OV LA
SAINTE COVRONNE
RECONQVISE.

LIVRE DIX-SEPTIESME.

 A n s cette triste nuit, le Camp plus triste encore,
En craintes attendoit le retour de l'Aurore,
Du peril de leur Chef tous les Corps gemissans,
Leuoient les bras aux Cieux de son mal innocens.
Les Astres leur sembloient comparis à sa peine,
Leur face en paroissoit, & plus sombre & moins ploi-
Et sur les Pauillons obscurs & sans couleur, [ue:
Les Estandars plaintifs, & sifflans de douleur;
La mourante clarté des flambeaux dans les Tentes,
Des feux par les Quartiers les flâmes languissantes;
Sembloient auec l'horreur, les ombres, & l'effroy,
S'entendre à faire au Sort des plaintes pour le Roy.

Z v

SAINT LOVYS.

Ainsi quand le Taureau chef des bandes cornuës,
Long-temps par sa valeur, dans le parc maintenuës,
Et vainqueur & blessé, sur le gason s'étend,
Sa victoire imparfaite, & son mal regrettant;
Sa troupe auparauant sa fiere, & si hautaine,
Blessé aueque luy, se couche sur la plaine :
Les vainqueurs affligez ressemblent aux vaincus;
Le Berger étonné ne les distingué plus:
Et d'vne longue voix, la genisse craintiue,
Sur le Fleuue étenduë, en fait plainte à la riue.

A peine le Soleil, d'vn rayon blanchissant,
Renouuelloit le Monde auec luy renaissant :
Que les deux Cheualiers au Quartier se rendirent,
Et dans le Camp troublé l'esperance remirent.
De leur exploit si haut, conduit si hautement,
Le bruit s'épand soudain auec l'étonnement :
La Renommée en fait, cent étranges nouuelles,
Et les porte par tout, sur le vent de ses aisles.

Eux-mesmes d'vn long rang de Barons escortez,
Et de tous les Prelats par honneur assistez,
Portent en grande pompe, à la Tente Royale,
L'eau sainte, à tout le cap, non moins qu'au Roy satale.
Rude Legat pourpré du grand Pasteur Romain,
Louë & benit Bourbon, reçoit l'eau de sa main :
La presente à Louys, qui d'vne Ame soûmise,
D'vn espoir appuyé sur la Foy de l'Eglise,
Et du feu d'vne ardente & viue charité,
Fait vn preparatif à l'effet souhaitté.

Viue Source, dit-il, dont viuent toutes choses;
Eternel, qui de nous & de nos iours disposes;
Et donnes par mesure & par ordre aux viuans,
L'espace qu'il te plaist dans la route des temps :
Si la courte carriere à ma vie assinée,
Icy par ton decret doit estre terminée;
I'en sors sans reculer; & me range à la Loy,
Qui sans dispense, égale à l'esclaue le Roy,

LIVRE DIX-SEPTIESME.

Ie remets en tes mains & Sceptre & Diadême :
Et ne retiés pour moy, que ta Croix & mon Cresme.
Détourne ta Iustice & ta rigueur de moy :
Mets ton sang & ta mort, entre mon ame & toy :
Et contre le torrent des pechez qui l'emporte,
Ouure luy, par ton flanc, à ton cœur vne porte.
Que si tu vois, Seigneur, qu'en prolōgeant mes iours,
Ta gloire puisse prendre auec eux plus de cours ;
Pour l'honneur de ton nom, remets moy dās la Licet
Donne à ma patience vn plus long exercice :
Et quand ie ne deurois viure, que pour souffrir,
Si tu m'aymes, attens à me faire mourir.

Ses levres, de l'eau sainte à peine se lauerent,
A peine dans son corps trois gouttes en coulerent;
Que de là dans le cœur, du cœur dans les esprits,
Des esprits dans le sang, d'vne ardeur seche épris.
Vne vertu s'épand, qui le sang renouuelle,
Epure les esprits, la force au cœur rappelle :
Et fait cesser l'ardeur du feu noir & fievreux,
Qui des liens vitaux brûloit desja les nœuds :
Et desja consumoit d'vne subtile flâme,
L'inuisible entre-deux qui joint le Corps à l'Ame.

Mais la merueille fut, que le trait aceré,
Qui nourrissoit ce feu dans le corps vlceré,
Sans secours apparent, & sans effet sensible,
Se rendant au pouuoir d'vne main inuisible,
Saillit hors de la playe ; & l'enflure à l'instant,
Aueque le venin & le fer en sortant;
Le Roy guery du fer, du venin, & des charmes,
Leua les yeux au Ciel, & les bras à ses armes :
Et soûmit de nouueau, par vn vœu solennel,
Sa Couronne & sa vie au Viuant eternel.

Apres ces saints deuoirs, il se montre à l'Armée,
Qui de ioye & d'espoir à sa veuë animée,
Fait retentir de cris & d'aplaudissemens,
Les Tentes, les Quartiers & les retranchemens.

Z vj

A ces cris, les clairons d'vn air plus gay répondent,
De tons plus éclatans les tambours les secondent,
Et les Drapeaux en l'air, à leurs sons se mouuans,
De leur gloire future, entretiennent les vents.
Il n'est pas iusqu'au fer, il n'est pas iusqu'au cuiure,
Qui d'vn lustre plus beau ne paroissent reuiure :
Et les blasons mieux peints, les harnois mieux dorez,
Les plumes, les cimiers, les pots mieux colorez,
Brûlent moins de l'éclat de leur propre richesse,
Que des regards du Prince, & de leur allegresse.
 C'est ainsi que par fois, le Soleil s'éclipsant,
Tout le Monde prend part à la peine qu'il sent :
L'air malade s'en plaint, les plantes se retirent,
Les fleurs baissent la teste, & les herbes expirent.
Mais si tost qu'il reuient, & que sa guerison,
Rend la lumiere au iour, & l'ame à la saison ;
Les bois, à son retour, de leurs bras applaudissent,
De leurs fronts redorez les Monts luy conjouïssent,
Les fleuues dans leurs lits roulent plus nettement,
Les Vents volēt dās l'air d'vn plus doux mouuemēt,
Le teint reuient aux fleurs, l'esprit reuiēt aux plātes,
Et la vigueur retourne aux moissons languissantes.
 Tandis que le miracle operé sur le Roy,
Rétablit dans le Camp, le cœur, l'espoir, la foy ;
Brenne suit son Amour, accourt chez Lisamante,
Porte l'eau salutaire à Zahide mourante :
Et la luy presentant, l'instruit en peu de mots,
De sa force à guerir toute sorte de maux.
La Princesse blessée en gousta bien à peine,
Que du corps & de l'ame elle se trouua saine.
La vertu de l'eau sainte éteignit dans son cœur,
Des esprits embrasez la pestilente ardeur :
Elle guerit sa playe, & porta dans son ame,
Vn rayon sans matiere, vne lueur sans flâme,
Qui détrompant ses yeux des erreurs de sa Loy ;
Et qui les preparant aux splendeurs de la Foy,

LIVRE DIX-SEPTIESME.

Par vn subit attrait de la Grace regnante,
En vn moment la fit, d'infidelle croyante.
  Eleuant tout à coup ses regards vers les Cieux,
Et de ses bras leuez accompagnant ses yeux ;
Elle vit, que du sein d'vne pompeuse nuë,
La Reyne, Mere & Vierge, à son secours venuë,
Deuant elle s'offrit, non pas dans ce grand iour,
Qu'elle déploye aux yeux de l'eternelle Cour :
Mais dans cette lueur moyenne & rabattuë,
Dont elle se fait voir aux Humains reuestuë. ſantꝰ
Quand de grace, à leurs vœux, quelquefois s'abbaiſ-
Du celeste Palais, en gloire elle descend.
Des Anges luy faisoient, se rangeant autour d'elle,
Vn siege sous les pieds, sur la teste vne Ombelle :
D'autres Anges guerriers, par honneur l'escortoient,
Et d'autres, de leurs bras, son Throne supportoient.
  Sur tout brilloit celuy, qui destiné pour Guide,
Par vn ordre eternel, à la belle Zahide,
Estoit chargé du soin, de gouuerner son Sort,
Et la conduire au Ciel, par vne sainte mort.
Il paroissoit alors plus guay que de coustume :
Vn feu sur son armet luisoit au lieu de plume :
Et dans le cercle blanc de son riche pauois,
Vn Astre à pointes d'or, figuroit vne Croix.
De tant d'éclairs soudains la Princesse éblouye,
S'en voit demy confuse, & demy éjouye.
Sa surprise est tranquille, elle a de la douceur,
Et le trouble se mesle au plaisir, dans son cœur.
  Quel nouueau iour, dit-elle, est celuy qui m'éclaire,
Qui me frappe si fort, & m'est si salutaire ?
Mes yeux à sa lumiere ouuers soudainement,
Ont perdu leur erreur, & leur aueuglement.
Ie voy sur vne nuë, en Throne façonnée,
Vne Reyne, qui vient d'Estoilles couronnée,
Ie la voy qui d'vn œil obligeant & serain,
Me tendant vne Croix, me presente la main :

Et soit l'œil, ou la main de la belle Princesse,
Qui dissippe ma nuit, & chasse ma foiblesse,
Ie suis libre au dedans, ie suis saine au dehors ;
Et mon esprit guery rend la vie à mon corps.
La Croix qu'elle me tend, plus claire qu'vne Estoile,
De mes yeux desillez, a fait tomber le voile.
Il en sort vn rayon, qui dans mon cœur écrit,
D'vn caractere ardent la Loy de Iesus-Christ.
Vn Guerrier lumineux, & de mine celeste,
M'excitant à monter, & m'animant du geste,
Me fait voir au dessus des Globes estoilez,
Au dessus de la voûte où les Ans sont roulez,
Vn Thrône d'vne riche & brillante matiere,
Où mon nom étincele en lettres de lumiere.
Que ce Palais est noble, & plein de majesté !
Qu'il y regne vne auguste & pompeuse clarté !
Que les murs en sont beaux, & les portes ornées !
Que i'y voy rayonner de testes couronnées ! [Roys,
Mais parmy tant d'heureux, parmy tant de grands
Ie n'en remarque point, qui ne porte la Croix.
Ie voy bien là Belinde, & Raymond auprés d'elle,
Luisans d'vne clarté qui leur est mutuelle.
I'y voy Coucy, Robert, & cent Croisez fameux,
Auec eux rayonnans, & couronnez comme eux.
Ie pense mesme y voir, les Chrestiens que Mireme,
Sur le Fleuue a brûlez, par vne rage extréme.
Mais ie ne voy point là, mon Pere le Sultan,
Mon oncle Noradin, mon frere Muratan.
Et de tous nos Vaillans, à qui depuis la guerre,
La valeur des François a fait mordre la Terre,
Pas vn n'est arriué, par le Croissant conduit,
A ces lieux, où la Croix de tous costez reluit.
Laissons donc cette Lune, à la nuit destinée,
Guide tousiours errante, & iamais fortunée,
Et suiuons cette illustre & salutaire Croix,
Qui ne mene qu'au Ciel, & n'y fait que des Roys.

LIVRE DIX-SEPTIESME.

La Vierge en ce moment, auec sa suite aislée,
Se perd dans la clarté dont la nuë est meslée.
La Princesse guerie, & reuenuë à soy,
Par les soins des Prelats, est instruite à la Foy.
Cela fait, ses Parrains, Louys & Lisamante,
La conduisent entre-eux, d'vn habit blanc luisante,
Dans l'Eglise du Camp, au bruit harmonieux,
D'vn concert de Clairós, qui l'annoncent aux Cieux.

Là par la main d'Odon, l'onde qui renouuelle,
Laue d'vn corps si beau, l'Ame encore plus belle,
Du peché d'origine, & des impuretez,
Qui du tronc corrompu vont aux rameaux gastez.
Iamais il ne parut en l'air de la Princesse,
Ny tant de majesté, ny tant de hardiesse.
Il sembloit que ses yeux tirassent de son cœur,
Laué nouuellement, vne plus viue ardeur :
Et sur son front auguste, il se fit du saint Cresme
Vn rayon, qui parut vn soudain Diadême.

A ce grand changement, le Ciel, à ce qu'on dit,
D'vn murmure tranquille, & sans nuë applaudit :
Dans l'air pur & serain des feux volans passerent :
Des Sources d'alentour, des eaux de lait coulerent :
Des rameaux des Palmiers, de respect s'abaissans,
Il distila du baume, il tomba de l'encens :
Et sur les bords du Nil, comme sur le Meandre,
Des Cignes suruenus firent leur voix entendre.

Mais le plus grand prodige, & le plus merueilleux,
Fut celuy qui se fit, sur deux Pins sourcilleux,
Qui de leurs bras touffus, & de leurs hautes testes,
De Zahide à Memfis, estaloient les conquestes.
L'vn chargé de harnois, des pots, & des escus,
Des Braues qu'elle auoit à la Iouste vaincus,
Paroissoit vn Geant, à cent testes ferrées,
A cent corps cuirassez, à cent mains acerées.
Et l'autre succombant sous l'effroyable faix,
Des Animaux affreux, par sa valeur deffaits,

Sembloit vn bois peuplé de hures menaçantes,
Du muffles carnaciers, & de pates sanglantes.
 Au moment qu'auec l'eau, sur Zahide coula,
La diuine onction qui la renouuella,
Des deux Pins ébranlez, les dépoüilles tomberent;
En leur place, des fleurs soudainement germerent,
Où sur vn fond de pourpre, vne Croix rayonnoit,
Qu'vn cercle à filets d'or, à l'entour couronnoit:
Et des esprits ambrez, que ces fleurs expirerent,
L'air au loin s'enbauma, les vents se parfumerent.
 Le Baptesme acheué, l'Himenée à son tour:
La Princesse est aux yeux de la guerriere Cour,
De l'adueu de Louys, à Brenne fiancée:
Et l'allegresse en est des Clairons annoncée;
En attendant qu'vn temps plus paisible,& plus doux.
Conduise à leur repos les desirs de l'Espoux.
 Dans la Tente du Roy la table des-ja preste,
Attendoit les Seigneurs conuiez à la feste:
Et chacun à l'entour, des-ja le rang tenoit,
Que son employ, son âge, ou son sang luy donnoit:
Quand vn Heraut barbare entre aueque ses marques,
Saintes aux Nations, saintes mesme aux Monarques.
Il portoit à deux mains, dans vn large pauois,
En pierres de grand prix, en perles de grand poids,
Tout ce que l'œil auide, & que l'esprit auare,
Auroient pû souhaitter, ou de riche ou de rare.
Mais vn long coutelas, sur le tout paroissoit,
Qui d'vn terrible éclat les regards menaçoit.
 De la sorte chargé, vers la table il s'auance,
Et par l'ordre du Roy, chacun prestant silence:
Ie viens, dit-il, Seigneur, par vn Grand, député
Pour traiter de Zahide & de sa liberté.
Il est assez instruit, du prix de la Princesse,
Et sçait qu'on ne luy peut égaler de richesse:
Mais il veut croire aussi, qu'entre des gens de cœur,
Les premiers interests estant ceux de l'honneur,

LIVRE DIX-SEPTIESME.

Celuy qui la retient, trop braue pour la vendre,
Aimera mieux en faire vne grace & la rendre.
S'il est tel qu'on le croit, qu'il la nous laisse en don :
S'il est tel que l'on craint, qu'il en prenne rançon.
I'ay dequoy l'assouuir & le mettre à son aise,
Soit qu'il ayme le prix, ou que l'éclat luy plaise.
Mais s'il ne veut pour elle, admettre aucun accord,
Que du combat au moins il accepte le sort :
Et qu'aueque ce fer, qu'on luy laisse pour gage,
Il vienne maintenir son droit par son courage.

 Ce deffy du Heraut les Seigneurs irrita,
Sur Brenne à mesme temps, chacun les yeux jetta,
Et sembla du regard, de l'air, & de la mine,
S'offrir à chastier l'audace Sarrasine.
Le Comte, sans monstrer de trouble, ny d'effroy,
Parmy tant de regards, se tourne à ceux du Roy,
Reçoit d'eux le signal, de parler en sa cause,
Et de prendre party, sur ce qu'on luy propose.

 Il se leue, & portant la main au coustelas,
Sarrasin, répond-il, ce sera de ce bras,
Que ie satisferay de plus prés le Barbare,
Qui me croit vn Changeur, & me traitte d'auare.
Qu'il sçache que les Francs n'ont pas quitté leurs ports,
Qu'ils n'ont pas traversé tant de Mers, tant de Morts,
Pour venir au Leuant, tenir vn vain commerce,
De bagatelles d'Inde, & de bijoux de Perse.
Parmy nous la Princesse est mieux que parmy vous,
Elle y respire vn air plus humain & plus doux :
Et le joug glorieux de la Loy qu'elle a prise,
L'y tient dans vne heureuse & nouuelle franchise.
Ie n'ay point, là dessus, à faire d'autre choix :
Ce n'est que sur le champ, que traittent les François,
Et là ie pretens faire à ton Braue comprendre,
Que i'ay droit de garder, ce que ie puis deffendre.

 De l'aueu du Saint Roy, de l'auis du Conseil,
Le festin terminé, Brenne auec appareil,

Deuant toute la Cour, fierement se prepare,
A marcher où l'attend le Cheualier barbare.
Aux esprits genereux, à la guerriere ardeur,
Qui de feux pronts & clairs enuironnent son cœur,
Vne vapeur se joint, qui de sa phantaisie,
Dans son cœur descendant auec la jalousie ;
Mesle au feu la fumée, & le nuage au iour,
Qu'en luy font à l'enuy, la valeur & l'amour.
Il craint que ce deffy, d'vn Riual ne luy vienne,
D'vn Riual, qui le cœur de Zahide retienne :
Et pour s'en éclaircir, d'vn regard deffiant,
Ses mouuemens, ses yeux, son visage épiant ;
Plus il la considere, & plus il trouue en elle,
De matiere à nourrir vne flame eternelle.

On l'arme cependant ; Zahide ayde à l'armer ;
Le fer semble à ses yeux, sous ses mains s'allumer ;
Et le long coutelas, qu'à son flanc elle attache,
S'en échauffe à trauers l'yuoire qui le cache :
Sur tous ses ornemens guerriers & curieux,
Elle aymoit vne Echarpe, où l'art industrieux,
Auoit d'vne subtile & precieuse trame,
A force chiffre à iour allié force fla..e.
Le fond d'or en estoit de perles fleuronné ;
Et le bord à l'entour de perles couronné,
Se replioit au nœu d'vne grosse Escarboucle,
Qui faisoit vn bouton, & tenoit lieu de boucle.

Zahide s'en deffait ; & d'vn doux sentiment,
Accompagnant le don, la met à son Amant.
Qu'entre nous desormais elle soit, luy dit-elle,
Vn lien d'amitié durable & mutuelle :
Qu'elle soit sous vos yeux vn gage de ma foy :
Qu'elle y soit vn auis de vous garder pour moy.

A ces mots, que son cœur ne confia qu'à peine,
A la discretion d'vne craintiue haleine,
Vne vapeur de sang & d'esprits se ioignit,
Qui la jouë & le front de rouge luy teignit.

LIVRE DIX-SEPTIESME.

Et le Comte partit, pour se rendre à la Lice,
Ou l'Appellant des-ja la lance sur la cuisse,
Et la visiere basse, au combat preparé,
Attendoit du Heraut le retour desiré.
Les Seigneurs de la Cour le Comte accompagnerét,
Zahide & Lisamante auec eux l'escorterent:
Et soit pour l'animer, soit pour luy faire honneur,
Le Roy mesme voulut estre son spectateur.

Comme il fut sur le champ, le Sarrasin s'auance:
Le Comte de sa part, à l'arrest met la lance;
Les clairons & les cors les excitent en vain;
L'Amour battant sur eux, de l'aisle & de la main,
Se fait bien mieux ouyr, pique bien dauantage,
Et d'vne ardeur toute autre, échauffe leur courage.
Les Cheuaux quoy que forts, sont du choc aculez;
Et les deux Cheualiers sont à peine ébranslez:
Leurs bois vont en éclats, leurs escus en resonnent,
Et de leur fermeté les Spectateurs s'étonnent.

Ainsi voit-on par fois deux foudres courroucez,
Et d'vn contraire effort l'vn sur l'autre poussez,
De la lueur du feu, du fracas du tonnerre,
Faire au loin rougir l'air, & tremousser la Terre:
Il iallit des éclats, du choc de leur carreaux;
Il en va sur les Monts, il en va sur les eaux: [fume,
Le trouble aux eaux en vient, le front des Monts en-
Et du Ciel obscurcy la face s'en allume.

Les Cheuaux promptement sur leurs iambes remis,
Reportent au combat les deux fiers ennemis.
L'vn & l'autre l'adresse & la valeur essaye;
Ce que l'escu reçoit, le coustelas le paye; [dus,
Des coups qui sont donnez, des coups qui sont ren-
L'éclair, le feu, le bruit sont dans l'air confondus;
Et les cimiers rompus, les aigrettes coupées,
Les pennaches hachez, volent sous les épées.

L'Echarpe à chiffres d'or dont le Comte est paré,
Est vne épine au cœur du Barbare vlceré;

La Princesse autrefois l'auoit de luy receuë :
De ses chiffres meslez aux siens elle est tissuë :
Et sur Brenne, il ne peut la voir, qu'à son tourment,
Soit qu'il l'ayt comme Maistre ou qu'il l'ayt comme Amant.
Rends moy, luy cria-t'il, si tu cheris la vie,
L'Escharpe que tes mains ont laschement rauie :
Elle est mienne ; & malgré tes coups tirez en vain,
Ta teste répondra du crime de ta main.
  Brenne à cette parole, outré de jalousie,
D'vn dépit aigre & pront sent son Ame saisie.
Il tourne tout d'vn temps, & pique son cheual ;
Il passe brusquement sur l'inconnu Riual :
Et, cette main, dit-il, portant vn coup d'escrime,
Peut asseurer ma teste, & maintenir son crime.
Tous deux, de jalousie également blessez,
D'vne égale valeur au combat sont poussez :
Soit que l'épée attaque, ou que le bouclier pare,
Rarement de son but l'vn ou l'autre s'égare :
Et rarement encor, le fer frape le fer,
Que mailles, lames, cloux ne bondissent en l'air.
  De mesme on voit souuét, dans vn gras pasturage,
Deux Taureaux animez d'amour & de courage,
La fierté dans les yeux, la jalousie au cœur,
Iouster de force égale & d'égale fureur :
Le sang de leurs fanons, & de leurs testes coule ;
Leur pied large & fourchu sur la terre le foule.
Pour les mettre d'accord, le Dogue iape en vain ;
En vain le Berger crie & frape de la main.
La Genisse, à regret, cause de leur querelle,
Soûpire de les voir se déchirer pour elle :
Et d'vne triste voix répondant à leurs cris,
Semble les conuier à calmer leurs esprits.
  Le Sarrazin d'vn coup, que sur Brenne il desserre,
Vn quartier de l'Escu, luy fait voler à terre :
Et Brenne dépité, d'vn reuers qu'il luy rend,
Tout le bas de l'armet sous le menton luy fend.

LIVRE DIX-SEPTIESME.

La boucle cede au coup, l'attache en est coupée;
Et tout l'armet sautant sous l'effort de l'épée,
La teste reste nuë, & le col desarmé,
Est de l'acier tranchant iusqu'à l'os entamé.
Les mobiles ressors donnez par la Nature,
Pour gouuerner la langue, ont part à la blessure:
Elle en est détenduë, & perd le mouuement,
Qui forme la parole, & conduit l'aliment.
   Le Sarrazin blessé ne perd point le courage,
Moins il a de bon-heur, moins il a d'auantage.
Et plus son cœur aussi releue sa valeur,
Et dessus l'auantage & dessus le bon-heur.
Il porte, au lieu d'armet, son pauois sur sa teste;
De nouueau son épée à l'attaque il appreste:
Et s'expliquant du geste, au deffaut de la voix,
Fait signe qu'il tiendra iusqu'aux derniers abois.
   Le Comte genereux, malgré la jalousie,
Attendry de sa mine, agit de courtoisie:
C'est assez, luy dit-il, ménagez vostre cœur;
Laissez-moy la Princesse, & remportez l'honneur.
L'Infidelle, à ces mots, d'vn regard luy replique,
Qui découure l'excez du courroux qui le pique.
Et Brenne, qui le voit à poursuiure arresté,
Pour mettre la partie en quelque égalité,
Détache son armet, & comme luy, s'appreste,
Par grandeur de courage, à combattre nu-teste.
   Zahide cependant souffroit de son costé,
Tout ce que peut souffrir vn esprit agité.
A peine l'Appellant parut la teste nuë,
Que de son Frere mort, l'image reconnuë,
Par ses yeux étonnez, à son cœur vint s'offrir,
Luy reprochant, qu'elle eust la rigueur de souffrir,
Sans luy tendre la main, sans prendre sa querelle.
Qu'vne seconde fois, il fust tué pour elle.
Elle doute, elle croit; & dans le mesme instant
Entre la certitude & le doute flotant,

Abandonne son cœur au flux de ses pensées,
Qui sont de l'vne à l'autre en trouble balancées :
Si ce n'est luy, dit-elle, il est semblable à luy ;
Et ie r'emporterois vn éternel ennuy,
Si pour luy, mon amour ne pouuant dauantage,
Ie n'auois pour le moins secouru son image.

S'auançant là dessus, l'obseruant de plus prés,
Et reconnoissant mieux son air, son teint, ses traits:
Ah ! dit-elle, c'est luy : ie sens que la Nature,
Non moins que par mes yeux, par mõ sang m'en as-
Elle pique à ces mots ; & va pour arrester, [sure.
Les coups des combattans, entre deux se ietter.
Là, s'adressant à Brenne ; épargne-moy, dit-elle,
Et suspend cette main, à mon sang trop cruelle.
Ce Cheualier est mien ; ie l'ay mis dans mon cœur,
Voudrois-tu l'en tirer, pour estre son vainqueur ?

Apres ces mots d'amour, de crainte, de tendresse,
Sans attendre, elle tourne, au Sarrazin s'adresse :
Et le trouble d'abord joint à l'étonnement,
Resserrant son haleine, & sa voix supprimant,
Elle luy tend les bras, entre les siens se iette,
Et le trouue muet, plus qu'elle n'est muette.

Le Comte de sa part, surpris de ce transport,
Pour arrester le sien est à peine assez fort.
Aueque ses vapeurs, la noire jalousie,
Par la porte des yeux, rentre en sa fantaisie.
Là de son aiguillon iusqu'au cœur le persant,
Et l'écume, le fiel, le poison y versant,
Elle aigrit sa raison, son esprit elle altere,
Et d'vne aspre piqueure excite sa colere.
Deux fois sur les Amans leuant le coûtelas,
Il voulut en couper l'étreinte de leurs bras :
Et d'vne froide horreur, ses nerfs qui s'engourdirét,
Son bras déja leué, deux fois apesantirent.
Il voulut s'écrier ; & son gosier deux fois,
Refusa le passage à l'air qui fait la voix.

LIVRE DIX-SEPTIESME.

Enfin pasle & perclus, sans force, & sans haleine,
Et presque hors de sens, emporté par la plaine,
Il s'en va sans arrest, sur l'arçon chancelant,
Tantost d'vn plus grãd pas, tãtost d'vn pas plus lent,
Par route, hors de route, & par tout où le guide,
Le Cheual, qui s'est fait le maistre de la bride.
  Zahide d'autre-part, apres l'emportement,
Où son esprit alla, du premier mouuement;
Reuient à sa raison remise en exercice;
Son cœur, son sens, sa voix reprennent leur office:
Mais la voix du blessé, qu'elle tient en ses bras,
A perdu le passage & ne retourne pas.
Ses yeux à son deffaut, aux yeux de la Princesse,
D'vn regard demy mort, expliquent sa tendresse:
Et le sang qu'il épand, luy répond de son cœur,
Et de son amitié luy parle auec chaleur,
Son peril cependant, & sa langueur s'accroissent,
Sur son front qui paslit les marques en paroissent,
Le Heraut le soustient, comme il peut il descend,
Et la Princesse outrée entre ses bras le prend.
  Là, tãdis que ses yeux ouuerts au cours des larmes,
Lauent de longs ruisseaux sa blessure & ses armes,
Ah! Muratan, dit-elle, est-ce peu d'vne mort,
Pour accomplir sur nous la malice du Sort?
N'a-t'il voulu te rendre vne seconde vie,
Qu'afin que sous ma veuë, elle te fust rauie?
Et que le cœur me fust autant de fois osté,
Que mes yeux auroient part à cette cruauté?
Retour triste à tous deux! grace à tous deux barbare,
Qui de nouueau nous joint, de nouueau nous separe;
Et de nous, fait au Monde, vn exemple cruel,
De mutuel amour & de deüil mutuel!
Chere frere, en quelque lieu que fust ta sepulture,
Au moins tu reposois au sein de la Nature.
La Mort si dure à tous, ne l'estoit plus pour toy:
Tu n'estois plus sensible aux rigueurs de sa Loy;

Moy-mesme ie m'estois à mon deüil endurcie,
L'vsage m'en auoit d'amertume adoucie.
Et ie crus te perdant, qu'il ne m'estoit resté,
Rien, qui de moy pust estre, ou craint, ou regretté.
Que veut donc cette étrange & bizarre auenture,
Qui contre la coustume, & malgré la Nature,
Vne seconde fois t'exposant à mourir,
M'exposât au secód deüil, qu'il m'en faudra souffrir?
Reçois donc derechef ce pitoyable office,
Puisque le veut le Ciel, rigoureux, ou propice.
Au moins à cette fois, mes pleurs te laueront,
Mes leures, mes soûpirs, mes baisers t'essuyront:
Et mon Ame, peut-estre, à ton Ame meslée,
S'exhalant par ma bouche, à la tienne collée,
Nous partirons ensemble. Ah! qu'osé-je penser!
Quel nouueau deüil icy vient mon cœur trauerser.

 De ses yeux, à ces mots, deux ruisseaux déborderét:
Louys & les Seigneurs de plus prés s'approcherent.
Alors leuant la teste, & luy tendant la main,
Voyez, Seigneur, dit-elle, où le Sort inhumain,
A reduit, par la mort d'vn Frere pitoyable,
La Sœur la plus aymante & la plus miserable.
C'est icy ce fameux, ce braue Muratan,
Qui pour me garantir de la main du Sultan,
Poussé d'vne amitié parmy nous sans égale,
Se chargea d'vne amande à nostre Sang fatale:
Et satisfit du sien, par vn rare transport,
Le sanguinaire Esprit, qui demandoit ma mort.

 Sans doute, quelque main aux Vertus secourable
Le receut dans le Fleuue, & luy fut fauorable,
Mais pourquoy l'en tirer, & pourquoy le guerir,
Si de cette autre mort il auoit à perir?
Mort tragique! où ie doy, pour comble de misere,
A mon nouuel Espoux, la perte de mon Frere.
Mort funeste! où la main qui m'a donné sa foy,
S'est teinte de mon sang répandu deuant moy.

Encore

LIVRE DIX-SEPTIESME.

Encore si le Ciel, propice à ma priere,
Le daignoit éclairer d'vn rayon de lumiere:
Que mon esprit content, de ce corps partiroit,
Et vers le Ciel ouuert aprés le sien iroit.
  Là, de nouueau ses pleurs débordez de leur source,
Inonderent son sein d'vne rapide course ;
Le Heros attendry prend part à sa douleur,
Confirme l'esperance & la foy dans son cœur :
En suite se tournant vers le Prince infidele,
Luy dit, l'esprit en feu de l'ardeur de son zele :
  Cheualier, admirez d'vn Dieu puissant & doux,
Quelle est la prouidence & la bonté sur vous.
Les petits interests de cette courte vie,
De peines, de pechez, & de plaintes suiuie,
Ne valloient pas qu'il mist la main deuant la Mort,
Qui sur vous tant de fois a manqué son effort :
Il vous destine ailleurs, qu'à cette ombre friuole,
Qui du Monde seduit est la trompeuse Idole.
Vne gloire eternelle, vn eternel plaisir,
Est le centre où se doit fixer vostre desir.
Et c'est pour vous coduire à l'immuable terme, [me,
De ce bié toûjours grád, toûjours plein, toûjours fer-
Que le Dieu, qui s'est fait homme pour les humains,
Par tout vous a couuert & porté de ses mains.
Vn soin si peu commun, & qui tient du miracle,
Veut auoir son effet, doit rompre tout obstacle.
Luy resisterez-vous aueque plus d'effort,
Que les vagues n'ont fait, & que n'a fait la Mort ?
Par de semblables soins vostre Sœur conseruée,
Et comme vous, du fer & du Fleuue sauuée,
Fidele à son Sauueur, a reconnu sa voix,
A receu le Baptesme, & fléchy sous la Croix.
Si iusques à la Mort, vostre amour l'a suiuie,
Pourrez-vous refuser de la suiure à la vie ?
  A ces raisons du Roy, Zahide ioint du sien,
Le calme, la douceur, la paix d'vn cœur Chrestien :

A a

La Reyne Vierge & Mere à ses yeux presentée,
De Soldats lumineux & croisez escortée:
Et le Ciel qu'elle a veu peuplé de Baptisez,
D'Estoiles sur le cœur & sur le front croisez.
Ses soûpirs & ses pleurs à sa voix se meslerent,
Et d'vn air plus touchant ses raisons appuyerent.
  Mais le tiltre de Prince, & de Fils de Sultan,
Se trouuant de grand poids au cœur de Muratan;
Il sembla qu'opposant la Croix & sa bassesse,
Au rang de ses Ayeux, à leur vaine Hautesse,
Il eust peur d'auilir le Sang de tant de Roys,
S'il ployoit son orgueil sous le joug de la Croix.
  Là, tout à coup Louys, change d'air & de mine;
Son front d'vn feu nouueau rougit & s'illumine;
Son regard attentif est au Ciel arresté,
Comme si son Esprit estoit-là transporté.
Et tous ses mouuemens, sont des signes qu'il donne,
De quelque vision, qui l'occupe & l'étonne.
  L'extase terminée, & le transport passé,
Cheualier, reprend-il, s'adressant au blessé.
Perdez ce faux espoir, quittez ces vains phantosmes,
De Couronnes, d'Estats, de Sceptres, de Royaumes,
Celuy qui dans la Sphere, où tourne le Destin,
Assigne à chaque Estat sa naissance & sa fin;
Et fait d'vn cour reglé, rouler chaque Monarque,
Du point de son Leuât, au Couchât qu'il luy marque,
Cét Arbitre Eternel des Regnes & des Temps,
A son terme conduit l'Empire des Sultans.
Et deuant le retour de la nouuelle Lune,
On en verra tomber la Race & la Fortune.
De leur ruïne au loin les éclats voleront,
De leur chute long-temps les Peuples bransleront,
Vostre Frere qui vient assisté d'vne Armée,
Que tant de Nations en vn corps ont formée,
A peine sur le Throsne aura repris son rang,
Qu'vne tragique mort le teindra de son sang.

LIVRE DIX-SEPTIESME.

Le Mammelu rebelle occupera sa place,
Et laissera le fruit de son crime à sa Race.
Reconnoissez par là, combien sont creux & vains,
Les Spectres de grandeur adorez des Humains.
Les Thrônes sont détruits, les Couronnes se cassent,
Les Roys deuiennēt poudre & leurs regnes se passēt.
Rien n'est ferme sur terre, & nō moins que les joncs,
On voit mourir les Pins, on voit tomber les Monts.
N'ayez point de regret, pour des biens si fragiles :
Allez à ceux, qui sont aussi grands, qu'immobiles :
Le Thrône qui vous est sur le Ciel appresté,
Est fondé sur la Paix & dans l'Eternité.
De là tous les Estats, de là tous les Royaumes,
A peine sous vos yeux paraistront des atomes.
Là ces biens infinis, ces eternels plaisirs,
Dont Dieu mesme est comblé, cōbleront vos desirs:
Et la mesme clarté, dont sa face rayonne,
Luisant autour de vous, fera vostre Couronne.
Il vous faut regner là, si vous voulez regner,
Vous n'auez plus ailleurs de Royaume à gaigner.
Quitez donc la Fortune, auant qu'elle vous quitte :
Et de vostre mal-heur, faites vostre merite.
Il n'est plus desormais de seureté pour vous,
Il n'est plus de santé, plus de paix que chez nous.
L'eau du sacré Lauoir est souuent vn dictame,
Aux blessures du Corps, comme à celles de l'Ame ;
Vous ne pouuez sans elle heureusement mourir,
Et vous pouuez par elle esperer de guerir.

 Tandis que le saint Roy parle en cette maniere,
De l'Agneau glorieux, d'où nous vient la lumiere,
D'où la grace nous vient, soit aueque le sang,
Soit auec les esprits, qui coulent de son flanc;
Vn rayon descendant sur le Prince infidelle,
Luy découure les biens d'vne vie eternelle :
D'vne eternelle mort, luy découure l'horreur :
Amollit & dissout la roche de son cœur :

A a ij

Et changeant ce qu'il a d'impie & de barbare,
A la Foy qui le suit, la demeure y prepare.
  Ne pouuant de la voix exprimer ce qu'il sent,
Il l'exprime des mains, qu'il croise & qu'il étend :
Et du respect des yeux, du respect de la teste,
A receuoir le joug de la Croix il s'apreste.
On apporte aussi-tost de l'eau dans vn armet :
Du front, du cœur, du corps Muratan se soûmet :
De sa main le saint Roy par le dehors l'ondoye,
Et Dieu par le dedans, de sa main le nettoye.
  Que puissante, qu'heureuse est la vertu de l'eau,
Où se meslent l'esprit, & le sang de l'Agneau !
A peine du blessé la teste en est touchée,
Qu'à ses muscles rejoints sa langue est r'attachée :
Il parle, on s'émerueille, & sa premiere voix,
Est vne offre de culte au Dieu mort en la Croix.
La force luy reuient aueque la parole ;
Le Roy se réjouyt, Zahide se console ;
Et comme eux, les Seigneurs surpris d'étonnement
Rendent graces au Ciel, d'vn si grand changement.
  On retourne, & Louys, tandis que l'on auance,
Admire les moyens que tient la Prouidence,
Et les secrets ressorts, que sa main fait tourner,
Pour conduire au Salut, ceux qu'elle y veut mener.
Muratan qu'il instruit, comme luy les admire,
Et ioignant ce qu'il sçait, à ce qu'il entend dire :
  Seigneur, ajoûte-t'il, ce grand éuenement,
Epuise mon discours & mon étonnement :
Et lors que mon esprit rejoint de la pensée,
A mon estat present, ma fortune passée,
Ie ne puis refuser mon culte, ny ma foy,
Au Dieu qui tant de fois a mis la main sous moy.
  Vous auez pû, Seigneur, plus d'vne fois apprendre,
Que mon Pere endurcy ne voulant point se rendre,
Au desir que j'auois, de payer de ma mort,
L'amande qu'exigeoit de luy son mauuais Sort ;

LIVRE DIX-SEPTIESME.

Obstiné qu'il estoit au conseil parricide,
D'appuyer sa Couronne en immolant Zahide ;
Ie les preuins tous deux, & contre leur dessein,
A leurs yeux, ie me mis le poignard dans le sein.
De la sorte blessé, ie me iettay dans l'onde,
De Zahide suiuy, pleuré de tout le monde.
Si i'en puis déposer, sur vn rayon d'esprit,
Qui dans l'eau me resta, ie sentis qu'on me prit,
Mais n'ayant qu'vn moment gardé dans la Riuiere,
Ce reste foible & court de mourante lumiere,
Ce que ie sçay de plus, Seigneur, est du rapport,
D'vn Pescheur, dont la main me sauua de la mort.

Il estoit dans vne Isle, assez prés du riuage,
Spectateur affligé du Theatre sauuage,
Où le Pere cruel, le poignard à la main,
A son peuple donnoit vn Spectacle inhumain :
Quand il vous vit tomber d'vne chute commune,
Il s'en prit au Sultan, au Ciel, à la Fortune ;
Et suiuit de ses cris, les cris que sur le bord,
Tout le Caire faisoit, outré de nostre mort.

Touché comme il estoit d'vne telle auenture,
Estrange s'il en fut iamais en la Nature,
Il descend vers sa riue, au bruit que les roseaux,
Faisoient sous vn Cheual, sorty du fond des eaux.
Car le Fleuue, Seigneur, dans ses profonds herbages,
Nourrit de ces haras écaillez & sauuages.
Il le voit qui s'auance & traisne de la dent,
Ie ne sçay quoy d'humain, qui luy paroist sanglant.
De hazard se trouuant armé d'vne zagaye,
Il la luy pousse au cœur, par vne large playe.
Le Monstre ainsi percé, reculant fait deux bonds,
Et laisse de l'effort sa proye entre les joncs.
Le croiriez-vous, Seigneur, si pour le faire croire,
Moy-mesme ie n'estois le garant de l'histoire ?
Le Pescheur accourant, trouue vn homme blessé,
Et respirant encor, sur la vase laissé.

A a iij

C'eſtoit moy, que la Beſte auide & carnaciere,
Auoit traiſné ſanglant à trauers la Riuiere.
Aueque peu de mots, mais charmez & puiſſans,
Le Peſcheur, auſſi-toſt fait reuenir mes ſens ;
Et me porte, aſſiſté du ſecours de ſa fille,
Dans la maiſon prochaine où logeoit ſa famille.
  Là de nouueau, Seigneur, ie m'obſtine à mourir,
Ie rejette bien loin tout moyen de guerir :
Et ſoit que le Soleil ſe leue, où qu'il ſe couche,
Zahide eſt en mon cœur, Zahide eſt en ma bouche.
Cependant le Peſcheur, en preſtiges ſçauant,
Fait à croire à mes yeux, par vn ſort deceuant,
Que ſa fille qu'il m'offre, eſt Zahide ſauuée,
Et pour le cours du Fleuue à ſon Iſle arriuée.
Mon cœur ainſi trompé, ſur la foy de mes yeux,
Ayde à la tromperie, & mon corps en eſt mieux :
Le viſage impoſteur de la fauſſe Zahide,
A tous les mouuemens de mon Ame preſide.
Les onguents qui me ſont preparez de ſes mains,
Me ſont touſiours benins & iamais ne ſont vains.
Et contre mes douleurs, ſa voix eſt vn remede,
Qui tout autre en vertu, comme en douceur excede.
  Tout vn mois de la ſorte heureuſement traité,
Ie recouure la force aueque la ſanté.
Là mon Hoſte m'inſtruit du ſuccez de ſa ruſe :
Son charme diſſipé mes regards deſabuſe :
Et ie ſuis auerty que ma Sœur vit encor ;
Mais captiue des Francs voleurs de mon threſor.
Confus de cette ruſe & ſurpris de merueille,
Ie conclus au party que l'amour me conſeille :
Et me rends à Memphis, où d'abord reconnu,
Ie fais entendre à tous pourquoy ie ſuis venu.
Les Dames ſur ce bruit, pour r'auoir leur Princeſſe,
Se taxent à l'enuy, ſe piquent de largeſſe,
Et m'offrent à monceaux, pour payer ſa rançon,
Des pierres de tout prix & de toute façon,

LIVRE DIX-SEPTIESME.

I'en prens dequoy faouler l'Ame la plus auide,
Et depute vers vous, pour traitter de Zahide.
Tout le reste, Seigneur: fous vos yeux s'est passé,
Et le Ciel a permis, que ie fusse blessé,
Afin que de vos mains, par ma blessure mesmo,
Ie receusse la vie auecque le Baptesme.

Ainsi le Conuerty ses fortunes contoit,
Auec étonnement, le saint Roy l'écoutoit;
Mais Brenne cependant, que son erreur tourmente,
Apres de longs détours reuenu dans sa Tente.
Abandonne son cœur, au venimeux Serpent,
Qui l'emplit de son fiel & le mord de sa dent.

Soûpirant de douleur, à toutes les morsures,
Sexe trompeur, dit-il, Artisan des pariures,
Quelle écume de flots agitez par les Vents,
N'a plus de fermeté que n'en ont tes serments ?
Et quel phantosme d'air, quel spectre de nuages,
A ta foy comparez se trouueront volages ?
Allez, & vous fiez à la legereté,
De ce vent, de cét air, de ce flot agité.
Quand le vent sera fixe, & l'air sera solide,
Quand le flot endurcy n'aura rien de liquide;
La Femme ferme alors, son humeur changera,
Ses paroles tiendront, son cœur s'affermira:
Et son cerueau purgé d'abus & de caprices,
Sera iuste à l'estime & fidele aux seruices.

L'Echarpe, sur ces mots, de colere s'ostant,
Va faux gage, dit-il, loin de soy la jettant,
Depost d'vne trompeuse, arrhe d'vne infidelle,
Tu ne me seras rien desormais non plus qu'elle.
Ces mots accompagnez d'autres plus menaçans,
Sont suiuis de plaintifs & de confus accens:
Au murmure, aux soûpirs le silence succede,
Où l'excez de son mal trouuant peu de remede.

Sexe menteur, dit-il, s'écriant de nouueau,
Dont l'esprit plus changeant, que la face de l'eau,

A a iiij

Prend & perd sans arrest toute sorte d'image,
Se donne à tout objet, à pas vn ne s'engage.
Que ceux-là sont à plaindre & seront abusez,
Qui de fausses faueurs vainement amusez,
Esperent vne longue & fidele bonace,
De cette deceuante & flatteuse surface !
Que de vents intestins de là s'éleueront !
Que de troubles au calme vn iour succederont !
Et que ces faux Heureux agitez de l'orage,
Feront de leur espoir vn funeste naufrage !
Amans fauorisez, defiez-vous du Sort ;
Gardez-vous des écueils qui se trouuent au port.
Mais qui s'en gardera ? si l'ingrate Zahide,
Si charmante au dehors, au dedans si perfide,
Le iour d'vn accord fait si solennelement,
Me quitte pour courir apres vn autre Amant,
Aux yeux de tant de Grãds, aux yeux de l'Hymenée,
Témoin de son serment, & de sa foy donnée.
Qu'elle aille, à la bône-heure, où la porte son cœur,
Fait de plume & de vent, de caprice & d'humeur.
On ne perdit iamais, perdant vne Infidelle,
Qu'vn sujet de soupçon, de soucy, de querelle.
Ah ma langue ! ah mon cœur ! estes-vous bien d'ac-
Oserez-vous tantost auoüer ce transport ?   [cord ?
Sous les traits, sous les feux des regards de Zahide,
Pourrez-vous soustenir qu'elle me soit perfide ?
Auez-vous là dessus, pris l'auis de mes yeux,
Qui sont plus éclairez, qui la connoissent mieux ?
Soit fidelle ou perfide, aux yeux elle est charmante :
Elle est parfaite aux yeux, soit volage ou constante :
Et ie crains que mon cœur, par mes yeux peruerty,
Ne prenne auec l'Amour de nouueau son party.

  A ces mots se taisant, il sembla qu'en silence,
Il voulust à l'Amour donner quelque audience.
Mais reprenant bien-tost la parole & l'aigreur,
Cesse, dit-il, Amour, de fraper à mon cœur,

LIVRE DIX-SEPTIESME.

Les portes deſormais en ſont pour toy fermées;
Ie ſuis las de tes feux, plus las de tes fumées:
Celle que tu pretens remettre aueque moy,
A beaucoup de beauté, mais elle a peu de foy;
Et mon deſſein n'eſt pas de ſuiure vne volage,
Qui fait moins de ſejour qu'vn Oyſeau de paſſage.
Tu m'allegues en vain mes ſeruices rendus;
Si l'Honneur m'en tient cōte, ils ne ſont pas perdus;
Et i'ay déja receu par vne illuſtre auance,
Tout ce que peut la Gloire offrir de recompenſe.
Que l'ingrate ſoit donc à ce premier vainqueur,
Qui l'acquit deuāt moy, qu'elle a mis dās ſon cœur,
Il peut y regner ſeul, ſans que iamais ie faſſe,
Ny traitté, ny combat, pour y reprendre place.
Tous ces coups redoublez, Amour, ſont ſuperflus,
Le conſeil en eſt pris, ne m'en tourmente plus.
  Ainſi Brenne flottoit au flux de ſes penſées,
De mouuemens diuers diuerſement pouſſées:
Quand Bethune arriuant, l'auertit que la Cour
L'attend pour luy donner, tout l'honneur de ce iour.
Apres il luy fait part de la grande nouuelle,
De Muratan ſauué, gueri, rendu Fidelle.
Le recit le ſurprend, & cette douce horreur,
Qui va deuant la ioye, & fait fremir le cœur,
Au premier mouuement, fait de ſa phantaiſie,
Aueque tout ſon fiel, tomber la Ialouſie.
L'Amour r'entre plus fort, plus fier, plus irrité,
Inſultant au dépit, qui l'auoit rejetté.
Le Comte s'en excuſe, & tout confus adiure,
Ses ſoupçons indiſcrets, autheurs de cette iniure.
En ſuite à la Princeſſe, il en fait dans ſon cœur,
L'eſprit bas & contrit, vne amande d'honneur:
Et par le deſaueu de ſes erreurs paſſées,
A ſon culte ſoûmet de nouueau ſes penſées.
  Comme il eſt arriué dans la Tente du Roy,
Par diuers complimens chacun le tire à ſoy:

Aa x

Chacun force Laurier, force Palme luy donne,
Et tous s'offrent en foule à faire sa Couronne.
Muratan par sa Sœur au Comte est presenté ;
Ils s'embrassent l'vn l'autre auec ciuilité :
Et l'alliance entre-eux, sur ses mains est iurée,
Douce alliance helas ! mais de courte durée !
   Tout le reste du iour se passe chez le Roy,
A faire à Muratan des Leçons de la Foy.
Sur le soir, tous ses Chefs, le Saint Heros appelle,
Et du combat prochain leur donne la nouuelle ;
Si leur sens là dessus d'accord auec son cœur,
Soustient l'opinion qu'il a de leur valeur.
Au poids des iugemens l'affaire se balance,
La risque est d'vne-part, de l'autre l'esperance :
Qui veut donner combat, qui Memfis assieger,
L'vn pese le besoin, & l'autre le danger :   [mine,
Et quelque tour qu'on donne aux points qu'on exa-
Enfin la raison panche où le courage incline.
   Là, Muratan prié de dire librement,
Sur tant d'auis diuers, quel est son sentiment ;
Apres s'estre excusé, sur le peu de créance,
Que peuuent esperer son âge & sa naissance ;
Il ajouste, adressant ces paroles au Roy,
Ie tiens de toy, Seigneur, & la vie & la Foy.
Et ce double bien-fait m'est vne double étrainte,
Qui me sera touſiours aussi douce que sainte.
Si d'ailleurs, il est vray, qu'vn Corps de Factieux,
Doiue changer l'Estat tenu par mes Ayeux ;
Et qu'vn d'entre-eux bientost doiue prédre l'audace,
D'attenter à son Prince & d'enuahir sa place ;
Le droit mesme m'inuite à quitter vn Party,
Où tout droit desormais doit estre peruerty :
Et l'interest non moins que la reconnoissance,
M'oblige à me ranger au dessein de la France.
Ie sçay, Roy magnanime, & vous braues Guerriers,
Qu'au lieu des faux thresors, qu'au lieu des vains
   lauriers ;

LIVRE DIX-SEPTIESME.

Vos armes n'ont pour but que la Couronne Sainte,
Dont la teste autrefois du Dieu mourant fut ceinte.
Pour atteindre à ce but, le siege de Memfis,
Est vn auis pompeux, mais vn mauuais auis.
La Couronne n'est pas dans ses murs enfermée,
Elle est dans vne Tente au milieu de l'Armée.
Mon Pere le Sultan, les Sultans mes Ayeux,
L'ont toufiours fait porter à la guerre auec eux,
Se figurant traisner d'vne chaisne commune,
La Victoire auec elle & la bonne Fortune.
Encore maintenant les Chefs & les Soldats,
Ont moins de côfiance en leurs cœurs, en leurs bras,
Qu'au destin que leur fait, qu'à l'espoir que leur don-
L'enchantement fatal de la Sainte Couronne. [ne,
Marchez donc droit au Camp, où vous la trouuerez,
Où demeurans Vainqueurs, vous la possederez.
La garde, ie l'auouë, en est forte & terrible :
Mais à ton bras, Seigneur, est-il rien d'inuincible ?
Est-il Monstre ou Geant, qui te puisse arrester,
Qui puisse à ta Fortune, à ton cœur resister ?
Ie sçay dans quelle Tente est le gage celeste ;
Ie m'offre à t'y mener ; ta main fera le reste.

Sur ce dernier auis, approuué du Conseil,
La marche est assignée au leuer du Soleil.
De mesme sur la Mer, la Barque balancée,
Et de souffles diuers diuersement poussée,
Tantost vers vne rade, & tantost vers vn port,
Va du Sud au Leuant, & du Leuant au Nort,
Iusqu'à ce qu'au signal d'vne meilleure Estoile,
Il vient vn vent plus fort, & maistre de la voile,
Qui la porte sans peur des écueils & des flots,
Où l'adressent les vœux & l'art des Matelots.

Louys sur vne carte, à chaque troupe assigne,
Sa hauteur & son rang, sa colonne & sa ligne :
Et d'vne main qui sçait le crayon animer,
Qui sçait le corps, l'esprit, l'action exprimer,

Sur vn terrain sans terre, il fait voir en figure,
La roue & le dessein de la marche future.
Les Chefs encouragez, vont par les logemens,
Encourager les Corps, porter les mandemens.
Chacun auec ardeur au combat se prepare ;
Chacun déja du cœur force le Camp barbare.
L'vn d'vn nouueau cimier releue son armet ;
Et d'vn Laurier nouueau l'ornement se promet :
Vn autre aueque soin repolit sa cuirasse,
Qui semble refléchir le feu de son audace.
Le Caualier flatant son cheual de la main,
Le dispose au combat promis au lendemain :
Le superbe animal bat du pied la poussiere,
Leue la teste en l'air, demande la carriere :
Et semble de courage & d'orgueil écumant,
Imiter les Clairons de son hannissement.
L'Archer reuoit son arc, & le Frondeur sa fronde,
L'vne siffle à l'épreuue, à l'essay l'autre gronde :
Et les Ames du Camp, l'Honneur & le Deuoir,
Faisant iusqu'aux Drapeaux, iusqu'aux Tentes mou-
Les ombres de la nuit, quãd elles retourneret, [uoir;
A peine le tumulte & le bruit appaiserent.
Les cœurs encore émeus, dans les corps endormis,
Attaquent en resuant le Camp des Ennemis :
Et de leur Camp forcé, passent à des conquestes,
Qui se font de vapeurs, & ne sont qu'en leurs testes.
 Cependãt le Saint Roy, qui sçait de quelles mains
La Couronne descend sur le front des Humains ;
Et que sans leur appuy, la multitude est vaine,
La valeur est infirme, & l'adresse incertaine ;
Recommandoit à Dieu le party de la Foy,
La gloire de son Nom, l'interest de sa Loy ;
Et du fertile cours de ses deuotes larmes,
Arrosoit les Lauriers destinez à ses Armes.
 Apres vne fort longue, & plus douce oraison,
L'Aurore remontant déja vers l'Orison,

LIVRE DIX-SEPTIESME.

Ses heroïques soins au repos le laisserent;
Les aisles du Sommeil en passant le toucherent:
Et son grand cœur permit, par le besoin vaincu,
Que sa teste se fist vn cheuet d'vn escu.
La, son Frere d'Arthois, à ses yeux se presente,
Habillé d'vn tissu de lumiere volante;
Vn Laurier étoilé sa teste couronnoit:
Vne celeste Palme en sa main rayonnoit:
Et cent cercles ondez, d'vne belle alliance,
Autour de luy faisoient vne illustre nuance.
 De l'étage Royal du celeste Palais,
Où regne vne éternelle & bien-heureuse paix,
Ie viens, Seigneur, dit-il, vous estre par ma gloire,
Vn argument d'espoir, vn garant de victoire.
Voyez ce que ie suis; & ne me plaignez point,
D'auoir gagné le Ciel par la perte d'vn point;
De ce bas point de terre, où la Grandeur humaine,
A son Thrône incertain, & sa Tombe certaine.
Vos Couronnes, Seigneur, ne sont que des filets,
Tombez des mains du Roy, de ce luisant Palais.
Les Mortels éblouïs, se foulent & se pressent,
Y courant aussi-tost, qu'à leurs yeux ils paraissent.
Ceux-là sont les plus grands, & les plus fortunez,
Qui de ces vains filets sont les plus enchaisnez.
La Couronne, Seigneur, dont i'ay fait la conqueste,
Sans me charger l'esprit rayonne sur ma teste.
Elle ne blesse point, comme les vostres font,
Qui d'aiguillons secrets vous vlcerent le front.
Et quoy que le Soleil, mourant vn iour luy-mesme,
Doiue à la mort du Temps, perdre son Diadesme;
Quoy que la Lune éteinte, & les Astres brûlez,
Doiuent perdre l'orgueil de leurs fronts étoilez;
Apres le Soleil mort, apres la Lune éteinte,
De Lauriers éternels ma teste toûjours ceinte,
Tant que l'Agneau vainqueur dans le Ciel regnera,
Des rayons refléchis de sa face, luira.

N'ayez donc plus pour moy, ny pleurs, ny soins, ny craintes:
Et cessez de troubler mõ bon-heur par vos plaintes.
Mon corps, par la vertu des Anges enleué,
Et de corruption par leurs soins preserué,
Gist dans le Monument de cette illustre Race,
Qui par vn zele saint, & d'vne sainte audace,
Fut le mur de Sion, contre les attentats,
Des Grecs vsurpateurs, & des Iuifs Apostats.
Il reste qu'au retour de l'Aurore prochaine,
Le Camp par Escadrons s'auance vers la plaine,
Où des affrons receus l'Infidelle irrité,
Cuit vn venin nouueau dans son cœur depité.
Deuant vous les Vertus marcheront les premieres;
La Victoire suiura sous elles vos Bannieres:
Et la Couronne enfin que l'Homme Roy des Roys,
Porta pour le salut des Hommes sur la Croix,
Apres tant de perils, heureusement conquise,
Et pour prix du combat entre vos mains remise,
Des promesses du Ciel, la Foy dégagera;
Sur le Sceptre François sa grace affermira;
Et sera desormais à la Tige Royale,
En tout temps, calme ou trouble, vne garde fatale.
 Robert r'entre à ces mots, dans vn voile doré
Que luy fait vn nuage illustre & coloré:
Et laisse en s'éloignant, vn long trait de lumiere,
Qui du Prince endormy penetre la paupiere.
Il s'éueille; & suiuant du cœur, des bras, des yeux,
Le Comte qui reprend sa route vers les Cieux;
Plein d'vn nouuel espoir, & d'vne foy nouuelle,
Il attend que le iour au trauail le rappelle.

SAINT LOVYS

OV LA

SAINTE COVRONNE

RECONQVISE.

LIVRE DIX-HVICTIESME.

EPENDANT le Soleil de l'Onde renaissant,
Par vn presage heureux, mais contraire au Croissant,
A peine fut sorty de sa couche azurée,
Et sous luy, de longs plis crespuë & colorée;
Que ses premiers rayós, poussez comme traits d'or,
Sur l'Astre au front d'argent, qui paroissoit encor,
D'vn teint sombre & sanglát,tout à coup le chargerent,
Et de son front couuert les cornes dissiperent.
De là, comme vainqueur, de pourpre enuironné,
Et d'vn cercle plus pur & plus clair couronné,
En montant, il sembla preparer sa lumiere,
A faire vne celebre & fameuse Carriere;

Et telle qu'elle fut, quand pour estre garant,
D'vne victoire entiere à * l'Hebreu Conquerant,
Il suspendit sa course, il renuoya les Heures,
Compagnes de la Lune, à leurs moetes demeures;
Et d'vn rayon fit signe, aux Astres qui venoient,
De faire reculer la Nuit qu'ils amenoient.

Les Corps qu'vn iour si pur, & qu'vn si beau pre-
Animerent d'espoir, remplirent de courage, (sage,
Par la voix des Clairons, de la marche auertis,
Et du Camp file à file en bel ordre sortis,
Marcherent à deux fronts, sur deux Lignes égales,
Soit pour la profondeur, soit pour les interuales.

Louys à l'Aisle droite estoit auec la fleur,
De tout ce que la France auoit d'Hommes de cœur,
La trouppe des Templiers d'autres Corps escortée,
Estoit sous le Grand Maistre, à l'autre Aisle postée.
Les Freres de Louys assistez de Bourbon,
Du Comte de Champagne, & d'autres de grãd nom,
Commandoient la Bataille en dix Corps partagée,
Et sous dix Estendars par Escadrons rangée.
La premiere Colonne en cet ordre marchant,
Et desja du regard les Ennemis cherchant,
La seconde suiuoit, où la mesme figure
Estoit d'égale force, & d'égale mesure.

Tout se meut, mais d'vn iuste & reglé mouuemẽt
Tout brille, mais d'vn fier & terrible ornement:
L'or non moins que le fer, à la victoire aspire;
Le fer non moins que l'or, frappe l'œil & l'attire:
Et sur les hauts cimiers d'aigrettes ombragez,
Sur les riches boucliers de dorures chargez,
Sur la Pourpre, de l'eau des Perles éclatante,
La valeur est pompeuse, & la pompe est vaillante.
Le iour pur & serain redouble l'appareil;
Vn feu noble en jaillit, qui répond au Soleil:
Et l'air se voit tranché, de lueurs auancées,
Des Escus, des Armets, des Cuirasses lancées,

LIVRE DIX-HVICTIESME. 547

Forcadin d'autre-part, animé du renfort,
Par Themir amené du Leuant & du Nort;
Dés que le iour parut peint de couleurs nouuelles,
S'eſtoit mis à marcher vers le Camp des Fidelles.
Il croyoit que le trouble, apres la mort du Roy,
Dans leurs Troupes sans Chef, regnant auec l'effroy;
Du secours de Themir les siennes renforcées,
Pourroient se racquitter de leurs pertes passées.
Plus fier que l'Ours qui suit par les Monts & les Bois,
De son faon foible encor le Rauisseur Danois,
Il marchoit quelques pas deuant son Aisle droite,
Par le front étenduë, & par les flancs eſtroite.

Themir qui son orgueil à sa taille égaloit,
Couuert d'acier battu, deuant la gauche alloit.
Il nasquit sur les bords de ce Fleuue Tartare,
Qui les * Hordes arrose & leurs bornes sépare.
De sang meſlé de lait sa Mere le nourrit:
Si-toſt qu'il ſceut marcher, la chaſſe l'aguerrit:
Ses pieds foibles encor les ieunes Cerfs laſſerent:
Ses bras tendres encor les ieunes Loups forcerent:
Et son troisiéme lustre à peine eut fait son cours,
Qu'il affronta les faons des Lyons & des Ours.

Les forces luy croiſſant aueque le courage,
Il creut deuoir quitter houlette & paſturage:
Et choisit dans son Bourg, entre tous les Bergers,
Les plus hauts à la main, les plus prompts aux dangers.
Auec ce Corps ruſtique il courut les Frontieres;
Il saccagea des Bourgs, & des Hordes entieres:
Ces succez, & l'espoir d'autres succez plus grands,
Le firent aspirer au nom de Conquerans.

Pour conduire à ce but, ses hautaines pensées,
Il fit vn Camp volant de troupes ramaſſées:
Du Nord à l'Orient, comme vn foudre il paſſa,
Il liura des combats, des Places il força;
Plus il vainquit, & plus ses troupes se groſſirent:
Le Mede, l'Aſſirien, le Persan le craignirent.

SAINT LOVYS,

Ainſi d'vn cours pareil à celuy d'vn torrent,
L'Eufrate, le Iourdain & le Tigre courant;
Il vint dans le beſoin de la cauſe commune,
Offrir aux Sarraſins ſes Gens & ſa fortune.
 Receu de Forcadin, comme le meritoit,
Le ſuccez qu'au Party ſa valeur promettoit;
L'Aiſle gauche luy fut ce iour-là confiée;
Et de quinze Drapeaux ſous luy fortifiée,
Elle marchoit d'vn air, qui déja prouoquoit;
Et du geſte, de l'œil, de la mine attaquoit.
La Bataille au milieu de lances heriſſée,
Sembloit vne foreſt roulante & compaſſée:
Et de tous les coſtez, les diuers Eſcuſſons,
Bizarres de couleurs, barbares de façons,
Les Veſtes, les Turbans, les Cuiraſſes, les Caſques,
Superbes de matiere, & de forme phantaſques,
Par vn étrange accord de luxe & de terreur,
Meſloient l'affreux au riche,& la pompe à l'horreur.
 Les deux Camps ennemis en cét ordre marcherent,
Depuis qu'au iour naiſſant, les Eſtoiles cederent;
Iuſqu'à ce que des deux, vn mutuel éclair,
Auantcoureur de l'or, & meſſager du fer,
Vola deuant la poudre; & porta la nouuelle,
De l'Infidelle au Franc, du Franc à l'Infidelle.
Les porteurs incertains de ce premier auis,
Par d'autres plus certains, auſſi-toſt ſont ſuiuis:
Et la poudre, qui fait vn ſec & prompt nuage,
Couurant l'air apres eux, confirme leur meſſage.
 L'œil de Louys en eſt le premier auerty:
Auſſi toûjours ſon œil & ſon cœur en party,
Eſpioient la Fortune, obſeruoient la Victoire,
Et cherchoiét les chemins les plus droits à la Gloire.
Sa ioye à cette veuë éclate ſur ſon front;
D'eſprits purs & ſerains ſon eſpoir luy répond:
Et ſa mine aſſeurée, aux Troupes qu'elle aſſeure,
Eſt du ſuccez heureux vn infaillible augure.

LIVRE DIX-HVICTIESME.

Il en est plus auguste, il en paroist plus grand,
De la faueur du Ciel son visage est garant :
Et d'vn œil qui promet, d'vn geste qui commande,
Allāt de Corps en Corps, passāt de Bande en Bande,
Soit qu'il parle aux Soldats, ou qu'il se fasse voir,
Il allume l'audace & confirme l'espoir.
Il s'arreste à la fin, vers l'Enseigne Royale,
Au Croissant tant de fois, dans les combats fatale :
Et d'vne main leuée, accompagnant sa voix,
Il adresse en ces mots sa parole aux François.

 L'Occasion s'approche, & l'Honneur auec elle,
L'vne & l'autre des-ja fait signe & nous appelle :
Ma voix est superfluë, où s'entendent les leurs ;
Et vostre vertu parle assez haut dans vos cœurs.
Elle ne vous dit rien, qui ne soit plein de gloire,
Riē qui ne soit tout vôtre, & pris de vôtre Histoire :
Et sans faire qu'à vous, de vous comparaison,
Sans tirer de plus loin, que de vous, sa raison,
Sur vos exploits passez, de vos exploits à faire,
Elle prend la mesure & forme l'exemplaire.
Soyez donc vos Riuaux, soyez vos Concurrens,
Ne regardez que vous & vos faits, sur les rangs :
Et ne vous mesurez, qu'aueque la memoire,
De vos propres combats, de vostre propre gloire.
Vous tant de fois vainqueurs, vous donteurs tant de
Des Peuples Mécreans, des Infidelles Roys ; [fois
Vous que le Monde émeu, que la Nature armée,
Qui des Fleuues de feu, qu'vne Terre charmée,
Que cent Monstres affreux, que cēt perils nouueaux,
En foule ramassez, dans l'air & sur les eaux,
N'ont iamais pû toucher de la moindre épouuente,
Craindriez vous les abois d'vne Beste mourante ?
Cette Egypte si fiere & si vaine autrefois,
Maintenant tronçonnée, est aux derniers abois.
De son sang, le Nil fume, & la plaine est trempée ;
Sa teste, de la main d'vne Femme est coupée :

Et ses membres sanglans, & tronquez par le fer,
Pourrissent sur la Terre, ou flottent sur la Mer.
Vous n'en voyez plus là, que des restes qui trêblent;
Qui se pressent d'effroy, plûtost qu'ils ne s'assêblét.
S'ils se meuuent encore, ils se meuuent de peur :
Et comme ils sont sans teste, ils sont aussi sans cœur.
Quoy ? vous auriez vaincu la Beste encore entiere,
Pris son Fort à Damiette & passé sa Riuiere :
Et vous ne vaincriez pas les tronçons de son corps,
A peine se traisnans, & desja demy-morts !
Pour si peu de peril, vous aurez dans l'Histoire,
Vne Palme immortelle, vne eternelle gloire.
Et maintenant encor, l'Ecarlate * de Tyr,
Les Metaux precieux nez sous le Ciel * d'Ofir,
Et tout ce que l'Asie en richesses feconde,   [des
Reçoit des bords heureux, d'où le iour viét au Mon-
Tout ce que le trauail du Soleil & du Temps,
Ont pû contribuer au Luxe des Sultans;
Tout ce que la Nature & les Arts peuuent faire,
Apres peu de combat, sera vostre salaire.
Mais l'honneur le plus haut & le plus à priser,
Fallust-il pour l'auoir, à cent morts s'exposer,
Sera de conquerir, & reporter en France,
Où s'attend ce thresors auec impatience,
La Couronne sacrée, à qui fut sur la Croix,
Soûmis le front diuin, de l'Homme Roy des Roys.
Cette conqueste vaut les plus nobles conquestes;
Vaut les plus hauts Lauriers, des plus fameuses testes:
Et nostre vie, aprés cent combats entrepris,
Ne peut pour nostre honneur, se mettre à plus haut
Allons donc, & suiuons l'Archange Capitaine, [prix.
Qui desja de sa Croix fait luire au loin la plaine :
Vous vaincrez, ie le vois aux presages certains,
Qui brillent dans vos yeux, qui sur vos fronts sont
Et toute vostre peine, aprés cette victoire, [peints:
Sera de partager le butin & la gloire.

LIVRE DIX-HVICTIESME.

Ainſi Louys parloit; & tandis que ſa voix,
D'vn ton harmonieux, rouloit aueque poids;
Le celeſte Guerrier à ſa garde fidelle,
La pouſſant ſur le vent, qu'il faiſoit de ſon aiſle,
Iuſques aux derniers rangs des Troupes la portoit,
Et d'vne belle ardeur tous les cœurs excitoit.
Comme il eut acheué, les Corps luy répondirent,
D'vn battement d'eſcus, que de longs cris ſuiuirent:
Et la priere faite, vn rayonnant éclair,
Gliſſa du plus haut Ciel, & mit le feu dans l'air;
Soit qu'il vinſt des harnois, d'vne troupe eſtoilée,
Qui s'auança, pour voir de plus prés la meſlée:
Soit qu'il fuſt de la main du Roy Seigneur des Roys,
Qui s'étendit du Ciel, pour benir les François.
L'augure en fut illuſtre; & ſur toute l'Armée,
Vne flame en courut, ſans matiere allumée.
  Forcadin d'autre part, d'vn air imperieux,
Parle aux ſiens de la main, de la voix & des yeux.
Il fait valoir la proye au Soldat mercenaire;
Et luy remplit le cœur de l'eſpoir du ſalaire.
Ces bardes luy, dit-il, ces houſſes que tu vois,
Cét argent en armets, & cét or en panois,
Cette pompe de train, ce luxe d'équipage,
Seront ſi tu ſçais vaincre, auiourd'huy ton partage.
  Il pourſuit, s'adreſſant aux Braues ſourcilleux,
Et montrant des Croiſez les Drapeaux orgueilleux;
Ces Drapeaux où l'audace, auſſi folle que vaine,
En Deuiſes eſt fiere, en grands mots eſt hautaine;
Ces eſcus, où ſe voit la Nobleſſe en blaſons,
Feront à l'auenir l'honneur de vos Maiſons:
Et vos Neueux, vn iour, y verront en Cornettes,
Toutes les Nations de l'Europe deffaites.
  En ſuite, ſe tournant vers ceux que la paſleur,
Accuſoit de foibleſſe, & conuainquoit de peur.
Noſtre ſalut, dit-il, n'eſt plus que dans nos armes:
N'eſperós rien du Nil, n'attendós rien des charmes,

Les Fleuues débordez & les embrasemens,
Ne sont bons qu'à troubler la paix des Elemens:
C'est assez de deux bras, & d'vn peu de courage:
Ces Corsaires Croisez n'en ont pas dauantage.
Nostre foiblesse a fait iusqu'icy leur valeur;
Ils seront sans fierté, quand nous serons sans peur:
Et nous les poursuiurons le long de cette riue,
Comme l'Aigle poursuit l'Outarde fugitiue.
Au moins prestons nos mains aux Temples démolis,
Aux Tombeaux prophanez, aux Croissans abolis.
Ayons deuant nos yeux nos Femmes outragées,
Nos Enfans enchaisnez, nos maisons saccagées:
Leur Sort dépend de nous, leur vie est en nos mains,
Nous ne pouuons fuyr, sans leur estre inhumains:
Et la fin du combat, sera de leur fortune,
Et de nostre deuoir, la mesure commune.
Enfin, Soldats, la Mort est vn Spectre sans cœur:
Elle suit les craintifs, les hardys luy font peur:
Et sa main, sur le dos des fuyards toûjours preste,
Perd sa force & son coup, sur ceux qui luy font teste.

 Aprés la voix des Chefs, sous l'air encor serain,
Vn tonnerre se fait, de cent quaisses d'airain.
D'vn ton mieux concerté les Clairons y répondent:
Des naseaux & des pieds les cheuaux les secondent.
Deux nuages de bois, serrez, aislez, sifflans,
Des deux Camps ennemis, volent en mesme temps:
Le Soleil en pallit, ses rayons s'en retirent:
L'air en est offusqué, les blessez en soûpirent.
La Mort fauche en passãt, tous ceux qui sõt touchez,
Soit des cailloux grondans, soit des traits décochez:
Et son char, auec bruit, par l'entredeux qui reste,
Des vns aux autres va d'vne course funeste.

 Cét orage passé, tous les Corps s'ébranslans,
Et la lance à l'arrest, sur leurs lignes roulans,
Au signal de partir, la plaine diminuë,
Deux forests en éclats, volent haut dans la nuë.

Dans

LIVRE DIX-HVICTESME.

Dans le fer, par le fer, les hommes sont percez ;
Et sur les Caualiers les cheuaux renuersez.
Le vaincu mord la poudre, & le vainqueur le foule;
A ruisseaux boüillonnans le sang sur l'herbe coule ;
Et les cris des mourans, les postures des morts,
Les testes sans leurs bras, les bras loin de leurs corps,
La menace & l'effroy, le tumulte & la fuite,
L'adresse & le hazard, le trouble & la conduite,
Font vn Theatre affreux, vn Spectacle d'horreur,
Où la confusion regne auec la fureur :
Et la Mort de faucher & d'abattre lassée,
Sous sa propre moisson se trouue embarrassée.
  Bourbon deuant son Corps, le premier s'auançant,
Et comme vn tourbillon sa course fournissant ;
Abbat Oromondate, à qui l'Ombre irritée,
D'Almire iour & nuit à ses yeux presentée,
Pour la derniere fois, sur l'Aube apparoissant,
Auoit predit ce coup, d'vn geste menaçant.
Le Prince infortuné le reçoit sans se plaindre ;
Et de son cœur ouuert sentant le feu s'éteindre ;
Almire, au moins, dit-il, souffrez que ce ialoux,
Repentant & puny, s'aille rejoindre à vous :
Et ne refusez pas la pitoyable amande,
De ce malheureux sang, dont ie vous fais offrande.
Oromondate mort, Azaronte le suit ;
Son Ame en murmurant par sa gorge s'enfuit :
Et le preseruatif, fait de la peau sanglante,
D'vn Enfant écorché sous la Lune naissante,
Quelque charme qu'il eust contre les coutelats,
De l'acier de Bourbon ne le garantit pas.
Il leur ioint Alazin, Azimut, Erogabe,
L'vn Perse, l'autre Turc, & le dernier Arabe :
Par serment engagez, à Mahomet tous trois
D'apprédre à son Tombeau, cent prepuces François.
  Albuban qui regnoit vers cette * Mer pesante,
Où l'ombre de * Sodome est encore puante ;

B b

Accourt pour les vanger le fer nû, le bras haut,
Et frape en blasphemant l'épaule d'Archambaut.
Le harnois ciselé d'vne main immortelle,
Comme indigné du coup, sous le fer étincelle :
Archambaut tourne & frappe Albuban d'vn reuers,
Où les iours de l'armet à la voix sont ouuers.
La levre, la gensiue, & la langue coupées,
De sang meslé d'écume & de fiel sont trempées.
Et plus auant encor le fer vangeur entrant,
La mort aueque luy, plus auant penetrant,
La teste de dessus les vertebres ostée,
Pend aueque l'armet, d'vne boucle arrestée.
 En vain à son secours Azorin s'auança ;
D'vn semblable reuers Bourbon le renuersa :
Et rien ne luy seruit d'estre né d'Olibane,
Qui Riuale autrefois de la Reyne Sultane,
Eut enfin par poison & par enchantement,
Le Sultan pour Mary, qu'elle auoit pour Amant.
 Archambaut secondé de Charles & d'Alfonse,
Caualiers & Piétons, rangs & files enfonce.
Tous trois également au combat attachez ;
Paroissent trois Faucons de la perche laschez ;
Qui faisans bruire au loin l'air battu de leurs aisles,
Fondent sur les Pigeons, paissans sur les jauelles :
Et sans estre arrestez de lévre, ny de voix,
Les chassant au delà des Fleuues & des Bois,
Ne reuiennent enfin que la main colorée,
Du sang noir & gluant resté de la curée.
 Louys de son costé, de la teste & du bras,
Inspire l'ordre aux Chefs, & la force aux Soldats :
Commandant il agit, agissant il commande ;
Il est l'esprit, le cœur, la main de chaque bande :
Et mouuant tous les corps, present à tous les rangs,
Soit qu'il côbate au front, soit qu'il côbate aux flâcs ;
Il semble aux Ennemis luy seul toute vne Armée,
De lumiere éclatante, & d'ardeur animée.

LIVRE DIX-HVICTIESME.

Par tout où Fulguria de l'éperon pressé,
Et gouuerné du frein, par bons est élancé ;
On voit les bras tronquez, & les testes coupées ;
On voit les rangs ouuers, les files dissipées :
Et le sang boüillonner des morts & des mourans,
Comme on voit à pleins bords, écumer les torrens,
Quand l'Esprit Roy de l'Air, & Moteur des orages,
Sur la teste des Monts fend le sein des nuages :
Et de leurs veines fait rouler à gros boüillons,
La vague par les prez & le long des sillons.

Soit à droit, soit à gauche, en quelque lieu qu'il pas-[se,
La Mort suit, & luy fait vn effroyable espace.
De mille traits, de loin, contre luy décochez,
Les vns tombent en vain, de l'escu rebouchez ;
Les autres sont rompus sur l'armet inuincible,
D'autres sont détournez par son Garde inuisible,
Qui d'vn soin amoureux, autour de luy voiant,
Les écarte de l'aisle, & les repousse au vent.

Osman farouche & vain, brauoit auec la hache,
Rouge encore du sang de Germain & d'Eustache ;
Tous deux ieunes, tous deux deuenus à Paris,
De Riuaux & d'Amans, Alliez & Maris.
Il alloit, le fer haut, leur ioindre Lisamante,
Qui passoit de sueur, & de sang dégouttante :
Louys le preuenant d'vn coup mieux mesuré,
L'atteint où le harnois, ioint au moignon doré.
Le bras tombe, & se noye aueque la coignée,
Dans le fleuue pourpré dont la terre est baignée :
Et le corps qui le suit, abbatu de son poids,
En vain deteste Ormon, d'vne mourante voix ;
Ormon, qui pour le rendre au fer impenetrable,
Par vn charme aussi vain, qu'il estoit execrable,
Aueque trois Enfans, trois Meres égorgea ;
Et dans leur sang meslé, trois fois nû le plongea.

Louys passe à Rogut, de Rogut à Gorgasse,
L'vn à la Iouste adroit, l'autre adroit à la chasse :

Bb ij

Tous deux du vieux Sultan autrefois Fauoris,
Et prés du ieune Prince, à la Porte nourris;
Aprés auoir vécu dans la mesme Fortune,
D'vne fameuse mort ont la gloire commune.

 Côme quand le Batteur, frappe à coups redoublez,
Les iaunes fils du soc, en gerbes assemblez,
La grange retentit, l'aire se voit ionchée,
D'espics ostez de force, à la paille couchée.
Et par tout où le fleau suit le tour de la main,
Les testes des tuyaux volent auec le grain.
Ainsi Louys donnant, soit sur l'infanterie,
Soit sur les Corps pressez de la Caualerie,
Fait rouler à ses pieds, des Barbares vaincus,
Les testes dans les pots, les bras dans les escus:
Et par tout on ne voit, qu'Enseignes renuersées,
Que Bataillons épars, que Bandes terrassées.

 Alserne qui le voit, de meurtres dégoutter;
Et le trouble, l'horreur, l'épouuante porter,
D'vn mouuement pareil, à celuy de la foudre [dre)
Qu'on ne voit qu'au fracas, qu'au débris, qu'à la pou-
Quelque braue qu'il soit, & quelque grand Iousteur,
En vain de l'attaquer, sollicite son cœur.
Et se joint à Molgan, dont la terrible épée,
Fut de la triste mort de vingt Riuaux trempée;
De vingt nobles Riuaux, qui par ses vains defis,
Appellez aux Tournois, publiez à Memfis,
En Lice aueque luy, pour Arsamone entrerent,
Et sa possession de leur sang luy signerent.
Vne Furie armée au Tournois presida,
Et sa corne, au concert des Clairons accorda:
L'Amour en eut horreur, les Graces en fremirent,
Et d'auprés d'Arsamone en trouble s'enfuyrent.

 Alserne à ce Second, si barbare & si vain,
A iouste encore en tiers, Asiplan l'inhumain,
Qui faisoit deuant soy, porter vne coignée,
Affreuse de cousteaux plantez sur la poignée;

LIVRE DIX-HVICTIESME.

Présage épouuentable! & qui ne promettoit,
Qu'vne tragique mort à ceux qu'il abbatoit.
Prés de cent Cheualiers de ces cousteaux perirent,
Qui * le Pas, contre luy, de Thebes entreprirent.
Les cinquante Palmiers sur la Lice rangez,
De leurs harnois captifs long-temps furent chargez:
Et plus long-temps, les Vents qui prés de là passerēt,
Du malheur des vaincus, en passant soûpirent.

Le saint Roy tout d'vn temps, de ces trois attaqué,
Ressemble au Bastion sur la Roche flanqué,
Qui ferme sur son pied, quelque orage qui gronde,
Ne s'émeut aux assauts, ny du vent, ny de l'onde.
Il repousse le coup d'Alferne, du panois;
Et luy porte le fer au conduit de la voix:
Il en meurt; & mourant, encore par sa playe,
Son Esprit dépité le blasphéme begaye.

Aziplan furieux, passant sur le vainqueur,
L'alloit du coutelas, fendre iusques au cœur:
Le vainqueur se détourne, & d'vn coup qu'il allōge,
Le fer qui fume encor, dans le ventre luy plonge.
Il regretta la Lice, & le celebre Pas,
Où tant d'Hommes de cœur perirent de son bras:
Et mourant, il tendit les mains à la coignée,
Qu'il auoit tant de fois de sang noble baignée.

Molgan qui restoit seul, alloit le bras leuer,
Et sur l'armet royal, ses forces éprouuer;
Le Prince tourne bride; & luy gagnant la croupe,
Le corps en deux moitiez, sous les costes luy coupe.
Son harnois si fameux, qui iadis en Damas
Fit gemir six marteaux, & suer douze bras;
Sous l'effort de ce coup, se fend comme l'écorce,
A qui le temps n'a point encor donné de force.
Le buste auec les bras trébuche d'vn costé;
Du cheual qui bondit le reste est emporté:
Par tout où va ce Mort, l'horreur est à sa suite,
Il oste aux vns l'audace, aux autres la conduite.

Bb iij

Et sans teste, sans bras, sans armes, & sans cœur,
En passant, il abbat les plus forts par la peur.
 Louys laisse aux fuyars leur frayeur & leur trouble,
Et tourne brusquement, où le combat redouble.
Et comme le carreau, qui descend auec bruit,
Du tonnant Arsenal, où la chaleur le cuit,
Laisse flotter en paix, les espics sur les plaines,
Et ne bat que le front des montagnes hautaines.
Ainsi le Saint Heros, ne se prend qu'aux plus grāds,
Qui font encore ferme, & retiennent leurs rangs.
 Là perit Algofran, qu'vne Licorne blanche,
Vne armure d'argent, vne hache à long manche,
Mais à long manche d'or & d'acier enlacez,
Cent chiffres de rubis, sur son escu tracez,
Et le rouge plumar, qui d'vne Salamandre,
Sembloit sur son armet, comme du feu s'épandre,
Déclaroient auec pompe, & d'vn air glorieux,
Guerrier aussi galand, qu'il estoit furieux.
Pour Zahide venu de la riue Persique,
Illustre Pretendant, & Braue magnifique ;
Mais alors vlceré du trait de la douleur,
Qui ioint au trait d'Amour, luy déchiroit le cœur;
Se figurant à faux, que la belle Guerriere,
Dans les fers gemissoit, des François prisonniere ;
Il ionchoit le chemin de cuisses, de cuissars,
De corps, de corcelets, de bras, & de brassars ;
Tandis qu'aueque luy, la Licorne aguerrie,
De son bois naturel donnant auec furie ;
Renuersoit les Pietons, les Caualiers hurtoit,
Et non moins de la dent que du front combattoit.
Le barbare Guerrier, & le Coursier sauuage,
D'vne pareille ardeur animez au carnage,
Arriuent vers Louys qui les reçoit du fer,
Fait du cheual cornu, voler la corne en l'air ;
Et le bras releué passant sur le Barbare,
De sa teste en passant ses épaules separe.

LIVRE DIX-HVICTIESME.

D'vne part, l'Animal desarmé de son bois,
Bondissant sur Azor l'accable de son poids :
La teste d'Algofran, malgré la Salamandre,
Malgré les feux dorez, qui n'ont pû la deffendre,
Roule d'vne autre part, dans son casque charmé,
Et de rubis ardens vainement enflammé ;
Tandis que son Esprit, sorty par sa blessure,
Nomme encore Zahide & plaint son auenture.

Là le vieil Ormazin, Abusarat le vain,
Et celuy, qui du sang de Mahomet hautain,
Portoit d'vn crespe vert, la teste enuelopée,
Tous trois d'vn coup pareil, ont la gorge coupée.
Le triste Elmelanzir, qui couroit à la mort,
Qui tant de fois l'auoit demandée à son Sort,
Blessé du mesme fer, sous la mammelle droite,
Croyant le coup leger, & l'ouuerture étroite,
Luy-mesme l'élargit, luy-mesme de la main,
Se tire le regret, l'Ame, & l'amour du sein :
Et trace en expirant, d'vn doigt de sang humide,
Son nom sur son pauois, & le nom d'Elgatide.

Parmy tant de cheuaux, tant d'hommes terrassez,
Apres tant d'Escadrons, tant de Corps renuersez,
Themir qui reste seul, outré de sa deffaite,
Se prepare à la mort, plûtost qu'à la retraite.
Il marche fierement vers le Prince vainqueur,
Ses yeux, deuāt sa voix, s'expliquent pour son cœur,
Sa voix deuant son bras, l'attaque de menace,
Et du courage, en luy, la fureur prend la place.
Ie t'aporte, dit-il, la victoire ou la mort ;
L'vne est entre mes mains, l'autre en celles du Sort.
Mais de quelque costé, que la balance incline,
Si tu ne vas deuant, tu suiuras ma ruine :
Et de ma chute, au moins des éclats iailliront,
Qui ta Fortue, apres la mienne attireront.

Le Saint Roy luy répond du tranchant de l'épée,
La targe quoy que double, en deux parts est coupée,

Bb iiij

Et le fer, de son poids, le long du bras glissant,
Entre dans l'épauliere, & l'entame en passant.
Le Barbare en fremit, sa fureur en redouble,
Et la honte, plustost que le peril le trouble.
Il resne la bride à la garde du bras,
Il leue des deux mains l'énorme coutelas ;
Et tandis qu'il balance, & qu'il prend sa mesure
Louys passe, & le frappe au deffaut de l'armure.
Le fer ouure à la mort, la porte par le flanc ;
L'Ame surprise en sort, sur vn boüillon de sang ;
Et le vaillant Themir, sous qui fléchit * l'Oronte,
Et * le Chezel soûmit sa corne auecque honte ;
Qui fit voler son nom, iusqu'au riuage Indois,
Qui cueillit des Lauriers assez pour quatre Roys ;
Laisse au pieds de Louys tout ce que la Victoire,
Auoit mis sur son front & d'orgueil & de gloire.

 Le plan de son Empire auec luy renuersé,
Et rompu de sa chute, est au vent dispersé :
Mais vn autre * Themir, qui naistra de sa Race,
Heritier de son cœur, Riual de son audace ;
Ses desseins abatus, quelque iour redressant,
Et du Nord iusqu'au Sud ses conquestes poussant ;
Bien loin de là le Gange en étendra les bornes,
Du Nil & de l'Araxe abaissera les cornes :
Le Scythe, le Persan, l'Arabe le craindront ;
Des Otthomans sous luy, les Lunes s'éteindront :
Et sous luy tombera, le grand Mur qui separe,
L'Empire du Chinois de l'Empire Tartare.

 Cette aisle ainsi rompuë, & tous ses Corps deffaits,
Louys tourne, où l'autre Aisle, ébranloit de son faix,
Ses troupes, que Bourbon & le Maistre du Temple,
Animoient de la voix, soustenoient de l'exemple.
Là le grand Forcadin rangs & files hurtoit,
Armes, hommes, cheuaux, bannieres abbatoit ;
Et trempé de sueur, dégouttant de carnage,
La terreur dans les yeux, la fureur au visage.

LIVRE DIX-HVITIESME.

Alloit le sabre au poing, le long des Bataillons,
Comme le Moissonneur va le long des sillons,
Quand il fait sous ses mains, au trauail exercées,
Par iauelles tomber les moissons herissées.
De cent diuerses morts son arme ruissela :
Le sang du Peuple au sang des Seigneurs il mesla :
Sur le frere mourant, il fit mourir le frere,
Sur le fils languissant, il fit languir le pere :
Il blessa le Breton, sur le Flamand blessé :
Il terrassa le Grec, sur l'Anglois terrassé :
Et la plaine sous luy, deuint vne montagne
De mourans d'Italie, & de morts d'Allemagne.

 Ainsi le Bucheron aux bras forts & velus,
Assaillant de la hache vn peuple au bras feüillus ;
Le Mont en retentit, les arbres en fremissent,
L'Echo pour eux s'en plaint, les valons en gemissēt:
Là meurent sous le fer, l'Erable & le Sapin ;
Là git vn grand Tillot auprés d'vn plus grand Pin:
Icy l'Orme en tombant regrette en vain sa force :
Ailleurs vole vne branche, ailleurs vole vne écorce;
Et la terre suffit à peine à l'embarras,
Des cimes & des troncs, des testes & des bras.

 Alexis Philosophe aussi braue que sage,
Aumale Cheualier de sens & de courage ;
L'vn Grec, l'autre François, & tous deux renommez,
Tous deux d'vn zele égal au combat animez,
Le hautain Sarrazin de concert attaquerent ;
Et blessez de sa main, à ses pieds trébucherent.
Le Guerrier Philosophe atteint sous le costé,
Rendit la vie à Dieu, comme vn gage presté :
Et le noble François, d'vne Ame forte & grande ;
De la sienne luy fit vne honorable offrande.

 Sommieure les suiuit, pour qui mille brebis
Paissoient le long des bords, où se traîne à lōgs plis,
L'Arse qui fait briller l'écaille rauelée,
De la Truite de pourpre & d'argent étoilée.

Bb v

Et Clermõt le chasseur: chez qui l'enclos des cours,
L'enceinte des Vergers, la couronne des Tours,
De hures de Sangliers, & de Loups étoffées,
Estoient aux voyageurs d'agreables trophées.

 Chabanes qui sçeut mieux qu'aucun autre Guer-
Entrelacer le Myrthe aueque le Laurier : [rier,
Braue entre les Galans, Galand entre les Braues,
Et possesseur discret de cent beaux cœurs esclaues ;
Combattoit des premiers, diapré de cent nœuds,
Où cent chiffres pendoient enuironnez de feux ;
Et hautain du cimier éleué sur sa teste,
Où l'Amour d'vne fléche à partir toûjours preste,
Sans s'éleuer iamais, & sans iamais blesser,
Sembloit voler toûjours, & toûjours menacer.

 Cette pompe amoureuse offença Rosebare,
Qui de mine, d'esprit, de naissance barbare,
Sur sa puissante targe, en deuise portoit,
Vn Amour enchaisné, qu'vn Vautour becquetoit.
Sur Chabanes il frape, & fait du cimeterre,
Qui tombe sur l'armet, voler l'Amour à terre.
Et la brauade encore à l'injure ajoûtant,
Ton Patron, luy dit-il, sur la poudre t'attend,
Lasche qui dans la guerre amenes la mollesse,
Et qui mesles la force aueque la foiblesse.

 De ce coup, de ces mots Chabanes irrité,
Luy répond d'vn reuers, qui luy fend le costé.
Le fer, le froid, la mort entrent par la blessure,
Et l'Ame dépitée en sort auec murmure.
Forcadin, d'vne Louue aueque luy nourry,
Auec luy par Olzon le Sauuage aguerry,
Suruient comme il expire, & voit fumer l'épée,
Du sang qu'il cherissoit, iusqu'aux gardes trempée.

 Comme du haut de l'air, l'Aigle apres de lõgs cris,
Fond sur vn grand serpent meurtrier de ses petits,
Qui la dent rouge encore & l'écaille liuide,
Auec crainte descend du nid qu'il laisse vuide.

LIVRE DIX-HVICTIESME.

De mesme Forcadin de sa perte irrité,
Et piqué du dépit à son deüil ajoûté,
Sur Chabanes fondant, d'vn reuers le terrasse,
Trois fois le fait fouler au fougueux Grondicasse,
Qui de son Maistre encor la fureur secondant,
A l'outrage des pieds, joint celuy de la dent.

    Ainsi mourut ce Braue ; & sur les bords de Loire,
Où resterent les cœurs captifs de sa memoire,
Les Peupliers palissans, & les Saules chenus,
Pour luy la teste basse, & les bras demy nus,
Long-temps furent en deüil, long-têps le regreterêt,
Et plus long-temps encor les Graces le pleurerent.

    Rosebare vangé, Forcadin s'auançant,
Et deuant soy Guidons & Cornettes poussant,
Par des fleuues de sang, par des monts de carnage,
Se fait à l'Oriflame vn terrible passage :
Et moissonnant à droit, à gauche moissonnant,
Renuersant les plus forts, les plus fiers étonnant,
Est semblable au Faucheur, qui sous la faux mordâte,
De part & d'autre fait tomber l'herbe mourante ;
Tandis que sur le pré dépoüillé par le fer,
De ses plaintes en vain, la Cigale emplit l'air. [naise,

    Mais ce qu'est l'huile au feu, qui fait dans la four-
Des rameaux & des troncs, vne commune braize :
Le sang l'est à l'ardeur, dont ce cœur inhumain,
Détruit files & rangs abbatus de sa main.
Et plus il en détruit, plus il en veut détruire ;
Son fer, plus que la faux de la Mort s'entend bruire ;
Tout s'ébrâle à son bruit, tout succôbe à son poids,
Il tranche, il fend, il perce en tumulte & sans choix.
Ce n'est plus vn combat, ce n'est qu'vne turie ;
Et ce qui fut valeur, est deuenu furie.

    Les plus fiers des François raliez en vn Corps,
Accourent au secours, par la foule des morts :
L'ordre se rétablit, le carnage redouble ;
Forcadin de nouueau par tout remet le trouble.

Il couppe à Brun le flanc, malgré le corcelet ;
A Thauanes la main, malgré le gantelet ;
La teste à Vauquelin, pour qui le Fleuue d'Orne,
De regret arracha les roseaux de sa corne :
Et la Nymphe des eaux, que Vauquelin cent fois
Réueilla de sa Lyre, anima de sa voix,
Encore maintenant, en silence soûpire,
La perte de sa voix & celle de sa Lyre.

 A ce trouble, au galop Lisamante arriuant,
Sur son Coursier qui semble vn Animal de vent ;
Croit courir au combat, & court à la Couronne,
Qui sur elle descend, & des-ja l'enuironne.
Le celeste Guerrier qui l'assiste & la suit,
Autour d'elle en volant, fait grád iour & grád bruit :
Et pour donner du lustre à son heure derniere,
Met du feu sur son casque, en met dans sa visiere ;
Et de son coûtelas fait jaillir vn éclair,
Qui de loin porte aux yeux les menaces du fer.

 Elle ne pousse rien, qu'elle ne le renuerse ; [ce:
Rien ne soûtiēt son bras, soit qu'il taille ou qu'il per-
Bethunes qui la suit, prest à la secourir,
Et si sa mort luy sert, prest encore à mourir ;
S'étonne de la voir si prompte & si hardie,
Rouler comme le feu d'vn subit incendie,
Qui de feüilles nourry dans le sein d'vn buisson,
Et par vn vent soudain, porté sur la moisson,
Au trauers des sillons fait de funestes ruës ;
Détruit en petillant le trauail des charruës ;
Et passant de fureur iusqu'aux prochains ruisseaux,
Met en cêdres leurs joncs, & fait boüillir leurs eaux.

 Forcadin reconnoist la vaillante Guerriere,
Aux éclairs que ses yeux iettent par la visiere :
La mort de Meledin de sa main égorgé,
L'affront fait à l'Estat, par sa mort outragé,
R'entrent dans son esprit, renouuellent sa rage,
Et contre Lisamante enflament son courage.

LIVRE DIX-HVITIESME. 569

Infame, luy dit-il, contre elle s'auançant,
Et tout d'vn temps la voix auec le bras hauſſant ;
Tu ſoüilles donc encor le iour, l'air & la terre ?
Et le Ciel impuiſſant eſt pour toy ſans tonnerre ?
Mais impuiſſant ou fort, il tonneroit en vain ;
Sa foudre eſt inutile où peut aller ma main :
Et l'Ombre du Sultan à qui ie doy ta teſte,
L'attend de cette épée, & non de la tempeſte.

Finiſſant à ces mots, il abaiſſe le fer,
Qui ſiffle, qui menace, & qui fait fremir l'air.
A la mort qui le ſuit, Bethunes ſe preſente ;
Et pour la détourner du front de Liſamante,
Porte le bras au coup, qui luy fend le pauois,
L'entame vers le coude, & luy coupe deux doigts.

Le Barbare en rugit, & l'affreuſe lumiere,
Qui luy jaillit des yeux, met en feu ſa viſiere.
Il repaſſe, & l'Amant à qui la noble peur,
Que luy donne l'Amour, a redoublé le cœur ;
Repaſſant entre deux, reçoit pour la Guerriere,
Le coup ſur l'autre main, qui luy reſtoit entiere.
Elle tombe ; & le fer qu'elle ne peut laſcher,
Semble encor en tombant l'Infidele chercher.

Forcadin de nouueau s'enflame de colere,
De nouueau ſa voix tonne & ſon regard éclaire :
Et comme il veut paſſer pour la troiſieſme fois,
Bethunes ſans épée, & meſme ſans pauois,
Son cœur luy tenant lieu de pauois & d'épée,
N'ayant plus qu'vne main foible & demy coupée,
Perclus de toutes parts, de nulle part vaincu,
De ſon corps, fait au corps de la Veuve vn eſcu :
Et pour elle reçoit le coup du cimeterre,
Qui luy fend la cuiraſſe, & l'étend ſur la terre.

De là vers Liſamante il ſe tourne en mourant,
Et de ſes derniers vœux encor la ſecourant,
Aſtres au moins, dit-il, purs Autheurs de ma flame,
Gardez qu'elle s'éteigne au partir de mon Ame,

Et faites-en plûtost vn feu iuste & vangeur,
Qui nourry de mon sang, & sortant de mon cœur,
Saute à cét Inhumain, le brûle, le tourmente,
Et de sa cruauté preserue Lisamante.
  Mais ces vœux amoureux par le vent emportez,
Ny des Astres ne sont, ny du Ciel escoutez :
Et le Ministre aislé Tuteur de la Guerriere,
Luy montre la Couronne au bout de la Carriere.
Pressant des esperons, les deux flancs du coursier,
Et le bras éleué, faisant luire l'acier,
Elle frappe en passant l'armet de l'Infidelle,
Et fait de son Dragon en l'air voler vne aisle.
Soit du casque battu, soit du sabre battant,
Il sort auec éclair vn feu piroüettant,
Qui semble estre soufflé de l'orgueilleuse beste,
Qui terrible de queuë, & terrible de creste,
Saillit, tourne, étincelle, & de ses sifflemens,
Anime Forcadin & suit ses mouuemens.
  Le Barbare immobile au coup de Lisamante,
Comme l'est vn Rocher au coup de la tourmente,
Tourne la main, la bride & le coursier puissant,
Qui prend part à son ire, & son dépit ressent :
Et comme elle reuient plus fiere & plus fougueuse,
Accusant son épée, & l'appellant trompeuse ;
Sur elle Forcadin s'élance de fureur,
Et d'vn coup, dont le fer deuoit auoir horreur,
Luy perce le pauois, le baudrier, la cuirasse,
Passe outre le rhé d'or, qui sur le sein se lace :
Et ce sein où la grace auoit toûjours regné,
De son sang, qui jaillit à boüillons est baigné.
  En vain, la forte Veuve à ce coup s'éuertuë,
De son poids, & du poids de la mort abbatuë,
A l'heure ineuitable enfin elle se rend ;
Et tombe prés du corps de Bethunes mourant.
Mais elle tombe ainsi que feroit vne Palme,
Qui forte dans l'orage, & belle dans le calme,

LIVRE DIX-HVICTIESME.

Sous l'iniure du fer, à peine succombant,
Dresse encore les bras vers le Ciel en tombant;
Et plainte des Zephirs, de l'Aurore pleurée,
Apres sa cheute encor paroist grande & parée.

 Plus belle & plus prisée, en ce dernier moment,
La chaste Veuve expire auprés de son Amant.
Elle luy tend la main déja froide & pesante;
Luy parle comme Amie, & non pas côme Amante,
Et tandis qu'il reçoit ce gage d'amitié,
Qui pour surcroist, ajouste à l'amour la pitié,
D'vn soûpir, qu'il confie à sa seule pensée,
Il soulage le feu dont son Ame est pressée.
Encore consent-il à peine, que son cœur,
Par sa playe, en découure au dehors la lueur:
Et son respect n'en fait que d'vn triste silence,
Et d'vn sanglot plus triste, à la Mort confidence:
A la Mort qui ne peut son secret reueler; [parler.
Qui ne peut qu'aux Tombeaux, qu'aux Ombres en
Mais au moins, son espoir est, que bien-tost sa flame,
Sans matiere & sans ombre allant aprés son Ame,
Et de la Terre au Ciel, auec elle passant,
Se verra toute pure & telle qu'il la sent:
Et Lisamante, alors, si purement aimée,
N'aura point de regret de l'auoir allumée.

 L'Esprit de l'Heroine enleué cependant,
Par le Garde immortel, de son Sort Intendant;
Va tout brillant du feu qu'il épand de soy-mesme,
Receuoir dans le Ciel vn double Diadême.
L'Esprit respectueux de Bethunes le suit,
Par vn long-trait de iour, qui sur sa trace luit.
Encore voulut-il sortir par sa blessure,
Pour faire moins de bruit, & mourir sans murmure;
Et le dernier soûpir, que sa bouche poussa,
Le nom de Lisamante à peine prononça.

 Respect Fils de l'Amour, Vertu Sœur de la Gloire,
Quelle assez riche plume écrira cette Histoire!

Et quel si sage Amant, sur ce Modelle vn iour,
Prenant l'esprit, la forme, & le trait de l'Amour,
Pour en faire vn exemple à la Race future,
Aura l'art d'en tracer en ses mœurs la peinture ?

 De ces deux grandes Morts le deüil & la douleur,
Vont d'esprit en esprit, passent de cœur en cœur.
De ses aisles au loin, la Renommée errante,
Semble répandre en l'air le sang de Lisamante :
Et comme si des feux allumez de ce sang,
Passoient aueque bruit de l'vn à l'autre rang,
L'vn tourne, l'autre court, l'vn presse, l'autre auāce
Et d'vne égale ardeur tous vont à la vengeance.

 Ainsi, quand la Genisse au front blanc & cornu,
Du Fleuue, de l'herbage, & des sauies connu,
Apres auoir en vain combattu pour sa vie,
D'vn Lyon plus fort qu'elle a la faim assouuie ;
La Riuiere s'en plaint, la Saulsaye en fremit ;
Le troupeau languissant sur l'herbage en gemit ;
Les Taureaux mugissans auprés des vaches mornes,
Demandent le combat & presentent leurs cornes :
Et des Hameaux voisins, les Bergers s'amassans,
Courent au son des cors le meurtrier menaçans ;
Tandis que méprisant & leur bruit & leur trouble,
Que le Vallon repete, & que le Bois redouble.
L'orgueilleux sur sa proye en repos aculé,
Lesche encore la terre où le sang a coulé.

 Forcadin, pour auoir vne vengeance entiere,
Fait enleuer le corps de la chaste Guerriere.
Il fut des Sarrazins par deux fois emporté,
Deux autres fois il fut aux Sarrazins osté :
Et la troisiesme fois demeurant sur la terre,
Triste & noble sujet d'vne terrible guerre,
Il fut noyé de sang, il fut couuert de corps,
Et tout mort qu'il estoit, il causa mille morts.

 Là, cent Braues couchez sa Tombe composerent,
Et de cent noms fameux l'Epitaphe en formerent.

LIVRE DIX-HVICTIESME.

Epouuentable Tombe! Epitaphe sanglant!
Mais Tombe plus illustre, Epitaphe plus grand,
Que tout ce que le Luxe, & tout ce que l'Histoire,
Ont fait d'illustre à voir, ont fait de grand à croire!
Que ne fit point Harcour du sens, du cœur, du bras,
Quel sang ne rougit point son large coustelas?
Le Perse, le Syrien, l'Arabe s'y meslerent,
Et iusqu'au gantelet par ruisseaux luy coulerent.
Au superbe Alafrin la cuirasse il faussa:
Dans la teste à Zoran l'armet il enfonça:
Et coupant à Zumel, boucles, plaques & mailles,
De son ventre fendu fit saillir les entrailles.
 Les Barbares déja ployant sous ses efforts,
Le laissoient sur le champ maistre du chaste corps:
Quand Forcadin criant, au combat les r'appelle,
De son bras, sur les Francs les foudres renouuelle:
Et si dans ce moment Harcour fut garanty,
Si le fer Sarrasin fut ailleurs diuerty,
Ce fut par la vertu du braue Sainte-Maure,
Qui ruisselant du sang, des bandes de l'Aurore,
Vint auec Chastillon, la Guiche, Iosserans,
Rasseurer cette troupe, & rétablir ses rangs.
Mais ny rangs rétablis, ny troupe rasseurée,
Où donne Forcadin, ne sont pas de durée.
Sous luy le sang deborde, & roule à gros boüillons,
Comme l'eau qu'vn torrent pousse dans les sillons:
Il tranche d'vne part, d'vne autre part il perce:
Où ses coups ne vont point, sa menace renuerse:
Et son fer redoutable aux Chefs comme aux Soldats,
Peut à peine suffire aux efforts de son bras.
 Déja les plus hardis cedant à son audace,
Demarchoient en bráflant, & luy quittoient la place:
Déja Charles d'Anjou prisonnier & blessé,
Le Grand Maistre du Temple aueugle & terrassé,
Et Bourbon loin de là, donnant la chasse aux bádes,
De Thebes, de Memfis, d'Abide, & de Brabandes,

Laissoient la course libre, à cét Impetueux,
Que les Corps ébranslez, voyoient fondre sur eux.
  Louys alors passant, déja vainqueur d'vne aisle,
Instruit de la funeste & sanglante nouuelle,
Laisse fuyr vn gros de Perses renuersé,
Dissipe vn gros de Turcs, sur sa route pressé ;
Et pareil au Torrent, fougueux fils de l'Orage.
Pareil au trait de feu décoché du nuage,
Sur files & sur rangs font l'épée à la main,
De morts tombans en foule accable le terrain :
Et fait tant qu'il arriue au General Barbare :
Abbat deuant ses yeux l'enorme Alazubare,
Qui de l'Oronte au Nil, par sa taille connu,
Et depuis peu des bords de l'Eufrate venu,
D'vne barre affilée, & de deux parts tranchante,
Couuroit de corps tronquez, la plaine rougissante :
Et sur vn Elephant, à l'escrime exercé,
Et non moins au combat qu'au manege dressé,
Par tout où le portoit la monture effroyable,
Dans les bandes faisoit vn rauage semblable,
A celuy qu'vn Rocher par le temps ébranslé,
Fait parmy les moissons où le vent l'a roulé.
  Ce Colosse tombant, & sa teste coupée,
Tombant aueque luy sous la royale épée,
L'Animal escrimeur à sa chute huslant,
Et de sa longue trompe vn coustelas roulant,
Se tourne vers Louys, de force & d'art l'attaque ;
Louys d'vn prompt reuers, träche frontal & plaque :
Et fait aueque bruit, tomber entre les morts,
Sa teste d'vne part, & de l'autre son corps,
  De ce terrible coup, cent Barbares branslerent,
Plus de cent, les arsons & les estriez quitterent :
Le fracas, la lueur, le mouuement du fer,
Pour suiure les Fuyars, se redoublent en l'air :
Et l'effroy dâs leurs yeux, l'erreur dâs leurs oreilles,
A ces deux grandes morts, en font milles pareilles.

LIVRE DIX-HVICTIESME.

Forcadin mesme en sent vne soudaine horreur,
Qui change malgré luy, l'assiette de son cœur.
Ie ne sçay quoy d'affreux le serre & l'enuironne:
Sãs qu'il treble il s'émeut; sans qu'il craigne il s'éto-
Soit qu'à l'Astre du Roy, son Astre se rendant; [ne.
Et sont mauuais Demon, au bon Ange cedant;
Il sentist défaillir sa force, à leur retraite,
Et qu'il en augurast sa future deffaite:
Soit que l'heure marquée à sa fin s'approchant,
Et que la mort déja de ses mains le touchant,
Vn froid sombre & pesant de ses mains inhumaines,
Luy glissast dans le cœur, luy coulast dans les veines;
Les esprits chauds & prõts, qui dãs sõ corps seruoiẽt
D'ame seconde aux nerfs, & ses mẽbres mouuoient,
Amortis tout à coup, dans leur source languissent;
Et de là, vont à peine aux bras qui s'engourdissent.
  Il s'excite pourtant, à tirer de son cœur,
Tout ce que l'Ame encore y retient de vigueur:
Et bien loin de fuyr, ou de cacher sa teste,
A l'éclair messager du coup de la tempeste;
Il veut par vn dernier & memorable effort,
Faire bruire sa chute, & releuer sa mort.
Mais son cœur, à ses bras, peut à peine s'étendre,
Et ce qu'il eut de feu, n'est plus que de la cendre.
  Le saint Roy cependant vient l'épée à la main,
Plus grand que de coustume, & d'vn air plus qu'hu-
Et comme le Sanglier fameux par la victoire [main:
De cent Limiers deffaits de son arme d'yuoire,
Reçoit sans reculer, la mort que le Chasseur,
Par l'escusson fendu, luy porte dans le cœur.
De mesme Forcadin, quelque effort qu'il se fasse,
Pour r'allumer le feu de sa premiere audace,
Ne trouuant que langueur, que froideur en son bras,
A peine & pesamment leue le coustelas:
Et le vain souuenir de sa valeur éteinte,
Ne luy sert qu'à mourir fierement & sans crainte.

Il tombe aux pieds du Roy, d'vn coup seul abbatu;
Mais il garde en tombant, quelque ombre de vertu:
Sa fierté sur son front se conserue en sa place :
Son œil mort épouuente, & sa mine menace.
Mais cóme vn Pin qui fut lóg-temps le Roy de l'air,
Quand il cede à l'effort, ou du vent, ou du fer,
Abbat aueque soy tout ce qui l'enuironne :
Esbranle les Sapins & les Cedres étonne :
Et tout le Peuple vert, émeu du long fracas,
Semble vouloir fuyr de la teste & des bras.

 Ainsi la mort d'vn Chef si grand & si terrible,
A la fuite, au carnage, est vn signal horrible.
Vn gros de Musulmans ferme encor & pressé,
Par le Prince vainqueur est de force enfoncé.
Charles qu'ils emmenoient, deliuré par son Frere,
A la valeur ioignant la honte & la colere,
Preste ses mains contre-eux à son Liberateur :
Saute au fer d'Aluzan le celebre Lutteur :
Abbat piques, marteaux, coustelas, halebardes,
Et venge sa prison par la mort de ses Gardes.

 Déja des Sarrasins rompus & renuersez,
Les Escadrons deffaits, les Drapeaux terrassez,
Estaloient vn Theatre aux yeux de la Victoire,
Pompeux en son horreur, & terrible en sa gloire ;
Lors que sur le Vainqueur, dans l'espace de l'air,
Parmy les feux serains d'vn pur & long éclair,
Vn grand Aigle planant, d'vne aisle lente & calme,
En passant laisse choir vne branche de Palme.
Cela fait, on le voit sur sa teste tourner ;
Soit pour luy conioüir, ou pour le couronner ;
Et tirer vers la plaine, ou sur le haut des Tentes,
Des Sarrasins deffaits les Enseignes flotantes [ment,
Sembloient d'vn bruit confus, & d'vn long tremble-
Presager du combat le triste éuenement.

 Le Sainct Roy reconnoist le Conducteur celeste ;
Se prepare à le suiure au combat qui luy reste,

LIVRE DIX-HVICTIESME.

Se met au front des Corps les plûtost ramassez ;
Arriue au Camp Barbare, en franchit les fossez ;
Porte par tout le fer, le trouble & l'épouuante,
Et mene par le sang la Mort de Tente en Tente.

Cependant Adelin, forme vn gros ramassé,
Du Corps de Mammelus, par le Camp dispersé ;
Et prenant auec eux, soixante Halebardes,
Qui du sacré Thresor, restoient les derniers Gardes,
En fait pour le sauuer vn dernier Bataillon,
Et marche aueque luy droit au grand Pauillon.
Muratan qui l'obserue, à Louys se presente,
Et dit, en luy montrant l'Escadron & la Tente ;
Cette Tente, Seigneur, qui luit de pourpre & d'or,
Est celle où vous deuez chercher le Saint Thresor.
Mais il vous faut deuant vn combat entreprendre,
Contre ce dernier Corps, qui va pour le deffendre :
Il est des Mammelus ; & vous sçauez, Seigneur.
Si contre-eux auiourd'huy, ie doy manquer de cœur.
Si i'ay droit d'auancer la peine de l'iniure,
Qui doit faire à mon Sang, leur reuolte future.

Sur ces mots, se mettant fortement dans le cœur :
Que si des Mammelus, il peut estre vainqueur,
Leur deffaite pourra détourner de sa Race,
Le funeste complot dont le Ciel la menace.
Il s'appreste à la course ; & promet au long Pin,
Qu'il couche sur l'arrest, la teste d'Adelin.
Mais, qui iamais changea, qui rompit les mesures,
Du Destin des Estats & de leurs auentures ?
Et quel esprit iamais, quel bras fut assez fort,
Pour détourner la pante, & la course du Sort ?

Louys, sur cét aduis, à donner se prepare ;
Muratan le premier, va contre le Barbare,
Qui vient de son costé, porté sur vn coursier,
Plus viste que le vent, quoy que chargé d'acier.
La rencontre fut rude, & les lances porterent :
Les cheuaux quoy que forts, sur le champ s'aculerẽt ;

Le fer de Muratan l'épauliere perça,
Et la pointe carrée en l'épaule laissa.
Mais celuy d'Adelin, portant sous la mammelle,
Enfonce la cuirasse, & le corps aprés elle.
Le Prince conuerty couché sur le terrain,
Vers le Ciel qui l'attend, leue l'œil & la main :
Son Ame par la Foy, par l'eau renouuellée,
Est presentée à Dieu, par vne Troupe aislée :
Et les Chantres Vieillars, à son couronnement,
Redoublent leur concert, & renforcent leur chant.

 Louys de son costé pousse Officiers & Gardes ;
Fait tomber sous le fer lances & halebardes ;
Enfonce, romp, dissipe, & du poids de son bras,
Fait trebucher cheuaux & cheualiers à bas.
Ce qu'il laisse échapper est deffait par sa suite :
Les Mammelus pressez se sauuent à la fuite :
Et leur Chef Adelin, des-ja foible & blessé,
D'vn sort plus malheureux par Louys menacé
Luy laisse le champ libre ; & reserue sa teste,
Aux reuolutions que la Fortune apreste.

 Si tost que le Saint Roy victorieux par tout,
Voit le Camp saccagé, de l'vn à l'autre bout ;
Tandis que le Soldat assouuy du carnage,
Relasche sa colere & se tourne au pillage ;
Il marche des Prelats de l'Armée assisté,
Vers vn grand Pauillon, de Pourpre marqueté,
Où l'Aigle conducteur, perché sur vne Lune,
Pasle de sa deffaite & de son infortune,
Sembloit d'vn signe d'aisle, & d'vn long sifflement
Appeller le vainqueur à son couronnement.

 Il s'approche, il descend; & tandis qu'il s'appreste,
D'vn zele tendre & noble, à la sainte conqueste ;
Tandis que les Prelats, & les Barons Chrestiens,
De leurs vœux redoublez accompagnent les siens ;
Et que de tous costez, à voix haute resonne, [rône.
Vn hymne au Dieu Sauueur, vn hymne à sa Cou-

LIVRE DIX-HVICTESME.

Melezar étably garde depuis long-temps,
Du saint depost, fatal au Sceptre des Sultans;
Sort de la riche Tente, avec vn équipage,
Capable d'effrayer le plus hardy courage.
D'vne main il menoit vn Lyon attaché,
Mais vn Lyon terrible, & d'vn long crin caché:
De l'autre il brandissoit vne énorme coignée,
Au manche armé de cloux iusques à la poignée:
Et du cuir d'vn Dragon, en armure taillé,
Sa teste estoit affreuse, & son corps écaillé.
  Le sauuage animal, & l'homme plus sauuage,
S'apprestent au combat d'vne pareille rage.
L'vn de sa queuë égale aux bras d'vn Pin feüillu,
Bat de coups redoublez son flanc large & velu:
L'autre afin d'échauffer de dépit son audace,
De ses propres liens le secoüe & l'agasse.
Il luy répond d'vn œil, secondé d'vne voix,
Qui mesle le tonnerre à l'éclair par trois fois.
  A ce deffy terrible, vne mortelle crainte, [prainte
Au front des plus hardis long-temps demeure em-
Louys se met en garde; & d'vn air asseuré,
D'vn pied ferme, & d'vn bras à vaincre preparé,
Fait signe à ses Barons, que de cette victoire,
Il veut tout seul auoir le peril & la gloire.
L'Animal détaché s'élance de fureur,
Tout fremit à l'entour, ou pasllt de terreur:
Le Roy seul intrepide, & gardant sa posture,
Dans sa gorge luy fait vne large ouuerture.
La mort par cette porte, avec le fer entrant,
Et iusques dans le cœur sans détour penetrant;
Il tombe, & d'vn long cry, qu'avec le sang il jette,
Il annonce au Geant sa prochaine deffaite.
  Le Roy tourne vers luy le fer encore chaud;
Il vient contre le Roy, l'œil en feu, le bras haut:
L'vn instruit & vaillant, ioint l'adresse à l'audace:
L'autre aussi lourd que fort, se soustient sur sa masse:

Et de leurs bras tous deux, leur fortune esperans,
D'vne égale fierté, tous deux se mesurans ;
Louys fait vne feinte ; & menaçant la teste,
Où luisoit du Dragon l'épouuentable creste,
Luy fait passer le fer, de l'vn à l'autre flanc ;
Il en sort à bouillons, deux riuieres de sang :
Et la tour de son corps, de ce coup renuersée,
Fait gemir en tombant la campagne affaissée.
Mais auant que ses yeux se fermasse au iour,
Et que la nuit entrast dans cette énorme tour ;
Son noir esprit forgea, cette lasche malice,
Dont vn Demon plus noir, auec luy fut complice.
 Ie te cede, dit-il, en cedant à ton Sort ;
Qui veut que ta vertu fasse honneur à ma mort.
Il manque vn point pourtant, à cette triste gloire ;
Tu l'y peux aiouster sans tenir ta victoire.
Ordonne que mon corps dans les Tombes soit mis,
Que les Princes d'Egypte ont auprés de Memfis.
Si mon Destin n'a pû satisfaire l'enuie ;
Que i'eus de m'esleuer sur leur Throne en ma vie ;
Leur Monument au moins mes os couronnera,
Et mon Ombre auec eux en repos regnera.
Satisfait ce desir ; & puis que l'heure presse,
Reçois auant ma mort l'auis que ie te laisse.
Dans cette riche Tente, où se trouue amassé,
Tout ce qu'eut du plus beau le temps qui s'est passé ;
Sur toute autre richesse éclate vne Cassette,
En ouurage, non moins qu'en étoffe parfaite :
Là furent autrefois par Almet enfermez,
Deux Cercles épineux en Couronnes formez.
L'vn fut comme l'on croit, le sanglant Diadême,
Dont iadis les Iuifs punirent le blasphême,
De celuy qui voulut, pour se faire leur Roy,
Exterminer leur Temple & détruire leur Loy.
Le second cercle, en tout, à ce premier semblable,
Fut charmé par Almet d'vn sort inéuitable ;

LIVRE DIX-HVITIESME.

Et l'Astre sous lequel l'Enchanteur le forma,
Vne telle influence à son bois imprima,
Qu'à tout autre Pays, qu'à l'Egypte, funeste,
Aueque soy par tout, il portera la peste.
Prens-y garde, & t'abstien d'vn bois si dangereux;
Et de crainte d'erreur, fais-les brûler tous deux.
　Il finit à ces mots, & comme vne grande Ombre,
Son Ame descendant vers le riuage sombre,
Encore entre les Morts son orgueil signala;
Et parmy les Sultans fierement se mesla.
Mais dans l'Esprit du Roy, ses paroles laisserent,
Deux soins bien differens, qui son cœur diuiserent.
Il entre cependant des Prelats assisté:
Il se répand sur eux vn air de pieté:
Dans leurs Ames, l'horreur est meslée à la crainte;
Mais cette crainte est calme, & cette horreur est sainte.
Et chacun croit sentir la presence de Dieu,
Qui sans se faire voir, se découure en ce lieu.
　Le Coffret d'or ouuert deux Couronnes presente,
Dont l'vne n'est en rien de l'autre differente.
Elles sont toutes deux de pareille grandeur,
De semblable matiere, & d'égale rondeur.
Et toutes deux estant d'espines herissées,
Le Saint Roy, dans le trouble où tombent ses pensées,
Ne sçait en ce combat de crainte & de desir,
Ny laquelle laisser, ny laquelle choisir.
　Il leue enfin les yeux & l'esprit vers la Source,
D'où le Vray, d'où le Beau, d'où le Bien ont leur course:
Et demande à celuy, dont la teste autrefois,
Fut couuerte pour nous d'espines sur la Croix;
Que de ce tour brillant de lumiere éternelle,
Dont maintenant son front dans la gloire étincelle,
Il descende vn rayon de diuine clarté
Qui separe l'erreur d'auec la verité.
　A peine il acheua son ardente priere,
Que par vn trait soudain de celeste lumiere,

Cc

Dans la Caſſette d'or, vn feu clair s'alluma,
Qui la fauſſe Couronne auſſi-toſt conſuma.
De là, ce feu roulant ſur les Threſors prophanes,
Soit ſur ceux des Sultans, ſoit ſur ceux des Sultanes,
Embraſe Diamans, Ecarboucles, Rubis;
N'épargne ny les noms, ny les arts, ny les prix :
Et ne laiſſe dans l'air, que la Couronne ſainte,
Qui de l'embraſement, comme d'vn poële ceinte,
Triomphe de l'orgueil & de la vanité,
De tout ce que le Monde a iadis reſpecté :
Et reçoit, comme encens, les diuerſes fumées,
Des Couronnes des Roys, ſous elle conſumées.
   D'elle-meſme de là, vers Louys s'auançant,
Et ſur ſon front baiſſé, tout à coup s'abaiſſant,
Tandis que d'alegreſſe au loin le Camp reſonne,
Des peines & du ſang de ſon Dieu le couronne.
   Heureux couronnement, à quoy du haut des Cieux,
Applaudit le Senat des Heros glorieux :
Que les Princes vieillards ſur leurs harpes chanterent;
Et que les Chœurs aiſlez de concert annoncerent!
   Cela fait, on choiſit des Sarraſins vaincus,
Les drapeaux, les harnois, les armets, les écus :
On en dreſſe vn Trophée, où la Croix conquerante,
A le pied ſur le front de la Lune ſanglante.
Cent Guidons à l'entour, cent Etendars liez,
Sont auec leurs Croiſſans ſous elle humiliez :
Et cent arcs débandez, cent trouſſes renuerſées,
Luy font comme vn tribut de leurs fléches froiſſées.
Là tout le Camp vainqueur, ſous les armes rangé,
A l'exemple du Roy, ſuit la voix du Clergé :
Et les Hymnes chantez au Dieu de la Victoire,
De tant de grands exploits luy referent la gloire.

LIVRE DIX-HUITIESME.

REMARQVES.

* *L'Hebreu conquerant*, pag. 546. Cét Hebreu conquerant est Iosué, à la voix duquel le Soleil s'arresta, pour luy donner le temps de défaire les Ennemis de Dieu.
* *Qui les Hordes arrose*, pag. 547. les Hordes sont les Bourgs des Tartares.
* *L'Ecarlate de Tyr*, pag. 550. La pourpre de Tyr estoit autrefois en estime sur toute autre.
* *Sous le Ciel d'Ofir*, pag. 550. Ofir est vne Region Orientale, renommée par l'abondance & par la pureté de l'or qui s'y trouuoit.
* *Qui le Pas*, pag. 557. Autrefois on appelloit Pas, les lieux où il y auoit des Cheualiers qui les deffendoient, & qui ne permettoient pas que personne y passast sans rendre combat.
* *Sous qui fléchit l'Oronte*, pag. 560. L'Oronte est vn fleuue celebre en Asie : & le Chezel est vn autre fleuue de Tartarie.
* *Mais vn autre Themir*, pag. 661. Cét autre Themir est Tamberlan, dont la grandeur & les conquestes sont icy prédites.

FIN.

www.ingramcontent.com/pod-product-compliance
Lightning Source LLC
Chambersburg PA
CBHW050315240426
43673CB00042B/1412